核心素养与课程发展丛书

科学学科能力建构及测评研究

总主编 崔允漷

王祖浩 等 著

Construction and Assessment of
Scientific Disciplinary Competency

 华东师范大学出版社
·上海·

图书在版编目(CIP)数据

科学学科能力建构及测评研究 / 王祖浩等著. —上海：华东师范大学出版社, 2022
（核心素养与课程发展丛书）
ISBN 978 - 7 - 5760 - 1040 - 4

Ⅰ.①科… Ⅱ.①王… Ⅲ.①科学知识-教学研究-中学 Ⅳ.①G633.72

中国版本图书馆 CIP 数据核字(2022)第 168584 号

本书由上海文化发展基金会图书出版专项基金资助出版
"十三五"国家重点出版物出版规划项目

核心素养与课程发展丛书
科学学科能力建构及测评研究

著　　者　王祖浩等
责任编辑　朱小钗　王冰如
特约审读　程云琦
责任校对　董　亮　时东明
装帧设计　王　隽

出版发行　华东师范大学出版社
社　　址　上海市中山北路 3663 号　邮编 200062
网　　址　www.ecnupress.com.cn
电　　话　021 - 60821666　行政传真 021 - 62572105
客服电话　021 - 62865537　门市(邮购)电话 021 - 62869887
地　　址　上海市中山北路 3663 号华东师范大学校内先锋路口
网　　店　http://hdsdcbs.tmall.com

印 刷 者　上海展强印刷有限公司
开　　本　787 毫米×1092 毫米　1/16
印　　张　32.5
字　　数　544 千字
版　　次　2024 年 3 月第 1 版
印　　次　2024 年 3 月第 1 次
书　　号　ISBN 978 - 7 - 5760 - 1040 - 4
定　　价　108.00 元

出 版 人　王　焰

（如发现本版图书有印订质量问题，请寄回本社客服中心调换或电话 021 - 62865537 联系）

核心素养与课程发展丛书总序

从2014年教育部出台《关于全面深化课程改革落实立德树人根本任务的意见》至今，如果统计近年来教育话语中的高频词，"核心素养"即使不是排位第一，也一定能进前三。无论是教育行政部门，还是教育研究者和中小学教师，甚至是关注教育的公共媒体，若言不及"核心素养"，似乎就有out或low之嫌。就个人视野所及，多年来还没有哪个教育概念能够像核心素养这样甫一亮相就吸引如此众多的眼球，着实令人惊讶！

在东方文化圈里，"素养"向来是一个好词，比起引译自英语中的skill、competence、literacy等词的"技能""胜任力"或"读写能力"，其所指的内涵着实不知好多少。"素养"深深植根于中国古老的文化传统之中，与国人心底深处积淀的文化心理传统高度吻合；它几乎就是"真善美"的另一种表达，代表了人们对人所应当拥有的品质的最高期望。作为一个人，得拥有人所应有的素养，作为某一具体领域的学习者或实践者，在这一领域的素养也就是其发展的最高目标。更重要的是，它是可教可学的，是后天发展的，是每个人都可欲的。每个人都可以通过素养的发展而被"树"，促进素养的发展是"立德树人"的可靠途径。这也许就是"素质教育"历经多年争议才慢慢被接受，而"素养"刚一亮相就被热烈拥抱的原因所在吧。

素养代表着人之所欲，因而它是一个社会历史文化概念，其内涵取决于它所根植的社会历史文化背景。在不同的社会历史文化背景中，素养的内涵也即人们所欲的具体指向可能各不相同。尽管"核心素养"可以指素养结构中居于核心地位或具有统摄功能的成分，但也可以是——在当前的语境中它甚至应该是——我们所欲的素养列表中占据优先位置的那些成分,是特定社会历史文化背景中价值选择的结果。不过,无论其具体的内容是什么,有一点是确定的,即素养比我们当今教育所关注的知识、技能等要更高级,是知识、技能、方法、态度、价值观的整合与提升,是能够在真实情境的问题解决中外显出来的行为;核心素养更是能够统摄我们所期望发展的"必备品格、关键能力和重要观念",其必然处于素养结构的最上位,处于素养列表的最优先位置。核心素养界定了学生发展最重要和最优先的目标,也界定了学校教育最重要和最优先的目标。当"核心素养"作为一个育人目标观念出现时,我们的学校教育就面临了巨大的挑战。

我们的学校教育为指向核心素养发展的教育做好准备了吗?

为了推动指向核心素养的教育变革,学校教育所需要的准备必然是多方面的。若如美国课程专家波帕姆所言,课程、教学和评价是教育这一游戏中的三个最重要的竞技场,那么,指向核心素养的教育一定需要学校在这些核心领域做出巨大的努力。然而,学校教育所需要的准备不全然是学校的责任。学校教育需要国家政策的指引,同样需要多领域学术上、专业上的支持。学界有责任有义务发展与核心素养框架下的课程、教学和评价相关的知识基础,以为学校开展指向核心素养的教育提供坚实的专业支撑。作为教育部人文社会科学重点研究基地,华东师范大学课程与教学研究所主动担起了发展基于核心素养的教育改革的知识基础的责任。在教育部明确提出要建立"中国学生发展核心素养体系"后,我们主动调整了教育部人文社会科学重点研究基地"十三五"规划重大项目的研究方案,结合我们在课程研究上的传统优势,将9个重大项目纳入"核心素养与课程发展"的大观念之下,试图发展核心素养框架下课程领域的新的知识基础。这套丛书就是我们在这样的背景下所做出的努力之一。

本套丛书所关注的是当前我国基础教育"全面深化课程改革,落实立德树人根本任务"的重点与难点问题,均属于开创性的研究项目。既涉及核心素养视野中的课程一般理论研究,如"儿童研究""学校课程实施过程研究"等,也涉及课程实践研究,如"课堂评价",还涉及课程政策的研究,如"高中多样化与高考改革""学业负担监测与公告""学校课程与教学质量监测"等;既涉及核心素养视野中一般的课程理论和实践研究,也涉及具体学科核心素养的探究性、前沿性研究,如数学、科学、品德等三门学科的核心素养模型和测评研究。总体上看,虽不是很系统,但都关涉核心素养教育中课程、教学、评价领域的核心问题。

  这套丛书能够顺利出版,需要感谢的人很多!如果将本套丛书视为一颗待君品尝的果实,那么华东师范大学课程与教学研究所承担的9个重大项目的每一支团队就是辛勤的果农,没有他们的努力和辛勤劳动,这颗果实不可能如此硕大甜美!华东师范大学出版社王焰社长、彭呈军分社长和王冰如等编辑负责对这颗果实进行深加工和包装推广,是他们的专业工作使得这颗果实得以走出果园,为更多人所知!当然,我们还要感谢在这颗果实培育和面世的过程中给予帮助的诸多奉献者,感谢研究过程中的诸多合作者!感谢教育部社会科学司为上述研究项目提供资助!

崔允漷
2017年3月26日

前　言

促进学生的全面发展是学校教育的根本任务，其中能力的培养占据了其核心的地位。今天，培养学生能力已成为全球基础教育改革与发展的共同趋势。近30年来，我国出台的多项教育改革政策和文件均昭示了培养学生能力这一理念的演进。

1999年发布的《中共中央国务院关于深化教育改革全面推进素质教育的决定》中明确指出教育应转变观念，改进人才培养模式，提高学生信息处理、新知识获取、问题分析与解决、语言文字表达以及团队协作与社会参与等多方面的能力，并特别强调高考改革应更加注重能力与综合素质的考查。这标志着"培养学生能力"成为素质教育的核心策略之一。2010年颁布的《国家中长期教育改革和发展规划纲要（2010—2020年）》亦强调了能力培养的重要性，明确提出坚持能力为重，优化知识结构，丰富社会实践，强化能力培养，着力提高学生的学习能力、实践能力与创新能力，确保学生能够主动学习，为其适应社会、开创美好未来打下坚实基础，并要求考试招生制度改革应重视综合素质和能力的评价。

2023年，教育部等十八部门印发了《关于加强新时代中小学科学教育工作的意见》，再次强调了科学教育中能力培养的重要性，提倡启发式、探究式教学方法，提升作业设计水平，培养学生深度思维能力；探索项目式、跨学科学习以增强学生的问题解决能力。这不仅是国家应对全球挑战、追求未来发展的战略需求，也是对素质教育深远意义的再认识。

相应地，我国的课程标准制订也有力地响应了通过素质教育培养能力的要求。2001年颁布的全日制义务教育阶段（7—9年级）的科学课程标准（实验稿）中，明确提出了"培养学生的科学探究能力"。这一目标涵盖了观察现象并提出问题、提出猜想并形成假设、制订计划并实施实验、收集并处理信息、科学解释和评价等多种能力。经过十年的课程改革实践后，2012年颁布的修订版义务教育课程标准进一步突出了物理、化学、生物学等学科实验教学的重要性，强调"科学探究能力"对学生全面发展的深远影响。

到了2022年，再次修订的义务教育课程标准颁布。这次修订将"科学思维""科学探究"或"探究实践"作为科学、物理、化学、生物学等课程的核心素养，并进一步细化了"证据推理""模型建构""科学论证""科学解释""技术与工程实践能力"以及"信息加工的自主学习能力"等具体能力要求。高中各理科分科的课程标准修订，能力培养同样被视为教学的重要目标和长期任务。这些标准的修订不仅反映了我国基础教育对全球科学教育趋势的关注，也体现了我国对培养具有国际竞争力的新一代人才的坚定决心。

回溯过去的30年，我国中小学科学教育经历了从"科学知识本位"到"能力发展导向"，再到"提升科学素养"的重要转型，标志着当代科学教育的发展进入了一个新阶段。新颁的科学课程标准不仅涵盖了科学知识和科学观念，更重要的是提出了一系列针对学生核心素养发展的新要求。这些要求包括创新能力、批判性思维、问题解决能力、数据分析能力以及团队合作能力等关键能力，目的是为学生在21世纪全球化社会中取得成功奠定坚实的基础。

然而，在长期的学校科学教育实践中，学生能力培养被片面理解为对试题的反复演练，而科学思维能力和科学探究能力的教学往往流于形式，缺乏有效的实施策略。尽管在理论层面，各学段的科学教育均强调科学本质对特定能力倾向的需求，但在能力的整体设计与具体分析上尚存在不足，导致科学教育在能力培养方面缺少清晰的方向和具体方法。鉴于此，对国家课程体系内学生的科学学科能力模型进行深入研究显得尤为关键。这不仅能指导科学教师将教学重心转向能力培养，而且有助于开发出学生科学知识掌握程度和应用知识解决问题能力的测评工具。这就要求我们探索如何确保这些工具的信效度和实用性，如何处理和解释大量的测评数据，以及如何将测评结果转化为促进教学改进的具体策略等，这些问题是当前科学教育研究者和实践者必须直面的挑战，也正是本书作者开展研究的价值所在。

本书基于作者主持的教育部人文社会科学重点研究基地重大项目"义务教育段科学学科能力模型与测评框架研究"(11JJD880024)历时十余年研究的基础上精心编撰而成。本研究深植于中国当代科学教育的具体实践,特别是针对综合与分科两类科学课程的并行存在,相应构建了适应两种形态的科学学科能力框架。通过开发和优化测评工具,进行了大规模的能力测试,构建了数据分析模型,据此得出了一系列促进学生科学能力培养及教学改进的重要结论。研究探索了两种测评方式:一种是以纸笔测试为主的测评;另一种是以活动表现评价为主的测评。这两种方式分别从不同视角对学生的科学学科能力进行测评。本研究成果不仅展现了科学学科能力测评的前沿性、系统性,也强调了其对实践的重要指导价值。

纵观全书,主要从五个方面开展研究:

一、科学学科能力及其测评的理论基础(第一、二章)。本文在分析科学学科能力及测评研究文献的基础上,对相关概念进行了系统梳理,深入探讨了科学学科能力、科学过程能力、证据推理能力等关键概念的定义,明确了这些概念的涵义和范畴。此外,还详细介绍了支撑科学学科能力测评研究的两大理论:学习进程理论(Learning Progressions, LPs)和 Rasch 测量模型,为开发科学学科能力测评工具奠定了坚实的理论基础,以确保测评工作的科学性。

二、科学学科能力框架建构和测评工具开发(第三、四章)。通过对国内外科学课程标准和考试大纲中科学学科能力要求的系统深入研究,并结合国内科学学业水平测试的本土化分析,本研究立足于综合科学(7—9 年级)和分科化学(10—12 年级)两个学段,分别探讨了学科本质及其特殊能力要求。在此基础上,分别提炼和筛选出学科能力的关键要素,构建了针对初中科学、高中化学的学科能力框架,并对各子能力的水平层次进行了划分(即学习进程)。同时,编制了相应的能力测评工具,并通过预测试和利用 Rasch 模型对工具质量进行了优化,以保证测评工具有良好的信效度。

三、初中科学与高中化学学科能力的测评及差异分析(第五、六章)。本研究利用经过信效度检验的能力测评工具,分别对初中生的科学学科能力和高中生的化学学科能力进行了测评,不仅从整体上诊断了学生的学科能力水平,还揭示了不同地区、学校、年级、性别的学生在科学学科能力各分项上的发展趋势与差异。上述数据和分析结果能为教学提供有价值的反馈和指导。

四、科学过程能力框架建构及表现性测评工具开发及实施（第七、八章）。科学过程能力是指学生在解决实际问题过程中所展现的科学领域特有的能力。研究表明，对于科学过程能力的测评，表现性评价是相对更为有效的方法。研究建立了科学过程能力框架，划分了学习进程，开发出测评学生科学过程能力的表现性任务和工具，并经预测试和利用 Rasch 模型优化了表现性任务和工具。本研究设计了对照组和实验组，分别采用常规教学和 SPADP 教学模式。结果显示，在 SPADP 教学模式使实验组学生的科学过程能力显著提升，验证了表现性测评工具和教学模式的有效性。

五、"证据推理"科学能力测评及影响因素研究（第九章）。依据文献和科学学科特征，初步建构了"证据推理"科学能力（SERA）框架，并通过专家调查对其进行修正。基于这一框架开发并运用 Rasch 模型优化了"证据推理"科学能力的测试工具。运用测评工具，测查了不同年级、性别和学业等级的初中生"证据推理"科学能力的表现及其差异。借助相关理论初步提取了影响学生"证据推理"科学能力的若干因素，并构建了影响因素的关系模型；通过采用恰当的统计方法和技术路径对模型进行修正，揭示出影响初中生"证据推理"科学能力的因素。

科学学科能力的测评是一个新的研究领域，涉及科学和分科的物理、化学、生物学、教育学、心理学、统计学等多个学科，研究有一定的复杂性。本书通过多维度分析和研究，引入了新颖、实用的研究方法，采取从科学能力要素提取与筛选、能力框架的构建、测评工具开发与优化，到大规模施测、数据分析和结果解释这一系列纵向推进的思路开展研究，为科学学科能力测评提供一个系统的、操作性强的研究范式。期望本书的出版，能为致力于学习和研究科学学科能力测评的读者们提供方法论依据。

参与本课题研究和初稿编写的有王祖浩教授，杨玉琴博士，龚伟博士，沈健美博士，罗玛博士。华东师范大学博士生导师王祖浩教授设计了全书的框架和编写体例，并负责各章初稿的修改和统稿。邵川华、陈禛天、胡佳、张震宇、赵一纳等同学协助文字整理和图表修改。

本书从研究到编写，始终得到华东师范大学课程与教学研究所崔允漷所长的指导和督促，教育心理学系杨向东主任和文科院多位老师的关心和帮助；迟少辉副教授对 Rasch 模型应用和数据处理提出了许多重要建议；上海、江苏、浙江等地多所学校的老师对测试工作给予了热情帮助和大力支持；华东师范大学出版社朱小钗编辑为本书的高质量出版付出了辛勤的劳动;期望本书能得到广大读者的认同并提出宝贵的意见和建议。在本书出版之际,一并表达诚挚的感谢!

王祖浩

于华东师范大学

2023 年 10 月 6 日

目 录

第一章 科学学科能力表现及测评研究概述   1
    第一节 研究背景   1
        一、科学素养：科学教育转型的标志   2
        二、能力培养：教育改革的重要目标   4
        三、能力发展：终身学习的永恒追求   6
        四、能力表现：学业成就标准的核心   8
        五、能力教学：有效教学的实践诉求   9
        六、能力评价：教育评价的本质回归   11
    第二节 研究综述   13
        一、关于学科能力界定的研究   13
        二、关于能力及其测量的研究   15
        三、关于学科能力表现标准的研究   20
        四、国际科学能力测评模型简介   22
        五、我国关于学科能力的相关研究   33
    第三节 研究价值   48
        一、对国内外研究文献的评述   48
        二、科学学科能力测评研究的意义   50

第二章 科学学科能力研究的理论和方法基础   55
    第一节 科学学科能力相关概念解析   55

	一、学科能力	55
	二、科学学科能力	57
	三、科学学科能力与知识、技能的关系	59
	四、科学学科能力与思维的关系	65
	五、科学过程能力	66
	六、证据推理科学能力	69
第二节	科学学科能力测评的理论支撑	72
	一、学习进程理论	72
	二、Rasch 测量理论	76
第三节	科学学科能力测评研究的目标与方法	87
	一、研究目标	87
	二、研究方法	89

第三章 科学学科能力建构：综合与分科视角 90

第一节	初中科学学科能力要素分析	90
	一、我国初中科学课程标准中能力要求分析	90
	二、各国科学课程中学科能力要素比较及启示	93
	三、科学学业水平测试的能力因素分析	101
第二节	初中科学学科能力测评框架建构	110
	一、科学学科能力要素的确定原则	110
	二、科学学科能力要素的筛选	110
	三、科学学科能力水平层次界定	113
第三节	高中化学学科能力要素确定	122
	一、化学学科能力要素分析	122
	二、化学学科本质及特殊要求分析	134
	三、化学学科能力模型与要素	136
第四节	高中化学学科能力学习进程建构	138
	一、符号表征能力学习进程建构	138
	二、实验认知能力学习进程建构	142

　　　　三、模型思维能力学习进程建构　　　　　　　　　　145
　　　　四、定量化能力学习进程建构　　　　　　　　　　　150

第四章　科学学科能力测评工具开发及优化　　　　　　　155
　第一节　初中科学学科能力测评工具　　　　　　　　　　155
　　　　一、测验工具的开发程序　　　　　　　　　　　　155
　　　　二、测验工具的编制过程　　　　　　　　　　　　158
　　　　三、测验工具的质量检验与优化　　　　　　　　　162
　第二节　高中化学学科能力测评工具　　　　　　　　　　183
　　　　一、测验工具项目的设计　　　　　　　　　　　　183
　　　　二、测验工具的质量检验及优化　　　　　　　　　187
　　　　三、其他三种能力两轮测试数据对比　　　　　　　201

第五章　初中科学学科能力测评及差异研究　　　　　　　222
　第一节　初中科学学科能力的总体分析　　　　　　　　　222
　　　　一、测试的基本情况　　　　　　　　　　　　　　222
　　　　二、不同年级学生总体科学学科能力比较　　　　　224
　　　　三、两地学生总体科学学科能力比较　　　　　　　226
　　　　四、不同性别学生科学学科能力比较分析　　　　　228
　第二节　初中科学学科能力分项的年级比较　　　　　　　230
　　　　一、不同年级学生科学概念理解能力比较　　　　　231
　　　　二、不同年级学生科学符号表征能力比较　　　　　235
　　　　三、不同年级学生科学模型建构能力比较　　　　　239
　　　　四、不同年级学生科学实验思维能力比较　　　　　243
　　　　五、不同年级学生科学定量计算能力比较　　　　　250
　第三节　初中科学学科能力分项的地区比较　　　　　　　253
　　　　一、两地学生科学概念理解能力比较　　　　　　　253
　　　　二、两地学生科学符号表征能力比较　　　　　　　256
　　　　三、两地学生科学模型建构能力比较　　　　　　　259

　　　　　四、两地学生科学实验思维能力比较　　　　262
　　　　　五、两地学生科学定量计算能力比较　　　　265

第六章　高中化学学科能力测评及差异研究　　　　269
　　第一节　高中化学学科能力的总体分析　　　　269
　　　　　一、化学学科能力测评研究的被试　　　　269
　　　　　二、不同年级学生化学学科能力比较　　　　270
　　　　　三、不同性别学生化学学科能力比较　　　　271
　　　　　四、不同层次学校学生化学学科能力比较　　　　271
　　第二节　高中化学学科能力分项的年级比较　　　　272
　　　　　一、符号表征能力比较　　　　272
　　　　　二、实验认知能力比较　　　　278
　　　　　三、模型思维能力比较　　　　284
　　　　　四、定量化能力比较　　　　292
　　第三节　高中化学学科能力分项的性别与学校层次比较　　　　299
　　　　　一、不同性别学生测试成绩比较分析　　　　299
　　　　　二、不同层次学校学生测试成绩比较分析　　　　300

第七章　科学过程能力的表现性测评工具开发　　　　303
　　第一节　科学过程能力的研究框架　　　　303
　　　　　一、科学过程能力测评的研究视角　　　　304
　　　　　二、科学过程能力测评的研究思路　　　　304
　　　　　三、科学过程能力测评的研究框架　　　　305
　　第二节　科学过程能力的发展进程研究　　　　307
　　　　　一、理论基础：学习进程的研究　　　　307
　　　　　二、科学过程能力发展进程的构建　　　　311
　　第三节　科学过程能力测评工具的开发　　　　317
　　　　　一、科学过程能力前测工具开发的思路　　　　318
　　　　　二、第一轮试测结果：工具质量分析　　　　320

　　　　三、测试工具的修正与再试测　　　　　　　　　　　328
　　第四节　科学过程能力测评工具设计　　　　　　　　　　332
　　　　一、科学过程能力测试的内容载体　　　　　　　　　333
　　　　二、科学过程能力的主要测评工具　　　　　　　　　334

第八章　科学过程能力的表现性评价及差异研究　　　　　　　346
　　第一节　学生科学过程能力的初始水平　　　　　　　　　346
　　　　一、学生提出科学问题的能力的初始水平　　　　　346
　　　　二、学生探究过程设计的能力的初始水平　　　　　348
　　　　三、学生运用材料和工具的能力的初始水平　　　　354
　　　　四、学生基于证据解释的能力的初始水平　　　　　365
　　第二节　基于科学过程能力发展进程的教学干预模式　　　372
　　　　一、SPADP教学模式的特征　　　　　　　　　　　372
　　　　二、SPADP教学模式的结构　　　　　　　　　　　374
　　　　三、教学干预工具的构建　　　　　　　　　　　　375
　　　　四、教学内容载体的选择　　　　　　　　　　　　378
　　　　五、教学组织形式的设计　　　　　　　　　　　　380
　　　　六、SPADP教学模式与常规教学模式的区别　　　381
　　　　七、SPADP教学模式的案例分析　　　　　　　　　381
　　第三节　学生科学过程能力的发展水平　　　　　　　　　393
　　　　一、科学过程能力及其子能力的发展路径　　　　　394
　　　　二、SPADP教学干预效果分析　　　　　　　　　　398
　　第四节　科学过程能力的表现性评价研究总结与启示　　　404
　　　　一、研究结论　　　　　　　　　　　　　　　　　405
　　　　二、研究启示　　　　　　　　　　　　　　　　　406

第九章　证据推理科学能力测评及影响因素研究　　　　　　　409
　　第一节　证据推理科学能力框架模型构建　　　　　　　　410
　　　　一、证据推理科学能力框架的初步构建　　　　　　410

二、证据推理科学能力框架的修正　　415
第二节　证据推理科学能力测评工具研制　　417
　　一、测评工具的研制思路　　418
　　二、测评项目的设计　　418
　　三、测评工具的检验　　422
　　四、测评工具的修正　　429
第三节　证据推理科学能力表现特征的分析　　434
　　一、证据推理科学能力测评的过程　　434
　　二、证据推理科学能力测评研究结果　　436
第四节　证据推理科学能力影响因素模型的开发与评估　　454
　　一、证据推理科学能力影响因素研究设计　　454
　　二、证据推理科学能力的两大影响因素　　457
　　三、证据推理科学能力影响因素的模型界定　　458
　　四、证据推理科学能力影响因素的测查　　462
　　五、测量模型的参数估计与适配检验　　469
第五节　证据推理科学能力影响因素模型的修正与应用　　481
　　一、模型修正与模型质量　　481
　　二、模型的复核效化　　489
　　三、模型的调节效应　　492
第六节　证据推理科学能力测评研究总结及启示　　494
　　一、研究结论　　495
　　二、研究启示　　497

第一章 科学学科能力表现及测评研究概述

从科学课程改革的趋势来看,科学教育越来越注重"能力取向",各种学业型以及非学业型的水平测试逐渐转向"素养立意"。但从科学学科能力研究来看,仍存在许多不足之处:国外研究虽已具备了一套较为严格的范式,但能力取向的分类仍然较为含糊,也不一定符合我国的科学教育实际。国内对科学学科能力的研究,还表现出较为明显的主观性、经验性和一定程度的随意性,这使得我国科学教育中能力的培养与基于能力的测评还无法真正落到实处。如何继承已有研究的成果与正视存在的不足,立足于本土科学教育进行能力培养与测评的探讨是一项期待完成的工作。

第一节 研究背景

20世纪,以量子力学和相对论为核心的科学革命在能源、材料、信息、生物技术等领域催生了一次又一次的技术革命。在持续一个世纪的科学与技术变革中,部分发达国家进入了知识经济时代,科学技术已成为社会生产力发展不可或缺的重要推动因素,对人类文明产生了巨大的影响。科学技术水平的高低直接关系到一个国家的经济发展、综合国力及其国际社会地位。

在现代社会中每个人对科学技术的理解已影响其工作、学习和生活的方方面面,即每个人的生存与发展与科学技术息息相关。在这个机遇与挑战并存的大背景下,"给予下一代什么样合适的教育""什么样的人才特质是适应社会发展需要的""在科学教育中如何培养创新型人才"等一系列问题值得每一个教育工作者去深思。

一、科学素养：科学教育转型的标志

1976年，劳伦斯·克雷明（Lawrence A. Cremin）出版了《公共教育》（*Public Education*）一书，该书围绕"怎样的科学（Science）与技术（Technology）、知识（Knowledge）、技能、价值观念以及怎样的情感（Sensibilities）对于20世纪末的公民来说是重要的"展开论述，而这一系列问题正是该书提出的大众科学教育的目标。因此，该书的出版可看作是科学教育从精英教育迈向大众教育的转折点。[1] 此后，科学教育界不断探索大众科学教育的目标，提出并丰富了科学素养（Scientific Literacy）这一观点。

1985年，美国发起科学课程改革——"2061计划"，这是国际上首次以教育政策的方式明确规定"培养学生的科学素养"为科学教育的宗旨。国际科学教育界普遍认为，作为社会公民应具备对科学技术的最基本理解。一般来说，公众基本理解科学知识（术语与概念）、科学研究过程以及科学技术对社会的影响，就可以被认定具备了基本的科学素养。[2] 美国《国家科学教育标准》对科学素养的内涵作出如下描述："科学素养就是个人进行决策、参与公民与文化事务、从事经济生产所必备的知识以及对科学概念与科学过程的理解，同时还包括一些特定的能力。"[3] 英国在其颁布的课程指导文件《全国学校课程》中，提出关于科学素养的能力培养应包括"科学应用能力、科学调查能力、科学交流能力、自我教育能力和科学创造能力"等。[4]

本世纪初，面对科学与技术发展的激烈竞争，我国政府清醒地认识到：公民的科学素养将关系到社会的发展甚至国家的存亡。我国国务院颁布的《全民科学素质行动计划纲要（2006—2010—2020年）》指出，科学素质应是我国公民素质的重要组成部分。公民具备基本科学素质一般是指了解必要的科学技术知识，掌握基本的科学方法，树

---

[1] Bybee, R. W. *Reforming Science Education: Social Perspectives & Personal Reflections* [M]. New York: Teachers College Press, 1973: 72-73.
[2] 袁运开等. 全日制义务教育科学（7—9年级）课程标准（实验稿）解读[M]. 武汉：湖北教育出版社，2002：60.
[3] National Research Council (NRC). *National Science Education Standards* [M]. Washington, DC: National Academy Press, 1996: 22.
[4] 袁运开等. 全日制义务教育科学（7—9年级）课程标准（实验稿）解读[M]. 武汉：湖北教育出版社，2002：61.

立科学思想,崇尚科学精神,并具有一定的应用它们处理实际问题、参与公共事务的能力。[1] 2014年,教育部印发了《关于全面深化课程改革落实立德树人根本任务的意见》(以下简称"《意见》"),该文件中第一次正式提出了"核心素养"的概念。[2] 研制学生核心素养发展的体系是为了能够更加深入回答"培养什么人、怎样培养人"的问题,由此明确学生适应终身和社会发展需要的必备品格和关键能力,突出强调个人修养、社会关爱、家国情怀,更加注重自主发展、合作参与、创新实践。[3]

科学素养既具有核心素养的一般特征,又体现着科学学科的独特内容和价值,是学生在学习科学之后形成的、带有科学学科特点的关键性成就体现。

科学学科有着复杂的、结构化的知识系统。美国新一代科学标准(Next Generation Science Standards,简称NGSS)将科学教育的内容从物质科学(Physical Science,PS)、生命科学(Life Science,LS)、地球与空间科学(Earth and Space Science,ESS)和工程技术与科学应用(Engineering,Technology and Application of Science,ETS)四个学科领域进行重构。[4] 除了传统的学科分类之外,NGSS将工程技术也纳入其中,侧面反映出科学教育超越了以学科知识为本的课程教学观。从科学的产生方式而言,基于证据的实验和实践是必不可少的,科学学习尤其应注重知识与实践过程的综合性(Integrated)、整体性(Holistic)、科学性(Scientific)等特征。美国国家研究委员会(NRC)颁布的《K-12科学教育框架:实践,跨学科概念与核心概念》中着重强调"实践"(Practices)维度,描述了科学家在探究、构建有关世界的模型和理论时所进行的重要实践,以及工程师在设计和建构系统时所利用的一系列关键的工程实践。[5]

综上结合国内外的相关文件,"科学素养"的解释可归纳为:学生在接受科学教育之后,所应具备的能够以科学视角、科学方法认识问题和解决问题(涉及与科学直接和

---

[1] 中华人民共和国中央人民政府. 全民科学素质行动计划纲要(2006—2010—2020年)[EB/OL]. (2006-03-20)[2022-01-18]. http://www.gov.cn/jrzg/2006-03/20/content-231610.htm.
[2] 中华人民共和国教育部. 关于全面深化课程改革落实立德树人根本任务的意见[EB/OL]. (2014-03-30)[2022-01-18]. http://www.moe.gov.cn/srcsite/A2b/jcj-kcjcgh/201404/t20140408-167226.html.
[3] 中华人民共和国教育部. 关于全面深化课程改革落实立德树人根本任务的意见[EB/OL]. (2014-03-30)[2022-01-18]. http://www.moe.gov.cn/srcsite/A2b/jcj-kcjcgh/201404/t20140408-167226.html.
[4] Next Generation Science Standards, for States, by States [EB/OL]. (2013-04-15)[2022-01-18]. https://www.nextgenscience.org/three-dimensions.
[5] 罗玛. "证据推理"科学能力的实证研究[D]. 上海:华东师范大学,2018.

间接等不同程度相关的问题)的内在修养,是科学知识、科学技能和科学观念(或态度)在生活情境中长期互动的整体融通的体系。[①]

为了在日益激烈的国际竞争中立于不败之地,各国的科学教育均将重点放在全面提高学生的综合能力和提升学生的科学素养上,使学生通过学习科学概念(知识素养),参与科学实践(强调实验探究,行动素养),进而逐步获得科学学科特有的思维方式(强调理解问题、分析问题和解决问题的思路和方法),形塑正确的价值观念(强调情意态度、价值观、科学精神等价值素养),最终使学生习得和发展科学素养。

然而,值得注意的是,学生科学素养的提升不能简单地依靠知识的重复训练,而是通过知识学习的过程,使多方面的素养要素潜移默化地起作用,并通过一系列的教育干预和实践活动,才能逐渐形成和发展科学素养。

二、能力培养:教育改革的重要目标

重视培养学生的能力,一直是我国基础教育改革与发展的重要目标。1999年,中共中央国务院《关于深化教育改革全面推进素质教育的决定》出台,开启了素质教育的征程,对实施素质教育进行了全面部署,指出"实施素质教育,就是全面贯彻党的教育方针,以提高国民素质为根本宗旨,以培养学生的创新精神和实践能力为重点,造就'有理想、有道德、有文化、有纪律'的、德智体美等全面发展的社会主义事业建设者和接班人"。[②] 此次改革重视培养学生收集处理信息的能力、获取新知识的能力、分析和解决问题的能力、语言文字表达能力以及团结协作和社会活动的能力,要求"高考科目设置和内容的改革应进一步突出对能力和综合素质的考查","培养学生的能力"成为素质教育的核心思想。时隔十年,《国家中长期教育改革和发展规划纲要(2010—2020年)》在战略目标和战略主题中亦明确提出"坚持能力为重。优化知识结构,丰富社会实践,强化能力培养。着力提高学生的学习能力、实践能力、创新能力,教育学生学会知识技能,学会动手动脑,学会生存生活,学会做人做事,促进学生主动适应社会,开创美好未来",并在考试招生制度改革中要求"深化考试内容和形式改革,着重考查综合素质和

[①] 罗玛."证据推理"科学能力的实证研究[D]. 上海:华东师范大学,2018.
[②] 中共中央国务院. 关于深化教育改革全面推进素质教育的决定[EB/OL]. (2019-07-08)[2022-01-18]. www.gov.cn/zhengce/2019-07/08/content-5407361.htm, 1999.

能力"。① 党的十九大报告也提出:"要全面贯彻党的教育方针,落实立德树人根本任务,发展素质教育,推进教育公平,培养德智体美全面发展的社会主义建设者和接班人。"

我国的教育改革在艰难中前行,改革的步伐从未停歇。从实施素质教育到发展素质教育,是新时代基础教育改革发展方向上的重大变化。发展素质教育回应了新时代发展对新型人才的需求所发生的根本变化,回应了教育能够担当民族复兴大任的时代新人的历史使命,进而影响整个基础教育改革发展的导向,影响教育体系和内容的根本性调整。② 习近平总书记在 2018 年全国教育大会上首次将劳动教育与德育、智育、体育、美育并列,指出"要努力构建德智体美劳全面培养的教育体系,形成更高水平的人才培养体系"。中共中央、国务院《关于深化教育教学改革全面提高义务教育质量的意见》提出"坚持'五育'并举,全面发展素质教育";国务院办公厅《关于新时代推进普通高中育人方式改革的指导意见》提出要"构建全面培养体系",并要求"到 2022 年,德智体美劳全面培养体系进一步完善,立德树人落实机制进一步健全"。③ 而要构建德智体美劳全面培养的教育体系,关键在于强化综合素质培养。在 2018 年全国教育大会上,习近平总书记进一步指出,要在增强综合素质上下功夫,教育引导学生培养综合能力,培养创新思维,党的二十大报告中再一次提出:"坚持以人民为中心发展教育,加强建设高质量教育体系,发展素质教育,促进教育公平。"④

因此,长期以来,培养能力一直是科学教育的重要目标,考试改革也从"知识立意"逐渐转向"能力立意"。只有坚持能力为重才是国家未来发展、应对挑战的迫切要求,也是素质教育的应有之义。由此可见,能力培养已成为我国基础教育改革的重要目标及长期目标。

---

① 中华人民共和国教育部. 国家中长期教育改革和发展规划纲要(2010—2020 年)[EB/OL]. (2010 - 07 - 29)[2022 - 01 - 18]. http://www.moe.gov.cn/srcsite/A01/s7048/201007/t20100729-171904.html.
② 中共中央国务院. 关于深化教育改革全面推进素质教育的决定[EB/OL]. (2019 - 07 - 08)[2022 - 01 - 18]. www.gov.cn/zhengce/2019-07/08/content-5407361.htm, 1999.
③ 中华人民共和国中央人民政府. 国新办就《关于深化教育教学改革全面提高义务教育质量的意见》有关情况举行发布会[EB/OL]. (2019 - 07 - 09)[2022 - 01 - 18]. http://www.gov.cn/xinwen/2019-07/09/content-5407713.htm.
④ 习近平. 高举中国特色社会主义伟大旗帜,为全面建设社会主义现代化而团结奋斗——在中国共产党第二十次全国代表大会上的讲话[EB/OL]. (2022 - 10 - 16)[2022 - 01 - 18]. http://cpc.people.com.cn/n1/2022/1026/c64094-32551700.html.

教育中的能力一般是指通过学习学生形成的稳定的个性心理特征,虽然属于心理品质范畴,但它并非空洞,总是要与特定的认知或者特定的活动联系在一起。其中一种显著的表现,就是和学科教育相联系,构成学生的学科能力。[1] 若无学科教育,学生无法在学校教育中形成和发展各种学科能力,学生解决问题的综合能力、实践能力和创新能力就成了无源之水、无本之木。因此,在各学科教育教学中,对于能力培养既有一般的要求,又有各自学科的特殊要求和特殊问题。这就需要学科教育工作者深入研究具体的学科能力建构、学科能力培养与教学活动的关系,以及学科能力测评等问题。只有当这些问题解决后,学科能力的培养才会有的放矢,具有明确的方向和方法。

三、能力发展:终身学习的永恒追求

20世纪五六十年代,技术革新以及社会结构发生的急剧变化,不仅深刻地改变了生产、流通等领域的功能,甚至还逐渐影响到普通民众的日常生活方式,这一改变促使人们理性地意识到必须更新知识观念,不断努力学习以获得新的适应与发展。1996年,联合国教科文组织国际21世纪教育委员会在报告《教育——财富蕴藏其中》中指出,"科技进步和由于寻求更大竞争性而造成的生产过程的改变,会导致个人在启蒙教育期间所获得的知识与技能很快过时"。[2]

面对如此日新月异的社会变革,世界各国普遍认为,若要在飞速发展的社会中立于不败之地,必须要求国民不断加强学习而成为终身学习者,才能面对严峻的挑战;基础教育阶段就要开始培养学生终身学习的能力,为他们进一步获取知识以及终身发展创造条件。因此,"关注每一个未来国民(学生)终身学习的需要,为其终身发展奠定基础,是时代赋予基础教育的崇高使命"。担负培养与塑造年轻一代重责的学校制度由此发生重大变革,将学校教育、家庭教育与社会教育(成人教育)三者有机结合,所蕴含的终身学习理念必将受到社会的广泛欢迎。终身学习(Lifelong Learning),就是指主体在其生存的社会中为适应社会发展、实现个体发展的需要所进行的贯穿其一生的、持续的学习过程。进入21世纪后,世界各国更是相继将课程目标定位于面向21世纪

---

[1] 林崇德.论学科能力的建构[J].北京师范大学学报(社会科学版),1997(1):6—12.
[2] 联合国教科文组织国际21世纪教育委员会.教育——财富蕴藏其中[M].北京:教育科学出版社,1996:90.

的社会需要,着重培养一个人终身学习的能力。①

21世纪以来,世界各国的课程改革在谈到促使学生终身学习与发展时,均强调基本知识、基本能力和基本态度的重要性,其目的在于培养学生可持续学习的能力,为其终身学习与发展奠定基础。美国关于终身教育制定颁布了很多相关法令,如《终身学习法》《中学后继续教育法》以及《美国2000年教育目标法》,这些法令强调培养儿童的终身学习能力,强化教师的继续教育意识,以及号召社会各部门要担负起创造终身学习环境的责任,旨在通过促进各种教育形态的关注来提供更多的学习机会,力求达到拓展社会成员终身发展潜力的目标;②澳大利亚教育改革强调为使得学生能够继续接受教育和训练,就必须要提高其基本能力;③英国在其国家课程实施过程中,提出了全面提高学生终身学习的各项基本技能,各项基本技能包括交流技能、数据处理技能、共同操作技能、改进学习技能以及解决问题技能;④日本的基础教育重视培养学生的基础学力,即在一些基本的学习领域(如日语、数学、社会、艺术、公民教育等)中学习基本知识、基本技能,形成基本的情感态度,最终达到培养学生的创造力、实践力、认识能力等的目的。⑤

我国2010年颁布的《国家中长期教育改革和发展规划纲要(2010—2020年)》也提出到2020年基本形成学习型社会的目标⑥,发展终身教育事业、建设学习型社会已成为我国重要的教育战略目标之一。

联合国教科文组织2015年发表的《教育2030行动框架》指出"教育是一项基本人权,受教育权从出生开始,贯穿一生",并提出了全球教育发展的总目标是"确保全纳、公平的优质教育,使人人可以获得终身学习的机会",⑦致力于推动全世界教育公平和终身学习的发展。

---

① 陈时见,王芳.21世纪以来国外高中课程改革的经验与发展趋势[J].比较教育研究,2010(12):1—6.
② Joseph A. Califano, Mary F. Berry, Eenest Bartell. "*Appendix C-The Lifelong Learning Act*", *Lifelong Learning and Public Policy* [M]. Government Printing Office, Washing D. C., U.S.A., 1978: 48.
③ 钟启泉,杨明全.主要发达国家基础教育课程改革的动向及启示[J].全球教育展望,2001(4):7—16.
④ 钟启泉,杨明全.主要发达国家基础教育课程改革的动向及启示[J].全球教育展望,2001(4):7—16.
⑤ 钟启泉,杨明全.普通高中课程改革的国际趋势[J].当代教育科学,2003(22):5—8.
⑥ 中华人民共和国教育部.国家中长期教育改革和发展规划纲要(2010—2020年)[EB/OL].(2010-07-29)[2022-01-18].http://www.moe.gov.cn/srcsite/A01/s7048/201007/t20100729-171904.html.
⑦ 徐莉,王默,程换弟.全球教育向终身学习迈进的新里程——"教育2030行动框架"目标译解[J].开放教育研究,2015,21(06):16—25.

因此，课程与教学的改革都应超越工具化倾向，不能再拘泥于传统的知识学习、技能培训、考核结业的课程模式，而应有机整合学生的升学需求、面对未来生活的挑战以及德智体美劳全面发展的多重功能，即基础教育课程必须为学生将来的升学、就业以及健全人格发展做好准备，重点关注学生的基础知识、基础能力以及情感态度的培养，以实现其终身学习与发展的教育目的。

四、能力表现：学业成就标准的核心

学业成就标准的一个很重要的组成部分就是描述学生的学科能力表现，以此弥补课程标准缺乏能力发展目标要求的不足，帮助学生逐级达到高能力的表现水平，这对学生未来发展具有重要的意义。

20世纪80年代至90年代初期，由于课程指导乏力，美国中学课程实施存在严重混乱的现象，课程对教师的教学几乎没有约束作用：教师可以任意选择自己喜欢教的内容，具体课程内容之间没有实在的连贯性。[①] 由此，美国发起了"由标准驱动并基于标准"的基础教育课程改革。为了使这场改革得以推进，美国政府鼓励在全国、各州、各地区构建统一的测评标准、能力表现标准，从而为课程与教学改革提供整体的指导。由美国国家教育和经济中心（National Center on Education and the Economy，简称NCEE）、匹兹堡大学（University of Pittsburgh）联合研制开发的《美国学科能力表现标准》（Performance Standards: English Language Arts, Mathematics, Science Applied Learning），分为小学、初中、高中三册，不仅对学科能力表现标准进行了详尽的阐释，而且列举了许多实例说明与学生作业的关系，对学生的学业同时给出质与量的规定，为"使标准有意义"提供了有效的保障措施，在这次美国基础教育课程改革中发挥了引领作用。[②]

新世纪伊始，我国基础教育课程也进行了相应的改革。这次改革提出了新的课程目标、课程内容体系和评价要求，继而根据新课程标准进行教材编写、教学改革和评价创新。经过十余年的实践，新课程倡导的在科学素养框架下提出的"知识与技能""过程与方法""情感态度与价值观"的三维目标体系已深入人心。课堂教学在一定程度上

---

① 胡庆芳. 美国新课程标准运动兴起的背景与动向[J]. 外国中小学教育，2005(6)：4—5.
② 美国国家教育和经济中心，匹兹堡大学研制. 美国学科能力表现标准[M]. 上海市教育科学研究院，译. 北京：人民教育出版社，2003.

实现了从"教知识"到"教素养"的转变。较之于美国的能力表现标准,我国的课程评价体系还存在一些不完善的地方,如只笼统地规定对学生基本素质的抽象要求或具体知识的学习水平,教师无法准确把握自身教学与学生能力发展的关系。这些"先天不足"直接导致了课程标准、教学、评价三者之间的脱节,课程标准没能真正体现出对教学和评价的"指导"地位。

2010年,我国颁布了《国家中长期教育改革和发展规划纲要(2010—2020年)》,该纲要以"坚持能力为重"作为当前基础教育的重要指导思想。[①] 五年后,为紧跟国际课程改革步伐,构建我国信息时代的课程体系,2015年教育部确立了以发展学生核心素养为目标的课程改革方向,相应地,学习成就也立足于核心素养,进行相关评价。[②] 2018年,教育部正式颁布普通高中各科课程标准,其中第五部分明确提出了各学科的"学业质量标准",并基于核心素养和内容的结合划分了不同的水平等级。[③]

因此,在实际教学中,"切实关注学生的能力发展"是我国基础教育改革深化、教育质量全面提高的关键所在。但长期以来,基础教育阶段学业成就标准体系尚未健全,评价未能与各学科的教学过程紧密地联系起来,对学生的能力教学与培养尚处于经验探索阶段,有关学科能力表现及评价标准的研究还不够全面和深入。因此,将能力要素真正融入到课程标准之中,需要通过不断实践与反思去进一步完善理论体系,建构起适合我国教学实际的能力表现标准。

五、能力教学:有效教学的实践诉求

科学教师在实际教学中一个很重要的任务,就是使得学生在学习之后能知道什么时候提出问题,如何提出问题,如何批判性地思考以及如何理性作出决定。美国国家科学教师协会(National Science Teachers Association,简称 NSTA)、美国国家科学促进协会(American Association for the Advancement of Science,简称 AAAS)、美国国家科学教育标准与评估委员会(National Commission on Science Education Standards and

---

① 中华人民共和国教育部. 国家中长期教育改革和发展规划纲要(2010—2020年)[EB/OL]. (2010 - 07 - 29)[2022 - 01 - 18]. http://www.moe.gov.cn/srcsite/A01/s7048/201007/t20100729-171904.html.
② 钟启泉. 基于核心素养的课程发展:挑战与课题[J]. 全球教育展望,2016,45(01):3—25.
③ 中华人民共和国教育部. 普通高中化学课程标准(2017年版)[M]. 北京:人民教育出版社,2018:64.

Assessment,简称 NCSESA)等机构针对科学教学制定了相似的行动纲领:强调少教知识内容、多教探究过程能力;强调以探究的方式开展科学教学;强调学科间的融合;[1]主张面向所有学生,以学生为中心;重视激发儿童对科学的兴趣,特别强调培养具有科学素养的公民。以学生为主体的科学探究教学已经成为当今国际科学教育改革运动中日益突出的主题。越来越多的研究表明,科学探究教学在提高教学的有效性,提升学生的学习成就水平和科学能力上起到了关键性作用。[2]

佩尼克(Penick)和雅格(Yager)等人在相关研究中总结出优质科学教学与科学项目的一些特点,概括在表 1-1 中。要实现利用优质科学项目进行优质科学教学,则需在教学中基于学生已有能力选取合适的科学项目,循着学生能力发展的线索引发学生的认知冲突,从而在科学活动过程中重新建构学生的知识。

表 1-1 优质科学教学与科学项目的一些特点[3]

1. 优秀的科学教师会抛开教材中心的科学,开发他们自己的项目,而且这些项目都与儿童和社区的需要密切相关,能对这些需要作出回应。同时,这些项目又都是发现导向的,本质上属于"做中学"项目。
2. 优秀的教师会打开思路,寻找新的思想。
3. 优质的科学项目关注过程甚于关注内容。
4. 优质的科学项目总是不断发展进步的。
5. 在科学内容方面进行日益增多的准备。

为了适应新时代背景下我国经济社会发展对人的全面发展的需要,义务教育阶段需要为学生开设多样化的课程。其中,综合科学课程(7—9 年级)力图超越学科的界限,实现各学科领域知识的相互渗透,统筹科学探究的过程和方法,关注科学、技术、社会、环境间的关系,帮助初中生从整体上认识自然和科学,深化对科学的理解,促进其科学素养的发展。[4] 为此,新课程强调以创新精神和实践能力的培养为重点,强调教

---

[1] AAAS. Project 2061: Blue Print [EB/OL]. http://www.project2061.org/publications/bfr/online/blpintro.htm.
[2] Wilson, C. D., Taylor, J. A., Kowalski, S. M., & Carlson, J. The Relative Effects and Equity of Inquiry-based and Commonplace Science Teaching on Students' Knowledge, Reasoning, and Argumentation [J]. *Journal of Research in Science Teaching*, 2009, 47(3), 276-n/a.
[3] Penick, J. E., Yager, R. E. Learning from Excellence: Some Elementary Exemplars [J]. *Journal of Elementary Science Education*, 1993, 1(5): 1-9.
[4] 中华人民共和国教育部. 义务教育初中科学课程标准(2011 年版)[M]. 北京: 北京师范大学出版社.

学过程是师生交往、共同发展的过程,建立新的教学方式。该方式以问题为导向、以实验为基础、以探究为手段、以思维为核心,优化科学教学过程,彰显"学生实验探究与科学思维发展于一体"的科学教学功能。科学教师通过创设问题情境,让学生有更多的机会参与实践和探究活动,让学生在发现问题、提出假设、设计实验方案、获取事实证据、作出解释评价、讨论交流的过程中逐步发展科学能力,增进对科学的理解。①

在注重能力的教学中,科学知识是学生探究科学和掌握探究过程技能可以利用的"踏板",而获得相关科学能力后又可促进学生对新内容的学习。如此教学,就会增进学生对科学基础知识的学习与理解,提高学生的认识水平与思维能力,增强学生发现问题与解决问题的能力,从而实现真正意义上的减负增效。

六、能力评价:教育评价的本质回归

教育评价是教育过程的重要环节,其根本是服务于教育目的的实现和促进教育的发展。教育评价是对教育活动进行价值判断的过程,是提供评价信息的过程,是共同建构的过程。②近年来,学科教学的目的发生了很大的变化:传统的学科教学是以"教师中心"培育"记忆者"的过程,过于强调学科知识的传授,忽略了"人"这个学习主体。而当今的学科教学是以"学习者中心"培育"探究者"的过程,注重学习主体的情感、意志、态度和价值观以及创设具体的活动情境。因此,教育评价也应该转变为更深层次的能力导向评价,衡量学生对科学和世界本质的理解程度。而不是简单地停留在知识导向评价,将时间花费在评价学生对知识的刻板回忆和机械应用上。

如何评价学生的能力已成为当今国际的教育研究热点之一,在世界范围内掀起了一股研究热潮。国际上对学生科学能力的大规模测评始于20世纪90年代,发展至今日臻完善。其中,科学素养测评的两大代表性项目PISA、TIMSS均以能力为导向,确定了科学能力模型的结构和要素,并深入探讨了能力各要素之间的关系。

PISA和TIMSS两种评价都关注学生各种能力的发展,并界定了由低到高的能力

---

① 王耀村.为发展学生科学素养的科学课程改革[J].人民教育,2019(01):62—65.
② 刘志军,徐彬.教育评价:应然性与实然性的博弈及超越[J].教育研究,2019,40(05):10—17.

水平。两者的主要区别在于 TIMSS 主要反映国家课程的内容计划,按学科对知识点分门别类进行评价,各知识点之间是独立的,有明显的学科界线,主要考查学生对课程知识的复述、理解和分析能力,目的在于适配各国的科学课程内容,对不同国家的科学课程与教学进行诊断。PISA 则打破学校课程内容的学科界线,注重把握科学知识产生逻辑和评价准则,以主题形式来整合课程内容。

国际教育界重视学生的能力评价皆因意识到未来国力的竞争主要是人才的竞争,而未来人才能力培养的主要阵地乃是基础教育阶段的各学科教育。PISA 和 TIMSS 都十分关注学生的科学素养,我国基础教育科学课程改革亦确定了学生科学素养的课程总目标,而科学学科能力无疑是科学素养的重要组成部分。

我国自 1977 年恢复高考制度以来,高考的内容与形式不断演变,能力考查的理论、技术和方法逐步完善和规范,对选拔高校新生、改进中学教学起到了良好的导向作用。以物理学科为例,能力考查内容随着整个高考改革的进程在探索中不断变革(表 1-2),从注重"双基"到加强科学探究能力考查,很好地反映了我国高考学科能力考查的改革与发展。①

表 1-2　我国物理高考试题能力考查要求的变化

时间跨度	能力考查要求
高考恢复期(1977—1982 年)	着重考查基础知识和基本技能及其运用能力
改革实验期(1983—1987 年)	比上一阶段对能力的要求深入且全面; 更加注重实验能力的考查,理论联系实际的试题增多
标准化命题期(1988—1997 年)	规定"把对能力的考核放在首要位置",提出了"理解能力""推理能力""分析综合能力""应用数学处理物理问题的能力"和"实验能力"等五项能力考查目标
课程和高考并行改革期(1998 年至今)	"3+X"科目改革,建立了综合能力考查目标; 以理论联系实际的试题进一步完善对五项能力的考查; 对创造性思维能力的考查; 逐步深入对科学探究能力的考查

《国家中长期教育改革和发展规划纲要(2010—2020 年)》中也明确提出"深化考

---

① 李勇.高考物理学科能力考查的途径和展望[J].课程·教材·教法,2011,31(12):66—70.

试内容和形式改革,着重考查综合素质和能力",①这必将引起中高考内容与形式的深度改革。通过对新课程背景下中高考试题进行研究发现,学科教育研究者和实践者对各学科的核心知识、学科基本能力以及能力的水平尚缺乏深入系统的研究,出现了各地区在同一课程标准指导下,却在试题结构、试题内容深广度,尤其是能力要求方面上存在较大差异。可见,我国亟需建立一个与知识对应的、多层次的能力测评框架,以便更加科学、客观地评价学生的能力。

第二节 研究综述

本节从学科能力的界定、能力及其测评研究、能力结构应用、国际重大测评项目等多个方面对国内外的相关研究工作进行总结和评述,为开展后续的研究积累丰富的资源,进一步明确研究方向,奠定研究的理论基础。

一、关于学科能力界定的研究

我国著名心理学家林崇德教授指出:"学科能力是衡量学生心理发展的一个重要的指标,是当前学科教育改革的一个中心问题,同时也是一个被研究者长期忽视的问题。"②从已有研究文献来看,国内目前对学科能力的研究大抵有两个路径:一是从教育学、心理学演绎而来,未能体现各学科的特殊要求;二是从分析教学大纲、课程标准等课程纲领性文件的基础上解读而来,而课程标准、教学大纲上规定的能力大多比较笼统抽象,不具有可操作性和可测性。关于学科能力本质和内涵的相关研究开展至今,主要可以概括为三种能力观:认知和智力论的能力观、方法和过程论的能力观,以及类化经验论的能力观。

认知和智力论的能力观认为,学科能力是指学习特定学科的能力。林崇德教授(1997)在其从事的心理能力发展与培养的研究过程中发现,心理能力不是空洞的,总

---

① 中华人民共和国教育部. 国家中长期教育改革和发展规划纲要(2010—2020 年)[EB/OL]. (2010 - 07 - 29)[2022 - 01 - 18]. http://www.moe.gov.cn/srcsite/A01/s7048/201007/t20100729-171904.html.
② 林崇德. 论学科能力的建构[J]. 北京师范大学学报(社会科学版),1997(1):6—12.

是要和特定的活动或特定的认知联系在一起的。这其中一种显著的表现,就是和学科教育相联系,构成了学生的学科能力。他认为的学科能力通常有三层含义:(1)学生掌握某学科的一般能力;(2)学生在学习某学科时的智力活动及能力的成分;(3)学生学习某学科的学习能力、学习策略。[①]

郭元祥(2012)认为,中小学生的学科能力是学生在基础教育阶段各门课程学习过程中表现出来的比较稳定的心理与行为特征,可以通过观察得到的外显的学习质量与结果;学科素养的核心组成部分是学科能力,学生在不同学科背景下具有不同的核心能力表现,这是学科知识内隐的认知能力要求且具有可测的行为表现与结果[②]。他将学科能力大致分为三类:(1)基础性学科能力,是学生在各学科中皆有所表现的基本能力,是与思维活动的一般过程和形式相关的能力;(2)知识性学科能力,这是学科具体知识学习的能力要求;(3)学科素养性能力,这是学科能力的核心要求,最能体现出学科特色。同时,同一学科在学生不同年龄和学习水平上,学科能力要求的指标与项目也是有差异的,体现出学科素养培育和发展的阶段性与顺序性的要求。

方法和过程论的能力观认为,学科能力是运用学科知识解决学科情境问题的能力。张警鹏和郑启跃(2006)从学科能力结构模型的角度提出了学科能力包含三个要素(个体学科知识、问题情境经验和个性化思维以及心理操作),其中情感因素和思维逻辑是区别能力和方法的关键。[③] 因此,他们认为学科能力的定义就是学生在解决具体问题时,依据个体智力水平调动已掌握的知识和经验顺利解决学科问题的心理特征。

类化经验论的能力观主要通过对学科能力的构成结构进行拆解,如21世纪能力框架对于学科能力进行了分类,其主要有思维能力、操作能力、观察能力、实验能力、探究能力、应用能力、分析问题和解决问题能力、创新能力、学习能力、实践能力等。[④]

国外对于学科能力或学生学业成就表现的研究,比较一致的是以数学、语言和阅读(语文、英语)、科学为重点学科能力领域,分别从内容属性和过程属性(核心知识、能力

---

① 林崇德. 从智力到学科能力[J]. 课程・教材・教法,2015,35(01):9—20.
② 郭元祥,马友平. 学科能力表现:意义、要素与类型[J]. 教育发展研究,2012(15—16):29—34.
③ 张警鹏,郑启跃. 学科能力心理要素三维结构模型的构建[J]. 科学大众,2006(10):9—11.
④ National Research Council (2011). Assessing 21st Century Skills: Integrating Research Findings [EB/OL]. http://researchnetwork. pearson. com/wpcontent/uploads/Assessing_21st_Century_Skills_NCME. pdf.

活动、认知水平等)对学科能力进行分维度刻画,而且比较注重对于学科的能力表现制定标准并开展测评,对相关内涵界定研究并不是十分丰富。安娜·普拉德萨(Anna Pradesa,2010)在研究评价学生实验技能时,也使用了"能力"(Competence)一词,她解释之所以使用"能力"一词而不是"技能"(Skill)、"属性"(Attributes)或是"才能"(Capability),是因为前者具有更广泛的含义。① 安娜·普拉德萨认为"学科能力包含有知识(Knowledge)、技能(Skill)和观点态度(Attitudes),只有具备这些能力的学生才能有效地解决所给出的任务(Task),不论是在熟悉还是不熟悉的情境中"。2012年美国佐治亚州制定的《佐治亚州课程标准》(Georgia Performance Standards,GPS)指出,学生在学校中学习的知识(Knowledge)与技能(Skill)就可以被称作是学科能力(Competency),其具体依照的标准是 GPS 中所列出的行为表现的标准。② 佐治亚州课程标准委员会认为,学生所能达到的行为表现便是他所具有能力的一种体现,而这能力的习得源于他在学校所学习的知识与技能,通过观察学生在标准化能力测试中的表现就能够了解学生的能力。

二、关于能力及其测量的研究

学习能力是众多能力中的核心所在,是所有能力的基础。课程标准规定了学生应知和应会什么;能力表现标准则力图使内容标准可呈现、可操作、可测评,具体规定了怎样的好才是足够的好。③ 因此,学习结果就是用来描述学生应当获得什么知识以及能够具备怎样的能力。在德国,由11位专家组成的研究团队向联邦教育部提交的长篇报告《国家教育标准的开发:专家鉴定》中,则着力突出学科能力模型在教育标准中的地位,将它视为对国家总体教育目标的具体化,是连接教育总目标与课程、教学、评价的中介环节。④ 如图1-1所示。

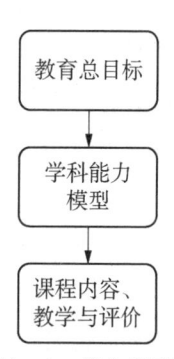

图1-1 能力模型与总体教育目标的关系

---

① Anna Pradesa. Laboratory Assessment in Chemistry: An Analysis of the Adequacy of the Assessment Process [J]. *Assessment & Evaluation in Higher Education*,2010,35(4):449-461.
② Georgia Departrnent of Education. Georgia Performance Standards [EB/OL]. http://www.gadoe.org/Curriculum-Instruction-and-Assessment/Assessment/Pages/CRCT.aspx.
③ 王祖浩,龚伟. 国内外科学学科能力体系的建构研究及其启示[J]. 全球教育展望,2013(10):96—108.
④ Bernd Gössling. All New and All Outcome-based? The German Qualifications Framework and the Persistence of National Governance Approaches [J]. *Journal of Education and Work*,2016,29(5):540-561.

那么究竟该如何去评价学生的学习能力呢？学习评价应以学习目标为导向，运用调查、测验、统计分析等方法，对学生学习过程及结果做出价值判断，对学习目标进行反思与修订。[1]

早在20世纪50年代，美国著名心理学家布卢姆为了系统地评价学生的学习，组织了一批教育心理测量专家对认知领域的教育目标进行了系统研究，将教育的目标按认知能力的高低先后分成六个主类（识记、领会、运用、分析、综合和评价）以及其他的亚类[2]。并且规定，凡是测验情境与原先的学习情境相同，或只有细微的改变，这样的测验所测量的即为知识或回忆知识的能力；如果测验的情境与原先学习时的情境有程度不同的变化，那么所测量的则是高低层次不同的智慧能力。变化程度小的测验情境，所测量的是领会和运用能力；变化程度高的测验情境所测量的是分析、综合和评价能力。这样，教师和教育测量人员可以在并不知道知识与智慧能力的本质前提下，采用上述操作方法，编制测验学习结果的题目，从而测量到高层次的智慧能力。由于布卢姆的教育目标分类具有具体性、可操作性、可测量性，在世界范围内产生了巨大影响，极大地促进了课程、教学及测量评价的改革。[3] 认知领域的教育目标测量和评价的最根本的理论问题是知识与习得的能力以及它们与外部行为表现的关系问题，布卢姆的教育目标分类理论因具有行为化和系统化的优点，为学科能力的测量和评价提供了基本框架（表1-3）。

表1-3 布卢姆教育目标分类表

层次	解释
识记	指对先前学习过的知识材料的记忆，包括具体事实、方法、过程、理论等的记忆，如记忆名词、事实、基本观念、原则等。
领会	指把握知识材料意义的能力。可以通过三种形式来表明对知识材料的领会：一是转换，即用自己的话或用与原先不同的方式来表达所学的内容；二是解释，即对一项信息（如图表、数据等）加以说明或概述；三是推断，即预测发展的趋势。

---

[1] 张浩，吴秀娟，王静. 深度学习的目标与评价体系构建[J]. 中国电化教育，2014(7)：51—55.

[2] Zapalska, A. M., McCarty, M. D., Young-McLear K, et al. Design of Assignments Using the 21st Century Bloom's Revised Taxonomy Model for Development of Critical Thinking Skills [J]. *Problems and Perspectives in Managemen*, 2018(16)：291-305.

[3] Bloom, B., Engelhart, M., Furst, E., Hill, W. and Krathwohl, D. *Taxonomy of Educational Objectives: The Cognitive Domain* [M]. New York：Longman's Green, 1956.

续表

层次	解 释
运用	指把学到的知识应用于新的情境,解决实际问题的能力。它包括概念、原理、方法和理论的应用。运用的能力以知道和领会为基础,是较高水平的理解。
分析	指把复杂的知识整体分解为组成部分并理解各部分之间联系的能力。它包括部分的鉴别、部分之间关系的分析和认识其中的组织结构。例如,能区分因果关系,能识别史料中作者的观点或倾向等。分析代表了比运用更高的智力水平,因为它既要理解知识材料的内容,又要理解其结构。
综合	指将所学知识的各部分重新组合,形成一个新的知识整体。它包括发表一篇内容独特的演说或文章,拟定一项操作计划或概括出一套抽象关系。它所强调的是创造能力,即形成新的模式或结构的能力。
评价	指对材料(如论文、观点、研究报告等)作价值判断的能力。它包括对材料的内在标准(如组织结构)或外在标准(如某种学术观点)进行价值判断。例如,判断实验结论是否有充分的数据支持,或评价某篇文章的水平与价值。这是最高水平的认知学习结果,因为它要求超越原先的学习内容,综合多方面的知识并基于明确的标准才能做出评价。

1972年,加涅(R. M. Gagne)在《学习的条件和教学论》一书中提出学习结果分类理论,根据内部心理实质和外部行为表现的不同,将学生的学习结果分为5类:言语信息、智慧技能、认知策略、动作技能和态度。其中言语信息、智慧技能和认知策略是认知领域的学习结果。加涅进一步针对每种学习结果又给出了有效学习的条件,包括内部条件和外部条件(表1-4)。①

表1-4 加涅的五种学习结果的内部条件、外部条件以及行为表现(节选)

	学习结果	内部条件	外部条件	行为表现
言语信息	名称	知觉辨别	重复、记忆术	陈述符号的命名
	事实	陈述性知识有组织的网络	提供言语交流、图片或其他线索	口头或书面陈述各种关系
	有组织的知识	事先存储于学习者记忆中的相互联系的命题组织网络	提供有区分性的"线索";精加工;学习者的注意策略	以保持"意义"及较概括的方式保存信息
智慧技能	辨别	物体差异能够引起大脑活动的不同模式	接近、强化、重复	区分一个或多个物理维度上的不同刺激反应

---

① R. M. 加涅,等. 教学设计原理[M]. 皮连生,等,译. 上海:华东师范大学出版社,1999.

续 表

学习结果	内部条件	外部条件	行为表现
具体概念	回忆辨别	给出若干无关特性上很不相同的概念例子,并要求学习者识别每一个例子	学生通过"指出"某个类别的两个或更多个成员,来识别某类物体属性
定义性概念	学习者能够提取出定义中的所有组成的概念,包括代表它们之间关系的概念	通过让学习者观察演示来学习定义性概念	学生通过识别出作为定义的构成成分的概念的例子,并指出它们之间相互关系而演示他们习得了概念
规则	提取出组成规则的每一个概念,包括代表关系的概念	使用言语交流提供线索;提示学生以正确的顺序组织概念	通过把它运用于一个或更多具体例子上而得到证实
高级规则(问题解决)	提取相关的下位规则和信息	言语交流提供的线索是少量的,引导学生进行发现学习	发明和使用复杂规则来解决新问题
认知策略	复述策略、精加工策略、组织策略、理解监控策略-元认知策略、情感策略	相关的智慧技能和言语信息	可以通过言语交流提示给学生或以简单形式向学生演示;提供练习的机会	不能直接观察,可以通过其他智慧技能推断

时隔40多年,著名学者安德森(L. W. Anderson)和克拉斯沃尔(D. R. Krathwohl)在反思布卢姆教育目标分类学对教育理论与实践的贡献基础之上对其进行了批判分析,并吸取当代认知心理学的研究成果,对布卢姆教育目标分类学进行了修订,将教育目标框架分为两个维度:一个是知识维度(分为事实性知识,概念性知识,程序性知识和元认知知识四类),主要帮助教师区分教什么;另一个是认知过程维度(分为记忆、理解、应用、分析、评价、创造六类),主要帮助教师明确促进学生掌握和应用知识的阶段历程。[①] 这样,以知识和认知过程为主线形成一个二维分类表,根据此分类表设计教学过程、确定教学目标、安排教学活动、设计教学测评等(表1-5)。

---

① Darwazeh, A. N. A New Revision of the [Revised] Bloom's Taxonomy [J]. *Distance Learning*, 2017, 14(3), 13-28.

表 1-5 修订的布卢姆教育目标二维分类模型

知识维度	认知过程维度					
	记忆	理解	应用	分析	评价	创造
事实性知识						
概念性知识						
程序性知识						
元认知知识						

总的来说,在加涅的学习结果中后天习得的能力由言语信息、智慧技能和认知策略(含元认知)构成;[1]安德森则认为习得的认知能力可以用陈述性知识和程序性知识的总量来解释;修订的布卢姆认知目标二维分类模型则表明,能力是四类知识在不同认知过程水平上的表现,从知识记忆一直到运用知识进行创造,都是学生习得能力的具体体现。[2]但不管是加涅的学习结果分类理论还是新修订后的布卢姆教育目标分类学,都说明了不同类型的学习结果或教学目标应当对应不同的学习条件或教学方式。

21 世纪以来,我国众多学者将 SOLO 分类理论引入教育研究领域,引发大量读者的浓厚兴趣并开展相关的研究。SOLO 分类理论的英文全称是 Structure of the Observed Learning Outcome,含义是"可观察的学习成果结构"。1982 年,澳大利亚教育心理学家彼格斯(John B. Biggs)和他的同事科利斯(Kevin F. Collis)在著作《评价学习的质量——SOLO 分类理论》中提出该理论。SOLO 分类理论可以基于学生对某一具体问题反应的分析,对学生解决问题时所达到的思维层次进行由低到高的五个基本结构层级的划分。SOLO 五个水平层级分别为:前结构水平、单点结构水平、多点结构水平、关联结构水平、拓展抽象水平,分别用 P、U、M、R、E 五个字母表示。五个水平层级有两层含义:从问题角度看,水平层级与问题的复杂度联系密切,反映了问题解决难度;从学生角度看,水平层级与学生解决问题时的思维层次息息相关,反映了

---

[1] Fatma Gizem, K. Y., Durak, H. Examining Pre-service Teachers' Opinions about Digital Story Design [J]. *Education and Information Technologies*, 2018,23(3): 1277-1295.
[2] Kozikoglu, I. The Examination of Alignment between National Assessment and English Curriculum Objectives Using Revised Bloom's Taxonomy [J]. *Educational Research Quarterly*, 2018(41): 50-77.

学生学习能力。SOLO分类评价理论成为评估学生学习能力和问题解决能力的有力手段,是研究学生学习能力与问题解决能力的重要工具。[1]

SOLO分类理论所反映的能力水平已成为研究深度学习的重要评价指标,表1-6是张浩等学者总结得出的SOLO分类法各个结构层次的概念内涵[2]。

表1-6 SOLO的认知发展阶段和解答层次

SOLO层次	能力	思维操作	一致性与收敛
拓展抽象E	最高:问题线索+相关素材+相互关系+假设	演绎与归纳;能对未经历的情景进行概括	解决了不一致性的问题,认为不必使结论收敛,即结论开放,容许逻辑上兼容的几个不同解答
关联结构R	高:问题线索+相关素材+相互关系	归纳;能在设定的情景或已经历的经验范围内利用相关知识进行概括	在设定的系统中没有不一致的问题,但因只在一个路径上收敛,在系统之外可能会出现不一致
多点结构M	中:问题线索+多个孤立的相关素材	只能联系几个有限的孤立的事件	虽然想做到一致性,但由于基本上只注意孤立的素材而使回答收敛太快,从而导致用同样的素材得出不同结论
单点结构U	低:问题线索+单个相关素材	只能联系单一事件	没有一致性的感觉,迅速收敛,只接触到某一点就立刻跳到结论上去,因此结论非常不一致
前结构P	最低:问题线索+混乱的解答	拒绝、同义反复、转移、跳跃到个别细节上	没有一致性的感觉,甚至连问题是什么都没弄清就收敛了

三、关于学科能力表现标准的研究

表现标准是一种规范性标准,规定了特定年级或年段学生应该达到的学习水平,是在对学生认知发展水平、教育环境和方法的综合理解的基础上对学习水平的界定和描述。[3] 与内容标准不同的是,表现标准侧重于描述学生应该展现的表现水平。由于

---

[1] İlhan, M., Gezer, M. A Comparison of the Reliability of the Solo-and Revised Bloom's Taxonomy-based Classifications in the Analysis of the Cognitive Levels of Assessment Questions [J]. *Journal of Education and Training*, 2017,7(4), 637-662.
[2] 张浩,吴秀娟,王静. 深度学习的目标与评价体系构建[J]. 中国电化教育,2014(7):51—55.
[3] Eckhard, K., Hermann, A., Werner, B., et al. *The Development of National Educational Standards-An Expertise* [M]. Federal Minister of Education and Research (BMBF), 2004:15-30.

分科设置是当前课程设置的主要形式,表现标准也是培养学生综合能力的载体,它指向的是对学科课程的规范要求。随着课程的拓宽,教育标准开始走向能力本位,强调结果与表现,表现标准也超越狭窄的学科知识、技能取向,转向学科能力。[①]

20世纪90年代初,美国发起了"由标准驱动并基于标准"的课程改革。为了给学校课程与教学的整体改革提供完整的指导和参照,使基于标准的改革具有可行性和可操作性,课程改革在倡导和资助制订全国性课程标准的基础上,鼓励制订全国性测评标准、能力表现标准、学习机会标准。其中,全国性课程标准规定学生应知和应会是什么;能力表现标准则力图使课程标准中的内容标准可呈现、可操作、可测评,具体规定怎样的好才是足够的好;学习机会标准则是为教学达标提供资源及实践条件上的保障。

美国《英语、数学、科学、应用学习能力表现标准》致力于有价值和集中的,明确和便于应用的,便于操作的……被称为"标准的标准",在美国课程改革中发挥了重要的引领作用。[②] 其中,中小学科学能力表现标准的结构如图1-2所示。

科学能力主题

S	科学
S1	物质科学的概念
S2	生命科学的概念
S3	地球和空间科学的概念
S4	科学的联系和应用
S5	科学的思考
S6	科学的工具和技术
S7	科学的交流
S8	科学的调查研究

→ 能力表现标准介绍

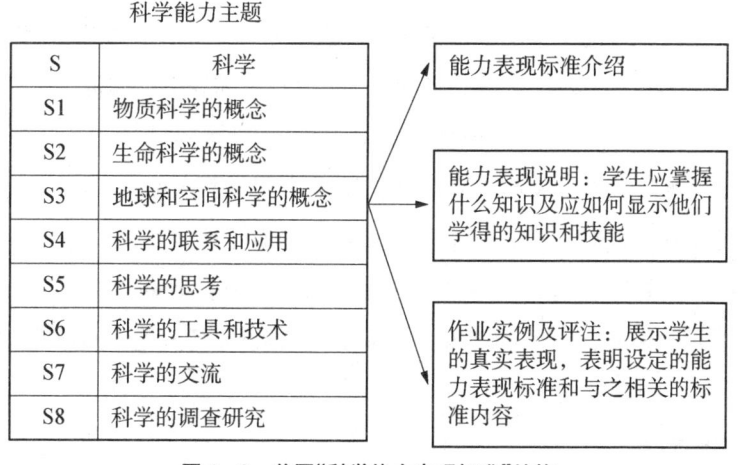

→ 能力表现说明:学生应掌握什么知识及应如何显示他们学得的知识和技能

→ 作业实例及评注:展示学生的真实表现,表明设定的能力表现标准和与之相关的标准内容

图1-2 美国"科学能力表现标准"结构

---

① Hansche, L. N. *Handbook for the Development of Performance Standards: Meeting the Requirement of Title I* [M]. Washington, D. C.: Council of Chief State School Officers, 1998: 16.

② National Center on Education and the Economy and the University of Pittsburgh. *New Standards: Performance Standards: Volume 3 High School* [M]. National Center on Education and the Economy and the University of Pittsburgh, 1997.

美国"科学能力表现标准"由能力表现标准介绍、能力表现说明、作业实例及评注以及附录四个部分构成,核心部分是能力表现说明和作业实例及评注。能力表现按8大领域进行建构:S1 物质科学的概念;S2 生命科学的概念;S3 地球和空间科学的概念;S4 科学的联系和应用;S5 科学的思考;S6 科学的工具和技术;S7 科学的交流;S8 科学的调查研究。每个领域的能力表现都有具体明确的说明,学生的作业实例以及评注紧接在能力表现说明的后面,使得能力表现标准清晰、可遵循、可操作,以此规范、引导课程标准的具体操作,使学生、教师以及公众都能够拿此标准来比较、评价学生的成就——是否"足够好"。[①]

可以看出,美国学科能力表现标准是以宏观的国家总体教育目的或教育目标为指导思想,以学科能力模型为中介形成的具体学科领域条目标准。尽管不同国家和地区具有不同的文化和教育体系,表现标准也具有不同的特点,但都把学科能力作为统领和规范不同学科不同学段学生成就水平的重要科学依据。杨向东在总结各国编制教育标准的经验基础上提出了如图1-3的教育标准编制思路。学科能力是连接国家教育目标和教育标准的枢纽,以学科能力模型编制内容标准和表现标准是当今学科能力导向思潮的反映。[②]

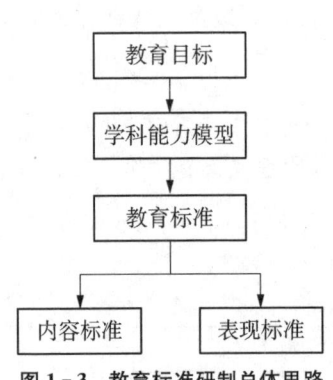

图1-3 教育标准研制总体思路

我国的基础教育课程标准从多方面规定了课程目标和内容标准,但对具体内容对应的学科能力缺乏要求或表述不够清晰,难以成为学生能力培养以及能力测评的依据。如果对学生在某一学段没有明确指向的能力表现和素养标准,那么能力立意的考试评价难免失之偏颇。无疑,制定相应的能力表现标准是解决这一问题的关键。

四、国际科学能力测评模型简介

近年来,基础教育质量的监控与评估项目受到越来越多的关注,从而对世界各国

---

① National Center on Education and the Economy and the University of Pittsburgh. *New Standards Performance: Volume 2 Middle School* [M]. National Center on Education and the Economy and the University of Pittsburgh, 1997.
② 杨向东. 基础教育学业质量标准研制[J]. 全球教育展望, 2012, 41(5): 32—41.

的基础教育发展及其课程改革产生了巨大影响。

(一) PISA

国际学生评估项目 PISA（The Program for International Student Assessment），是经济合作与发展组织（OECD）进行的 15 岁学生阅读、数学、科学能力评价研究项目。[①] 从 2000 年开始,每三年进行一次测评。2009 年的主要领域是阅读,包括美国、英国、日本、巴西、中国香港在内的 65 个国家和地区的学生参加了测评,该年上海是中国内地第一个正式参加该项目的地区。PISA 除了对学生的阅读、数学与科学素养进行测评外,还会对学生、教师、校长等群体进行问卷调查,从而探明影响学生素养表现的关键因素及其现状。学与教是该问卷调查的核心内容。[②]

PISA 2015 重点评估科学素养,其框架中包含三维度能力：

(1) 科学地解释现象（Explaining phenomena scientifically）；

(2) 评估和设计科学探究（Evaluating and designing scientific enquiry）；

(3) 科学地解释数据和证据（Interpreting data and evidence scientifically）。

这三种特定的科学能力都是为了用于理解与参与有关科学和技术问题的批判性讨论。第一种能力是能够对自然现象、技术手工艺品、技术及它们对社会的影响做出解释性说明。第二种能力是能够运用自己的知识和对科学探究的理解来确定出可由科学探究回答的问题,并能够提出可解决此问题的方法,同时确定探究步骤的合理性。第三种能力是能够科学地去解释与评估数据,并能够评估结论是否成立。PISA 2018 与 PISA 2021 也将继续围绕这三方面能力进行测试。

PISA 2015 中的科学素养由能力、情境、知识、态度四方面构成,这与 PISA 2006 相同,它们之间的关系是：科学能力是核心,具体包括科学地解释现象、科学地阐释数据和证据、评价和设计科学探究三方面能力；学生的科学能力表现在具体情境中；学生的科学知识和科学态度影响科学能力的形成和表现。具体的 2015 年 PISA 科学素养评估框架及其能力、情境和知识之间的关系如表 1-7 和图 1-4 所示。

---

① OECD. What is PISA? [EB/OL]. http://www.oecd.org/pisa/.
② 李刚,褚宏启. 转变教学方式：基于"国际学生评估项目 2018"的思考[J]. 教育研究,2019,40(12)：17—25.

表 1-7 2015 年 PISA 科学素养评估框架的各个方面

情境	个人、地方/国家和全球问题,包括当前和历史问题,需要对科学和技术有一定的了解
知识	对构成科学知识基础的主要事实、概念和解释理论的理解。这些知识包括对自然世界和技术人工制品的知识(内容知识),关于这些想法是如何产生的知识(程序性知识),以及对这些程序的基本原理及其使用理由的理解(认识性知识)
能力	科学地解释现象,评估与设计科学探究,科学地解释和设计证据

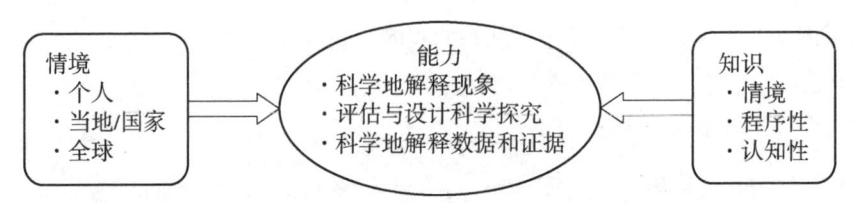

图 1-4 2015 年 PISA 科学素养评估框架三方面之间的相互关系

　　PISA 清晰界定了科学能力的不同水平,描述每一水平所对应的学生表现特点,即在该水平上学生可以做什么。2003 年以来,我国教育部及部分省市相继建立或正在筹建基础教育质量监测中心,并逐步开展义务教育阶段学生学业成绩测评。① PISA 的理念、测试框架、命题和评分的组织管理等各个方面都对我国建立本土的基础教育质量监测体系有着重要的借鉴意义。PISA 在报告科学素养成绩时,用不同的精熟度(proficiency)水平来描述学生的素养层级。② 制定学生成就量表(或描述不同成就水平的学生能做什么)对于报告和比较全球学生的成就至关重要。2015 年框架明确定义了增强科学能力与进步的参数,允许项目开发人员设计代表这种能力增长的项目(表 1-8)。该量表已扩展到"1b"级,专门针对最低能力水平的学生并提供了相应的描述。

---

① 占盛丽,文剑冰等.全球化背景下 PISA 在美国基础教育质量评估体系中的贡献[J].外国中小学教育,2010(5):1—6.
② OECD. PISA 2018 Results(Volume Ⅰ):What Students Know and Can Do [R/OL]. https://doi.org/10.1787/5f07c754-en.

表 1-8 PISA 2015 中科学能力七级水平的摘要描述

水平	任 务 特 征
6	在第 6 级,学生可以借鉴物质、生命和地球与空间科学中的一系列相互关联的科学思想和观念,并使用内容、程序和认识论知识来提供新颖的科学现象、事件和过程的解释性假设,或者作出预测。在解释数据和证据时,他们能够区分相关和不相关的信息,并且可以利用普通学校课程之外的知识。他们可以区分基于科学证据和理论的论据与基于其他考虑的论据。6 级学生可以评估复杂实验,实地考察或者仿真实验,并证明自己的选择的合理性。
5	在第 5 级,学生可以使用抽象的科学思想或概念来解释涉及多个因果关系的陌生且更复杂的现象、事件和过程。他们能够运用更复杂的认知知识来评估替代性实验设计,证明自己的选择合理,并使用理论知识来解释信息或做出预测。5 级的学生可以评估科学探索给定问题的方式,并确定数据集解释的局限性,包括数据来源和科学数据不确定性的影响。
4	在第 4 级,学生可以使用更复杂或更抽象的内容知识(提供或回忆)来解释更复杂或不太熟悉的事件和过程。他们可以在一个受约束的环境中进行涉及两个或多个独立变量的实验。他们能利用程序性和认知性知识来证明实验设计的合理性。4 级学生可以解释从中等复杂的数据集或不太熟悉的情境中提取的数据,得出超出数据范围的适当结论,并为他们的选择提供依据。
3	在第 3 级,学生可以利用适度复杂的内容知识来识别或构造对熟悉现象的解释。在不太熟悉或较复杂的情况下,他们可以在相关提示或支持下构建解释。他们可以利用程序性或认知性知识的要素在受限的环境中进行简单的实验。3 级学生能够区分科学问题和非科学问题,并找出支持科学主张的证据。
2	在第 2 级,学生可以利用日常的内容知识和基本的过程知识来确定适当的科学解释,解释数据并确定通过简单的实验设计解决的问题。他们可以使用基础知识或日常科学知识从简单的数据集中识别出有效的结论。2 级学生能够识别可以科学调查的问题,从而展示出基本的认知性知识。
1a	在 1a 级,学生能够使用基本或日常内容和程序知识来识别或对简单科学现象进行解释。在支持下,他们可以进行不超过两个变量的结构化科学查询。他们能够识别简单的因果关系或相关关系,并解释需要低水平认知需求的图形和视觉数据。1a 级学生可以在熟悉的个人、本地和全球环境中为给定的数据选择最佳的科学解释。
1b	在 1b 级,学生可以使用基本或日常科学知识来识别熟悉或简单现象的各个方面。他们能够识别数据中的简单模式,识别基本的科学术语,并按照明确的指示执行科学程序。

基于未来世界对创新型人才的需求,OECD 教育研究与创新中心(Centre for Educational Research and Innovation)计划于 2022 年基于科学问题解决考查学生的创造性思维水平,大量研究都表明具有创造性的想法和见解能推动科学发展,专家组明确了科学中的创造性思维的表现方式包括产生不同的想法、产生创造性想法、评价和改进想法三个方面;[1]这种阐释明确了创造性思维与科学素养的关系,解释数据、解释

---

[1] 张羽,王存宽. PISA 2021 创造性思维测试述评[J]. 比较教育研究,2020,42(01):19—25.

现象、评价与改进科学探究能力都将取决于学生的创造性思维水平,且发现问题、改进实验、设计有效的实验方案均与创造性思维密切相关。本次测试也表明国际上对科学素养的认识越发深入。

科学态度是历年 PISA 科学素养框架中都关注的维度,是科学能力的重要影响因素,PISA 2006 认知测试中经常包含用于测查科学态度的试题。因该类试题主观性过强,自 2015 年起设置于背景调查问卷中。科学态度与科学能力在评价中一直不能建立有效的关联。PISA 2024 科学素养有意引入科学身份认同(Scientific Identity)作为科学素养的又一重要维度。科学身份认同能建立学生与科学学科的关联,感觉科学对自身是有意义的。同时科学身份认同是科学知识和能力在可以习得并应用于现实的关键因素,是学生学习科学并取得科学成就的潜力,[①]且科学身份认同可以进行维度解构和水平划分,从而编制认知测试工具。

综上可知,PISA 科学测试始终关注学生应对未来挑战所需的核心能力,并通过测试结果为课程改革提供翔实的数据资料。PISA 取得的成功经验,证明了能力框架更新和能力科学测评的重要性。该类研究目前在国内较为缺乏。

(二) TIMSS

国际数学与科学趋势研究 TIMSS (Trends in International Mathematics and Science Study)是由国际教育成就评价协会(International Association for the Evaluation of Educational Achievement,简称 IEA)组织的对参与国的数学与科学开展课程成绩评价的大型评价项目。TIMSS 主要针对 4 年级和 8 年级学生数学与科学的学习进行评价,其测评与课程框架具有一定的匹配性以评价课程实施状况。2003 年首次实施 TIMSS 测评时,IEA 就发布了 TIMSS 评估框架,后续的命题与测评均依据该评估框架开展。2017 年 9 月,IEA 发布了最新 TIMSS 2019 评价框架。[②] TIMSS 科学评价框架主要基于各参与国的科学课程标准制定。分析 TIMSS 科学评价框架有利于了解国

[①] Shanahan, M. C. Identity in Science Learning: Exploring the Attention Given to Agency and Structure in Studies of Identity [J]. *Studies in Science Education*, 2009, 45(1): 43-64.
[②] Mullis, I. V. S., Martin, M. O. (Eds.) TIMSS 2019 Assessment Frameworks. Retrieved from Boston College, TIMSS & PIRLS International Study Center, 2017. [EB/OL]. http://timssandpirls.bc.edu/timss2019/frameworks/.

际科学课程的发展趋势。

TIMSS科学评价框架包括内容领域(content domains)和认知领域(cognitive domains)两大维度。内容领域包括四大学科内容：生物学、物理、化学和地球科学。到目前为止，只在2003 TIMSS中单独设定过环境科学领域。[1] TIMSS科学评价框架认知领域的评价构成都是与布卢姆的分类目标相匹配的，2003年主要包括三个维度：事实性知识、概念性理解、推理和分析；[2] 2007年的测评中，认知领域的考查维度修改为知道、应用和推理，而这个框架一直沿用至2019年，2019 TIMSS科学测评框架认知维度要求如表1-9所示。

表1-9　TIMSS 2019科学测评框架中认知维度要求[3]

认知维度	子维度	具 体 表 现
1. 知道(Knowing)：该领域的项目评估学生对事实、关系、过程、概念和设备的知识。准确和基础广泛的事实性知识使学生能够成功地从事更复杂的认知活动，这对科学事业至关重要。	回忆/识别 (Recall/Recognize)	识别或陈述事实，关系和概念；确定特定生物、材料和过程的特征或特性；确定科学设备和程序的适当用途；并识别和使用科学词汇、符号、缩写、单位和量表。
	描述 (Describe)	描述或识别生物和材料的特性，结构和功能的描述，以及生物、材料及过程和现象之间的关系。
	提供例子 (Provide Examples)	提供或识别具有某些特定特征的生物、材料和过程的示例；并用适当的示例阐明事实或概念的陈述。
2. 应用(Applying)：该领域的项目要求学生在可能对科学的教与学很熟悉的环境中运用事实、关系、过程、概念、设备和方法的知识。	比较/对比/分类 (Compare/Contrast/Classify)	识别或描述一组生物，材料或过程之间的异同；并根据特征和特性区分或分类单个对象、材料、生物和过程。
	联系 (Relate)	将基础科学概念的知识与观察到或推断的物体、有机体或材料的性质、行为或用途联系起来。
	使用模型 (Using models)	使用图表或其他模型来展示科学概念的知识，以说明过程、周期、关系或系统，或找到科学问题的解决方案。

---

[1] Ina V. S. Mullis, Michael O. Martin, Teresa A. Smith, Robert A. Garden; Kelvin D. Gregory; Eugenio J. Gonzalez, Steven J. Chrostowski, Kathleen M. O'Connor. TIMSS 2003 Science Framework. Retrieved from Boston College, TIMSS & PIRLS International Study Center, 2003.
[2] IEA. TIMSS Assessment Frameworks and Specifications 2003 [EB/OL]. http://pirls. bc. edu/timss2003i/PDF/t03_af_book. pdf.
[3] IEA. TIMSS Assessment Frameworks and Specifications 2003 [EB/OL]. http://timssandpirls. bc. edu/timss2019/frameworks/framework-chapters/science-framework/science-content-domains-fourth-grade/.

续 表

认知维度	子维度	具体表现
3. 推理(Reasoning)：该领域的项目要求学生参与推理以分析数据和其他信息，得出结论，并将其理解扩展到新情境。与应用领域举例的科学事实和概念相反，推理领域的项目涉及不熟悉或更复杂的情境。回答此类问题可能涉及不止一种方法或策略。科学推理还包括提出假设和设计科学调查。	解读信息（Interpret information）	使用科学概念的知识来解释相关的文本,表格,图形和图形信息。
	解释（Explain）	使用科学概念或原理为观察或自然现象提供或标识解释。
	分析（Analyze）	确定科学问题的要素,并使用相关信息、概念、关系和数据模式来回答问题和解决问题。
	合成（Synthesize）	回答需要考虑许多不同因素或相关概念的问题。
	制定问题/假设/预测（Formulate questions/Hypothesize/Predict）	根据设计信息,提出可以通过调查回答的问题并预测调查结果；根据对科学信息的经验,观察和/或分析的概念理解和知识,制定可检验的假设；并使用证据和概念上的理解来预测生物或物理条件变化的影响。
	设计调查（Design investigations）	计划适合回答科学问题或检验假设的调查或程序；并根据要测量和控制的变量以及因果关系描述或认可精心设计的调查的特征。
	评估（Evaluate）	评估其他解释；权衡利弊以决定替代工艺和材料；并就数据充足性评估调查结果以支持结论。
	得出结论（Draw conclusions）	根据观察,证据和/或对科学概念的理解做出有效推论；并得出解决问题或假设的适当结论,并表明对因果关系的理解。
	普遍化（Generalize）	得出超出实验或给定条件的一般结论；将结论应用于新情况。
	证明（Justify）	利用证据和科学理解来支持解释,问题解决方案和调查结论的合理性。

总体而言，TIMSS 2019 科学框架具有向 eTIMSS 过渡的特点，[1]且 TIMSS 2019 的科学框架也已更新为利用数字化与纸质评估两种形式。eTIMSS 为扩大 TIMSS 的评估方法范围提供了一条途径，并特别利用了新的、改进的基于计算机的方法对科学

---

[1] Mullis, I. V. S., & Martin, M. O. Dependable trend measurement is not just IRT scaling: Commentary on "linking large-scale reading assessments: Measuring international trends over 40 years". Measurement: Interdisciplinary Research and Perspectives, 2016,14(1), 30-31.

探究与科学调查进行评估。依据 TIMSS 2019 科学评估框架的官方陈述：eTIMSS 能让被试者更加投入，是一种交互式、更有视觉吸引力的评价方式。

TIMSS 在美国不仅是获得学生国际排名的工具，而且还通过各类教育数据信息的收集和分析，对学生的学业成就进行归因和解释，并以此作为发现问题、提升课程执行力、提高课堂教学水平、开发教育评价的工具、制定教育改革政策的基础。TIMSS 越来越强调科学在实际生活中的运用，解释实际生活中的科学现象。这一趋势对我国的科学素质测评具有重要的借鉴意义。

(三) NAEP

美国国家教育进展评估（National Assessment of Educational Progress，简称 NAEP）是由美国国家教育统计中心（National Center for Education Statistics，简称 NCES）开展的全国学生学业成就评价体系。它用于衡量美国中小学生在各个学科上的学业成就趋势。在将近 40 年的时间里，NAEP 定期对阅读、数学、科学、写作、美国历史、公民学、地理和其他学科进行评估，收集和报告国家、州和地方各级学生的表现信息，是国家对教育状况和进步进行评估的重要组成部分。① NAEP 旨在衡量教育目标达成与否，在全美范围内具有一定的权威性。

NAEP 评估必须建立一个组织框架。该框架是指导评估工作发展和评估内容的蓝图。国家评估管理委员会为每个主题制定了 NAEP 框架。该框架定义了学生解决课堂内外所遇到的复杂问题所需的特定主题内容和思维技巧，是针对教学过程设计的，以确保它们满足当前的教育教学要求。评估必须反映教育目标和课程的变化。因此，这些框架必须具有前瞻性和对应性，有助于将测评框架与教学实践相匹配。

科学内容和科学实践是 NAEP 评价框架中的两个维度，科学内容是指物质科学、生命科学和地球与空间科学三个领域内的知识内容，科学实践是在科学内容基础上的进一步补充。科学实践评价是通过测量学生运用科学知识的能力来评价学生对于如何使用科学知识的理解，其内容包含确定科学原理、运用科学原理、实施科学探究、使

---

① National Assessment Governing Board. Science Framework for the 2015 National Assessment of Educational Progress ［EB/OL］. https://nces. ed. gov/nationsreportcard/assessments/frameworks. aspx.

用技术设计四个方面,前两种实践通常被认为是"了解科学",而后两种实践可以被认为是该知识在"做科学"和"利用科学解决现实世界中的问题"中的应用,且有重关注学生多方面的能力：认知、回忆、定义、关联、表达科学原理,预测、解释观察到的现象,设计、批判、评估科学探究,运用实验数据验证或评判结论,以及运用科学知识与技能解决现实问题等。评价框架具体内容如表1-10所示。①

表1-10 2015 NAEP 评价框架

维度	内 容
确定科学原理	对观察结果进行描述,测量,或分类;
	陈述或识别正确的科学原理;
	论证密切相关的科学原理之间的关系;
	论证对原理不同表述之间的关系。
运用科学原理	解释和预测对现象的观察结果;
	举例说明科学原理;
	提出、分析和评价不同的解释和预言。
实施科学探究	设计或评判科学调查的各方面;
	应用合理的工具和手段事实科学调查;
	识别数据中的理论模型或将数据与理论模型联系起来;
	使用实验性数据证实数据与理论模型是否符合或将理论模型与数据相联系。
使用技术设计	提出或批判对问题的解决方案,给出标准和科学的约束条件;
	设计科学的解决方案,在多种解决方案中做出科学的选择;
	应用科学原理和数据推测工程设计决策的影响。

在 NAEP 的评价框架中,科学实践的各维度是按照学生认知水平的发展设计的,不同维度下的行为表现在一定程度上也体现出学生科学能力的发展,即反映了科学实践能力逐层递进的规律。

将科学实践具体细化后以行为动词呈现的一般的表现期望,以说明学生能达到准确而有效交流的目标;科学实践不能脱离科学内容,若将科学实践的一般表现期望结

---

① 陈雨.基于化学学科能力的题库构建与评价研究[D].上海：华东师范大学,2015.

合具体科学内容,就可形成更为具体的表现期望;根据具体表现期望开发用于评价的试题,由试题引发学生相应的反应,以此作为评价学生科学能力的证据。具体的技术路线如图1-5所示。

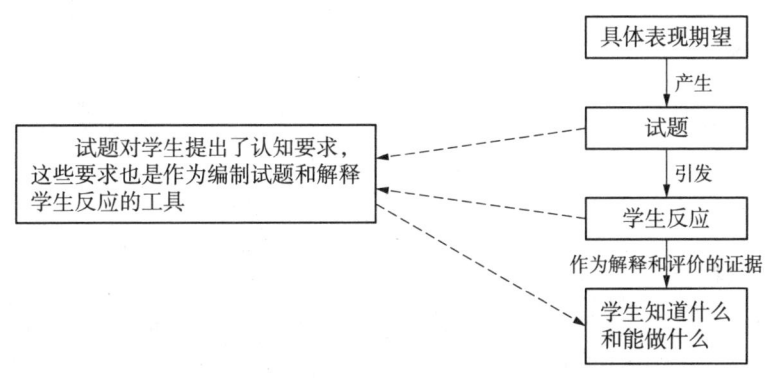

图1-5 NAEP科学评估试题编制和评价的技术路线

(四) SAP

科学能力计划(Scientific Abilities Project,简称 SAP)是在美国国家科学基金会(National Science Foundation,简称 NSF)学生学业评价项目(Assessing Student Achievement,简称 ASA)的支持下,由美国罗格斯大学物理学与天文学教育研究小组展开研究。该研究小组在深入分析物理学科发展史、认知技能分类以及吸取科学教育工作者反馈意见的基础上,提出学生接受物理教育后应具备的科学能力有:(1)以多种方式来表述信息;(2)使用科学仪器观察实验,并收集用以解释现象、检验假说或解决实际问题的相关证据;(3)加工处理证据,以便建立模型回答问题;(4)对模型进行全方位解释;(5)基于新证据的出现,对模型作出相应修改;(6)评价某实验设计、结果或某问题解决方案。[①]

为了帮助学生发展上述科学能力,必须引导学生参与合适的教学活动,并选择恰当的方式来评价学生在教学活动中的表现。罗格斯大学研究小组首先将每一个能力分解为子能力(Sub Abilities),以便能更好地被评价;开发出科学能力评价表之后,设

---

① E. Etkina,A. Van Heuvelen,et al. Scientific abilities and their assessment [EB/OL]. http://paer.rutgers.edu/ScientificAbilities/The+Abilities/default.aspx

计不同的活动项目,采用"0—3分"的模式(Scoring Rubrics)来描述学生在每一个子能力水平上的行为表现,整个技术路线如图1-6所示。

逻辑基点 → 科学能力 → 次级能力 → 活动设计(举例略) → 评分标准

等级	评分标准(以"正确记录和表述实验数据"为例)
0	Missing——没有回答（缺失数据或者数据是不可理解的）
1	Inadequate——欠缺回答（缺失重要数据）
2	Needs some improvement——回答需改进（重要数据已给出,但表述不合理）
3	Adequate——完整回答（合理组织重要数据、表达清晰）

物理学科发展史 * 认知技能分类 * 科学教育工作者的反馈意见

能力x — 识别实验误差的来源
能力y — 判断实验误差的影响
收集和分析数据能力 — 减小实验中的误差
　　　　　　　　　— 记录和表述实验数据
能力z — 解释实验数据
……

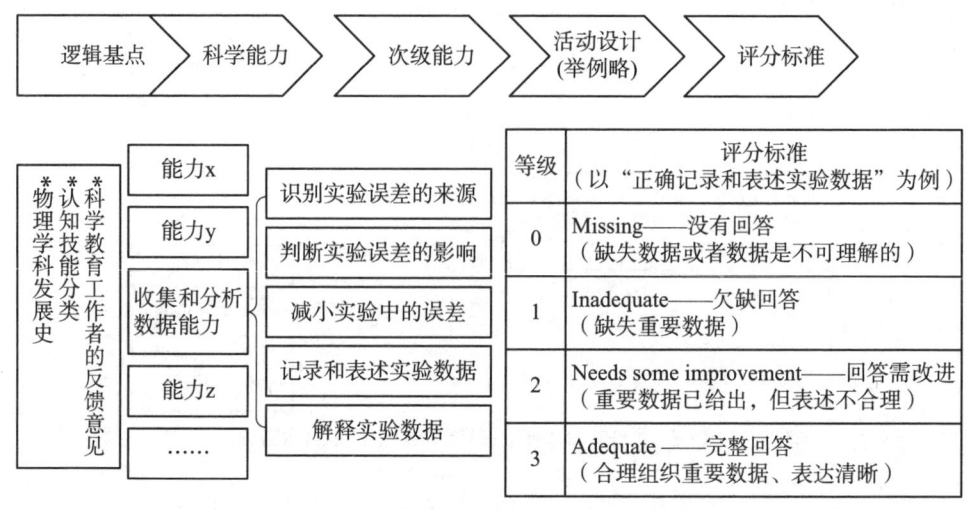

图1-6 科学能力计划能力评估的技术路线

该计划所提出的科学能力有多种,表1-11以其中的"收集和分析数据能力"及其完整的评价标准作为示例。[①]

表1-11 收集和分析数据能力的评价标准

次级科学能力	缺失的	不完整的	需要改进的	完整的
识别实验误差(不确定性)来源的能力	没有识别出实验误差的来源	识别了实验误差的来源,但是大部分是缺失的、表达模糊的或错误的	识别了大部分实验误差的来源	所有不定因素被准确识别
判断实验误差(不确定性)如何影响数据的能力	没有判断不确定因素对实验的影响	判断了实验中的不确定因素的存在,但大部分是缺失的、表达模糊的或错误的。或仅仅考虑到了绝对误差或最终结果并没有考虑到不确定因素	最终结果考虑到了不确定因素,但没有准确判断	实验过程中的不确定因素被准确判断

---

① 龚伟,王祖浩.美国"科学能力计划"研究概况述评及启示[J].基础教育,2015,12(01):67—73.

续 表

次级科学能力	缺失的	不完整的	需要改进的	完整的
减小实验误差（不确定性）的能力	没有采取措施减小实验误差	列举了实验中的一些不确定因素，但没有采取措施去减小误差	采取相应的措施减小实验误差，但这些措施并不是最有效的	采取有效措施减小了实验误差
记录和表述实验数据的能力	数据是缺失的或不可理解的	许多重要数据缺失或不可理解	重要数据都被记录，但记录方式需要改进	所有数据被准确合理地记录
解释实验数据的能力	没有分析、解释数据	分析解释了数据，但有明显错误	分析解释是合适的，但还存在少量的错误或遗漏	数据解释合理、完整、准确

科学能力计划基于物理学科特点建构的科学能力测评模型是一个开放的、动态的发展模型，要求教师和学生共同理解学习目标。该计划力求设计促进学生发展的科学问题（科学活动），通过教师评价、同伴互评和自我评价等方式对学习情况进行持续性监控，不断发现问题并及时进行反馈与调整，使得所有学习者的科学能力在整个学习过程中得到持续发展。这种做法测评了学生对科学本质的理解程度并导向更深层次的能力评价，不仅突出了测评任务的学业成就评估功能，而且发挥了其诊断与教学功能，能更好地促进学生的学习。

五、我国关于学科能力的相关研究

（一）我国学科能力研究缘起

我国著名心理学家林崇德教授自1978年起一直带领他的团队研究儿童与青少年"思维-智力-认知能力"的发展，从事基础教育阶段各学科能力结构的构建研究，此研究一直持续到21世纪。他们对学科能力提出如下解释：(1)某学科的特殊能力是该学科能力的最直接体现；(2)一切学科能力都以概括能力为基础；(3)某学科能力的结构应有思维品质成分参与；(4)学生的学科能力具有一定的个体差异。[①]

（二）我国各主要学科的相关研究

能力在主体的活动中起调节、制约作用，如若对主体所完成各类测验及其结果做

---

① 林崇德.论学科能力的建构[J].北京师范大学学报(社会科学版),1997(1)：6—12.

出相关分析,便能揭示调节制约着这些活动的内隐心理特质,即能力结构。基于此,黄明、刘祖川(2000)等人基于多元统计中的相关因素分析法,使用 SAS 软件对某地高中学生的语文、数学、外语、物理、化学、生物、地理、历史、政治九门学科的考试成绩进行相关分析,研究发现上述各学科间存在着不同程度的相关性,并得出构成高中生学习能力的主要因素,如数学和科学能力(归纳推理能力、空间想象能力、计算与操作能力等),语言能力(记忆能力、想象能力、表达能力、分析综合能力等)。①

我国目前的学科能力研究主要涉及数学、语文以及科学等学科,研究热点主要集中在以下几个方面:(1)学科能力是什么?绝大部分研究者从心理学的角度来对学科能力进行定义,而针对具体学科则结合该学科特色,如有研究者将物理学科能力定义为"直接影响物理学习效率,使物理学习顺利进行的个性心理特征";(2)学科能力的构成要素有哪些?国内研究者通过比较国内外各国课程标准、学科考试大纲中对能力的相关要求并考虑到理科学科特色而提出各学科能力的构成要素,但不同的研究者提出的视角不一,有的将学科能力分解成几个核心的学科能力,有的从解决学科问题的角度将学科能力分解为解决学科问题的子能力,还有的根据学生不同年龄阶段的心智发展特点将学科能力分解为从基础到高级的子能力等;(3)学科能力的外在表现如何?这主要涉及研究者们将学科能力组成要素细化得到具体的学科能力表现测评框架,从而设计不同的测验工具,以此探查被试的学科能力发展状况。

1. 有关数学学科能力的研究

由于数学能力的发展对学生逻辑思维能力的重要影响,相比其他学科,教育学家、心理学家以及数学教育研究者较多关注中小学生的数学能力结构及其评价的研究。这些研究大致可以分为两种,一种是从解决数学问题时的心理活动结构出发,采用逻辑分析的方法探讨学生的数学能力结构,另一种是根据测验所获数据,采用因素分析的方法对学生的数学能力结构进行探索性或验证性分析。

(1)从心理活动结构出发的数学学科能力研究

苏联心理学家克鲁捷茨基提出数学能力由九种成分构成:①概括数学材料的能力;②使数学材料形式化的能力;③用数字和其他符号进行运算的能力;④连续而有节

---

① 黄明,刘祖川.高中各学科能力因素的多元统计分析[J].数理统计与管理,2000,20(5):19—22.

奏地逻辑推理的能力;⑤用简缩了的结构进行思维的能力;⑥逆转心理过程的能力;⑦从一种心理运算过渡到另一种心理运算的能力;⑧数学记忆能力;⑨形成空间概念的能力。①

  林崇德教授(1998)认为,中小学生的数学能力应看作是以数学概括为基础,将三种基本数学能力(运算能力、空间想象能力和逻辑思维能力)与五种思维品质(深刻性、灵活性、独创性、批判性和敏捷性)组成的15个交结点的开放性动态系统。②

  孙以泽(2003)认为,数学能力是由基础能力(数学观察力、数学注意力、数学记忆力、数学运算能力)、核心能力(数学思维能力,包括数学抽象能力、数学逻辑思维能力、数学创造性思维能力、空间想象能力)、综合性能力(数学问题解决能力)三个不同层面的多种能力成分组成的,数学能力结构则是由各种数学能力成分所组成的动态的、多维度、多层次的立体网络结构。③

  曹一鸣、刘晓婷、郭衎(2016)从学习理解、应用实践、迁移创新三个维度,分九个子维度构建了学生数学学科能力测试框架,如表1-12所示④。针对中学生开发了数学学科能力测试工具,通过对B市H区8—12年级(测试内容为7—11年级)的2 571名学生分层抽样测试,研究结果发现,学生总体数学学科能力表现呈递增趋势,但基础能力在高年级出现下滑;且不同类别的学校之间存在显著差异。

表1-12 数学学科能力构成要素

能 力 要 素	
A 学习理解能力	A1 观察记忆,A2 概括理解,A3 说明论证
B 应用实践能力	B1 分析计算,B2 推理解释,B3 简单问题解决
C 迁移创新能力	C1 综合问题解决,C2 猜想探究,C3 发现创新

(2) 基于数据进行探索性或验证性分析的数学学科能力研究

  陈仁泽、陈孟达(1997)对高中生数学能力结构进行了考察,利用某市四类中学(高

---

① B. A. 克鲁捷茨基. 中小学生数学能力心理学[M]. 李伯黍等,译. 上海: 上海教育出版社,1988: 112.
② 林崇德. 学习与发展——中小学生心理能力发展与培养(修订版)[M]. 北京: 北京师范大学出版社,2003: 329.
③ 孙以泽. 数学能力的成分及其结构[J]. 南京晓庄学院学报,2003(6): 97—99.
④ 曹一鸣,刘晓婷,郭衎. 数学学科能力及其表现研究[J]. 教育学报,2016,12(04): 73—78.

中)数学入学考试的原始数据分别进行因素分析,寻找数学能力的主要结构因素。通过 Q 型因素分析(研究样本学生间的相互关系)找出控制所有学生的三种典型代表,再通过 R 型因素分析(研究变量之间的关系)找出并估计支配所有指标的数学能力。研究认为,学生的数学能力是由抽象概括能力、综合运算能力、思维转换能力和逻辑推理能力四个因素构成。[1]

胡中锋、莫雷(2001)运用自编的包括 18 个分测验的数学成就量表,将 1 291 名被试随机分为两组,利用一组的数据进行探索性因素分析,提出 5 种假设;再利用另一组的数据进行验证性因素分析,计算几种模型的拟合程度,从而选出拟合程度最高的模型。结果显示,四因素模型的拟合程度最高,很好地代表了中学生的数学能力结构。四因素为运算能力、空间想象能力、逻辑思维能力和思维转换能力。[2]

2. 有关语文学科能力的研究

谢永泉(1996)从教学实践的角度提出,中学生语文能力不应是透彻理解和系统掌握课文内容及相关语文知识的能力,即语文知识不能被看作是语文能力结构的要素。[3] 语文能力应该是能正确理解与运用母语语言文字,能够满足思维运行与发展所需要的听、说、读、写能力,是由语言和对其正确熟练的操作行为构成的。由此衡量一个中学生语文能力的高低,不能仅看其词语识记量的多少,而关键在于其言语行为的优劣。他还指出,个人的母语能力发展具有阶段性特点:(1)基础听说能力(生活对话能力),这在其学龄时就已经成熟;(2)基础读写能力,这在其基础教育阶段需要发展且能够成熟的能力;(3)高层次读写能力(长篇独白听说和研读、著述以及创作能力),这是学生在中学毕业后才能得到充分发展的高层次能力。

张燕华、郑国民等(2014)以语文学科能力考查为核心的语文测试评价框架包括学习理解、应用实践和迁移创新三个能力层级,如表 1 - 13 所示。[4] 在建构中学生语文学科能力构成体系的基础上,对某市两个区 7—11 年级共 4 322 名中学生的语文能力进

---

[1] 陈仁泽,陈孟达. 数学学习能力的因素分析[J]. 心理学报,1997,29(2):172—176.
[2] 胡中锋,莫雷. 高中生数学能力结构研究[J]. 华南师范大学学报(自然科学版),2001(2):24—30.
[3] 谢永泉. 中学生的语文能力结构及其培养[J]. 中国教育学刊,1996(5):45—47.
[4] 张燕华,郑国民,关惠文. 中学生语文学科能力表现——基于 Rasch 模型的语文测试评价[J]. 课程·教材·教法,2014,34(11):69—74.

行测试,结果发现:从学习理解能力而言,中学生尤其应该加强分析概括能力和领会理解能力的培养;从应用实践能力而言,语文教学应该关注中学生应用交际能力的培养。针对不同的文类,应该培养学生的文类意识;从迁移创新能力而言,应该重视培养中学生的写作能力,尤其在内容创新、表达真情实感等方面更需要加强。

表1-13 语文学科能力构成要素

	能 力 要 素
A 学习理解能力	A1 观察注意,A2 记忆,A3 信息提取,A4 分析概括,A5 领会理解
B 应用实践能力	B1 应用交际,B2 解释推断,B3 解决问题,B4 策略应用
C 迁移创新能力	C1 发散创造,C2 批判赏析,C3 内化完善

3. 有关物理学科能力的研究

苏睿、李来政(1992)最早尝试因素分析法对中学生的物理能力结构进行研究,他们在对中学物理知识内容和高中学生实际物理学习状况分析的基础上,设计了高中学生物理学习领域活动的成就测验卷并抽取504名高三学生进行测试,测试结果按均等分布方法进行客观评分,最终对学生的测试结果进行因素分析以得出学生的能力结构。他们的研究结果表明,学生所表现的物理学科能力结构主要由6个因素构成:模式识别能力、实验分析能力、思维现象能力、筛选贮存能力、知识迁移能力以及数理推理能力。[1]

黄小红(2001)借鉴心理学定义,将物理学科能力定义为直接影响物理学习效率,使物理学习顺利进行的个性心理特征。她认为学科能力要素需以最基本的形式出现,并辅以具体说明,从而提出物理学科能力体系的三个阶段,每个阶段有其相应的能力要求:(1)基础阶段,这个阶段学生应该准备学习物理的基础能力——阅读理解能力和数学能力;(2)物理学习阶段,这个阶段物理学习过程中应培养和发展的能力有观察能力、实验能力、思维能力;(3)发展阶段,学生在经历了基础物理的学习后应具有较高水平的能力——物理研究能力、创造能力。[2]

---

[1] 苏睿,李来政.中学物理教学中学生能力结构的因素分析与能力培养研究[J].教育研究与实验,1992(2):33—39.
[2] 黄小红.物理学科能力的构建及培养[D].湖南师范大学,2001:5—13.

郭玉英、张玉峰、姚建欣(2016)认为,物理学科能力是指学生顺利进行物理学科的认识活动和问题解决活动所必需的、稳定的心理调节机制,确定了三个维度(学习理解能力、应用实践能力、迁移创新能力)、九项一级指标的物理学科能力表现框架(见表1-14)。[1]

表 1-14 物理学科能力构成要素

能 力 要 素	
A 学习理解能力	A1 观察记忆,A2 概括论证,A3 关联整合
B 应用实践能力	B1 分析解释,B2 推论预测,B3 综合应用
C 迁移创新能力	C1 直觉联想,C2 迁移与质疑,C3 建构新模型

4. 有关化学学科能力的研究

司马南、王后雄等(2010)在考察了历年我国化学教学大纲、化学课程标准、高考化学考试大纲中关于化学学科能力的不同描述后,提出了"智力-知识-技能-科学方法"的能力构建理论(图1-7),认为化学学科的核心能力是观察与实验能力、化学学习能力、化学思维能力、科学探究能力、实践与创新能力,并界定了其能力结构要素。[2]

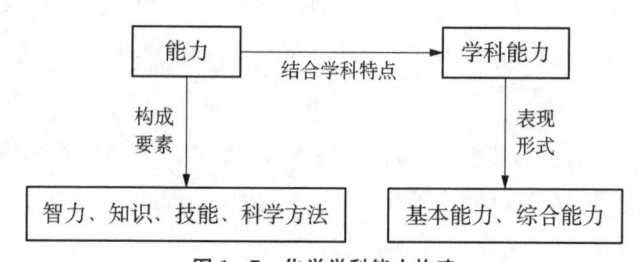

图 1-7 化学学科能力构建

华东师范大学王祖浩团队在国内最早引入 Rasch 模型系统、深入研究了化学学科能力测评的理论与方法,并在国外刊物上发表了一系列研究成果。韦斯林、柳秀峰、王祖浩(2012)以 Rasch 模型和测量建构"四基石"方法为指导,以物质结构为切入点,以计算机建模为主要学习工具和评价内容,建构中学生化学物质结构的学习进程;开发

---

[1] 郭玉英,张玉峰,姚建欣. 物理学科能力及其表现研究[J]. 教育学报,2016,12(04):57—63.
[2] 司马南,王后雄,王敏. 化学学科能力的基本理论问题研究[J]. 评价与测量,2010(5):3—11.

并实证了计算机建模环境下学生物质结构理解的测量工具,在验证测评工具的信效度前提下,利用评价工具进行相关实测,所得到的研究结果揭示了初三、高一学生计算机建模环境下学生物质结构理解的特征与规律。[1] 此外,韦斯林等(2014)还基于 Rasch 模型开发了中学生化学模型理解能力的评价工具,并对其信效度进行了检验,为化学学科能力的测评做出了探索与尝试。[2] 王祖浩等(2018)基于 Rasch 模型开发了较高质量的 10—12 年级化学符号表征能力(CSRA)的测评工具,[3]并基于该工具对不同年级、性别的中国高中生化学符号表征能力(CSRA)进行了测评和比较。迟少辉、王祖浩等的研究表明,高年级学生比低年级学生表现出的化学符号表征能力更强,男生的平均水平比女生平均水平高。男女性别与年级之间存在显著的交互效应,男生在 10 年级时的平均成绩要比女生高得多,而在 11 年级男女生的化学符号表征能力差异并不大。[4]

王祖浩、杨玉琴(2012)率先在国内化学教育刊物上发表了基于 Rasch 模型及 Wilson 测量建构"四基石"方法开展能力测评研究的成果,从理论上定义了"化学实验认知能力",并进行水平构建、测验工具的开发及优化、能力测验及数据分析。[5] 通过研究发现所获数据符合 Rasch 模型预期,验证了测验工具良好的信度、效度,并在此基础上探讨了不同年级学生"化学实验认知能力"的水平分布,分析了"化学实验认知能力"的年级差异和学校差异,较为详细地阐述了能力测评研究的方法论。王星乔、王祖浩(2014)基于规则空间模型的高中化学平衡内容进行了认知诊断研究;[6]宋歌、王祖

---

[1] Wei, S., Liu, X., Wang, Z., & Wang, X. Using Rasch Measurement To Develop a Computer Modeling-Based Instrument To Assess Students' Conceptual Understanding of Matter [J]. *Journal of Chemical Education*, 2012, 89(3), 335-345.

[2] Wei, S., Liu, X., & Jia, Y. Using Rasch Measurement To Validate the Instrument of Students' Understand of Models in science (SUMS) [J]. *International Journal of Science and Mathematics Education*, 2014, 12(5), 1067-1082.

[3] Wang, Z., Chi, S., Luo, M., Yang, Y., & Huang, M. Development of an instrument to evaluate high school students' chemical symbol representation abilities. *Chemistry Education Research & Practice*, 2017, 18(4):875-892.

[4] Chi, S., Wang, Z., Luo, M., Yang, Y., & Huang, M. Student Progression on Chemical Symbol Representation Abilities at Different Grade Levels (Grades 10-12) across Gender [J]. *Chemistry Education Research and Practice*, 2018, 19(4), 1055-1064.

[5] 王祖浩,杨玉琴.基于 Rasch 模型的"化学实验认知能力"测评工具编制及测评研究[J].化学教育,2012, 33(09): 95—102+108.

[6] 王星乔,王祖浩.基于规则空间模型的高中化学平衡内容认知诊断研究[J].化学教育,2014,35(11): 50—54.

浩(2018)基于高中生化学概念认知水平对定量化能力进行了测评研究;[1]傅永超、王祖浩、程萍(2020)运用 Rasch 模型对初中生化学信息加工能力进行了测查研究。[2]

在王祖浩教授指导下,华东师范大学韦斯林、杨玉琴先后完成了有关化学学科能力测评的博士学位论文《应用 Rasch 模型构建基于计算机建模的中学生物质结构认知测量的研究》(2011)和《化学学科能力及其测评研究》(2012)。[3][4] 在该研究团队中,完成了一系列有关化学学科能力测评的硕士学位论文:《基于化学学科能力的 MCE 与 NCHO 研究》(陈颖,2011);[5]《基于测量模型的化学平衡知识的认知诊断研究》(王星乔,2011);[6]《高中生化学科学探究能力测评研究》(徐睿,2012);[7]《基于 IMMEX-C 学生化学问题解决能力的评价研究》(姚晓红,2012);[8]《初中生化学定量能力的特征及其测评研究》(李红萍,2015);[9]《基于化学学科能力的题库构建与评价研究》(陈雨,2015);[10]《高中化学"新情境"信息题的特征及能力测评研究》(张志勇,2015);[11]《自我监控对有机化学问题解决能力的影响研究》(叶晓婷,2016);[12]《中学生化学课外实验能力的评价及教学效果研究》(高倩倩,2016);[13]《中学生化学图表信息加工能力的特征研究》(许苏宜,2016);[14]《新高考选考的化学学科能力特征研究》(毕维华,2017);[15]《高中生化学宏微结合素养测评研究》(王紫遥,2018);[16]《高中生结构化学的模型应用能力测评

---

[1] 宋歌,王祖浩.基于高中生概念认知水平的定量化能力测评研究[J].化学教育(中英文),2018,39(01):56—62.
[2] 傅永超,王祖浩,程萍.初中生化学信息加工能力的测查研究[J].化学教育(中英文),2020,41(09):69—74.
[3] 韦斯林.应用 Rasch 模型构建基于计算机建模的中学生物质结构认知测量的研究[D].华东师范大学,2011.
[4] 杨玉琴.化学学科能力及其测评研究[D].华东师范大学,2012.
[5] 陈颖.基于化学学科能力的 MCE 与 NCHO 研究[D].华东师范大学,2011.
[6] 王星乔.基于测量模型的化学平衡知识的认知诊断研究[D].华东师范大学,2011.
[7] 徐睿.高中生化学科学探究能力测评研究[D].华东师范大学,2012.
[8] 姚晓红.基于 IMMEX-C 学生化学问题解决能力的评价研究[D].华东师范大学,2012.
[9] 李红萍.初中生化学定量能力的特征及其测评研究[D].华东师范大学,2015.
[10] 陈雨.基于化学学科能力的题库构建与评价研究[D].华东师范大学,2015.
[11] 张志勇.高中化学"新情境"信息题的特征及能力测评研究[D].华东师范大学,2015.
[12] 叶晓婷.自我监控对有机化学问题解决能力的影响研究[D].华东师范大学,2016.
[13] 高倩倩.中学生化学课外实验能力的评价及教学效果研究[D].华东师范大学,2016.
[14] 许苏宜.中学生化学图表信息加工能力的特征研究[D].华东师范大学,2016.
[15] 毕维华.新高考选考的化学学科能力特征研究[D].华东师范大学,2017.
[16] 王紫遥.高中生化学宏微结合素养测评研究[D].华东师范大学,2018.

研究》(曾雯,2018);①《高中生化学高阶思维能力的测评研究》(辛欣,2019);②《化学变量控制的推理能力测评研究》(叶梦倩,2019);③《化学情境思维能力测评与诊断》(全微雷,2020);④《高中生化学问题解决中的"在线元认知"测评研究》(曾雅婷,2020)等。⑤

王磊、支瑶(2016)在文献研究的基础上,从学习理解、应用实践、迁移创新三个维度定义了化学学科能力(表1-15),并开发学科能力表现测评工具,通过分析高中生化学学科能力表现的测评数据,了解学生三方面的化学学科能力水平现状。⑥

表1-15 化学学科能力构成要素

能 力 要 素	
A 学习理解能力	A1 辨识记忆,A2 概括关联,A3 说明论证
B 应用实践能力	B1 分析解释,B2 推论预测,B3 简单设计
C 迁移创新能力	C1 复杂推理,C2 系统探究,C3 创新思维

5. 有关生物学科能力的研究

代晓莹(2008)依据义务教育生物学课程标准中对能力目标的规定,并在深入分析教材内容的基础上,对初中生生物学科能力的外显行为进行了具体的分类:发现和解决问题的能力,实验操作能力,合作与沟通能力,收集、分析和利用信息能力。⑦

邓燕(2011)结合高中生物课程标准、生物高考考试说明以及分析生物高考试卷构建了高考生物学科能力考查层次:生物学科基础知识的理解和应用能力,科学实验能力,搜集和处理生物学信息的能力,生物学思维能力,生物学语言能力。这些能力要素还被划分为从低到高的不同层次。⑧

王健、王聪等(2016)通过基于学习过程的信息加工模型,构建了由学习理解、应用实践和迁移创新三个能力要素构成的生物学科能力体系模型,并将学生的生物学科能

---

① 曾雯.高中生结构化学的模型应用能力测评研究[D].华东师范大学,2018.
② 辛欣.高中生化学高阶思维能力的测评研究[D].华东师范大学,2019.
③ 叶梦倩.化学变量控制的推理能力测评研究[D].华东师范大学,2019.
④ 全微雷.化学情境思维能力测评与诊断[D].华东师范大学,2020.
⑤ 曾雅婷.高中生化学问题解决中的"在线元认知"测评研究[D].华东师范大学,2020.
⑥ 王磊,支瑶.化学学科能力及其表现研究[J].教育学报,2016,12(04):46—56.
⑦ 代晓莹.基于能力培养的初中生物教学模式研究[D].辽宁师范大学,2008:20.
⑧ 邓燕.江苏生物高考能力结构构建与实践研究[D].南京师范大学,2011:10—22.

力表现划分为五个水平(表1-16)。① 通过对学生的实证研究测评进行分析,结果显示,从7年级到12年级,学生的生物学科能力由简单到复杂,能力表现逐渐上升。

表1-16 生物学科能力构成要素

能 力 要 素	
A 学习理解能力	A1 回忆识别,A2 概括,A3 概念扩展
B 应用实践能力	B1 科学解释,B2 简单推理,B3 简单设计
C 迁移创新能力	C1 复杂推理,C2 远联系建立,C3 科学实践

6. 有关地理学科能力的研究

袁孝亭和王向东(2003)从地理课程结构与内容特点出发,将中学地理学科的核心能力定义为:对地理空间格局的敏锐觉察力,对地理过程的分析、想象和简单预测力,地理信息加工的能力,运用地理解决实际问题的能力。②

林耀春(2003)认为,地理学科能力组成要素的划分必须具有鲜明的学科特点,并比较不同学科能力要素划分的异同以及解读国内外地理课程标准中关于学科能力具体要求的历史演变,提出了如图1-8所示的地理学科能力结构体系。③

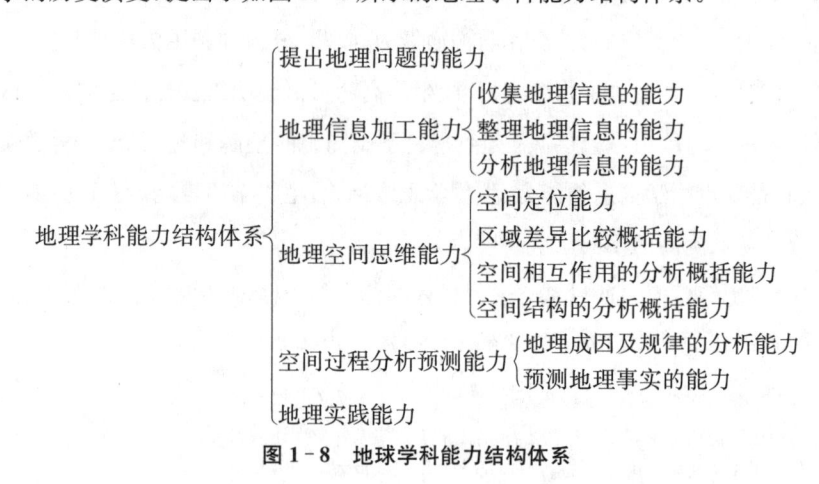

地理学科能力结构体系
- 提出地理问题的能力
- 地理信息加工能力
  - 收集地理信息的能力
  - 整理地理信息的能力
  - 分析地理信息的能力
- 地理空间思维能力
  - 空间定位能力
  - 区域差异比较概括能力
  - 空间相互作用的分析概括能力
  - 空间结构的分析概括能力
- 空间过程分析预测能力
  - 地理成因及规律的分析能力
  - 预测地理事实的能力
- 地理实践能力

图1-8 地球学科能力结构体系

---

① 王健,王聪,刘志爽.生物学科能力及其表现研究[J].教育学报,2016,12(04):64—72.
② 袁孝亭,王向东.重视地理学科的核心能力与地理观点培养[J].课程·教材·教法,2003(10):20—24.
③ 林耀春.地理学科能力结构研究[D].东北师范大学,2003:4—14.

王民等(2017)从我国初高中地理课程标准出发,构建了地理学科能力基本框架(表1-17),并将所构建的框架与具体的地理学科内容相结合,形成了用于测评学生地理学科能力的工具。测评结果显示,学生在不同的地理学科能力要素之间和不同的内容主题之间存在差异;学生在不同的年级、特定的能力层级上也存在一定差异。[①]

表1-17 地理学科能力构成要素

能 力 要 素	
A 学习理解能力	A1 观察和记忆,A2 比较与关联,A3 概括和归纳
B 应用实践能力	B1 解释和实践,B2 计算和技能,B3 综合和推论
C 迁移创新能力	C1 迁移和探究,C2 区域判断和定位,C3 评价规划

7. 有关科学学科能力的研究

胡卫平(2001)认为,科学能力是中学生的一种特殊能力,是学生智力、能力与科学学科有机结合并在科学学科学习、实践方面的具体表现。观察能力、实验能力、思维能力是三种基本的科学能力;学习能力及分析问题、解决问题的能力是两种综合能力;创造能力则是在这些能力的基础上发展起来的一种高层次的综合能力。[②] 四种基本科学能力的关系如图1-9所示,结构模型如图1-10所示。

华东师范大学王祖浩团队在科学学科能力测评领域也进行了深入研究,并在国外刊物发表了相关科学学科能力测评的研究成果。王祖浩、韦斯林等(2012)开发了一种用于测量学生科学图形阅读能力的工具(表1-18)。通过将图形中所呈现的科学信息分为显性信息、隐性信息和结论性信息三类构建相应框架,对学生试题进行编码与统计分析。[③] 研究发现:(1)学生阅读三类科学信息的能力随着年级的提高而提高;(2)不同年级的学生在阅读各种信息方面表现出显著性差异,但在阅读图形主题与图形中某一部分的显性信息、通过使用数学工具得出的隐性信息,以及通过比较得出的结论性信息时,不同年级的学生阅读能力表现差异并不显著;(3)整体上,同一年级的

[①] 王民,高翠微,蔚东英,杨洁.地理学科能力及其表现研究[J].教育学报,2017,13(02):52—60.
[②] 胡卫平.论中学生科学能力的结构[J].中国教育学刊,2001(6):20—23.
[③] Wang, Z. H., Wei, S., Ding, W., Chen, X., Wang, X., & Hu, K. Students' Cognitive Reasoning of Graphs: Characteristics and Progression [J]. International Journal of Science Education, 2012,34(13): 2015-2041.

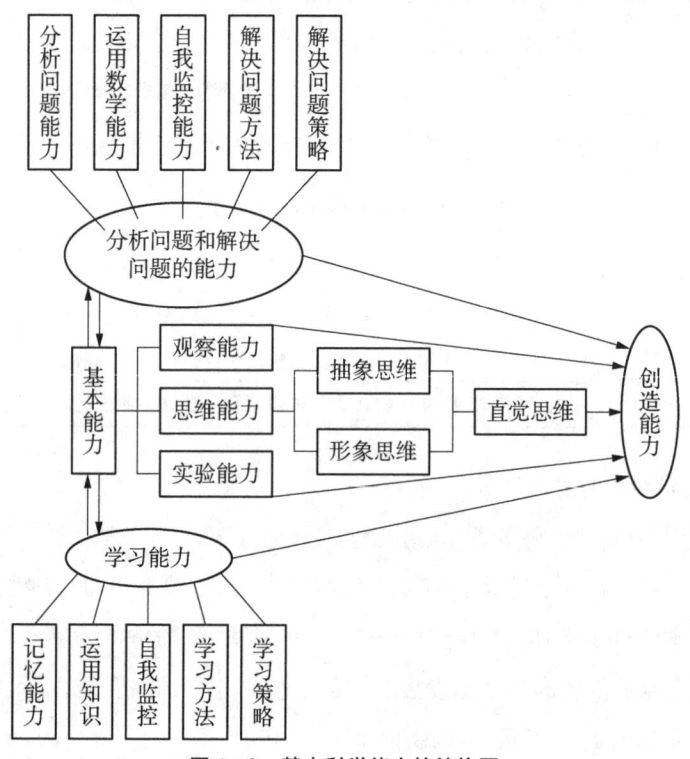

图1-9 基本科学能力的结构图

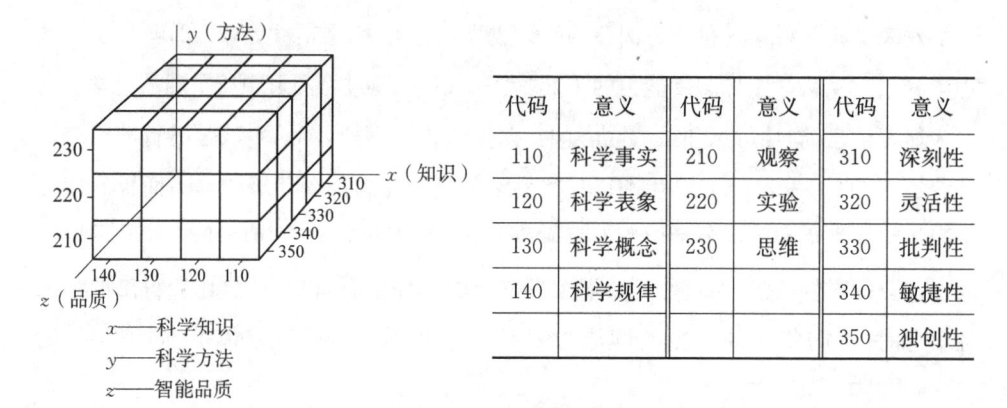

代码	意义	代码	意义	代码	意义
110	科学事实	210	观察	310	深刻性
120	科学表象	220	实验	320	灵活性
130	科学概念	230	思维	330	批判性
140	科学规律			340	敏捷性
				350	独创性

x——科学知识
y——科学方法
z——智能品质

图1-10 科学能力结构模型

学生在阅读不同类型信息方面的能力有所差异,但三个年级的三类信息之间的差异模式相似。

表 1-18 图形中的科学信息分类框架

图形中的科学信息	
显性的信息(Explicit)	主题
	关键点
	特殊部分
隐性的信息(Tacit)	隐性的科学过程
	数学工具的使用
结论性的信息(Conclusive)	直接得出结论
	对比得出结论
	综合分析得出结论
	干扰消除后得出结论

迟少辉、王祖浩、柳秀峰(2017)调查了上海 1 591 名 9 年级学生的科学能力及科学态度,研究发现学生的科学能力与科学态度、科学学习的自我效能感及家长职业有统计意义的显著相关,同时还发现学生的科学能力不存在性别差异。[①]

迟少辉、王祖浩、柳秀峰(2019)基于 Wilson 的"四基石"理论(Wilson,2005),开发了中学生科学探究能力的表现性测评工具(performance assessment instrument)。该工具包括 17 个表现性评价任务,共包含 120 个问题,这 17 个表现性评价任务分别以物理(9 个任务)、化学(5 个任务)和生物(3 个任务)作为任务情境。来自上海 5 所初中,共 251 名 8 年级学生被随机分至 9 个组,每组要求学生能在 90 分钟内独立完成三个分别以物理、化学、生物为情境的任务。研究结果显示,就科学探究能力而言,学科情境对学生的表现有统计意义的显著影响。即某一项科学探究能力在某一个特定的学科情境中会显得更加困难(或更容易)。例如对学生而言,"评价和争论"(evaluating and making argumentation)这一项科学探究能力在生物学科情境下会比在物理学科情境下显得更难。[②]

[①] Chi, S., Wang, Z., Liu, X., & Zhu, L. Associations among Attitudes, Perceived Difficulty of Learning Science, Gender, Parents' Occupation and Students' Scientific Competencies [J]. *International Journal of Science Education*, 2017, 39(16): 2171-2188.

[②] Chi, S., Wang, Z., & Liu, X. Investigating Disciplinary Context Effect on Student Scientific Inquiry Competence [J]. *International Journal of Science Education*, 2019, 41(18): 2736-2764.

罗玛、王祖浩等(2020)界定了科学推理能力(Scientific Reasoning Ability,即SRA)的概念内涵,强调其是从已有经验、问题情境中识别、转换、形成证据,利用证据进行推理,从而获得结论、解决问题的能力表现;在此基础上进一步从"证据"和"推理"两方面的复杂性水平出发,设计了科学推理能力评估工具;并利用该评估工具对中国593名中学生(包括318名8年级学生和275名9年级学生)进行了测试,根据得到的数据运用Rasch模型分析,进一步验证了科学推理能力评估框架的效度和信度,为科学推理能力的测量评价做出了探索与尝试。[1]

在王祖浩教授指导下,华东师范大学博士生米广春、龚伟、沈健美、迟少辉、罗玛,硕士生李莹莹先后完成了与科学学科能力测评相关的学位论文。

米广春(2011)在辨析科学思维概念的基础上,构建"基于模型的探究"(Model-based Discovery,MBD)教学模式,以"物质的粒子模型"知识为依托,对上海市某初级中学的6年级学生开展了模型建构项目学习的实证研究。以Rasch测量模型为理论基础,研究者开发了用于评价学生科学思维的测评框架,编制了前、后测两套测验卷,对实验班、控制班分别进行测试。结果表明:MBD教学模式能有效促进学生对"物质的粒子模型"相关知识的理解和学习,女生学习优于男生,学优生学习效果明显;且实验组学生的建模水平和模型解释水平有大幅度提升;学优生被试的科学思维过程更加缜密,能够提出有效的研究假设,具有"证实倾向",能够有效地控制变量。访谈显示,学生原有知识结构能够影响学生科学思维的过程。[2]

龚伟(2014)基于科学学科本质特征、发达国家的科学课程标准、已有科学学业水平测评实践经验及相关研究成果,借助学习进程理论,立足我国实际构建了义务教育阶段(7—9年级)科学学科能力测评框架,从科学概念、科学符号、科学模型、科学实验、科学计算五个学习领域规定了科学学科能力学习要求;以此开发和优化了科学学科能力测验工具,并对6 862名7—9年级学生的科学学科能力进行了测评,从多个方

---

[1] Luo, M. , Wang, Z. H. , Sun, D. Evaluating Scientific Reasoning Ability:The Design and Validation of an Assessment with a Focus on Reasoning and the Use of Evidence [J]. *Journal of Baltic Science Education*,2020,19(2):261-275.
[2] 米广春.科学思维培养的实证研究[D].华东师范大学,2011.

面探查了学生科学学科能力发展的影响因素。[1]

沈健美(2014)以科学过程能力为研究课题,立足于学习进程理论,构建了学生科学过程能力发展进程的框架,提出相应的 SPADP 教学模式。该框架将科学过程能力分为提出科学问题的能力、探究过程设计的能力、运用工具与材料的能力、基于证据解释的能力四项子能力,每个子能力设有 4 个水平。基于该框架,作者开发设计了科学过程能力的表现性任务和评价工具,选取上海市某普通初级中学 6 年级 127 名学生为被试,以 SPADP 教学模式为干预手段,对不同水平学生科学过程能力的发展进程进行了纵向研究。研究显示,实验班和控制班学生的科学过程能力的核心要素均有提升,实施 SPADP 教学干预的实验组科学过程能力整体提升的幅度明显高于控制组,表现出显著性差异;从性别看,男生整体的科学过程能力和各分项能力上均优于女生;从分项能力看,学生在运用工具与材料的能力上发展较为缓慢。[2]

迟少辉(2016)以 PISA 2016 核心科学能力框架为依据,通过筛选、改编 PISA 样题构建科学能力测试工具;基于 Rasch 模型对科学能力测试卷的质量进行评估,确保科学能力测试工具具有较好的信、效度;以此对上海某区 4 206 名 9 年级学生实施科学能力测试;并选用 ROSE 国际调查问卷为科学态度的研究工具,考察了学生科学态度水平情况,并分析了不同性别、不同科学能力水平学生的科学态度的差异,从而揭示科学能力发展与科学态度的关系。[3]

罗玛(2018)通过文献分析廓清了科学证据推理能力(SERA)的概念内涵,并对课程标准等文本展开分析,结合课堂教学中所体现的证据推理,明确了 SERA 框架构建的理论基础和实践依据,并整合证据和推理两方面的复杂性水平,构建出科学而实用的证据推理科学能力框架,并对 2 261 名初中学生的证据推理科学能力进行测试。结果发现,不同年级、性别和学业水平的初中生 SERA 表现均具有显著差异,学生学业成就、学习兴趣等因素对其 SERA 的表现都存在影响作用。[4]

李莹莹(2018)将改编后的 LCTSR 测试工具作为研究学生科学推理能力的测试工

---

[1] 龚伟. 义务教育阶段(7—9 年级)科学学科能力测评框架构建及应用研究[D]. 华东师范大学,2014.
[2] 沈健美."科学过程能力"发展进程的实证研究[D]. 华东师范大学,2014.
[3] 迟少辉. 科学能力视角下中学生的科学态度研究[D]. 华东师范大学,2016.
[4] 罗玛."证据推理"科学能力的实证研究[D]. 华东师范大学,2018.

具,并依据Rasch模型对测试工具质量进行检验与优化,以此对553名学生从守恒逻辑、控制变量、比例思维、概率推理、相关推理、假设演绎、因果关系七大推理维度进行测评,并从学业水平、年级、性别、学科成绩等角度分析科学推理能力的差异。通过访谈,研究者进一步探析学生在科学推理过程中的思维路径及障碍。研究显示,学生科学推理能力发展存在如下特征:(1)不同学业水平被试的科学推理能力存在差异,与其学业水平表现具有一致性,但在相关推理维度上,三类学生差异不显著;(2)科学推理能力存在年级差异,9年级学生的表现优于8年级,但在控制变量、相关推理、因果关系维度上差异不显著;(3)科学推理能力的性别差异不显著,但在控制变量和比例思维维度上存在显著差异;(4)科学推理能力与物理学科成绩呈中度相关;(5)学生科学推理思维过程存在推理障碍,对知识概念理解片面,推理策略掌握不足。①

第三节 研究价值

基于前文的背景分析和文献探讨,在国际科学教育发展、科学学科能力培养与评价的大趋势下,结合我国本土实际,开展科学学科能力表现标准及测评研究具有其理论意义和实践价值。

一、对国内外研究文献的评述

通过以上梳理和分析可知,国内对科学学科能力的研究起步较晚,在研究问题、研究视角、研究方法、研究成果等方面落后于国外的研究。

第一,国外主要从综合科学的角度研究学科能力,在模拟真实情境下考查学生运用科学知识和科学探究的能力;国内大多从分科(数学、物理、化学)的角度展开,对科学学科能力缺乏系统考察。

第二,国外学者深入科学教育领域,探索科学学习的规律,并作为科学学科能力研究的基础;国内研究相对比较零散,集中在一般心理学层面的探讨或一线教师经验的总结,泛泛讨论的多,表现出一定的随意性,难以指导科学学科能力评价的实践。

---

① 李莹莹. 学生科学推理能力的测评研究[D]. 华东师范大学,2018.

第三,国外研究通过一系列的实证工作力求建立可操作、可测评的科学学科能力评价框架;国内对科学学科能力的实证评价正在逐步兴起,研究尚待进一步深入。

以下从研究视角、研究方法两方面作深入分析。

(一)科学学科能力研究的视角

国外主要致力于建立可操作、可测评的能力框架,沿用教育测量领域已有的研究基础,如TIMSS和PISA都利用二维框架来界定能力水平以及组织和分配测评内容。TIMSS的分类与布卢姆的教育目标分类相似,都是以内容为"经"、认知水平为"纬"。内容维度界定了测评所涵盖的特定内容,认知维度则说明了学生解决相应题目时所需要的能力,并以认知水平来界定能力水平;而PISA则以"能力"主题为"经"(如三种主要科学能力),每种能力中所涉及的"变量"的复杂度为"纬"来构建能力框架及水平。TIMSS和PISA各自不同的评价理念和评价方式,为我们进行评价改革拓宽了视野,启迪了思维,提供了借鉴,有助于我们在新的课程改革框架下建立系统、科学、有效的科学学科能力评价体系。当然,国外的研究也存在不足:一是主要针对综合科学,且缺乏适应不同学段科学学科能力的具体框架;二是评价的结果主要面向社会或进行国际比较,而非改进本土的课程与教学现状。

国内对于学科能力的研究,主要集中于解决什么是学科能力以及学科能力的结构模型为何。林崇德教授对学科能力的研究启发我们,在构建学科能力时需立足于本学科的特殊要求与特殊问题,且无论何种学科能力,思维是其核心成分。这也是本研究的基本立足点。

(二)科学学科能力研究的方法

通过分析国内外学科能力相关研究报告发现,对于科学学科能力结构的分析路径大致有两种——因素分析法和逻辑分析法。

因素分析法因侧重数据取向、基于实证的特点,有利于研究者了解科学学科能力的结构与水平,但易受研究者对科学学科能力可能成分潜在假设的影响,通常在实施因素分析法的过程中,研究者为获取数据所编制的测验工具在某种程度上仍会体现研究者对学生科学学科能力结构可能成分的潜在假设,所以并不能保证数据分析结果的全面、客观。例如,研究者在研究学生数学能力构成过程中会做出相应潜在假设,如测验工具中包含的各级能力维度以及各维度在整个测验中所占的比重等。若研究者认为空间想象能力不重要,那么在编制测验时可能就不会选用考查空间想象能力的项目,探索性因素分析的结果中也就不可能包含空间想象能力,这是因素分析方法自身无法克服的局限性。

逻辑分析法则从科学实践活动的要求或从学科本质及其特殊要求出发,分析学科活动或学科结构所求于人的心理活动结构即学生的学科能力。例如,通过化学学科本质以及化学学习活动的分析,可以将化学学科的核心能力解构为"观察与实验能力、化学符号学习能力、化学思维能力、科学探究能力、实践与创新能力"等。这一划分更符化学学科的实际。

二、科学学科能力测评研究的意义

(一)为科学学业质量监测提供可靠的标准

在课程改革背景下,学科课程标准和中高考考试大纲等重要文件提出了学科核心素养或能力要求。基础教育阶段要提高教育质量,要着力培养学生的思维能力、创新能力和实践能力。美国自 20 世纪 90 年代初期就出台了一系列旨在提高学生基本读写能力和科学素养的重要文件,近十年更多聚焦在学科核心概念发展、核心学科能力表现标准的建构及评价方面。

与新一轮课程改革相伴而行的是教育质量监测与评价,但我国对于科学学科能力体系及测评的研究相对滞后。如对学生在某一年级、学段的"能力表现"或"素养标准"不明确,则考试评价就不可能准确适当。我国的评价大多是终结性的水平测试,评价的诊断、发展功能以及作为教育"保健医生"的角色都有待彰显。

本研究致力于科学学科能力框架的构建及测评工具的开发,为科学学业质量监测提供可靠的标准和具体明确的方向。通过学科能力测试,不仅提供学生科学学科能力发展的依据,而且试图把注意力引向学生间差异形成的原因上,为实际的教育决策提供参考。

(二)形成科学学科能力评价的方法论体系

正如林崇德教授(1997)指出:"学科能力是衡量学生心理发展的一个重要的指标,是当前学科教育改革的一个中心问题,但同时也是一个被研究者长期忽视的问题。"各科教学大纲或课程标准只在"教学目标"或"课程目标"里提及几种能力,在后面的"内容标准"和"教学建议"中很少涉及。在相当长的时间里,能力培养仅仅停留在理论的层面,对于如何实施和评价能力培养在课程实践中缺乏实证研究。例如,科学学科能力是什么?如何体现科学学科的特点和特殊要求?学生科学学科能力的外部行为表现是什么?这些问题的解决是科学学科能力考查的基点,也是避免空谈"能力立意"的关键。

本研究立足国际、国内科学课程改革(包括分科的物理、化学类课程)对提升学生科学素养水平的要求,根据科学课程标准的目标体系,尝试建立科学学科能力框架及其发展模型,研发科学学科能力评价工具,建立相应的评价系统,为进一步优化综合和分科科学课程的学科能力研究和评价奠定方法论基础。

(三)促进科学教师的教学思维和行为转型

尽管能力培养一直是科学教育的核心理念,但在教学实践中大多数科学教师仍难以摆脱传统的教学思维,教师的课堂仍以讲授知识为主,忽视对学生科学思维和实践能力的培养。近十年来我国学者对中小学科学教育研究的实践内驱力较为不足,研究主要停留在对概念内涵的建构、国外科学实践的引介、基于理论而演绎的实践主张和政策建议,对于我国自身教育实践的深度分析和创新探索研究较为薄弱。因此,即使教师具备对学生科学能力培养的意识,但若缺乏系统的指导教学行动的纲领和体系完善的科学学科能力测评方法,同样难以取得良好的实践效果。除教师自身因素以外,学科能力内涵模糊,要求不明确,考试评价未能发挥良好的导向作用,无疑都是导致科学教师在教学过程中难以转变教学思维与行为的重要原因。由此,为了良好地帮助与促进科学教师教学思维与行为的转型,研究科学学科能力测评框架与模型具有重大的现实意义和价值。

学科教育中既有一般的能力要求,又有解决学科特殊问题的特殊能力要求。目前,科学教学中学生能力培养的研究多引用教育学、心理学的论述,缺乏有学科特色的实践研究,推广的价值不大。科学学科能力是从科学学科体系和科学教学实践中提炼出来的,具有"学科浸润"的特征。如果对科学学习不同学段的"能力表现"没有给出具体明确的标准,就很难让教师改变原有的思维形态和行为方式,对学生学科能力的培养也难以落到实处。因此,按照科学学科本身的要求建立具体、可操作的能力模型,并制定相应的评价框架,有助于正确体现对教学的导向性,引领教师改变教学思维及教学行为,使教学真正地从"打好双基"向着"发展核心素养"的目标迈进。

(四) 深化中学科学课程与教学改革的实践

20世纪80年代以来,提高公众科学素养已成为世界科学教育改革的主旋律,我国在2001年推出的初中综合科学课程把培养学生的科学素养作为课程改革的总目标。我国国务院颁布的《全民科学素质行动计划纲要(2006—2010—2020年)》也指出了培养公民科学素养的重要性;国务院办公厅2016年3月印发的《全民科学素质行动计划纲要实施方案(2016—2020年)》更是进一步对中国公民科学素质实现跨越提升作出了总体部署。

研究表明,我国当前科学课堂教学方式存在的主要问题是,总体上呈现出以知识传授为主和以教师为中心的课堂模式,科学实验环节倾向于全班建立一个共同假设和一种设计方案,落实一个"正确"的答案,这种科学课堂模式规避了学生自主探究的过程[1]。而根据国内外对于科学素养的内涵来看,科学课程的教学不应再单一地以知识取向为基础,而应更多偏向综合取向[2]。同时,在评价方面,我国现有科学课程的评价以考查学生掌握知识技能为主,对能力的考查大多停留在"应用知识"层面上,缺乏系统的能力框架为指导,尤其对高阶能力的重视不够。

我们认为,对学生科学素养的培养路径应着重以下两点:一是转变科学课堂的教学方式,即从灌输式到探究式的转变。基于对我国科学课堂现状与问题的分析,很多研究者对探究式教学的具体实施过程提出了相关的建议,如丰富和发展教师科学探究教学的策略与工具,增强教师设计和实施科学探究活动的专业能力等;二是对科学课程设置的转变,即从分科科学课程走向综合科学课程。探讨科学课程设置如何体现综合性与跨学科性,以此逐步改变国内中小学科学课程所表现的单一性与静态性问题。在此过程中,重点分析国内优秀科学课程设置及国外先进科学课程研究成果等,借鉴其科学课程设计的综合性、动态性、跨学科性等特征。此外,要大力开发适应我国国情和课程标准的本土化科学课程,以进一步深化我国科学课程的育人价值。

---

[1] 裴新宁,刘新阳. 初中课堂科学探究中究竟发生了什么:基于多案例的实证考察[J]. 华东师范大学学报(教育科学版),2018(4).

[2] 胡华. 我国中小学科学教育研究的现状与未来发展——基于2009—2018年期刊论文的分析[J]. 上海教育科研,2020(01):29—34.

教育的改革和发展,离不开科学的质量检测作为保障。因此,研究科学学科能力要素及其测评,不仅要勾画出科学学科能力的清晰结构和基本要素,并且通过能力测评反馈于教学实践,作为改进科学课堂教学的决策依据,同时也作为科学教材内容优化的依据。发挥科学学科能力评价的诊断、指导和改进教学的功能,有助于促进科学课程改革的深入实施。

(五) 丰富科学教育研究成果的应用与推广

科学教育研究历来都是科学教育理论的生长点,可以有效指导科学教学实践。本研究从科学教育研究的热点问题——科学学科能力入手,旨在揭示我国中学生科学学科能力发展状况和探索相应的能力培养依据,以此来促进中学科学教学改革。

科学学科能力的研究源于实践,又高于实践。通过理论研究界定科学学科能力的内涵和外延,建立能力分类体系,编制测验工具,结合测验探索中学生能力形成和发展的机制,再回馈于实践指导中学科学教学和评价,提高人才培养的质量。本研究与当前科学教学实践紧密结合,以先进的教育学、心理学理论为指导,深入细致地开展研究,具有鲜明的学科特色,研究结果必将指导课程改革的实践,在推广应用中进一步丰富科学教育理论。

科学学科能力表现及测评的研究将要涉及理论到实践的一系列工作,首次系统探索科学学科能力的构成、工具编制及其测评,体现研究的力度和创新性。具体表现在以下方面:

(1) 重构科学学科能力的基本要素。在对科学学科本质、学科特殊要求进行深入分析的基础上,重新建立体现科学学科思维或认知特殊性的学科能力要素。

(2) 建立科学学科能力的测评框架。基于学习进程理论,深入研究不同的科学学习领域学科能力的水平层次,并明确不同水平的学习行为表现,以此为基础建立科学学科能力测评框架,作为科学学科能力测评的理论依据。

(3) 开发科学学科能力的测评工具。运用 Rasch 测量理论以及测量建构"四基石"框架,以测量工具的开发、检验和运用为主线,在理论和实证研究相结合的层面上,开发科学学科能力测评工具,揭示科学学科能力现状及发展特征。

(4) 建立科学学科能力研究的方法论。本研究尝试探索科学学科能力结构,建立相应的评价系统,为进一步优化和扩大科学学科能力研究及科学测评奠定方法论基础。

(5)科学学科能力测评框架的实践应用。本研究基于所构建的科学学科能力测评框架研究和解决实践问题,如从学科能力视角对中学科学试题进行评价;探索和优化中学科学教师"能力教学"的有效途径,以提高我国中学生科学学科能力培养的质量。

第二章　科学学科能力研究的理论和方法基础

在第一章的背景分析和文献讨论基础上,本章所探讨的是有关科学学科能力测评研究的一些理论问题。例如,学科能力、科学学科能力的内涵是什么？科学学科能力具有怎样的结构和外在行为表现？科学学科能力与知识、技能有何关系？科学学科能力与思维发展的关系是什么？怎样建构科学过程能力的框架？怎样运用学习进程理论来研究科学学科能力框架？如何科学地运用 Rasch 模型编制科学学科能力测评工具？本章将首先探讨科学学科能力及其相关的核心概念,并介绍构建从低到高水平提升的能力模型以及测评的理论基础。

第一节　科学学科能力相关概念解析

科学学科能力是学校教育中反映学生科学学习活动成效的能力表现,具有有别于其他能力概念的特殊含义。开展科学学科能力表现及测评研究的首要工作是界定科学学科能力的概念,并与其他相关的概念相区别,从而明确其内涵,为科学学科能力标准的建构提供基础。

一、学科能力

作为近代公共教育组织单位的学校,其功能在于借助标准化的课程去传递人类社会达成的更具普遍意义的知识资产,以提高国民的教养水平。"国民教养"这一说法往往同最低限度知识与基本能力联系在一起。胜田守一试图揭示"能力"与"教养"间的关系,提出真正意义上的"教养"是"儿童通过同化先辈创造出的文化基本构造,并获得支配这种文化构造的能力"。①

雷霍(O. Rehou)从教育哲学的角度系统阐述了学校教育应当造就且符合现代需求的教养,提出"教养不是知识的简单堆积,受过教育的人未必有教养",进而提出了"任何学科的最终目的是形成人的'能力'"②。他认为,作为"教养"的能力,应当具有以下特性:(1)驱使力。"教养"是指运用一切已掌握的知识基础去解决新问题,就好比我们习得化学学科中有机合成的基本知识就可以制造出治疗疾病的新药品。从这个意义上去讲,"能力"就是要求主体"学会学习,从而解决问题";(2)一体化。这是指主体能够使用某种知识是因为他已经内化了这部分知识,这部分知识已成为他"能力"的一部分;(3)整合性。主体内化的这些知识并不是随意散落在自身的心智系统中,而是有规律地按照某种形式贮存。零散而流于形式的知识对人类的创造活动是毫无意义的;(4)迁移性。迁移是指知识从一个问题或情境中迁移到新的问题或情境中。从先前问题中所获得的知识发生迁移可能会有助于我们解决新问题,也有可能阻碍我们找到新问题的解决方案。③ 因此,"能力"不在于掌握知识的多少,而在于能够根据出现的新情况灵活应用知识。这些有关"能力"的运用、同化、组织、迁移特性正是制约了教养的本质特性,也是"教养"区别于不适当教养的原因。

学校教育必须为学生获得"作为教养的能力"作出准备。在此过程中,学科则起到了极其重要的作用。学科教育的内容设置并不完全随学科的分化而分化,还受到教育目标和学生身心发展水平的制约。它按学科的知识结构和逻辑体系展开,旨在传授学科知识,发展学生的特定心理能力,即培养学生的学科能力。④ 学科能力作为一种特殊的能力,应具有以下几个特点:(1)学科能力以学科知识为中介。学生进行每一门学习活动时,在感性认识的基础上,借助于词、语言等工具,以学科知识为中介,经历复杂的思维过程,最终形成学科能力;(2)学科能力具有一定的结构。学科能力结构不仅

---

① 胜田守一.胜田守一著作集[M].东京:国土社,1997:198.
② 雷霍著.何谓学习——学校教育的哲学[M].石堂常世,等,译.东京:劲草书房,1988:287.
③ Robert J. Sternberg, Wendy M. Willimas.教育心理学[M].张厚粲,译.北京:中国轻工业出版社,2003:295.
④ 林崇德.论学科能力的建构[J].北京师范大学学报(社会科学版),1997(1):6—12.

指的是内在结构、成分及关系,更重要的是其具有发展的特征;(3)学科能力具有一定的稳定性。它是学生在成功完成某学科课题的学习过程中认知与非认知活动的统一,是其稳固的心理特征的综合。学科能力虽然指个体的稳固特征,但并不排斥个体学科能力的发展变化;(4)学科能力具有一定的可操作性。学生的学科能力在各学科的教学实践中得到具体体现,不同学科能力的学生必然对知识运用和程序操作具有不同的表现,同时学科能力的可操作性还体现在可以通过具体的学科语言来表示。

二、科学学科能力

学校课程并不是相应全部科学内容的翻版,但它们却常常是紧密地相互联系和相互作用着的。科学学科能力可以在两个不同的活动水平上表现出来:一种是在科学活动中表现出来的能力,这种能力能够创造对人类有意义的新成果或新成就;另一种是在学校科学课程学习活动中所习得并运用的能力。本研究的立足点为后一种。

因此,科学学科能力可以界定为学生在学校科学课程(包括综合或分科)的认知活动或科学问题解决活动中形成和发展起来的,并在这类活动中表现出来的比较稳固的心理特征,同时它本身就是成功地完成这类活动所必须的条件。

科学学科能力具有以下特点:

(一) 科学学科能力具有学科特殊性

由于科学学科具有许多与其他学科不尽相同的特点,在科学课程的认知活动或科学问题解决活动中所需要的能力也必然与其他学科有所不同,即科学学科能力具有其学科自身的特殊性,故属于特殊能力。一般能力往往渗透在所有学科的认知活动中,人们要顺利完成某种特殊活动,必须同时具备一般能力和该种活动相关的特殊能力。如在科学认知活动中,不仅要具备一定的记忆力、思维能力、想象力等一般能力,还需具备实验操作、符号运用、计算推理等特殊能力。这些特殊能力既在科学学科认知活动中形成和发展,反过来又会促进科学认知活动或问题解决,如图2-1所示。正如一般能力由若干要素组成一样,科学学科能力也是由若干能力要素所组成的心理结构。本研究关注具有科学学科特点的能力要素,揭示科学学科能力要素正是研究的目标之一。

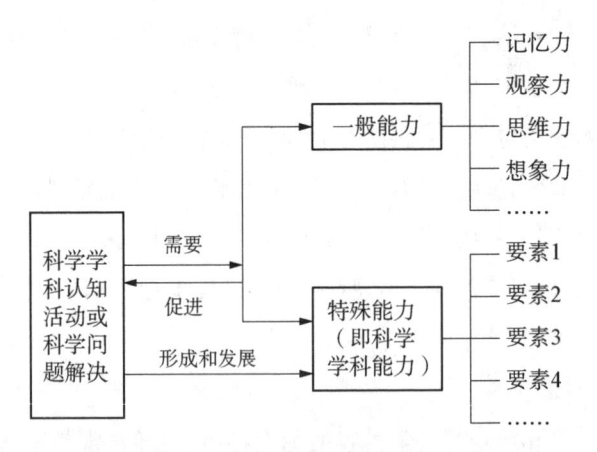

图 2-1　科学学科活动与能力的关系

一般能力和学科特殊能力的关系是辩证统一的。一般能力愈发展，就愈为学科特殊能力的发展创造有利的条件；在各种学科专业活动中发展特殊能力的同时，也会促进一般能力的发展。一般能力与科学学科能力的关系如图 2-2 所示。

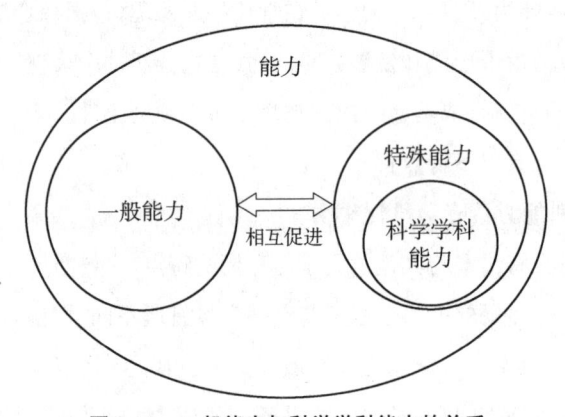

图 2-2　一般能力与科学学科能力的关系

(二) 科学学科能力具有一定的结构

正如一切复杂类型的活动能力一样，科学学科能力亦是一个结构复杂的系统。它是一个包含着多种心理层面、许多独特特性的综合，并且是在科学学科的认知活动或问题解决的过程中形成的特殊和完整的心理品质。为研究方便，我们将其分解成在结构上占据主要位置的个别成分。在整体上考察，这些成分既紧密联结，又彼此独立，综

58

合在一起构成科学学科能力。

(三) 科学学科能力通过行为表现间接推断

加涅认为,"学习过程,得到教学条件的支持,就导致在学习者心里形成多多少少是持久的状态。这些状态当然是从观察他的行为(Performance,又译为作业、操作)而推论出来的,因为这些状态是在许多场合下的具体情况里表现出来的。为了强调这些状态具有可习得的和持久的性质,可以管它们叫作能力和倾向"。[①] 同样,作为一种个性心理特征的科学学科能力我们并不能直接考查,而是需要通过有针对性地设计一定的作业(项目),根据观察其完成这些作业(项目)的行为表现去间接推断。

(四) 科学学科能力具有发展性

科学学科能力属于认知能力范畴,它的发展过程的规律与人整个认识活动发展的规律具有一致性,都要经历一个由简单到复杂、由片面到全面、由现象到本质、由感性到理性、由低级到高级的辩证发展过程。科学学科能力的发展过程既是连续性的,又是阶段性的、层次性的。在不同的发展阶段,发展的水平不同。因此,揭示不同学段学生科学学科能力发展的水平及其特点是科学教育研究的重要目标,能为科学教育工作者提供学生发展的心理学依据,使科学学科能力的培养更加科学化,更富有成效。

(五) 科学学科能力具有个体差异性

科学学科能力是学生在科学学习活动过程中形成和发展的。具体表现在个体身上具有不同的特点和类型,即有个体差异性。如有些学生实验能力较强,而符号运用能力较弱;有些学生微观想象能力强,实验能力又较弱;有的学生实验观察能力强,但计算能力比较弱。这就需要通过研究发现学生科学学科能力结构中的薄弱环节,及时诊断和补救,以促进学生科学学科能力的全面发展。

三、科学学科能力与知识、技能的关系

(一) 广义的知识观

依据广义的知识观,可将知识分成两大类:陈述性知识和程序性知识。程序性知

---

① R. M. 加涅. 教学方法的学习基础(教育心理学参考资料选辑)[M]. 吴棠,译. 济南:山东教育出版社,1982:129.

识又分为用于对外办事的程序性知识以及用于对内调控的程序性知识——策略性知识。两大类涉及知识的本质、不同知识的表征形式，三个亚类对应于通过外显行为表现出来的不同能力，反映不同的学习结果。它们之间的关系可用图2-3来表示①。

$$\text{广义知识}\begin{cases}\text{陈述性知识（狭义知识）}\\\text{程序性知识}\begin{cases}\text{用于处理外部事物的程序性知识（智慧技能）}\\\text{用于调控自身认知过程的程序性知识（认知策略）}\end{cases}\end{cases}\text{后天习得的能力}$$

图2-3　广义的知识分类

在广义的知识观视野下，人类后天习得的能力都是由知识构成的；凡是教给学生的知识，都应转化为形式和功能不同的能力。② 即能力是由陈述性知识、程序性知识和策略性知识共同决定的，是三方面的综合体现。皮连生教授认为，在广义的知识观下，能力和知识是同一个概念，能力是以知识为基础的迁移和应用。能力可以分为三大类：一类是使用陈述性知识就可以解决问题的能力；一类是使用符号和规则解决问题的能力；最后一类是理解概念原理、内部调控后解决问题的能力。③ 可见，广义的知识观将知识和能力融为了一体。

布卢姆对认知领域目标的划分认为，能力是指个体能从其已有经验中找到合乎需要的信息和技术，并把它们运用于新的问题和新的情境。他将认知领域的目标分为识记、领会、运用、分析、综合、评价六个水平。④ 该分类理论将知识与记忆相联系，将能力与较高级的认知过程相联系。假定凡是只要求学生回忆的测验，所测量的是知识；凡要求超越记忆，需要较复杂认知过程的测验，所测量的是水平不同的能力，即后五种水平。这样的分类便于学习结果的测量。2001年的修订版则吸收了20世纪50年代以来认知科学关于知识分类的研究成果，将认知领域的教育目标按两个维度分类：一是知识维度，说明知识的类型；二是认知过程维度，说明知识的水平。这两个维度相互交叉，形成知识类型与认知过程两维分类模型。

---

① 皮连生.论智力的知识观[J].华东师范大学学报（教育科学版），1997(3)：52—58.
② 梁平.用广义知识观重建智力理论[J].教育研究与实验，1999(2)：51—55.
③ 皮连生.教育心理学[M].上海：上海教育出版社，2004：267.
④ 布卢姆等.教育目标分类学·第一分册：认知领域[M].罗黎辉等，译.上海：华东师范大学出版社，1986：36.

当代教育心理学和教学理论一般将学习的结果分为"保持"(Retention)和"迁移"(Transfer)。因此,如果教学与评价的主要目的是"保持"教材内容的话,那么,这一认知过程就是"记忆";而"理解""应用""分析""评价"与"创造"则与"迁移"相联系。修订的布卢姆认知目标分类学中虽未出现"能力"这个术语,但在认知心理学的广义知识分类观看来,四类不同知识在六种不同认知水平上的表现,即学生习得的能力的具体体现。①

(二) 技能的传统定义

由于历史的原因,我国传统的教育学和心理学基本来自苏联。苏联的心理学将技能定义为活动方式。例如,斯米尔诺夫主编的《心理学》认为,"依靠练习而巩固起来的行动方式叫熟练"。技能"正像熟练一样,它也是完成行动的方式"。② 克鲁茨基主编的《心理学》把"人已掌握的活动方式叫技能"③。我国教育学和心理学沿用活动方式定义技能,如《中国大百科全书·心理学》将其定义为"通过练习获得的能够完成一定任务的动作系统"④。《心理学大词典》的定义是"个体运用已有的知识经验,通过练习而形成的智力动作方式和肢体动作方式的复杂系统"⑤。《教育大辞典》对技能的定义是"主体在已有知识经验的基础上,经练习形成的执行某种任务的活动方式"⑥。

这种传统的技能观的缺点是把技能窄化为动作技能,且认为是通过练习之后形成的活动方式,而忽视了技能形成过程中心智思考的成分。反映在教育实践中,往往强调的是对技能的模仿和反复操练,学生所形成的只是对相关技能的一种熟练,而非可以灵活迁移到其他情境中的"能力"。如学生面临一个需要用实验去解决的问题时,学生不仅要会装配实验仪器、完成实验操作,更重要的是运用理性思维去分析实验问题、设计实验方案等,仅仅凭借实验动作技能的熟练是无法去解决一个复杂的实验问题的。

---

① 吴红耘,皮连生.修订的布卢姆认知教育目标分类学的理论意义与实践意义[J].课程·教材·教法,2009,29(2):92—96.
② 阿·阿·斯米尔诺夫.心理学[M].朱智贤,等,译.北京:人民教育出版社,1957:459,468.
③ B. A. 克鲁茨基.心理学[M].赵璧如,译.北京:人民教育出版社,1984:86.
④ 潘菽,荆其诚.中国大百科全书·心理学[M].北京:中国大百科全书出版社,1991:153.
⑤ 朱智贤.心理学大词典[M].北京:北京师范大学出版社,1989:300.
⑥ 顾明远主编.教育大辞典(第一卷)[M].上海:上海教育出版社,1990:147.

(三) 认知心理学的技能观

认知心理学区分了两种技能，一种是在头脑中执行智慧任务的技能即智慧技能，并且将智慧技能又分为两个亚类：一类用于对外办事，一类用于对内调控。另一种是完成身体肌肉协调任务的技能即动作技能。这一划分主要源于加涅的学习结果分类。加涅将学习结果分为5类，它们分别是：(1)言语信息：陈述观念的能力；(2)智慧技能：使用符号办事的能力；(3)认知策略（又称反省认知技能）：通过概括化过程而发展起来的更为特殊的习得的智慧技能，用来指导自己的学习、记忆、思维等认知过程的能力；(4)动作技能：平衡而流畅、精确而适时的操作能力；(5)态度。[①]

加涅认为："每类学习的结果都是人从学习中获得的一种能力。这种能力一旦习得，便可以在人的各种行为中反复被观察到。学习结果之所以被称作能力，是因为它们能使人预测学生在许多特殊情境中的行为表现。尽管习得的行为千变万化，但归根结底可以概括为五种能力的变化。"因此，加涅的学习结果中能力由言语信息、技能（包括智慧技能、认知策略、动作技能）构成。

加涅依据外显的行为不同，来推测内在的能力类型。如学生通过学习之后其行为变化是仅能根据所学材料"陈述什么"，那么，只能作出他获得了言语信息的推测；如学生通过学习之后，其行为变化是"会做什么"，那么，可以进一步做出他已经获得了某些技能的推测。学生所做的事以智慧活动为主，如阅读、心算等，其所获得的技能被称为智慧技能；学生所做的事以复杂的肌肉协调为主，如投篮、射击、游泳等，则其中的技能被称为动作技能。如果我们看到一个学生利用现有知识、技能解决了他未曾见过的复杂问题，如根据研究问题写出一篇构思新颖的科学文章，我们可以做出他不仅获得了言语信息和智慧技能，而且获得了认知策略的推论。

因此，广义的技能概念不仅包括动作技能，还包括对外办事的智慧技能和对内调控的反省认知技能（认知策略），皮连生教授将技能定义为"在练习基础上形成的、按某些规则或操作程序顺利完成某种智慧任务或身体协调任务的能力"[②]。这个定义强调技能是一种习得的能力，其实质是一套办事规则支配了人的行为。在广义的知识观

---

① R. M. 加涅.学习的条件和教学论[M].皮连生等，译.上海：华东师范大学出版社，1999：47—49.
② 皮连生.教育心理学[M].上海：上海教育出版社，2004：127.

下,技能实质上即程序性知识,本身即是能力的一种。

"技能"对应的英文单词为"Skill"。"Skill"在英文里的解释有两种含义:(1)经过后天培养获得的能力(an ability that has been acquired by training);(2)在某些特殊领域中产生问题解决方法的能力(ability to produce solutions in some problem domain)。[①] 在英文里,"Skill"强调的是通过后天的训练和学习拥有的能力或解决某一特定领域问题的能力。美国《国家科学教育标准》第一章中论及科学素养的意义时,认为"懂得科学、有科学的本领使学生们有足够的能力胜任将来的各种重要而富有成效的工作。工商企业界所需要的新就业者是那种善于学习、善于推理、思维具有创造性、能决善断、会解决问题的人"。[②] 此处的能力用的就是"Skill"。美国国家科学促进会(American Association for the Advancement of Science,简称 AAAS)开发的"科学:过程取向"(Science:A Process Approach,简称 SAPA)课程,着力培养观察、分类、测量、预测、应用数学、应用时空关系、传达、推理、控制变因、解释数据、形成假设、下操作型定义、进行实验等 13 项科学过程技能(Science Process Skills)。其中所列的"观察技能"(Observing Skill),指的是"能运用五官从事观察;能借助仪器或引发特殊反应的方法来观察;能做定量的观察、能注意到变化量的观察、能做异同比较的观察"。[③] 那么,这些观察的行为是目标已经被确定之后的行为,还是包括"自主地选择目标"的思考行为?若属于前者,则它仅是一种"技能",层次很低,学生很容易学会。若属于后者,则行动者对当前的状况要有所了解,对需要厘清的问题有所认识,而决定做出有目的、有方法的"观察行为",那它就不仅只是技能(Skill)。因为行动者是为了了解状况、处理问题而做"观察"的,是有意识、有意义、有目的、有方法的"观察",因此应称为"观察能力"(Observational Ability)。再如"分类"技能,每个分类的活动背后均有一个"目的",而且均按照"某一属性"为依据来分类。如化学中"将物质按其水溶液的化学性质分为酸、碱、盐三类"。于是,"分类"不仅只是一种"奉命行事"的技能,它包括"针对某问题

---

① 萨默斯.朗文当代英语大辞典[M].北京:商务印书馆,2005.
② National Research Council(NRC). *National Science Education Standards* [M]. Washington, DC: National Academy Press, 1996.
③ The American Association for the Advancement of Science. Science Process Skills [EB/OL]. https://www.aaas.org/archives/science-process-approach.

（目的）所应观测的重点之选择""对此重点所具有的关键属性之认识""该属性呈现在各类事物之表征的认识"等认知上的活动。因此，"分类"不仅只是"技能"，还包括对许多概念的认知成分，应该是一种能力（Classification Ability）。所以，有学者认为"科学过程技能"是学生从事科学探究的执行能力。[1]

因此，当我们不再狭义地将"技能"理解为"按照一套既定规则和操作程序去完成特定任务"，而是将之看成是有意识、有意义、有目的、有方法的认知和操作的共同体时，技能即是一种能力。正如在科学学科中，当实验技能并不单纯表现为实验操作的熟练，而是表现为在实验思维指导下通过用实验操作去解决学科问题时，我们则称之为"实验能力"。

（四）科学学科能力与学科知识、技能的关系

在认知心理学看来，后天习得的能力都是以陈述性知识的习得为基础，经过巩固与转化，才能被提取与应用，从而形成稳固的能力。广义的知识学习与分类模型如图2-4所示[2]。

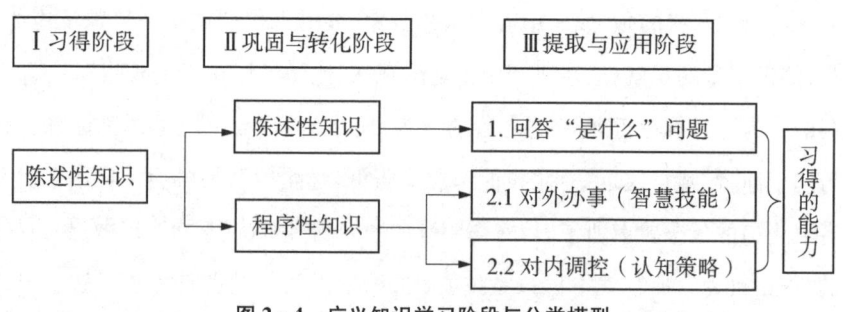

图2-4 广义知识学习阶段与分类模型

因此，我们从广义知识观的视角来看，学科能力是一个比学科知识和技能包容范围更广的假设结构。学科能力的形成和发展必须建立在学科知识掌握的基础上，并在学科认知活动和问题解决活动中，经由对已掌握的学科知识的广泛迁移才能实现，逐步形成系统化、概括化、稳定的心理结构。

---

[1] J. D. 贝尔纳. 科学的社会功能[M]. 陈体芳, 译. 北京：商务印书馆, 1982: 127.
[2] 邵瑞珍. 教育心理学[M]. 上海：上海教育出版社, 1997: 63.

四、科学学科能力与思维的关系

"任何一种学科的能力,都要在学生的思维活动中获得发展,离开思维活动,无所谓学科能力可言。"[1]因为学生对每一门学科的学习,都是在感性认识,特别是表象的基础上,通过概括、推理、类比、想象等思维活动,借助于词、语言等工具,获得学科知识经验,最终形成相对稳固的学科能力。

现代认知心理学对于"认知"的解释,主要有5种观点:(1)认知是信息加工;(2)认知是心理上的符号的运算;(3)认知是问题解决;(4)认知是思维;(5)认知是一组相关的活动,如知觉、记忆、思维、判断、推理、问题解决、学习、想象、概念形成、语言使用等。[2] 这5种对"认知"的不同理解无一不指向"思维",因为无论是"信息加工""心理运算"还是"问题解决",无不包括着比较、分析、抽象、综合、概括等系统和具体的过程,这些都是思维最基本的过程。思维在知觉、表象和记忆的基础上形成,又影响着知觉、表象、记忆的进行。在认知过程中,思维表现为概念形成、判断、推理、问题解决、决策,通过思维方能实现从现象到本质、从感性到理性的转化,从而构成了人类认识的高级阶段。皮亚杰把思维看作认知活动,并对作为思维主体活动的运算赋予极为显著的意义。所以思维是认知的核心,从狭义上看,也可把思维看作是认知的同义词。

正是由于思维之于认知的不可或缺性,我国率先倡导对思维科学进行研究的科学家钱学森曾在他的论文《关于思维科学》中提到,"我现在建议思维科学的一个别名是'认知科学',英文'Cognitive Science'。当然国外所说的认知科学的范围比这里讲的要窄,但仍不妨用这个英文词扩大其涵义"。西蒙(Simon)也认为思维科学是认知科学的同义语[3]。修订的布卢姆认知教育目标分类学中认知过程的6个维度实质上体现的是思维要求的高低。可以说,思维是智力与能力的核心,智力与能力的高低主要体现在思维水平上。[4] 因此,本研究在界定科学学科能力发展水平时,除了考虑科学学科自身的特殊性之外,主要依据的是思维(认知)水平的高低。

---

[1] 林崇德. 论学科能力的建构[J]. 北京师范大学学报(社会科学版),1997(1):6—12.
[2] 林崇德. 思维发展心理学[M]. 北京:北京师范大学出版社,2002:79—80.
[3] 童頫. 思维(认知)科学的启示[J]. 计算机应用,1990(1):17—23.
[4] 林崇德. 学习与发展(修订版)[M]. 北京:北京师范大学出版社,2003:148.

五、科学过程能力

揭示科学过程能力的内涵和本质意蕴,首先需要明晰相关的基本概念,前面已经对有关学科能力、科学学科能力,能力与知识、技能、思维之间的关系等进行了详细阐释,还需从科学学科领域内的相关能力着手,梳理相关能力研究的线索,深入分析它们之间的内在联系与区别。科学学科领域的能力要素均归属于科学学科能力,表现性评价所关注的科学过程能力也作为一类纳入其中。由于科学学科能力范畴内的能力概念多而杂,有些能力概念有较深厚的研究渊源,而有些则属于机械"嫁接"。以下将选择科学学科能力范畴中最有历史渊源,也最受热议的科学探究能力内涵进行分析,最终厘清科学过程能力的内涵。

(一)科学探究能力与科学过程能力的内涵分析

"探究"一词进入科学教育领域已经有100多年的历史了。早在20世纪初,约翰·杜威(John Dewey)针对当时教育系统内普遍存在的重知识传递、轻过程体验的现象提出了批评。他指出,"科学不仅是需要学习的一堆知识,而且也是一种学习的过程或方法"。后续的几十年中,科学探究在教育界一直受到广泛的关注。20世纪90年代颁布的《美国国家科学教育标准》强调以探究为本,"2061计划"中的科学素养也将科学探究提到了核心位置。那么科学探究的涵义是什么?科学探究能力研究的视角有哪些?以下将对此进行阐述。

关于科学探究的涵义,《美国国家科学教育标准》指出,"科学探究指的是科学家们用以研究自然界并基于此种研究获得的证据提出种种解释的多种不同途径。科学探究也指学生们用以获取科学知识、领悟科学的思想观念、领悟科学家们研究自然界所用的方法而进行的各种活动"。[1] 我国学者认为,科学探究是指人们通过一定的过程和方法对客观事物和现象进行探索、质疑和研究。现代教育科学中使用的科学探究一词往往具有两层含义:一是科学探究活动,二是科学探究能力。科学探究活动是由一些探究环节构成的过程,而科学探究能力则是一些最基本的思维方法与操作技能。[2] 著名科学教育家约瑟夫·施瓦布(J. J. Schwab)提出"科学应该被视作为一种概

---

[1] 美国国家研究理事会.美国国家科学教育标准[S].戢守志,等,译.北京:科学技术文献出版社,1999:30.
[2] 郝京华.科学(3—6年级)课程标准(实验稿)解读[M].武汉:湖北教育出版社,2002:90.

念结构,它随时可能因发现新的证据而被修改"[①]。这一关于科学本质观的论述是对科学探究地位的极大肯定,意味着科学探究既是学生学习活动的方式,也是教师组织教学活动的方式。李春密等人(2004)认为,科学探究是学生在科学课程学习过程中的学习方式和过程,"既能从日常生活、自然现象或实验现象的观察中发现与科学有关的问题,并且能通过提出问题、调查研究、动手实验、表达与交流等探究性活动,获取知识、技能和方法"[②]。

综上所述,科学探究涉及学习目标、教学过程、学生活动等多个方面,既可以指思维水平的探究,也可以是外在活动层面的探究。对科学探究的认识也有多种观点:一是科学探究作为学生学习过程中要经历的一定活动或阶段;二是科学探究作为学生学习科学的一种方式;三是科学探究作为教师呈现教学内容的教学方式;四是科学探究作为探究能力,包括观察、分类、测量、推论、预测、假设等科学方法和概括、分析、类比、归纳、推理等思维方式,这也是科学教育追求的教育目标;五是科学探究作为一种科学本质观,包含了学生对科学探究的理解,如让学生理解科学知识是如何根据新的证据、科学分析或科学争论得以修正的。

作为不同研究视角下科学学科能力的不同形式,科学探究能力与科学过程能力既有区别又有相似之处。科学探究能力的研究往往更多关注于探究过程的各个环节,注重探究环节的科学性与完整性,科学探究既可以是内部的思维加工,也可以是实践探索活动。而科学过程能力的内涵构建则倾向于基于科学学科特征的活动性、综合性能力的提取,强调要以外部活动作为能力培养的手段和表现形式。尽管就目前的研究来看,科学探究能力与科学过程能力在内涵上有较多重合之处(科学学科能力、科学探究能力与科学过程能力的关系见图2-5),但两者在研究视角与倾向上存在明显差异,科学过程能力更重视对外部活动表现的强调。这也是为什么本书要在已有对科学探究能力认识的前提下,提出科学过程能力这一概念,并对其进行深入的研究和评价的目的所在。

[①] 国家研究理事会科学、数学及技术教育中心.科学探究与国家科学教育标准——教与学的指南[M].罗星凯,译.北京:科学普及出版社,2004(8):15.
[②] 李春密,梁洁,蔡美洁.中学生科学探究能力结构模型初探[J].课程·教材·教法,2004(6):87.

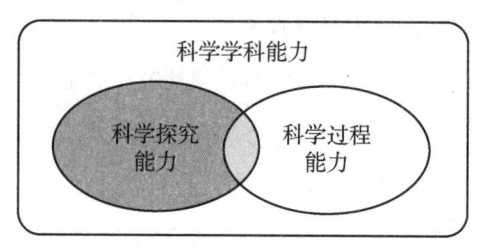

图 2-5 科学过程能力、科学探究能力与科学学科能力的关系

(二) 科学过程能力概念的界定

基于以上分析,将科学学习的外部活动为显性表征作为研究取向,体现科学学科能力评价的过程性、活动性与发展性,并将该分类方法和研究取向的科学学科能力规定为科学过程能力。

根据科学过程能力的研究视角与概念的本质特征,我们将科学过程能力(Science Processing Abilities,SPA)定义为:学生在构建科学知识、探究科学问题过程中形成并运用的具有科学学科特征的综合能力,其构成内核是科学思维,其显性表征是外部活动,属于特殊能力的范畴(科学过程能力的内涵结构如图 2-6 所示)。根据该内涵特征,科学过程能力最有效的评价方法为活动表现性评价。

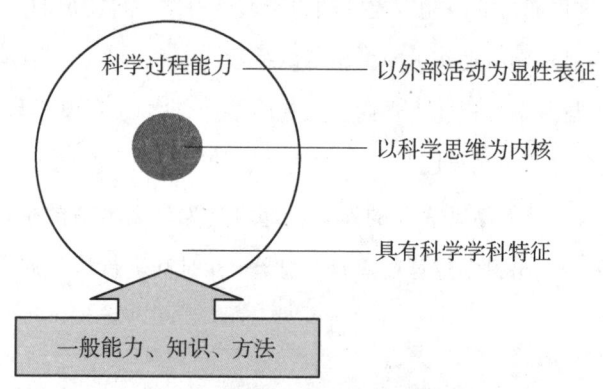

图 2-6 科学过程能力的内涵结构

六、证据推理科学能力

证据推理概念主要涉及心理学、逻辑学和教育学等领域。但本研究既不探讨逻辑学中的推理思维,也不就认知心理学的理论进行辨析,只是以这些学理为基础,由此确定在科学教育领域中的证据推理能力的概念内涵。

(一) 证据推理科学能力内涵分析

本研究中的证据推理与科学推理的概念密切相关。

按照皮亚杰的认知发展阶段理论,科学推理(Scientific Reasoning)也指形式推理(Formal Reasoning),儿童到 11—12 岁左右,其认知发展到形式运算阶段方才具有科学思维而进行形式推理。处于这个阶段的被试能够在假言命题的情况下进行完全的推理,并对经验实际进行心智转换,要求具备进行反思性思考,批判性检验,以及理论与证据的协调整合①能力。皮亚杰及其合作者开展了多项研究,为其观点提供了实证支持。② 这是心理学领域对于科学推理的初步研究。③

在心理学研究的文献中,一般有两种使用科学推理这个术语的方式。其一是指理想化模型,科学家们提出对立的假设,再开展实验进行评价或检验;其二,广义而言,科学推理是指认知过程,儿童和成人对世界规律、模式、因果关系结构的推论、论证。④ 莫什曼(Moshman)将科学推理描述为一种基于规则的推理形式,或是一种审慎地应用规则的思维⑤。

库恩(Kuhn)将科学推理视为一种知识获取的过程,即通过有意识地、规则所限地

---

① 此处的理论(Theory)指的是对生活或世界进行解释的某一个或某组观念(Idea/Belief),可能正确,也可能是错误、不完整的先前经验、观点、观念等,尤其是那些未得到证实的;而证据(Evidence)主要是指科学探究中实验、检验或比较所得的证据、数据,经由假设验证、逻辑推理而来,同时也应结合真实世界(Real World)的先前经验,此即"Consciously Coordinate Theory and Evidence"。
② Inhelder B, Piaget J, Parsons A, et al. The Growth of Logical Thinking: From Childhood to Adolescence [M]. New York: Basic, 1958(Original book was published in 1955).
③ Keselman, A. Enhancing Scientific Reasoning by Refining Students' Models of Multivariable Causality [D]. Available from ProQuest Dissertations & Theses Global A&I: The Humanities and Social Sciences Collection, 2001.
④ Deloache J S, Miller K F, Pierroutsakos S L. Reasoning and Problem Solving [M]. Handbook of child psychology, New York: Wiley, 1998: 947-978.
⑤ Moshman D. Cognitive Development beyond Childhood [M]. Handbook of child psychology, New York: Wiley, 1998: 947-978.

协调理论和证据,从而获取知识[1]。在其研究中,要求青少年和成人去设计实验,继而验证其理论观点,基于合适恰当的推论去修正他们的理论,由此发现被试进行因果推断时既需要他们的先前观念,也要依靠变化着的证据。库恩因此提出了知识获取的三阶段模型:探究,分析和推断。在探究阶段,需意识到应解决的问题,并明确阐述问题;分析阶段则是获得数据,进行处理的阶段,如比较、模式检测等,这个阶段需要程序性知识,或利用多种策略去分析数据;最后一个阶段是协调理论和证据,并提出有关科学的知识观点。[2]

科拉尔(Klahr)与邓巴(Dunbar)认为科学推理是在两个问题空间中进行搜索的过程,涉及一个假设空间和一个实验空间,[3]并提出了"科学发现双重搜索模型",由三个环节组成:搜索假设空间,验证假设和评价证据。这与库恩的知识获取过程类似,在搜索假设空间时,被试提出或修正他们的假设,由此形成一个完整具体的、可证伪的、能够验证的假设;其后,在验证环节,被试形成(计划)实验,就结果作出预测,开展实验;最后是评价证据环节,被试对实验所收集的证据进行评判:它们是否足以驳斥或接受假设。[4]

由此可见,不论是从心理学视角,还是基于科学探究过程,科学推理均具有重要意义。劳森(Lawson)指出科学推理能力及思维习惯是科学素养中最核心的要素,这些能力涉及建构理解的能力和思维习惯,理解核心概念并整合科学理论,交流、告知并说服他人采取科学概念和科学理论相关的行动等。[5]

科学推理的定义可从多方面进行界定。有学者指出,科学推理指的是认知技能,用以理解、评价科学信息,涉及对理论的、统计的及因果的假设的理解与评价。[6] 而从

---

[1] Kuhn D, Garcia-Mila M, Zohar A, et al. Strategies of Knowledge Acquisition Monographs of the Society for Research in Child Development [J]. *Journal of Social & Biological Structures*, 1995,11(4): 161-163.

[2] Kuhn D. Scientific Thinking and Knowledge Acquisition [J]. *Monographs of the Society for Research in Child Development*, 2010,60(4): 152-157.

[3] Klahr D, Dunbar K. Dual Space Search During Scientific Reasoning [J]. *Cognitive Science*, 1988,12(1): 1-48.

[4] Klahr D, Li J. Cognitive Research and Elementary Science Instruction: from the Laboratory to the Classroom, and Back [J]. *Journal of Science Education & Technology*, 2005,14(2): 217-238.

[5] Lawson A E. The Nature and Development of Scientific Reasoning: A Synthetic View [J]. *International Journal of Science & Mathematics Education*, 2004,2(3): 307.

[6] Giere R N. Understanding Scientific Reasoning [J]. *Teaching Philosophy*, 2005,6(2): 364.

科学或探究的视角来看,一种广为接受的定义是,科学推理代表了在科学探究过程中所涉及的普适性的思维和推理技能,包含实验实施、证据评价、推断和论辩等环节,由此形成、修正关于自然和社会的概念和理论。[1][2] 它涉及特定领域的专业知识和一般的策略性知识两方面[3],能力要求包括分离并控制变量,选择合适的实验设计或进行总结性测验,数据记录,形成新理论的演绎推理能力,利用证据(不论是证伪还是证实)对已有观点进行调整的能力等[4]。

正如科学探究中强调证据的获得和评价,证据推理是在一般推理能力基础上,突出证据的识别和转换,这不同于一般的科学推理能力要求。但科学推理的本质内涵是界定证据推理科学能力的基础,必然围绕普适的科学推理技能和科学探究的过程要求进行论述。

(二)证据推理科学能力概念界定

基于以上分析可知,证据推理是在科学学习这个特定的领域情境下,获取证据进行推理的认知活动,证据推理科学能力是顺利、成功进行这个活动所必需的能力。

学生在科学学习过程中,从已有经验、问题情境中识别、转换、形成证据,利用证据进行推理,最终解决问题。上述过程中的能力表现,即称证据推理科学能力。本研究以合成动词 Evidence-based Reasoning 表示证据推理,该能力是在科学情境中基于证据进行推理的能力,利用科学相关的证据,体现科学推理的思维要求,以 SERA (Scientific Evidence-based Reasoning Ability)简略表示这一能力。

结合前面的理论分析,本研究关注的 SERA 应具有如下特征:(1)领域特殊性(Domain Specificity),SERA 是在科学学习过程中解决科学问题时表现的认知能力,是在特定领域内的表现;(2)可测评(Mensurable/Assessable),SERA 是不可直接观察的潜在构念,但仍可以通过其他的指标间接反映其属性,是可以评价、测量的;(3)发展

---

[1] Zimmerman C. The Development of Scientific Reasoning Skills [J]. *Developmental Review*,2000,20(1):99-149.
[2] Zimmerman C. The Development of Scientific Thinking Skills in Elementary and Middle School [J]. *Developmental Review*,2007,27(2):172-223.
[3] Bao L, Wu N. Learning and Scientific Reasoning [J]. *Science*,2009,323(5914):227-237.
[4] Zimmerman C. The Development of Scientific Thinking Skills in Elementary and Middle School [J]. *Developmental Review*,2007,27(2):172-223.

性(Developable),在科学素养的背景之下,结合多领域的理论探讨,提炼 SERA 的概念内涵;SERA 的发展基于学生的认知能力,同时也将会因学习和训练而得到不断提升。正如其他高阶思维的培养一样,SERA 是可教可学的,不是固定不变的能力特质;(4)差异性(Difference/Variation),不同个体的认知能力和认知风格都不尽相同,认知发展的阶段和能力水平也有差异性,SERA 的表现和发展同样存在个体差异性,这也是对其开展测评研究的假设前提和探索目标。

第二节 科学学科能力测评的理论支撑

建构科学、合理的科学学科能力表现及测评的框架,是本研究的主要工作。基于前一节对科学学科能力内涵的界定,为克服传统测量评价方法的弊端,运用学习进程理论,力求客观等距地考查学生科学学科能力,构建科学学科能力表现的框架及测量工具。

一、学习进程理论

科学学科能力作为学生的一种特殊心理能力,它的形成和发展以一定的科学学科知识为基础,要经历由简单到复杂、由低级到高级的过程,并且只有通过一定的作业表现才能评价。为了考查不同年段学生科学学科能力发展的水平及其特点,我们必须对每一种科学学科要素能力建构起由低到高的发展历程,并描述相应发展水平下的行为表现,这样才能使得科学学科能力的测量和评价具有可操作性。

学习进程(Learning Progressions,简称 LPs,也称"学习进阶")是一种关于学生针对某一特定主题内容学习或技能习得过程的描述,揭示了学生在一定期限(最长可达 6 至 8 年)内对某特定主题学习的思考、理解以及实践活动是如何从低层次到高层次发展起来的。[1]

学习进程的结构是理解其本质内涵的前提,也是在实践中灵活运用学习进程进行

---

[1] National Research Council(NRC). Taking Science to School: Learning and Teaching Science in Grade K-8 [M]. Washington, D.C.: National Academies Press,2007:94

评价与教学实践的依据。一般来说,学习进程必须包含以下 5 个要素:(1)学习目标(Learning Goals/Target Performance,或称"表现目标"),规定学生通过课程学习,其知识或能力所达到的水平,处于学习进程的顶端;(2)发展变量(Progress Variable),反映学生对知识的思考、理解及能力随时间进程的变化与发展;(3)成就水平(Levels of Achievements),即从低水平状态到达高水平状态过程中大部分学生所经历的过渡状态;(4)学习表现(Learning Performance),具体描述学生在每一个过渡状态上对知识的理解及能力的发展水平,是对各成就水平的操作性定义;(5)成就评价(Assessment),评估学生对知识的理解及能力的发展状况,判断出学生现有水平在学习进程中处于怎样的水平层次[①]。

基于学习进程的要素,不少研究者描述了学习进程的结构,由于研究的着眼点不同,得出的学习进程结构也不尽相同。图 2-7 是着眼于"时间历程"的学习进程结构,描绘了学生在一定时间内学习水平的发展变化趋势。一般由起点、过渡状态及终点构成:起点是学生已有知识或能力水平;终点规定了学生经过学习探索后知识及能力应达到的水平;过渡状态则类似于学生在学习探索过程中从低水平状态到达高水平状态

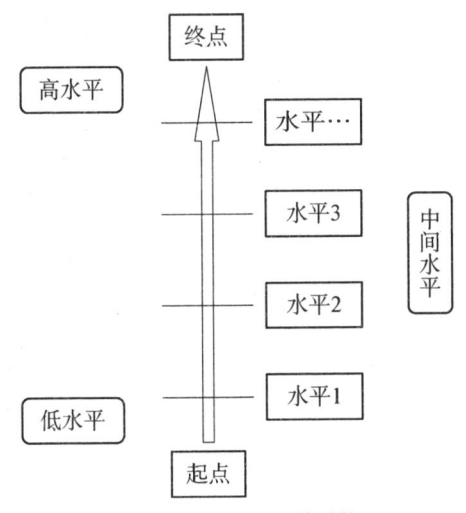

图 2-7　学习进程的结构

---

① Corcoran, T., F. A. Mosher, A. Rogat. Learning Progressions in Science: An Evidence-based Approach to Reform [R]. *Consortium for Policy Research in Education*, Philadelphia, PA, 2009: 1-82.

"所走过的一个个阶梯"。这种学习进程模型既可以是假设性的,也可以是描述已经确立了的学习进程。[1]

学习进程通过合理划分不同的成就水平,清晰地界定学习表现,并通过测量与评价来概括学生的学习水平随时间推移而发展变化的轨迹,不仅使得标准与评价之间的关系明朗、具体、可操作,而且有助于教师及课程编制者更深入地了解学生的学习表现特征,以改进课程与教学。由于学习进程在"联结课程标准、教学与评价,促进一致性"上的重要作用[2],近些年来成为国际科学教育研究的热点之一,受到越来越多的关注。史密斯等(Smith et al., 2006)建构了 K—8 年级"物质与原子-分子理论"的学习进程,详细描述了幼儿园到 8 年级学生是如何围绕三个核心问题——"物质是由什么构成?物质发生了什么变化?我们是怎么知道的?"——逐步发展对物质及原子-分子理论的理解的;[3]格拉斯根等(Glaesgen et al., 2009)建构了"化学家视角"的物质概念发展模型(如图 2-8)[4];施瓦茨等(Schwards et al., 2009)从"理解模型是解释和预测的工具"以及"理解模型是可变的实体"两个维度提出了学生科学建模的学习进程;阿朗索和斯蒂德尔(Alonzo and Steedle, 2009)[5]致力于研究学生物理概念理解随时间的变化及其

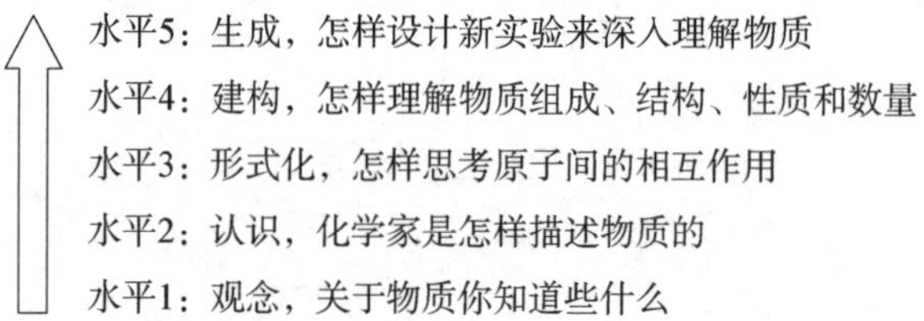

水平5: 生成,怎样设计新实验来深入理解物质
水平4: 建构,怎样理解物质组成、结构、性质和数量
水平3: 形式化,怎样思考原子间的相互作用
水平2: 认识,化学家是怎样描述物质的
水平1: 观念,关于物质你知道些什么

图 2-8 "物质"概念的学习进程

---

[1] 韦斯林,贾远娥.学习进程:促进课程、教学与评价的一致性[J].全球教育展望,2010(9):27.
[2] National Research Council (NRC). *Taking Science to School: Learning and Teaching Science in Grade K-8* [M]. Washington, D. C.: The National Academy Press, 2007: 98.
[3] Smith, C. L., et al. Implications of Research on Children's Learning for Standards and Assessment: A Proposed Learning Progression for Matter and the Atomic-Molecular Theory [J]. *Measurement: Interdisciplinary Research and Perspectives*, 2006, 4(1-2): 1-98.
[4] Claesgens, J., et al.. Mapping Student Understanding in Chemistry: The Perspectives of Chemists [J]. *Science Education*, 2009, 93(1): 56-85.
[5] Alicia C. Alonzo, Jeffrey T. Steedle. Developing and Assessing a Force and Motion Learning Progression [J]. *Science Education*, 2009, 93(3): 389-421.

特征,根据多轮测试结果修改最终建立了关于"力与运动"概念的学习进程(如表 2-1),根据学生的回答情况就可以得知学生所处的水平状况并反馈给出相关的诊断信息。美国《K-12 年级科学教育框架》(2011)以学习进程的研究为依托,界定核心概念在 K—2、3—5、6—8 和 9—12 这 4 个阶段的学习水平,从而形成一条条连贯性强的学习链条。[①]

表 2-1 "力与运动"概念的学习进程

水平	水 平 描 述
4	学生理解"外力使得物体运动,外力大小与运动速度成正比、方向可不与运动方向一致"
3	学生认为"物体静止是因为其没有受到力的作用或者没有外力作用"; 学生认为"物体即使在没有受力的情况下也能运动,但不会以恒定速度一直运动下去"; 学生认为"物体运动方向可以与其受力方向不一致,但不受力不会以恒定速度在某个方向一直运动下去"; 学生认为"物体的运动速度与在其运动方向上所受外力的大小成正比"
2	学生认为"物体运动表明物体在运动方向受力,物体不运动表明其不受力;相反地,物体在受力方向上能运动"
1	学生认为"力可以直接作用于物体,也可以不直接作用于物体"
0	无关回答

基于学习进程的评价方法和测量工具也在不断地被开发和利用。伯克利分校评价研究中心(Berkeley Evaluation and Assessment Research,简称 BEAR)认为准确测得学生在学习进程中所处位置是提高学生科学学习水平的关键,因而他们构建了一个可以设计和测量学习进程的系统——BEAR Assessment System(BAS)。BEAR 指出,构建 BAS 时应遵照以下四个基本原则:(1)发展的视角(A Developmental Perspective),即测量学生对某特定概念随时间进程的理解;(2)教学与评价相一致(Match between Instruction and Assessment),即评价的框架应和课程与教学的框架相一致;(3)教师的管理(Management by Teachers),评价所选用的任务和 BEAR 分析必须对教师和学生都是有益的且直接指向相关的教学目标;(4)评价证据应可靠且优

[①] National Research Council(NRC). *A Framework for K-12 Science Education: Practices, Crosscutting Concepts, and Core Ideas* [M]. Washington, D.C.: National Academy Press, 2011.

质(Evidence of High-Quality Assessment)。表2-2是"太阳系中地球"这一学习进程的应用实例,[①]表中的两道试题分别用于测量5年级与8年级学生在学习进程中所处的位置,学生选择不同的选项对应不同的水平表现,两个年级的学生进行相应的测试,就可测查其关于"太阳系中地球"这一核心概念的理解水平了。

表2-2 BAS中关于"太阳系中地球"学习进程的两个应用实例

试题一(适用五年级):夜间会变冷,这是因为(　　)	
A. 地球围绕着太阳公转,地球正处在离太阳最远的地方	(水平3)
B. 太阳运转到地球的另一面	(水平2)
C. 太阳在地球的下方,而且月亮不能像太阳一样发热	(水平1)
D. 地球围绕太阳自转,地球上远离太阳的地方进入夜间	(水平4)
试题二(适用八年级):我们为什么感觉到四季的存在(　　)	
A. 地球围绕太阳公转使我们夏日离太阳近而冬日离太阳远	(水平4)
B. 地球围绕太阳公转使我们夏日正对太阳而冬日背对太阳	(水平3)
C. 地轴的存在使得太阳在夏日比在冬日更加直射	(水平5)
D. 地轴的存在使得我们夏日离太阳近而冬日离太阳远	(水平4)

学习进程是关于学生对某一核心概念理解或关键能力如何发展的一种假设性理论,因此学习进程(包括学习进程本身及其评价工具)的开发是一个反复修订、逐步完善的过程。学习进程中从低到高水平的划分以及确定学生实际所达水平的位置,需要开发相应的评价工具进行测量和验证。根据学生的学习表现,再对学习进程进行检验、修改和完善。也就是说,学习进程的构建是一个理论与实践不断互动的过程。本研究将基于相关文献、科学学科传统以及科学课程标准等的综合分析,建立科学学科能力测评标准,作为后续测验工具开发、数据分析与讨论的理论框架和重要依据。

二、Rasch测量理论

作为一种个性心理特征的科学学科能力难以直接考查,而需通过一定的行为表现去间接推论。因此,考查学生的科学学科能力水平,必须开发相应的测验工具,通过学生在完成具体项目上的反应去间接推断学生的科学学科能力。测验工具的质量直接

[①] Wilson, M. Measuring Progression: Assessment Structures Underlying a Learning Progression [J]. *Journal of Research in Science Teaching*, 2009(46): 716-730.

影响对学生科学能力水平的正确推断,这就需要依据一定的测验理论,科学地开发测验工具,以保证测验工具的信度和效度。

测验理论通常指的是把心理学的观察结果进行量化的模式体系。其主要研究领域是能力、特质以及其他认知因素的观察、测量、量化、统计分析以及误差分析。[1] 学界通常将测验理论分为两种,一种是经典测验理论(Classical Testing Theory,简称CTT),一种是项目反应理论(Item Response Theroy,简称IRT)。在经典测验理论中,被试的水平估计与题目的难度估计彼此干扰,没有"客观等距"可言。当"测验工具依赖"和"样本依赖"的局限性无法有效解决时,所得到的测验分数在后续使用和分析时都会违背测量的目的和统计假设而存在问题。基于这种诉求,IRT应运而生。

IRT以项目特征曲线(Item Characteristic Curve,简称ICC)和潜在特质(Latent Trait)为理论架构,依据强假设(Strong Assumption)而来,通过建立数学模型来解释被试对项目的反应和其潜在特质(或能力)之间的关系。[2] 试题参数(如难度、区分度等)不受样本影响(Sample-Free),被试能力不受测验影响(Test-Free),是目前的主流测验理论之一。IRT模型不下20余种,本研究测验工具编制和检验所依据的测验理论模型即Rasch模型,并运用威尔森(Wilson,2005)"四基石"路径(the Four Building Blocks Approach)作为测量工具开发、设计的框架。[3]

(一) Rasch模型的基本原理

Rasch模型以自然科学领域的客观测量为标杆,试图为社会科学领域的测量建立客观和可靠的标准。[4] 自20世纪60年代以来,经过半个世纪的发展和推广,Rasch模型不仅在心理科学领域得到了广泛应用,还大量应用于教育领域,已成为教育和心理测验工具编制的测量模式之一。[5]

---

[1] 许祖慰. 项目反应理论及其在测验中的应用[M]. 上海:华东师范大学出版社,1992:1.
[2] 余民宁. 试题反应理论(IRT)及其应用[M]. 台北:心理出版社股份有限公司,2009:11.
[3] Wilson, M. Constructing Measures: An Item Response Modeling Approach [M]. Mahwah, New Jersey: Lawrence Erlbaum Associates, 2005:228.
[4] Bond, T. G., C. M. Fox. Applying the Rasch Model: Fundamental Measurement in the Human Science (2nd) [M]. Mahwah, New Jersey: Lawrence Erlbaum Associates, 2007:281-283.
[5] Merrell, C., Tymms, P. Rasch Analyses Ofinattentive, Hyperactive and Impulsive Behaviour in Young Children and the Link with Academic Achievement [J]. Journal of Applied Measurement, 2005,6(1):1-18.

在数学上，形如 $y = f(x) = \dfrac{e^x}{1+e^x}$ 的函数称为 Logistic 函数，其反函数 $x = \log\dfrac{y}{1-y}$ 称为 logit 变换。Rasch 的基本理念是，在测量中，受试者对某个项目反应的正确概率取决于受试者能力与项目难度之间的差异大小，受试者能力与项目难度差异越大，则对特定项目正确概率越高，反之则越低。

假设受试者 n 的潜在特质(能力)的程度为 β_n'，项目 i 的难度为 δ_i'，作答反应为二元计分(评分只有答对和答错两种情况)，P_{ni1} 和 P_{ni0} 分别表示受试者在 i 题上得 1 分(答对)和得 0 分(答错)的概率，则 $P_{ni1}+P_{ni0}=1$。现定义胜出率(Odds)为 $\dfrac{P_{ni1}}{P_{ni0}}$，则在 Rasch 模型中：

$$\text{odds}_{ni} = \frac{P_{ni1}}{P_{ni0}} = \frac{\beta_n'}{\delta_i'} \quad \text{(公式 1)}$$

若另一受试者 m 作答同一项目 i，则：

$$\text{odds}_{mi} = \frac{P_{mi1}}{P_{mi0}} = \frac{\beta_m'}{\delta_i'} \quad \text{(公式 2)}$$

两者的能力比值为：

$$\frac{\text{odds}_{ni}}{\text{odds}_{mi}} = \frac{\dfrac{\beta_n'}{\delta_i'}}{\dfrac{\beta_m'}{\delta_i'}} = \frac{\beta_n'}{\beta_m'} \quad \text{(公式 3)}$$

可见两者能力的比值与项目的难度无关，即受试者的能力独立于试题的难度。若 n 的能力是 m 的 2 倍，表现在胜出率比(Odds-ratio)上就是 2 倍，不管他们的能力都很强，或者都很弱，这 2 倍的关系都不会改变。

同理，将公式 1 取自然对数 log，得：

$$\begin{aligned}\text{logit}_{ni} &= \log(\text{odds}_{ni}) = \log\left(\frac{\beta_n'}{\delta_i'}\right) \\ &= \log(\beta_n') - \log(\delta_i') = \beta_n - \delta_i\end{aligned} \quad \text{(公式 4)}$$

其中 $\beta_n = \log(\beta'_n)$，$\delta_i = \log(\delta'_i)$

同样，对于受试者 m，

$$\text{logit}_{mi} = \beta_m - \delta_i \qquad (公式5)$$

两者相减，得

$$\text{logit}_{ni} - \text{logit}_{mi} = (\beta_n - \delta_i) - (\beta_m - \delta_i) = \beta_n - \beta_m \qquad (公式6)$$

因此，如果 n 的能力恰好比 m 多 2 个 logit 单位，不管他们能力都很强，还是都很弱，这 2 个 logit 单位的差距都不会改变，因此是等距量尺。

利用公式 1 或公式 4 可以推导出受试者 n 在项目 i 上答对（得 1 分）的概率为：

$$P_{ni}(x_{ni} = 1 \mid \beta_n, \delta_i) = \frac{e^{(\beta_n - \delta_i)}}{1 + e^{(\beta_n - \delta_i)}} \qquad (公式7)$$

或

$$\ln \frac{P_{ni}}{1 - P_{ni}} = \beta_n - \delta_i \qquad (公式8)$$

公式 7 即著名的二分 Rasch 模型（Dichotomous Rasch Model），描述了在只有答对（$x=1$）和答错（$x=0$）两种情形下，受试者答对某一项目的概率（P_{ni}）与受试者能力和项目难度之间差异（$\beta_n - \delta_i$）的关系。能力 β_n 和项目难度 δ_i 的单位都是 logit，图 2-9 显示了在不同的能力和难度差距（$\beta_n - \delta_i$）下答对的概率。由图 2-9 可见，当（$\beta_n - \delta_i$）为 0 时，答对的概率为 50%；当能力 β_n 大于难度 δ_i 时，答对的概率就大于 50%；反之，

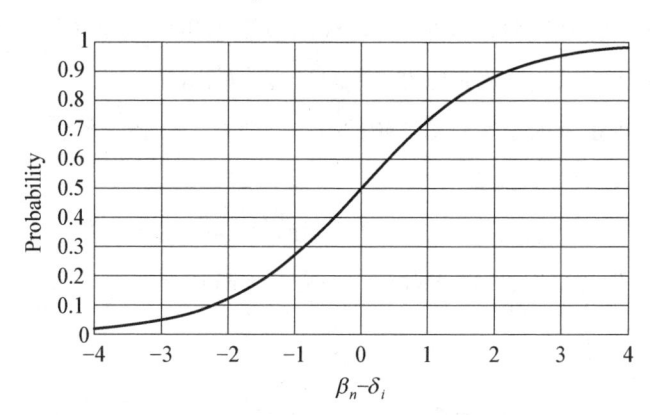

图 2-9 答对概率与"能力-难度"差异的关系

当能力 β_n 小于难度 δ_i 时,答对的概率就小于 50%。当差距为 1 个 logit 时,答对的概率为 0.73;…… 由于 β_n 和 δ_i 是同一个单位,所以可以相加减。Rasch 模型是客观等距的量尺。

图 2-10 是 Rasch 的项目特征曲线(ICC),呈现了不同能力的受试者作答三个不同难度值项目的答对概率。难度值是答对率为 50% 所在的位置。其中,第 1 题的难度是 -1.5 个 logit,第 2 题的难度是 0 个 logit,第三题的难度是 2 个 logit。即第 3 题最难,第 2 题其次,第 1 题最易。

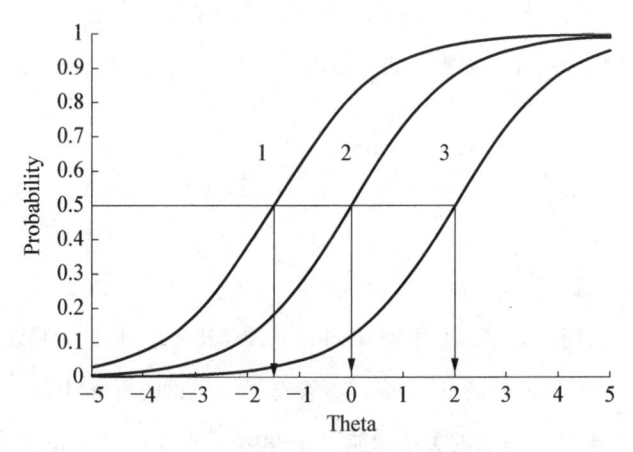

图 2-10　Rasch 模型里不同项目的 ICC

从图 2-10 中可看出:(1)能力越高,答对的概率越大。当能力趋近无穷大时,答对概率趋近 1;当能力趋近无限小时,答对概率趋近 0,即这些 ICC 是单调递增的。(2)三条 ICC 并不交叉。对所有能力水平的受试者而言,答对第 1 题的概率,永远都大于答对第 2 题,也永远大于答对第 3 题的概率。即对所有能力水平的人而言,第 1 题最易,第 2 题其次,第 3 题最难。

Rasch 模型中还包含等级量表模型(Rating-scale model)、部分给分模型(Partial credit model)以及多面 Rasch 模型(Many-facets rasch model)等,[①]数学表达式分别为:

等级量表模型为:

---

① Bond, T. G. and C. M. Fox. *Applying the Rasch Model: Fundamental Measurement in the Human Science*(2nd) [M]. Mahwah, New Jersey: Lawrence Erlbaum Associates, 2007: 281-283.

$$\ln\frac{P_{nik}}{1-P_{nik}}=\beta_n-\delta_i-F_k \quad (F_k \text{ 为评分等级 } k \text{ 相对于 } k-1 \text{ 的难度})(\text{公式 } 9)$$

部分给分模型为：

$$\ln\frac{P_{nik}}{1-P_{nik}}=\beta_n-\delta_{ik} \quad (\delta_{ik} \text{ 为项目 } i \text{ 上 } k \text{ 分的难度}) \quad (\text{公式 } 10)$$

多面 Rasch 模型为：

$$\ln\frac{P_{nikj}}{1-P_{nikj}}=\beta_n-\delta_i-F_k-C_j \quad (C_j \text{ 为评分者 } j \text{ 的宽严程度}) \quad (\text{公式 } 11)$$

在研究中常用到的是部分给分模型，适用于主观评分的项目。当 $k=1$ 时，公式 10 即公式 8，所以二分模型可以看成是部分给分模型的一个特例。

从以上分析可知，Rasch 模型通过将原始分转换为 logit 分，量尺具有客观和等距的特点，从而可以进行加减和比较。而且，受试者能力和项目难度彼此独立，项目难度高低不依赖于受试者能力大小，受试者能力大小亦不依赖于项目高低，即具有恒常性（Invariance），从而有效克服了经典测验理论中测验工具依赖和样本依赖的缺陷，具有独特优势。但在 Rasch 模型中，受试者能力和项目难度并不是直接观测的。在公式 7 中，只有 x 是可以通过直接观测得到的（即 $x=1$ 或 $x=0$），而受试者能力 (β_n) 和项目难度 (δ_i) 需要通过受试者在一系列项目上的反应，运用最大似然估计法（Maximum Likelihood Estimation）进行估算，也称受试者能力参数估计和项目难度参数估计。通过一定的计算机程序加以实现参数估计，如 Winsteps、Bond & Fox Steps 等。[①]

（二）Rasch 模型的基本假设及要求

1960 年，乔治·拉什（Georg Rasch）提出了 Rasch 模型，通过一定的分析软件采用最大似然估计法利用被试的已有作答反应数据来估计被试的能力水平和试题难度，旨在解决传统经典测量模型中被试者难度的水平估计和难度估计"相互干扰"的问题。Rasch 模型的"参数分离""数据线性""直接比较被试能力与项目难度"等优点一改传统测验理论中的弊端而越来越受到研究者的青睐。但 Rasch 模型对所收集数据的要

---

① Wright, B. D., Mok, M. M. C. Rasch Models Overview [J]. *Journal of Applied Measurement*, 2000, 1(1): 83-106.

求极为严格,从而满足几条前提假设,所得到的被试的潜在特质 θ 和试题难度 δ 才具有良好的测量特性。Rasch 模型的基本假设及要求如下。

1. 单维性(Unidemensionality)

单维性要求测验所设定的特质空间必须是全特质的空间,即所测量的是受试者的一种心理特质。项目反应理论认为,只有测验具有能够影响测验结果的"单一主要成分或因素"(one major dominent component or factor),才可以认为符合单维性假设的基本要求,而这个主要因素即是该测验所测量到的单一主要能力或单一主要潜在特质。[1] 当然,单维性并不意味着学生在测验中只运用一种能力在解答,而是影响学生作答反应的是一种主要能力。如在符号表征能力的测验中,学生所具有的符号表征能力起了主导作用。

在单维性假设下还隐含着另外两个假设和要求,一是知道-正确假设(Know-correct Assumption),即如果受试者知道某一试题的正确答案,他/她必然答对该试题;二是非速度测验(No-speed Test),即测验的实施不是在速度限制下完成的,受试者的成绩不理想是由能力不够所引起,而非答题时间不够所致。

2. 局部独立性(Local Independence)

局部独立性是指当影响测验表现的能力因素固定不变时,受试者对一个项目作出正确反应的概率不受测验中其他项目的影响。学生项目反应之间无明显的相关性,即学生在某一项目上的作答不会受到其他项目的影响。这意味着涵盖在 Rasch 模型中的能力因素才是影响受试者在测验项目上做出正确反应的因素,这组能力因素代表整个潜质空间。一般而言,当单维性基本假设成立时,局部独立性假设也会获得成立。[2]

3. 数据-模型拟合(Model-data Fit)

只有当测验所获数据与 Rasch 理论模型有良好的拟合度(Model-data Fit)时才可以认为测验是等距客观的量尺。在对测验数据的分析中,需判断两个拟合度:一是受

---

[1] Embretson, S. E., Reise, S. P. *Item Response Theory for Psychologists* [M]. Mahwah, NJ: Lawrence Erlbaum Associates, 2000.
[2] Lord, F. M. *Application of Item Response Theory to Practical Testing Problems* [M]. Hillsdale, NJ: Lawrence Erlbaum Associates, 1980.

试者的作答反应是否拟合模式的预期,称为被试拟合(Person Fit);二是项目被作答的情形是否拟合模式的预期,称为项目拟合(Item Fit)。Rasch 模型分析提供了两种形式的卡方拟合指标:残差的均方(Outfit Mean Square,简称 Outfit MNSQ)和加权(以方差为加权系数)后的残差均方(Infit Mean Square,简称 Infit MNSQ)。Outfit MNSQ 对极端值(异常数据)比较敏感,Infit MNSQ 与期望模型更吻合的反应获得更大权重,对题目难度与个体能力水平相当的数据较为敏感。MNSQ 理想值为1,意味着实测数据完全与 Rasch 模型相拟合,利纳克尔(Linacre,2006)建议取 0.5 至 1.5 的范围,但也有研究选取了更为严格的标准;[1]Infit 和 Outfit 指标还有标准化的形式,分别表达为 Infit ZSTD 和 Outfit ZSTD。ZSTD 服从 t 分布,理想值为0,标准差为1,取值在－2 至 ＋2 之间,表 2-3 是 Rasch 模型所提供的数据拟合度指标。

表 2-3 基于 Rasch 模型的测验工具质量参数

	质量参数	参数含义	可接受范围
信度	项目和被试信度	表示项目(被试)的再现程度	被试信度>0.8,项目信度>0.9
	误差	观察值与期望值的差异	越接近 0 越好
	分离度	被试能力和测验难度在测量变量上的分离程度,反映测验区分效果	一般被试大于 2 较好,项目大于 3 较好
效度	单维性	反映试题是否考查被试单一心理特征	－0.4—0.4
	项目-被试对应	反映项目、被试在一维、线性、连续变量上的分布及测量数据与理论预期的对应	—
	数据-模型拟合	反映实际反应模型和理论反应模型之间的拟合度	MNSQ 越接近 1 越好,可接受范围为 0.7—1.3;ZSTD 越接近 0 越好,可接受范围为－2—2
	点-测量相关	被试在项目上得分与测验总分的相关	0—1
	选项反应模式及评分等级概率结构	反映选项与评分等级设置之间的合理性	—

---

[1] Mok, M. M. C., Cheong, C. Y., Moore, P. J., Kennedy, K. J. The Development and Validation of the Self-directed Learning Scales (SLS) [J]. *Journal of Applied Measurement*, 2006, 7(4): 418-449.

(三) 基于 Rasch 模型的测量建构

测量(Measure)是按照明确的构想或规则对人、事或物的属性或特征赋值的过程。在测量物理特征(如身高和体重)时,定量原则已为人们认同并标准化,并且每个人对所要进行的步骤的认识也是一致的。教育测量的对象是学生的属性(如能力、性格等),同样需要按照具体的规则对属性进行量化。测验(Test)是指用于系统观察教育或心理特质或属性的一个或一系列任务。一般而言,测验要求被试对项目或任务做出反应,施测者从中推断出所测属性的情况。[①] 在 Rasch 模型中,只有当测验所获数据拟合理论模型时,才能更准确地预测个体的心理特质或能力。因此,这就要求测验工具在开发、设计时应尽可能地科学、客观、有效,充分满足 Rasch 模型假设。

基于 Rasch 模型的原理,威尔森(Wilson,2005)提出了测量建构"四基石"方法(如图 2-11 所示)作为测量工具开发、设计的框架。[②] 该框架包含四个基本要素,即构念图(Construct map)、项目设计(Item design)、结果空间(Outcome space)和测量模型(Measurement model)。

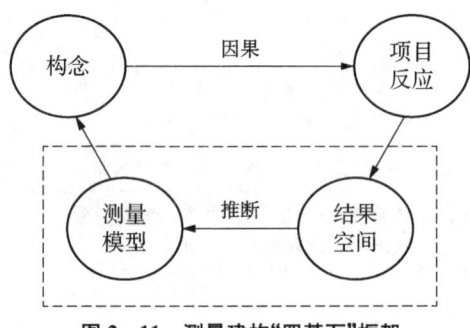

图 2-11 测量建构"四基石"框架

1. 构念图

心理学上把制约人的行为的心理特征称为心理特质,又称潜在特质(Latent Trait)。潜在特质其实就是测验想要测量的心理构念(Construct),它可以是能力,也可以是人格特质、态度、兴趣、价值观等。结构图就是对要测量的心理结构的由低到高

---

① 吉尔伯特·萨克斯,等. 教育和心理的测量与评价原理(第 4 版)[M]. 南京:江苏教育出版社,2002:13.
② Wilson, M. *Constructing Measures*: *An Item Response Modeling Approach* [M]. Mahwah, New Jersey: Lawrence Erlbaum Associates, 2005:228.

发展的一种图形化描述(如图2-12)。①

学生的科学学科能力是一个不断发展的过程,既具连续性,又有阶段性、层次性,在不同的发展阶段,发展的水平是不同的。而表现在个体身上也具有不同的特点和类型,具有个体差异性。结构图是一维、连续的,从低到高体现了能力水平的差异。两端之间存在着多个不同水平,被试可以处于两端之间的任何一点上。基于Rasch测量原理,通过结构图可以将被试和项目排列在线性维度上,从而比较学生在各个发展阶段、各个维度的能力水平。在本研究中,结合各个能力主题学习进程的研究构建结构图,以此为依据来编制测量工具,进行数据检验等。

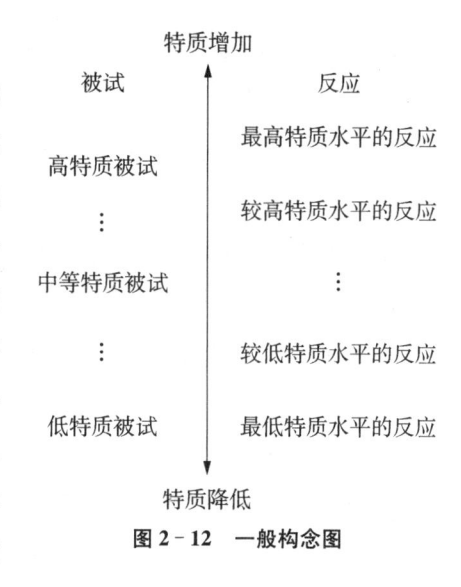

图2-12 一般构念图

2. 项目设计

心理结构或能力并不能直接测量,需要通过一定的观察方式来推断个体的心理结构或能力的存在及存在的强度。观察的方法有多种多样,教育中常常利用测验(Test)方法,通过考生的应答过程和应答结果对考生的心理结构或能力进行量化,从而推测考生心理结构或能力的存在强度。测验是由一个个的项目(Test Item,又称试题)所构成的,它内含刺激情境以及应答形式的描述,其目的是根据被试的应答反应来推测、评估被试的某些心理特质(如能力、倾向、态度等)。② 所以,项目是心理结构的外在表达。若要获得能够准确推测心理结构的观察数据,项目的质量至关重要,因为它影响着被试心理外化的质量。项目的设计通常包含三个基本要素。

第一,项目的测量目标。即项目所要测量的是什么心理结构或能力,这是项目设计所要考虑的第一要素。若项目所测量的内容与所要测量的心理结构或能力无关,项

---

① 转引自"韦斯林. 应用Rasch模型构建基于计算机建模的中学生物质结构认知测量的研究[D]. 上海:华东师范大学,2010:78."
② Osterlinter, S. J. *Constructing Test Items: Multiple-Choice, Constructed-Response, Performance and Other Formats* [M]. Boston/Dordrecht/London: Kluwer Academic Publishers, 1998.

目就失去了其测量学意义,对测验结果的解释和使用也毫无价值。

第二,项目的形式。即用何种方式呈现项目,使得被试特定的心理结构或能力得以表现。本研究采用单项选择题(Multiple-choice Items)和建构反应题(Constructed-Response Items)这两种形式。单项选择题要求在规定的内容范围内选择一个正确答案;建构反应题要求被试组织或建构一份答案,在考查学生的高层次能力上具有优势,建构反应题的答案有封闭性答案和开放性答案两种。[①]

第三,项目的预处理。当研究者根据构念图、按照一定的呈现形式设计出项目后,还需判断项目是否考查了其预设考查的结构,以及项目的表述是否明确无歧义。

3. 结果空间

结果空间是对项目所作反应的一系列类别及其与构念图的关系。通过对各项目反应的结果进行评分分类使其与构念图中的各层次水平联系起来,这样,一方面可以区分、界定学生反应的水平类别,也可以对与结构图中水平不相符的评分类别进行调整。本研究中,单项选择题为二元计分,即选对为1、选错为0;建构反应题则按结果空间的层次水平进行评分。目前,确定建构反应题结果空间的方法通常有SOLO(Structure of the Observed Learning Outcome)等级描述型评定方法和PTA(Primary Trait Analysis,要素分析)型评定方法。[②] 本研究中,借鉴了SOLO与PTA对开放题的评分思想,对学生丰富多样的答案进行分类,根据学生各类回答赋予一定分值的编码,分级评分。采用Rasch模型分析各评分项等级划分的合理性,再根据分析结果对评分等级进一步优化。

4. 测量模型

测量模型用以解释和评估学生在测验中所获得的分数,从而将结果空间与能力特质联系起来。该框架是基于Rasch测验原理构建的,所运用的解释和评估模型即Rasch模型。

在基于Rasch模型的测量建构中,上述四个方面相互联系,缺一不可。学生的能力具有内隐性,不能直接测量,只能通过其行为表现特征间接推测和判断。根据测量

[①] 迈克尔·罗德里格兹,安东尼·阿尔巴诺等.面向测试开发者、研究者及教师的试题编写技术[J].考试研究,2011(4):85—94.
[②] 高凌飚.开放性试题的编制与评分[J].人民教育,2006(1):36—38.

的基本假设,学生的能力特质与其项目反应之间存在着因果关系,即学生的能力特质导致了学生对项目的反应,从学生的项目反应情况则可推断其能力特质。但学生在项目上的反应并不能直接反映其内部能力特质,需要借助一定的技术方法揭示反应的规律、特征,使其内部能力特质显露出来。也就是说,利用学生在项目上的反应推断其能力特质,并非一个直接、单向的联系,需要经过两个中间过程——结果空间和测量模型。

第三节 科学学科能力测评研究的目标与方法

以 Rasch 测量模型为学科能力评量框架的构建基础,基于学习进程发展的理论,需要选择合适的方法,形成可操作的思路、程式,根据文献分析的结果和我国科学学科能力研究和实践的情况提出相关问题,以确立科学学科能力研究的具体目标。

一、研究目标

第一,深入研究科学学科本质及其特殊要求,构建能够体现科学本质和特殊要求的科学学科(综合、分科)能力要素。

第二,结合科学课程的学科传统、国内外课程标准中对能力的学段要求、科学学科的思维特征以及学生的认知水平等要素,并借鉴我国已有科学教学实践检验,分析科学学科能力的"学习进程",明确不同水平的学习行为表现。

第三,根据学习进程理论框架,基于测量建构理论方法,开发科学学科(综合、分科)能力测量工具;运用相关测量模型分析测验结果、修订测量工具,改善测量工具的性能。

第四,根据大样本测试结果分析学生科学学科(综合、分科)能力的现状,不同地区(学校)、不同学习阶段、不同性别学生科学学科能力的特征及发展规律等。

第五,尝试研究科学学科(综合、分科)能力表现性测评标准的构建并予以实证研究,以弥补纸笔测验的不足,完善科学学科能力测评的相关工作。我们在科学学科能力的视域下,关注评价的过程性、活动性与发展性,并将该分类方法和研究取向的科学学科能力规定为科学过程能力,其后的有关章节将以此为核心概念进行研究和讨论。

根据本研究的研究目标,将研究过程分解为四个阶段:基础研究、理论研究、实证研究、研究总结,各阶段的研究内容与拟解决的主要问题列于表2-4。

表2-4 科学学科能力测评框架构建及应用研究设计

研究进程	研究内容	拟解决的主要问题
基础研究	文献研究	关于科学学科能力别人已经做了什么? 现有研究有哪些值得借鉴? 现有研究中尚存什么问题?
	纲领性文件解读	国内外科学课程文件及考试大纲学科能力要求如何? 相关文件中学科能力要求如何? 其中有什么合理之处及不足之处?
	科学学科特殊性分析	科学学科的本质和发展特征是什么? 科学学习对学生的特殊要求是什么? 能直接体现科学学科特殊要求的能力要素是什么?
	国内外科学测评经验思考	国内科学测评体系对学生学科能力的关注点是什么? 相关测评体系如何测评学生的学科能力? 这些测评方法对本研究具有怎样的启示?
理论建构	学习进程理论	依据什么理论建立科学学科能力的发展水平? 如何将学习进程理论引入科学学习中去?
	科学学科(综合、分科)能力	科学学科能力是如何从低到高发展的? 科学和分科学科能力具体的行为表现是什么? 科学学科能力体系与分科学科能力的关系如何?
	能力测验理论	科学学科能力测评所依据的基本理论是什么? 测量模型应包含哪些维度? 测验题编制的基本依据是什么?
实证研究	测验工具的开发与检验	科学学科能力测验工具的信度如何? 科学学科能力测验工具的效度如何? 科学学科能力测验工具的稳定性如何?
	学生科学学科(综合、分科)能力测评与分析	科学学科(综合、分科)能力的现状如何? 不同地区、不同学校、不同年级、不同性别学生科学学科(综合、分科)能力的特征及发展规律如何? 科学学科(综合、分科)能力测评结果的差异与学生能力发展规律的关系如何?
研究总结	研究成果总结与研究反思	研究成果总结及存在的不足体现在哪些方面? 有哪些进一步研究展望?

二、研究方法

本研究所采取的研究方法如下：

第一，文献研究法：文献研究主要用于梳理相关研究，了解国内外相关研究现状以及存在的问题，为本研究提供研究相关启示及支持。

第二，文本分析法：分析科学课程标准、考试大纲等纲领性文本对科学学科能力的具体要求，立足科学课程的学科本质及特点，借鉴"学习进程研究与实践"的启示，并结合学生的认知特点分析科学学科能力要素及其行为表现，以构建科学学科能力测评框架。

第三，因素分析法：运用验证性因素分析法（Amos 17.0 软件的使用），初步揭示学生科学学科能力建构的合理性。

第四，Rasch 测量模型以及"四基石"测量建构方法：指导本研究的理论建构、测验工具开发以及修正、相关数据建模及分析。

第五，数据处理及分析：Winsteps Version 3.72.0（Bond&Fox 1.0.0）、SPSS 18.0 等统计软件使用，对数据结果进行处理并予以分析与评估。

第三章 科学学科能力建构：综合与分科视角

根据科学学科能力研究的理论基础和目标，从综合科学（以初中科学为例）和分科科学（以高中化学为例）分别展开科学学科能力的测评研究。二者研究的基本程序相似：(1)科学学科能力及化学学科能力的要素分析；(2)科学学科能力及化学学科能力的测评框架建构；(3)学科能力测验工具的编制与优化，即根据科学学科能力和化学学科能力的测评框架开发测验工具，选取合适的被试进行试测，并根据试测结果对工具进行修改以及完善测评框架；(4)测查学生科学学科能力发展，基于测试数据分析初中科学学科能力和高中化学学科能力的发展现状，探索其能力表现特征及发展规律。本章重点从综合与分科视角阐述科学学科能力框架的建构。

第一节 初中科学学科能力要素分析

为了适应时代和学生发展的需要，21世纪初我国颁布了初中科学课程标准（7—9年级），设置了综合科学课程并在浙江等地实施。该课程呈现出多学科领域知识的渗透与联系，统筹科学探究的过程与方法，关注STSE（即科学、技术、社会和环境），引导学生从整体上认识自然和理解科学，为其适应不断变化与发展的未来世界做好准备。

一、我国初中科学课程标准中能力要求分析

我国初中科学课程标准在"科学探究""科学知识与技能""科学态度、情感与价值

观"以及"科学、技术、社会、环境"等方面提出了具体的目标要求。"科学探究"是指学生为获取知识、理解科学、学习和掌握科学方法而进行的类似于科学家探究过程的各种活动。学生在进行科学探究时必须具备动手实验的基本能力,探究过程中始终贯穿各种思维活动。科学探究的形式可以是多样的,但必须具备一些基本的环节,如提出科学问题,进行猜想和假设,制订计划,设计实验,获取事实与证据,解释、检验与评价,表达与交流等。表3-1是7—9年级学生在科学探究过程中各环节应达到的要求。

表3-1 科学探究过程各环节对学生的相关要求

科学探究环节	达 到 目 标
提出问题	* 能从已有知识和经验出发提出问题,并用自己的语言描述所提出的问题 * 能对提出的问题进行简单分析,初步判断是否适合探究 * 知道科学探究始于问题
提出猜想和假设	* 能提出猜想和简单的假设,并陈述理由 * 了解猜想和假设在科学探究中的重要作用
制订探究方案	* 能针对探究目的和条件,设计探究的思路,选择合适的方法(观察、实验、调查、访问、资料查询等),制订探究方案
获取事实与证据	* 能从多种信息源中选择有关信息 * 能进行一系列观察、比较和测量 * 能对获得的事实、数据进行分析和处理,能注意错误和误差 * 了解科学探究需要事实与证据
解释、检验与评价	* 能将事实与科学知识建立联系,能注意与预想结果不一致的现象,尝试作出合理解释 * 评价数据的可靠性,知道实验中的误差是不可避免的,并注意减少实验误差 * 能从多种渠道获得信息资料,并与自己的探究比较,能提出改进探究方法的具体建议 * 认识科学解释需要基于经验事实、运用科学知识和科学推理
表达与交流	* 能用语言、文字、图表等方式表述探究的过程和结果,会书写简单的探究报告 * 善于与同伴合作,能倾听和尊重他人提出的不同观点和评议,并交换意见

我国义务教育阶段(7—9年级)科学课程标准积极倡导科学探究,不仅将科学探究作为学生重要的学习方式,更是将其作为一个重要的学习领域和能力发展要求。我国科学课程提出科学探究的核心目标是增进学生对科学探究的理解,提高学生科学探究的能力,促进学生科学素养的提升。但是,如何进行科学探究的教学与评价,在理论与实践指导两方面还存在不足,值得科学教育工作者深入研究。

(一)科学探究能力目标层次欠缺

《义务教育初中科学课程标准》给出了7—9年级学生经历初中科学课程的学习后在科学探究各要素上应达到的要求,但这种要求缺乏刚性。对于科学教师而言,应结合内容和学生认知特点对科学探究能力进行细化,使探究教学"有章可循"。学生的能力发展不是一蹴而就的,如"学生对概念的理解"便可分为三个阶段:错误理解;对概念的不完整理解;对概念的完整理解[1]。大量的事实证明,学生科学探究能力的发展是分阶段的、逐步完善的。科学探究能力发展的每个过程及其特点,需要通过理论与实践结合的研究进行探讨与界定,以便科学教师能根据相应的能力要求组织探究教学。

(二)科学探究能力考查要求模糊

多年来,浙江省7—9年级实施综合科学课程,中考科学命题体现了课改理念,即考查学生基本的科学知识的同时,又检测学生的科学探究能力。浙江省的中考科学考试大纲按照《义务教育初中科学课程标准》设置"科学探究""生命科学""物质科学""地球、宇宙和空间科学"以及"科学、技术与社会的关系"五个内容主题,全面考查学生的知识掌握与运用能力。从"提出科学问题""进行猜想和假设""制订计划,设计实验""观察与实验,获取事实与依据""检验与评价""表达与交流"六个方面来测查学生的科学探究能力。对其他四个内容主题,则通过具体的科学知识和活动来考查学生的知识理解和运用能力。表3-2是考试大纲中四个内容主题下表述具体考查要求的行为动词及其频次统计。由该大纲也可看出,科学探究能力的考查要求比较笼统,考查目标的操作性不如具体内容主题要求明晰。因而难以有效检测学生的科学探究能力水平。

---

[1] 米歇尔·本特利,克里斯汀·艾伯特,爱德华·艾伯特.科学的探索者——小学与中学科学教育新取向[M].洪秀敏,夏婧,邓亚男,薛婧,译.北京:北京师范大学出版社,2008:102—104.

表3-2　浙江省中考科学考试大纲内容考查要求的行为动词表述及频数

内容领域	行 为 动 词
生命科学	识别(7)、知道(23)、列举(12)、描述(13)、概述(5)、说明(9)、理解(1)、解释(3)、观察(1)、制作(1)、绘制(1)、感知(1)、体验(1)
物质科学	识别(25)、知道(85)、列举(37)、比较(2)、分类(1)、描述(34)、概述(15)、说明(29)、理解(6)、解释(15)、计算(17)、推断(2)、测量(8)、绘制(9)、配制(1)、改变(1)、鉴别(1)、收集(2)、查阅(3)、整理(2)、解决(3)、关注(1)、体验(3)、领悟(1)、树立(3)
地球、宇宙和空间科学	识别(2)、知道(12)、列举(4)、描述(9)、关注(2)、领悟(2)
科学、技术与社会的关系	知道(5)、列举(2)、关注(3)

(三) 评价的实际操作难度大

义务教育阶段各类考试为了考查初中生的科学探究能力,增加了实验探究题的比重。试题以一定的实验情境展开并融入探究性活动,主要涉及问题提出、资料查阅、猜想与假设、实验探究、讨论与结果、交流与反思等环节,有助于考查学生提出假设、设计实验方案并运用已有知识解决问题的能力。但这类试题偏重分析过程的认知能力,存在"名不副实"等问题,纸笔评价难以体现科学探究能力的整体要求,无法反映出在真实的实验情境中学生所表现的探究能力。而系统考察学生科学探究能力的表现性评价的实施牵涉到人力、仪器药品、实验室环境、课时等因素,在实践中往往使用较少。

二、各国科学课程中学科能力要素比较及启示

(一) 美国《国家科学教育标准》中的能力要求

1996年,美国国家科学院委员会对美国国家科学促进协会(AAAS)的"2061计划"和国家科学教师协会(NSTA)的"机会、顺序与合作工程"进一步发展与完善,提出了《国家科学教育标准》,这是美国国家科学教育改革的重要成果。该标准从六个方面对能力提出相应的要求,具体见表3-3[①]。随着时代的迅速发展,科学教育研究成果层出不穷,在时隔15年之后美国重新修订了《国家科学教育标准》,于2011年7月发布了

---

① National Research Council(NRC). National Science Education Standards [M]. Washington, DC: National Academy Press, 1996.

《K-12年级科学教育框架》(以下简称"《框架》"),开启了新一代的科学教育。在《框架》的基础上,2013年美国颁布了《新一代科学标准》(NGSS,以下简称"《新标准》")。无论是在《框架》中,还是在《新标准》中,都强调科学和工程实践(Science and Engineering Practices)、跨学科概念(Cross-cutting Concepts)、学科核心概念(Disciplinary Core Ideas)"三个维度。[1][2] 表3-3列出的是美国两大科学教育标准中具体能力要素的比较。

表3-3 美国《国家科学教育标准》对能力要素的界定

《国家科学教育标准》(1996)	《K-12年级科学教育框架》(2011) 《新一代科学标准》(2013)
* 识别和进行科学研究议题和概念 * 设计和进行科学研究 * 利用技术和数学来促进研究和交流 * 运用推理和科学证据来构建以及完善科学解释和模型 * 识别和分析可供选择的解释和模型 * 针对科学论点进行交流和辩护	* 提出问题(科学)、确定问题(工程) * 创建、应用模型 * 计划、实施调查 * 分析、解释数据 * 运用数学、信息、计算机技术,以及计算思维 * 形成解释(科学)、设计解决方案(工程) * 通过证据形成论证 * 获取、评价以及交流信息

由上表可知,两个不同时代的标准在推理论证、科学解释、模型应用等方面有共同点,但后者提出的科学能力表现更清晰,跨学科特征更明显,并在计算机应用、解决与科学相关的工程问题上提出了新的要求。

(二)英国《国家科学课程学习标准》中的能力要求

英国2014年版《国家科学课程学习标准》(中学阶段,Key stage 3)(Science Programme of Study:key stage 3)的内容标准中提出科学地工作(Working Scientifically)。科学地工作明确了学生通过科学内容的学习需要获得的重要技能与方法,包括科学态度(Scientific Attitudes)、实验技能与调查(Experimental Skills and Investigations)、分析与评估(Analysis and Evaluation)、测量(Measurement)。[3] 表3-4

---

[1] National Research Council(NRC). *A Framework for K-12 Science Education:Practices,Crosscutting Concepts,and Core Ideas*[M]. Washington,DC:National Academy Press,2011.
[2] NGSS Lead States. *Next Generation Science Standards:For States,by States*[M]. Washington,DC:National Academies Press,2013.
[3] Department for Education. National curriculum in England:science programme of study-key stage 3[EB/OL]. https://www.gov.uk/government/publications/national-curriculum-in-england-science-programmes-of-study.

列出的是"实验技能与调查"的具体要求。

表 3-4　英国《国家科学课程学习标准》中"实验技能与调查"的要求

实验技能与调查	* 基于对现实世界的观察和先前的知识经验提出问题,并进行探究 * 运用科学知识建立假设 * 选择、计划并执行最合适的科学探究方式来检验假设,包括明确自变量、因变量和控制变量 * 在实地调查和实验室学习时运用恰当的技术、仪器和材料,并注意实验安全 * 运用不同的调查方式进行观察、测量并进行记录,能够评估方法的可靠性并提出改进建议 * 运用抽样技术

上表中将"实验技能与调查"具体化、行为化,内容丰富,可操作性强,不仅包括学生在实验室中学习的技能要求,还体现了科学本质观、选择和控制研究变量、数据处理技术、安全意识等具体目标,能力的指向更为明确。

(三) 澳大利亚《科学课程标准》中的能力要求

澳大利亚由于长期移民而形成多元化社会,其学校教育在继承英国传统基础上逐渐形成了自己的特色,课程设置在结构和内容上具有独到之处。澳大利亚全国统一规定在基础教育阶段必须开设八个核心学习领域,而每个领域的课程标准则由各个州自行编制。例如,维多利亚州 2015 年颁布的《科学课程标准》将课程分为两个相互联系的维度,分别为科学理解(Science Understanding)和科学探究技能(Science Inquiry Skills),并指出这两个维度能够共同地促进学生对世界的科学认识。[①] 该课程标准还详细地规定了科学探究技能维度的具体要求,分别为提问与假设、计划与实施、记录与处理、分析与评估和沟通与交流。澳大利亚科学课程标准中"科学探究技能"的具体要求见表 3-5。

表 3-5　澳大利亚《科学课程标准》中"科学探究技能"的要求

维度	具 体 要 求
提问与假设	确定、构建问题,提出假设并预测可能的结果
计划与实施	明确解决问题的过程与方法(包括数据收集),并进行调查

---

① Victorian Curriculum and Assessment Authority. The Victorian Curriculum Foundation-10: Science [EB/OL]. 2015. https://victoriancurriculum.vcaa.vic.edu.au/science/curriculum/f-10.

续　表

维度	具体要求
记录与处理	选择有用且有意义的方式记录、表示数据
分析与评估	思考所得证据的可靠性、命题及结论的优势，并根据证据确定数据变化的趋势及关系
沟通与交流	运用恰当的呈现方式、文本类型向他人传达信息和想法

上述各维度的要求明确，操作性强，便于进行表现性评价。

(四) 加拿大《科学与技术课程标准》中的能力要求

加拿大科学教育的整体水平较高，其中安大略省的表现最为突出。[①] 安大略省在1998年出台课程标准的基础上，结合10年课程实施的经验，2008年颁布了《1—8年级科学与技术课程标准(修订版)》。该标准描述了学生需要获得和发展的知识与技能，以及负责任地运用知识和技能的态度，具体的课程目标包括：(1)将科学、技术、社会、环境四者相联系；(2)发展学生进行科学探究和解决技术问题的技能、策略和思维习惯；(3)理解与科学技术相关的概念。[②] 表3-6列出的是该科学课程标准中发展学生"科学探究与技术问题解决"所需的技能。

表3-6　加拿大安大略省《科学与技术课程标准》中"科学探究与技术问题解决"所需的技能

技能	技能细化
启动与计划	提出问题、将问题分类、提出计划并程序化
实行与记录	操作程序、获取信息
分析与解释	组织数据、对程序操作进行有效性的思考、得出结论
交流	运用合适的词汇及不同的方法交流

安大略省科学课程目标第2条在继续强化科学探究的同时，引入了"解决技术问题"，这对于促进学生发展和社会进步有着重要而深远的意义。如何进行技术教育，在

[①] 符吉霞,王祖浩.科学课程中批判性思维培养的特征研究——以加拿大安大略省为例[J].基础教育,2019,16(06):100—108.

[②] Ministry of Education. The Ontario Curriculum Grades 1-8: Science and Technology(Revised)[EB/OL]. 2008. http://www.edu.gov.on.ca/eng/curriculum/elementary/scientec18currb.pdf.

该标准"技术问题解决的技能、策略和思维习惯"中有详尽的说明,包括制定计划、选择工具和材料、测试与再测试、修改和完善产品或程序、交流结果、提出改进或变换的建议等。

(五) 爱尔兰《初中科学课程规范》中的能力要求

2014年爱尔兰提出了培养学生关键能力(Key Skills)的教育目标,率先对初中进行基于关键能力的课程改革,具体提出八项关键能力:自我管理(Managing Myself)、沟通交流(Communicating)、创造能力(Being Creative)、信息管理与思考(Managing Information and Thinking)、健康发展(Staying Well)、与他人合作(Working with Others)、读写能力(Being Literate)和计算能力(Being Numerate)。2016年,爱尔兰国家课程和评价委员会颁布的《初中科学课程规范》明确提出了与科学学科联系较为密切的部分关键能力的要素(见表3-7)。①

表3-7 爱尔兰《初中科学课程规范》中的关键能力要素

关键能力	关键能力要素
创造能力	想象力;探寻多种选择与替代方案;创新学习;使用数字技术激发创造力
读写能力	享受阅读,伴有批判性思考;清晰准确表达观点
计算能力	用数字表达观点;估算、预测和计算;对调查、推理和解决问题抱有积极态度
沟通交流	使用语言;倾听并自我表达;使用数字技术交流
信息管理与思考	保持好奇;收集、记录、组织和评估信息和数据;创造性、批判性思考
自我管理	了解自己;做出深思熟虑的决定;能反思自己的学习
健康发展	保持健康、身体活跃;学会社交;注意安全;精神面貌良好;有信心;积极学习
与他人合作	发展良好的关系,处理好冲突;合作;尊重差异;使世界变得更美好

上述关键能力要素比较全面,既有认知能力要素,也有非认知的要求;既重视读写能力、计算能力、沟通交流能力,也突出了高阶的创新能力。

(六) 新加坡《初中科学教学大纲》中的能力要求

新加坡的中学教育(Secondary Education)根据学生在小学毕业考试(Primary School Leaving Examination,简称 PSLE)中的表现将其分为三类:特长学生

---

① 诸佳丹,周佳伟. 爱尔兰基于关键能力的初中科学课程改革[J]. 课程教学研究,2018(09):40—46.

(Express)、一般学生(Normal)、特殊学生(Special)。不同能力层次学生学习不同类型的课程,其中一般学生可根据自身兴趣选择学术型课程(Academic)或技术型课程(Technical)。新加坡学生在接受中学教育阶段需要经历类似于我国的初中教育(Lower Secondary)和高中教育(Upper Secondary)。

新加坡将科学作为一门基础课程,所有能力层次的学生都必须在初中阶段进行学习,而在高中阶段任意选修一门科学分支课程。① 2012年,新加坡课程规划与发展署制定了《初中科学教学大纲》(Science Syllabus Lower Secondary,以下简称"《大纲》"),并于次年在全国实施。《大纲》非常重视科学探究,并从知识、理解与运用(Knowledge, Understanding and Application)、技能与过程(Skills and Processes)、道德与态度(Ethics and Attitudes)三方面提出培养学生的目标。科学教育中针对一般学生的具体能力要求有:提出问题、形成假设、界定困难、总结各种可能性、预测、观察、使用仪器与设备、比较、分类、查证、分析、评估、推断与交流;技能与过程方面的具体要求有:创造性地解决问题、设计调查活动、作出决策,学术型课程和技术型课程对此要求没有差异。②

(七) 韩国《科学课程标准》中的能力要求

韩国2007年颁布的《科学课程标准》指出:"全民基础教育课程中的科学课是为小学三年级到高中一年级的学生开设,是培养国民基本的科学素养和科学态度、学习科学基本概念和形成探究自然的能力的一门课程。"③该标准认为,学生接受科学教育的过程是一个由感性认识上升到理性认识的循序渐进的过程:学生进行科学学习,在低年级通过对自然的观察和自身经验产生对自然的亲密感,随着学习的深入而渐渐将重点放在理解科学概念上;同时,学生运用学到的相关知识进行探究活动,培养并不断提高发现与解决实际问题的能力。课程标准从情感态度与价值观、科学探究、科学知识三个方面规定科学课程内容。其中科学探究包括观察、分类、测定、预测、推理、认识问题、设定假说、控制变量、更换材料、解析资料、导出结论、一般化等,具体的探究活动又

---

① Ministry of Education. Secondary Education [EB/OL]. http://www.moe.gov.sg/education/secondary, 2012.
② Ministry of Education. Science (Lower Secondary Express / Normal (Academic)) Syllabuses [EB/OL]. https://www.moe.gov.sg/-/media/files/secondary/syllabuses/science/science-lower-secondary, 2013.
③ 毛文婷. 韩国小学科学课程标准一瞥[J]. 教学月刊(小学版), 2011(6): 53—55.

包括讨论、实验、调查、见习以及课题研究等多种形式。表3-8是韩国小学"科学探究"的具体的能力要素。

表3-8 韩国小学"科学探究"部分具体的能力要素

领域	学习领域	能 力 要 素
科学探究	问题发现和解决的方案探究	认识问题、设定假说、设计实验和控制变量、使用模型的能力
	资料收集	事物和自然现象的观察,情报收集,比较分类,变化测定,意识疏通
	资料的分析和一般化	实验材料的整理和处理,材料分析,假说的评价和修正,推理,预测,一般化
	实验器具的操作和收集、饲养栽培	操纵实验器具和材料的能力,植物和矿物的采集,植物栽培和动物饲养能力

对上述不同国家科学课程文件中的能力要求进行分析比较,不难发现:虽然各国在其课程文件中未明确提出科学学科能力这一术语,但都十分重视对科学课程中的能力进行规划和具体建构。这对探索科学学科能力的框架结构有十分重要的启示。

第一,科学学科能力要素构建应具备一定的逻辑基点。

能力是现代科学教育的一个重要目标,构建其要素时需要具备一定的逻辑基点。上述各国的科学课程标准大多从以下两个方面来构建科学学科能力要素。

一种是以美国《国家科学教育标准》为代表的欧美国家(地区)课程文件,将科学家的研究过程引入基础教育阶段,提倡培养学生的科学探究能力。在这类课程标准中,科学探究是课程的基本理念和重要目标;明确提出科学探究的目标与总体要求。各分科领域的内容标准会将总体目标进一步细化,并提出相应的探究活动建议;在课程实施中,科学探究也是一项非常重要的内容。

另一种主要是依据具体学科的特点及特殊要求来构建科学学科能力要素,这种做法在亚洲国家(地区)比较普遍。这类课程标准一般都会在其总的课程目标中明确其培养未来公民的能力要求,总的能力要求与各具体学科相结合就形成该学科对学生的能力发展目标。这样,对未来公民的能力要求具体到每一门学科的课程学习当中。虽然各国(地区)对能力的要求各有所不同,但主要的科学学科能力要求有以下几种:

● 科学知识(概念与原理)的理解与运用,并涉及相关的科学思维,如判断、比较、分析、归纳等；
- 科学问题解决方案的设计，以及科学方法的选择应用；
- 基本的实验技能，如观察、测量、选择适当的仪器并进行相应的操作等；
- 使用模型的能力，如建立模型、解释模型、运用模型等；
- 数据处理的技能，如记录、处理、解释数据及预测等；
- 运用适当的方法（如符号、图表等）合理地整理相关资料，得出科学的结论并予以表达。

第二，科学学科能力要素之间应符合一定的逻辑关系。

各国（地区）课程文件中学科能力要求是基于一定逻辑基点提出来的，因而各能力要素间必然具有一定的逻辑关系。科学探究能力是依据科学家在建构知识或解决问题过程中所用的知识、程序与方法进行分解。这样分解出来的科学探究能力要素，着眼于科学探究的整体性和时序性，各环节前后彼此相扣，指向学生的创新意识与实践能力。依据学科特色建构科学学科能力要素的做法，在一定程度上体现了科学学习对能力的特殊要求，但各能力要素之间往往存在一定的交叉与包含关系，如科学思维能力是其他一切能力的核心，而有的科学课程标准却将其作为单独的一个能力要素来描述，这显然不如科学探究各能力要素之间的逻辑关系更为清晰。

第三，科学学科能力各要素可形成不同的层次结构。

不论是科学探究能力的提法，还是具有学科特色的科学学科能力的表述，大体上综合考虑了学科的特色、教育和心理学的基本要求，以及不同年龄阶段学生的认知特点，所提出的能力要求分年级阶段进行具体细化。如澳大利亚《科学课程标准》将科学探究技能中的"提问与假设"这一要素划分成六个不同水平的能力要求，详见表3-9。[①]

表3-9　澳大利亚《科学课程标准》科学探究技能中"提问与假设"要素的各水平要求

水平	各水平要求
1	学生能够根据熟悉的对象和事件提出问题
2	学生能够根据熟悉的对象和事件提出问题，并作出预测

[①] Australian Curriculum. The Australian Curriculum Science [EB/OL]. https://www.australiancurriculum.edu.au/f-10-curriculum/science/.

续 表

水平	各水平要求
3	在有帮助的情况下,学生能够在熟悉的环境中发现可以进行科学探究的问题,并根据先验知识作出预测
4	在有帮助的情况下,学生能够提出明确的问题并对科学探究作出预测
5	学生能够自主地发现可以进行科学探究的问题,并根据科学知识作出预测
6	学生能够自主地提出可以进行科学探究的问题或假设,并确切地进行表述

上述水平要求逐级提升,对应于"提问与假设"能力要素不同层次的表述,即形成了"提问与假设"的能力结构。

三、科学学业水平测试的能力因素分析

为进一步考查科学学科能力的具体构成,本研究选取上海市初中生科学学业水平测试卷(以下简称"科学测试卷")为样本,并随机抽取 918 份样卷来测查考生各能力要素的表现情况,旨在从实践角度揭示科学学科能力的基本要素。具体的研究程序为:(1)分析试题的能力要求,并将具体要求归类;(2)基于 Rasch 模型将被试在各试题上的得分转化成 Rasch 分;(3)利用结构方程模型来探讨该科学测试卷中各能力要素间的关系。

(一)科学测试卷中的能力要求分析

"能力立意"一直是各类学业水平测试的重要指导思想。为深入了解科学测验中对能力的具体要求,我们采集了依据《上海市初中科学课程标准(试行稿)》编制的学业水平测试卷,并对其能力结构进行探查。上海市初中 6—7 年级开设综合科学课程,在科学能力考查方面兼顾了学生的知识基础和已有经验,具有自己的特色。该测试卷的对象是刚学完初中科学的 7 年级学生。本研究按测验中具体项目的得分点,分析不同得分点对应的能力考查领域,并归纳获得能力考查表(见表 3-10)。

表 3-10 科学学业水平测试卷的考查表

具 体 项 目	科学能力领域
2、3、4、5、6、8、9、11、13、14、17、18、19、21、22、2433、251、271、2721、282、291、294	科学概念(C)

续 表

具 体 项 目	科学能力领域
10	科学符号(S)
7、12、15、272、273、293	科学模型(M)
1、16、20、23、241、242、2431、2521、2522、253、261、262、263、264、283	科学实验(E)
2921	科学计算(Q)

注：为统计方便，对试题进行了重新编号，如"2921"表示第 29 题第 2 小题的第 1 空。

由表 3－10 可知，科学概念、科学实验两大学习领域涉及的试题最多，是学生理解科学的认知基础；科学模型是将抽象的科学知识直观化的重要工具，这方面的能力是学生科学学业的重要组成部分，也是科学符号和定量化能力的要求，大多数国家的科学课程都安排在 8—9 年级。因此，该测试主要在科学概念、科学模型以及科学实验三个学习领域对学生的学科能力展开考查，与这一年龄段学生科学学习的认知特点相符。本研究主要针对该测试卷中科学概念、科学模型、科学实验三方面的试题和学生的答题情况进行分析。

（二）数据的标准化处理

对任何数据进行统计分析，必须对原始数据进行一定的标准化处理后才能进行进一步的代数运算；否则，无法对数据进行进一步的代数运算，强行运算的结果只能得到较大的误差。[1] 本部分研究所进行的分析全部采用被试的 Rasch 得分，这样更具有合理性。

1. 数据的采集与整理

研究样本是在上海市部分初中随机抽取的，涉及 28 所学校，样本总数为 918。表 3－11 是各项目拟合得到的部分拟合指数。表中列出了 Error 与 Infit 两项指数，Error 数值过大是由于所收集的数据不符合 Rasch 模型所导致的，该值越小越好（理想值为 0）；Infit 值则反映了实际观测值与理想期望值之间的差值，该值越接近 1 越好；若每个项目的两个值都与理想值接近，表明该项目以及所获得的测试数据均符合 Rasch 模型的要求，后续分析可基于 Rasch 模型。[2] 由表 3－11 中数据可以看出，项目 C03 的

---

[1] 胡中锋，李方. 教育测量与评价[M]. 广州：广州高等教育出版社，1999：32—34.
[2] Xiufeng Liu, Kathleen M. Lesniak. Students' Progression of Understanding the Matter Concept from Elementary to High School [J]. *Science Education*, 2005, 89(3): 433－449.

Error 值与项目 C11、C13、C14、C18 的 Infit 值偏离理想值过大，在后续研究中用 Rasch 模型分析时不再考虑 C03、C11、C13、C14、C18 共 5 个项目，可予以删除。其余项目的 Error 值与 Infit 值均接近理想值（最大偏离介于±20%），这表明这些项目拟合较好地符合 Rasch 模型，进而就满足了 Rasch 模型的单维性与局部独立性的要求。

表 3-11 科学学业水平测试卷中各项目拟合指数

试题项目	Error	Infit	试题项目	Error	Infit	试题项目	Error	Infit
C01	0.07	0.95	C02	0.09	0.97	C03	0.45	1.00
C04	0.07	0.93	C05	0.20	0.99	C06	0.12	0.99
C07	0.19	0.99	C08	0.20	1.00	C09	0.16	0.99
C10	0.07	0.93	C11	0.03	1.47	C12	0.02	1.18
C13	0.16	0.75	C14	0.07	1.62	C15	0.02	1.00
C16	0.05	1.00	C17	0.02	1.05	C18	0.07	1.54
C19	0.03	0.93	C20	0.02	0.99	C21	0.02	1.15
C22	0.03	0.85				S01	0.19	0.98
M01	0.10	0.96	M02	0.08	0.94	M03	0.07	0.93
M04	0.03	0.92	M05	0.02	0.92	M06	0.04	0.78
E01	0.08	0.98	E02	0.06	1.09	E03	0.03	0.99
E04	0.02	0.94	E05	0.02	0.92	E06	0.02	0.94
E07	0.06	0.88	E08	0.02	0.96	E09	0.03	1.00
E10	0.02	1.13	E11	0.05	1.03	E12	0.03	1.05
E13	0.03	1.06	E14	0.03	0.97	E15	0.02	1.18
Q01	0.04	0.97						

除去 5 个不符合 Rasch 模型的项目之后，对所选样本进行整体估计，所得结果列于表 3-12。项目整合前后，通过比较被试的能力与试题估计误差、可信度与分离度大小，以及 Infit 与 Outfit 的 MNSQ 和 ZSTD 值，进而发现：项目整合后的整体测试数据与理想测量模型依然具有较好的一致性，并结合试题各项目的拟合参数，可以认为后续数据分析均可基于 Rasch 模型。

表 3-12　项目整合前后所选取样本估计结果

		Measure	Error	Infit MNSQ	Infit ZSTD	Outfit MNSQ	Outfit ZSTD	Seperation	Reliability
整合前	被试	1.14	0.17	1.06	0.2	1.02	0.2	1.79	0.76
	项目	0.00	0.07	1.02	−0.1	1.06	−0.3	11.17	0.99
整合后	被试	1.07	0.18	1.06	0.2	0.99	0.1	1.81	0.77
	项目	0.00	0.06	1.00	−0.2	0.99	−0.3	12.98	0.99

2. 被试样本的得分转化

本研究后续进行的分析全部采用被试的 Rasch 得分,可以直接进行各种数学计算和模型拟合。

(三) 各科学能力要素间关系分析

1. 结构模型绘制

首先,需绘制结构模型中的潜在变量图,并为潜在变量设置对应的可测变量及相应的残差变量,所绘制的结构模型如图 3-1。图中最初绘制的结构模型中包括 5 个潜

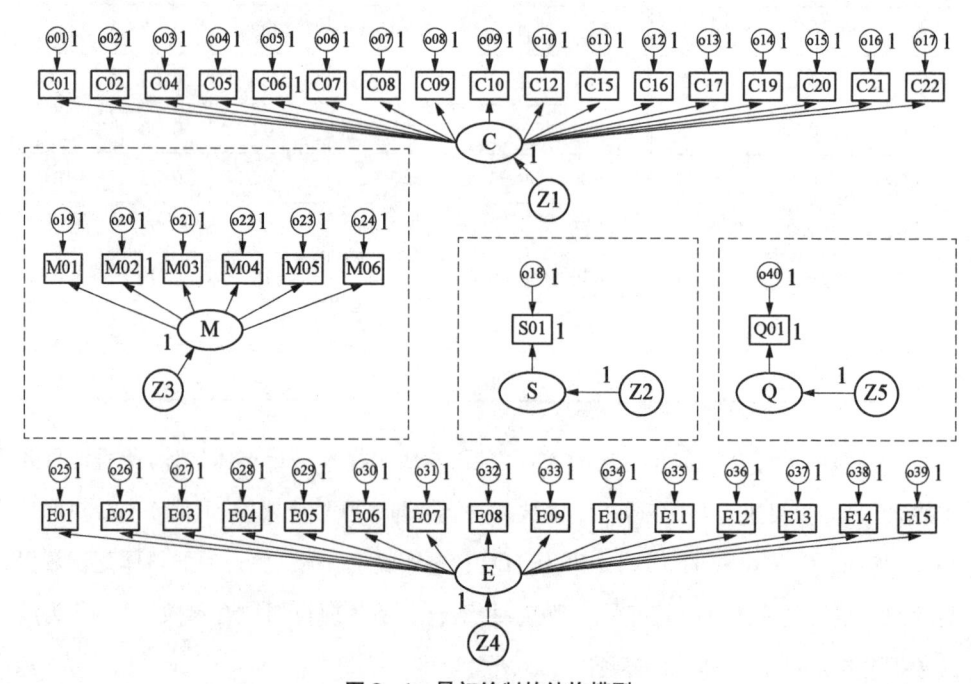

图 3-1　最初绘制的结构模型

在变量：科学概念、科学符号、科学模型、科学实验、科学计算。在含有潜在变量科学概念(C)这个部分的一个整体表示一个特定的路径图：圆框或椭圆框表示潜在变量、方框表示可测变量、箭头表示变量间的回归对应、潜在变量与潜在变量间的回归系数称为路径系数、潜在变量与可测变量间的回归系数称为载荷系数。

2. 框架模型拟合

由于在结构方程模型分析中，一个潜在变量必须有两个以上的可测变量来估计，因此要对上述结构模型进行拟合，则需将虚线框S、Q中的路径进行删除，拟合的初始模型可以简化成图3-2。本研究使用最大似然估计法进行模型运算,首先假设3个潜在变量之间是彼此独立的,假设路径系数与载荷系数均为1,然后基于38个可测变量进行验证性因素分析,对潜在变量进行路径分析。参数估计结果包括分析总体情况（Analysis Summary）、变量总体情况（Variable Summary）、模型信息（Notes for Model）、估计结果（Estimates）与模型拟合（Model Fit）五部分,分析时使用估计结果和模型拟合两部分得到的修正指数（Modification Indices）对模型进行修正。

图3-2 初始模型

3. 框架模型评价

(1) 载荷系数的显著性检验

初始模型中三个潜在变量间没有建立关系,首先需考察根据初始模型拟合估计出的参数是否具有统计意义,则需进行载荷系数的显著性检验。具体的参数结果列于表3-13,方差估计结果列于表3-14。

表3-13 初始模型中潜在变量与可测变量间的回归系数(a-未标准化；b-标准化)

	λ_a	S.E.	C.R.	p	λ_b		λ_a	S.E.	C.R.	p	λ_b
C01	1.000				0.314	E01	1.000				0.233
C02	0.674	0.119	5.654	***	0.272	E02	0.470	0.134	3.513	***	0.160
C04	1.322	0.198	6.691	***	0.373	E03	3.085	0.561	5.503	***	0.411

续 表

	λ_a	S.E.	C.R.	p	λ_b		λ_a	S.E.	C.R.	p	λ_b
C05	0.377	0.079	4.787	***	0.212	E04	2.847	0.541	5.265	***	0.353
C06	0.686	0.120	5.699	***	0.276	E05	3.773	0.666	5.666	***	0.464
C07	0.303	0.064	4.709	***	0.208	E06	4.713	0.806	5.848	***	0.551
C08	0.143	0.042	3.440	***	0.140	E07	2.611	0.474	5.506	***	0.412
C09	0.204	0.058	3.486	***	0.142	E08	4.160	0.732	5.685	***	0.472
C10	1.750	0.247	7.078	***	0.425	E09	3.116	0.572	5.446	***	0.395
C12	2.016	0.286	7.048	***	0.421	E10	5.341	0.923	5.788	***	0.518
C15	3.035	0.391	7.769	***	0.567	E11	0.782	0.188	4.160	***	0.209
C16	1.007	0.154	6.530	***	0.354	E12	1.878	0.369	5.087	***	0.319
C17	2.578	0.345	7.483	***	0.498	E13	2.243	0.426	5.268	***	0.354
C19	1.958	0.270	7.262	***	0.455	E14	3.135	0.563	5.564	***	0.429
C20	3.079	0.398	7.746	***	0.561	E15	4.036	0.716	5.633	***	0.452
C21	1.367	0.209	6.549	***	0.356						
C22	2.791	0.361	7.734	***	0.557						
M01	1.000				0.308	M04	2.823	0.434	6.502	***	0.523
M02	1.418	0.250	5.678	***	0.351	M05	4.621	0.696	6.642	***	0.620
M03	1.588	0.283	5.606	***	0.341	M06	2.441	0.387	6.304	***	0.464

注:"***"表示 0.001 水平上显著。

表 3-14 初始模型中潜在变量与可测变量间的方差估计

	方差	S.E.	C.R.	p		方差	S.E.	C.R.	p
z1	0.002	0.000	4.261	***	o19	0.012	0.001	20.029	***
z3	0.001	0.000	3.729	***	o20	0.018	0.001	19.554	***
z4	0.001	0.000	3.099	0.002	o21	0.023	0.001	19.671	***
					o22	0.026	0.002	16.250	***
o01	0.017	0.001	20.696	***	o23	0.042	0.003	12.987	***
o02	0.010	0.000	20.886	***	o24	0.027	0.002	17.715	***
o03	0.020	0.001	20.352	***	o25	0.009	0.000	20.996	***
o04	0.005	0.000	21.102	***	o26	0.004	0.000	21.222	***

续　表

	方差	S. E.	C. R.	p		方差	S. E.	C. R.	p
o05	0.010	0.000	20.872	***	o27	0.025	0.001	19.944	***
o06	0.004	0.000	21.117	***	o28	0.031	0.002	20.384	***
o07	0.002	0.000	21.281	***	o29	0.028	0.001	19.418	***
o08	0.004	0.000	21.277	***	o30	0.027	0.002	18.249	***
o09	0.025	0.001	19.958	***	o31	0.018	0.001	19.936	***
o10	0.034	0.002	19.995	***	o32	0.032	0.002	19.333	***
o11	0.035	0.002	18.281	***	o33	0.028	0.001	20.073	***
o12	0.013	0.001	20.471	***	o34	0.042	0.002	18.749	***
o13	0.037	0.002	19.240	***	o35	0.007	0.000	21.083	***
o14	0.027	0.001	19.687	***	o36	0.017	0.001	20.591	***
o15	0.038	0.002	18.384	***	o37	0.019	0.001	20.379	***
o16	0.023	0.001	20.458	***	o38	0.023	0.001	19.779	***
o17	0.032	0.002	18.438	***	o39	0.034	0.002	19.547	***

注："＊＊＊"表示0.001水平上显著。

表3-13中列出了标准化前后,初始模型中潜在变量与可测变量间的路径系数,同时给出了标准误(S. E.)、临界比率(路径系数除以标准误的值,C. R.)以及检验是零的原假设关联的概值(p)。在模型基本适配指标检验方面,Bogozzi和Yi(1988)提出以下几个准则:(1)估计参数中不能有负的误差方差,且达到显著性水平;(2)不能有很大的标准误;(3)所有误差变异必须达到显著水平,即C. R.值大于1.96;(4)估计参数统计量彼此间相关的绝对值不能太接近于1。[1]

以C02为例,给出的数据表示潜在变量科学概念(C)对可测变量C02的载荷系数为0.674(标准化后为0.272)、其标准误为0.119,其C. R.值为5.654大于1.96、相应的p值小于0.01,则可以认为这个路径系数在95%的置信度下与0存在显著差异,而且潜在变量o02对可测变量C02的参数估计方差为0.010。由表3-14中该数据可以看出,该模型中各个载荷系数在0.01水平下均存在显著差异。

---

[1] Bogozzi, R. P., Fornell, C., Larcker, D. F. Canonical Correlation Analysis As a Special Case of A Structural Relations Model [J]. *Multivariate Behavioral Research*, 1988,(28): 351-374.

（2）模型拟合评价

表3-15列出了初始模型的各拟合指数。卡方检验容易受样本容量的影响，当样本量较大时，卡方值（CMIN）很容易达到显著水平，几乎达不到评价标准的要求。因而，一般用卡方值与自由度的比值（χ^2/df）来代替卡方检验，χ^2/df 小于 5 表示模型整体上就可以接受，若小于 3 则表示模型整体拟合度更为合适。由表 3-15 中的数据可以看出，绝对拟合指数中除 GFI 指数外的其余指数均符合评价标准的要求，而相对拟合指数和信息指数与评价标准相比还有较大差距，这需要对初始模型进行修正。

表3-15 初始模型的常用拟合指数计算结果

拟合指数	绝对拟合指数					相对拟合指数		信息指数	
	CMIN(DF)	χ^2/df	GFI	RMR	RMSEA	IFI	CFI	AIC	BCC
结果	2 719.976(665)	4.09	0.867	0.005	0.058	0.580	0.577	2 871.976	2 878.727

（3）框架模型修正

本研究考虑到学生在学习科学概念、科学模型、科学实验各学习领域时所需要的能力之间必然有一定关联，彼此之间不可能毫无影响，再根据科学概念学习领域所需要能力必将对科学模型及科学实验学习领域所需要能力具有一定的影响，因而本研究将初始模型作出如下修正，如图 3-3 所示。

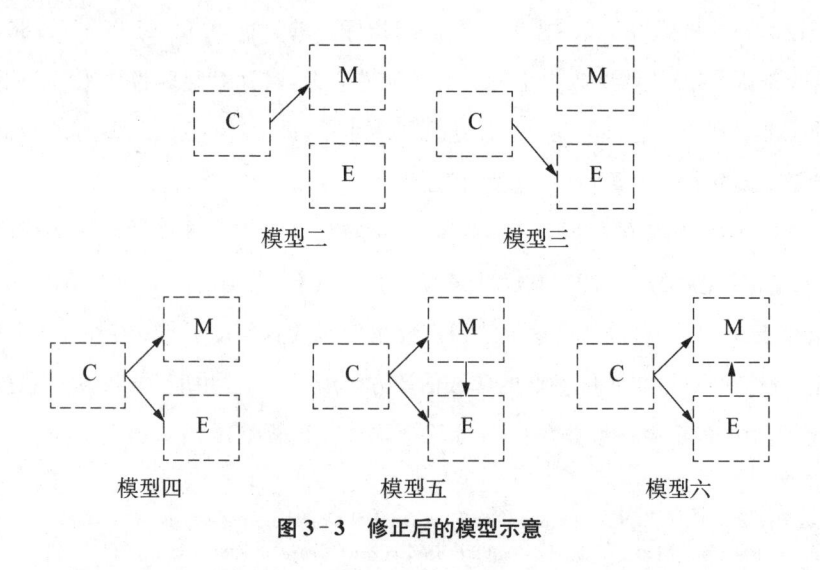

图 3-3 修正后的模型示意

表 3-16 是将修正后的各模型拟合后得到的常用拟合指数结果。由表 3-16 中数据可以看出,从模型一到模型四的绝对拟合指数中,卡方值、χ^2/df 值、RMR 值、RMSEA 值不断减小,GFI 值由小于 0.9 而转变为大于 0.9;相对拟合指数中的 IFI 值与 CFI 值不断增大,已经很接近于 0.9;信息指数中的 AIC 与 BCC 值均有较大幅度减小。但模型五、模型六与模型四相比较而言,各拟合指数均十分接近,并未比模型四更符合理想模型。因而,本研究将模型四作为框架优化的最终结果,模型四初步构建了科学学科能力测评框架,科学概念理解是核心能力要素,对其他要素具有一定的影响作用。

表 3-16 修正后的模型的常用拟合指数计算结果

拟合指数	绝对拟合指数					相对拟合指数		信息指数	
	CMIN(DF)	χ^2/df	GFI	RMR	RMSEA	IFI	CFI	AIC	BCC
模型一	2 719.976(665)	4.09	0.867	0.005	0.058	0.580	0.577	2 871.976	2 878.727
模型二	2 087.044(664)	3.14	0.904	0.004	0.048	0.709	0.707	2 241.044	2 247.885
模型三	2 022.352(664)	3.04	0.905	0.004	0.047	0.723	0.720	2 176.352	2 183.193
模型四	1 296.915(663)	1.96	0.928	0.001	0.032	0.871	0.870	1 452.915	1 459.845
模型五	1 296.651(662)	1.96	0.928	0.001	0.032	0.870	0.869	1 454.651	1 461.670
模型六	1 296.651(662)	1.96	0.928	0.001	0.032	0.870	0.869	1 454.651	1 461.670

本节利用验证性因素分析法及其分析软件 Amos 17.0,对上海市初中生科学学业水平测试卷学生的答题情况进行分析,得出对构建科学学科能力的一些启示。

第一,该科学测试卷主要从科学概念、科学模型和科学实验等科学领域来对学生进行考查。测验结果表明,学生经过两年科学课程的学习,已经初步能够理解一些基本概念、识别基本模型、进行简单的实验探究。

由结构方程模型分析可知,学生理解概念、识别模型、实验探究所需能力并不完全彼此独立,三者之间必然共同指向学生的科学思维,而且学生理解概念所需能力对其识别模型,与进行实验探究所需能力具有一定的影响。

第二,由于测试对象是 7 年级学生,该测试卷只涉及三方面的能力要求,而且主要测查学生的基础科学能力,较难考查科学能力的更高要求;同时,由于 Rasch 测量模型对测验工具的要求非常高,该科学测试卷并未经过多轮测试与修改,从中分析得出的能力要素只可作为构建 7—9 年级科学学科能力测评框架的参考,并不能替代内涵丰富的科学学科能力的全部要素。

第二节 初中科学学科能力测评框架建构

本节针对初中阶段的科学教学实际,结合综合和分科的科学课程标准对相关能力的具体要求,以及已有的研究成果,并依据学习进程理论,建构符合我国基础教育改革要求的科学学科能力测评框架。

一、科学学科能力要素的确定原则

本研究从五个视角来探寻7—9年级科学学科能力测评框架建构的基点(图3-4),即对科学学科特色进行本质分析,对国际上发达国家(地区)科学课程标准进行比较借鉴,对已有研究成果进行观点提炼,并对国际上重要的科学评价项目中的能力考查要素进行疏理和改造,利用因素分析法从实证数据得出建构科学学科能力测评框架的佐证;最终在整合五个视角所得的结论时,遵循"科学学科能力体系具有相对完整性""科学学科能力体系各要素间具有相对独立性""科学学科能力体系各要素需体现科学学科的特殊要求""科学学科能力体系各要素具有较强的可理解性与可操作性""科学学科能力体系各要素应顺应国际科学教育发展潮流"等原则,探讨和确定我国7—9年级科学学科能力测评框架。

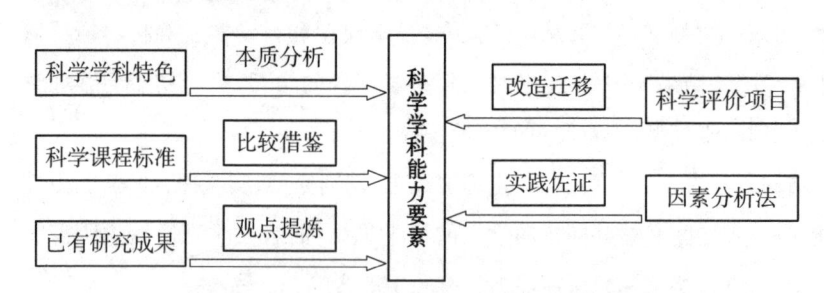

图3-4 科学学科能力要素确定的五大视角

二、科学学科能力要素的筛选

(一)科学学科能力的特殊性要求

科学学科能力所表现的问题是从科学的本质问题中派生出来的,而科学的本质问题往往是抽象的、复杂的,往往通过概念和符号的方式加以表达,概念的组合又形成科学原理;基于模型、实验和定量计算等环节运用知识方可最终解决问题。学生在科学学习活动中所习得并运用的知识,有助于提高学生解决复杂科学问题的能力,并为将来有可能从事与科学有关的活动奠定良好的基础。因此,本研究基于科学本质问题的特点及科学学习的特殊要求,将科学学科能力分解为五个方面的具体能力,即科学概念理解能力、科学符号表征能力、科学模型建构能力、科学实验思维能力、科学定量计算能力。

(二)科学课程标准文本分析与比较

从前面的分析可知,科学课程标准是各个国家帮助儿童认识自然、理解科学知识、养成科学能力的纲领性文件,其中不乏对学生学习科学和进行相关活动所提出的能力要求。通过比较发现,上述五种科学学科能力与从各国家(地区)课程标准中所归纳出来的几种能力具有一定的相似性,反映出各个国家对学生科学学科能力的共识。如许多国家的科学课程文件中涉及科学知识(概念与原理)的理解与运用的要求,与本研究提出的科学概念理解能力大体相当;国外科学课程十分注重学生使用模型的能力,本研究将科学模型建构能力作为学生科学学科的核心能力之一。当然,本研究所建构的科学学科能力框架也有较为明显的本土特色,如科学符号表征能力、科学实验思维能力等。科学家在科学活动中除了一般语言交流外,最重要也是很特殊的一个方面就是运用科学符号进行表达和交流,但许多国家(地区)的科学课程文件均只提到了表达和交流的能力,而本研究不仅将科学符号定位于作为表达和交流的工具,更关注科学符号与科学现象、微观解析、定量基础之间的深层关系。而科学实验思维能力更突显了利用实验活动(或素材)开展推理和解决问题的能力。

(三)科学学业评价的能力因素佐证

通过对上海市初中生科学学业水平测试卷的答题情况进行分析,可以为构建科学学科能力测评框架提供参考依据。研究发现,科学学业水平测试非常重视对学生科学概念理解能力的考查,而且科学概念理解能力对科学模型建构能力与科学实验思维能力具有一定程度的影响,这表明了科学概念理解能力在科学学习中具有较为重要的地位。考虑到低年级学生认知发展的特点,该科学测试卷较少涉及科学符号与科学定量层面的能力要求,而这两方面的要求在学生后续的初中科学学习中具有极为重要的作用。因此,我们在建构科学学科能力测评框架时,还需考虑运用符号表征以及定量化方面的要求。

（四）借鉴国际科学评价项目经验

PISA 和 TIMSS 均关注学生各种能力的发展，二者的评价框架各有侧重点：TIMSS 的内容主要反映国家课程的内容计划，按学科对知识点分门别类进行评价，各知识点之间是独立的，有明显的学科界线，主要考查学生对课程知识的复述、理解和分析能力；PISA 则打破学校课程组织的学科界线，以主题的形式来组织内容，主要考查学生对信息的阅读、理解以及在真实情境中应用知识的能力。PISA 着重要求考查学生的科学问题解决能力，而本研究从科学本质及其特殊要求构建科学学科能力，因此不再将问题解决能力列入研究范围之中；TIMSS 过于关注评价与课程之间的一致性，较多地涉及具体的科学知识，而本研究所界定的科学概念理解能力只关注学生对科学概念的认知层面，不涉及具体的科学知识体系，着重考查学生的科学思维水平。

（五）对已有研究成果的提炼和丰富

本研究首次从学科层面上考虑科学课程对学生的特殊能力要求，已有相关研究成果大多是通过文献分析给予方法论方面的启示或针对某种具体能力要求展开探讨，尚无直接可以迁移运用的系统性成果。因而，本研究所建构的科学学科能力体系是对科学教育理论的一次新的拓展与丰富。

本研究建构的科学学科能力体系的五大支柱——科学概念理解能力、科学符号表征能力、科学模型建构能力、科学实验思维能力、科学定量计算能力反映了科学学科的特殊要求，与国际科学评价项目及发达国家（地区）科学课程标准中的能力要素具有较高的一致性，并通过一定的实践检验，更是对以往有关科学学科能力研究的丰富与创新。其中，科学概念理解能力的地位特殊，是其他四种学科能力得以发展的基础。五种科学学科能力的相互关系如图 3-5 所示。

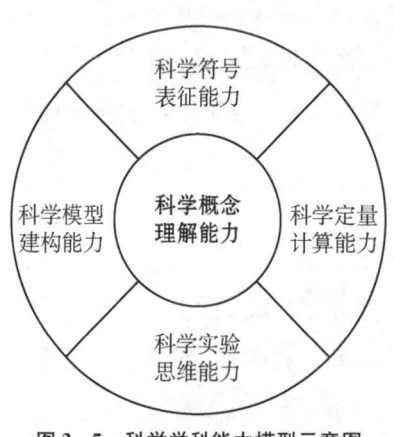

图 3-5　科学学科能力模型示意图

鉴于上述五种能力的行为表现存在特质性差异，可以视这五种能力构成科学学科能力的主体，并分别进行独立研究。

对这五种科学学科能力,可以作如下的定义与规定:

(1) 科学概念理解能力:是指学生对科学概念(含原理)的识别、理解与运用的能力,主要涉及科学思维的理性成分。其他能力领域也涉及科学概念,因而科学概念学习领域所指的概念是一般意义上的科学概念,不过多涉及其他能力领域的特殊科学概念。

(2) 科学符号表征能力:是指学生认识、理解科学符号所代表的丰富内涵以及运用科学符号进行相关表达、推理以解决科学问题的能力。

(3) 科学模型建构能力:是指学生认识、理解科学模型,并能自行建构科学模型解决科学问题的能力。

(4) 科学实验思维能力:是指学生通过科学探究探索奥秘的能力,包括基于实验认知方面的思维要求,以便于进行纸笔评价。

(5) 科学定量计算能力:是指学生以科学概念(含原理)为基础,运用数学方法厘清科学问题中各因素之间量的关系的能力。

三、科学学科能力水平层次界定

科学学科能力的水平界定,是一个较为复杂的过程,既要根据不同能力的表现特征,结合对不同年龄学生能力发展"轨迹"的探索,还要从学习进程理论的视角进行合理地划分。

(一) 科学概念理解能力水平层次界定

概念在人们的认知发展过程中具有举足轻重的功能,可以帮助人们将现实世界中纷繁复杂的现象、事物加以抽象、概括以及分类并建立起相互间的广泛联系,最终形成对世界整体化、结构化的认识,即概念帮助人们将其认识从简单的知觉水平提升到了思维水平,这样可以更加全面地认识世界。

对于科学概念(Scientific Concept)的理解有两种涵义:一是科学指正确、合理的意思,科学概念就被理解成科学的概念;另一个比较广泛的理解是科学领域的概念。由于对科学所指范围的界定不同,科学概念也就有着不同的理解。此处所指的科学概念,是对科学课程而言的,将其限定于狭义的科学范围,仅包括物理学、化学、生物学、自然地理等自然科学领域的概念。科学概念是指在科学研究中经过假设和检验逐渐形成的、反映事物本质属性的概念,可用言语进行科学的解释并可在教学条件下获得。[1] 科学概念作为科学理论体系的基石,必然也是科学学习的基础内容,科学教育的主要任务是帮助学习者改变他们已有的概念,而不是仅仅增加记忆中的信息量。[2]

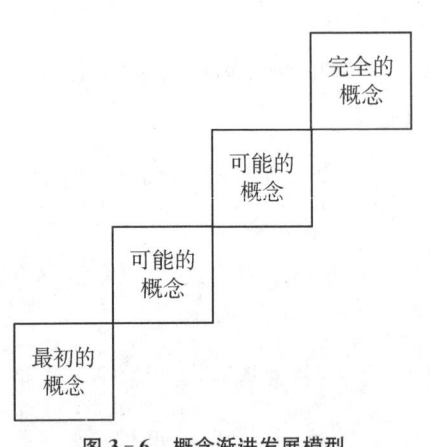

由相关学习理论可知,概念学习(Concept Learning)是一个复杂的认知过程,不同的学习理论从不同角度解析了概念的学习过程,但都认为概念学习是一个较为复杂的心理过程,在一定程度上可以通过具体的行为变化表现出来。艾伯特(Ebert)等人于1993年设计了概念渐进发展的概括化模型[3](图3-6),该模型的主要思想认为大多数概念都太复杂,不能让人在一步之内对某个概念从不了解到了解,而基于人们自己的建构,概念经常被再分解成渐进发展的几步。学生在概念发展过程中,必定还受到外界环境的一定影响,经过复杂的生理心理刺激、强化、转换而习得。[4]

图3-6 概念渐进发展模型

由此,本研究根据学生学习科学概念的发展历程,将科学概念理解能力由低到高划分为四个水平:识别→释译→联系→本质化,具体规定如表3-17所示。

表3-17 科学概念理解能力水平层次

能力水平	表现说明
水平1:回忆和识别相关科学概念	在此水平上,学生能够在熟悉或陌生的情境下回忆和识别科学概念,如直接回忆出科学概念的定义及具体内容,能从科学事实或文字资料中识别出其中的科学概念。

---

[1] 林崇德,杨治良,黄希庭.心理学大辞典[M].上海:上海教育出版社,2003:678.
[2] 理查德·迈耶.教育心理学的生机——学科学习与教学心理学[M].姚梅林,严文蕃等,译.南京:江苏教育出版社,2005:165.
[3] 米歇尔·本特利,克里斯汀·艾伯特,爱德华·艾伯特.科学的探索者——小学与中学科学教育新取向[M].洪秀敏,夏婧,邓亚男,薛婧,译.北京:北京师范大学出版社,2008:93.
[4] 王祖浩.化学教育心理学[M].南宁:广西教育出版社,2007:3—4.

续 表

能力水平	表 现 说 明
水平2：从多角度释译科学概念的内涵和外延	在此水平上，学生能够从不同的角度来诠释科学概念的内涵和外延，如能准确描述某科学概念的内涵和外延，能借助科学模型(含图表)等来解释科学概念，并能从相关科学事实中概括出相应的科学概念。
水平3：区别相似概念，建立概念间的联系	在此水平上，学生根据对相关科学概念的理解区分相似概念间的差异，并能根据一定的分类标准构建某特定概念系统且绘制概念图。
水平4：揭示科学事实的本质规律	在此水平上，学生能够依据已掌握的科学概念与原理揭示相关科学事实中蕴含的本质规律。

(二) 科学符号表征能力水平层次界定

符号是一种现实的社会现象，是人们在社会实践中产生的，离开了人类社会就没有符号存在的意义。恩斯特·卡西尔(Ernst Cassirer)认为，人类活动本质上是一种"符号"或"象征"的活动，符号被人类社会赋予了特殊的表达意义后人类就从动物界根本脱离了，从而进入一个精神文化的世界。正因为如此，我们的社会才变得复杂和丰富多彩，语言、艺术、宗教、科学、历史等都是由符号活动组成的，均代表了人类的种种经验。约翰·洛克(John Locke)在他的著作《人的悟性论》中将科学分为三类，其中第三类就是符号学。按照他的观点，符号作为最常用的语言亦可称作逻辑，其逻辑作用在于了解事物或把事物的知识传达给别人。对于科学教育中的教师与学生而言，他们在日常的教学活动中接触最多的就是以符号形式记载在各种媒介中的科学知识。

符号本质上是人们用来传递信息的载体，必须传递一种社会习惯所约定的、而不是个人赋予的社会信息。符号的属性主要表现在以下几个方面：(1)物质性——符号的本质属性，虽然符号所代表的事物可以是不存在的，但符号必须是一种真实的物质存在；(2)概括性——符号是语言所表达的某种思想的浓缩，而且所表达的意思一旦被约定就不可任意更改；(3)特殊性——符号必须具有某些特征而易被识别等。

霍华德·加德纳(Howard Gardner)认为，"人类知识的表征和交流大多数是通过符号系统实现的""教育是儿童被引导到文化的主渠道中去逐渐掌握这些(符号化)记法的一种过程""符号系统的'释义'(释读和书写)和使用在正规的学校教育中构成了每个儿童在其成长过程中的主要活动"。[①] 符号学习是学习者以记录在一定媒介

---

① 加德纳.多元智能的结构[M].兰金仁,译.北京：光明日报出版社,1990：345—358.

(印刷媒体或电子媒体)中的以文字、图像、声音等符号形式而存在的科学文化知识为对象的学习。由于符号具有概括性的特点,符号学习与其他知识学习最大的不同就是:符号学习以获取间接经验为价值取向,其对逻辑推理的高要求必然能够有效地促进学生的认知发展。正因为如此,数学家弗赖登塔尔(H. Freudenthal)在讨论数学符号学习时提出,学生必须有意义地使用代数语言,不仅会使用公式还要知道为何这样用而不是那样用,否则代数将成为无意义的游戏。[1] 约翰斯顿(Johnstone,1991)认为化学是关于"结构(Structure)""成键(Bonding)""能量(Energy)"的学科,这三个学科大观念(the Big Unifying Ideas)的背后是支撑化学学习的三个水平:宏观、微观、符号[2]。他同时指出,其他科学分支的学习也存在类似的三个学习水平,即科学学习实质上是使得学生建构科学的三种水平并能熟练、灵活地在三种水平之间相互转换,而符号水平是极其重要的一个环节,架起了连接宏观与微观水平的桥梁。

亚伯拉罕(Abraham,2005)在探讨数学学习中的"符号意识"是什么、如何发展的,及其是否能够通过教学来培养与强化等问题时,总结了学生应在六个方面具有符号意识:(1)与符号"友好"相处(Friendliness with Symbols),这主要包括对符号的理解和一种审美能力,即知道何时使用、怎样使用符号来表示隐藏的或不可视的联系、概述或者证据;(2)在解决代数问题时能熟练读懂符号所表达的意思并进行运算;(3)能很清楚地意识到并且自身能用符号表示问题解决中所需关键言语或图像信息及符号表示间的关系;(4)能选择最恰当的符号组合来表征问题(Select One Possible Symbolic Representation for A Problem);(5)在问题解决过程中应不断注意检查与比较符号的适切性;(6)要清楚符号在不同情境下将会起到不同的作用,并发展对符号的直觉意识(intuition)。[3]

由此,本研究根据科学符号学习的内容并基于学习进程理论,将科学符号表征能力从低到高划分为四个水平:描述→联系→表征→推理,具体规定如表3-18所示。

---

[1] 弗赖登塔尔. 作为教育任务的数学[M]. 陈昌平,唐瑞芬,译. 上海:上海教育出版社,1995:3.
[2] A. H. Johnstone. Why is Science Difficult to Learn? Things Are Seldom What They Seem [J]. *Journal of Computer Assisted Learning*,1991,(7):75-83.
[3] Abraham A. Developing and Using Symbol Sense in Mathematics [J]. *For the Learning of Mathematics*,2005,25(2):42-48.

表 3-18　科学符号表征能力水平层次

能力水平	表现说明
水平 1：描述科学符号表示的含义	在此水平上，学生能够描述科学符号所表示的含义，并能识别用来表示相关科学概念的符号。
水平 2：建立相关符号间的联系	在此水平上，学生能理解科学表达式所表示的物理意义，能够根据不同的需要进行简单的公式推导。
水平 3：用科学符号表征科学事实	在此水平上，学生能够用科学符号直观表征相关科学事实或文字信息中的相关问题。
水平 4：用符号组合表达思维过程	在此水平上，学生能够运用科学符号系统地对相关科学问题进行分析，以表达其推理过程。

(三) 科学模型建构能力水平层次界定

科学研究的实际问题一般都很复杂，分析时无法将所有因素考虑周全，为了研究的便利，科学家们采用了一种"简化"的方法：对实际问题进行抽象处理，略去细枝末节而保留主要因素，得到一种能反映事物（或过程）本质特征的理想物质（或过程）或假想结构，这一理想物质（或过程）或假想结构就被称为模型。简单地说，模型就是为了某特定目的而对研究对象所进行的一种简化描述。库恩在其著作《科学革命的结构》中提出模型是学科母体的元素，科学家以模型通过类比和隐喻的方法来解释现象或解谜。[①] 因而，事物的模型虽是对事物的简化模拟，但不论模型以何种形式存在，其最重要的价值在于能够解释事物是可能或如何运转的。[②]

关于模型和建模的学习也是科学教育中的重要内容，是学生在科学学习中不可或缺的认知能力。学生在科学学习中积极参与建模活动，能促使其全面而深刻地理解科学模型的性质与特点，明白不同科学模型建构的目的、方法与过程，切身体会模型的性质、使用及完善，并学会建构、使用多种模型来表达、解释同一现象等。

吉尔伯特 (Gilbert, 1991) 认为模型的建构 (建模) 是一种科学过程技能，发展此能

[①] Kuhn, T. S. *The Structure of Scientific Revolutions* [M]. Chicago: University of Chicago Press, 1970: 184.
[②] 美国科学促进协会. 面向全体美国人的科学[M]. 中国科学技术协会, 译. 北京: 科学普及出版社, 2001: 142.

力是科学素养的一部分,而且有助于学生了解知识是如何建构的。[1] NRC在其报告中指出,科学和科学思维并非仅仅是逻辑思维或者进行严格控制的实验,而建构科学知识是一个建构和检验科学模型与理论的复杂过程,在此过程中,关于自然界的知识与形成、评估证据的策略紧密联系在一起。[2] 对科学教育而言,模型(Model)与建模(Modeling)是科学发展的重要元素,也是科学学习中不可或缺的认知与能力(邱美虹,2008)。[3] 尤斯蒂和吉尔伯特(Justi and Gilbert,2002)强调,学生积极参与建模活动是化学学习的重要组成部分,能促使学生综合、全面和深刻地理解化学模型的性质,使学生知道不同的化学模型是为什么、怎样被建构的,在切身体验中领会模型的作用、性质、使用范围及其局限性,并学会建构、检验模型,使用多种模型来表达、解释同一现象等。[4]

格罗斯莱特等人(Grosslight et al.,1991)在比较中学生与专家在理解模型的内涵、建模目的的认识以及如何建立模型等方面的差异时发现,专家能够利用模型清晰地描述真实事物的概念,而学生一般只能指出真实事物与模型之间的表面联系[5]。他们将模型的理解分为三个水平层次:水平一,只将模型看作是真实事物的简单再现,无法理解模型建立的依据;水平二,能够理解模型的建立是处于寻找问题解决的中间媒介,能够清楚地认识到模型与原型间的区别并能在出现新实验数据时意识到要对模型进行修改,但始终没有上升到理论的高度;水平三,认识到模型是检验与发展理论的工具而不仅仅是真实物体的简单再现,能根据不同问题的具体目的建立合适的模型,并能够验证模型的合理性以及根据实验结果完善模型,最终理解模型的建立是个不断修改与完善的过程,直至新的理论创立。

由此,本研究根据科学模型学习的内容并基于学习进程理论,将科学模型建构能力从低到高划分为四个水平:知道→理解→应用→建构,具体规定如表3-19所示。

---

[1] Gilbert, S. W. Model Building and A Definition of Science [J]. *Journal of Research in Science Teaching*, 1991,28(1): 73-79.
[2] NRC. *Taking Science to School: Learning and Teaching Science in Grades K-8* [M]. Washington, D.C.: National Academies Press, 2007.
[3] 邱美虹. 模型与建模能力之理论架构[J]. 科学教育月刊,2008(306): 2—9.
[4] Justi, R. S., J. K. Gilbert. *Models and Modelling in Chemical Education in Chemical Education: Towards Research-based Practice* [M]. New York: Kluwer Academic Publishers, 2002: 425.
[5] Grosslight, L., Unger, C., et al. Understanding Modles and Their Use in Science-conceptions of Middle and High School Students and Experts [J]. *Journal of Research in Science Teaching*, 1991,28(9): 799-822.

表 3-19　科学模型建构能力水平层次

能力水平	表现说明
水平1：知道科学模型所代表的对象特征	在此水平上，学生能够识别科学学习中的主要模型，能正确描述科学模型中的各基本元素所表示的含义。
水平2：理解科学模型所表征的科学事实	在此水平上，学生能够识别各科学模型中基本元素间的关系并予以表征，并能根据科学模型中的关键信息进行简单推理。
水平3：运用科学模型解释科学原理或科学事实	在此水平上，学生能够利用模型表征或解释相关科学事实或科学过程。
水平4：建构模型解决科学问题	在此水平上，学生能够建构模型来解决相关科学问题，并能对所建构的科学模型进行分析与评价。

（四）科学实验思维能力水平层次界定

任何实验都是有目的的实践活动，是受实验者思维控制的，实验能力的形成与发展主要受到两方面的影响：一是个体认知，二是动作技能，这就意味着实验能力不仅包含着使用仪器与实验操作能力，更重要的是包含实验思维的成分。

早在 20 世纪 80 年代，浙江省初中开设综合理科，课程名称为"自然科学"，课程要求中对实验能力有明确说明："自然科学教学要使学生初步学会观察、实验以及一些基本测量的技能，初步具有分析、比较、分类、概括以及用所学知识解决简单实际问题的能力。"2001 年，教育部颁布了《科学（7—9 年级）课程标准》，提出以"科学探究能力"替代了原有的实验能力，丰富了实验能力的内涵：科学探究是获取知识的基本方式，是不断发现问题，通过多种途径寻求证据、运用创造性思维和逻辑推理解决问题，并通过评价与交流达成共识的过程；而观察、实验、收集处理信息只是科学探究所需要的基本技能。

黄晓东（2006）认为，科学实验能力是科学能力的重要组成部分，是在科学学习活动中顺利完成某种科学实验活动的各种能力的总和[1]；初中生科学实验能力结构是应该建立在自身年龄特征与知识水平基础上的，在最大程度上能体现其实验能力结构；具体而言，初中生实验能力结构由实验知识结构、实验操作技能结构、实验问题解决能力结构三个相互联系组成的整体结构（图 3-7）。

---

[1] 黄晓东.中学生科学实验能力结构分析与培养策略研究[D].西南大学，2006：9—12.

图 3-7 科学实验能力结构图

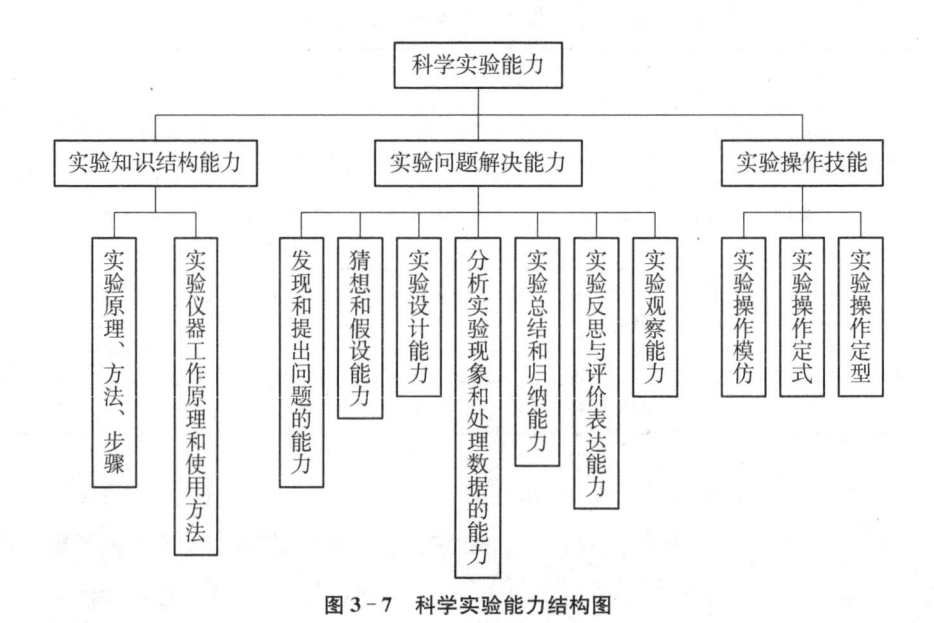

本研究所指的科学实验学习领域的相关内容主要是指认知层面的，也即指向实验知识结构能力、实验问题解决能力。根据科学实验学习领域学习内容并基于学习进程理论，将科学实验思维能力从低到高划分为五个水平，具体规定如表 3-20 所示。

表 3-20 科学实验思维能力水平层次

能力水平	表现说明
水平 1：识别仪器和了解基本实验常识	在此水平上，学生能够了解实验中的基本常识，如识别基本实验仪器及其用途、了解简单实验操作及目的，以及能知道基本实验安全常识。
水平 2：掌握基本实验操作，能描述实验现象	在此水平上，学生能够描述一定实验目的下的简单实验操作步骤，并能描述相关的实验现象。
水平 3：合理解释实验现象和定性、定量阐释实验结果	在此水平上，学生能够对实验中产生的实验现象进行解释，并能选取合适的方式从定性、定量的角度阐述实验结果。
水平 4：阐明实验原理和实验思想，选择实验方法	在此水平上，学生能够总结实验原理及基本的实验思想，并根据自身对实验原理及思想的理解正确选择实验方法。
水平 5：自行设计实验方案并予以评价	在此水平上，学生能够针对一定的实际问题自行设计实验并予以评价和完善。

(五) 科学定量计算能力水平层次界定

皮亚杰的认知发展理论将儿童的认知发展分成了四个连续的阶段[①]：感觉运动阶段（Sensorimoter Period，0—2 岁）、前运算阶段（Preoperational Period，2—7 岁）、具体运算阶段（Concrete Operational Period，7—12 岁）和形式运算阶段（Formal Operational Period，12—15 岁）。按照皮亚杰的认知发展理论，7—9 年级的学生应正处于形式运算阶段，他们应具备较强的抽象逻辑思维能力而不再依靠具体的事物来进行浅层次的思维活动，在具体计算过程中能够通过演绎推理而得到相关结论。

对于追求精确的物理学科而言，要想实现持续的发展就需要数学提供强有力的工具保障。数学是物理研究的工具，也是深入研究和解决物理问题的基础，因而应用数学工具处理物理问题的能力就构成了中学阶段物理学科对学生的基本能力之一。物理计算题不仅考查学生对知识的掌握情况，还综合考查学生的阅读能力、分析问题能力、建模能力、计算技能、语言概括及表述能力、对数据的处理能力；学生若要正确地作答物理计算题，就需要具有完备的知识和较强的科学思维能力，其特征是：系统化、结构化的物理学知识体系→根据题目描述的物理情境将其正确模型化→选择合适的解题策略。

化学计算是科学实验和社会生产所必需的工具，可以从定量角度预测和揭示化学反应的本质。利用化学计算可帮助中学生从定量角度理解物质性质及其变化规律，深化对基本概念和基本原理的认识。化学计算问题若按所用原理可分为两类：一类是涉及公式的计算，如质量分数、溶解度、化学反应速率等计算；另一类是基于化学方程式或化学反应原理的计算。[②] 化学计算解题活动是以化学概念与原理为基础，以数学计算为工具，解决化学反应或溶液变化过程中物质或能量间量的关系问题，实现由已知求得未知的过程。所以，化学计算能力是解决化学问题能力的重要构成要素。

本研究根据科学计算学习领域内容并基于学习进程理论，将科学定量计算能力从低到高划分为三个水平，具体规定如表 3-21 所示。

[①] Robert J. Sternberg, Wendy M. Willimas. 教育心理学[M]. 张厚粲，译. 北京：中国轻工业出版社，2003：42—45.
[②] 王祖浩. 化学教育心理学[M]. 南宁：广西教育出版社，2007：270.

表 3-21　科学定量计算能力水平层次

能力水平	表 现 说 明
水平 1：从定量的角度认识物理量	在此水平，学生能够从定量角度认识物理量并能熟悉该物理量的单位系统。
水平 2：识别相关物理量间的定量关系	在此水平，学生能够识别相关物理量间的数量关系，并进行简单的计算。
水平 3：依据定量的证据进行计算	在此水平，学生能够依据定量原理，在实际的科学问题中寻求定量关系和数据并进行计算。

第三节　高中化学学科能力要素确定

尽管在不同时期、不同学者对化学的定义不一，但就其科学意义来说，化学是在原子和分子水平上研究物质的组成、结构和性能及其相互转化的科学。化学以物质为研究对象，既以实验为研究手段，又涉及微观本质，并具有多层次性，致使化学学科表现出许多与其他科学学科不尽相同的特点。

一、化学学科能力要素分析

化学学科能力的具体要素有哪些，不同时期、不同国家化学课程标准、化学教学大纲的表述各有特色，但都在一定程度上反映了化学学科本质和能力发展要求。通过分析课程文件，有助于建构化学学科能力体系。

（一）我国化学课程文件中对能力要求的历时考察

20 世纪 70 年代，为了适应教育现代化的要求，在 1978 年的化学教学大纲中首次把能力培养作为教学目的提出。[①] 自此，能力培养一直是我国中学化学课程的一项重要目标。早在 1980 年，陈耀亭先生就指出化学教学到底应该培养什么能力？因为这个问题不解决，如何培养就无从谈起。化学教学大纲（课程标准）、化学考试大纲作为

---

① 中华人民共和国教育部. 全日制十年制学校中学化学教学大纲（试行草案）[M]. 北京：人民教育出版社，1978.

化学教学与评价的指导性文件,对化学学科能力的要求具有重要的借鉴和启示作用。表 3-22、表 3-23 分别呈现了历年化学教学大纲(课程标准)以及近年来化学高考大纲对化学学科能力的要求。

表 3-22 我国历年化学教学大纲(课程标准)中的能力要求[1]

课程文本	教学目的或课程目标(能力要求)
《全日制十年制学校中学化学教学大纲(试行草案)》(1978,1980)	培养分析和解决一些简单的化学实际问题的能力。
《全日制中学化学教学大纲》(1986)	培养和发展学生的能力。 逐步培养和发展学生的观察能力、思维能力、实验能力和自学能力等。
《九年义务教育全日制初级中学化学教学大纲(初审稿)》(1988)	培养学生的能力和创新精神。
《全日制中学化学教学大纲(修订本)》(1990)	培养和发展学生的能力。 逐步培养和发展学生的观察能力、实验能力、思维能力和自学能力。
《九年义务教育全日制初级中学化学教学大纲(试用)》(1992)	培养学生的能力和创新精神。
《全日制普通高级中学化学教学大纲(供试验用)》(1996)	培养和发展学生的能力以及创新精神。 重视培养学生的能力:对观察、思维、实验、自学等能力都有较多的阐述。首次提出创造能力并指出了各种能力之间有内在的联系。
《全日制普通高级中学化学教学大纲(试验修订版)》(2000)	首次分为"知识技能""能力方法"和"情感态度"3 方面。在"能力方法"中提出"培养和发展学生的观察能力、实验能力、思维能力和自学能力"。
《九年义务教育全日制初级中学化学教学大纲(试用修订版)》(2000)	培养学生的能力和创新精神。
《全日制普通高级中学化学教学大纲》(2002)[2]	培养和发展学生的观察能力、实验能力、思维能力和自学能力,使学生初步学会获取信息和加工信息的基本方法,能综合应用化学和其他科学知识、技能解释和解决一些简单的实际问题。引导学生学习科学方法,提高学生的探究能力,充分挖掘学生的潜能,发展他们的个性和特长。

---

[1] 课程教材研究所. 20 世纪中国中小学课程标准·教学大纲汇编·化学卷[M]. 北京:人民教育出版社,2001.

[2] 中华人民共和国教育部. 全日制十年制学校中学化学教学大纲(试行草案)[M]. 北京:人民教育出版社,2002.

续 表

课程文本	教学目的或课程目标(能力要求)
《九年义务教育化学课程标准(实验)》(2001)[1]	培养学生运用化学知识和科学方法分析和解决简单问题的能力。 培养学生的科学探究能力;提高未来公民适应现代社会生活的能力。
《普通高中化学课程标准(实验)》(2003)[2]	提高学生的科学探究能力;能够发现和提出有探究价值的化学问题,敢于质疑,勤于思索,逐步形成独立思考的能力;能对自己的化学学习过程进行计划、反思、评价和调控,提高自主学习化学的能力。
《义务教育化学课程标准》(2011)[3]	在"做科学"的探究实践中培养学生的创新精神和实践能力。 帮助学生了解科学探究的基本过程和方法,发展科学探究能力。

表 3-23 我国高考化学考试大纲中的能力要求

高考化学考试大纲	能 力 要 求
2009年高考化学考试大纲(大纲版)[4]	1. 观察能力;2. 实验能力;3. 思维能力;4. 自学能力
2011年全国新课标高考化学考试大纲[5]	1. 接受、吸收、整合化学信息的能力;2. 分析问题和解决(解答)化学问题的能力;3. 化学实验与探究能力
2011年上海化学高考考试大纲[6]	1. 接受与处理信息的能力;2. 实验能力;3. 思维能力;4. 基本科学素养
2011年江苏省高考化学考试说明[7]	1. 理解化学科学;2. 形成信息素养;3. 学会实验探究;4. 解决化学问题

---

[1] 中华人民共和国教育部. 全日制义务教育化学课程标准(实验稿)[M]. 北京:北京师范大学出版社,2001.
[2] 中华人民共和国教育部. 普通高中化学课程标准(实验)[M]. 北京:人民教育出版社,2003.
[3] 中华人民共和国教育部. 义务教育初中科学课程标准(2011年版)[M]. 北京:北京师范大学出版社,2011.
[4] 新浪教育. 2009年全国高考化学大纲(新课标卷). (2009-01-16)[2022-05-16]. http://edu.sina.com.cn/gaokao/2009-01-16/1650184347.shtml.
[5] 教育部阳光高考平台. 2011年全国新课标高考考试大纲:化学. (2011-03-09)[2022-05-16]. https:gaokao.chsi.com.cn/gkxx/ss/201103/20110309/171475123.html.
[6] 上海市教育考试院. 全国普通高等学校招生统一考试上海卷考试手册[M]. 上海:上海古籍出版社,2010:169.
[7] 江苏省教育考试院. 2011年高考考试说明(江苏省):化学[EB/OL]. (2011-03-03)[2022-05-16]. http://www.360doc.com/content/11/0711/08/421115_132819464.shtml.

由表3-22和表3-23可知,1986年化学教学大纲的"教学要求"中把培养的"能力"具体规定为"观察能力""思维能力""实验能力"和"自学能力",其后的大纲基本延续了这种说法。《九年义务教育化学课程标准(实验)》《普通高中化学课程标准(实验)》和《义务教育化学课程标准(2011年版)》中均不再沿用原大纲中4种能力的说法,代之以"科学探究能力",并界定了科学探究的8个要素。在2009年的化学高考大纲中,仍沿用了教学大纲的4种能力,并做出了较为具体的界定;但在新课程化学高考大纲(2011年)中又改为"接受、吸收、整合化学信息的能力,分析问题和解决(解答)化学问题的能力,化学实验与探究能力"。在上海市、江苏省的化学高考大纲中,对能力要求又有不同的提法。可见,目前对化学学科能力的内涵及其要素的认识不够清晰,也不统一。主要存在以下问题。

1. 未能揭示化学学科的特殊性

《心理学大词典》中认为智力是指认识方面的各种能力,即观察力、记忆力、思维能力、想象能力的综合,其核心成分是抽象思维能力。[①]《教育大辞典》亦倾向于把智力看成是各种认识能力的总和,认为它包括观察力、注意力、记忆力、思维力、想象力等,而以思维能力为核心。[②] 由此,我们不难发现广为流传的化学学科的4种能力,即观察能力、实验能力、思维能力、自学能力中的观察能力、思维能力皆属于一般能力,而非化学学科的特殊能力。而自学能力也普遍存在于各种认知活动中,并不只表现在化学学科的学习中。4种能力中只有实验能力体现了化学学科的特征,而其他能力的表述存在泛化现象,未能揭示出化学学科本身的特殊性。化学教育有其特殊要求、特殊问题、独特的使命和传统,应按照学科本身的要求来界定化学学科能力,而不能将特殊性湮没于一般性之中。

2. 脱离学科知识讨论学科能力

纵观历年化学课程纲领性文件,对能力的规定往往都是在教学目的或课程目标中出现,而内容要求中并不涉及,与具体的化学内容缺少关联。在《普通高中化学课程标准(实验)》的课程目标中,提出了"提高科学探究能力",在内容标准的各模块中则按知

[①] 朱智贤. 心理学大词典[M]. 北京:北京师范大学出版社,1989:953.
[②] 顾明远. 教育大辞典(第一卷)[M]. 上海:上海教育出版社,1990:145.

识主题提出了具体的学习要求,在每个主题下逐条提出"内容标准"的同时,又给出了"活动与探究"建议。但"内容""活动"与"科学探究能力"之间存在何种联系?在各个内容主题中,"科学探究能力"的具体目标是什么?这些问题尚未给出明确答案。从本质上看,课程标准或教学大纲中对能力的要求有超越知识的倾向,使得能力培养成为空中楼阁,只能停留在理论阐述的层次上。

3. 能力之间的边界不清晰

在教学大纲、课程标准或考试大纲中提出了各种能力,同一能力体系的不同能力之间理应是相对独立、有着各自不同的内涵和要求,但考察这些能力不难发现,不同的能力之间往往存在包容或交叉的现象,能力之间的边界不清晰。如"实验能力"与"观察能力""思维能力"并不能相互独立,实验能力中必然包含对实验现象敏锐的观察,以及对实验现象背后原理、规律的深入思考;缺乏必要的观察和思维,实验能力无从谈起。能力的泛化、抽象、边界不清等问题,难免造成化学教学实践或考试评价中对能力内涵产生理解偏差,一定程度上影响化学课程目标的实现。这就需要我们对化学学科能力要素以一定的标准做出明确具体的规定,才能有效地引领教师的教学,解释和预测学生的学习活动,并对学生的学习结果做出科学的测评。

(二) 各国(地区)课程文件中化学学科能力要素分析

20世纪80年代以来,国际范围内掀起了课程改革的热潮。不少国家和地区在高中化学课程目标、课程内容体系、教学方式、课程评价等方面进行了较为深入的研究和实践,从关注课程的学术性到重视课程的社会性,从以学科为中心向以学习者为中心转变,从知识系统向多元能力转化,鼓励学生在科学探究中提高能力。[①]

1. 美国《国家科学教育标准》中的能力要求

在美国1996年颁布的《国家科学教育标准》中,科学探究是科学课程的核心,该标准特别强调科学探究能力(ability of scientific inquiry)的形成,并将其贯穿于整个K-12教育阶段的内容标准中。按科学探究的过程,将其能力划分为以下要素:确定可以探究的问题;设计和开展调查研究;利用适当的工具和技术收集;分析和解释数据;运用证据描述、解释、预测和构建模型;通过批判性和逻辑性思维建立证据和解释之间的

---

① 王祖浩,王磊. 普通高中化学课程标准(实验)解读[M]. 武汉:湖北教育出版社,2004:1.

关系;构造和分析其他解释与预测;交流科学过程和解释结果;把数学运用在科学探究的各方面等。

2. 德国《中学化学教学大纲》中的能力要求

德国中等化学教育体系中从内容和操作两个角度来划分学科能力(Kometenz),主要分为三类:第一类,基于知识的能力;第二类,基于方法的能力;第三类,基于社会价值的能力。如表 3-24 所示。①

表 3-24　德国教学大纲中化学学科能力的划分

能力 (Kometenz)	能力维度	能力类型
	内容维度 (Inhaltsdemension)	基于知识的能力 (Sachkompetenz/Fachkenntnis)
	操作维度 (Handlungsdimension)	基于方法的能力 (Methodenkomtenze)
		基于社会价值的能力 (Sozial Kompetenz)

德国化学课程尤其注重基于方法的能力培养,强调通过科学方法获取化学知识。如柏林 2007 年颁布的《中学化学教学大纲》对基于方法的能力具体规定如下:(1)提出问题,通过化学实验及模型操作来解决问题;(2)独立设计,观察和完成化学实验并做出评价;(3)提出假设和推测并且用实验验证;(4)运用合适的模型来描述,解释和预测化学事实并且讨论模型的应用范围;(5)完成关于物质验证、物质结构特性、物质元素的定性研究;(6)运用数学方法和辅助工具来解决化学问题;(7)算出测量值,建立模型或模型概念,计算,模拟过程并且阐明结果;(8)发现研究数据的趋势、构成和关系,解释并得出合适的结论。②

可见,德国化学教学大纲从化学学科的特殊方法出发,高度关注实验能力(包括观察、假设、误差分析、实验设计等)、模型操作能力(包括模型的建立、模型的应用、模型的改进)以及运用数学方法的能力(包括数据处理、计算等)。

---

① 程晨. 德国化学课程中的"学科能力"研究[D]. 华东师范大学,2010.
② 程晨. 德国化学课程中的"学科能力"研究[D]. 华东师范大学,2010.

3. 日本《高等学校学习指导要领》的能力要求

2017年日本开启了新一轮的课程改革,并于2018年正式颁布了《高等学校学习指导要领》(这里的"高等学校",即指高中)。日本此次课程改革强调培养学生的学力三要素,即知识与技能,思考力、判断力、表达力以及主动学习态度与个性品质,以培养学生所需的资质与能力。所有科目都在学力三要素培养的素质和能力下进行进一步梳理和改善。不同于我国高中阶段将化学学科单独设置的做法,日本的化学学科同物理、生物、地学一起被分在理科大类之中。其中"化学基础"和"化学"科目的课程目标如表3-25所示。[①]

表3-25 日本《高等学校学习指导要领》中"化学基础"和"化学"的课程目标

科目	具 体 要 求
化学基础	为了使学生在关注物质及其变化的关系时,能够运用理科的观点和思维,通过预测,开展观察、实验等,以培养科学地探究自然事物和现象所必需的资质和能力。具体目标如下: (1) 在建立与日常生活和社会的联系,理解物质及其变化的同时,掌握进行科学探究所必需的观察、实验等相关技能 (2) 通过开展观察和实验等,培养科学探究的能力 (3) 在涉及自然事物与现象为主的学习过程中,培养科学探究的态度
化学	为了使学生在关注与化学有关的事物和现象的学习过程中,能运用理科的观点和思维,通过预测,开展观察、实验等,以培养科学地探究化学事物和现象时所必需的资质和能力。具体目标如下: (1) 深入理解化学的基本概念、原理和定律,掌握进行科学探究所必需的观察、实验等相关技能 (2) 通过开展观察和实验等,培养科学探究的能力 (3) 在涉及化学事物与现象为主的学习过程中,培养科学探究的态度

可见,日本化学课程无论是"化学基础"还是"化学",都重视培养学生的科学探究所能力。要求学生通过观察和实验以及其他探究过程,习得信息收集、假说设定、实验计划制定、实验验证、实验数据分析处理等探究方法,并在此基础上能够制成报告书并发表展示,从而培养科学探究的能力和态度。

4. 俄罗斯《基础普通教育化学示例大纲》中的能力要求

从2004年俄罗斯联邦颁布第二代联邦国家普通教育标准起,俄罗斯一直在为实

[①] 文部科学省.高等学校学习指导要领(2018年)[M].京都:东山书房.

现本国教育现代化的目标而努力,改革的力度也不断加大。2008年,俄罗斯联邦的"第二代标准"(Стандарты второго поколения)系列文件相继出台。2010年出版的《基础普通教育化学示例大纲》(Примерные программы основного общего образования,以下简称"《新大纲》")就是这一系列文件之一,由俄罗斯教育院按照科学与教育部和联邦教育局的指示编订。为了实现初中教育的任务,《新大纲》阐述了初中教育目标,在其指引下,继而提出了初中阶段化学课程的总目标和基本目标,表3-26列出的是《新大纲》中初中化学课程的基本目标。①

表3-26 俄罗斯《新大纲》中初中化学课程的基本目标

初中化学课程基本目标	(1) 形成对物质系统的初步认识,它们的转化和实际应用,掌握仪器的名称和化学符号语言 (2) 认识化学科学在现代自然科学领域的客观重要性;无机和有机物质的化学变化是许多动态和静态的自然现象的基础;深化认识世界的物质统一性 (3) 具备基本的化学素养,具有分析能力和客观评价与化学相关的生活情境的能力,在日常生活中安全使用和处理化学物质的能力;规划以维护健康和周围环境为目的的环保行为 (4) 形成把观察到的化学现象与微观世界发生的过程间建立起联系的能力,能够解释物质的多样性是由它们的组成和结构决定的,以及由物质的性质决定了物质的应用 (5) 获得研究物质的多种方法的经验,使用实验室设备和仪器进行简单的化学实验,观察物质的转化 (6) 形成化学学科对解决当下环境问题,包括技术和环境灾害的预防方面有重要意义的思想

从初中化学课程基本目标的阐述中可以看出,俄罗斯化学课程在保持知识系统性和全面性的同时,十分强调科学方法教育,力求使学生在掌握基础知识的同时习得方法和思维,促进学习迁移,提高学科能力。例如明确提出以分析能力和合理使用化学物质为导向的化学素养,使用化学方法及活动经验解决日常生活、个人健康及社会环境等问题的能力,以及联系宏观和微观世界的能力等。

5. 法国《物理-化学》课程大纲中的能力要求

2015年3月31日,法国教育部正式颁布了《知识、能力和文化的共同基础条例》,

---

① Программа подготовлена институтом стратегических исследований в образовании РАО. *Стандарты второго поколения Примерные программы основного общего образования — химия* [M]. Москва: 《Просвещение》,2010:3-47.

即"新共同基础"条例。"新共同基础"的定义大致和原"共同基础"相同,其主体结构则发生了重大变化,由"共同基础"的7项素养变为"五大领域",分别为思考和交流的语言、学习的方法和工具、个人和公民的培养、自然和科技系统、世界和人类活动的表现。[1]

"新共同基础"覆盖了小学与初中阶段的学生。化学课程在法国初中阶段并不单独开设,而是与物理学跨学科组织为《物理-化学》课程,法国学生在初中阶段第4周期开始学习该课程。法国的《物理-化学》课程十分强调学生在科学探究过程中获得的技能,这些技能包括实施科学探究的方法,设计、创造、实现,运用工具和方法,语言表达能力,调动数字工具,采取合乎道德和负责任的行为,将自己置身于空间和时间之中。[2] 此外,课程大纲中还将上述7项技能与五大领域相对应。表3-27列出的是《物理-化学》课程大纲中部分技能的具体要求。

表3-27 法国第4周期《物理-化学》中部分技能的具体要求

技能	具体要求	对应的领域
实施科学探究的方法	(1) 确定科学问题的性质 (2) 提出一个或多个假设来回答科学问题 (3) 设计实验来检验 (4) 直接或间接测量物理量 (5) 解读实验结果,从中得出结论,并以论证的方式进行交流 (6) 建立简单的模型来解释观察到的事实,并实施基于科学的方法	自然和科技系统
设计、创造、实现	设计并建造一个测量或观察装置	自然和科技系统、世界和人类活动的表现
运用工具和方法	(1) 进行文献检索 (2) 利用数字工具汇集科学课题的信息 (3) 计划一个实验任务,整理工作空间,记录步骤及取得的结果	学习的方法和工具

---

[1] 朱莹希,裴新宁.法国义务教育的"新共同基础"解读[J].比较教育研究,2016,38(08):36—42.
[2] Ministère de l'éducation nationale, de l'Enseignement supérieur et de la Recherche. Programmes pour les cycles [EB/OL]. https://cache.media.education.gouv.fr/file/MEN_SPE_11/67/3/2015_programmes_cycles234_4_12_ok_508673.pdf.

续 表

技能	具体要求	对应的领域
语言表达能力	(1) 阅读和理解科学文件 (2) 通过培养精确、丰富的词汇和语法来使用法语,报告观察、实验、假设和结论 (3) 在科学论证中口头表达自己的观点 (4) 从一种形式的科学语言转向另一种形式的科学语言	思考和交流的语言

6. 我国香港地区《化学课程及评估指引》中的能力要求

为了与我国内地和世界的主流学制接轨,推行富有弹性、连贯且多元化的高中课程,香港于 2009 年开始施行"三三四"学制(三年初中,三年高中,四年本科)。① "三三四"学制下的高中课程包括 4 个核心科目(中国语文,英国语文,数学,通识教育)、20 个选修科目(化学为其中之一)和其他学习经历。② 为了配合新学制,香港课程发展议会与香港考试及评核局于 2007 年联合编订了《科学教育学习领域化学课程及评估指引(中四至中六)》(以下简称"指引"),并在近十多年来对该课程文件进行持续更新,最近一次修订是在 2018 年 6 月。

《指引》规定了学生在整个高中阶段化学课程的学习过程中需要达到的目标,化学课程目标从知识和理解、技能和过程以及价值观和态度三个方面进行建构。尤其是技能和过程这一方面,《指引》中从 8 个维度具体描述了学生所需达到的能力与方法要求,使得目标具有较强的可操作性,分别为:科学思维,科学方法,科学探究和解决问题,做出决定,实验操作,资料处理,沟通,协作,学习和自主学习。表 3-28 列出的是《指引》中"技能和过程"的部分维度的具体要求。③

7. 各国(地区)课程文件中能力要求的比较分析

由上述各国(地区)课程文件中的能力要求我们不难看出,受美国《国家科学教育标准》的影响,各国(地区)的科学(化学)课程都十分重视对学生科学探究能力的培养。而在建构能力要素时,往往有两种路径。

---

① 杨小燕. 我国普通高中化学课程标准比较研究[D]. 华中师范大学,2019.
② 陈碧华,王祖浩. 香港高中化学课程 2 版"指引"的比较研究[J]. 化学教育,2009,30(05):12—14.
③ 香港课程发展议会与香港考试及评核局. 科学教育学习领域化学课程与评估指引(中四至中六)[EB/OL]. https://www.edb.gov.hk/attachment/tc/curriculum-development/kla/science-edu/Chem_C_and_A_Guide_updated_Chi_22082018.pdf.

表3-28　我国香港地区《指引》中"技能和过程"的部分维度的具体要求

维　度	具　体　要　求
科学思维	(1) 明辨自然界的各种模式和变化,从而预计可能的趋向 (2) 认识理论模式在探索现象时的基本角色,和从新的或相反的证据中,体会修正旧理论模式的需要 (3) 查验证据并借助逻辑推理,归纳出正确的结论 (4) 进行逻辑推理和实验,查验各种理论和概念 (5) 将新概念融入已有的知识架构,并将之应用于新的情况
科学方法、科学探究和解决问题	(1) 找出与科学、社会、科技和环境相关的难题,并提出相关问题 (2) 明辨与问题相关的假说、概念和理论 (3) 提出假说和验证假说的方法 (4) 明辨因变量和独立变量 (5) 制定适合探究工作的计划与程序 (6) 运用适合的仪器进行探究 (7) 准确如实地观察和记录实验的观察结果 (8) 分析实验或其他来源所得数据 (9) 作出结论和进一步的推测 (10) 使用恰当的技巧来展示实验结果,并传达相关概念 (11) 从不同角度评价问题的建议解决方法 (12) 评价实验结果的效度和信度,并找出影响效度和信度的因素 (13) 在适当情况下,制定进一步的探究计划 (14) 应用知识和理解来解决陌生情况下的问题 (15) 了解科学方法的用途和限制
资料处理	(1) 搜寻、收集、重整、分析和演绎不同来源的科学信息 (2) 使用信息科技,以处理和展示信息 (3) 对间接取得的信息的准确性和可靠性加以注意 (4) 在处理科学信息时,明辨事实、意见和价值判断的区别

第一条路径是依照科学家在建构知识或解决问题的探究过程中所用的程序、过程和方法将科学能力进行分解,如美国、英国、法国及我国香港地区等。采用这种方式建构的原因是认为学生在科学教育中学习科学家在研究过程中所运用的各种能力,那么在处理事情及解决问题时,亦能够像科学家一样地思考。陈耀亭曾提出培养能力应以自然科学方法论为基础,并按照解决化学问题的基本过程和步骤将化学能力细化为12个要素,如图3-8所示。我国的化学课程标准将科学探究能力分解为8大要素,即提出问题,猜想与假设,制定计划,进行实验,收集证据,解释与结论,反思与评价,表达与交流。[①]

[①] 中华人民共和国教育部. 全日制义务教育化学课程标准(实验稿)[M]. 北京:北京师范大学出版社,2001.

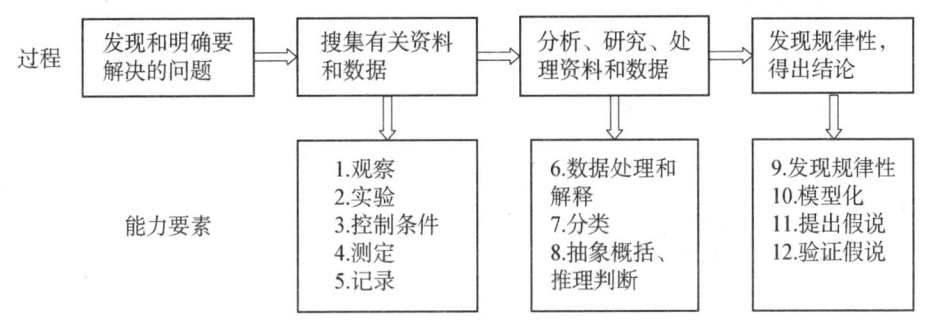

过程	发现和明确要解决的问题	搜集有关资料和数据	分析、研究、处理资料和数据	发现规律性，得出结论
能力要素		1.观察 2.实验 3.控制条件 4.测定 5.记录	6.数据处理和解释 7.分类 8.抽象概括、推理判断	9.发现规律性 10.模型化 11.提出假说 12.验证假说

图 3-8 解决化学问题的基本过程及其能力要素

采用这种路径构建能力要素的优点是分步表述易于理解，但把一个完整的探究过程人为地进行分割，在评价时难以操作。如实验、证据及解释三者之间本是一个浑然不可分割的整体，实验并不是一个单纯的操作过程，而是有目的、有意识的观察与实验，实验中必然伴随着对相关数据、证据的收集及其解释，我们无法在考查实验能力时将之与收集证据的能力以及解释与结论的能力分离开来，且如何界定不同能力的水平层次并进行测量评价也是一个难以解决的问题。

另一条路径是，根据化学学科的特点及特殊要求来建构化学学科能力要素，如德国、日本、俄罗斯等。虽然各国（地区）的要求不尽相同，但大多认同以下能力：(1)科学思维能力，如论证、思辨、理解、批判、分析综合、比较归纳、创新等；(2)化学实验能力，如定性地验证物质性质，设计实验等；(3)设计化学模型的能力，如设计模型描述、解释，运用模型预测等；(4)运用数学方法的能力，如数据的处理和解释，运用化学式和化学方式计算等；(5)理解化学基本概念、法则的能力，如概念的理解和应用能力等；(6)运用化学知识解决生活中问题的能力，如生活中与科学相关的事件或现象寻求证据导向及理性判断。

上述能力要素较好地体现了化学学科特点，但要素之间也存在着包容、交叉的问题，如科学思维能力贯穿于其他所有的学科能力之中，没有哪一种化学学科能力在运用过程中可以脱离科学思维能力而存在。例如，在化学实验设计中，必然伴随对实验问题的分析、对实验原理的理解、对实验事实的归纳、对实验方案的评判等思维过程。再如，运用化学知识解决生活中的问题时，必然涉及化学基本概念的理解和运用及其他一些要素能力。当然，化学学习特有的符号运用能力也不应被忽视。

二、化学学科本质及特殊要求分析

通过对各国课程标准的分析比较,不难发现构建化学学科能力的不同路径以及一些共同要求,但如何处理各能力要素之间的关系?如何构建一个相对完备并且符合化学学科特殊要求的能力体系?这还需进一步对化学学科本质及特殊要求进行更为深入的探讨。

(一)化学学科的本质特征

在化学发展的历史中,其研究的问题数不胜数,而且不断变换。但有些问题却始终贯穿于化学发展的历史中,它们是对化学学科根本性质的探讨[①]:(1)在古代,根据生产生活的需要,人类学会了使用石器和取火,积累了金属冶炼和工具制造的经验,提出了元素与物质多样性的关系问题;(2)到了近代,从波义耳到道尔顿以前,人们首先从物质的性质入手,试图通过组成去解释性质;道尔顿建立原子论以后,从认识物质的组成发展到认识物质的结构,并以结构解释物质的性质,通过物质的性质和化学反应认识物质的结构;(3)进入20世纪,人们的认识深入到微观领域,化学从研究原子如何构成分子和分子的化学反应,进一步发展到研究物质的微观结构,即从原子的电子层结构研究原子如何结合成分子;对化学反应的研究,也从观察化学变化现象深入到探索化学反应机理等。

化学今后的核心任务,大体上也可归纳为三个方面:(1)开展化学反应的基础研究,以利于开发新的化学过程并揭示规律;(2)探索物质组成、结构、性能之间的关系和有关规律,以设计分子或建立物质模型,从而创造新物质;(3)利用新技术和新原理强化分析测试方法的功能,使化学工作的耳目趋于灵敏和可靠。[②] 前两个方面仍然是围绕着化学学科的基本问题——组成、结构和化学反应而进行,第三个方面则关乎化学研究的手段。因此,在分子、原子水平上研究物质的组成、结构和化学反应构成了化学学科的本质特征。

(二)化学学科的特殊要求

人类对化学的认识经历了漫长而曲折的过程,才逐步达到比较全面和深刻的理

[①] 张嘉同.化学哲学[M].南昌:江西教育出版社,1994:36—42.
[②] 唐有祺.化学学科的发展历程[J].化学世界,2002,(10):507—510.

解。作为自然科学基础学科之一的化学,其特点是在分子、原子水平上研究物质的组成、结构、性质和变化,让学生获得从宏观与微观两个角度认识物质及其变化的思想方法。正是由于研究对象和研究方式的特殊性,使得化学不同于其他自然科学,如物理学、生命科学和地理学。

1. 化学是一门以实验为基础的学科

任何一门自然科学都是以其科学实验(包括观察、测量在内)作为直接基础的。自然科学史的发展充分证明,科学实验是自然科学赖以建立、检验和发展的基础和动力。化学是实验性较强的学科之一,无论从其产生还是发展来说,化学总是强烈地依赖使用独具特色的手段进行的化学实验,并由此获得独特的化学知识。

2. 运用化学符号系统表达和交流

任何一门自然科学,皆以不同于自然语言(虽然它要以自然语言为基础)的科学语言来表征其特有的概念、定律和理论。著名哲学家恩斯特·卡西尔说:"符号化的思维和符号化的行为是人类生活中最富有代表性的特征,并且人类文化的全部发展都依赖于这些条件,这一点是无可争辩的。"[①]化学符号是国际上统一规定和使用的,用以科学地表示物质的组成、结构和化学反应。它以直观简单的形式表达了丰富的化学涵义,承载了化学知识、思想观念,成为化学科学研究和化学学习特有的语言和重要的工具。

3. 物质模型的建构及运用

在自然科学研究中,人们往往根据实验中的观测事实和已经得到验证的科学原理,对研究对象的结构、性能和运动规律进行理论分析,先设想其大致的构想,即提出研究对象的模型。然后,以此作为基础再进行推理或计算,对研究对象做出解释和预测,并在实验资料的对照中加以检验、修正和完善,形成有关这类对象的概念与规律的知识体系即科学理论——这就是通常所说的模型方法。[②] 化学是在原子、分子水平上研究物质性质及其变化的科学,原子、分子无法看见,对物质性质及其变化的解释亦十分抽象,所以化学家需要通过建构模型加以认知。采用模型思维方式,化学家可以"看

[①] 恩斯特·卡西尔.人论[M].甘阳,译.上海:上海译文出版,1985:35.
[②] 《化学哲学基础》编委会.化学哲学基础[M].北京:科学出版社,1986:305.

到"他们所试图研究的实体或过程,据此进行实验设计和探究活动,有力支持他们的思维推理和知识建构。① 化学家、化学哲学家、化学教育家越来越意识到模型对于形成化学知识的关键作用。随着化学学科的不断发展、成熟,模型建构普遍运用于化学的研究,成为独特的化学思维方式。

4. 定量研究物质转化的规律

区别事物的质是认识事物的开始,而由质进到量,则是对事物认识的深化。任何一门科学,如果不借助于数学,就不可能达到应有的精确度和可靠性,也就难以深入和发展。化学也不例外,化学计量学就是在化学研究中逐渐建立的,它成功地运用数学这一工具,解决了许多化学问题,在化学发展史上意义重大。正如恩格斯在《自然辩证法》中指出的:"但是这仅仅是一个极为重要的开端。此后特别在19世纪70年代物理化学建立以后,化学研究借助于数学的地方愈来愈多,数学成为化学研究不可少的一种武器。正是在数学形式的启发下,化学家逐步建立了化学符号体系,有了自己独特的语言。"[②] 20 世纪量子力学的建立,特别是分子轨道理论的近似计算方法不断得到改进,已经发展到半定量水平。在定量地研究物质组成及其变化的领域中,数学已成为不可缺少的重要工具,数学方法在化学发展过程中起了重要的作用。

三、化学学科能力模型与要素

通过前面对化学学科本质和特殊要求的分析,我们将化学学科本质与其特殊要求之间的关系归纳成图 3-9。

化学研究层次的特殊性,决定了模型思维方式的重要性。不仅模型思维的结果需要实验的验证,研究其组成、结构和性能也必然依赖使物质发生变化的实验。运用数学方法定量地研究物质的组成及其变化,不仅是化学学科向纵深发展的结果,也是现代化学领域不可缺少的重要手段,更为化学科学成果向技术转化提供依据。对于物质、结构、化学反应的分析推理、表达交流必须以化学符号为中介。因此,模型思维、实验探索、定量研究、符号表征成为化学学科的特殊要求,而且这 4 种能力之间也存在着

[①] Justi, R. S., J. K. Gilber. *Models and Modelling in Chemical Education in Chemical Education: towards Research-based Practice* [M]. New York: Kluwer Academic Publishers, 2002: 425.
[②] 《化学思想史》编写组. 化学思想史[M]. 长沙: 湖南教育出版社, 1986: 108—109.

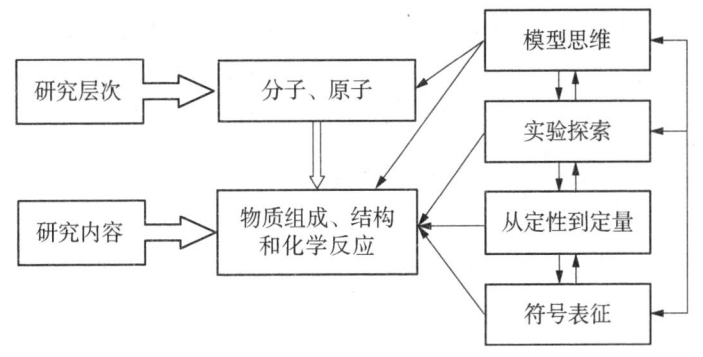

图 3‑9　化学学科本质及其特殊要求

内在的联系。实验能力、符号表征能力、模型思维能力以及定量化能力这 4 种能力既体现了化学学科的本质及特殊要求,也是各国(地区)化学课程标准中课程目标的共同要求(图 3‑10)。

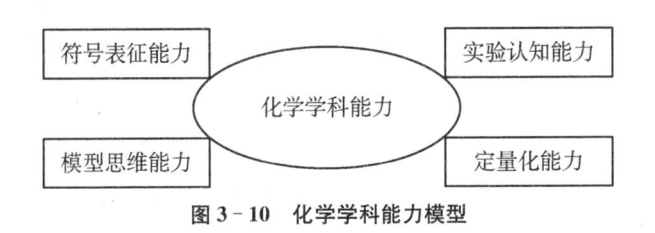

图 3‑10　化学学科能力模型

为了研究的方便,分别定义化学学科能力要素的内涵如下。

(1) 符号表征能力:学生认识和理解化学符号所蕴含的丰富信息(宏观的、微观的、定量关系等),并能利用化学符号表达物质的组成、结构和变化规律,进行思考和推理以及解决化学问题的能力。

(2) 实验认知能力:学生运用实验认识化学物质及其变化的本质和规律的能力。从化学实验能力的构成要素看,包含认知(思维)成分、观察成分、操作成分等。但本研究对实验能力的考查仅限于用纸笔测验所能评价的部分,故称实验认知能力。

(3) 模型思维能力:学生能运用模型描述化学研究对象(如分子、原子、微粒间作用力等)、解释化学现象和规律、预测可能的结果,并能建构模型展示自己的理解和解释的能力。

(4) 定量化能力:学生依据化学基础知识,运用数学方法解决物质组成、结构、变化中"量"的问题的能力。具备定量化学能力,能使学生从量的角度认识物质及其变化的规律,体验定量研究方法在化学科学研究和工农业生产中的重要作用。

第四节 高中化学学科能力学习进程建构

在前一节确定的化学学科能力要素基础上,本节依据学习进程理论建构符合我国科学教育实际的化学学科能力测评框架。

一、符号表征能力学习进程建构

(一) 化学学习的三种水平

约翰斯顿(Johnstone, 1982)认为,对于化学这门学科,我们至少应在三种水平上来看待它,即描述的和功能的(descriptive and functional)、表征的(representational)和解释说明的(explanatory)(如图 3-11)[①]：在第一种水平上,我们可以观察和触摸到物质,可以用浓度、可燃性、颜色等来描述物质的性质,关注一种物质转化成另一种物质以及由此引起的性质变化；在第二种水平上,我们用化学式表征化学物质,用化学方程式表征物质发生的变化；第三种水平是原子和分子层次上的,在这种水平上,我们试图解释化学物质以一定的形式存在以及变化的原因。我们运用分子、原子、离子、结构、异构体和聚合体等概念对前面提到的描述水平进行推理。后来他又将三种水平修正

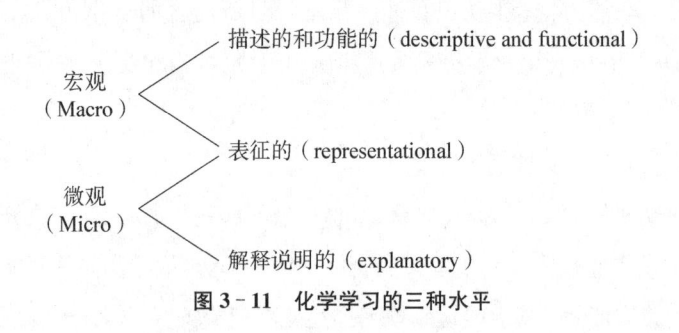

图 3-11 化学学习的三种水平

[①] A. H. Johnstone. *Macro and Microchemistry* [M]. Notes and Correspondence, 1982: 12.

为宏观、微观和符号三种水平。①

对于化学符号而言,不仅在于其蕴含着丰富的信息(宏观的、微观的、定量的关系等),而且学生在理解化学符号意义的同时,能够利用化学符号表达物质的组成、结构和变化规律,进行思考和推理,解决化学问题,这就是化学符号表征能力。化学符号表征总是与具体的化学事实、化学反应相联系,又具有高度的抽象概括性,反映出化学学习的宏观和微观水平。化学符号不仅是一种工具,更是化学思维简约、科学的表达方式。化学物质的组成、结构、化学反应的定性与定量描述等都需要用到符号表征,化学学习的思维活动也总是与化学符号联系在一起。学生的符号表征能力水平的高低,直接决定了学生能否用化学的方法来思考和解决问题。

(二)中学化学符号体系

化学符号系统主要由三个层次构成,这三个层次分别是基本符号、复合符号和陈述符号。基本符号由100余种化学元素符号组成,这些元素符号是整个化学符号系统中最基本、不可再分解的部分;元素符号加上一些辅助性的符号(如表示原子个数的阿拉伯数字,表示化学键的短线)等按一定的规则结合成化学式、结构式,即复合符号;一定的化学式再与另一些辅助符号(如某些代数符号)相结合可以列成化学方程式,即陈述符号。中学化学具有基础性和启蒙性,只涉及符号体系中一部分化学符号的学习和运用。从符号的功能角度,也可把化学符号划分为表示物质组成的符号、表示物质结构的符号和表示物质变化的符号。

每一个化学符号都具有特定的意义,但单个的、孤立的化学符号并没有反映化学变化的价值。化学符号既能与其对应的化学概念"交换",又在符号体系中相互关联、相互区别。学生只有掌握了化学符号体系,才能认识、理解或简约地表达物质的组成、结构以及变化规律,并进行一系列的化学思维活动。中学阶段的化学符号,从编排顺序上看几乎贯穿于不同年级教材的每个章节,并具有由低级到高级发展的特点。中学化学符号体系如图3-12所示。

---

① A. H. Johnstone. Why Is Science Difficult to Learn? Things Are Seldom What They Seem [J]. *Journal of Computer Assisted Learning*, 1991(7): 701-703.

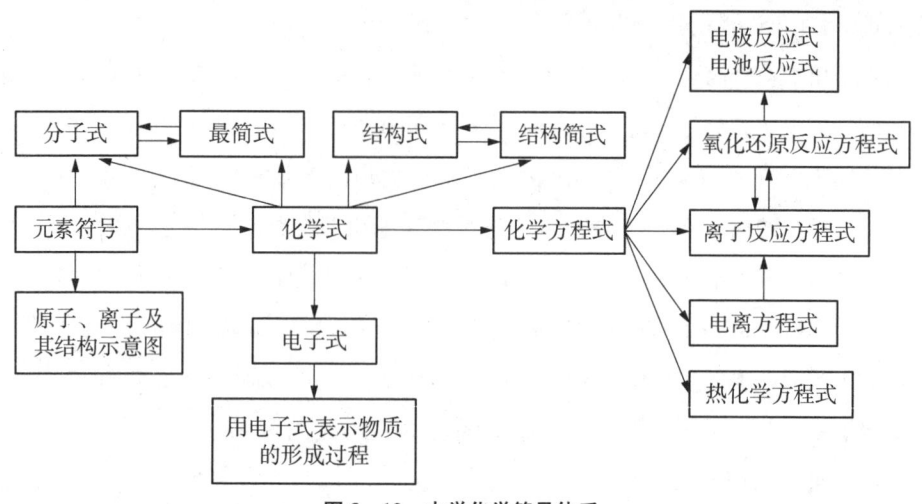

图 3-12　中学化学符号体系

（三）化学符号的学习要求

我国历年化学教学大纲中对化学符号（化学用语）的教学要求一般是"会读、会写、会用"，表 3-29 所示是《九年义务教育全日制初级中学化学教学大纲（试用修订版）》中关于化学符号的具体教学要求[①]，可见对元素符号、化学式、化学方程式的学习要求大体为了解、正确书写、理解含义、掌握应用 4 个水平，但对掌握应用的内涵缺乏明确的要求。

表 3-29　教学大纲中化学符号的教学要求示例

教学内容	教学要求
元素、元素符号	了解含义，记住并会正确书写下列元素符号：H、He、C、N、O、F、Ne、Na、Mg、Al、Si、P、S、Cl、Ar、K、Ca、Mn、Fe、Cu、Zn、Ag、Ba、Hg、Au
化学式	理解含义，掌握应用
原子结构示意图	常识性介绍
化学方程式及其配平	理解质量守恒定律和化学方程式的含义，能正确书写并配平简单的化学方程式

---

① 课程教材研究所.20 世纪中国中小学课程标准・教学大纲汇编・化学卷[M].北京：人民教育出版社，2001.

《全日制义务教育化学课程标准(实验稿)》要求学生"记住一些常见元素的名称和符号;在物质组成的表示中要求能说出几种常见元素的化合价;能用化学式表示某些常见物质的组成;能说明常见化学反应中的质量关系;能正确书写简单的化学反应方程式"。①

《2011全国新课标高考考试大纲:化学》必考部分对化学符号的要求为"熟记并正确书写常见元素的名称、符号、离子符号;熟悉常见元素的化合价。能根据化合价正确书写化学式(分子式),或根据化学式判断化合价;了解原子结构示意图、分子式、结构式和结构简式的表示方法;能正确书写化学方程式和离子方程式;了解热化学方程式的含义;能写出电极反应和电池反应方程式"。②

化学符号不仅可以用于表征化学概念或化学原理,是化学学科活动中交流和表达的工具;更重要的是,化学学习中所进行的各种思维活动,概念间的推演、转换,由简单到复杂、由单独到系统的联结、展开等等,实质上都是运用有特定意义的化学符号和文字所进行的信息加工活动。用元素符号、化学式、化学方程式以及其他化学符号来表示严格定义的科学概念,表示化学事物之间特定关系和运动变化规律的过程,是典型的化学符号思维的过程。③

(四)符号表征能力的学习进程

据前所述,化学学科中的符号表征主要体现在对物质组成、结构和变化的表征,以及将化学符号作为工具和媒介进行的思维运算。根据化学学习的三种水平,化学符号表征在宏观、微观联接中的重要作用以及化学符号所承载的思维功能,我们构建了符号表征能力的学习进程(图3-13、表3-30)。

高水平
↑
水平4:化学问题的符号推理
水平3:化学宏微的符号阐释
水平2:理解化学符号的微观意义
水平1:建立化学符号的宏观联系
低水平

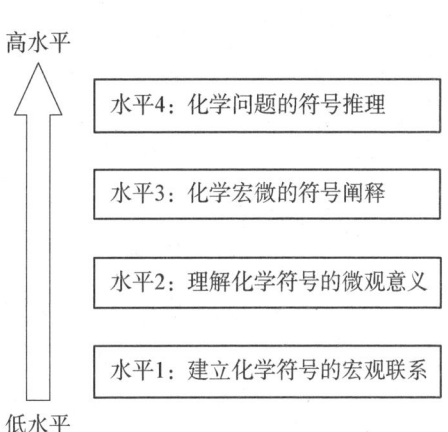

图3-13 符号表征能力学习进程

---

① 中华人民共和国教育部.全日制义务教育化学课程标准(实验稿)[M].北京:北京师范大学出版社,2001.
② 教育部阳光高考平台.2011年全国新课标高考考试大纲:化学[EB/OL].(2011-03-09)[2022-05-08]. https://gaokao.chsi.com.cn/gkxx/ss/201103/20110309/171475123-2.html.
③ 王后雄.论中学生学习化学的难度及其成因[J].化学教育,2003(11):7—11.

表 3-30　符号表征能力学习进程

能力水平	表 现 说 明
水平1：建立化学符号的宏观联系	在此水平上，学生能够识别化学符号所代表的事物、现象，能正确书写化学符号。如规范书写常见元素的名称和符号；能够将元素符号与它所对应的元素、物质联系起来；能够写出常见单质、化合物的化学式；根据化学式说出对应的化学物质的名称及其元素组成；能够识别、会书写常见的化学反应方程式；能够根据化学方程式判断化学反应类型等。
水平2：理解化学符号的微观意义	在此水平上，学生能够用化学符号表示原子、分子、离子等的微观结构，能够描述化学符号所表示的微观含义。如描述元素符号、同位素符号、化学式、离子符号、化学方程式的微观含义；能够用结构式、结构简式、最简式、通式等表示物质的微观结构；能够描绘常见元素原子结构示意图，理解最外层电子数对元素性质的意义；能够根据原子结构推断元素的常见化合价等。
水平3：化学宏微的符号阐释	在此水平上，学生能够以化学符号为中介，在它所表示的宏观现象、微观结构和化学原理间灵活转换，从微观结构或微观发生过程角度说明或解释宏观现象或过程的机理。如能够理解化学方程式所表示的化学变化的微观本质；能够理解化学式、化学方程式中的计量关系；能够用化学符号解析离子化合物、共价化合物的形成原理、电解质溶液导电的原因；能够从化合价角度解释物质组成及其变化；能够用化学符号表征化学现象的微观机理等。
水平4：化学问题的符号推理	在此水平上，学生能够用符号表征和分析化学问题，抓住事物的本质及内在联系，对有关性质、结构、变化的特征、规律进行概括、对可能性做出预测、对合理性做出判断。如能够运用化学符号表征化学问题中信息的相互关系；能够运用化学符号推演物质的性质或变化；能够运用化学符号进行概括和总结；能够运用化学符号系统表达实验设计过程或思维过程等。

二、实验认知能力学习进程建构

（一）我国实验教学要求的演变

实验是化学科学赖以形成和发展的基础，是检验化学变化现象真伪的标准，是学生获取化学经验和形成化学知识的重要手段，是促进学生科学素养发展的重要内容和途径。我国化学教学的传统历来重视化学实验，不同的历史时期对实验教学提出了不同的要求。

1. 实验作为一种技能

在1978年颁布的《全日制十年制学校中学化学教学大纲（试行草案）》中，就明确提出了学会和熟练地掌握一些常用的化学实验技能，提出了加强实验教学的教学要求，并对各年级实验课时及培养的实验技能都做了明确的规定，在附录中明确了各年级培养化学实验的各项技能,包括使用仪器技能、实验操作技能以及实验的记录和设计技能等51项。[①] 1980年颁布的教学大纲则基本延续了1978年提出的实验教学要求,只是在对要学会和熟练掌握的技能上做了微调。

2. 实验作为一种能力

1986年颁布的《全日制中学化学教学大纲》则不仅提出了掌握一些常用的化学实验技能,还首次提出了逐步培养和发展学生的观察能力、思维能力、实验能力和自学能力。1988年的《九年制义务教育全日制初级中学化学教学大纲(初审稿)》则首次将化学实验规定为四项化学教学内容之一,并对化学实验内容做了具体规定,实验教学要求也从原来的3项扩展为6项。

1996年的《全日制普通高级中学化学教学大纲(供试验用)》则首次在教学内容和教学要求中增加了实验与活动一栏。1996年的化学教学大纲通过栏目的形式强化了实验在教学活动中的作用,且在教学要求中增加了实验设计及评价的要求——要求学生初步学会根据实验课题设计实验方案,能按照实验方案进行实验操作,并通过实验来分析方案设计的优缺点及提出改进意见。

2000年颁布的《全日制普通高级中学化学教学大纲(试验修订版)》首次将教学目的分为三个维度即知识和技能、能力和方法、情感和态度,并在"教学中应该注意的几个问题"阐述了"化学实验是化学教学的基础。培养学生的实验能力对于帮助他们学好化学和其他自然科学有重要意义。教师应通过实验教学、有关的课题研究等,培养学生的实验操作技能,引导他们综合运用化学知识和实验技能进行一些实验设计和解答实验习题,从而培养学生的实验能力和探究精神"。

3. 实验作为科学探究的重要方式

2000年7月颁布的《全日制义务教育化学课程标准》(实验稿)从提高未来公民科学素养的宗旨出发,构建了知识与技能、过程与方法、情感态度与价值观的三维目标体系,在"知识与技能"目标中要求"初步形成基本的化学实验技能,能设计和完成一些简单的化学实验",在"过程与方法"目标中要求"初步学会运用观察、实验等方法获取信

[①] 课程教材研究所.20世纪中国中小学课程标准教学大纲汇编·化学卷[M].北京:人民教育出版社,2001:288—290.

息,初步学会运用比较、分类、归纳、概括等方法对获取的信息进行加工"。[1] 在内容标准中又将化学实验置于科学探究主题之下。修订的《义务教育化学课程标准(2011年版)》在科学探究主题下又新增加了一个二级主题即"完成基础的化学实验"[2],强调化学实验是科学探究的重要方式,是科学探究中获取事实和证据的重要手段。

2003年颁布的《普通高中化学课程标准(实验)》强调化学实验在培养学生探究能力、提高学生科学素养中的重要作用。在课程理念中强调"通过以化学实验为主的多种探究活动,使学生体验科学探究的过程",在课程目标中提出"获得有关实验的基础知识和基本技能,学习实验研究的方法,能设计并完成一些化学实验。"在课程内容中,设置了"实验化学"模块,以提高学生的化学实验能力。"[3]

(二) 化学实验能力的内涵界定

实验在化学学科发展和化学教学中的重要性已成共识,但从历年的教学大纲(或课程标准)对实验教学的要求中不难看出,在中学阶段学生应掌握的化学实验技能皆有明确规定,对化学实验能力却只在教学要求中提出,如培养和发展学生的实验能力,对实验能力的内涵及要求并没有明确界说,这难免造成教学实践中对实验能力理解的偏差。有学者指出,化学实验能力的教学目标应包括下列几个方面:[4]

第一,有较强的实验意识,重视并善于通过化学实验来解决问题。能通过对问题的分析,从中提取恰当的实验课题;能用科学的语言准确、完整、清晰地阐明课题。

第二,能灵活地综合运用化学知识技能,选择科学、有效和巧妙的实验方法,周密地设计可行和合理的化学实验方案。

第三,能恰当地选择、使用化学仪器和试剂,正确地、独立地、有条不紊地进行化学实验操作和化学实验观察,客观地、完整地和规范地记录实验过程、条件、现象和结果。

第四,能对获得的化学实验事实、数据、资料进行适当的加工、形成科学的化学概念、判断和推理,发现规律、解决问题。

---

[1] 中华人民共和国教育部. 全日制义务教育化学课程标准(实验稿)[M]. 北京:北京师范大学出版社,2001:6.
[2] 中华人民共和国教育部. 义务教育化学课程标准(2011年版)[M]. 北京:北京师范大学出版社,2011:8.
[3] 中华人民共和国教育部. 普通高中化学课程标准(实验)[M]. 北京:人民教育出版社,2003.
[4] 吴俊明. 中学化学实验研究导论[M]. 南京:江苏教育出版社,1997:247.

第五，能准确、清晰、全面地表述和概括实验的内容、过程和结果，简明、扼要和规范地撰写实验报告。

在上述目标中，除第三的实验操作、第五的撰写实验报告外，其余均可归于实验认知能力。

(三) 实验认知能力的学习进程

综合以上课程文件中对化学实验认知内容的分析，根据实验认知能力中所要求的思维复杂度和抽象性，我们构建了实验认知能力的学习进程(图3-14、表3-31)。

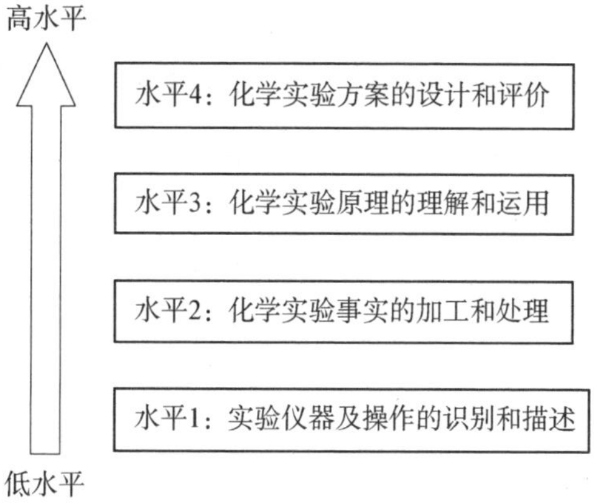

水平4：化学实验方案的设计和评价
水平3：化学实验原理的理解和运用
水平2：化学实验事实的加工和处理
水平1：实验仪器及操作的识别和描述

图 3-14 实验认知能力学习进程

表 3-31 实验认知能力学习进程

能力水平	表现说明
水平1：实验仪器及操作的识别和描述	在此水平上，学生能识别常用化学仪器的名称，会画简单的化学仪器，能识别化学品安全使用标识；能描述常用化学仪器的主要用途及使用时的注意事项；能描述实验室一般事故的预防和处理方法；能描述化学实验基本操作方法及注意事项等。
水平2：化学实验事实的加工和处理	在此水平上，学生能描述所观察到的主要元素的单质及化合物、有机物性质实验的现象，知道主要实验事实及结论；能从实验事实或现象中概括出化学概念、规律或得出物质的有关性质或组成；能根据实验事实及物质间的转化关系选择合适的方法和试剂、检验与鉴别物质、除去杂质和分离混合物；运用表格、线图等对实验所获数据进行简单的处理，并能初步分析数据规律等。
水平3：化学实验原理的理解和运用	在此水平上，学生能运用有关化学概念、化学原理知识对实验现象进行预测或对实验事实进行解释；能根据反应原理和操作要求选择实验方法；能运用原理对实验中的反常现象、实验误差作合理的分析和解释，对实验数据进行分析和处理；能根据反应原理、仪器特点、操作要求分析选择定量实验方法。
水平4：化学实验方案的设计和评价	在此水平上，学生能设计简单实验方案进行验证和解释；能运用控制变量的方法设计对比实验解决化学问题；对化学实验方案进行评价和改进；能根据给出的小课题，设计完整的探究方案。

三、模型思维能力学习进程建构

(一) 模型及模型思维能力

模型"model"一词来源于拉丁文的"modulus"，意思是尺度、样本、标准。在自然科学研究中,对客观对象进行一定的观察、实验和对所获得的科学事实进行初步的概括之后,常常要利用想象、抽象、类比等方法,建立一个适当的模型来反映和代替客观对象,并通过研究这个模型来揭示客观对象的形态、特征和本质,此即模型方法。被反映和代替的客观对象称为模型的原型。自然科学中的模型(model),泛指某个对象的样本或与原型具有一定相似结构的系统,如地球仪、DNA双螺旋模型、理想气体模型等。建模(modeling)则是在问题情境中形成实体、符号或抽象表征的过程(processes)或产物(products)。[1]

吉尔伯特(Gilbert,1991)认为模型的建构(建模)是一种科学过程技能,有助于学生了解科学知识是如何建构的。[2] NRC在其报告中指出,科学和科学思维并非仅仅是逻辑思维或者进行严格控制的实验,建构科学知识是一个检验科学模型与理论的复杂过程。尤斯蒂和吉尔伯特(Justi and Gilbert,2002)强调,为使学生实现对化学模型的综合、全面和深刻理解,促使学生积极参与建模活动,知道不同的化学模型是怎样被建构的;学生在切身体验中领会模型的作用、性质、使用范围及其局限性;学会建构、检验自己或小组提出的模型,使用多种模型来表达、解释同一现象。[3] 由此,我们认为,中学生的化学模型思维能力是指能够运用模型描述化学研究对象(如分子、原子、化学键等),解释化学现象和规律,预测可能的结果,并能够建构模型展示自己的理解和解释的能力。

(二) 关于模型的本体性知识

九年义务教育化学课程标准强调"帮助学生用微粒的观念去学习化学,通过观察、想象、类比、模型化等方式使学生初步理解化学现象的本质",[4]高中化学课程亦强调"学生要认识实验、假说、模型、比较、分类等科学方法对化学研究的作用"。[5] 虽然在课程文件中皆强调了模型的重要性,但对于什么是模型、如何培养学生的模型思维能力却没有明确说明。可见,在实际教学中教师对模型及其运用并不重视,且对模型本

---

[1] 吴明珠. 科学模型本质剖析:认识论面向初探[J]. 科学教育月刊,1997(307):2—8.
[2] Gilbert,S. W. Model building and a definition of science[J]. Journal of Research in Science Teaching,1991,28(1):73-79.
[3] Justi,R. S & J. K. Gilbert. Models and Modelling in Chemical Education[M]. New York:Kluwer Academic Publishers,2002:425.
[4] 中华人民共和国教育部. 全日制义务教育化学课程标准(实验稿)[S]. 北京:北京师范大学出版社,2001:23.
[5] 中华人民共和国教育部. 普通高中化学课程标准(实验)[S]. 北京:人民教育出版社,2003:10.

质和特征的认识具有局限性,不能正确地区分模型与原型,忽略了模型的预测功能,有关模型的表征形式的认识也比较单一。[1] 范·德里尔和威鲁普(Van Driel and Verloop,2002)的研究则指出,教师掌握的有关学生在模型与建模方面的知识非常有限,无法有效地整合到他们的教学活动中,难以促进学生增加有关模型的认识与运用模型的机会。[2] 尽管模型对学生的科学认识和科学理解非常重要,但学生对模型的认识及模型思维能力却不容乐观。模型思维能力的发展必须建立在对模型认识的基础上,戈伯特等(Gobert et al.,2004)认为学生选用不同模型作为现象表征的能力与学生对模型本质的认识有关。[3]

施瓦茨和怀特(Schwarz and White,2005)认为模型的知识包括模型的本质、建模的本质或过程、模型的评估、模型的目的或使用[4],如表3-32所示。

表3-32 模型知识的种类

一、模型的本质
1. 模型的种类与属性——模型是什么?
2. 多重模型——相同的事物或现象能有不同的模型吗?
3. 模型建构的本质——模型能完全对应真实吗?
二、建模的本质与过程
1. 建模的过程——在建模的过程涉及什么?
2. 模型的设计与建立——模型如何被建构?
3. 模型的改变——科学家会改变模型吗?
三、模型的评估
1. 模型评估——是否有方法评估某个模型比另一个好?
2. 模型判断——用于评估模型的标准是什么?
四、模型的目的或用途
1. 模型的目的——模型用于何处?
2. 模型使用于科学或科学教室中——模型如何被科学家或科学教室中的学生来使用?
3. 多重模型的使用——对相同事件或现象有多重模型其目的为何?

---

[1] 陈文婷. 化学教师对模型的认识和应用研究[D]. 上海:华东师范大学,2008:26.
[2] Van Driel, J. H. & Verloop, N. Experienced Teachers' Knowledge of Teaching and Learning of Models and Modeling in Science Education [J]. *International Journal of Science Education*, 2002,24(12):1255-1272.
[3] Gobert, J. & Buckley, B. C. Scaffolding Model-based Reasoning: Representations and Cognitive Affordances [C]. Concord, MA: The Concord Consortium, 2003.
[4] Schwarts, C. V. & White, B. Y. Metamodelling Knowledge: Developing Students' Understanding of Scientific Model [J]. *Cognition and Instruction*, 2005,23(2):165-205.

(三) 模型思维能力的学习进程

在化学学习过程中,模型思维的过程实质上是学生心智模型与课程表达模型之间的交互作用。以模型为基础的学习即学生运用他们的先备知识,在情境中整合新的信息,通过形成、使用、修正与强化的反复过程,进行心智模型的建构,不断地修正模型,延伸他们的知识或进行概念转变,以形成模型思维的能力。

格罗斯莱特等人(Grosslight et al.,1991)利用学生对于模型的理解来决定他们的建模能力,认为建模能力有三个层次。第一层次:模型与实体之间有1∶1的对应关系,是真实物体较小的复制品,模型应该是正确的,不会去寻找模型的形式或目的。第二层次:专注于实体的构成元素,仍相信模型是保持真实世界的物体或事件,而不是想法的表征,模型的主要目的是作为沟通的工具,不是探索想法,也认为多重模型是用来凸显实体的不同特征。第三层次:模型的使用是用来发展和检验,是抽象的想法,而不是实体的描述。而且模型是多重的、思考的工具,并且专注于模型的解释和预测功能。[①]

美国《国家科学教育标准》将证据、模型和解释作为重要目标贯穿于K-12年级各阶段、各内容领域的学习中。在《科学素养的基准》中,模型与系统、规模、变化与恒定作为通用概念,是一种重要的思维方式,在数学、科学和工程上具有重要的作用。规定:[②]

(1) 到2年级结束,学生应该知道:孩子们的玩具只是在某些方面与真实的物体相似,它们的尺寸不同,省略了许多细节,不能做相同的事情;虽然某些物体的模型不同于真实的物体,但是人们可以利用它们来了解实物的某些方面;描述物体的一种方法,就是讲述这种物体如何与另外的某种物体相像。

(2) 到5年级结束,学生应该知道:查看模型在做出一些改动以后的运行状况,可能会想到,如果对实物采取同样做法,它将会怎样;可以用几何图形、数字序列、图像、图表、草图、坐标、地图和故事来表述真实世界中的物体、事件和过程,尽管这种表述不可能每个细节都完全准确;可以开始建立自己的模型来解释无法直接观察到的事物,随着获取的信息不断增加,可以测试和修改他们的模型,并开始懂得如何开展科学工作。

[①] Grosslight, L., C. Unger, and E. Jay. Understanding Models and Their Use in Science: Conceptions of Middle and High School students and Experts[J]. Journal of Research in Science Teaching, 1991,28(9): 819-836.
[②] 美国科学促进协会. 科学素养的基准[M]. 中国科学技术协会,译. 北京:科学普及出版社,2001:198-200.

（3）到8年级结束,学生应该知道:利用模型来描述的过程,常常是那些发生得太慢、太快或者是太小而难以直接观察,或者太大而无法随意改变,或者存在潜在危险的过程;可以将数学模型显示在计算机屏幕上,然后根据一定的参数对模型加以修改,看看会发生什么变化;可以利用不同的模型代表相同的事物。选用哪种模型,以及选用模型的复杂程度取决于它的用途。如果模型过于简单或者过于复杂,就会限制模型的用途。选择一个有用的模型,是直觉和创意在科学、数学和工程中起作用的实例之一。

（4）到12年级结束,学生应该知道:数学模型的基本概念是为所调查的事物或过程寻找一个数学关系,其运行情况和所调查的事物或过程一样。数学模型可以揭示事物内在的真正的运行方式,或可与观察结果完全吻合而无须加入主观直觉;计算机能够进行大量的、复杂的或重复的计算,因而极大地改进了数学模型的功能和用途。因此,计算机可以显示出应用复杂公式或改变公式的结果。计算机的制图能力可用于设计和测试设备与构件,还可用于对复杂过程的模拟仿真;通过预测的结果与现实世界中的实际观测结果进行比较,可以检查模型的适用性。但是,即使实际结果与预测结果相当吻合,也不一定意味着这是唯一正确的模型,或者是唯一可以运用的模型。

美国2011年颁布的《K-12年级科学教育框架》将发展和使用模型作为科学与实践能力的8个要素之一,并且规定到12年级末,所有的学生应能够:[1]

（1）用图形或图表表征事件或系统,如画图表示昆虫的特征,表示道路上雨水坑中的水在太阳的照射下发生了什么,表示真实世界物体的简化的物理模型,运用模型去解释或预测在某些具体的情况下系统将发生什么变化;

（2）用多种模型去表征和解释现象,如用比例模型或球棍模型来表示分子的结构,并且能够根据不同目的在不同的模型中灵活转换;

（3）讨论模型在表征一个系统、过程和设计时的局限性和精确性,并且能够提出更好的模型来吻合获得的证据或更好地反映设计的思想。根据证据或批判性思维精细化模型以提高模型的解释力;

（4）运用计算机模型去理解和研究系统,尤其是那些肉眼不可见的实体或过程;

---

[1] Committee on a Conceptual Framework for New K-1α Science Education Standards. A Framework for K-1α Science Education: Practices, Crosscutting Concepts, and Core Ideas［EB/OL］. http://www.nap.edu/catalog.php?record_id=13165.

(5) 制造和使用模型去检验一个设计,或设计的某些方面,并且比较不同设计方法的效果。

本研究借鉴了已有模型学习水平的研究成果,在建构模型思维能力学习进程时,以对模型基本认为为基础,学生模型思维能力的发展极大地依赖于他们的先前知识和能力,以及学生对建模的系统理解。当学生对模型的理解不断深化时,他们的模型思维也将更加精细。而解释和预测则是涉及对模型的运用,建构模型(包含对模型的评估)则是模型思维能力的最高水平。借鉴国外课程文件对模型学习水平的要求,以及我国化学课程的具体内容,本研究建立了模型思维能力学习进程(图3-15、表3-33)。

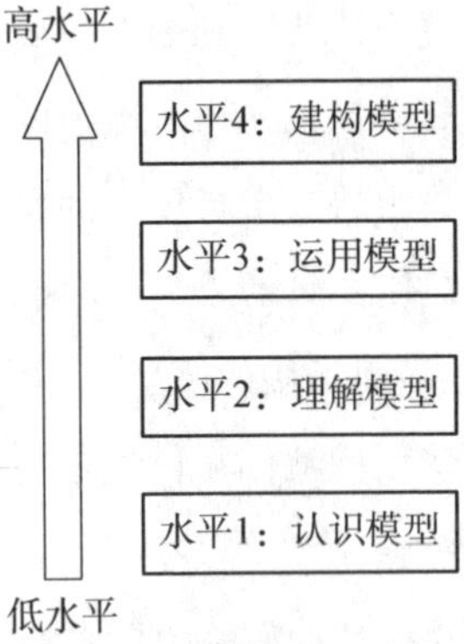

图3-15 模型思维能力学习进程

表3-33 模型思维能力学习进程

能力水平	表现说明
水平1:认识模型	在此水平上,学生认识化学中的主要模型,并能以适当的方式表征模型。
水平2:理解模型	在此水平上,学生理解模型描述的对象、模型的本质、模型的性质等。
水平3:运用模型	在此水平上,学生能够利用模型描述物理化学过程,解释化学事实,根据模型预测性质和变化。
水平4:建构模型	在此水平上,学生能够建构模型来展示和解释现象是如何发生的,讨论模型的适用范围和局限性,根据证据或批判性思维精细化模型以提高模型的解释力。

四、定量化能力学习进程建构

定量化主要是指运用数学方法处理化学问题,即对物质的组成、结构、性质和变化规律的量化过程。定量化能力是指学生依据化学基础知识,运用数学方法解决物质组成、结构、变化中"量"的问题的能力。具备定量化能力,能使学生从量的方面认识物质及其变化的规律,体验定量研究方法在化学科学研究和工农业生产中的重要作用。从量的角度解决化学问题,是以基本概念、基本理论、元素化合物知识为基础,以化学式、化学方程式及溶液组成中量的关系为依据,进行分析、判断、推理和运算的过程。

(一)中学化学定量化内容体系

中学阶段化学定量化的学习内容主要是以两个基本物理量(质量和物质的量)为

核心,以质量守恒定律为依据,结合化学基本概念原理和元素化合物知识而展开的。在我国化学课程体系中,初中以质量为核心,涉及根据化学式、化学方程式、溶液组成中的定量关系进行有关的运算,具体内容如图3-16所示。高中必修化学则以物质的量为核心,以化学方程式中所蕴含的参加反应的各物质的物质的量的关系为依据,建立如图3-17所示的定量化学习内容体系。

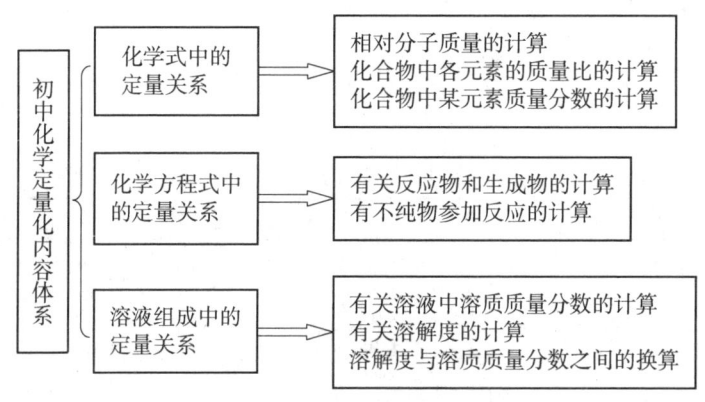

图3-16 初中化学定量化内容体系

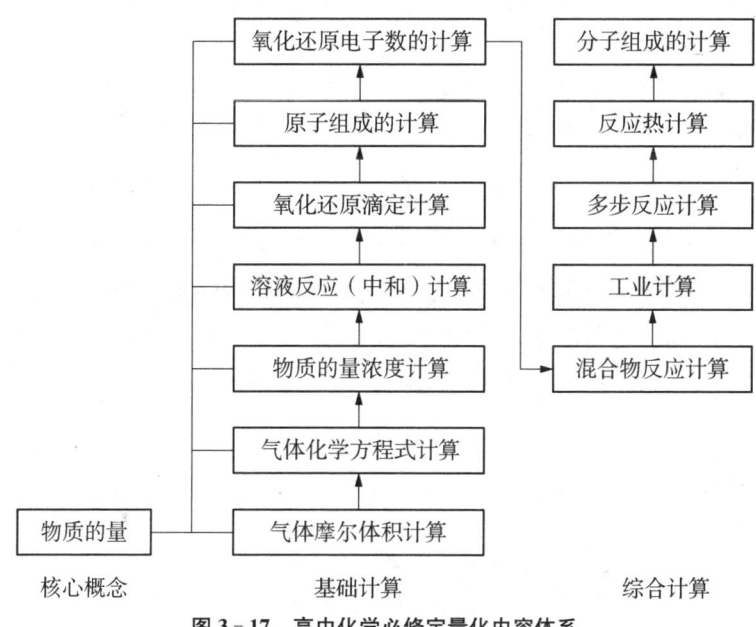

图3-17 高中化学必修定量化内容体系

（二）课程文件中对定量化能力的要求

我国《全日制义务教育化学课程标准》(2012年版)中,对定量化学习内容的要求主要体现在三个一级主题:"身边的化学物质主题"下的"水与常见的溶液"中规定了溶解度和溶质质量分数的定量化要求;"物质构成的奥秘"主题下的"物质组成的表示"规定了关于物质组成的定量化要求;"物质的化学变化"主题下在"质量守恒定律"内容标准中规定了化学反应的定量计算要求(图3-18)。

```
   身边的化学物质              物质构成的奥秘              物质的化学变化
         │                          │                          │
   水与常见的溶液              物质组成的表示              质量守恒定律
         │                          │                          │
  了解饱和溶液和溶解度      利用相对原子质量、        认识质量守恒定律,能说明常
  的含义;                   相对分子质量进行物        见化学反应中的质量关系;
  能进行溶质质量分数的      质组成的简单计算;        能正确书写简单的化学反应方
  简单计算。                能看懂某些商品标签        程式,并进行简单的计算;
                            上标示的物质成分及        认识定量研究对于化学科学发
                            其含量。                  展的重大作用。
```

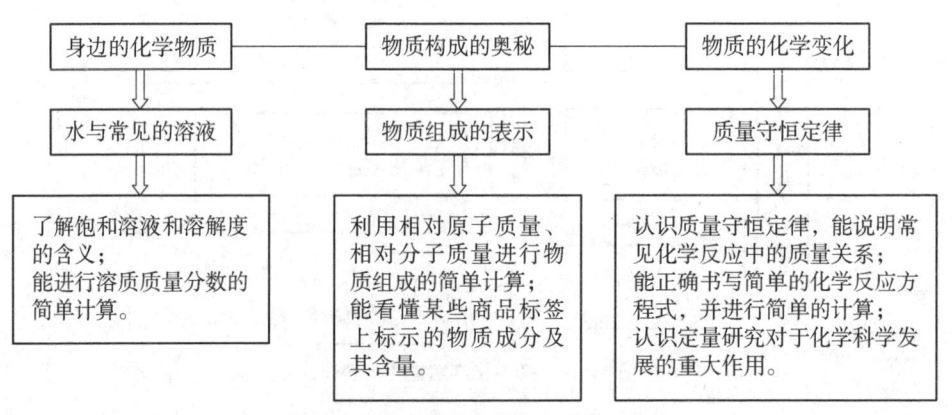

图3-18 初中化学定量化内容学习要求

《普通高中化学课程标准》(实验)在"化学1"模块"主题1认识化学科学"中要求认识摩尔是物质的量的基本单位,能用于进行简单的计算,体会定量研究的方法对学习化学的重要作用,不仅确定了物质的量在高中化学定量计算中的核心地位,而且关注定量研究方法对化学学习的重要作用,强化了定量研究的方法论意义。但课程标准在其他模块的内容中对定量化内容并无具体要求,一定程度上削弱了定量化能力的教学和测评。

《全国新课标高考化学考试大纲》要求"了解定量研究的方法是化学发展为一门科学的重要标志。理解摩尔(mol)是物质的量的基本单位,可用于进行简单的化学计算",具体要求有:

(1) 了解相对原子质量、相对分子质量的定义,并能进行有关计算;

(2) 理解质量守恒定律的含义;

(3) 能正确书写化学方程式和离子方程式,并能进行有关计算;

(4) 了解物质的量的单位——摩尔(mol)、摩尔质量、气体摩尔体积、物质的量浓

度、阿伏加德罗常数的含义；

（5）根据物质的量与微粒（原子、分子、离子等）数目、气体体积（标准状况下）之间的相互关系进行有关计算；

（6）了解溶液的组成。理解溶液中溶质的质量分数的概念，并能进行有关计算；

（7）了解热化学方程式的含义，能用盖斯定律进行有关反应热的简单计算；

（8）了解化学反应速率的概念、反应速率的定量表示方法；

（9）了解化学平衡建立的过程。理解化学平衡常数的含义，能够利用化学平衡常数进行简单的计算；

（10）了解溶液 pH 的定义，了解测定溶液 pH 的方法，能进行 pH 的简单计算；

（11）以上各类计算的综合应用。

(三) 定量化能力的学习进程

化学定量计算是定性向纵深发展的一种必然结果。当人们提出某种化学概念后，其后续发展往往是使概念更为精确化和定量化，最后发展到用数学模型来描述。换言之，随着化学学习深入，必然要求从量的方面来描述和探究物质的结构、组成和变化。相应地，学生的定量化能力水平也随着课程的展开而逐步提高，以期在更高的思维水平上探究物质的结构、组成和变化。因此，理解化学概念的涵义及化学原理、化学符号中所蕴含的量的关系，是解决定量化问题的关键。学生定量化能力的形成和发展，是一个由简单到复杂、由单一到综合、由具体到抽象的过程，由此本研究构建了如图 3－19、表 3－34 所示的定量化能力学习进程。

水平4：运用化学思想方法进行复杂运算

水平3：整合或转换数量关系进行综合运算

水平2：直接运用数量关系进行简单计算

水平1：认识概念或符号中蕴含的数量关系

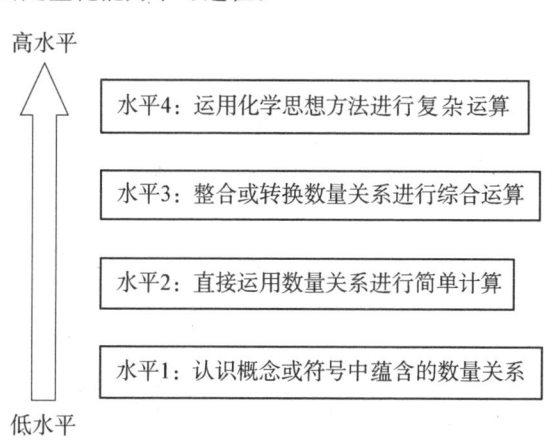

图 3－19　定量化能力学习进程

表 3-34　定量化能力学习进程

能力水平	表 现 说 明
水平 1：认识概念或符号中蕴含的数量关系	在此水平上，学生认识化学式、化学方程式中所蕴含的质量关系，知道溶质质量分数、溶解度等概念中蕴含的数量关系，认识物质的量、阿伏加德罗常数、摩尔质量、气体摩尔体积、物质的量浓度等概念的计量含义，认识化学方程式中所蕴含的微观量关系等。
水平 2：直接运用数量关系进行简单运算	根据化学式、化学方程式进行简单的计算，利用物质的量、摩尔质量、质量、物质的量浓度、气体摩尔体积相互间的关系进行换算，根据溶解度、溶质质量分数中的数量关系进行简单的换算，溶液 pH 及离子浓度大小的计算，根据氧化还原方程式、热化学方程式、化学平衡常数进行简单的计算等。
水平 3：整合或转换数量关系进行综合运算	分析和处理图表数据或实验数据进行运算，能够判断化学反应中的过量物质并根据完全反应的物质的量进行计算，对化学反应的速率和限度进行综合分析和计算，根据多步反应中的量的关系进行运算等。
水平 4：运用化学思想方法进行复杂运算	运用守恒法、差量法、关系式法、数图结合法等思想方法进行一些较为复杂的运算。

第四章 科学学科能力测评工具开发及优化

本章以项目反应理论的 Rasch 模型原理为理论基础,基于威尔森提出的测量建构"四基石"框架,结合第三章提出的科学学科能力构成及水平表现、高中化学学科能力构成及学习进程,开发设计了初中科学及高中化学学科的能力测评工具,并根据试测结果修改和完善工具。在本章涉及的研究过程的每一环节,说明了科学学科能力测验工具开发相关指导理论的合理性,也为分科的科学学科能力测验工具的优化提供了一系列可借鉴的经验。

第一节 初中科学学科能力测评工具

开发科学、可操作的测验工具,有着其开发设计的严密逻辑性,包括工具所依据的能力框架的构建、水平设定,测验试题的项目编制、试测,并不断地依据具体数据对工具进行优化。本节重点阐述的是初中阶段科学学科能力表现的测评工具开发及优化过程。

一、测验工具的开发程序

根据所建构的义务教育阶段(7—9 年级)科学学科能力测评框架,基于威尔森的测量建构"四基石"框架,本研究建立了能力测验工具开发的主要程序,如表 4-1 所示。

表4-1 测验工具开发的主要程序及具体工作

程序	具 体 工 作
1. 学科能力心理结构模型的建立	根据文献研究、科学学科特征研究确定能力要素及能力水平,初步建立学科能力心理结构模型
2. 借鉴已有科学学业水平测试经验	对多个省份的初中科学试题进行分析和提炼
3. 设计预试测验项目	根据能力结构模型设计项目,并考查其内容效度
4. 进行试测	施测样本的选取,样本代表性,样本数量等
5. 工具质量分析	运用 Winsteps 3.72.0[①] 对学生的作答考察被试及项目难度(Measure)、误差(Error)、模型-数据拟合指数(Model-Data-Fit)、分离度(Seperation)、信度(Reliability)等质量指标
6. 重复步骤 3—5,直至测验数据符合 Rasch 模型预期	根据第 5 步的测验工具质量分析调整能力结构,修改项目,再测,直至形成符合 Rasch 模型质量要求的测验

具体说明如下：

(1) 学科能力结构模型的建立。本研究要测量的心理结构(construct)是学生的科学学科能力,第三章所建构的 7—9 年级科学学科能力测评框架(包括能力水平、行为表现),即科学学科能力结构,是测验项目编制的理论依据。

(2) 对初中科学测试题进行分析。本研究对多个省份初中生科学学业水平考试试题、中考科学综合试题及分科试题的能力结构进行了广泛的调查和分析,为开发科学学科能力测验工具提供了重要的参考。

(3) 设计科学能力预试测验项目。根据已构建的科学学科能力测评框架中的能力要素和能力水平编制测验题,测验题的题型有单项选择题(Multiple-choice Items)与非选择题(Constructed-response Items)。为保证试题具有合理的内容效度,在编制试题的时候遵循了以下原则：

● 所有试题都应与测评框架中能力要素和能力水平一一对应,通过测验均能测出

[①] Bond, T. G., Fox, C. M. *Applying the Rasch Model*: *Fundamental Measurement in the Human Science* [M]. Mahwah, New Jersey: Lawrence Erlbaum Associates, 2007: 281-283.

学生具体的行为表现;

● 所有试题的知识背景仅涉及基础科学知识,解题所需的绝大部分知识均应来自学生在小学或初中科学课程中的常见知识;

● 由于测试题不宜过多,每道试题所测试的主要能力是相互独立的,选择题在选项设置上可兼测一下其他方面,但必须要以考查某一种能力为主;

● 所有试题均不应该选择复杂的试题情境,不能让试题情境干扰学生答题;试题也不宜有过大的文字阅读量;试题表述简洁明了,便于学生理解;

● 单项选择题的每个选项应相互独立,选项间不能有交叉与包含,尽量保证每一个选项都能有学生选择;非选择题中的部分虽属于开放题,但也要有较为明确的答题指向;

● 单项选择题只有一个答案最符合试题题意,而非选择题需有合理且明晰的评分标准。

本研究用于测验的试题大部分选自初中科学课程(含物理、化学、生物、自然地理等内容),旨在考查学生的科学能力,根据预先构建的 7—9 年级科学学科能力测评框架的相关要求进行改编,力求考查不同年级初中生科学学科能力的发展状况,尽量排除知识背景对学生答题的影响。试题编好后,由科学教育研究专家和经验丰富的初中科学教师对照能力测评框架进行审核,对不符合框架要求和违背上述原则的试题进行修改,最终形成测试工具。

(4) 试测(Pre-test)。通过试测进一步找出测验项目、测验指导语、评分程序等方面存在的问题,并解决问题,以确保测验结果的解释的合理性。

(5) 数据统计。根据一定的评分标准(选择题为二元计分,建构反应题为多级计分)对学生答卷进行评分后,运用 Excel 对学生的答题结果进行统计。

(6) 工具质量分析。将已赋分的学生答题结果运用 Winsteps 3.72.0 软件检验测验工具的信效度,保证测验所获得的数据结果符合 Rasch 测量模型的要求,这样才可以准确描述与预测学生的科学学科能力。

二、测验工具的编制过程

(一) 确定各道试题的能力归属

根据本研究构建的义务教育阶段(7—9年级)科学学科能力测评模型(见图3-5)和各能力要求的水平分布编制相应的试题,并将5种能力要求对应的试题组编成一份试卷(共31题)。其中,选择题25道(1—25)和非选择6道(26—31),具体构成见表4-2。

表4-2 预测试卷中各科学学科能力水平与试题的对应

科学学科能力	科学学科能力水平	对应试题
科学概念理解能力	水平1:回忆和识别相关科学概念	2、26(2)
	水平2:多角度释译科学概念的内涵和外延	4、11、28(2)
	水平3:区分相似概念,建立概念间的联系	6、9
	水平4:揭示科学事实的本质规律	13、26(3)、28(4)、30(2)
科学符号表征能力	水平1:描述科学符号表示的含义	1
	水平2:建立相关符号间的联系	8
	水平3:用科学符号表征科学事实	12
	水平4:用符号组合表达思维过程	5
科学模型建构能力	水平1:知道科学模型所代表的对象特征	30(1)
	水平2:理解科学模型所表征的科学事实	15、16、22、24
	水平3:运用科学模型解释科学原理或科学事实	17、20、31
	水平4:建构模型解决科学问题	29(2)
科学实验思维能力	水平1:识别仪器和了解基本实验常识	14
	水平2:掌握基本实验操作,能描述实验现象	10、28(1)、29(1)
	水平3:合理解释实验现象和定性、定量阐释实验结果	19、27(2)、28(3)、29(3)
	水平4:阐明实验原理和实验思想,选择实验方法	18、21、23、26(1)、27(4)
	水平5:自行设计实验方案并予以评价	26(4)、27(1)、27(3)
科学定量计算能力	水平1:从定量的角度认识物理量	3
	水平2:识别相关物理量间的定量关系	7
	水平3:依据定量的证据进行计算	25、30(3)

(二) 测验工具中试题案例分析

【案例 4-1】 太阳中蕴藏着无比巨大的能量,下列说法正确的是( )。

A. 太阳能是不可再生能源

B. 太阳能的应用会严重污染环境

C. 太阳能的应用具有广阔前景

D. 太阳能不能转化成电能

【分析】 该例对应的是科学概念理解能力的"水平 1：回忆和识别相关科学概念",主要考查学生能否知道有关"太阳能"的简单常识性知识,对学生的认知要求比较低,也并不需要学生进行记忆。

【案例 4-2】 某日,小红跟妈妈去菜市场买鱼时,看见从鱼的内脏中取出一个个胀鼓鼓的"鱼泡泡",妈妈告诉她这是鱼鳔。为了探个究竟,她用注射器把几个鱼鳔中的气体收集起来,并进行了如下实验：①将收集的气体通入澄清的石灰水中,观察现象；②将燃烧着的木条伸入装有该气体的集气瓶中,观察现象。根据实验②中的_____现象,可以判断鱼鳔中的气体含有氧气,这可能是因为_____。

【分析】 该例对应的是科学概念理解能力的"水平 4：揭示科学事实的本质规律"。该例是对科学事实进行阐述,首先需要学生判断出由于鱼进行呼吸作用而鱼鳔中可能含有氧气、二氧化碳、氮气等气体,才能从本质上作出合理的解释。如学生不加思考,会直接回答出鱼鳔中只存在氧气以及实验室鉴别氧气的方法。

【案例 4-3】 下列关于公式 $\rho = \dfrac{m}{v}$ 的理解中,正确的是( )。

A. 密度与物体的质量成正比

B. 密度与物体的质量成反比

C. 密度与物体的体积成反比

D. 密度是物质本身的一种特性,与物体的质量、体积无关

【分析】 该例对应的是科学符号表征能力的"水平 2：建立相关符号间的联系",不仅要求学生能够知道"质量""体积""密度"这三个物理量的符号表示,而且还要理解三者之间的关系并明确如何用符号表达,以及表达式确切的物理含义,若仅从表达式本身理解,就容易选择错误的选项。

【案例 4-4】 氨气可以由氮气和氢气在一定温度、一定压强下通过化学反应生成。右图是不同温度与压强下将等体积的氮气和氢气混合，反应一段时间后生成氨气的体积百分比。由该图可以推知，在什么条件下生成氨气的量较多？（　　）

A. 相对较低的温度和较高的压强

B. 相对较高的温度和较高的压强

C. 相对较低的温度和较低的压强

D. 相对较高的温度和较低的压强

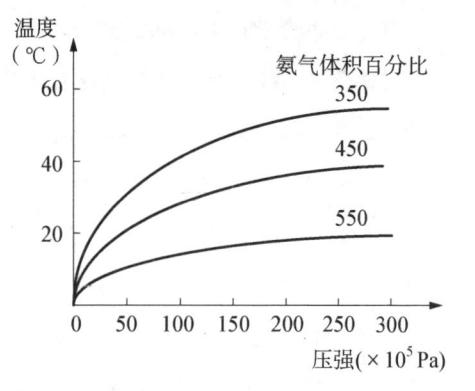

【分析】 该例对应的是科学模型建构能力的"水平 2：理解科学模型所表征的科学事实"。该例虽然以高中化学知识"合成氨"为背景，但并不需要学生理解合成氨的化学过程，只要理解"温度""压强""气体体积百分比"等几个基本的科学概念，而从构建好的图表中去发现三者之间的关系以表征相关的科学过程。

【案例 4-5】 有一密封容器储有氧气，用 ⌒⌒ 表示氧气分子。容器上端有一个不漏气的活塞，用手轻轻将活塞向下压，密封容器内发生了相应的变化。下列变化表示合理的是（　　）。

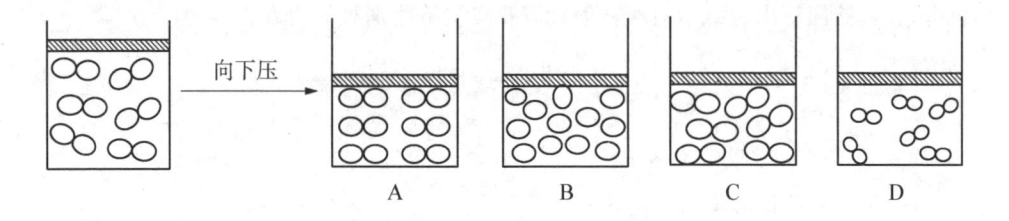

【分析】 该例对应的是科学模型建构能力的"水平 3：运用科学模型解释科学原理或科学事实"。该题要求学生能够运用模型分析气体被压缩的微观过程中所发生的变化。学生作出正确选择需理解：①气体被压缩，气体分子大小是不会发生变化的，排除 D；②压缩气体的力对气体微观状态的变化具有决定性的作用，仅徒手是无法使气体的微观状态发生改变的，从而排除 A，更无法使得分子发生分裂而排除 B；③仅靠人手所施加的力，只能使得气体分子间的距离发生改变，从而得出正确答案为 C。

【案例 4-6】 为了探究"热水瓶保温效果与盛水量之间的关系",某研究小组用规格完全相同的热水瓶(容积均为 2 L),在相同条件下进行实验。他们在七个热水瓶中装入不同量但初始温度相同的热水(如右图所示)。经过半小时后,测得各热水瓶中的水温如下表,请回答有关问题:

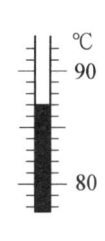

热水瓶盛水量/L	2.0	1.9	1.8	1.7	1.6	1.5	1.4
水温/℃	72.5	71	70	67.5	66	65	62.5

请根据你所绘制的柱状图,简述该探究的结果。

【分析】 该例对应的是科学实验思维能力的"水平 3:合理解释实验现象和定性、定量阐释实验结果"。学生需要借助已作的柱状图阐述实验结果,对学生的语言组织能力提出了一定的要求,需要学生简明扼要地表述实验结果。

【案例 4-7】 300 年前,意大利科学家做了这样一个实验:在房间里挂了许多铃铛,然后让蝙蝠在房间中自由飞翔。第一次未对蝙蝠做任何限制,铃铛未响;第二次蒙住蝙蝠的眼睛,铃铛也未响;第三次塞住蝙蝠的耳朵,房间中的铃铛响了。下列问题不是该实验所要研究的是(   )。

A. 蝙蝠在飞行时靠什么来躲避障碍物   B. 蝙蝠的眼睛在它飞行时是否起作用
C. 蝙蝠的耳朵在飞行时是否起作用   D. 蝙蝠如何飞行才会让铃铛发出声响

【分析】 该例对应的是科学实验思维能力的"水平 4:阐明实验原理和实验思想,选择实验方法"。主要考查学生根据所给材料,仔细比较各实验步骤,从而理解实验原理并判断出实验探究所要研究的问题。

【案例 4-8】 有 0—0.6 A 和 0—3 A 两个量程的电流表,实验中需用 0—0.6 A 这一量程,但这一量程的刻度不够清楚。某次测量中,从 0—3 A 量程的刻度盘上发现指针正好指在 2.3 A 的刻度线上,则测得的实际电流大小为(   )。

A. 0.23 A   B. 0.43 A   C. 0.46 A   D. 2.3 A

【分析】 该例对应的是科学定量计算能力的"水平 3:依据定量的证据进行计算"。此题以实验室中的常见仪器为背景设置计算题,需要学生知道"刻度盘上各刻度是等距的"以及"换挡"的含义,从而建立一定的依据来进行计算。

从表 4-2 和上述样例分析可知,本研究开发的科学学科能力测验工具是整合的,即对科学学科能力包含的 5 种能力要素及水平表现的考查均通过一个测验工具得以完成。

三、测验工具的质量检验与优化

(一)试测样本

试测一共进行两轮:第一轮试测主要用于初步考察测验工具的质量,根据 Rasch 模型分析结果对测验工具进行修改后再进行第二轮试测;第二轮试测主要是考察修改后的测验工具是否符合 Rasch 模型要求,是否可以用于进行大样本测试。表 4-3 是两轮试测的被试样本组成。

表 4-3 试测被试样本

	地区	年级	人数	被试取样
第一轮试测	B	8 年级	36	9 年级新生
		9 年级	33	10 年级新生
第二轮试测	A	8 年级	161	9 年级新生
		9 年级	141	10 年级新生
	B	8 年级	111	9 年级新生
		9 年级	150	10 年级新生

为完整测出被试的年级特征,本研究所选被试是刚完成初中阶段科学课程学习的新高一学生和完成初二年级学习的新初三学生,分别代表 9 年级和 8 年级完整学习经历的学生样本。每次试测,初三和高一年级同时进行,均挑选了年级平行班中综合成绩排名中等的班级。

第一轮试测时间和第二轮试测时间在相隔两周内完成。由于本研究最终是在 A、B 两地同时进行大样本测试,第二轮试测同时选择在 A、B 两地进行,以此来检验测验工具的可靠性。

(二)第一轮试测数据分析

1. 工具整体质量分析

Rasch 模型将测验平均难度设置为 0。表 4-4 是基于 Rasch 模型对第一轮试测数据的整体参数所作的统计。由表4-4可以看出，本研究所编制的科学学科能力第一轮试测被试能力估计误差与试题项目的难度估计误差接近且较小，被试能力平均水平为0.71，高于测验试题项目的难度，表明该测验卷相对于被试样本来说偏易。Infit和Outfit的MNSQ和ZSTD的数值大小均接近理想值，表明第一轮试测所选的样本较为合理、测试数据与理想模型具有很好的一致性。对于分离度而言，被试和项目的Seperation值均大于2，这表明该测验工具有较好的分离度；二者的信度也均在0.8以上，这表明所选的被试能力水平分布较为合理、水平层次差异明显，所得到的测验结果可以用来验证工具的合理性。

表4-4 科学学科能力第一轮试测的总体统计结果

	Measure	S.E.	Infit		Outfit		Seperation	Reliability
			MNSQ	ZSTD	MNSQ	ZSTD		
被试	0.71	0.28	1.03	0.1	1.01	0.0	2.62	0.87
项目	0.00	0.27	1.00	0.0	1.01	0.0	3.22	0.91

2. 单维性

图4-1是科学学科能力第一轮试测整体数据的标准残差方差（Standardized residual variance）统计图，该图可以直观地反映测试项目的单维性状况，即检测是否存在其他因素影响被试在每一个项目的答题反应。由图4-1可见，第一轮试测卷中的43个项目，绝大部分项目的标准残差值处于可接受范围之内，只有项目A（FH03、8）、B（GN03、6）、C（FH04、12）、D（MX05、22）、a［SY14、28(3)］5个项目明显落在该范围之外，需要在修订过程中思考该项目可能涉及了其他能力的测查。

3. 项目-被试对应

图4-2是科学学科能力测试第一轮试测的项目与被试间的对应关系图。由图4-2可以看出，69名被试的能力水平与43个项目难度分布均较广，而且二者的对应程度较为吻合，但仍存在以下瑕疵：(1)部分试题没有"捕捉"到学生能力水平的分布（如GN01、JS01等）；(2)有个别学生（即两极少数的学优生、学困生）无对应的试题测查其能力；(3)试题项目的分布中间出现"空档"现象，而学生能力水平分布也较为"稀

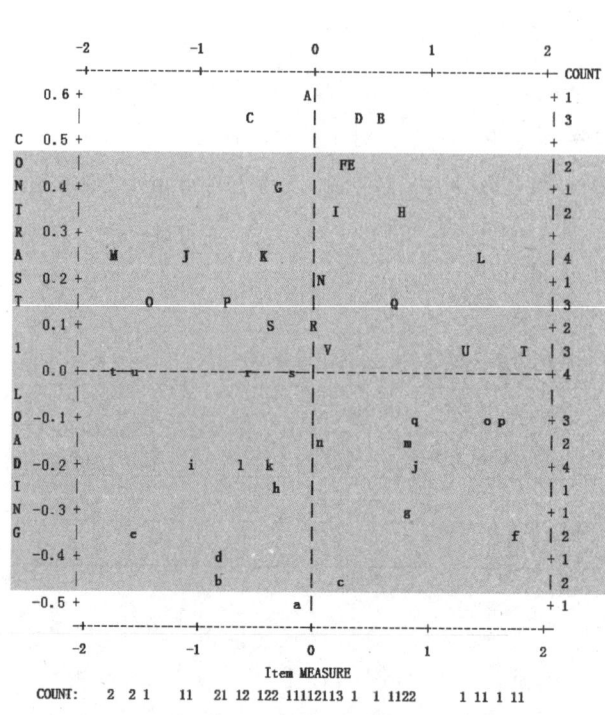

图 4-1 科学学科能力第一轮试测标准残差统计图

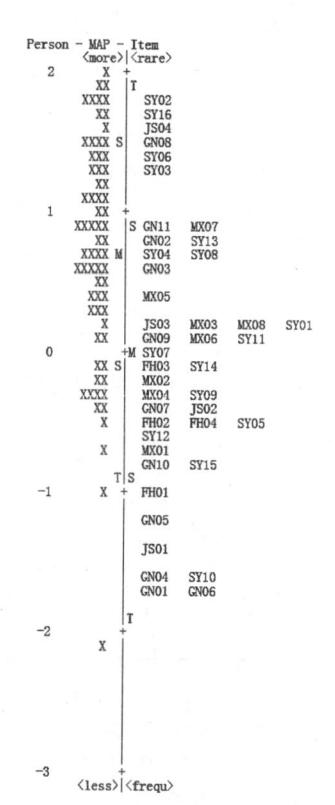

图 4-2 科学学科能力第一轮试测项目-被试对应图

疏"。鉴于此,在后续修订测验工具时需要注意:(1)增加对应的试题;(2)增加被试人数;(3)修改不合理项目。

4. 项目拟合

表 4-5 是科学学科能力第一轮试测项目的各拟合指数的统计情况。由表 4-5 可以看出,项目难度在 -1.73—1.82 之间,难度估计标准误差在 0.10—0.42 之间,GN01、GN06 两个项目的难度估计标准误差偏大;对于数据-模型拟合指数而言,项目 MX07 的 Infit 指数偏离理想值较多;"点-测量"相关指数中,除 GN05、FH01、SY03、JS02 四个项目外,其他项目的相关系数在 0.04—0.68 之间,近 60% 的项目的"点-测量"相关指数在 0.40 以上,表明该测验工具具有较好的区分度。

表 4-5 科学学科能力第一轮试测项目拟合统计

Item	Measure	S.E.	Infit	PTMEA CORR.	Item	Measure	S.E.	Infit	PTMEA CORR.
GN01	−1.73	0.42	0.82	0.48	MX08	0.24	0.20	0.73	0.68
GN02	0.83	0.26	1.25	0.04	SY01	0.23	0.26	0.97	0.39
GN03	0.57	0.26	0.89	0.49	SY02	1.82	0.28	1.16	0.07
GN04	−1.56	0.39	0.83	0.50	SY03	1.30	0.26	1.24	−0.02
GN05	−1.15	0.35	1.34	−0.12	SY04	0.70	0.26	1.08	0.25
GN06	−1.73	0.42	1.06	0.24	SY05	−0.54	0.30	0.85	0.49
GN07	−0.37	0.29	0.88	0.46	SY06	1.44	0.27	0.99	0.32
GN08	1.53	0.14	1.20	0.40	SY07	0.00	0.18	1.02	0.45
GN09	0.09	0.27	0.88	0.50	SY08	0.74	0.17	0.85	0.59
GN10	−0.82	0.32	0.95	0.36	SY09	−0.30	0.18	0.83	0.59
GN11	0.90	0.13	0.81	0.63	SY10	−1.56	0.39	0.81	0.51
FH01	−1.04	0.34	1.25	−0.09	SY11	0.13	0.17	1.08	0.46
FH02	−0.45	0.29	0.82	0.56	SY12	−0.63	0.30	0.77	0.62
FH03	−0.06	0.27	0.92	0.47	SY13	0.83	0.10	1.10	0.65
FH04	−0.54	0.30	1.04	0.32	SY14	−0.12	0.18	0.72	0.68
MX01	−0.73	0.31	1.00	0.34	SY15	−0.82	0.32	1.05	0.30
MX02	−0.21	0.28	1.09	0.23	SY16	1.74	0.14	1.05	0.47
MX03	0.16	0.27	0.93	0.43	JS01	−1.41	0.38	0.95	0.33
MX04	−0.29	0.28	1.02	0.32	JS02	−0.37	0.29	1.29	−0.03
MX05	0.37	0.26	1.00	0.37	JS03	0.23	0.26	0.90	0.46
MX06	0.09	0.27	1.08	0.26	JS04	1.60	0.11	0.76	0.65
MX07	0.91	0.10	1.56	0.52					

注：数值下加线，表示该数值偏离理想值过大（以下不再逐一说明）。

5. 选项、评分等级结构

第一轮能力试测项目中选择题的等级分布情况见表4-6。表4-6统计了拟合结果存在可疑值和偏离理想值过多的项目所对应的被试答案选择情况，由表4-6可知这些选择题的各选项的结构特征。通过比较可以看出，GN04、GN05、SY01这三个项目存在的问题是并非所有被试选择了全部的选项，没被选择的选项对被试的干扰程度不够;其余项目的各选项都有被试选择,但存在难度估计标准误偏大或者数据-模型指数中部分数值偏离理想值过大的情况,从而影响正确选项的区分度。

表4-6 科学学科能力第一轮试测中部分选择题被试答案统计情况

Item	Data Code	Score Value	Data Count	%	Average Ability	S.E. Mean	Outfit MNSQ	PTMEA CORR.
GN01	A	0	4	6	−1.41	0.20	0.40	—
	B	0	1	1	1.40		2.6	—
	C	1	62	90	0.84*	0.08	0.80	0.48
	D	0	2	3	−1.42	0.72	0.20	—
GN04	A	0	2	3	−0.10	0.60	0.70	—
	B	1	61	88	0.86	0.09	0.90	0.50
	C	0	6	9	−0.49	0.42	0.60	—
GN05	B	1	58	84	0.67*	0.11	1.30	−0.12
	D	0	11	16	0.94	0.16	1.70	—
FH01	A	1	57	83	0.68*	0.10	1.1	—
	B	0	3	4	0.29	1.22	1.8	−0.09
	C	0	7	10	0.98	0.29	1.9	—
	D	0	2	3	1.40	0.00	2.4	—
SY01	A	0	23	33	0.38	0.13	0.90	—
	B	0	4	6	−0.02	0.75	0.90	—
	C	1	42	61	0.97	0.11	1.00	0.39
SY02	A	0	8	12	0.09	0.44	0.80	—
	B	0	29	42	0.61	0.14	1.00	—
	C	1	19	28	0.81*	0.17	1.30	0.07
	D	0	13	19	1.20	0.12	1.50	—
JS02	A	1	50	72	0.70*	0.12	1.40	−0.03
	B	0	7	10	0.76	0.31	1.50	—
	C	0	10	14	0.73	0.28	1.50	—
	D	0	2	3	0.81	0.31	1.30	—

注:标有"*"上标的数值表示该数值为可疑值(以下不再逐一说明)。

此外,本研究所编制的测试题并不是完全开放的建构反应题,用等级描述型评分法并不十分切合,因此辅以要素分析评分法的思想对非选择题进行评分,如项目 SY07 设置了如表 4-7 所示的评分标准。项目 SY07 是根据具体实验(分别验证二氧化碳与氧气的存在)提出进行这些实验所要解决的问题是什么。图 4-3 是非选择题 SY07 的评分等级结构图,表 4-8 是相对应的模型拟合参数。

表 4-7 科学学科能力第一轮试测项目 SY07 的评分标准

得分	种类	实 例
0	空白	—
0	错误答案	鱼鳔中含氧量多少？等
1	只回答出单一实验目的	鱼鳔中含二氧化碳(氧气)吗？/鱼鳔中是二氧化碳还是氧气？等
2	完整提出实验问题	鱼鳔中含有什么气体？

非选择题的评分等级结构图中,横坐标表示的是"被试能力与项目难度的差值",纵坐标表示的是"评分为该得分等级的概率",根据该图可以推测出不同能力水平的被试获得不同等级分数的概率,被试能力与项目难度的差值越大则被试越有可能得到更高等级的分数。从理论上讲,图形上的每条等级分曲线均应有一个较为明显的"峰",这表示在这一能力范围内的被试得到该等级得分的可能性最大。图 4-3 中,等级分 1 没有明显的"峰",被等级分 0 和 2 的曲线覆盖,这意味着等级分 1 不能很好地代表一

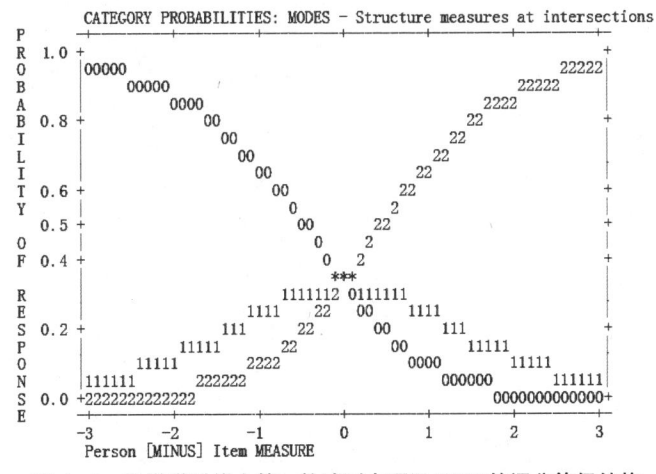

图 4-3 科学学科能力第一轮试测中项目 SY07 的评分等级结构

个类别,因此需要对评分标准进行一定的修改。

表4-8 项目SY07的被试答案统计情况

Item	Data Code	Score Value	Data Count	%	Average Ability	S. E. Mean	Outfit MNSQ	PTMEA CORR.
SY07	0	0	13	19	-0.24	0.21	0.60	-0.58
	1	1	17	25	1.02	0.17	2.00	0.22
	2	2	39	57	0.90*	0.10	1.10	0.26

(三) 测验工具的修订

根据数据结果分析可知,科学学科能力第一轮试测数据经 Rasch 模型拟合,得到的结果参数与理想值具有较好的一致性,这表明本研究所编制的科学学科能力测验工具能较合理地测出学生的科学学科能力,有较好的信效度。为使本测验工具能用于大样本测试,尚需根据第一轮试测数据的拟合参数对测验工具做出相应的修改,以便测验工具能更好地揭示初中生科学学科能力的结构特点。项目修改样例如下。

1. 剔除质量不合格的项目

【剔除项目】 关于一杯蔗糖水,下列说法正确的是(　　)。

A. 蔗糖是溶质,水是溶液　　　　B. 蔗糖是溶剂,水是溶液

C. 水是溶质,蔗糖水是溶液　　　　D. 水是溶剂,蔗糖水是溶液

【剔除理由】 单维性检验结果表明项目GN03的标准残差值超过可接受范围,而且测试老师反映该题"知识痕迹"过重:8年级学生缺乏溶液的相关知识,从而造成了误答;而9年级学生已完成义务教育阶段科学知识的学习,能较容易地作出正确回答。

2. 增加选择题选项的迷惑性

【修改前项目】 小丽马上就要参加考试了,她为了给自己增加营养,制定了如下表的食谱,为了使营养更加均衡,你建议该同学应增加的食物是(　　)。

主食	米饭
副食	红烧肉　清蒸鱼　花生米
饮品	牛奶

A. 烧鸡块　　　　B. 炒青菜　　　　C. 糖醋鱼　　　　D. 烧豆腐

【修改后项目】　该项目修改后的选项为：

A. 烧鸡块　　　　B. 炒萝卜　　　　C. 糖醋鱼　　　　D. 烧豆腐

【修改理由】　由表4-6可以看出,项目GN05并不是每个选项都有被试去选择,这导致了正确选项的"点-测量"相关指数为负值,即正确选项的难度估计值低于错误选项的难度估计值。该项目的原正确答案为"炒青菜",青菜是典型的蔬菜,被试很容易将"青菜"归入富含维生素的蔬菜类,而将"炒青菜"改为"炒萝卜"后,则增加了对被试的思维要求。

3. 改变题型

【修改前项目】　假如你身处偏远海岛,缺乏生存所需的淡水怎么办？右图为你提供了一种简便的海水淡化方法：在地面上挖一个水池,往池内灌入海水,按如图所示完成设备的安装,即可得到淡水。请根据所给图示,解释该获得淡水过程中蕴含的科学原理：

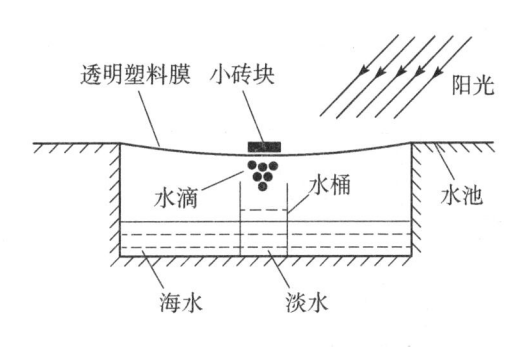

【修改后项目】　假如你身处偏远海岛,缺乏生存所需的淡水怎么办？下图(注：图同上)为你提供了一种简便的海水淡化方法：在地面上挖一个水池,往池内灌入海水,按如图所示完成设备的安装,即可得到淡水。据此,判断下列说法错误的是(　　)。

A. 阳光照射使水池内的海水加快蒸发,形成水蒸气

B. 水蒸气在塑料膜上液化,形成小水滴

C. 小水滴在小砖块的压力下滴入到水桶中,得到淡水

D. 这种海水淡化的方法,在实验室中被称为蒸馏

【修改理由】　该项目属于一道建构反应题,可以很好地考查学生"运用科学模型解释科学原理或科学事实"的能力,但测试老师反映大多数学生不愿意作答需要太多用文字表达的试题。实测结果也显示该项目空白的试卷过多,已无法对该项目被试的答题情况进行评判。为了使得测验工具能准确地"捕捉"被试的能力水平,本研究在修

改非选择题时尽量采用半开放的填空题或者有明确答题指向的开放题。该项目改编为选择题,并经第二轮试测后,各拟合参数均符合 Rasch 模型理想值的要求,具体结果见表 4-9。

表 4-9 第二轮测试项目 MX06 的各项参数统计

Data Code	Score Value	Data Count	%	Average Ability	S. E. Mean	Outfit MNSQ	PTMEA CORR.
A	0	26	5	0.80	0.09	1.00	—
B	0	38	7	0.58	0.06	0.80	—
C	1	345	61	1.08	0.09	1.00	0.32
D	0	153	27	0.71	0.04	0.90	—

4. 明确答题的指向

【修改前项目】 为了探究"热水瓶保温效果与盛水量之间的关系",某研究小组用规格完全相同的热水瓶(容积均为 2 L),在相同条件下进行实验。他们在七个热水瓶中装入不同量但初始温度相同的热水(如右图所示)。经过半小时后,测得各热水瓶中的水温如下表,请回答有关问题:

热水瓶盛水量/L	2.0	1.9	1.8	1.7	1.6	1.5	1.4
水温/℃	72.5	71	70	67.5	66	65	62.5

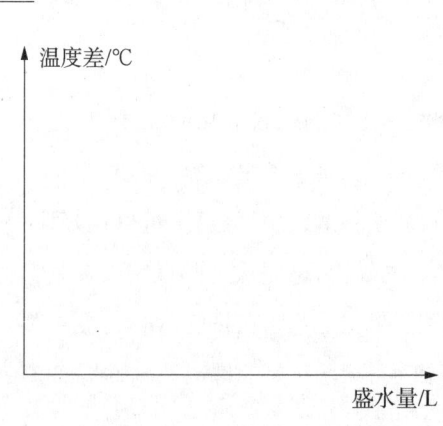

为得到"热水瓶保温效果与盛水量之间的关系",我们需对表格中的实验数据进行如下处理:_____,请你将数据处理的结果按要求用柱形图的形式来呈现。

【修改后项目】 甘薯和马铃薯虽然都富含淀粉,但甘薯吃起来明显比马铃薯甜。为了探究其原因,某兴趣小组做了以下探究:

[查阅资料]、[提出猜想](此处略)

[实验操作]将甘薯、马铃薯放置在不同温度下,控制其他条件相同,处理30分钟,测定麦芽糖含量。结果表明,马铃薯处理后不含麦芽糖,甘薯处理后的麦芽糖含量如下表:

处理温度(℃)	0	10	20	30	40	50	60	70	80	90
甘薯中麦芽糖含量(毫克/克)	22.1	23.3	25.8	37.6	40.5	47.4	54.7	68.9	45.3	28.6

请将上表中的数据按要求用柱形图的形式来呈现。

【修改理由】 原有项目需要被试对数据进行处理后再作图,该项目复合考查了"实验思维能力"与"模型建构能力",如果被试的数据处理能力不佳则无法回答第一问,进而无法将处理后的数据用来构建柱形图。虽然该题在答题纸上给出了相应的坐标图,给予被试一定的提示,但仍然得不到很好的答题结果。因此,在优化过程中考虑到能力的单一考查要求而修改试题,此处不再考查被试的数据处理能力,而是单独考查其建构模型能力。

(四) 测验工具优化后的质量分析

本部分将修订后的测验工具进行第二轮试测,测试后对所得数据的处理方法及模型拟合软件与第一轮试测相同。第二轮试测所用测验工具共涉及49个项目,具体操作过程不再赘述,现对有关结果分析如下。

1. 评分者信度

表4-10是两位评分者评分一致性结果。由表4-10可知,不同评分者在各项目上的评分具有较高的一致性,大部分项目 Kappa 系数大于0.90。这表明本研究对测验工具设置的评分标准是清晰易懂的,具有较好的可操作性,同时也表明评分者依据该评分标准所评定的得分可用于进一步分析。

表4-10　科学学科能力第二轮试测等级评分试题评分者一致性

Item	Kappa	Item	Kappa	Item	Kappa	Item	Kappa
GN05	1.00	GN06	1.00	GN07	0.90	GN08	0.93
GN09	0.86	GN10	0.81	MX08	1.00	MX09	1.00
MX10	1.00	SY07	0.86	SY08	0.95	SY09	1.00
SY10	0.91	SY11	0.87	SY12	0.89	SY13	0.97
SY14	0.92	SY15	0.83	SY16	1.00	SY17	1.00
SY18	0.95	SY19	0.93	SY20	0.93	JS04	1.00

2. 工具整体质量分析

表4-11是对第二轮试测数据所作的统计结果。由表4-11中各参数可以看出，修订后的测验工具总体质量有所提高：项目难度估计误差有所下降，区分度有大幅提高，信度也从0.91提高到0.99；对于被试而言，其能力估计误差也有小幅下降，信度和区分度虽有所下降但仍在可接受范围之内；二者的Infit（MNSQ和ZSTD）、Outfit（MNSQ和ZSTD）指数均接近理想值。总体而言，第二轮试测结果的各项参数拟合均符合理想Rasch模型的要求。

表4-11　科学学科能力第二轮试测的总体统计结果

	Measure	S.E.	Infit MNSQ	Infit ZSTD	Outfit MNSQ	Outfit ZSTD	Seperation	Reliability
被试	0.93	0.24	1.10	0.2	0.99	0.0	2.12	0.82
项目	0.00	0.10	1.00	0.1	0.99	0.0	10.98	0.99

3. 单维性

图4-4是科学学科能力第二轮试测结果分析统计得到的标准残差对比图。由图4-4可见，只有两个项目（A，GN10）与（B，SY16）的标准残差超出可接受范围（-0.4—0.4），其他所有项目的标准残差均在可接受范围之内，这表明修订后的测验工具可以较好地测量被试的科学学科能力这一种心理结构，其他可能影响该测验工具测量的结构可以忽略不计，测验工具具有较好的单维性。

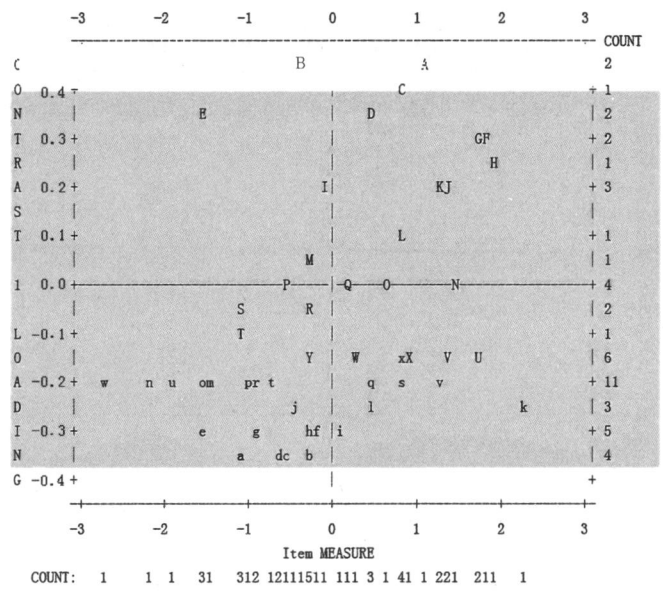

图 4-4 科学学科能力第二轮试测标准残差对比

4. 项目-被试对应

图 4-5 是科学学科能力第二轮试测的项目与被试的对应关系图。由图 4-5 可以看出,第二轮试测所用的测验卷中 49 个项目能较好地分布,涉及范围较广,虽然有些基础试题难度较小,但整体上可以覆盖不同水平的被试能力分布,可以作为测查学生科学学科能力的测验工具。本次所选的被试样本也较第一次更加合理,样本中具有不同能力水平的被试,其能力水平分布也近似正态分布,符合测验要求。

5. 项目拟合

表 4-12 是科学学科能力第二轮试测项目拟合统计结果。对比表 4-12 中数据可以看出,修订后的测量工具,对于被试群体而言项目难度范围变为 -2.71—2.29,项目难度估计误差大幅减小,最大误差仅为 0.25;Infit 指数更趋近于理想值,但项目 MX08 虽经过修改内容与修订评分标准,但其 Infit 指数仍然没有达到较为理想的效果;所有项目的"点-测量"相关指数均变为正值,但区分度还需提高,这与测验工具整体质量分析得到的结果是一致的。但总体而言,科学学科能力第二轮试测所用的测验工具项目拟合的相关参数基本符合 Rasch 模型的相关要求,可用于大样本测验。

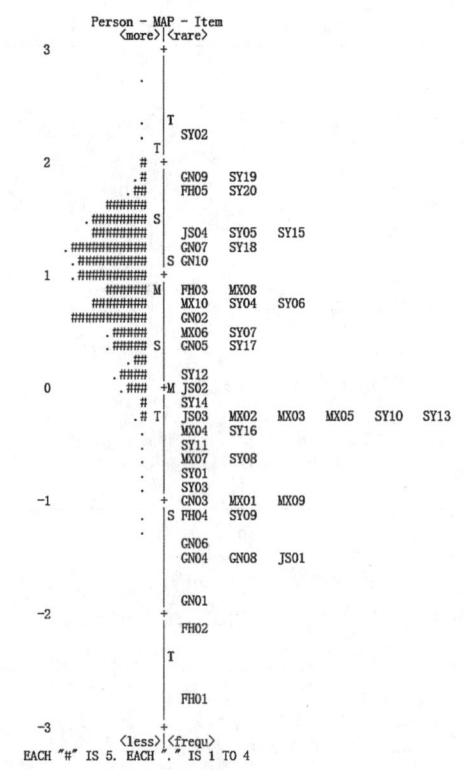

```
                    Person - MAP - Item
                       <more>|<rare>
             3                +
                              |
                              |
                            . |T
                            . | SY02
                            . |T
             2             .# +
                           .# | GN09  SY19
                          .## | FH05  SY20
                         #####|
                       .######|S
                      .#######| JS04  SY05  SY15
                   .##########| GN07  SY18
                   .##########|S GN10
             1     .##########+
                     #########|M FH03  MX08
                      ########| MX10  SY04  SY06
                       #######| GN02
                        .#####| MX06  SY07
                        .#####|S GN05  SY17
                          .## |
                         .### | SY12
             0            .### +M JS02
                            # |  SY14
                           .# |T JS03  MX02  MX03  MX05  SY10  SY13
                           .  | MX04  SY16
                            . | SY11
                            . | MX07  SY08
                            . | SY01
                            . | SY03
            -1                +
                            . | GN03  MX01  MX09
                            . |S FH04  SY09
                              | GN06
                              | GN04  GN08  JS01
            -2                +
                              | GN01
                              |
                              | FH02
                              |T
                              |
                              | FH01
            -3                +
                       <less>|<frequ>
                  EACH "#" IS 5. EACH "." IS 1 TO 4
```

图 4-5 科学学科能力第二轮试测项目-被试对应图

表 4-12 科学学科能力第二轮试测项目拟合统计

Item	Measure	S. E.	Infit	PTMEA CORR.	Item	Measure	S. E.	Infit	PTMEA CORR.
GN01	−1.90	0.17	0.97	0.26	SY01	−0.75	0.12	0.97	0.28
GN02	0.61	0.09	1.13	0.05	SY02	2.29	0.10	1.03	0.12
GN03	−0.97	0.12	0.94	0.32	SY03	−0.88	0.12	0.99	0.25
GN04	−1.51	0.15	1.01	0.16	SY04	0.78	0.09	1.03	0.21
GN05	0.31	0.09	1.01	0.23	SY05	1.33	0.09	0.98	0.29
GN06	−1.43	0.14	0.99	0.21	SY06	0.78	0.09	0.98	0.30
GN07	1.30	0.06	0.96	0.42	SY07	0.45	0.04	1.12	0.40
GN08	−1.51	0.15	0.88	0.44	SY08	−0.60	0.08	0.91	0.43
GN09	1.90	0.05	1.24	0.15	SY09	−1.09	0.13	0.99	0.24

续 表

Item	Measure	S.E.	Infit	PTMEA CORR.	Item	Measure	S.E.	Infit	PTMEA CORR.
GN10	1.09	0.04	0.92	0.56	SY10	−0.25	0.07	1.12	0.29
FH01	−2.71	0.25	1.00	0.12	SY11	−0.51	0.08	0.98	0.32
FH02	−2.14	0.19	0.95	0.29	SY12	0.17	0.06	1.02	0.37
FH03	0.87	0.09	1.05	0.18	SY13	−0.27	0.07	1.00	0.35
FH04	−1.13	0.13	0.91	0.39	SY14	−0.09	0.07	1.00	0.36
FH05	1.70	0.09	1.04	0.16	SY15	1.42	0.04	1.09	0.38
MX01	−0.95	0.12	0.94	0.34	SY16	−0.39	0.07	0.93	0.42
MX02	−0.20	0.10	0.95	0.35	SY17	0.42	0.04	0.94	0.53
MX03	−0.28	0.10	0.98	0.35	SY18	1.28	0.05	0.94	0.45
MX04	−0.43	0.11	0.98	0.27	SY19	1.85	0.04	0.92	0.56
MX05	−0.24	0.10	0.96	0.32	SY20	1.76	0.06	0.93	0.41
MX06	0.44	0.09	0.97	0.32	JS01	−1.56	0.15	0.97	0.24
MX07	−0.64	0.11	0.98	0.27	JS02	0.06	0.09	0.95	0.35
MX08	0.82	0.02	<u>1.77</u>	0.50	JS03	−0.28	0.10	0.92	0.39
MX09	−1.06	0.13	0.93	0.33	JS04	1.36	0.02	0.97	0.64
MX10	0.78	0.06	0.94	0.44					

6. 选项、评分等级结构

根据对第一轮试测结果的分析,剔除一些参数极不符合Rasch模型要求的项目,修改主要针对项目的题干以及选择题的选项,使题干表述得更加简洁易懂、选择题的迷惑性增大,最终使得测验工具更加适合测量被试的能力。表4-13列出的是表4-6中存在问题的选择题,修改后又经第二轮试测后的被试答案统计情况。通过表4-13可以看出,科学学科能力第一轮试测中存在问题的项目,修改后再经第二轮试测显示出良好的性能指标,可以较好地评估被试的能力水平:原存在问题的7个单项选择题的4个选项均有被试选择,只有一个项目的选项难度估计误差偏大,Outfit MNSQ数值均在可接受范围之内,正确选项的PTMEA CORR.数值均为正值,表明这些项目具有较为合理的区分度。

表4-13　科学学科能力第二轮试测中部分选择题被试答案统计情况

Item	Data Code	Score Value	Data Count	%	Average Ability	S.E. Mean	Outfit MNSQ	PTMEA CORR.
GN01	A	0	27	5	−0.41	0.09	0.80	—
	B	0	7	1	0.46	0.31	1.00	—
	C	1	527	1	0.97	0.02	1.00	0.26
	D	0	2	0	−0.45	0.85	0.40	—
GN03（原GN04）	A	0	15	3	0.23	0.15	0.60	—
	B	1	482	86	1.01	0.02	1.00	0.32
	C	0	55	10	0.62	0.08	1.00	—
	D	0	11	2	0.11	0.23	0.60	—
GN04（原GN05）	A	0	5	1	−0.14	0.39	0.50	—
	B	1	511	91	0.96	0.02	1.00	0.16
	C	0	8	1	0.68	0.17	1.00	—
	D	0	38	7	0.74	0.09	1.10	—
FH01	A	1	546	97	0.94	0.02	1.00	0.12
	B	0	9	2	0.49	0.27	1.00	—
	C	0	7	1	0.64	0.20	1.00	—
	D	0	1	0	0.40		0.70	—
SY01	A	0	87	15	0.59	0.06	0.90	—
	B	0	6	1	0.30	0.36	0.80	—
	C	1	466	83	1.01	0.02	1.00	0.28
	D	0	3	1	0.90	0.27	1.20	—
SY02	A	0	23	4	0.46	0.11	0.70	—
	B	0	245	44	0.83	0.03	1.00	—
	C	1	123	22	1.06	0.06	1.20	0.12
	D	0	172	31	1.05	0.04	1.20	—
JS02	A	1	390	69	1.07	0.03	1.00	0.35
	B	0	150	27	0.68	0.04	0.90	—
	C	0	17	3	0.32	0.20	0.80	—
	D	0	5	1	0.19	0.22	0.60	—

图 4-6 是非选择题 SY14(原 SY07)的评分等级结构图,表 4-14 是相对应的模型拟合参数。由于本研究的测验工具中的非选择题并不是完全的开放题,所采取的方法是借助 PTA 评分思想,因而在评分标准修改过程中没有对评分等级作出重大调整,只是对学生的答案情况给出更细致的甄别。由图 4-6 可以看出,等级分"1"有一个较小的"峰"显露出来,表示在该阶段的被试得到等级分"1"的可能性最大;通过表 4-14 可以看出,经过仔细甄别后的 SY14 被试答题情况也显示出较好的性能指标,可继续使用该评分标准。对于其他非选择题,本研究需要确保各项目具有良好的性能指标即可,不拘泥于得到很完美的评分等级结构图。

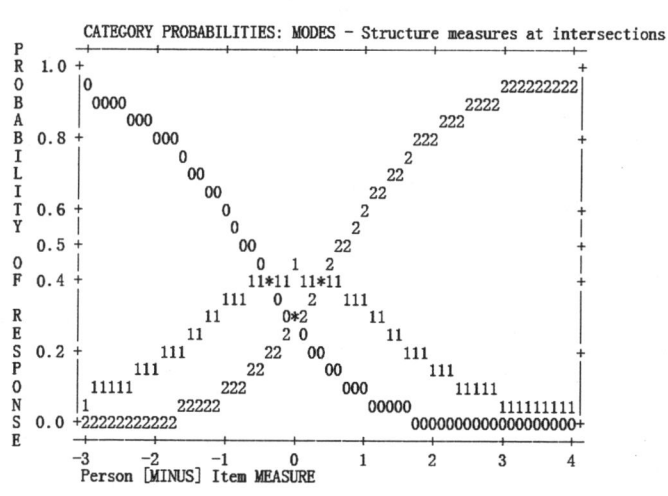

图 4-6 科学学科能力第二轮试测项目 SY14 的评分等级结构

表 4-14 项目 SY14 的被试答案统计情况

Item	Data Code	Score Value	Data Count	%	Average Ability	S. E. Mean	Outfit MNSQ	PTMEA CORR.
SY14	0	0	64	11	0.25	0.08	0.80	−0.43
	1	1	134	24	0.98	0.04	1.30	0.05
	2	2	365	65	1.03	0.03	1.00	0.24

(五) 科学学科能力测评框架的修正及项目对应

1. 科学概念理解能力水平界定

表 4-15 列出了科学概念理解能力各能力水平与项目难度值的对应。由表 4-15

可以看出,项目GN03、GN06的难度值过小,与能力水平不相符合。本研究在对科学概念理解能力水平界定时,是从概念学习的认知规律——知道、理解与应用三个层次来构建的,同时又从"单一概念理解"与"多个概念理解"两个层面将理解分为水平2与水平3。由于研究结果的分析和实验条件的限制,本研究综合考虑再次将水平2与水平3合并为一个水平即"多角度诠释科学概念的内涵与外延"。此外,项目GN06的难度值也较低,该项目需要对整个实验探究分析后对概念作出正确理解,因而将该项目归类在水平2。

表4-15 科学概念理解能力各能力水平与项目的对应(修正前)

水平	水平描述	项目 题号	项目 编号	Measure	平均值
1	回忆和识别相关科学概念	2	GN01	-1.90	-1.71
		29(2)	GN08	-1.51	
2	多角度释译科学概念的内涵和外延	4	GN02	0.61	-0.20
		6	GN04	-1.51	
		26(2)	GN05	0.31	
3	区分相似概念,建立概念间的联系	5	GN03	-0.97	-0.97
4	揭示科学事实的本质规律	26(4)	GN06	-1.43	0.72
		27(4)	GN07	1.30	
		29(3)	GN09	1.90	
		31(3)	GN10	1.09	

2. 科学符号表征能力水平界定

表4-16是科学符号表征能力各能力水平与项目难度值的对应。表4-16中数据显示项目FH01、FH02的难度值非常接近,而且项目FH02也包含了"描述科学符号表示的含义",鉴于科学符号表征能力对应的试题较少,因而将水平1与水平2合并为新的水平1"认识科学符号及其相应表达式的含义";项目FH04与能力水平不相符合,该项目是关于物质微粒的微观符号表示方法,该项目对于7年级、8年级学生而言需要一定的理解力,而对于完成化学学习的9年级学生而言则较为简单,这样就导致该项目对于被试整体来说就较为简单。综合考虑,将项目FH03与原水平3对应。

表 4-16 科学符号表征能力各能力水平与项目的对应(修正前)

水平	水 平 描 述	项目 题号	项目 编号	Measure	平均值
1	描述科学符号表示的含义	1	FH01	−2.71	—
2	建立相关符号间的联系	7	FH02	−2.14	—
3	用科学符号表征科学事实	10	FH03	0.87	—
4	用符号组合表达思维过程	11	FH04	−1.13	0.29
		25	FH05	1.70	

3. 科学模型建构能力水平界定

表 4-17 是科学模型建构能力各能力水平与项目难度值的对应,只有一个项目 MX10 与能力水平不相符合。在工具开发初期,希望通过该项目考查学生从数据表中提取关键信息的能力,但实测结果表明该题的难度值比较高,不再是预期的考查学生"知道科学模型所代表的对象特征"这一能力。究其原因,是该项目主要考查学生对实验方法的选择与分析。综合考虑,将该项目归类到科学实验学习领域的水平 4,并重新编号为 SY21。

表 4-17 科学模型建构能力各能力水平与项目的对应(修正前)

水平	水 平 描 述	项目 题号	项目 编号	Measure	平均值
1	知道科学模型所代表的对象特征	27(3)	MX09	−1.06	−0.14
		31(2)	MX10	0.78	
2	理解科学模型所表征的科学事实	13	MX01	−0.95	−0.51
		15	MX02	−0.20	
		20	MX05	−0.24	
		24	MX07	−0.64	
3	运用科学模型解释科学原理或科学事实	16	MX03	−0.28	−0.09
		19	MX04	−0.43	
		23	MX06	0.44	
4	建构模型解决科学问题	27(2)	MX08	0.82	0.82

4. 科学实验思维能力水平界定

表 4-18 列出了科学实验思维能力各能力水平与项目难度值的对应。实验是科学学习的一个重要领域,因而在本研究中实验项目在整个科学学科能力测验工具中所占的比重也是最大的。由表 4-18 中数据可以看出,SY02、SY03、SY10、SY20 这四个项目与能力水平偏离过多。基于对上海市初中科学测试卷的实证分析可知,7 年级学生的能力水平已经达到了科学实验学习领域的水平 1,因而本研究在编制测验工具时以项目 SY02 来对应该能力水平,但实测结果该项目的难度值偏大,不宜作为水平 1 的对应项目,将项目 SY02 归类于水平 4。项目 SY01、SY16 中包含了对"识别仪器和了解基本实验常识"的能力要求,而达到科学实验领域中的水平 2 就已经达到了水平 1 的相关要求。其他三个项目的分析处理结果为:项目 SY03 归类于水平 3,项目 SY10 归类于水平 4,项目 SY20 归类于水平 4,项目 MX10(SY21)归类于水平 4。

表 4-18 科学实验思维能力各能力水平与项目的对应(修正前)

水平	水 平 描 述	项目 题号	项目 编号	Measure	平均值
1	识别仪器和了解基本实验常识	12	SY02	2.29	2.29
2	掌握基本实验操作,能描述实验现象	9	SY01	−0.75	−0.23
		26(1)	SY07	0.45	
		30(1)	SY16	−0.39	
3	合理解释实验现象和定性、定量阐释实验结果	22	SY06	0.78	0.13
		26(3)	SY08	−0.60	
		27(1)	SY09	−1.09	
		28(2)	SY11	−0.51	
		30(2)	SY17	0.42	
		31(1)	SY20	1.76	
4	阐明实验原理和实验思想,选择实验方法	14	SY03	−0.88	0.17
		17	SY04	0.78	
		21	SY05	1.33	
		28(4)	SY13	−0.27	
		29(1)	SY14	−0.09	

续 表

水平	水平描述	项目 题号	项目 编号	Measure	平均值
5	自行设计实验方案并予以评价	28(1)	SY10	−0.25	0.89
		28(3)	SY12	0.17	
		29(4)	SY15	1.42	
		30(3)	SY18	1.28	
		30(4)	SY19	1.85	

5. 科学定量计算能力水平界定

2011年版的科学课程标准(或物理、化学课程标准)弱化了对计算能力的要求。科学定量计算大多是在概念理解的基础上进行的,由于测验工具容量的限制,本研究的科学学科能力测验只设置了4个项目用于考查学生基于概念理解的定量计算能力,相关能力水平与具体试题项目的对应见表4-19。由表4-19中数据可见,科学学科能力测验工具中有关定量计算能力的试题虽然偏少,但所设项目与相关能力水平具有较好的对应关系。

表4-19 科学定量计算能力各能力水平与项目的对应(修正前)

水平	水平描述	项目 题号	项目 编号	Measure	平均值
1	从定量的角度认识物理量	3	JS01	−1.56	−1.56
2	识别相关物理量间的定量关系	8	JS02	0.06	0.06
3	依据定量的证据进行计算	18	JS03	−0.28	0.54
		31(4)	JS04	1.36	

6. 科学学科能力测评框架的修正结果

本研究根据第一轮试测结果对测验工具进行修改,并进行第二轮试测,最终对科学学科能力测评框架进行了微调,校准了各科学学科能力水平与测验项目之间的对应关系。表4-20列出了对表4-2修正后的科学学科能力测评框架、各能力水平与项目的对应关系,以及各能力水平测试项目难度值的平均值。该测评框架根据两次试测结果的修正,质量得到了一定程度的提升。这是大规模测评7—9年级学生科学学科能力表现以及后续展开实际应用的重要基础。

由于7—9年级科学各学习领域特点有所不同,各科学学科能力及其能力水平所对应的测验项目的数目也有所不同;同时,有些测验项目很难做到只测量被试单一的某种能力水平,因而计算各能力水平对应试题难度值的平均值用来比较该水平的难度。此外,科学实验思维能力的最低水平缺少对应的测试项目,可以认为达到能力水平2的被试必然满足了能力水平1的相关要求。

表4-20　修正后的科学学科能力测评框架及能力水平与项目的对应

科学学科能力	科学学科能力水平	对应试题	各水平难度平均值
科学概念理解能力	回忆和识别相关科学概念	2、29(2)	−1.71
	多角度诠释科学概念的内涵与外延	4、5、6、26(2)、26(4)	−0.60
	揭示科学事实的本质规律	27(4)、29(3)、31(3)	1.43
科学符号表征能力	认识科学符号及其相应表达式的含义	1、7	−2.43
	用科学符号表征科学事实	10、11	−0.23
	用科学符号组合表达思维过程	25	1.70
科学模型建构能力	知道科学模型所代表的对象特征	27(3)	−1.06
	理解科学模型所表征的科学事实	13、15、20、24	−0.51
	运用科学模型解释科学原理或科学事实	16、19、23	−0.09
	建构模型解决科学问题	27(2)	0.82
科学实验思维能力	识别仪器和了解基本实验常识	—	—
	掌握基本实验操作,能描述实验现象	9、30(1)	−0.49
	合理解释实验现象和定性、定量阐释实验结果	14、22、26(1)、26(3)、27(1)、28(2)、30(2)	−0.25
	阐明实验原理和实验思想,选择实验方法	12、17、21、28(1)、28(4)、29(1)、31(1)、31(2)	0.67
	自行设计实验方案并予以评价	28(3)、29(4)、30(3)、30(4)	1.00
科学定量计算能力	从定量化的角度认识物理量	3	−1.56
	识别相关物理量间的定量关系	8	0.06
	依据定量的证据进行计算	18、31(4)	0.54

第二节 高中化学学科能力测评工具

本节在初中综合的科学学科能力测评工具研制基础上,进一步探讨高中分科的科学学科能力测评工具的开发。以高中化学学科为例,重点阐述能力表现的测评工具开发及优化过程,与前一节对初中阶段科学学科能力测评工具开发的过程既有共性,又有一些差异。

一、测验工具项目的设计

高中化学学科能力测验工具的开发也是根据所建构的化学学科能力学习进程,基于测量建构"四基石"框架而进行的。具体程序与表4-1类似,此处不再赘述。

由于高中化学学科能力测试需要考查的内容较多,无法集中在一个时段中完成。与第一节讨论的科学学科能力测验工具不同,高中化学学科能力测试通过4个分测验来完成。根据化学学科能力的4种子能力的构成要素的学习进程(见第三章第四节),本研究编制了4个能力测验工具,每一个工具皆由选择题和建构反应题构成。对于选择题而言,每一道题中均包含4个选项,有且只有一个正确选项;对于建构反应题而言,则采用等级评分。

与科学学科能力测试工具开发过程一致,也经历两次试测。第一次试测选取甲校高一学生52人,高二学生56人;第二次试测选取乙校高一学生55人,高二学生57人。分别运用Rasch模型检验工具质量和修改后的工具是否符合大样本测试。

(一)符号表征能力测验工具项目的构成

根据符号表征能力学习进程由低到高的4个水平,本研究编制了符号表征能力试测验工具,共27道题,包括24道选择题(PS01—PS24)和3道建构反应题(PS25—PS27),具体构成如表4-21所示。

表4-21 符号表征能力试测(第一轮)项目与学习进程对应表

水平	项目
水平1:建立化学符号的宏观联系	PS01,PS02,PS03,PS04,PS05,PS06,PS07,PS08

续表

水　平	项　目
水平2：理解化学符号的微观意义	PS09, PS10, PS11, PS12, PS13, PS14, PS15, PS16
水平3：化学宏微的符号阐释	PS17, PS18, PS19, PS20, PS21, PS22
水平4：化学问题的符号推理	PS23, PS24, PS25, PS26, PS27

测验工具经过Rasch模型检验之后，对项目经过修改、删/增等，形成了第二轮试测的测验卷，其中S01—S17为选择题，S18—S20是建构反应题，具体项目与学习进程的对应如表4-22所示。

表4-22　符号表征能力试测(第二轮)项目与学习进程对应表

水　平	项　目
水平1：建立化学符号的宏观联系	S01, S02, S03, S04, S05
水平2：理解化学符号的微观意义	S06, S07, S08, S09, S10
水平3：化学宏微的符号阐释	S11, S12, S13, S14, S15, S16
水平4：化学问题的符号推理	S17, S18, S19, S20

(二) 实验认知能力测验工具项目的构成

根据实验认知能力学习进程由低到高的4个水平，本研究编制了化学实验认知能力的试测验工具，共26道题，包括19道选择题(PE01—PE19)和7道建构反应题(PE20—PE26)，具体构成如表4-23所示。

表4-23　实验认知能力试测(第一轮)项目与学习进程对应表

水　平	项　目
水平1：实验仪器及操作的识别和描述	PE01, PE02, PE03, PE04, PE05, PE06, PE07, PE08
水平2：化学实验事实的加工和处理	PE09, PE10, PE11, PE12, PE13, PE14, PE15, PE16
水平3：化学实验原理的理解和运用	PE17, PE18, PE19, PE20, PE21, PE22
水平4：化学实验方案的设计和评价	PE23, PE24, PE25, PE26

测验工具经过Rasch模型检验之后，对项目经过修改、删/增等，形成了第二轮试

测的测验卷,其中 E01—E14 是选择题,E15—E20 是建构反应题,具体项目与学习进程的对应如表 4-24 所示。

表 4-24 实验认知能力试测(第二轮)项目与学习进程对应表

水 平	项 目
水平 1：实验仪器及操作的识别和描述	E01, E02, E03, E04, E05, E06
水平 2：化学实验事实的加工和处理	E07, E08, E09, E10, E11, E12
水平 3：化学实验原理的理解和运用	E13, E14, E15, E16, E17
水平 4：化学实验方案的设计和评价	E18, E19, E20

(三) 模型思维能力测验工具项目的构成

根据模型思维能力学习进程由低到高的 4 个水平,本研究编制了模型思维能力试测验工具,共 21 道题,包括 15 道选择题(PM01—PM15)和 6 道建构反应题(PM16—PM21),具体构成如表 4-25 所示。

表 4-25 模型思维能力试测(第一轮)项目与学习进程对应表

水平	项 目
水平 1：认识模型	PM01, PM02, PM03, PM04, PM05, PM06, PM07, PM08
水平 2：理解模型	PM09, PM10, PM11, PM12, PM13, PM14, PM15
水平 3：运用模型	PM16, PM17, PM18, PM19
水平 4：建构模型	PM20, PM21

测验工具经过 Rasch 模型检验之后,对项目经过修改、删/增等,形成了第二轮试测的测验卷,其中 M01—M14 是选择题,M15—M20 是建构反应题,具体项目与学习进程的对应如表 4-26 所示。

表 4-26 模型思维能力试测(第二轮)项目与学习进程对应表

水平	项 目
水平 1：认识模型	M01, M02, M03, M04, M05, M06, M07
水平 2：理解模型	M08, M09, M10, M11, M12, M13

续 表

水平	项目
水平3：运用模型	M15，M16，M17，M18
水平4：建构模型	M14，M19，M20

（四）定量化能力测验工具项目的构成

根据定量化能力学习进程由低到高的4个水平，本研究编制了定量化能力试测验工具。因为定量化能力测验中，数学计算需要花费较多时间，考虑学生测验时间的限制，该测验工具中的项目数较少，共13道题，包括8道选择题（PQ01—PQ08）和5道建构反应题（PQ09—PQ13），具体构成如表4-27所示。

表4-27 定量化能力试测（第一轮）项目与学习进程对应表

水　平	项　目
水平1：认识概念或符号中蕴含的数量关系	PQ01，PQ02，PQ03，PQ04
水平2：直接运用数量关系进行简单运算	PQ05，PQ06，PQ07，PQ08
水平3：整合或转换数量关系进行综合运算	PQ09，PQ10，PQ11
水平4：运用化学思想方法进行复杂运算	PQ12，PQ13

测验工具经过Rasch模型检验之后，对某些项目进行了修改，项目总数未变，形成了第二轮试测的测验卷，其中Q01—Q08是选择题，Q09—Q13是建构反应题，具体项目与学习进程的对应如表4-28所示。

表4-28 定量化能力试测（第二轮）项目与学习进程对应表

水　平	项　目
水平1：认识概念或符号中蕴含的数量关系	Q01，Q02，Q03，Q04
水平2：直接运用数量关系进行简单运算	Q05，Q06，Q07，Q08
水平3：整合或转换数量关系进行综合运算	Q09，Q10，Q11
水平4：运用化学思想方法进行复杂运算	Q12，Q13

二、测验工具的质量检验及优化

本研究依据所构建的学习进程编制了 4 份试测卷（第一轮），以此作为化学学科能力框架中四种能力的测验工具。下面以符号表征能力测验工具编制为例，具体说明测验工具的质量检验及优化过程。其他 3 份测验工具的修订不再赘述。

（一）符号表征能力的第一轮试测数据分析

运用 Bond&Fox Steps 1.0.0 对第一轮试测的统计数据进行建模与分析，得到检验信度、分离度、误差、单维性、项目-被试对应、数据-模型拟合、点-测量相关、选项反应模式及评分等级概率结构等一系列数据。

1. 工具总体质量分析

表 4-29 所示的是符号表征能力第一轮试测的总体统计结果。由表 4-29 可知，符号表征能力第一轮测试卷中被试能力平均分估计为 1.94，高于测验项目难度，说明该测验卷相对于被试样本来说偏易，整份试卷的难度估计误差为 0.30，比被试能力估计的误差小。Infit 和 Outfit 的 MNSQ 和 ZSTD 皆接近理想值（即 MNSQ 接近 1，ZSTD 接近 0），说明测验数据与理想模型具有较好的一致性。对分离度而言，项目分离度值大于 2.0 为较好，但被试的分离度较小为 1.39，说明测验工具对不同能力水平的区分度有待加强；信度虽然都在许可值范围内，但被试的信度值较低，这说明可能有些项目不能很好地反映被试的能力，或者被试的能力分布不够广，水平层次差异较小。因此，需要进一步结合具体项目的质量分析进行修改，以更好地匹配不同能力水平的学生，同时适当增加不同能力水平的被试。

表 4-29 符号表征能力第一轮试测的总体统计结果

	Measure	S.E.	Infit MNSQ	Infit ZSTD	Outfit MNSQ	Outfit ZSTD	Seperation	Reliability
被试	1.94	0.52	0.87	−0.3	1.18	0.1	1.39	0.66
项目	0.00	0.30	1.00	−0.1	1.18	0.3	2.76	0.88

2. 单维性

Rasch 模型采用主成分分析检验测验工具的单维性，Bond&Fox Steps 1.0.0 分析软件提供的标准残差对比图（Standardized Residual Contrast Plot）直观显示测验项目的单维性,进而可以鉴别是否有其他可能的因素影响被试的反应。图4-7是对符号表征能力测验结果进行主成分分析后的标准残差对比图。

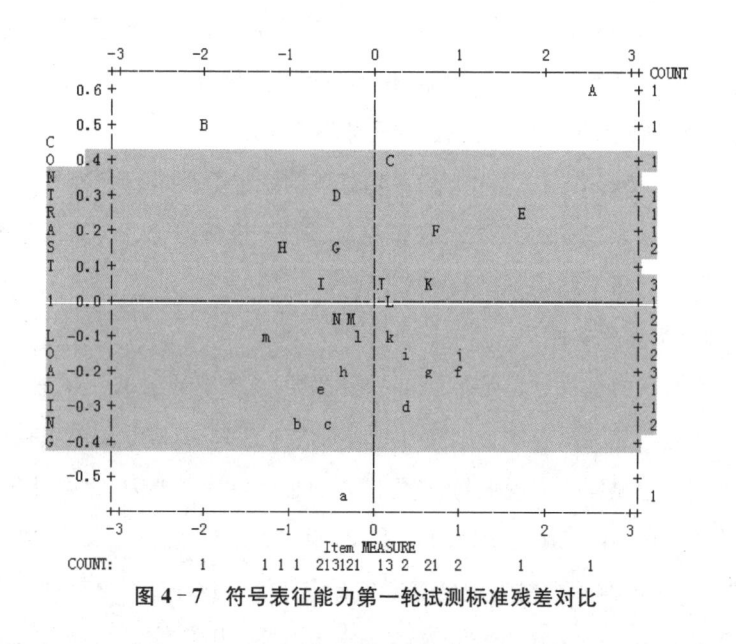

```
                -3    -2    -1    0    1    2    3
              +-----+-----+-----+-----+-----+-----+-----+ COUNT
        0.6 +                          A                +  1
C       0.5 +        B                                  +  1
O       0.4 +                          C                +  1
N       0.3 +                  D                        +  1
T       0.2 +                          F         E      +  1
R                                                          1
A       0.1 +              H   G                        +  2
S       0.0 +------------------I---T---K----------------+
T                                 N M   L
       -0.1 +          m                l   k            +  3
L      -0.2 +                      h        i  f         +  2
O      -0.3 +                  e       g                 +
A                                        d
D      -0.4 +              b   c                         +  2
I      -0.5 +                      a                     +  1
N
G               -3    -2    -1    0    1    2    3
                          Item MEASURE
        COUNT:   1     1 1 1 213121 13 2 21 2    1     1
```

图4-7 符号表征能力第一轮试测标准残差对比

标准残差对比图中,大小写字母代表组成测验卷的各个项目,横坐标是项目难度,纵坐标(左)是当主要因素(即符号能力)被控制后,项目分数与其他可能潜在因素之间的相关系数(Contrast Loading)。当测验项目落在相关系数－0.4—0.4区间时,可以认为该测验所测的是一种结构或能力;超出该范围的项目则表明所测的可能还有其他的结构或能力。由图4-7可见,在符号表征能力第一轮测验卷的27个项目中,24个项目落在－0.4—0.4区间,只有A(即PS27)、B(即PS05)、a(即PS18)落在该范围之外,需要在修订时思考其中可能存在的其他因素。因基于绝大部分项目的标准残差系数符合要求,可认为该试测卷所测量的主要是一种结构——符号表征能力,具有单维性,符合Rasch模型的基本假设。

3. 项目-被试对应

Rasch模型通过将原始分转换为logit分,将被试能力、项目难度放在同一把量尺(Logit Interval Scale)上进行比较。项目-被试图(Item-person Map)直观形象地呈现了项目与被试之间的对应关系,以及二者在所测验的能力上的分布情况。

图4-8是符号表征能力第一轮测试的项目-被试图,中间竖线是logit刻度尺,表示所测量的符号能力结构,M、S、T分别表示平均水平、1个logit分、2个logit分。刻度尺右侧是该测验卷中27个项目的分布情况,从下到上项目难度逐渐增大;刻度尺左侧则是不同能力的学生分布情况,每个♯号代表一定数量的学生(此处为2),从下往上意味着学生能力逐渐增强。由图4-8可见,27个项目难度范围较广,且基本均匀分散,没有"扎堆"现象;学生能力分布也较为理想,中间多,两端少。因为测试样本来自重点中学,故学生能力大多分布于项目的上部分,整个测验卷偏易(其他3份测验情况类似)。另外,项目水平与其对应的能力水平有所偏差,如PS09、PS11在项目设计时处于第二水平层次,但测验结果显示它们的难度为第一水平层次,PS23、PS25在项目设计时处于第四水平层次,但测验结果却显示难度较低,处于第二、第三水平层次。所以在修订时需进一步考虑项目与水平的相互匹配。

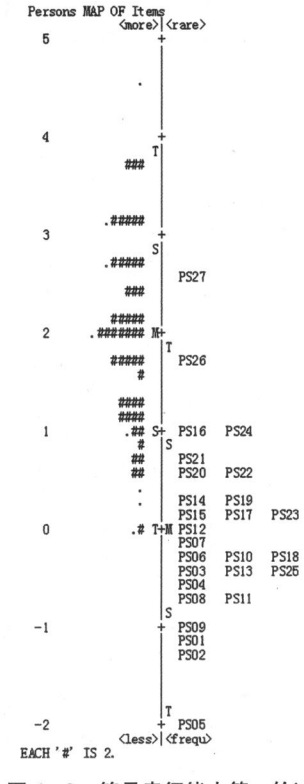

图4-8 符号表征能力第一轮试测项目-被试对应图

4. 项目拟合

前面所述大多是从整体上考察测验工具的质量,具体项目的质量还需从项目拟合的程度去考察,表4-30是各项目的拟合指数统计情况。由表4-30可知,符号表征能力第一轮试测卷中,项目难度范围在-2.0—2.5 logit之间,难度估计标准误从0.10到0.59,PS05、PS02、PS01的误差估计较大,需要进一步修改;Infit拟合指数基本都在可接受范围内,但某些项目的Outfit拟合指数偏离较大,如PS05、PS09、PS10、PS18、PS19、PS26、PS27超出了可接受范围;点-测量相关表示学生在项目上得分与测量总分的相关,表示项目与总量表之间的一致性,反映项目的区分效果。表4-30中还显示,除PS05、PS18的点-测量相关小于0,其他项目的相关系数在0.10—0.87之间,具有较好的区分效果。

表 4-30 符号表征能力第一轮试测项目拟合统计

Item	Measure	S. E.	Infit MNSQ	Infit ZSTD	Outfit MNSQ	Outfit ZSTD	PTMEA CORR.
PS01	−1.08	0.40	0.92	−0.1	0.92	−0.9	0.33
PS02	−1.25	0.43	0.96	0.0	0.60	−0.6	0.27
PS03	−0.45	0.31	0.93	−0.2	0.79	−0.5	0.33
PS04	−0.56	0.33	1.02	0.2	1.21	0.2	0.18
PS05	−2.00	0.59	1.06	0.3	2.29	1.4	−0.02
PS06	−0.26	0.30	0.89	−0.5	0.71	−0.8	0.40
PS07	−0.18	0.29	1.09	0.5	1.18	1.9	0.12
PS08	−0.67	0.34	1.02	0.2	0.95	0.0	0.22
PS09	−0.93	0.38	1.05	0.3	1.57	1.2	0.09
PS10	−0.26	0.30	1.15	0.8	1.94	2.3	0.03
PS11	−0.67	0.34	1.05	0.3	1.24	0.7	0.15
PS12	0.06	0.27	1.17	1.0	1.24	0.9	0.14
PS13	−0.45	0.32	1.02	0.2	1.22	0.7	0.20
PS14	0.34	0.25	1.19	1.4	1.02	2.0	0.10
PS15	0.21	0.26	1.04	0.3	1.31	1.2	0.24
PS16	0.96	0.23	1.12	1.2	1.30	1.8	0.23
PS17	0.21	0.26	1.01	0.1	1.09	0.4	0.28
PS18	−0.35	0.31	1.22	1.1	1.61	1.6	−0.01
PS19	0.34	0.25	1.19	1.3	1.41	1.6	0.12
PS20	0.63	0.24	1.04	0.4	1.09	0.5	0.31
PS21	0.75	0.23	1.10	0.9	1.16	0.9	0.26
PS22	0.64	0.24	0.87	−1.2	0.91	−0.4	0.47
PS23	0.21	0.26	0.97	−0.1	0.99	0.0	0.33
PS24	0.96	0.23	0.96	−0.4	0.87	−0.8	0.43
PS25	−0.42	0.22	0.79	−1.3	0.66	−1.6	0.55
PS26	1.73	0.10	0.85	−3.0	0.54	−3.7	0.85
PS27	2.50	0.10	0.80	−1.8	0.50	−2.4	0.87

5. 选项、评分等级结构

为进一步了解每个项目的质量及评分标准的合理性,还需分析选择题各选项及建构反应题评分等级所呈现的结构特征。表 4-31 呈现了符号表征能力第一轮测试中学生 6 道题的回答情况统计结果,PS05、PS09、PS13 是选择题,PS25、PS26、PS27 为建构反应题。选择题 PS05 包含 4 个选项,但 D 选项无人作答,说明 D 选项是多余的,需要剔除或修改,PS09 也是如此;对于 PS13 而言,只有极个别学生选择 A,可以考虑修改题干或增加选项的"诱惑性"。

表 4-31 符号表征能力第一轮试测 6 道题学生答案统计

项目	选项	评分	频数	%	平均难度	标准误	Outfit MNSQ	点-测量相关
PS05	A	0	1	1	1.97		1.5	0.00
	B	0	2	2	2.13	1.00	2.7	0.03
	C	1	105	97	1.94	0.09	1.0	−0.2
PS09	B	0	1	1	0.07		0.2	−0.19
	A	0	7	6	1.85	0.37	11.8	−0.13
	D	1	100	93	1.97	0.09	1.0	0.09
PS13	A	0	1	1	0.98		0.5	−0.10
	C	0	6	6	1.37	0.43	1.1	−0.15
	D	0	5	5	1.53	0.52	1.5	−0.10
	B	1	95	89	2.01	0.09	1.0	0.20
PS25	0	0	2	2	0.38	0.30	0.6	−0.23
	1	1	25	23	1.12	0.14	0.6	−0.48
	2	2	81	75	2.23	0.09	0.8	0.54
PS26	0	0	18	17	0.75	0.12	0.7	−0.57
	1	1	15	14	1.24	0.11	0.4	−0.30
	2	2	17	16	1.60	0.13	0.5	−0.15
	3	3	35	32	2.23	0.07	0.4	0.21
	4	4	23	21	3.14	0.11	0.7	0.66
PS27	0	0	28	26	0.82	0.08	−0.71	−0.71
	1	1	20	19	1.70	0.10	−0.12	−0.12
	2	2	29	27	2.11	0.08	0.11	0.11
	3	3	25	23	2.77	0.10	0.48	0.48
	4	4	6	6	3.72	0.19	0.46	0.46

对于建构反应题(如 PS25),该项目被预设在符号能力的第四水平层次,但实际结

果显示其考查的能力水平偏低,由表4-31可见,得分为0的被试人数仅为2人。仔细分析该题,发现主要考查被试常见化学反应的记忆和化学方程式配平的能力。题干提示被试反应物、生成物是什么,所以只需会配平化学反应方程式即可完成反应Ⅰ;而反应Ⅱ是教材的重点内容,被试只需记得便能作答。

PS25:现代工业常以氯化钠为原料制备纯碱,部分工艺流程如下:

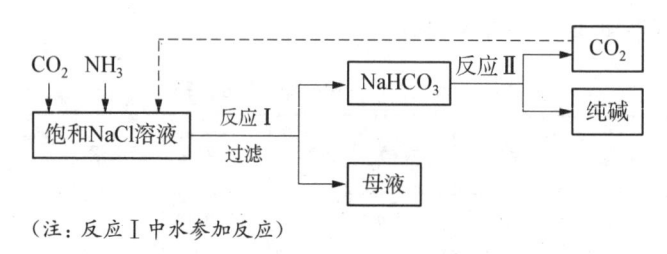

(注:反应Ⅰ中水参加反应)

以下进一步考查建构反应题的评分等级结构。如前所述,对建构反应题的评分,本研究借鉴了SOLO分类法和PTA评定方法,划分了评分等级,如表4-32所列的是项目PS27的评分标准。

表4-32 符号表征能力第一轮试测PS27评分标准

评分	描述
0	不作答或答案不相关
1	能够用化学符号以框图形式表示流程,但过程错误
2	能够用化学符号以框图形式表示流程,且以正确的过程得到其中一种目的产物如Ag或$FeSO_4$溶液
3	能够用化学符号以框图形式表示流程,且以正确的过程得到$FeSO_4$晶体
4	能够用化学符号以框图形式表示流程,且以正确的过程得到其中两种目的产物如Ag和$FeSO_4$晶体

Rasch模型分析中,这5个评分等级的结构如图4-9所示。横坐标"Person [MINUS] Item MEASURE"是被试n的能力与项目i的难度差($\beta_n - \delta_i$),纵坐标表示评分为该得分等级的概率。"Person [MINUS] Item MEASURE"的值越大,学生越

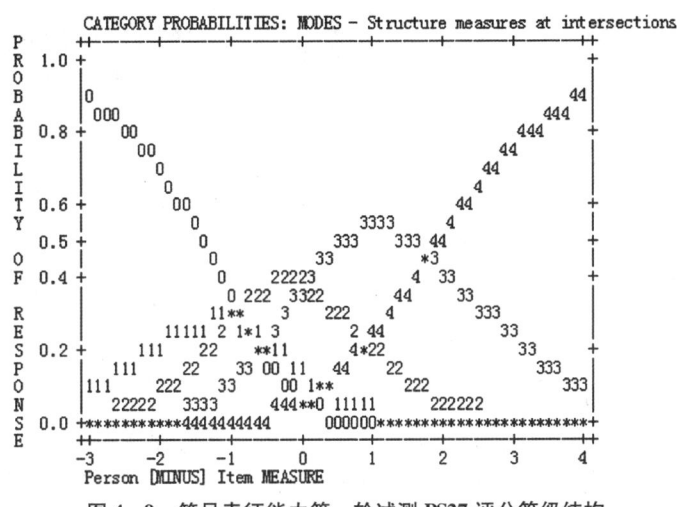

图4-9 符号表征能力第一轮试测PS27评分等级结构

有可能得到更高等级的分数。各评分等级曲线用相应的数字(0,1,2,3,4)标识,两条曲线的交叉点为两个分数之间的"临界值"(threshold),意味着这一点上的被试,得到两个分数的概率均等。理论上讲,每条评分等级曲线应该有一个较为明显的"峰",说明在这一能力范围上的被试最有可能得到该分数;每条曲线应适当"扁平",表明该分数横跨一定的能力区域。由图4-9可知,分数1没有明显的"峰",部分被分数2、0所覆盖,说明该分数并不能很好地代表一个类别,另外分数2曲线也不明显。所以对评分等级需要修改、合并或重新定义。

(二)符号表征能力试测工具的修订

根据前面对测验数据统计结果的分析可知,符号表征能力第一轮试测的数据与理想模型具有较好的一致性,测验工具主要测量了学生的一种心理结构即符号表征能力,具有一定的信度和效度。但整体而言,被试能力平均分误差较高,区分度略低。个别项目的测验结构中还涉及其他能力的考察,某些项目的难度与预设的水平不相匹配,点-测量相关稍低,选项和评分等级还不太合理等。另外,第一轮试测反馈4份测验卷的量偏大,学生从容做完的时间平均需要4小时,所以在修订时结合第一轮试测结果分析,对4份测验卷的项目皆做了删减。主要从以下几个方面进行修改。

1. 剔除质量明显不好的项目

在修订测验工具时,首先对质量明显不好的项目进行剔除。如:

PS05：用氨气(NH_3)处理含有甲醇的工业废水，使其转变成无毒的物质。有关反应的化学方程式是：$5CH_3OH + 12O_2 + 6NH_3 \xrightarrow{\text{细菌}} \underline{\qquad} + 5CO_2 + 19H_2O$，则横线上应填的是(　　)。

A. 6N　　　　B. N_6　　　　C. $3N_2$　　　　D. $2N_3$

在第一轮试测中该项目的点-测量相关为负，且 D 选项无学生选择，A、B 选项选择的人数也很少，项目能力水平偏低，单维性也超出范围。该项目在预设时是考查学生能否进行化学方程式配平，但仔细分析选项，实质上该题已演变为学生能否正确书写氮气的化学式了，因为 4 个选项的符号中所含的 N 原子的个数皆为 6，学生只需知道氮气的化学式为 N_2，就不难做出正确选择。

2. 增加选项的迷惑性

有些选择题的选项没有学生选，或选的学生极少，这些选项就没有鉴别力或鉴别力低，所以应考虑剔除该选项或增加选项的迷惑性。罗德里格兹(Rodriguez)的研究认为，提供的有效选项一般越多越好，但 3 个选项就已经足够。[1]

为了保证与学生平时测验形式的一致，本研究测验工具的选择题都设计了 4 个选项。根据前面第一轮测验结果的分析，对没有学生选或极少选的选项进行了修改，如：

PS13：下列各结构示意图所示的微粒中，最易与金属钠反应的是(　　)。

A. (+12) 2 8 2　　B. (+35) 2 8 18 7　　C. (+1) 1　　D. (+17) 2 8 8

在第一轮试测中，选择 A 选项的只有 1 人。A 选项是金属镁的原子结构示意图，与题干中的金属钠同为金属元素，所以很容易被学生排除。故在第二轮测试中将之修改为：

---

[1] Rodriguez, M. C. Three Options are Optimal for Multiple-choice Items: A Meta-analysis of 80 Years of Research [J]. Educational Measurement: Issues and Practice, 2005, 24(2): 3-13.

S08：下列各结构示意图所示的微粒中,最易与金属钠反应的是(　　)。

A. (+7)2 5　　B. (+35)2 8 18 7　　C. (+1)1　　D. (+17)2 8 8

3. 改编题型

在对第一轮试测数据的分析中发现,有些项目与预设水平不一致是因为选项中有提供答案的线索,在修改项目选项效果不好的情况下,将其改编为建构反应题,以考查其对应的能力结构。如：

PS23：下图是某燃煤发电厂处理废气的装置示意图。下列说法正确的是(　　)。

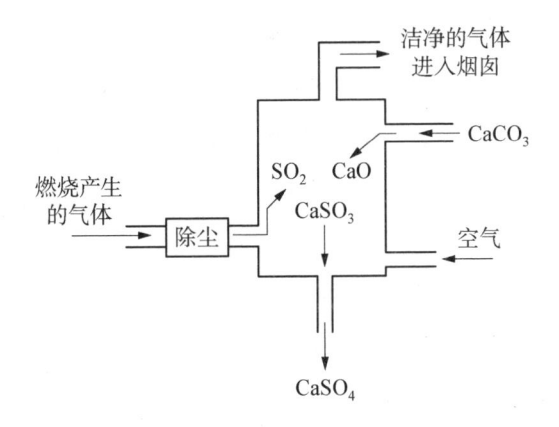

A. 此过程中没有分解反应

B. 此过程中S元素的化合价未发生改变

C. 排出的气体中不含CO_2

D. 整个过程的反应可表示为：$2SO_2 + 2CaCO_3 + O_2 == 2CaSO_4 + 2CO_2$

该题考查的预设水平是符号表征能力第 4 水平层次"化学问题的符号推理"能力,考查学生能否运用化学符号表征化学问题中信息的相互关系,将文字信息转化成化学符号信息,根据符号信息中的定性或定量的关系进行分析和解决问题。题给图中蕴含了4个化学反应,总反应方程式如D选项所示。但学生在解决该问题时,即使不能用化学符号表征出所发生的化学反应及相互关系,也可能通过排除的方法选择D,所以第一轮测试的结果显示该项目与预设水平不相匹配,难度水平偏低。在第二轮试测中,PS23被改编为建构反应题,要求学生根据示意图写出相应的化学方程式。

4. 增强表述的精确性

Rasch测量模型要求测验工具具有单维性,所以在编制项目时应尽量减少阅读量,并且语言的表述尽量精确和明确,降低学生在阅读理解上的能力要求,使得项目考查的主要是学生在化学学科能力上的表现。在第一轮测验中,由于有些项目的表述尚不够清晰,导致学生不能正确地反应,如PS26。

PS26:如图是物质化学性质的知识网络图,"—"表示相连的两种物质能发生反应,"→"表示一种物质转化成另一种物质。请用单质、氧化物、酸、碱、盐五种不同类别物质的化学式填空,完善这个知识网络。

测试结果发现,有些同学用文字来表达转化关系,还有些同学所填写的化学式并非单质、氧化物、酸、碱、盐这五种不同的类别。在第二轮测试中将题干修改为:

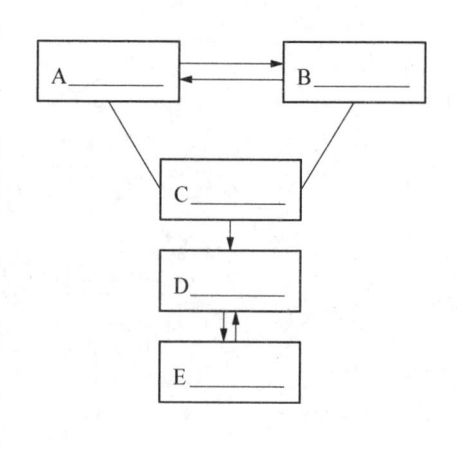

S19:如图表示了单质、氧化物、酸、碱、盐五种不同类别的物质的相互转化关系。"—"表示相连的两种物质能发生反应,"→"表示一种物质转化成另一种物质。请用五种不同类别的具体物质的化学式填空。

5. 调整能力结构或项目难度水平

有些项目与预设水平不一致,有可能是因能力结构(学习进程)预设的不合理,或

者是因该项目所考查的并非该层次的能力水平,这时就需要对能力结构进行调整或调整项目的水平难度。例如:

PS16:新型纳米材料 $MFe_2O_x(3<x<4)$ 中 M 表示 +2 价的金属元素。常温下,MFe_2O_x 能使工业废气中的 SO_2 转化为 S,M 在反应中化合价不发生变化。转化流程如下图所示:

$$MFe_2O_x \xrightarrow[SO_2]{常温下} MFe_2O_y$$

已知 MFe_2O_y 中 Fe 为 +3 价,下列说法中,正确的是( )。

A. SO_2 是该反应的催化剂 B. MFe_2O_x 发生了还原反应
C. $y>x$ D. SO_2 发生了分解反应

该项目在预设时考查的是学生"能从化合价的角度解释物质的组成和变化",属于水平 2"理解化学符号的微观意义",但测验结果显示该项目的难度水平高于水平 2,在结构图中与水平 3 的一些项目排在一起。仔细分析后,"能从化合价角度解释物质的组成和变化"实质上考查的是能以符号为中介,在表示的化学物质、宏观现象、微观结构和化学原理间灵活转换,考查的是学生的宏微转换能力。据此,将"能从化合价的角度解释物质的组成和变化"这一行为表现调整到水平 3。

(三) 符号表征能力的第二轮试测数据分析

1. 评分者信度

建构反应题采用等级评分,为减小评分者的主观因素,在第二轮试测中进行了评分者信度检验。试测中评分者由两名化学教育专业研究生担任,待两位评分者对评分标准取得较为一致的理解后分别进行评分。评分结果汇总统计后,运用 SPSS 软件计算 Kappa 一致性系数来考察评分的一致性程度。S18、S19、S20 的 Kappa 一致性系数分别为 1.00、0.91、0.86,这表明两位评分者的一致性信度较高,说明评分标准是明晰、明确且具有可操作性的,同时也说明了依据评分标准所评定的建构反应题的得分是可信的。

2. 工具总体质量分析

符号表征能力第二轮试测的总体统计分析结果如表4-33所示,修改后的符号表征能力测验工具总体质量有所提升:被试能力估计误差从第一轮的0.52降为0.42,项目难度估计误差也有所下降(从0.3降到0.24);项目的区分度有所提高(从2.76到3.36),说明能更好地区分不同能力水平的学生,被试的区分度亦有所上升(从1.39到1.80);被试信度从0.66上升到0.76,项目信度从0.88上升到0.92;项目拟合指数皆接近理想值,测验数据与理想模型具有较好的拟合度。

表4-33 符号表征能力第二轮试测的总体统计结果

	Measure	S. E.	Infit MNSQ	Infit ZSTD	Outfit MNSQ	Outfit ZSTD	Seperation	Reliability
被试	1.31	0.42	0.87	-0.3	1.11	0.1	1.80	0.76
项目	0.00	0.24	1.00	0.0	1.11	0.2	3.36	0.92

3. 单维性

将第二轮测试的结果进行标准残差对比分析,以检验测验工具的单维性,结果如图4-10所示。由图4-10可见,第二轮测试除了2个项目(A-S20,a-S12)超出-0.4—0.4的范围外,绝大多数项目(90%)与所要测量的符号表征能力之外的、可能

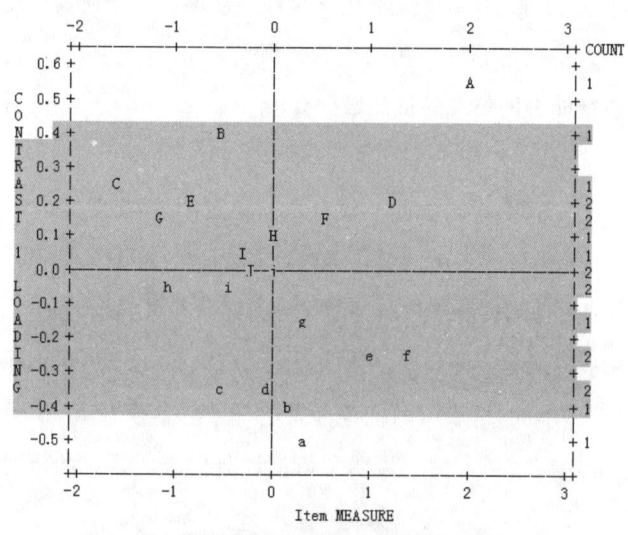

图4-10 符号表征能力第二轮试测标准残差对比

影响项目反应的变量之间的相关都在可接受范围—0.4—0.4之间。所以,可以认为该测验题所测量的主要是一种结构——符号表征能力,具有单维性,符合Rasch模型的基本假设。

4. 项目-被试对应

符号表征能力第二轮试测项目-被试对应如图4-11所示。由图4-11可见,20个项目分布较广,能覆盖不同的水平。各个水平的项目相对集中,如对应于较低水平的项目S01、S02、S03、S04、S05位于下端,而对应于水平4的S17、S18、S19、S20位于上端,虽然也有少数项目如S07、S10与低一级水平区分不明显,但总的来说各项目与学习进程所规定的水平具有较高的一致性。所选择的被试样本包含从低到高的不同水平,分布近似于正态分布,两端学生较少,位于中间水平的学生较多。

5. 项目拟合

表4-34是符号表征能力第二轮试测各项目的拟合统计,结果显示项目难度的估计误差在0.10—0.38之间,较第一轮测试的0.10—0.59有较为明显的下降,除了S20的项目拟合指数以及S06的MNSQ超出可接受范围,其他项目都能达到指标。点-测量相关在0.14—0.85之间,表现出较好的区分度。

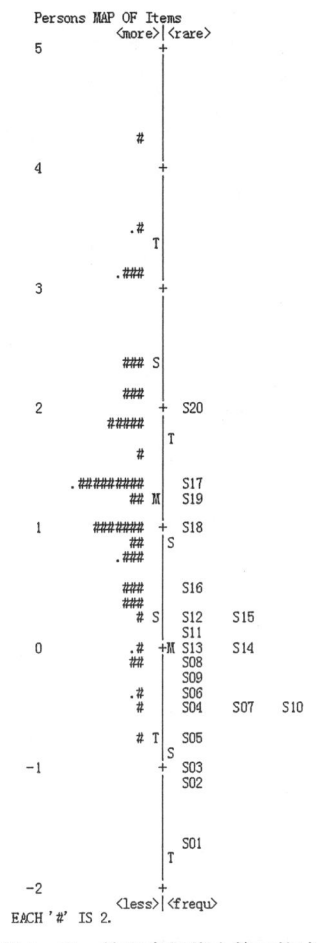

图4-11 符号表征能力第二轮试测项目-被试对应图

表4-34 符号表征能力第二轮试测项目拟合统计

Item	Measure	S.E.	Infit MNSQ	Infit ZSTD	Outfit MNSQ	Outfit ZSTD	PTMEA CORR.
S01	−1.65	0.38	0.94	−0.10	0.76	−0.50	0.28
S02	−1.17	0.32	0.85	−0.20	0.76	−0.50	0.31
S03	−1.07	0.31	1.08	0.40	1.26	1.30	0.14

续 表

Item	Measure	S. E.	Infit MNSQ	Infit ZSTD	Outfit MNSQ	Outfit ZSTD	PTMEA CORR.
S04	−0.51	0.26	0.93	−0.40	1.07	0.30	0.33
S05	−0.81	0.28	1.11	0.60	1.71	0.80	0.14
S06	−0.32	0.25	1.20	1.30	2.00	1.80	0.37
S07	−0.44	0.26	1.12	0.90	1.25	1.50	0.16
S08	−0.08	0.24	0.99	0.00	1.04	0.20	0.34
S09	−0.25	0.25	1.04	0.10	1.31	0.20	0.19
S10	−0.51	0.26	1.03	0.20	1.22	0.80	0.26
S11	0.14	0.23	1.13	0.20	1.13	0.70	0.25
S12	0.29	0.22	1.07	0.60	0.95	−0.20	0.33
S13	−0.02	0.23	1.09	0.60	1.13	0.60	0.26
S14	0.03	0.23	0.92	−0.70	0.81	−0.80	0.44
S15	0.29	0.22	1.09	0.20	1.00	0.10	0.31
S16	0.53	0.22	1.11	1.10	1.48	1.70	0.26
S17	0.98	0.21	1.05	0.70	1.13	1.00	0.35
S18	1.21	0.11	0.78	−1.80	0.79	−1.60	0.74
S19	1.36	0.10	0.71	−1.60	0.71	−1.40	0.82
S20	2.00	0.11	0.66	−2.10	0.64	−2.10	0.85

6. 选项、评分等级结构

基于第一轮试测数据的分析，本研究剔除了一些项目，对一些项目的题干、选项做了修改，调整了部分项目的难度水平，修改后的项目显示出良好的性能指标，能更好地评估学生的能力，表 4-35 列出了部分选择题的被试答案统计。

表 4-35　符号表征能力第二轮试测 5 道题被试答案统计

Item	Data Code	Score Value	Data Count	%	Average Mean	S. E. Mean	OUTF MNSQ	PTMEA CORR.
S01	B	0	2	2	−0.52	0.19	0.20	−0.24
	A	0	4	4	0.48	0.41	0.80	−0.15
	D	0	2	2	0.53	0.34	0.70	−0.1
	C	1	104	93	1.39	0.10	1.00	0.28

续 表

Item	Data Code	Score Value	Data Count	%	Average Mean	S. E. Mean	OUTF MNSQ	PTMEA CORR.
S02	C	0	4	4	−0.03	0.38	0.50	−0.25
	B	0	1	1	0.36		0.60	−0.09
	A	0	7	6	0.63	0.30	0.90	−0.17
	D	1	100	89	1.42	0.10	1.00	0.31
S03	C	0	5	4	0.76	0.3	1.00	−0.12
	B	0	3	3	0.93	1.08	1.30	−0.06
	A	0	5	4	1.04	0.45	1.50	−0.06
	D	1	99	88	1.37	0.1	1.10	0.14
S04	D	0	6	5	0.28	0.32	0.60	−0.24
	A	0	6	5	0.29	0.36	0.70	−0.23
	C	0	8	7	0.98	0.45	1.70	−0.09
	B	1	92	82	1.47	0.1	0.90	0.33
S05	D	0	1	1	0.02		0.40	−0.12
	B	0	4	4	0.87	0.56	1.30	−0.08
	C	0	11	10	1.06	0.32	2.10	−0.08
	A	1	96	86	1.37	0.11	1.10	0.14

对于建构反应题而言,本研究根据初测数据的分析结果,并充分考量了被试的作答情况,对建构反应题题干进行了修改,并对其评分标准重新进行了定义。修改后的各个评分等级呈现出了较好的结构特征,如图 4-12 是 S20(第一轮测试中题号为 PS27)的评分等级结构。PS27 的评分等级结构见图 4-9。

三、其他三种能力两轮测试数据对比

前面详细讨论了符号表征能力测评工具的质量检验及优化过程。实验认知能力、模型思维能力、定量化能力测评工具的质量改进则通过两轮试测数据的对比加以说明。

(一)实验认知能力两轮试测数据对比

1. 总体结果对比

表 4-36 是实验认知能力两轮试测总体结果的对比。数据表明,第一轮试测和第

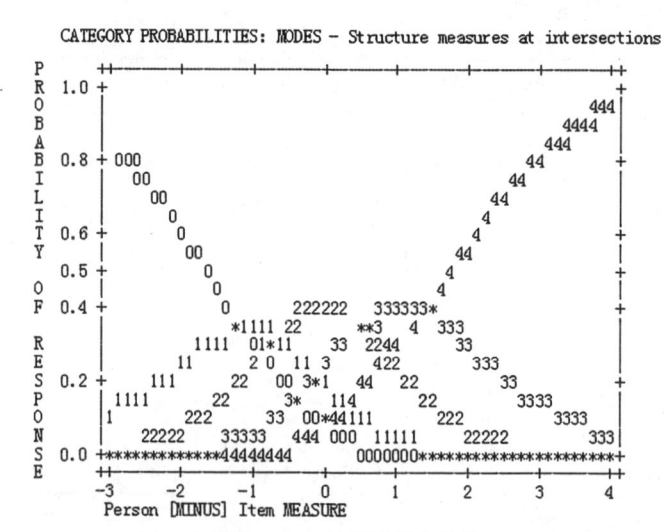

```
CATEGORY PROBABILITIES: MODES - Structure measures at intersections
P ++-------+---------+---------+---------+---------+---------+---------++
R 1.0 +                                                              444 +
O     |                                                             4444 |
B     |                                                              444 |
A 0.8 + 000                                                           44 |
B     |  00                                                           44 |
I     |   00                                                          44 |
L     |    0                                                           4 |
I 0.6 +    0                                                          44 |
T     |     0                                                          4 |
Y 0.5 +     0                                                         44 |
      |      0         222222    333333                                4 |
O 0.4 +*      0      22      22 3*     333                               +
F     |*1111  22    1*   **3    4   333                                  |
      |    1111 01*11   33   2244   33                                   |
R 0.2 + 111  2 0*11    422      33                                       +
E     |   111    22  00 3*1   44   22    3333                            |
S     | 1111    22    3* 114    22     3333                              |
P     |   222   33  00*44111   22     3333                               |
O     | 22222  33333   444 000  11111   22222    333                     |
N 0.0 +*******************44444444 0000000*****************************+
S ++-------+---------+---------+---------+---------+---------+---------++
E     -3        -2        -1         0         1         2         3         4
                      Person [MINUS] Item MEASURE
```

图 4-12　S20 评分等级结构

二轮试测的项目拟合指数都能接近理想值；被试估计误差稍有下降（从 0.47 到 0.43），项目的估计误差有较大幅度的下降（从 0.29 到 0.08），分离度以及被试信度上升较为明显。从总体结果而言，第二轮测验工具的质量改善较为显著。

表 4-36　实验认知能力两轮试测总体结果对比

		Measure	S. E.	Infit		Outfit		Seperation	Reliability
				MNSQ	ZSTD	MNSQ	ZSTD		
第一轮	被试	1.81	0.47	1.02	0.00	0.95	0.00	0.99	0.50
	项目	0.00	0.29	1.01	0.10	0.95	0.00	3.59	0.93
第二轮	被试	0.99	0.43	0.96	−0.10	1.01	0.10	2.26	0.84
	项目	0.00	0.08	1.00	0.00	1.01	0.10	5.49	0.93

2. 单维性对比

图 4-13、图 4-14 分别是实验认知能力第一轮试测和第二轮试测的单维性检验结果。

在第一轮试测中，有 4 个项目（a-PE26，b-PE21，A-PE16，B-PE11）超出可接受范围，处于 −4.0—+4.0 边缘的项目也较多。在第二轮试测中，只有 2 个项目（A-E20，a-E19）位于 −4.0—+4.0 之外。可以认为该测验题所测的主要是学生的实验认知

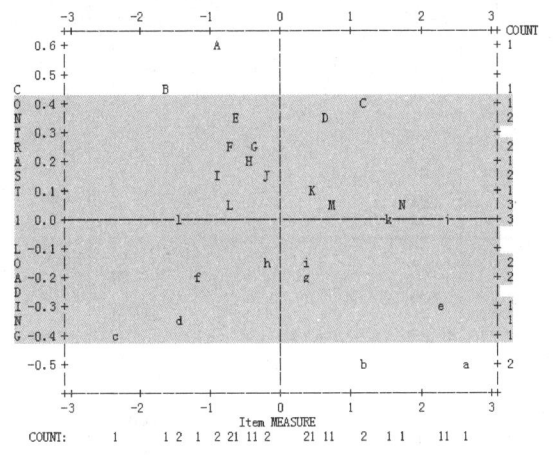

图 4-13 实验认知能力第一轮试测标准残差对比

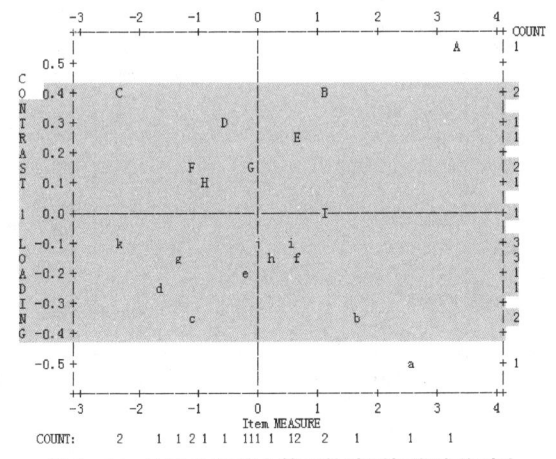

图 4-14 实验认知能力第二轮试测标准残差对比

能力。

3. 项目-被试对应对比

图 4-15、图 4-16 分别是实验认知能力第一轮试测和第二轮试测的项目-被试对应,可以发现,在第一轮试测中,被试分布类似正态分布,较为合理。但项目相对分散,不少项目无被试对应。某些项目的能力水平与预设差距较大,如 PE16、PE19 处于较低水平,PE05、PE06 处于较高水平。在第二轮试测中,被试分布的形态更为合理,项目水平与预设水平较为一致。

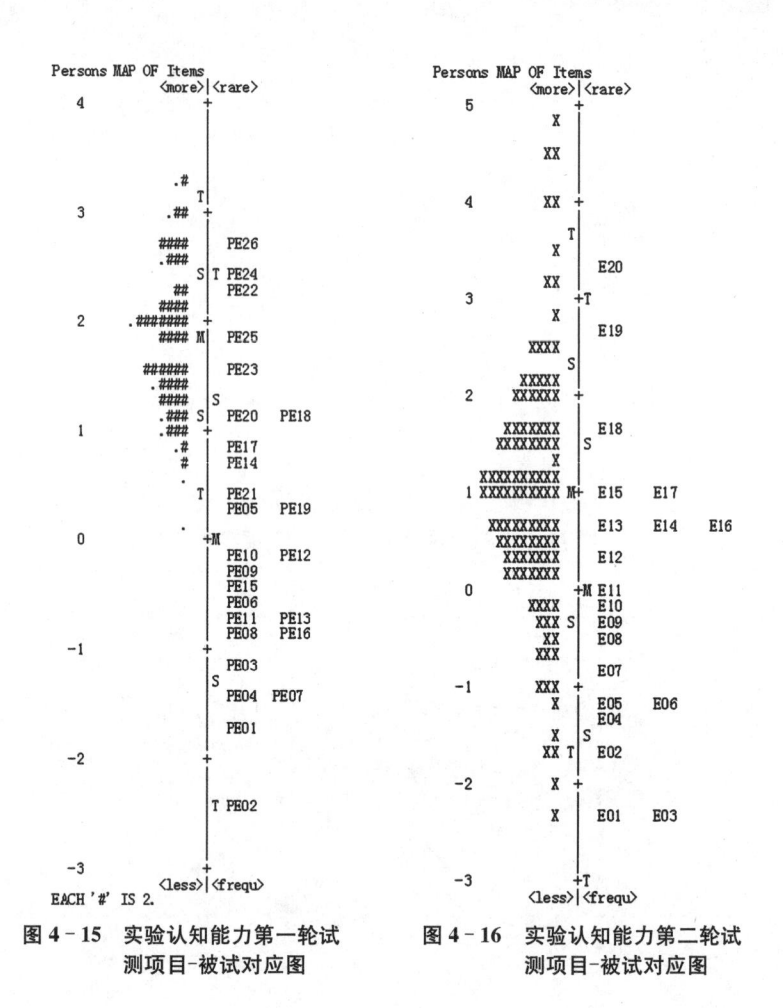

图 4-15 实验认知能力第一轮试测项目-被试对应图

图 4-16 实验认知能力第二轮试测项目-被试对应图

4. 项目拟合对比

表 4-37、表 4-38 显示的是两轮试测具体项目的拟合情况。可以发现，第一轮试测中项目估计的标准误在 0.09—0.72 之间，PE01、PE02、PE03、PE04 的估计误差都较大，第二轮试测项目估计的标准误在 0.15—0.41 之间，绝大多数项目的误差都小于 0.4。可见，第二轮试测的估计精确程度有所提高；数据-模型拟合值无论是残差均方还是加权后的残差均方基本都在允许值范围内(MNSQ：0.7—1.3；ZSTD：－2.0—＋2.0)；点-测量相关只有少数项目偏低(如 E06，E10 等)，半数以上项目都在 0.4 以上。因此，实验认知能力第二轮试测工具中具体项目的质量符合模型要求。

表 4-37　实验认知能力第一轮试测项目拟合统计

Item	Measure	S.E.	Infit MNSQ	Infit ZSTD	Outfit MNSQ	Outfit ZSTD	PTMEA CORR.
PE01	−1.65	0.51	1.01	0.20	0.86	0.00	0.13
PE02	−2.37	0.72	0.99	0.20	0.57	−0.30	0.16
PE03	−1.21	0.43	0.92	−0.10	0.59	−0.90	0.32
PE04	−1.41	0.46	0.99	0.10	0.82	−0.20	0.17
PE05	0.32	0.25	0.86	−1.00	0.73	−1.50	0.47
PE06	−0.65	0.34	1.04	0.20	1.00	0.10	0.13
PE07	−1.43	0.52	0.98	0.90	0.89	0.30	0.20
PE08	−0.90	0.37	1.05	0.30	1.19	0.60	0.06
PE09	−0.34	0.30	0.92	−0.30	0.76	−0.80	0.35
PE10	−0.17	0.29	0.96	−0.10	0.82	−0.70	0.30
PE11	−0.77	0.35	0.98	0.00	0.98	0.10	0.19
PE12	−0.17	0.29	0.91	−0.40	0.89	−0.30	0.34
PE13	−0.77	0.32	0.88	0.20	1.20	0.40	0.34
PE14	0.76	0.22	0.97	−0.20	0.90	−0.70	0.34
PE15	−0.44	0.31	1.01	0.10	0.97	0.00	0.20
PE16	−0.90	0.37	1.07	0.30	1.20	0.60	0.03
PE17	0.81	0.22	1.11	1.10	1.23	1.70	0.09
PE18	1.22	0.23	1.08	0.70	1.10	0.70	0.15
PE19	0.32	0.15	1.05	0.80	1.12	0.60	0.35
PE20	1.19	0.16	0.99	0.10	0.98	0.00	0.38
PE21	0.36	0.15	1.20	0.70	1.08	0.40	0.28
PE22	2.36	0.12	1.20	1.60	1.29	1.30	0.35
PE23	1.53	0.20	0.98	0.00	0.96	−0.10	0.32
PE24	2.39	0.11	1.10	1.00	1.13	1.00	0.43
PE25	1.87	0.12	0.91	−0.80	0.91	−0.60	0.54
PE26	2.62	0.09	0.96	−0.30	0.90	−0.70	0.61

表 4-38　实验认知能力第二轮试测项目拟合统计

Item	Measure	S.E.	Infit MNSQ	Infit ZSTD	Outfit MNSQ	Outfit ZSTD	PTMEA CORR.
E01	−2.37	0.26	0.99	−0.5	1.30	−0.60	0.31
E02	−1.69	0.33	1.05	0.30	1.09	0.30	0.28
E03	−2.37	0.41	1.11	0.40	1.08	0.30	0.20
E04	−1.30	0.30	1.15	0.80	0.87	−0.10	0.30
E05	−1.13	0.28	0.89	−0.60	1.24	1.20	0.42
E06	−1.13	0.28	1.23	1.30	1.00	1.10	0.14
E07	−0.90	0.27	0.91	−0.50	1.08	1.30	0.38
E08	−0.57	0.25	0.99	0.00	0.91	−0.20	0.42
E09	−0.27	0.24	1.16	1.20	1.35	1.20	0.30
E10	−0.11	0.23	1.25	1.20	1.25	0.40	0.19
E11	0.00	0.23	0.99	−0.10	0.97	0.00	0.44
E12	0.27	0.22	0.91	−0.90	0.86	−0.60	0.51
E13	0.64	0.22	0.95	−0.60	0.88	−0.60	0.50
E14	0.60	0.22	1.09	1.10	1.06	0.40	0.41
E15	1.06	0.17	0.75	−1.20	0.72	−0.30	0.72
E16	0.71	0.14	0.72	−1.40	0.62	−0.40	0.80
E17	1.08	0.15	0.77	−1.20	0.76	−1.00	0.74
E18	1.63	0.15	0.88	−0.90	0.84	−1.20	0.70
E19	2.59	0.16	1.10	0.80	1.09	0.70	0.56
E20	3.26	0.15	1.11	0.80	1.04	0.30	0.61

5. 评分等级结构对比

在第一轮试测中,有些建构反应题的评分显示出了良好的等级结构,如 PE20、PE23、PE25 等,图 4-17 是 PE25 第一轮试测的评分等级结构图。而有些项目的评分等级不合理,需要重新定义或修改,如 PE22、PE24、PE26 等。表 4-39 是 PE26 在第一轮试测和第二轮试测(题号为 E20)中的评分标准,图 4-18、图 4-19 分别是 PE26 在第一轮试测和第二轮试测(题号为 E20)的评分等级结构,显示修改后的评分等级更具合理性。

表 4-39 PE26(E20)评分标准对比

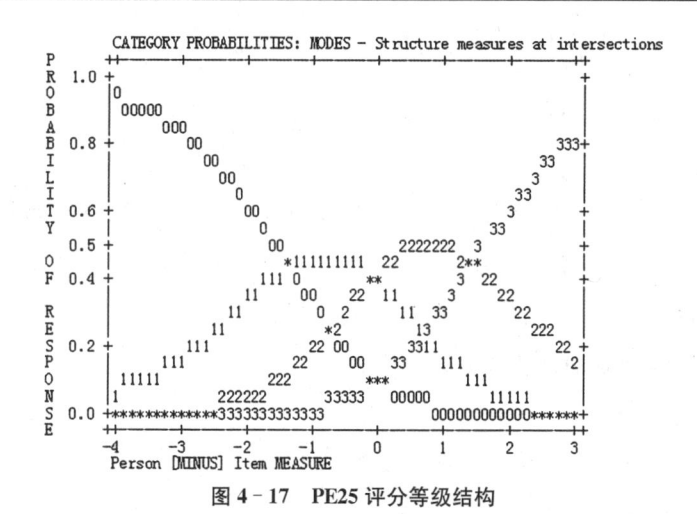

第一轮(PE26)	第二轮(E20)
0分：不作答，或假设错误 1分：提出了1个合理假设，且有合理的验证方案 2分：提出了2个或3个合理假设，但验证方案只有一个是合理的 3分：提出了2个或3个合理假设，其中的2个验证方案是合理的 4分：提出了3个合理假设，并且设计出了合理的验证方案	0分：不作答，或答案错误 1分：只提出合理假设，而没有合理的方案去验证 2分：提出了1个合理假设，并且设计出了合理的验证方案 3分：提出了2个合理假设，并且设计出了合理的验证方案 4分：提出了3个合理假设，并且设计出了合理的验证方案

```
CATEGORY PROBABILITIES: MODES - Structure measures at intersections
P       ++----+----+----+----+----+----+----++
R   1.0 +0                                    +
O       | 00000                               |
B       |      000                     333    |
A   0.8 +        00                   33      +
B       |         00                 3        |
I       |          00               33        |
L   0.6 +            0             33         +
I       |             0                       |
T       |              00       2222222  3    |
Y   0.5 +               *111111111 22    2**  +
        |              111 0     **   3 22    |
O   0.4 +             11        0 2  11  22   +
F       |            11          2  11 33  22 |
        |           11          *2   13   222 |
R   0.2 +          111         22 00 3311  22 +
E       |        11111       222    00 33  111   2 +
S       |       1          222222    33333  00000     11111 +
P   0.0 +**********3333333333333              000000000000******+
O       ++----+----+----+----+----+----+----++
N       -4   -3   -2   -1    0    1    2    3
S              Person [MINUS] Item MEASURE
E
```

图 4-17 PE25 评分等级结构

```
CATEGORY PROBABILITIES: MODES - Structure measures at intersections
P       ++----+----+----+----+----+----+----++
R   1.0 +000000                        44444  +
O       |      00000                  4444    |
B       |         000                44       |
A   0.8 +            00              4        +
B       |             00            44        |
I       |              00          4          |
L   0.6 +               0         4           +
I       |                00      4            |
T   0.5 +                  00   4             +
Y       |                     *1              |
O   0.4 +                 1111 0111           +
F       |               11    0 2**22*2       |
        |              111      2* 1* 22      |
R   0.2 +            1111      22 00 4 1  2   +
E       |         1111       22   * 33**33**33|
S       |        222       4*3*0   000 111 222223333333|
P   0.0 +**1111111**********22222**3***4**000000*********+
O       ++----+----+----+----+----+----+----++
N       -4   -3   -2   -1    0    1    2    3
S              Person [MINUS] Item MEASURE
E
```

图 4-18 PE26 评分等级结构

207

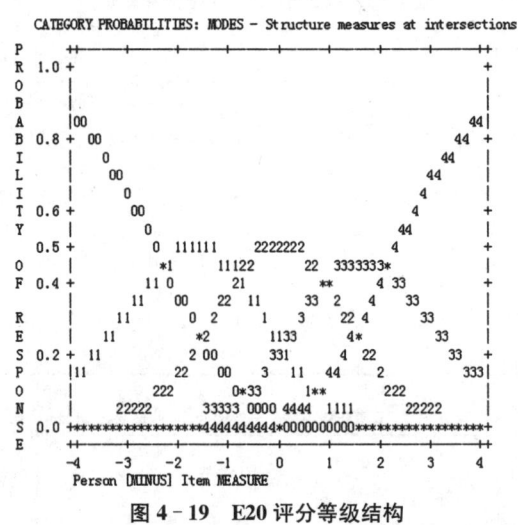

```
                CATEGORY PROBABILITIES: MODES - Structure measures at intersections
       P   ++----+----+----+----+----+----+----+----+----++
       R 1.0 +                                             +
       O     |                                             |
       B     |                                             |
       A     |00                                         44|
       B 0.8 + 00                                       44 +
       I     |   0                                    44   |
       L     |    00                                 44    |
       I     |      0                                4     |
       T 0.6 +       00                             4      +
       Y     |                                     44      |
         0.5 +        0 111111    2222222         4        +
       O     |         *1     11122   22   3333333*        |
       F 0.4 +         11 00      21       **   4 33       +
             |           11  00   22  11      33    33     |
       R     |            11    0    22 11  3   22 4    33 |
       E     |             11       *2   1133   4*     33  |
       S 0.2 + 11           *       2 00  331     4 22    33 +
       P     |11                                         333|
       O     |       222            0*33      1**     222    |
       N     |   22222       33333  0000 4444   1111    22222|
       S 0.0 +****************4444444444*0000000000***********+
       E    ++----+----+----+----+----+----+----+----+----++
             -4   -3   -2   -1    0    1    2    3    4
               Person [MINUS] Item MEASURE
```

图 4-19　E20 评分等级结构

通过以上对比可知,基于"测量-建构"四基石框架开发的实验认知能力测验工具,经 Rasch 模型检验和修订后表现出良好的信度和效度特征,测验工具质量可靠,测验结果可信,可用于大样本测试以考查学生的实验认知能力。

(二) 模型思维能力两轮试测数据对比

1. 总体结果对比

表 4-40 模型思维能力试测的总体统计结果显示,第二轮试测被试估计误差减小,项目估计误差亦有小幅度降低。无论被试还是项目的分离度和信度,第二轮都较第一轮有所提高。两轮试测被试和项目的拟合指数都接近理想值。

表 4-40　模型思维能力两轮试测总体结果对比

		Measure	S.E.	Infit MNSQ	Infit ZSTD	Outfit MNSQ	Outfit ZSTD	Seperation	Reliability
第一轮	被试	1.48	0.51	1.01	0.0	0.99	0.0	0.78	0.58
	项目	0.00	0.29	1.00	0.1	0.99	0	4.57	0.95
第二轮	被试	0.73	0.40	0.97	-0.1	0.96	0.0	2.00	0.80
	项目	0.00	0.24	1.00	0.0	0.96	0.0	5.82	0.97

2. 单维性对比

图4-20、图4-21分别是模型思维能力第一轮试测和第二轮试测的单维性检验结果。在第一轮试测中,有3个项目(A-PM17,B-PM16,a-PM05)超出了可接受范围,处于-0.4—+0.4范围附近的项目也较多。而在第二轮试测中,有2个项目(A-M10,a-M17)超过许可范围,绝大多数项目具有单维性。

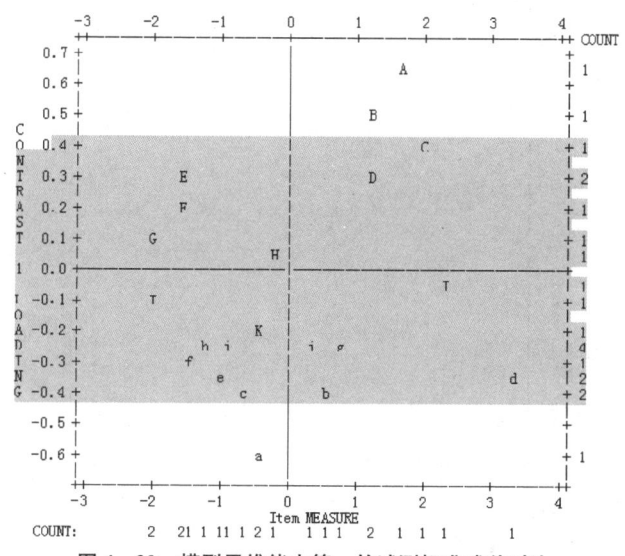

图4-20 模型思维能力第一轮试测标准残差对比

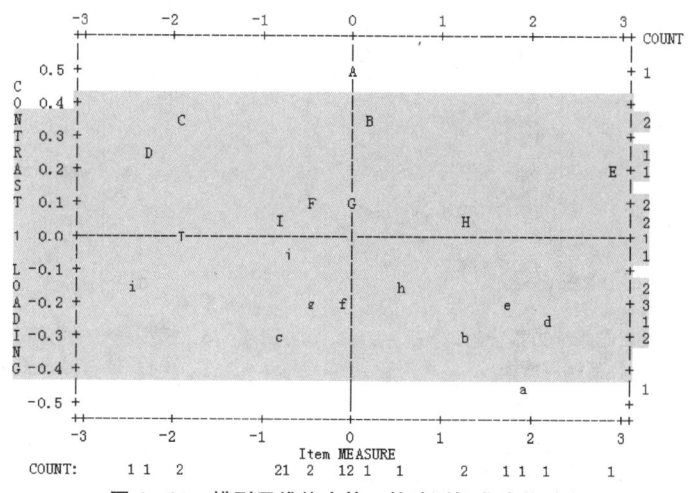

图4-21 模型思维能力第二轮试测标准残差对比

3. 项目-被试对应对比

图 4-22、图 4-23 分别是模型思维能力第一轮试测和第二轮试测的项目-被试对应。可见,在第一轮试测中,被试分布类似正态分布,较为合理。但项目相对分散,不少项目无被试对应,某些项目的能力水平与预设差距较大,如 PM20、PM10、PM14 处于较低水平,PM03 处于较高水平。在第二轮试测中,被试的能力分布区域更广,形态更为合理,项目水平与预设水平较为一致。

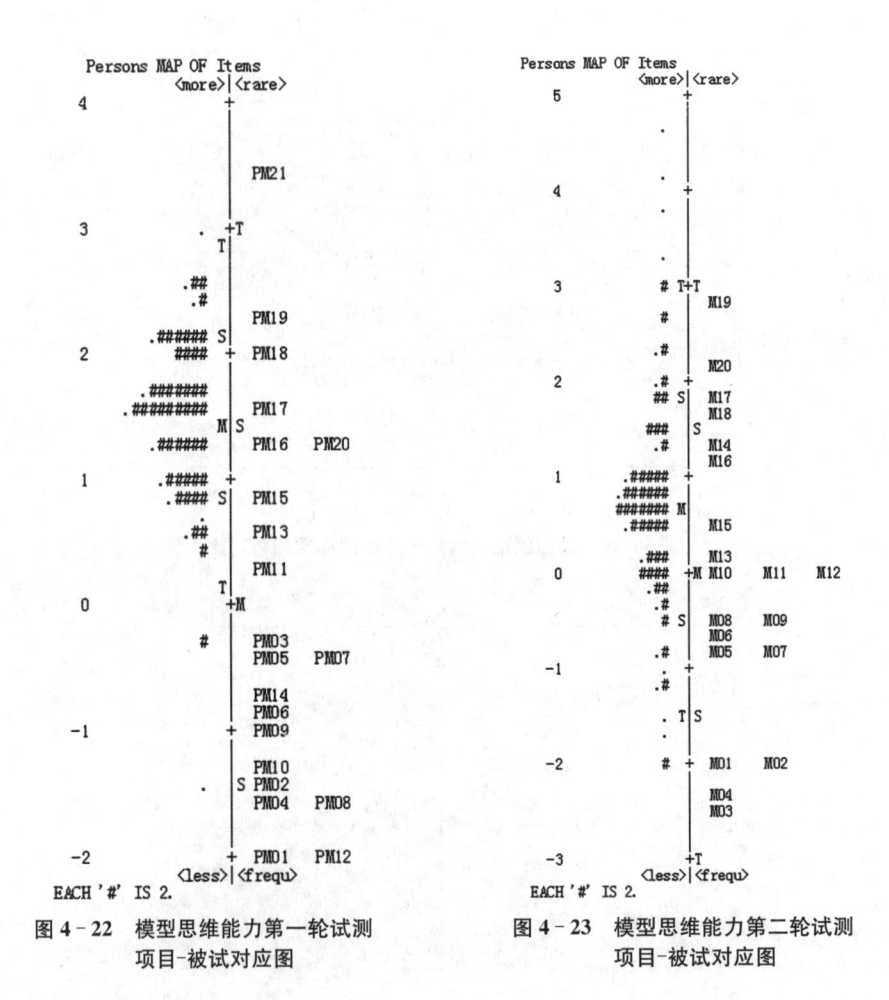

```
Persons MAP OF Items                    Persons MAP OF Items
        <more>|<rare>                           <more>|<rare>
   4           +                           5           +
               |                                       .
               |                                       |
               |                                       |
               |                                       |
               |   PM21                     4          +
               |                                       |
   3        . +T                                       |
              T|                                       |
               |                                       #  T+T
            .##|                            3          +  M19
             .#|   PM19                                #
          .#####|S                                    .#
           ####+    PM18                    2        .# +  M20
               |                                    ## |S  M17
       .#######|                                    .# |   M18
       .########|  PM17                             ###|S   M14
              M|S                                      |   M16
         .######|  PM16  PM20                1    .#####+M
   1        .####+                               .#######|
            .####|S PM15                          .#####|   M15
             .## |  PM13                             .###|+ M13
               #|                           0       ###  +M M10    M11   M12
               T|   PM11                              .# |
   0           +M                                    .#  |S  M08   M09
               |                                     #   |   M06
               |                                    -1   +    M05   M07
               #|   PM03                              .# |
               |   PM05   PM07                        .  |
               |                                     .#  |
               |   PM14                              .   |T S
               |   PM06                    -2       #   +   M01   M02
  -1           +   PM09                              |    M04
               |                                     |    M03
               |   PM10
             . S   PM02
               |   PM04   PM08            -3           +T
  -2           +   PM01   PM12                   <less>|<frequ>
         <less>|<frequ>                  EACH '#' IS 2.
   EACH '#' IS 2.
```

图 4-22　模型思维能力第一轮试测　　图 4-23　模型思维能力第二轮试测
　　　　项目-被试对应图　　　　　　　　　　　项目-被试对应图

4. 项目拟合对比

表 4-41 以及表 4-42 的两轮试测项目拟合统计结果显示,第二轮项目估计误差较第一轮有所降低,且都小于 0.4。项目-数据拟合指数在许可值范围之内。第二轮项目的点-测量相关系数有较为明显的提高。

表 4-41 模型思维能力第一轮试测项目拟合统计

Item	Measure	S.E.	Infit MNSQ	Infit ZSTD	Outfit MNSQ	Outfit ZSTD	PTMEA CORR.
PM01	−2.01	0.52	0.93	0.00	1.10	0.40	0.19
PM02	−1.40	0.40	1.06	0.30	1.08	0.30	0.13
PM03	−0.25	0.27	1.12	0.70	1.07	0.40	0.11
PM04	−1.57	0.43	0.92	−0.10	0.72	−0.50	0.32
PM05	−0.50	0.29	1.08	0.50	1.04	0.30	0.16
PM06	−0.87	0.33	1.03	0.20	1.15	0.60	0.15
PM07	−0.50	0.29	0.93	−0.30	0.82	−0.70	0.37
PM08	−1.57	0.43	0.93	−0.10	0.51	−1.10	0.39
PM09	−0.99	0.34	1.09	0.40	1.12	0.50	0.11
PM10	−1.24	0.38	0.98	0.00	1.02	0.20	0.22
PM11	0.34	0.23	0.99	0.00	1.01	0.10	0.29
PM12	−2.00	0.52	1.07	0.30	1.20	0.50	0.06
PM13	0.59	0.21	1.04	0.60	1.08	0.80	0.21
PM14	−0.67	0.31	1.01	0.10	1.20	0.80	0.17
PM15	0.82	0.28	0.93	−0.30	0.80	−0.80	0.33
PM16	1.26	0.14	0.92	−0.60	0.92	−0.60	0.49
PM17	1.64	0.15	0.91	−0.70	0.88	−0.80	0.50
PM18	2.01	0.13	1.05	0.40	1.08	0.60	0.35
PM19	2.31	0.17	0.94	−0.40	0.93	−0.50	0.43
PM20	1.24	0.16	1.12	0.70	0.99	0.00	0.28
PM21	3.36	0.10	1.03	0.30	1.04	0.30	0.46

表 4-42 模型思维能力第二轮试测项目拟合统计

Item	Measure	S.E.	Infit MNSQ	Infit ZSTD	Outfit MNSQ	Outfit ZSTD	PTMEA CORR.
M01	−1.92	0.31	0.80	−0.80	0.99	0.40	0.47
M02	−1.92	0.34	1.10	0.50	0.89	−0.10	0.22
M03	−2.46	0.31	1.04	0.20	0.85	−0.10	0.22
M04	−2.30	0.38	0.85	−0.40	0.41	−1.20	0.39
M05	−0.80	0.25	1.05	0.40	0.91	−0.20	0.33
M06	−0.74	0.24	1.05	0.40	1.03	0.20	0.32
M07	−0.80	0.25	1.40	1.70	1.22	1.60	0.03
M08	−0.46	0.23	1.05	0.50	0.96	−0.10	0.35
M09	−0.46	0.23	0.98	−0.10	0.89	−0.40	0.39
M10	−0.01	0.22	1.21	1.40	1.26	1.30	0.22
M11	−0.07	0.22	1.11	1.20	1.15	0.80	0.30
M12	−0.02	0.22	1.07	0.80	1.09	0.60	0.33
M13	0.21	0.21	0.96	−0.50	0.93	−0.30	0.43
M14	1.29	0.21	1.26	1.40	1.42	1.60	0.19
M15	0.56	0.15	1.00	0.00	1.00	0.00	0.59
M16	1.24	0.14	0.56	−1.20	0.56	−1.10	0.83
M17	1.87	0.15	0.90	−0.90	0.89	−0.90	0.64
M18	1.71	0.15	1.05	0.50	1.04	0.30	0.55
M19	2.90	0.16	0.89	−0.90	0.90	−0.80	0.61
M20	2.20	0.15	0.82	−1.40	0.77	−1.60	0.70

5. 评分等级结构对比

第一轮试测中含有6个开放题,试测结果显示,PM16、PM17、PM18、PM19皆显示了良好的评分等级结构,如图4-24所示是第一轮试测中PM18的评分等级结构。

但PM20、PM21评分等级则需要重新定义或合并,图4-25是第一轮试测中PM20的评分等级结构,没有学生得0分,3分被"遮盖",不能代表与2分、4分有着明显差异的类别,应考虑将其合并到2分、4分中。表4-43是PM20在第一轮试测和第

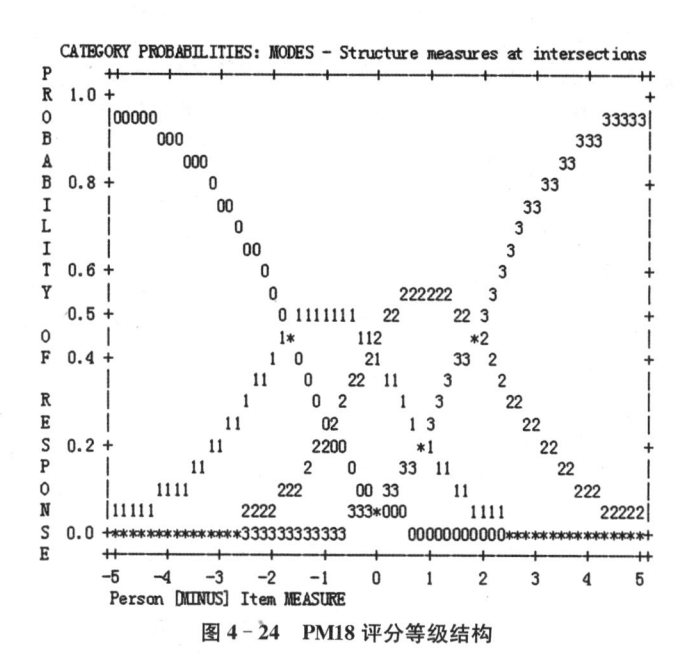

```
CATEGORY PROBABILITIES: MODES - Structure measures at intersections
P      ++----+----+----+----+----+----+----+----+----+----++
R  1.0 +                                                    +
O      |00000                                         33333|
B      |     000                                    333    |
A      |       000                                 33      |
B  0.8 +          0                                33      +
I      |          00                              33       |
L      |            0                             3        |
I      |            00                           3         |
T  0.6 +             0                           3         +
Y      |              0            222222        3         |
   0.5 +               0 1111111  22      22 3             +
O      |               1*        112        *2             |
F  0.4 +               1          21         33  2         +
       |              11 0       22  11      3    2        |
R      |             1    0     2     1     3      22      |
E      |                  02               3        22     |
S  0.2 +           11    2200          *1           22     +
P      |          11     2         33 11             22    |
O      |        1111    222        00 33           222     |
N      |11111          2222         333*000       1111       22222|
S  0.0 ++*************3333333333333      00000000000*****************+
E      ++----+----+----+----+----+----+----+----+----+----++
        -5   -4   -3   -2   -1    0    1    2    3    4    5
             Person [MINUS] Item MEASURE
```

图 4-24 PM18 评分等级结构

二轮试测(题号为 M18)中的评分标准对比。修改后的等级结构如图 4-26 所示,显示出较为理想的评分等级结构特征。

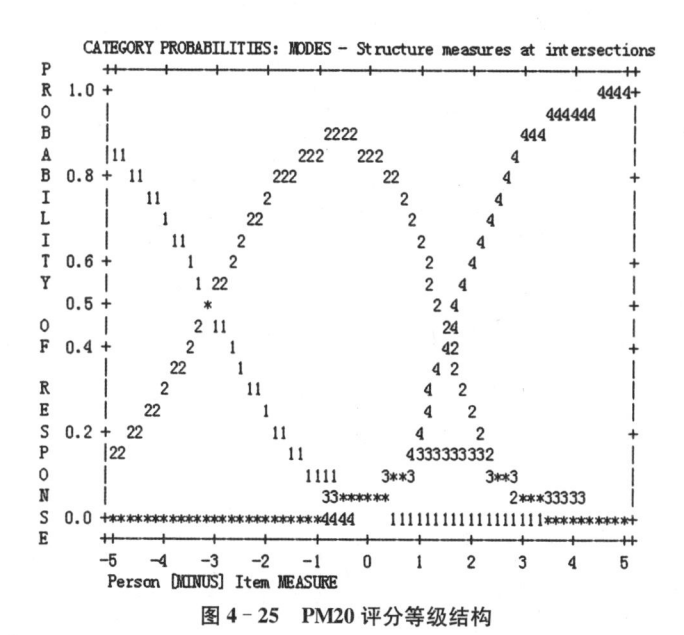

```
CATEGORY PROBABILITIES: MODES - Structure measures at intersections
P      ++----+----+----+----+----+----+----+----+----+----++
R  1.0 +                                              4444+
O      |                                           444444 |
B      |                        2222              444     |
A      |11                    222  222           4        |
B  0.8 + 11                 222       22        4         +
I      |  11               1            2      4          |
L      |    1             22             2    4           |
I      |     11          2                2   4           |
T  0.6 +      1         2                  2 4            +
Y      |      1 22                          2 4           |
   0.5 +        *                           2 4           +
O      |       2 11                         24            |
F  0.4 +         2  1                       42            +
       |         2   11                    4  2           |
R      |         22    1                  4    2          |
E      |                                                  |
S  0.2 + 22            11                4      2         +
P      |22               11           4333333332          |
O      |                    1111    3**3       2**3       |
N      |                      33******      2***33333     |
S  0.0 ++*******************4444  1111111111111111*********+
E      ++----+----+----+----+----+----+----+----+----+----++
        -5   -4   -3   -2   -1    0    1    2    3    4    5
             Person [MINUS] Item MEASURE
```

图 4-25 PM20 评分等级结构

表4-43　PM20和M18评分标准对比

第一轮(PM20)	第二轮(M18)
0分：不作答；答案不相关；答案错误 1分：描述宏观现象 2分：只用语言解释酚酞变红的原因 3分：用图示结合语言解释酚酞变红的原因，但不完善 4分：用图示结合语言完善地解释酚酞变红的原因是涉及氨气的挥发，氨分子与水结合，并部分电离生成OH^-	0分：不作答；答案不相关；答案错误 1分：显示浓氨水易挥发，氨分子从B到A使酚酞变红 2分：显示从B中挥发出的氨分子充满烧杯，部分氨分子进入到A中与水结合成氨水，氨水使酚酞变红 3分：显示从B中挥发出的氨分子充满烧杯，部分氨分子进入到A中与水结合成$NH_3 \cdot H_2O$，$NH_3 \cdot H_2O$部分电离生成NH_4^+、OH^-，OH^-使得酚酞变红

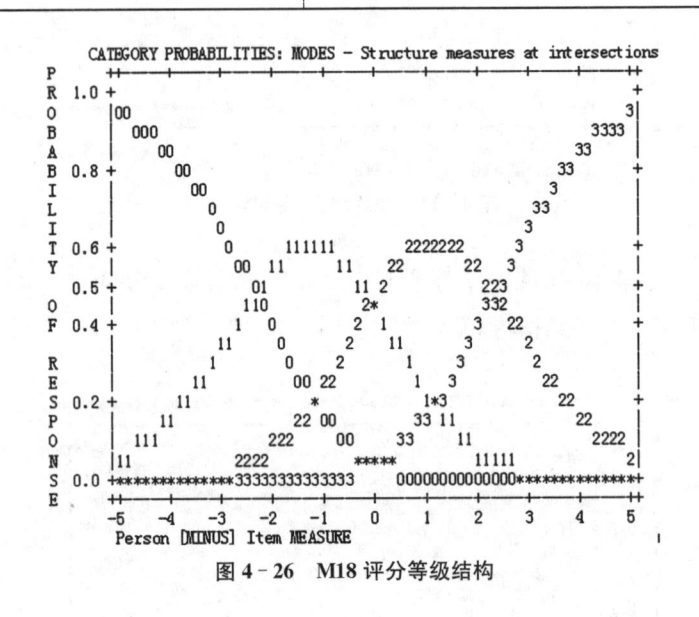

图4-26　M18评分等级结构

通过以上对比可知，基于"测量-建构"四基石框架开发的模型思维能力测验工具，经Rasch模型检验和修订后，表现出良好的信度和效度，测验工具质量可靠，测验结果可信，可用于大样本模型思维能力测试。

(三) 定量化能力两轮试测数据对比

1. 总体结果对比

表4-44是定量化能力两轮试测总体结果的对比。第二轮试测的被试和项目的估计误差都较第一轮有较明显的减小；区分度有所上升，信度也有所提高。从整体上看，第二轮测验工具的质量较第一轮有所改进。

表 4-44　定量化能力两轮试测总体结果对比

		Measure	S. E.	Infit MNSQ	Infit ZSTD	Outfit MNSQ	Outfit ZSTD	Seperation	Reliability
第一轮	被试	1.40	0.59	0.89	−0.2	1.23	0.2	1.78	0.76
	项目	0.00	0.25	0.99	−0.2	1.23	0.2	4.57	0.95
第二轮	被试	1.07	0.44	0.91	−0.2	0.94	−0.1	2.32	0.80
	项目	0.00	0.26	0.99	−0.1	0.94	−0.1	5.81	0.97

2. 单维性对比

图 4-27、图 4-28 分别是定量化能力第一轮试测和第二轮试测的单维性检验结果。从中可见，第一轮试测有 2 道题(A-Q11，B-Q04)落在 −0.4—0.4 范围之外，第二轮只有 1 道题(A-Q10)超出范围，且标准残差系数接近临界值。因此可以认为，定量化能力测验题主要考查了学生的一种能力。

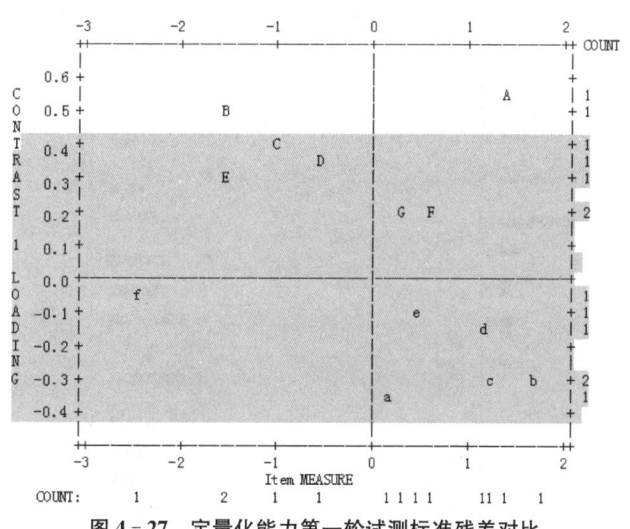

图 4-27　定量化能力第一轮试测标准残差对比

3. 项目-被试对应对比

图 4-29、图 4-30 分别是定量化能力第一轮试测和第二轮试测的项目-被试对应。通过比较可以发现，在第一轮试测中，项目相对分散，部分项目无被试对应。在第二轮试测中，被试的分布更趋于合理，项目的水平与预设水平更为一致。

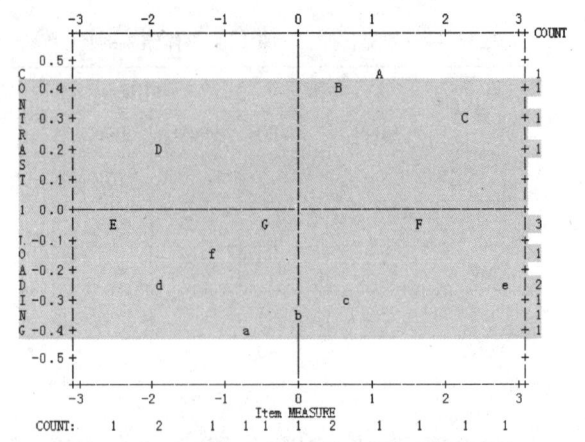

图 4-28 定量化能力第二轮试测标准残差对比

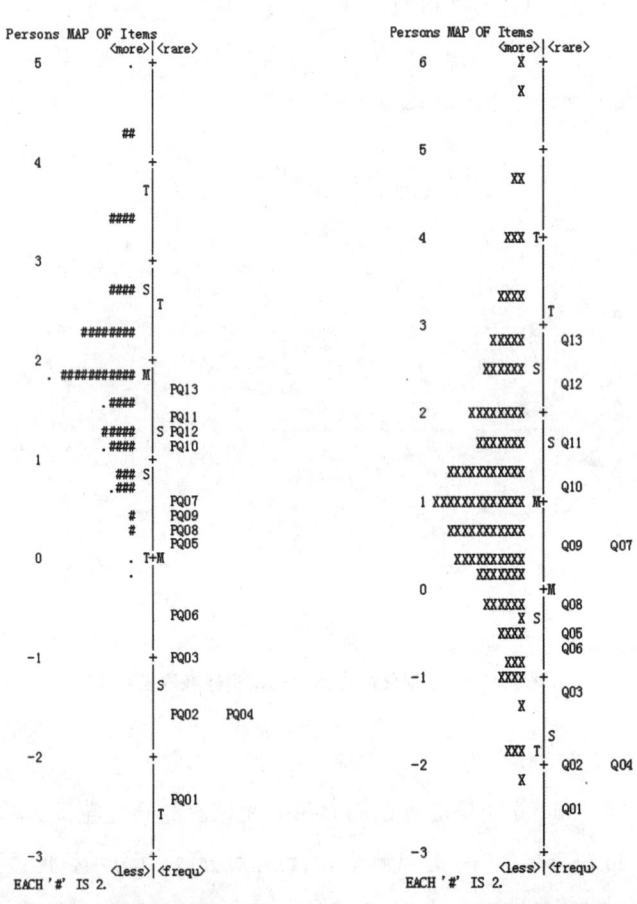

图 4-29 定量化能力第一轮试测项目-被试对应图

图 4-30 定量化能力第二轮试测项目-被试对应图

4. 项目拟合对比

表4-45、表4-46显示的是两轮试测具体项目的拟合情况。

表4-45 定量化能力第一轮试测项目拟合统计

Item	Measure	S. E.	Infit MNSQ	Infit ZSTD	Outfit MNSQ	Outfit ZSTD	PTMEA CORR.
PQ01	-2.49	0.72	1.00	0.20	0.67	-0.10	0.12
PQ02	-1.52	0.47	0.95	0.00	0.55	-0.60	0.24
PQ03	-1.00	0.38	0.99	0.10	0.84	-0.20	0.21
PQ04	-1.52	0.47	0.95	0.00	0.55	-0.60	0.24
PQ05	0.18	0.24	0.89	-0.90	0.74	-1.20	0.43
PQ06	-0.53	0.32	0.93	-0.20	0.90	-0.10	0.28
PQ07	0.64	0.21	1.15	1.90	1.20	1.50	0.21
PQ08	0.31	0.26	1.03	0.30	1.09	0.40	0.24
PQ09	0.43	0.18	1.06	0.50	1.06	0.40	0.36
PQ10	1.12	0.13	0.99	0.00	1.11	0.60	0.46
PQ11	1.38	0.12	0.95	-0.40	0.90	-0.70	0.59
PQ12	1.24	0.17	1.14	0.80	1.14	0.80	0.35
PQ13	1.79	0.12	0.97	-0.20	0.92	-0.60	0.60

表4-46 定量化能力第二轮试测项目拟合统计

Item	Measure	S. E.	Infit MNSQ	Infit ZSTD	Outfit MNSQ	Outfit ZSTD	PTMEA CORR.
Q01	-2.56	0.44	1.15	0.50	0.84	0.00	0.20
Q02	-1.93	0.31	1.05	0.30	1.17	0.50	0.30
Q03	-1.21	0.37	1.02	0.20	0.83	-0.10	0.31
Q04	-1.93	0.30	0.92	-0.30	0.62	-0.90	0.45
Q05	-0.43	0.27	1.03	0.20	1.36	1.10	0.36
Q06	-0.68	0.27	0.93	-0.40	0.64	-1.30	0.50
Q07	0.41	0.24	1.16	1.40	1.26	1.10	0.33
Q08	-0.02	0.26	1.05	0.40	0.82	-0.60	0.43

续 表

Item	Measure	S. E.	Infit MNSQ	Infit ZSTD	Outfit MNSQ	Outfit ZSTD	PTMEA CORR.
Q09	0.43	0.15	1.23	1.50	1.23	1.40	0.47
Q10	1.11	0.13	1.13	1.00	1.12	0.80	0.64
Q11	1.68	0.13	0.89	−0.80	0.92	−0.40	0.72
Q12	2.27	0.12	0.65	−1.30	0.72	−1.60	0.80
Q13	2.86	0.12	0.6	−1.20	0.68	−1.50	0.80

比较表4-45和表4-46可见,在具体项目的质量上,两轮测试的差异不大。两轮测试项目估计的误差绝大多数小于0.4,点-测量相关都较高;两轮试测项目的拟合指数基本符合要求。

5. 评分等级结构对比

在定量化能力第一轮试测中,PQ10、PQ11由于每道题中包括了2个小题,造成了评分结构的不合理。如图4-31所示。在第二轮测试中每道题中只包含1个小题,并修改了评分标准(如表4-47所示),修改后的评分结构如图4-32所示,显示了较好的等级结构。

表4-47 PQ11和Q11评分标准对比

第一轮(PQ11)	第二轮(Q11)
0分:不作答或作答完全错误; 1分:写出化学方程式,列出部分数量关系; 2分:对其中的1个小题运算过程全部正确; 3分:对2个小题运算过程完全正确。	0分:不作答或作答完全错误; 1分:写出化学方程式,列出部分数量关系; 2分:写出化学方程式,列出数量关系但选择用于计算的数据错误; 3分:正确选择实验数据,运用过程全部正确。

通过以上对比可知,基于"测量-建构"四基石框架开发的定量化能力测验工具经Rasch模型检验和修订后,表现出良好的信度和效度,可用于大样本测试研究学生的定量化能力。

本节以Rasch模型原理为理论基础,基于Wilson测量建构"四基石"框架设计编制了符号表征、实验认知、模型思维和定量化共4个高中化学学科能力的测验工具,每个测验工具都进行了两轮试测。运用Rasch模型的分析软件Bond&Fox Steps 1.0.0,

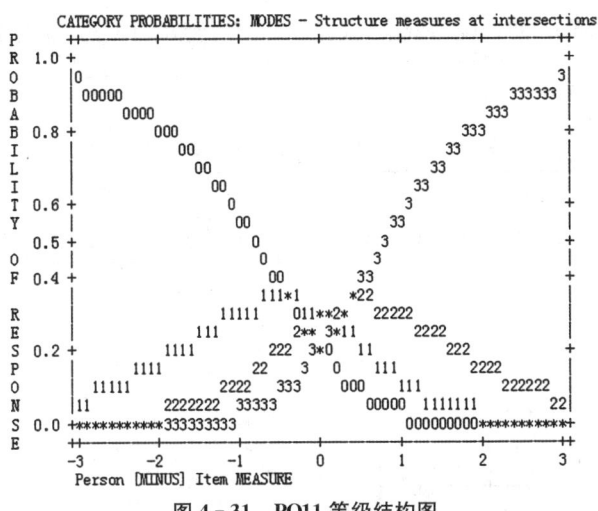

图 4-31 PQ11 等级结构图

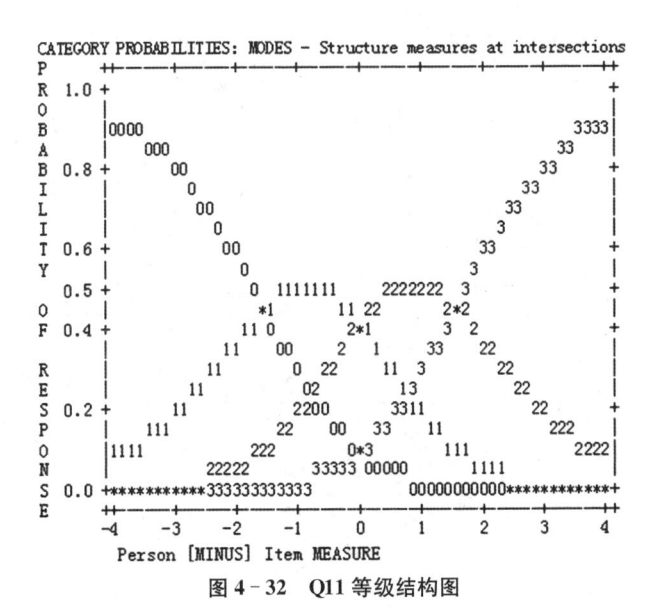

图 4-32 Q11 等级结构图

对数据统计结果进行建模、分析,以检验测验工具的质量。

基于第一轮的数据分析结果,我们对 4 个测验工具皆做了修订,两轮试测的结果显示,修订后的测验工具整体质量有所提升。表 4-48 对比呈现了 4 个测验工具在第一轮和第二轮试测中的相关指标。数据表明,修正后的测验工具无论是均分标准误还是项目标准误,皆有不同程度的减小,分离度和信度都有所提高,证明了测验工具的质量得以优化。

表4-48 4个测验工具两轮测试相关指标对比

指标测验		符号表征		实验认知		模型思维		定量化	
		第一轮	第二轮	第一轮	第二轮	第一轮	第二轮	第一轮	第二轮
均分 S.E.	被试	0.52	0.42	0.47	0.43	0.51	0.50	0.59	0.44
	项目	0.30	0.24	0.29	0.08	0.29	0.24	0.25	0.26
项目 S.E.	最小	0.10	0.10	0.09	0.14	0.10	0.14	0.14	0.12
	最大	0.59	0.38	0.72	0.41	0.52	0.38	0.44	0.36
分离度	被试	1.39	1.80	0.99	2.26	0.78	2.00	1.78	1.99
	项目	2.76	3.36	3.59	5.49	4.57	5.82	4.57	5.81
信度	被试	0.66	0.76	0.50	0.84	0.38	0.80	0.76	0.80
	项目	0.88	0.92	0.93	0.93	0.95	0.97	0.95	0.97

表4-49是4个测验工具两轮测试中项目-拟合指数的总体统计数据,从表4-49中可见Infit和Outfit的MNSQ和ZSTD皆在理想值左右(即MNSQ接近1,ZSTD接近0),说明测验数据与理想模型具有较好的一致性。

表4-49 4个测验工具两轮测试项目-拟合指数对比

能力	测验	Person/Item	Infit		Outfit	
			MNSQ	ZSTD	MNSQ	ZSTD
符号表征	第一轮	被试	0.87	−0.30	1.18	0.10
		项目	1.00	−0.10	1.18	0.30
	第二轮	被试	0.87	−0.30	1.11	0.10
		项目	1.00	0.00	1.11	0.20
实验认知	第一轮	被试	1.02	0.00	0.95	0.00
		项目	1.01	0.10	0.95	0.00
	第二轮	被试	0.96	−0.10	1.01	0.10
		项目	1.00	0.00	1.01	0.10

续 表

能力	测验	Person/Item	Infit MNSQ	Infit ZSTD	Outfit MNSQ	Outfit ZSTD
模型思维	第一轮	被试	1.01	0.00	0.99	0.00
		项目	1.00	0.10	0.99	0.00
	第二轮	被试	0.97	−0.10	0.96	0.00
		项目	1.00	0.00	0.96	0.00
定量化	第一轮	被试	1.40	0.59	0.89	−0.20
		项目	0.00	0.25	0.99	−0.20
	第二轮	被试	1.07	0.44	0.91	−0.20
		项目	0.00	0.26	0.99	−0.10

总体而言,除了少量项目外,第二轮测试的单维性检验和项目-被试图均显示,4个测验工具都测验了一种主要能力,具有单维性,项目难度分布比较均匀,能覆盖不同的水平。各个水平的项目相对集中,各项目与学习进程所规定的水平具有较高的一致性。试测样本来源于重点中学,而在第二轮试测中选择的班级处于学校的一般水平,被试均分较第一轮有所下降,但总的来说,项目相对于被试而言显得较为简单;对于开放题,两位评分者的一致性都较高,由此说明评分标准是明晰、明确且具有操作性的,同时也反映依据评分标准所评定的建构反应题得分是可信的。各开放题的等级结构图呈现出较为理想的概率结构模型。

综上所述,经 Rasch 模型检验的 4 个化学学科能力的测验工具具有较高的信度和效度,可用于大样本测试,在此基础上整合考查学生的化学学科能力。

第五章　初中科学学科能力测评及差异研究

我国初中生科学学科能力水平发展具有什么特点？地区、年级、性别等因素是否会造成能力表现和水平发展的差异？不同的学业水平是否影响学生的科学学科能力表现？围绕这些问题，本章运用自主研制的科学学科能力测评工具，针对初中（7—9年级）学生的科学学科能力现状进行测查，探讨不同年级学生科学学科能力的特征及发展规律，并了解不同地区、不同性别学生科学学科能力整体差异和分项差异，旨在诊断学生科学学科能力，从而为科学教育提供有意义的参考。

第一节　初中科学学科能力的总体分析

通过实施科学学科能力测评，获得相关的一系列数据，并以此分析学生总体的科学学科能力水平，以及在不同年级、性别和地区三方面考查学生科学学科能力的整体情况，以揭示学生科学学科能力发展的趋势和规律。

一、测试的基本情况

（一）测试样本

科学学科能力测验工具经两轮试测、修订优化后，在A、B两地选择不同层次的学校进行测试（简称为终测）。在一个月内完成测试。具体测试样本组成见表5-1。

表 5-1 科学学科能力的终测样本* 单位：人

	7年级(8年级新生)			8年级(9年级新生)			9年级(10年级新生)			合计
	男	女	小计	男	女	小计	男	女	小计	
A地	826	840	1 666	789	816	1 605	308	400	708	3 979
B地	346	285	631	481	419	900	756	596	1 352	2 883
合计	1 172	1 125	2 297	1 270	1 235	2 505	1 064	996	2 060	6 862

注：* 表示已剔除无效卷。

（二）测试项目的水平分布

经过大样本测试后，将经拟合后的各测试项目的难度值列于表 5-2，并求得各水平对应项目的难度值。

表 5-2 科学学科能力测评框架及能力水平与项目的对应

能力	水平	项目题号	项目编号	难度	难度均值	能力	水平	项目题号	项目编号	难度	难度均值
科学概念理解能力	1	2	GN01	−2.00	−1.41	科学实验思维能力	2	9	SY01	−0.80	−0.86
		29(2)	GN08	−0.81				30(1)	SY16	−0.92	
	2	4	GN02	0.54	−0.48		3	14	SY03	−1.34	−0.60
		5	GN03	−0.61				22	SY06	0.43	
		6	GN04	−2.01				26(1)	SY07	0.09	
		26(2)	GN05	0.88				26(3)	SY08	−0.37	
		26(4)	GN06	−1.18				27(1)	SY09	−1.97	
	3	27(4)	GN07	1.44	1.73			28(2)	SY11	−1.15	
		29(3)	GN09	2.66				30(2)	SY17	0.11	
		31(3)	GN10	1.10				12	SY02	1.50	
科学符号表征能力	1	1	FH01	−2.78	−1.52			17	SY04	0.27	
		7	FH02	−0.25			4	21	SY05	1.15	0.37
	2	10	FH03	1.23	0.29			28(1)	SY10	−0.90	
		11	FH04	−0.65				28(4)	SY13	−0.39	
	3	25	FH05	2.46	2.46			29(1)	SY14	−0.47	
								31(1)	SY20	1.43	
								31(2)	SY21	0.37	

223

续　表

能力	水平	项目题号	项目编号	难度	难度均值	能力	水平	项目题号	项目编号	难度	难度均值
科学模型建构能力	1	27(3)	MX09	−0.78	−0.78	5		28(3)	SY12	−0.43	0.74
	2	13	MX01	−0.33	−0.15			29(4)	SY15	1.13	
		15	MX02	0.01				30(3)	SY18	0.86	
		20	MX05	0.14				30(4)	SY19	1.41	
		24	MX07	−0.43		科学定量计算能力	1	3	JS01	−2.07	−2.07
	3	16	MX03	0.20	0.24		2	8	JS02	−0.32	−0.32
		19	MX04	−0.16			3	18	JS03	−0.35	1.20
		23	MX06	0.67				31(4)	JS04	2.74	
	4	27(2)	MX08	0.69	0.69						

由表 5-2 可知,分项科学学科能力各水平间的测试项目难度平均值具有明显差距,这表明本研究构建的科学学科能力测评框架与编制的测验工具可作为揭示 7—9 年级学生科学学科能力水平及其发展特点的重要依据。

(三) 样本总体的科学学科能力

图 5-1 是全体被试的总体科学学科能力 Rasch 得分的情况,表 5-3 是相应的描述性统计。从中可以看出,被试整体的科学学科能力偏右向分布,说明本研究所编制的测验工具对于全部被试而言难度略微偏小,与前面得到的结果相一致;能力的平均值为 0.49,标准误仅为 0.008,表明数据的可信度高;全距为 5.38,标准差为 0.70,这表明数据内部的差异性较大,需要进一步深层次分析具体的差异所在。

表 5-3　被试整体的总体科学学科能力描述性统计

样本容量	均值	标准误	极大值	极小值	全距	标准差
6 862	0.49	0.008	2.63	−2.75	5.38	0.70

二、不同年级学生总体科学学科能力比较

表 5-4 是分年级的总体科学学科能力 Rasch 得分的描述性统计,"标准误均接近

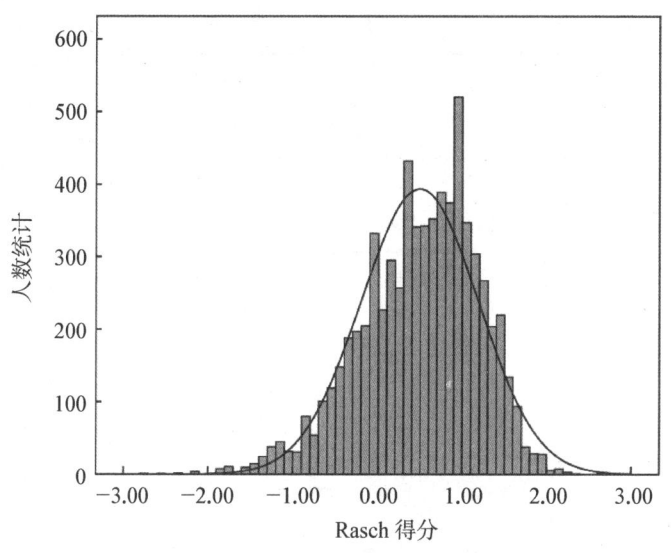

图 5-1 被试整份测验卷的 Rasch 得分分布情况

于 0"保证了数据的可靠性。由表 5-4 中数据可以看出,7—9 年级学生的总体科学学科能力变化趋势:三个年级 Rasch 得分均值分别为 0.007、0.503、1.021,这表明初中生的科学学科能力随着年级的提升是增强的;Rasch 得分极大值出现在 9 年级、极小值出现在 7 年级,不存在"交叉"现象;三个年级的 Rasch 得分全距与标准差随着年级的提升反而减小,可推测学生接受了科学学科的学习,其科学学科能力具有趋同发展的特点。

表 5-4 分年级的总体科学学科能力 Rasch 得分描述性统计

年级	样本容量	均值	标准误	极大值	极小值	全距	标准差
7 年级	2 297	0.007	0.01	1.9	−2.75	4.65	0.67
8 年级	2 505	0.503	0.01	2.16	−1.85	4.01	0.52
9 年级	2 060	1.021	0.01	2.63	−0.96	3.59	0.49

本研究进一步通过单因素方差分析比较三个年级 Rasch 得分均值差异的显著性。表 5-5 是方差齐性检验结果,表 5-6 是三个年级均值差异显著性检验结果。结合三个表中数据可知,三个年级学生的科学学科能力之间具有显著性差异,随着年级的提升而不断提高,并具有向同一发展的趋势。

表 5-5 方差齐性检验结果

Levene Statistic	$df1$	$df2$	p
116.574	2	6 859	<0.001***

表 5-6 三个年级总体科学学科能力 Rasch 得分均值差异显著性检验结果

年级(I)	年级(J)	均值差异(I-J)	标准误	p
7 年级	8 年级	−0.50	0.017	<0.001***
	9 年级	−1.01	0.018	<0.001***
8 年级	7 年级	0.50	0.017	<0.001***
	9 年级	−0.52	0.015	<0.001***
9 年级	7 年级	1.01	0.018	<0.001***
	8 年级	0.52	0.015	<0.001***

注：*表示 $p<0.05$，**表示 $p<0.01$，***表示 $p<0.001$

三、两地学生总体科学学科能力比较

表 5-7 是两地总体科学学科能力 Rasch 得分的描述性统计，标准误均接近于 0，数据可靠。由表 5-7 中数据可以看出，A 地的总体 Rasch 得分均值、极大值均小于 B 地，但极小值是 A 地大于 B 地。进一步分年级比较发现，A 地 7 年级（以下简称"A1 年级"）的均值、极大值、极小值均大于 B 地 7 年级（以下简称"B1 年级"）；A 地 8 年级（以下简称"A2 年级"）的均值大于 B 地 8 年级（以下简称"B2 年级"），A2 年级的极大值与极小值均小于 B2 年级；A 地 9 年级（以下简称"A3 年级"）的均值、极大值、极小值均小于 B 地 9 年级（以下简称"B3 年级"）。

表 5-7 两地总体科学学科能力 Rasch 得分描述性统计

地区	年级	样本容量	均值	标准误	极大值	极小值	全距	标准差
A 地	A1	1 666	0.229	0.01	1.90	−1.59	3.49	0.56
	A2	1 605	0.521	0.01	1.75	−1.85	3.60	0.51
	A3	708	0.948	0.02	1.90	−0.96	2.86	0.45
	总体	3 979	0.474	0.01	1.90	−1.85	3.75	0.58

续 表

地区	年级	样本容量	均值	标准误	极大值	极小值	全距	标准差
B 地	总体	2 883	0.517	0.02	2.63	−2.75	5.38	0.83
	B3	1 352	1.059	0.01	2.63	−0.89	3.52	0.51
	B2	900	0.473	0.02	2.16	−1.59	3.75	0.54
	B1	631	−0.580	0.02	0.81	−2.75	3.56	0.55

本研究进一步通过独立样本 t 检验的方法比较两地 Rasch 得分均值差异的显著性，表 5-8 是具体的方差齐性检验和 t 检验分析结果。A、B 两地总体 Rasch 得分均值比较的 F 值为 443.847，p 值小于 0.001，该结果表明两个样本所在总体的方差是非齐性的，因而在 t 检验之后需对 t 值进行校正；[1]校正后的 t 值的绝对值大小为 2.394，p 值为 0.017，这表明 A、B 两地总体 Rasch 得分均值具有显著性差异。同样，通过独立样本 t 检验方法分年级比较两地 Rasch 得分均值差异，比较结果显示 A、B 两地各年级 Rasch 得分均值同样具有显著性差异。表 5-8 中结果显示，A 地总体 Rasch 得分均值小于 B 地，且两地均值具有显著性差异，但并不是 A 地所有年级 Rasch 得分均值均低于 B 地各年级，因而需要进一步分析两地差异具体表现于哪些方面，以期为科学课程设置与科学教学提供更有价值的参考。

表 5-8　两地总体科学学科能力 Rasch 得分均值差异显著性检验结果

群体	样本量	均值	t	p
A	3 979	0.474	−2.394	0.017*
B	2 883	0.517		
A1	1 666	0.229	30.869	<0.001***
B1	631	−0.580		
A2	1 605	0.521	2.181	0.029*
B2	900	0.473		
A3	708	0.948	−5.070	<0.001***
B3	1 352	1.059		

注：* 表示 $p<0.05$，** 表示 $p<0.01$，*** 表示 $p<0.001$

---

[1] 张文彤，闫洁. SPSS 统计分析基础教程[M]. 北京：高等教育出版社，2004：248—252.

四、不同性别学生科学学科能力比较分析

表 5-9 是初中生科学学科能力性别差异的检验结果。总体而言,女生的科学学科能力优于男生,且均值具有显著性差异;分项科学学科能力中,科学模型建构能力、科学实验思维能力女生优于男生,而科学概念理解能力、科学符号表征能力、科学定量计算能力则是男生优于女生,且各分项学科能力的男女生 Rasch 得分均值间均具有显著性差异。进一步比较各年级男女生总体/分项科学学科能力所对应的 Rasch 得分的均值差异,具体检验结果分别列于表 5-10、表 5-11、表 5-12。

表 5-9　初中生科学学科能力性别差异 t 检验结果(整体)

学科能力	性别	样本量	均值	t	p
科学学科能力	男	3 506	0.469	−2.898	0.004**
	女	3 356	0.517		
科学概念理解能力	男	3 506	0.706	3.322	0.001**
	女	3 356	0.626		
科学符号表征能力	男	3 506	1.194	3.472	0.001**
	女	3 356	1.062		
科学模型建构能力	男	3 506	0.760	−6.309	<0.001***
	女	3 356	0.928		
科学实验思维能力	男	3 506	0.136	−4.420	<0.001***
	女	3 356	0.228		
科学定量计算能力	男	3 506	0.960	3.903	<0.001***
	女	3 356	0.748		

注:* 表示 $p<0.05$,** 表示 $p<0.01$,*** 表示 $p<0.001$

表 5-10　初中生科学学科能力性别差异 t 检验结果(7 年级)

学科能力	性别	样本量	均值	t	p
科学学科能力	男	1 172	−0.026	−2.364	0.018*
	女	1 125	0.040		
科学概念理解能力	男	1 172	0.121	0.693	0.489
	女	1 125	0.091		

续 表

学科能力	性别	样本量	均值	t	p
科学符号表征能力	男	1 172	0.147	1.664	0.096
	女	1 125	0.043		
科学模型建构能力	男	1 172	0.320	−3.990	<0.001***
	女	1 125	0.489		
科学实验思维能力	男	1 172	−0.473	−3.347	0.001**
	女	1 125	−0.356		
科学定量计算能力	男	1 172	0.058	4.558	<0.001***
	女	1 125	−0.272		

注：* 表示 $p<0.05$，** 表示 $p<0.01$，*** 表示 $p<0.001$

表 5-11 初中生科学学科能力性别差异 t 检验结果(8 年级)

学科能力	性别	样本量	均值	t	p
科学学科能力	男	1 270	0.465	−3.731	<0.001***
	女	1 235	0.543		
科学概念理解能力	男	1 270	0.700	0.081	0.935
	女	1 235	0.698		
科学符号表征能力	男	1 270	1.439	2.204	0.028*
	女	1 235	1.320		
科学模型建构能力	男	1 270	0.768	−4.688	<0.001***
	女	1 235	0.951		
科学实验思维能力	男	1 270	0.182	−4.505	<0.001***
	女	1 235	0.308		
科学定量计算能力	男	1 270	0.296	1.717	0.086
	女	1 235	0.204		

注：* 表示 $p<0.05$，** 表示 $p<0.01$，*** 表示 $p<0.001$

表 5-12 初中生科学学科能力性别差异 t 检验结果(9 年级)

学科能力	性别	样本量	均值	t	p
科学学科能力	男	1 064	1.017	−0.348	0.728
	女	996	1.025		

续 表

学科能力	性别	样本量	均值	t	p
科学概念理解能力	男	1 064	1.357	6.230	<0.001***
	女	996	1.142		
科学符号表征能力	男	1 064	2.057	2.917	0.004**
	女	996	1.894		
科学模型建构能力	男	1 064	1.235	−3.181	0.001**
	女	996	1.396		
科学实验思维能力	男	1 064	0.751	−1.388	0.165
	女	996	0.787		
科学定量计算能力	男	1 064	2.745	1.508	0.132
	女	996	2.576		

注：*表示$p<0.05$，**表示$p<0.01$，***表示$p<0.001$

由比较结果可知：(1)女生的总体科学学科能力优于男生，随着年级提升，男女生总体学科能力对应Rasch得分均值之间的差距减小。7、8年级男女生之间存在显著性差异，但9年级男女生之间不存在显著性差异，这表明初中阶段男生的科学学科能力发展要优于女生。(2)对于各年级学生的科学概念理解能力、科学符号表征能力、科学定量计算能力而言，都是男生优于女生，只是年级均值间存在一定的差异。科学概念理解能力方面，7、8年级男女生对应的Rasch得分均值不存在显著性差异，而9年级男生该能力要明显优于女生；科学符号表征能力方面，7年级男女生对应的Rasch得分均值不存在显著性差异，而8、9年级男生在该能力上要明显优于女生；科学定量计算能力方面，7年级男女生对应的Rasch得分均值存在显著性差异，而8、9年级男女学生该能力相当。(3)对于各年级学生科学模型建构能力与科学实验思维能力而言，始终是女生优于男生，且三个年级科学模型建构能力的Rasch得分均值均存在显著的性别差异，而科学实验思维能力只有7、8年级存在显著的性别差异。

第二节 初中科学学科能力分项的年级比较

前面讨论了不同年级学生总体科学学科能力的发展情况，本节将重点分析不同年级初中学生所表现的科学学科能力分项的差异。具体从五个分项能力入手展开讨论。

一、不同年级学生科学概念理解能力比较

(一) 总体比较

表5-13是三个年级科学概念理解能力Rasch得分的描述性统计结果,标准误极小。与整体的Rasch得分一致,三个年级Rasch得分均值随着年级的提升而增大,Rasch得分极大值出现在9年级、极小值出现在7年级。进一步比较三个年级的均值,发现不同年级学生的科学概念理解能力水平具有显著性差异。

表5-13 分年级的科学概念理解能力Rasch得分描述性统计

年级	样本容量	均值	标准误	极大值	极小值	全距	标准差
7年级	2 297	0.11	0.02	3.43	−4.30	7.73	1.04
8年级	2 505	0.70	0.02	3.43	−2.93	6.36	0.80
9年级	2 060	1.25	0.02	6.01	−1.99	8.00	0.79

(二) 各能力水平层次上的比较

根据表5-2给出的能力水平及Rasch得分均值可知:当学生的Rasch得分为−1.41——−0.48,则位于水平1;当学生的Rasch得分为−0.48—1.73,则位于水平2;当学生的Rasch得分大于1.73,则位于水平3(其他几种能力水平的界定方法相同)。

本研究中,初中三个年级学生科学概念理解能力Rasch得分均值分别为0.11、0.70、1.25,可认为三个年级学生的科学概念理解能力平均水平均达到了水平2,图5-2呈现了三个年级学生科学概念理解能力不同水平的分布情况。

由图5-2可知,三个年级处于水平0(低于水平1)和处于水平1的学生比例随着年级的提升而不断减小;每个年级中处于水平2的学生比例最大,均在70%以上,8年级处于水平2的学生比例是三个年级中最高的;随着年级的提升,处于水平3的学生比例均有一定程度的增大,其中9年级比8年级的学生比例增加了16.7%,这也使得9年级中处于水平2的学生比例略有减小,但即使是9年级学生,处于水平3的学生比例也不大(仅为24.56%)。

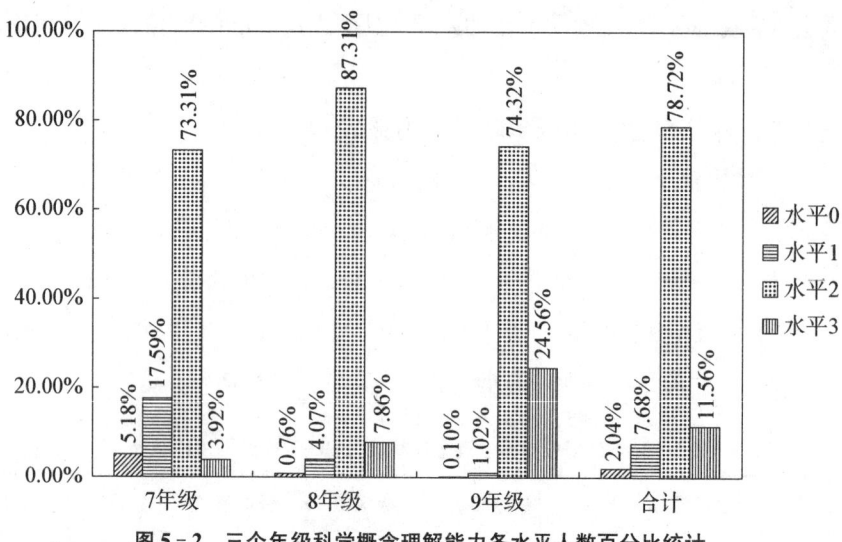

图 5-2 三个年级科学概念理解能力各水平人数百分比统计

(三) 不同年级学生科学概念理解能力各水平表现分析

1. 水平1：回忆和识别相关科学概念

水平1共设置了两道试题来考查学生的相关能力，其中第2题考查学生对"太阳能"相关知识的识别，第29(2)题考查学生对"二氧化碳检验方法"的回忆，两者的考查方式略有不同：第2题直接以选择题的形式考查学生的判断，而第29(2)题是将所要考查的知识置于一定的试题情境中。图5-3是三个年级学生回答这两道题的正确率统计。

由图5-3可知，三个年级的学生回答这两道试题的正确率随着年级的升高而增大，这表明了不同年级学生在水平1上仍有差异。但值得注意的是，第2题的正确率从7年级的85.33%增大到9年级的97.47%，而第29(2)题的正确率却随着年级提升有大幅提高，这说明学生的学科能力并不是独立、单向地发展，必然伴随着对第29题中(1)(3)(4)小题其他的能力要求一起发展，不同能力之间会起到一定的促进作用，在实际教学中不能仅仅强调学生对具体科学概念的识记，而应关注科学学科能力的全面发展与提高。

2. 水平2：多角度诠释科学概念的内涵与外延

水平2的测试项目均不直接考查科学概念的实在内涵和外在延伸的应用，而是从

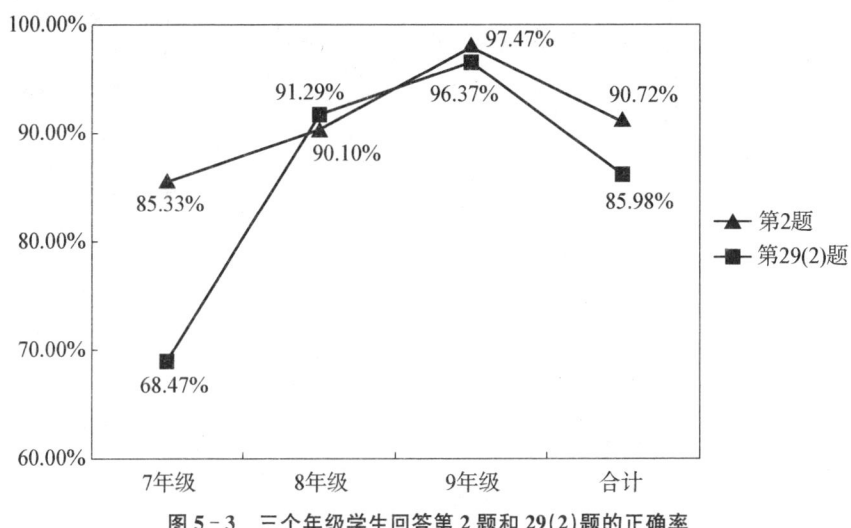

图 5-3 三个年级学生回答第 2 题和 29(2)题的正确率

不同角度考查学生如何诠释科学概念。如选择题第 5 题以及非选择题的第 26(2)题，两道试题的答题情况见表 5-14。

表 5-14 第 5、第 26(2)两道题的答题情况统计

年级	第 5 题					第 26(2)题	
	A	B*	C	D	未作答	正确	错误
7 年级	9.66%	60.08%	22.99%	7.27%	0.17%	7.03%	92.97%
8 年级	6.83%	74.61%	16.05%	2.51%	—	67.90%	32.10%
9 年级	0.97%	91.21%	6.21%	1.60%	—	80.10%	19.90%
合计	6.02%	74.73%	15.42%	3.77%	0.06%	53.52%	46.48%

注：*B 为正确选项。

第 5 题给定一段与制造飞机有关的材料，考查学生联系科学事实与相应科学概念的能力，主要干扰选项为 C。初中生已学过"密度"这一概念，当其对此概念的理解达到一定层次，就可将"轻巧"这一客观事实与"密度小"这一科学概念对应起来。表 5-14 中数据显示，随着年级的提升，选择正确选项的学生比例也随之提高，这表明了学生对科学概念的理解水平是随着年级不断提高的。

第 26(2)题的情境是倒置在盛有水的大烧杯中的试管底部的螺旋状形细铁丝，在足够长的时间内铁丝生锈，且试管内水面上升，问进入试管内的水的体积约占试管容

233

积的多少。回答该题所需要的知识基础为"空气中氧气所占的体积为五分之一",通过设计实验情境来考查。表 5-14 中数据显示,7 年级学生回答该题的正确率仅为 7.03%,而 8 年级学生的正确率已增大到 67.90%,9 年级学生的正确率更是高达 80.10%。结果也表明,随着年级的提升,学生理解科学概念的准确性是逐步提高的;但仍有部分学生即使完成了义务教育阶段的科学课程学习,其科学概念理解还处于较低的水平,也证实了"概念渐进发展"的认知模型。

3. 水平 3:揭示科学事实的本质规律

由图 5-2 可见,即使是 9 年级也仅有 24.56% 的学生处于水平 3。下面用第 27 (4) 题来解释在"揭示科学事实本质规律"水平要求上的能力表现。

该题虽涉及酶的催化分解,但相关知识在该小题的先行试题中已经有所铺垫,而且学生在日常生活中会经常接触到"加酶洗衣粉",酶的相关知识对初中生而言并不陌生。该题考查学生运用科学概念从本质上阐释科学事实的能力,要求学生回答"马铃薯虽不含有淀粉酶,为什么吃起来仍略带甜味。"表 5-15 是学生回答该题的情况统计。要正确回答该题,学生需围绕"甜味物质是什么?如何产生?"与"淀粉酶的催化作用"这两个问题来组织思路进行回答。

表 5-15 第 27(4) 题的答题情况统计

答案类型	7 年级	8 年级	9 年级	合计
空白或无关回答	43.97%	43.79%	19.51%	35.56%
知道"有物质可以促使马铃薯分解"(A1)	0.04%	0.16%	0.15%	0.12%
知道"酶可以促使马铃薯的分解"(A2)	0.91%	0.40%	1.84%	1.01%
知道"淀粉酶可以促使马铃薯的分解"(A3)	7.66%	9.98%	23.50%	13.26%
知道"甜味物质的存在"(B1)	24.03%	25.03%	9.61%	20.07%
知道"甜味物质与马铃薯有关"(B2)	3.35%	3.91%	6.84%	4.61%
知道"甜味物质来自马铃薯的分解"(B3)	4.31%	3.79%	3.59%	3.91%
知道"甜味物质由于马铃薯在淀粉酶的作用下分解产生"(Z)	15.72%	12.93%	34.95%	20.48%

由表 5-15 中数据可看出:(1) 不仅有 43.97% 的 7 年级学生和 43.79% 的 8 年级学生无从回答,还有 24.03% 的 7 年级学生和 25.03% 的 8 年级学生仅仅回答出"甜味

物质的存在是使得马铃薯吃起来具有甜味的原因";相比之下,无从回答和仅作浅层回答的9年级学生比例则小得多。(2)23.50%的9年级学生知道从"淀粉酶的作用"这一角度进行回答,而7年级学生和8年级学生能同样思考的比例明显要比9年级小;A1和A2这两种答案则记录了学生达到A3这种答案的"思维轨迹"。(3)学生若能知道"淀粉酶的作用",必然会促进其正确思考"甜味物质的来源",最终结果是34.95%的9年级学生能够正确回答问题,而7、8年级学生正确回答的比例较9年级学生要小;而在"甜味物质来自马铃薯的分解"与"甜味物质的存在"两种答案间,各年级学生还会给出"甜味物质与马铃薯有关"等回答。

二、不同年级学生科学符号表征能力比较

(一) 总体比较

表5-16是三个年级学生科学符号表征能力Rasch得分的描述性统计,标准误极小。三个年级学生Rasch得分均值随着年级的提升而增大;但由于科学符号表征能力测验项目的题量和题型限制,三个年级的极大值、极小值以及全距大小均相等;但标准差依然是随着年级提升而减小。进一步比较三个年级的均值,发现不同年级学生的科学符号表征能力具有显著性差异。

表5-16 分年级的科学符号表征能力Rasch得分描述性统计

年级	样本容量	均值	标准误	极大值	极小值	全距	标准差
7年级	2 297	0.01	0.03	3.83	−3.96	7.79	1.47
8年级	2 505	1.38	0.03	3.83	−3.96	7.79	1.35
9年级	2 060	1.98	0.03	3.83	−3.96	7.79	1.27

(二) 各能力水平层次上的比较

图5-4呈现了三个年级学生科学符号表征能力不同水平分布情况。初中三个年级学生科学符号表征能力的Rasch得分均值分别为0.01、1.38、1.98,结合表5-2的能力水平均值可知,7年级学生科学符号表征能力平均水平只达到了水平1,而8年级和9年级的学生科学符号表征能力平均水平达到了水平2。

三个年级处于水平0(低于水平1)和处于水平1的学生比例随着年级的提升而减

小;7年级处于水平0和水平1的学生比例之和与水平2的学生比例相差不大,都接近50%,这使得7年级学生的平均水平降至水平1;8、9两个年级中处于水平2的学生比例最大,均在70%以上且相差不大;8、9两个年级中有很少部分学生处于水平1,而水平3的学生比例有明显的增加,但处于水平3的9年级学生比例并不大(仅为23.50%)。

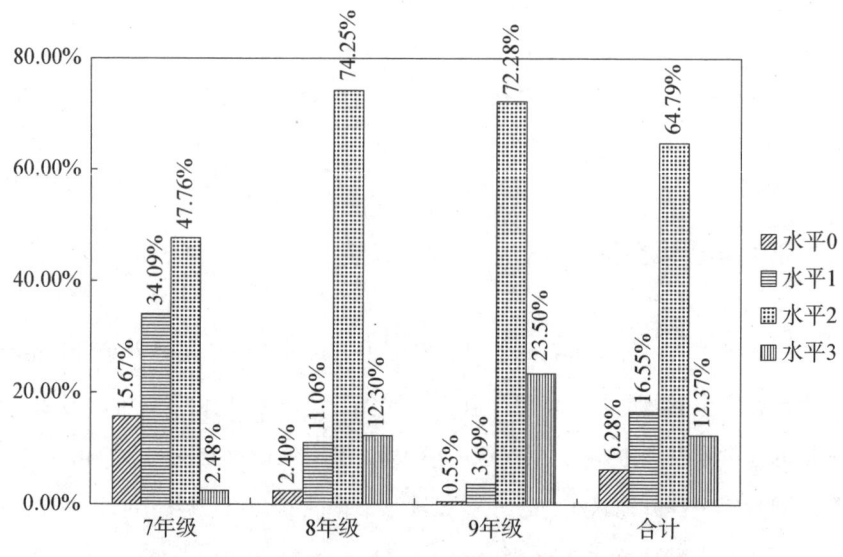

图5-4 三个年级科学符号表征能力各水平人数百分比统计

(三) 不同年级学生科学符号表征能力各水平表现分析

1. 水平1:认识科学符号及其相应表达式的含义

水平1设置了两道试题考查学生的相关能力,其中第1题考查学生对一般符号的识别,第7题考查学生对由符号组成的表达式的理解,同时第7题也暗含考查学生对科学符号的认知,两道试题的答题情况见表5-17。

表5-17 第1、7两道题的答题情况统计

项目	年级	A*	B	C	D**	未作答
第1题	7年级	92.51%	5.88%	1.09%	0.48%	0.04%
	8年级	94.65%	3.35%	1.52%	0.48%	—
	9年级	97.14%	1.07%	1.31%	0.49%	—
	合计	94.68%	3.51%	1.31%	0.48%	0.01%

续 表

项目	年级	A*	B	C	D**	未作答
第7题	7年级	36.70%	13.32%	18.46%	29.56%	1.96%
	8年级	4.55%	2.28%	2.08%	90.94%	0.16%
	9年级	0.87%	0.87%	0.68%	97.57%	—
	合计	14.21%	5.55%	7.14%	72.38%	0.71%

注：*A为第1题的正确答案；**D为第7题的正确答案。

由表5-17可见，7年级学生第1题的正确率明显高于第7题的正确率，这表明7年级学生已经达到"对科学符号的识别"这一能力水平；对于第7题而言，7年级学生选择A选项的比例(36.70%)大于正确选择的学生比例(29.56%)，这说明7年级学生基本停留在"对科学符号的识别"水平上，还不能完全理解"科学符号所代表的科学含义"以及"科学符号组合表达式所表示的科学含义"。8、9两个年级学生第7题的正确率与第1题的正确率基本持平，而且两个年级间没有明显差异，但两个年级回答第7题的正确率(均大于90%)明显大于7年级，这表明了学生从8年级起开始认识符号之间的相互关系，能够组合符号来代替文字表达。

2. 水平2：用科学符号表征科学事实

水平2也设置了两道试题来考查学生的相应能力，第10题从宏观角度考查，第11题从微观角度考查，两道试题的答题情况见表5-18。

表5-18 第10、11两道题的答题情况统计

项目	年级	A	B	C*	D**	未作答
第10题	7年级	19.11%	25.99%	45.93%	8.58%	0.39%
	8年级	11.94%	30.54%	49.86%	7.15%	0.52%
	9年级	11.12%	30.34%	53.54%	4.71%	0.29%
	合计	14.09%	28.96%	49.65%	6.89%	0.41%
第11题	7年级	9.62%	13.10%	17.54%	58.42%	1.31%
	8年级	5.51%	4.59%	8.54%	81.32%	0.04%
	9年级	1.36%	1.50%	2.18%	94.90%	0.05%
	合计	5.64%	6.51%	9.65%	77.73%	0.47%

注：*C为第10题的正确答案；**D为第11题的正确答案。

由表 5-18 可以看出,第 10 题的正确率要小于第 11 题,而且 9 年级学生第 10 题的正确率也略小于 7 年级学生第 11 题的正确率。两道题都考查学生用科学符号表征科学事实的相关能力,但两者最大的不同是:第 10 题要求学生借助等高线地形图表征空间事实,该题的正确率并未随着年级的提升有较为明显的增大;第 11 题借助 9 年级学生熟悉的化学知识来考查学生的能力,但 7 年级学生也表现出较高的正确率,到 8、9 年级正确率又有大幅提高。上述事实表明,学生经过三年的科学课程学习,其科学符号表征能力有很大的发展,但仍有少数学生不能用科学符号去表征科学事实的本质。

3. 水平 3:用科学符号组合表达思维过程

测验借助化学"同分异构体"的知识来考查学生"用符号组合表达思维过程"这一能力水平,该题的难度值在所有科学符号表征能力测验项目中是最大的,三个年级学生该题作答的正确率均不高,具体的答题统计见图 5-5。由图 5-5 中呈现的信息可知,该题的整体未作答率(3.73%)也比其他题目要高;该题的正确选项是 B 选项,作出正确选择的学生比例随着年级的提升而增大;C 选项是主要的干扰选项,要排除干扰选项则要求学生能够理解所给符号表达的本质特征,但图 5-5 中显示三个年级的学生选择错误选项 C 的比例没有显著差异,这表明了三个年级中较多学生表现出浅层思

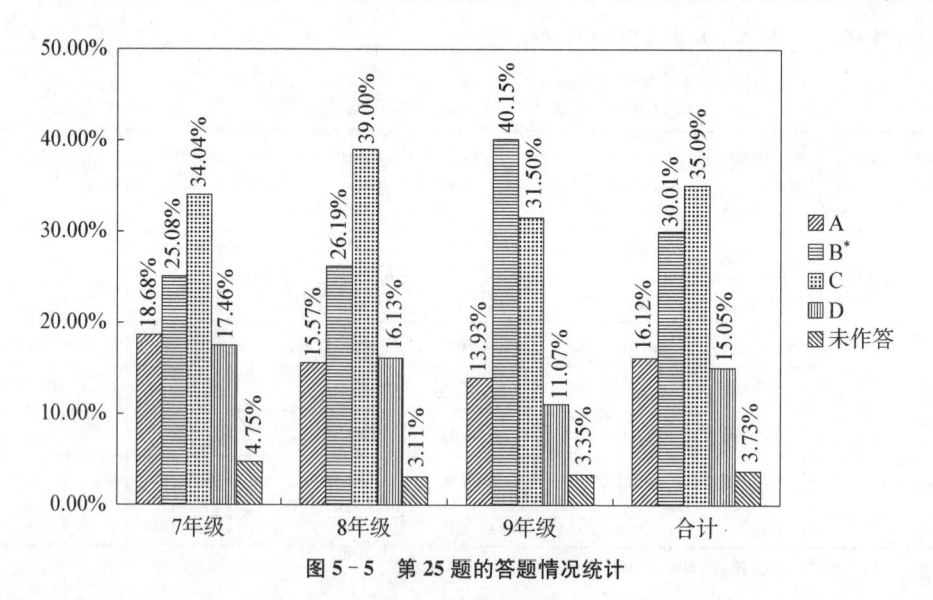

图 5-5 第 25 题的答题情况统计

维的特点,尚未过渡到深入本质的思维状态。

三、不同年级学生科学模型建构能力比较

(一) 总体比较

表 5-19 是三个年级学生科学模型建构能力 Rasch 得分的描述性统计结果,标准误极小。三个年级学生的 Rasch 得分均值随着年级的提升而增大;各年级的 Rasch 得分极大值均相同,7、8 年级的极小值相同,7、8 年级的全距相等且大于 9 年级的全距;标准差随年级的变化没有显著变化。进一步比较三个年级的均值,发现不同年级学生的科学模型建构能力水平具有显著差异。

表 5-19 分年级的科学模型建构能力 Rasch 得分描述性统计

年级	样本容量	均值	标准误	极大值	极小值	全距	标准差
7 年级	2 297	0.40	0.02	4.72	−3.45	8.17	1.02
8 年级	2 505	0.86	0.02	4.72	−3.45	8.17	0.98
9 年级	2 060	1.31	0.03	4.72	−2.16	6.88	1.16

(二) 各能力水平层次上的比较

本研究中,初中三个年级学生在科学模型建构能力所得 Rasch 得分均值分别为 0.40、0.86、1.31,结合表 5-20 的能力水平均值可知,7、8 年级学生科学模型建构能力平均水平处于水平 3,而 9 年级学生科学模型建构能力平均水平则达到了水平 4。图 5-6 呈现了三个年级学生科学模型建构能力不同水平的分布情况。

由图 5-6 可直观看出,三个年级处于水平 0(低于水平 1)、水平 1、水平 2、水平 3 的学生比例均随着年级的提升而减小,处于水平 4 的学生比例随着年级的提升而增大;三个年级处于水平 4 的学生比例最大,9 年级学生达到这一水平的比例已达 65.92%,这些结果都表明三个年级学生科学模型建构能力达到了较高的水平。

(三) 不同年级学生科学模型建构能力各水平表现分析

1. 水平 1:知道科学模型所代表的对象特征

本研究只设置了第 27(3) 题测查学生在该水平上的能力表现,表 5-20 是三个年级学生回答该题的情况统计。由表 5-20 中数据可以看出,三个年级学生的正确率均

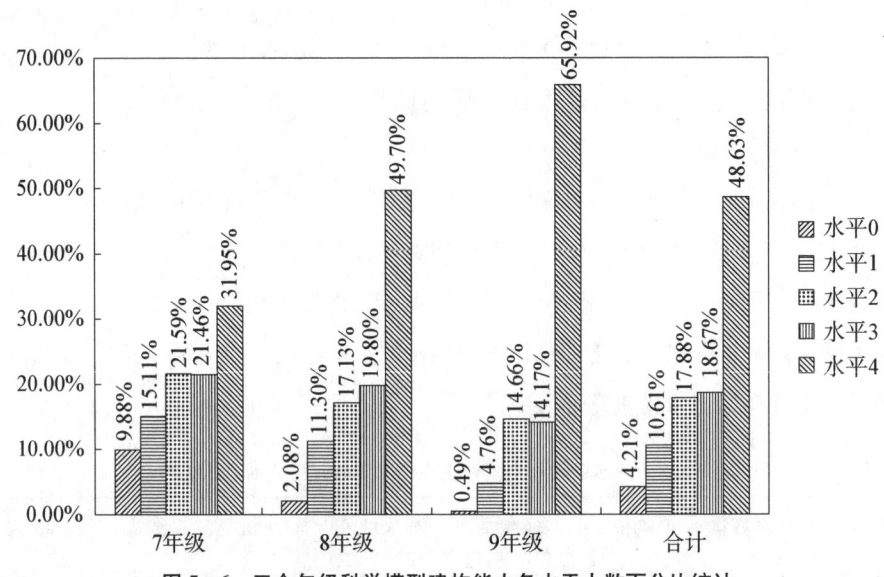

图 5-6 三个年级科学模型建构能力各水平人数百分比统计

在 80% 以上,并随着年级的提升而增大,这表明初中生在水平 1 上均表现出了较高的水平。

表 5-20 第 27(3) 题的答题情况统计

	7 年级	8 年级	9 年级	合计
正确率	84.99%	92.12%	97.42%	91.47%
错误率	15.01%	7.88%	2.58%	8.53%

2. 水平 2:理解科学模型所表征的科学事实

水平 2 主要涉及 4 道试题,图 5-7 是这 4 道试题的正确率统计。

第 13 题和第 24 题以数据表的形式、第 15 题和第 20 题以曲线图的形式来考查学生的相关能力,其中第 13 题的试题情境是 8 年级学生的科学学习内容。根据 Rasch 模型拟合结果得知,这四道题从易到难的顺序为第 24 题、第 13 题、第 15 题、第 20 题。但不同年级学生对这四道题的反应却有所不同:第 24 题考查学生从数据表中找出数据的规律,后三题要求学生通过推理才能正确回答,且第 15 题、第 20 题的推理要求高于第 13 题,导致 7 年级学生回答后三题的正确率均不高;8 年级学生已学过第 13 题的

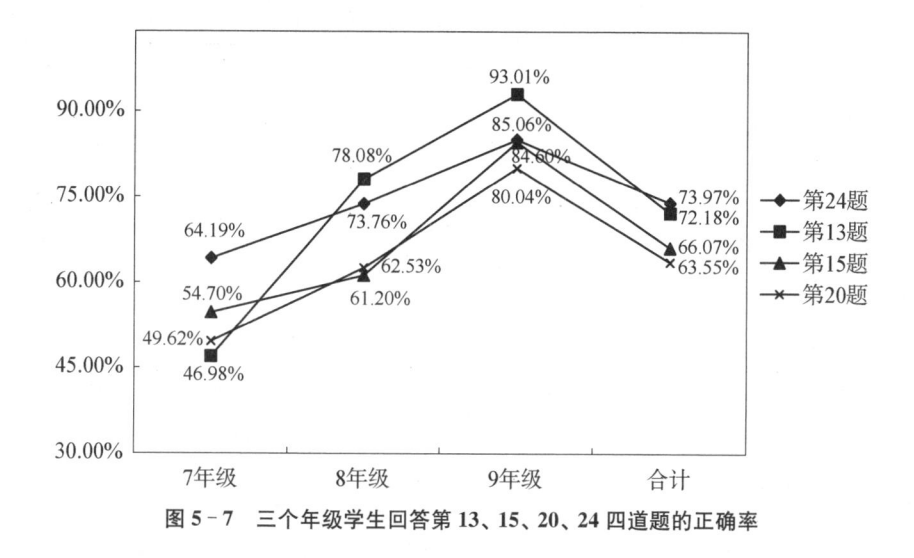

图 5-7 三个年级学生回答第 13、15、20、24 四道题的正确率

相关知识，其正确率较 7 年级学生有大幅增加，到 9 年级更是增大到 93.01%；第 15 题、第 20 题的推理要求增大，因而 8 年级学生正确回答该题的比例较 7 年级学生提高不多，9 年级学生正确回答该题的比例较 7、8 年级学生则有明显增大，这表明学生的推理能力到 9 年级有了更大程度的提升。

3. 水平 3：运用科学模型解释科学原理或科学事实

水平 3 共选取了三类模型来考查学生相应的能力水平。第 16 题是微观模型、第 19 题是宏观模型、第 23 题则是实物模型，表 5-21 是这三题的答题情况统计。由表 5-21 中可以看出，第 23 题是该水平三个题目正确率最低的，涉及对海水淡化过程的认识。D 选项为最主要的干扰项，涉及的"蒸馏"知识在初中科学基础实验阶段已有出现，课本也给出了详细的实验装置，但不作为要求掌握的教学内容，因而较多学生无法辨别出 C 选项中的明显错误，这也从侧面说明了学生没有真正理解模型的本质，进而无法用科学模型去解释科学事实的实质。9 年级学生正确回答第 23 题的比例也不到 70%，而 7 年级学生选择 A、B 选项的也较多，这两个选项主要是涉及"蒸发"与"液化"的概念模型，这表明 7 年级学生对一些基本的概念模型的理解还存在一定障碍，这些障碍随着年级的提升会逐渐消除。

表5-21 第16、19、23三题的答题情况统计

项目	年级	A	B	C*	D	未作答
第23题	7年级	12.80%	15.02%	41.75%	29.73%	0.70%
	8年级	8.38%	8.66%	52.81%	29.66%	0.48%
	9年级	3.35%	4.32%	64.61%	27.52%	0.19%
	合计	8.35%	9.49%	52.65%	29.04%	0.47%
第19题	7年级	33.96%	7.44%	47.58%	10.32%	0.70%
	8年级	8.14%	6.55%	75.77%	8.94%	0.60%
	9年级	3.69%	7.67%	84.08%	4.51%	0.05%
	合计	15.45%	7.18%	68.83%	8.07%	0.47%
第16题	7年级	25.56%	19.07%	39.14%	13.89%	1.35%
	8年级	17.01%	6.47%	72.06%	4.43%	0.04%
	9年级	18.54%	2.09%	75.78%	3.54%	0.05%
	合计	20.66%	9.37%	62.15%	7.33%	0.48%

注：*三道题的正确选项均为C。

第19题以"鸡蛋在不同液体中的沉浮情况"为背景来比较物质所受浮力大小以及液体密度大小，所涉及的浮力模型是8年级科学所学内容，因而该题所体现的能力水平符合年级发展特征：作出正确选择的学生比例随着年级的提升而增大，选择每个错误选项的学生比例也随着年级的提升而减小。值得注意的是，7年级有近34%的学生认为"同一鸡蛋在不同环境下会具有不同的重力"，这是一种朴素的感性思维，只看到了一些表层的事实。

第16题考查学生对微观粒子模型的理解，以气体压缩过程中容器内分子排列为情境，主要从两个方面设置选项：(1)气体粒子如何形变？是否会整齐排列？（A—整齐排列；C—仍然杂乱无章排列）；(2)气体粒子在压缩过程中是否会发生变化？（D—粒子变小；B—粒子"分裂"）。由答题情况统计可见，7年级学生对粒子模型的理解存在较大缺陷，认为粒子在压缩过程中会变小甚至被"挤裂"(19.07%)，更多的学生则认为气体粒子在轻压下会"整齐排列"(25.56%)。随着年级的提升，学生对粒子模型的认识得到了一定程度的完善，具有上述两种错误粒子模型认识的学生比例减小，但8、9两个年级认为"气体粒子在轻压下会整齐排列"的学生比例仍然接近20%。

将第 19 题与第 23 题的答题情况进行比较,可以发现学生不能针对不同的模型情境作出很好的迁移;而分析第 16 题与第 19 题学生答题的情况,可以发现学生的微观认知水平较低。

4. 水平 4:建构模型解决科学问题

该水平以作图题第 27(2)题为背景来考查学生建构科学模型解决实际问题的能力,表 5-22 是该题的答题情况统计。主要从以下五方面来分析:(1)该图是不是"柱形图";(2)"柱形图"的各要素是否齐全;(3)坐标是否标注正确;(4)"柱形图"布局是否合理;(5)"柱形图"是否美观。每一方面还有更具体的指标来评判学生的作答是否满足要求,如"柱形图"是否美观要从"是否用直尺作图"和"柱的宽度是否一致"两方面来分析。由表 5-22 可以看出,三个年级学生在"要素是否齐全""坐标是否正确""布局是否合理"三个方面提高较小,只是"是不是柱形图"与"外形是否美观"两方面有较大提高,尚未注意到模型建构的本质要求。

表 5-22 第 27(2)题的答题情况统计

作图要求	7 年级	8 年级	9 年级	合计
是不是柱形图	73.84%	74.69%	80.44%	76.13%
要素是否齐全	50.82%	56.18%	59.51%	55.38%
坐标是否正确	55.80%	55.82%	59.48%	56.91%
布局是否合理	53.75%	50.52%	51.87%	52.01%
外形是否美观	54.72%	61.12%	67.48%	60.89%

四、不同年级学生科学实验思维能力比较

(一) 总体比较

表 5-23 是三个年级学生科学实验思维能力 Rasch 得分的描述性统计结果,标准误极小。三个年级学生 Rasch 得分均值随着年级的提升而增大;8、9 两个年级的极大值相等,三个年级的极小值随着年级的提升而减小,因而全距仍随着年级的提升而减小;三个年级 Rasch 得分的标准差也随着年级的提升而减小。进一步比较三个年级的得分均值,发现不同年级学生的科学实验思维能力水平具有显著差异。

表 5-23 分年级的科学实验思维能力 Rasch 得分描述性统计

年级	样本容量	均值	标准误	极大值	极小值	全距	标准差
7 年级	2 297	−0.42	0.02	1.67	−4.58	6.25	0.84
8 年级	2 505	0.24	0.01	3.09	−3.36	6.45	0.70
9 年级	2 060	0.77	0.01	3.09	−1.73	4.82	0.59

(二) 各能力水平层次上的比较

本研究中,初中三个年级学生在科学实验思维能力所得 Rasch 得分均值分别为 −0.42、0.24、0.77,结合表 5-2 的能力水平均值可知,7 年级学生科学实验思维能力平均水平达到了水平 2,8 年级学生科学实验思维能力平均水平达到了水平 3,9 年级学生科学实验思维能力平均水平略高于水平 5,图 5-8 呈现了三个年级学生科学思维能力不同水平的分布情况。

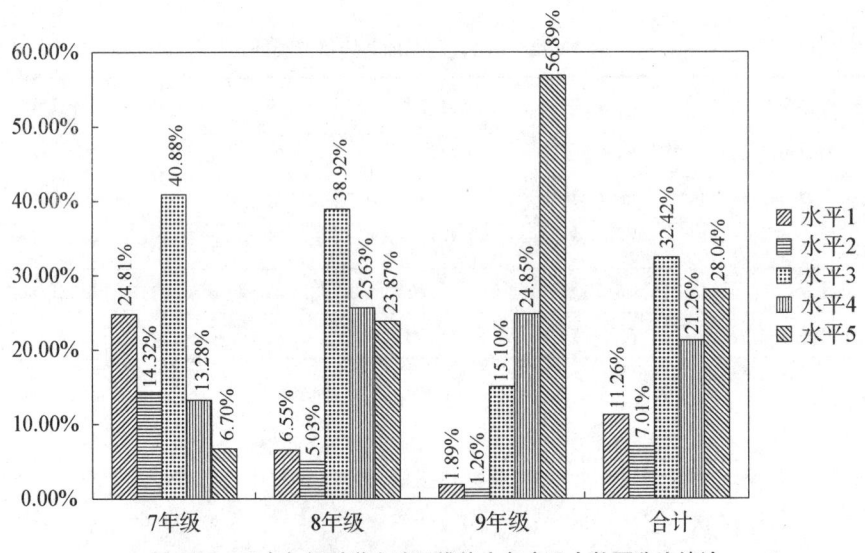

图 5-8 三个年级科学实验思维能力各水平人数百分比统计

由图 5-8 可以看出,三个年级处于水平 1、水平 2、水平 3 这三个水平的学生比例是随着年级的提升而减小的,所不同的是,水平 1 和水平 2 在 7 年级到 8 年级间有大幅减小,而水平 3 则在 8 年级到 9 年级间有大幅减小;高层次水平的学生比例是随着年级的提升而增大的,特别是处于水平 5 的 9 年级学生比例较 7、8 年级有较大幅度增大;7、8年级处于水平3的学生比例最大,而9年级处于水平5的学生比例最大。

(三) 不同年级学生科学实验思维能力各水平表现分析

1. 水平1:识别仪器和了解基本实验常识

由图5-8可见,处于水平1的7年级学生比例为24.81%,处于该水平的8、9两个年级的学生比例已有较大幅度减小。

2. 水平2:掌握基本实验操作,能描述实验现象

水平2共设置了两道试题来考查学生相应的能力,其中第30(1)题考查温度计的读数、第9题考查实验涉及的基本操作以及基本常识,这两道试题暗含了水平1的相关要求,两道试题的答题情况见表5-24。

表5-24 第9、第30(1)两道题的答题情况统计

年级	第9题					第30(1)题			
	A	B	C*	D	未作答	空或错	87	87℃	87.0℃**
7年级	46.50%	4.22%	45.58%	3.70%	—	29.04%	3.96%	66.96%	0.04%
8年级	23.35%	1.56%	74.13%	0.84%	0.12%	13.01%	4.43%	82.04%	0.52%
9年级	5.63%	0.58%	93.30%	0.34%	0.15%	9.03%	3.69%	85.92%	1.36%
合计	25.78%	2.16%	70.33%	1.65%	0.09%	17.18%	4.05%	78.16%	0.61%

注:*第9题的正确选项为C。**第30(1)题正确答案为87.0℃。

第9题为单项选择题,主要考查学生对基本实验操作和实验常识的理解,A选项为"温度计使用前要用力甩几下"是主要的干扰选项,选择该选项的学生主要是受了平时生活经验的影响。由表5-24中数据可知,7年级学生选择A选项的比例最大(46.50%),到了8年级这一比例降低到了23.35%,而到了9年级这一比例降低到只有5%左右,这表明学生进行相关科学学习受生活经验的影响是随年级的提升而减小的。

第30(1)题是以温度计为例考查学生正确使用仪器及准确读数的能力,根据学生的回答表现得知,7年级学生已能基本掌握常见仪器的使用及读数方法,8、9年级掌握这一技能的学生比例随年级的提升而增大。在分析过程中还有两个发现:(1)有少部分学生在读数时不记录温度的单位,这一学生比例随年级的提升是减小的;(2)绝大

部分学生没有注意到有效数字的使用,而只有少部分学生记录了"87.0℃",9年级能正确使用有效数字的学生比例也不过1.36%。

3. 水平3:合理解释实验现象和定性、定量阐释实验结果

该水平主要从定量、定性两个方面来考查学生阐释实验结果的能力,图5-9是三个年级学生回答相关试题的正确率统计。其中第22题和第30(2)题是从定量的角度进行考查,而第26(1)和第27(1)题从定性的角度来考查。整体而言,各个年级的学生定量阐释实验结果的能力水平低于定性阐述实验结果的能力水平。

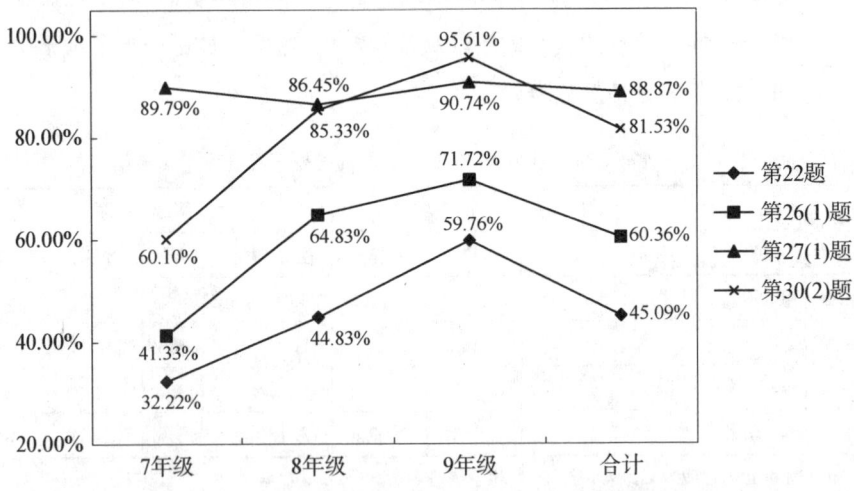

图5-9 三个年级学生回答第22、第26(1)、第27(1)、第30(2)题的正确率

第27(1)题考查学生对已获得实验数据作出简单定性判断的能力,由图5-9中数据可以看出各年级学生对该题的正确回答比例在90%左右,年级间的差异不大。第26(1)题则需要学生熟悉整个实验过程,对实验结果作出一定预测,不同年级作出正确预测的学生比例较第27(1)题有较大幅度的减小,7年级学生作出正确预测的比例已减小至41.33%;随年级的提升,能作出正确预测的学生比例增大,但到9年级这一比例仍不足72%。比较第26(1)、第27(1)两道题的解答情况可知,学生比较擅长对已有实验结果作出简单的定性判断,但涉及对整个实验过程进行整体思考进而预测实验结果的能力还存在一定的不足。

第22、第30(2)两道题是从定量的角度来考查学生对实验过程的分析,平均得分

率分别比考查定性分析的前面两道试题小。两道试题均需要学生对实验过程有整体理解,然后才能作出定量判断。不同的是:第22题要对整个实验结果进行定量估计,而第30(2)题只要求学生对部分实验结果作出定量估计。由图5-9中数据可知,各年级正确回答第30(2)题的学生比例均大于正确回答第22题的学生比例,而且第22题学生的错误选择主要为A选项,这都说明了学生对实验结果的判断视角只局限于"局部",而不能完全从整体角度来思考问题,即不能直面问题的本质。随着年级的提升,这两道试题作出正确选择的学生比例均有一定程度的提高,但两者提高的趋势是不同的,而且9年级正确回答第22题的学生比例只有60%左右,这表明学生整体思考实验的能力发展水平并不高。

4. 水平4:阐明实验原理和实验思想,选择实验方法

水平4主要涉及提炼实验思想与明确实验原理,以及根据实验问题和相关思想选择合适的实验方法。学生只有满足了水平4的相关要求,才能对实验进行整体设计,图5-10是学生对相关试题回答的情况。

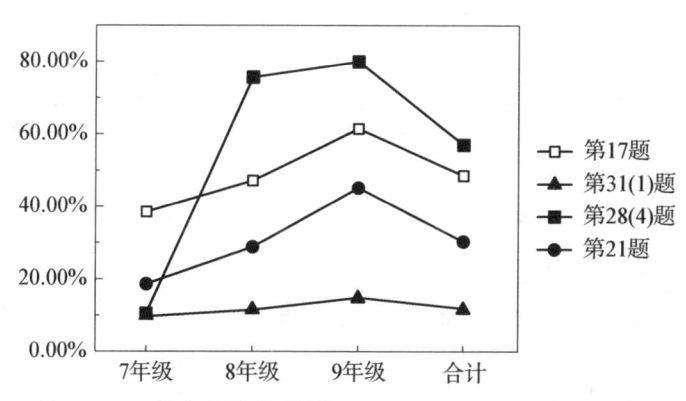

图5-10 三个年级学生回答第17、21、28(4)、31(4)题的正确率

第21、第28(4)两道题考查学生对实验思想的认识,第17、第31(1)两道题是考查学生关于实验原理的理解,其中第21、第31(1)两题需要学生根据自己的理解对实验方法作出选择。由图5-10可见,三个年级第28(4)、第21两题答题正确的学生比例分别高于第17、第31(1)两题,这表明学生对实验思想的认识要强于对实验原理的理解,这与平时教学中教师强调实验思想有关。仔细分析,"控制变量""进行

对比"等实验思想属于实验"局部",而明确实验原理则需要学生对整个实验过程有着整体的把握,这就解释了学生阐明实验思想的能力要强于概括实验原理的能力。

由图5-10进一步发现,第21题正确作答的学生比例要低于第28(4)题,第31(1)题正确作答的学生比例要低于第17题,这表明学生从理解实验思想和明确实验原理到正确选择合适的实验方法之间还有一定的思维障碍,9年级完全答对第31(1)题的学生比例还不足20%,这说明我们实验原理和方法教学的质量还有待提升。

不同年级学生正确回答这四题的比例是随着年级的提升而增大的,但增大的趋势不同。由图5-10可看出,根据实验思想选择正确实验方法的学生比例随年级的提升而增大的趋势大致相同,这表明对学生进行这两方面的教学在三个年级均要渗透;能根据实验原理选择正确实验方法的学生比例随年级的提升虽有增大,但8年级到9年级的增幅较小,这说明整个初中阶段培养学生实验教学能力还有待加强。

5. 水平5:自行设计实验方案并予以评价

水平5是科学实验思维能力的最高水平,由前面的讨论可知,9年级学生的能力略高于水平5。通过第30(3)、第30(4)两道题来说明不同年级学生在这一水平上的表现差异。

【案例5-1】 小明想比较阻燃型保温材料和普通保温材料的保温性能。他用厚度相同的两种材料的板材制成大小相同的两只盒子,盒盖上开有插温度计的小孔。首先在阻燃型材料的盒内放一烧杯,烧杯中倒入适量的热水,盖上盖子,测得温度如右图所示,并记录温度计示数下降10℃所用的时间t_1。然后将烧杯移至普通保温材料的盒内,盖上盖子,记录温度下降10℃所用的时间t_2。上述实验再重复做两次。

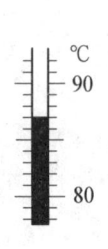

(3) 小明的实验方案中存在明显问题,请你帮他指出来。

(4) 小华针对小明方案中存在的问题,对方案进行修改,请你简要写出修改后的实验方案。

该题考查学生能够评价已有实验方案,并指出其中的不足之处,最后要求自行设计实验方案,能指出已有方案的不足是正确回答这两题的关键。表5-25是该题回答情况统计。

表 5-25 第 30(3)题的答题情况统计

年级	空白或错误回答	不完整回答	完整回答
7 年级	52.44%	21.91%	25.64%
8 年级	50.95%	20.35%	28.70%
9 年级	31.24%	28.98%	39.78%
合计	44.27%	23.93%	31.81%

由表 5-25 中数据可见,不能找出方案中存在不足的学生比例随年级的提升而减小,但 7、8 两个年级之间没有明显减小,在 8、9 两个年级之间差距较大。完整回答的学生比例随年级提升而增大,但每个年级中均存在着 20%—30% 的学生回答不完整:"不能将烧杯直接移动到普通保温材料盒中""不应该用同一杯热水"等答案只是从表面回答,而"需要控制变量"这类答案则表明学生不清楚"具体要控制哪些变量"。因此,后续第 30(4)题的答题情况更能清晰揭示学生整体实验设计的能力状况(见图 5-11)。

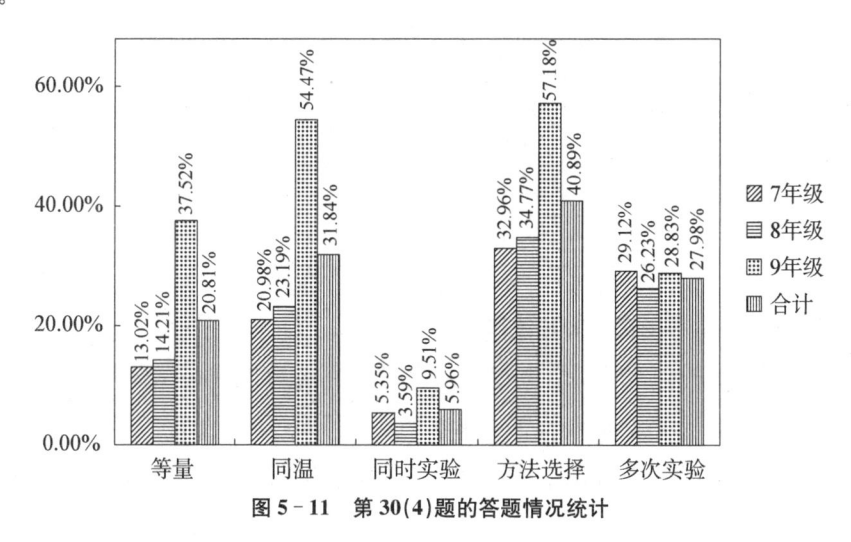

图 5-11 第 30(4)题的答题情况统计

本研究通过五个方面来评判学生的作答情况:(1)是否注意到原有热水体积应相等;(2)是否注意到要保证原有热水的温度要相等;(3)是否注意到实验应同时进行;(4)是否能够选用正确的实验方法(选择"比较同一时间内热水下降的温度"或"比较下降相同温度所需要的时间");(5)是否注意到了应多次实验。由图 5-11 可以看出,三个年级在"同时实验"这一要求上表现较差,能满足此要求的学生比例均不到10%。由第28(4)题的答题结果可知,学生已经知道"多次实验"的必要性,但答题结果显示学生自行实验设计时反而不会注意这一要求,各年级学生能满足这一要求的比例不足30%,而且三个年级间没有显著差异。满足其他三个要求的学生比例均随着年级的提升而增大,其中学生在完成要求"正确选择实验方法"方面较好。

五、不同年级学生科学定量计算能力比较

(一) 总体比较

表5-26是三个年级学生科学定量计算能力Rasch得分的描述性统计结果,标准误极小。三个年级学生Rasch得分均值随着年级的提升而增大;但由于科学定量计算能力测验项目的题量和题型限制,三个年级的极大值、极小值以及全距大小均相等;标准差随年级的改变没有显著的变化。进一步比较三个年级的均值,发现不同年级学生的科学定量计算能力水平具有显著性差异。

表5-26 分年级的科学定量计算能力Rasch得分描述性统计

年级	样本容量	均值	标准误	极大值	极小值	全距	标准差
7年级	2 297	−0.10	0.04	7.62	−3.46	11.08	1.74
8年级	2 505	0.25	0.03	7.62	−3.46	11.08	1.34
9年级	2 060	2.66	0.06	7.62	−3.46	11.08	2.55

(二) 各能力水平层次上的总体比较

本研究中,初中三个年级学生在科学定量计算能力的Rasch得分均值分别为−0.10、0.25、2.66,结合表5-2的能力水平均值可知,7、8两个年级学生的科学定量计算能力处于水平2;9年级学生科学定量计算能力达到了水平3,图5-12呈现了三个年级学生科学定量计算能力不同水平分布情况。由图5-12可直观看出,三个年级处于水平0(低于水平1)和处于水平1的学生比例随着年级的提升而不断减小,到了9年级仅有0.19%学生低于水平1;处于水平3的学生比例随着年级的提升而不断增大,9年级学生处于水平3的比例已高达近60%;三个年级分别处于水平1、水平2、水平3的学生所占比例最大,这符合不同年级学生能力的发展特征。

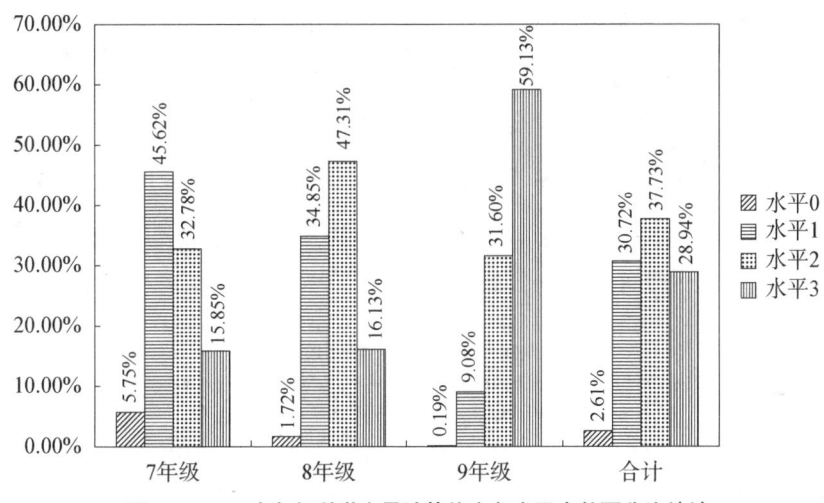

图 5‑12　三个年级科学定量计算能力各水平人数百分比统计

(三) 不同年级学生科学定量计算能力各水平表现分析

1. 水平1：从定量化的角度认识物理量

第3题考查学生对物理量的认识，表5‑27是学生回答该题的情况统计。由表5‑27可以看出，7年级正确回答该题的学生比例已达到76.84%，这表明学生在7年级就已经形成了有关物理量的概念，这一比例随着年级的提升而增大。该试题对应的得分率虽然较高，但即使到9年级仍有一小部分学生对物理量的正确理解存在一定的障碍，这需要在教学中引起足够的重视。

表 5‑27　第3题的答题情况统计

年级	A	B	C	D*	未作答
7年级	8.79%	4.57%	9.66%	76.84%	0.13%
8年级	5.51%	1.88%	3.95%	88.66%	—
9年级	2.72%	1.50%	2.91%	92.86%	—
合计	5.77%	2.67%	5.55%	85.97%	0.04%

注：*第3题的正确答案为D。

2. 水平2：识别相关物理量间的定量关系

第8题基于三个年级都熟悉的背景知识来考查学生对物理量间关系的识别能力，

表 5-28 是学生回答该题的情况统计。由表 5-28 中数据可见，B 选项是主要的干扰选项，可以推测学生作出此种误判可能源自没有厘清"1 小时合算为多少分钟"，即"从定量化的角度认识物理量"的水平还较为低下。结合图 5-12 可知，各年级选择 B 选项的学生比例与各年级处于水平 1 的学生比例间具有较好的一致性。学生选择 C 选项则是因为不清楚"am"与"pm"的区别，即在"认识科学符号及其相应表达式的含义"这一科学符号表征能力上还有所欠缺。

表 5-28 第 8 题的答题情况统计

年级	A*	B	C	D	未作答
7 年级	51.63%	35.52%	6.92%	5.27%	0.65%
8 年级	63.31%	32.10%	2.36%	1.76%	0.48%
9 年级	80.63%	16.70%	2.23%	0.34%	0.10%
合计	64.60%	28.62%	3.85%	2.51%	0.42%

注：* 第 8 题的正确答案为 A。

3. 水平 3：依据定量的证据进行计算

科学定量计算能力最高水平就是依据定量证据计算，通过设置两道试题来考查学生相应的能力。第 18 题比较简单，主要考查学生能否正确找出定量计算的证据；而第 31(4) 题比较复杂，则考查学生能否完成全部的计算，图 5-13 是两道题的答题情况统计。

对比第 18 题与第 31(4) 题的答题情况可见，学生很容易找出简单问题的定量计算证据，而且这种能力随着年级的提升而增强；但学生面对较为复杂的情境，寻找定量计算证据的能力明显下降，能正确找出证据的 7、8 年级学生比例均接近 30%，而 9 年级能找出证据的学生比例已经大于 60%，但这仍比能找出简单问题定量计算证据的学生比例要小；这表明学生已初步具备找到定量计算证据的能力，但其能力水平并不高。

由图 5-13 可知，未能找出定量计算证据的学生主要存在的问题是"没有考虑照明灯的价格"，还有相当一部分学生在计算过程中忽略了单位间的转化，导致正确解答该题的学生比例不大；"考虑全面"的学生比例 7、8 年级在 20% 左右，9 年级超过 50%，表明不少学生在寻找定量计算证据时"只见树木不见森林"，没有一个完整的计

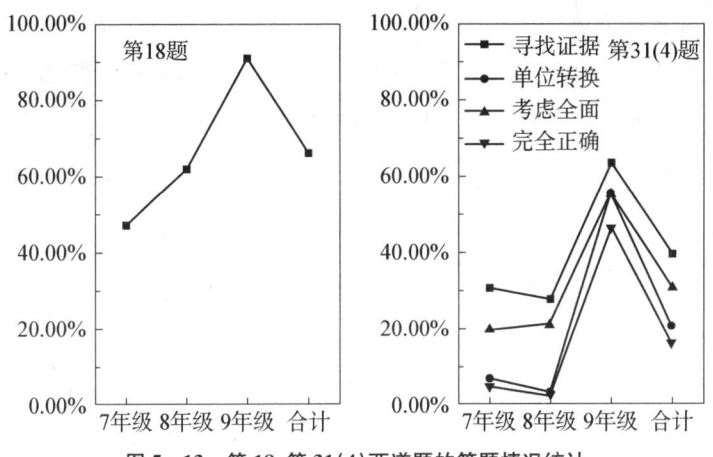

图 5-13 第 18、第 31(4)两道题的答题情况统计

算方案。由图 5-13 还可发现,7、8 两个年级的学生在各要求上的表现没有显著差异,学生的能力到 9 年级开始逐步发展,这也说明了综合或分科的科学教学均不宜在初中学习的起始阶段过早进行要求较高的计算练习。

第三节 初中科学学科能力分项的地区比较

本节主要分析比较不同的两个地区同一年级初中生科学学科能力的分项差异及其主要特征。选择 A、B 两地初中生作为比较研究对象,是基于以下两个考虑:(1)A、B 两地的经济、文化、教育水平均为相当;(2)A、B 两地 7—9 年级科学课程均采取分科教学模式,但 A 地在 6 年级设置了预科,让学生初步接触了科学基础知识与科学研究的方法。

一、两地学生科学概念理解能力比较
(一) 总体比较

表 5-29 是两地学生科学概念理解能力 Rasch 得分的描述性统计结果,标准误极小。表 5-30 列出了运用独立样本 t 检验比较两地 Rasch 得分均值是否存在显著差异的结果。表 5-30 中给出了具体的 t 检验分析结果。结合表 5-29、表 5-30 可看出,A、B 两地整体能力均值相当,且不存在显著性差异。但分年级看,两地同一年级间的

均值均存在显著性差异：A1 年级的均值大于 B1 年级，A2 年级的均值比 B2 年级高出 0.15 个 Rasch 分，A3 年级的均值反而小于 B3 年级。极大值、极大值均出现在 B 地，A 地的极大值却没有出现在 A3 年级；极小值的变化符合年级发展特征，标准差也是随着年级的提升而减小的。

表 5-29 两地学生科学概念理解能力 Rasch 得分描述性统计

群体	样本容量	均值	标准误	极大值	极小值	全距	标准差
A1	1 666	0.406	0.02	3.43	−4.30	7.73	0.90
A2	1 605	0.755	0.02	3.43	−2.93	6.36	0.78
A3	708	1.060	0.03	2.79	−1.99	4.78	0.67
A	3 979	0.663	0.01	3.43	−4.30	7.73	0.85
B	2 883	0.672	0.02	6.01	−4.30	10.31	1.17
B3	1 352	1.355	0.02	6.01	−0.86	6.87	0.83
B2	900	0.599	0.03	2.79	−2.93	5.72	0.84
B1	631	−0.685	0.04	1.93	−4.30	6.23	0.98

表 5-30 两地学生科学概念理解能力 Rasch 得分均值差异显著性检验结果

群体	样本量	均值	t	p
A	3 979	0.663	−0.355	0.723
B	2 883	0.672		
A1	1 666	0.406	24.403	<0.001***
B1	631	−0.685		
A2	1 605	0.755	4.606	<0.001***
B2	900	0.599		
A3	708	1.060	−8.738	<0.001***
B3	1 352	1.355		

注：* 表示 $p<0.05$，** 表示 $p<0.01$，*** 表示 $p<0.001$

（二）各能力水平层次上的比较

图 5-14 呈现了两地学生科学概念理解能力不同水平的分布情况。由图 5-14 可直观看出，两地学生科学概念理解能力水平分布主要差别在于 7 年级和 9 年级。A1

年级处于水平0和水平1的学生比例比B1年级小很多,B1年级分别有14.42%、39.14%的学生处于水平0和水平1;而A1年级有80%以上的学生处于水平2,B1年级水平2的学生比例只有A1年级的一半。对于9年级,A、B两地均是水平2的学生占主要比例,几乎没有学生处于水平0和水平1,但B3年级处于水平3的学生比例却是A3年级的一倍多。

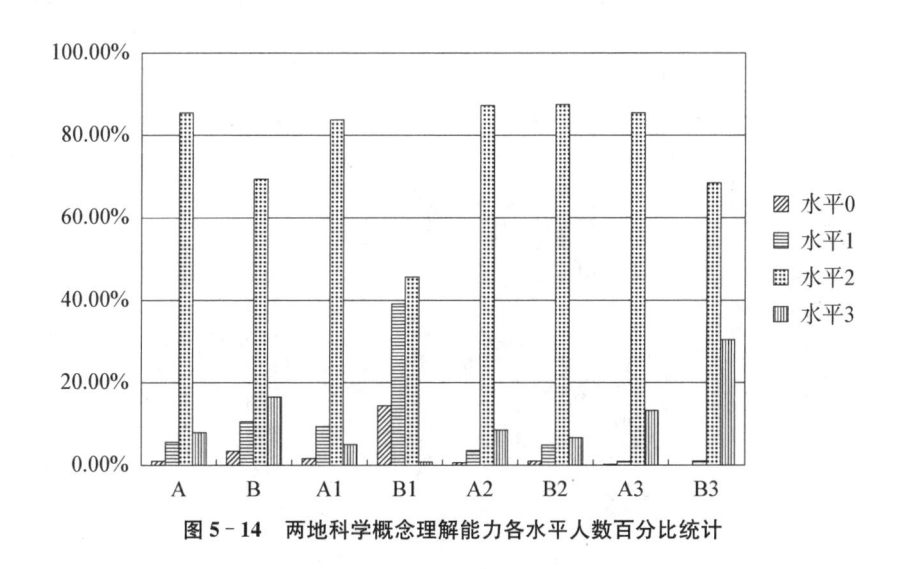

图 5-14 两地科学概念理解能力各水平人数百分比统计

(三)两地学生科学概念理解能力各水平表现分析

【案例 5-2】 请你从能量转化的角度,推测 11 W 的节能灯可与 60 W 的白炽灯照明效果相媲美的原因。_____。

该题是考查学生对能量转化过程的理解,题中已经给出相应提示——"请你从能量转化的角度",但绝大多数学生并没有注意到这一提示而直接回答问题,所有学生的回答大体可以分成四种情况(具体见表 5-31)。图 5-15 是学生回答该题的情况统计。

表 5-31 所有学生第 31(3)题的回答情况分类

答案代号	答案层次	答案描述/举例
D1	最初的概念	空白或无关回答
D2	可能的概念	只回答"都是将电能转化成光能"或从"照明灯与白炽灯照明效果相同"等表面回答

续 表

答案代号	答案层次	答案描述/举例
D3	不完整概念	答案部分正确,如回答"节能灯能将电能全部转化成光能"或"白炽灯会发热"
D4	完整概念	完整回答,如回答"节能灯在能量转化过程中被浪费的电能少""节能灯将大部分电能转化为光能""白炽灯将大部分的电能转化成了内能(热能)"

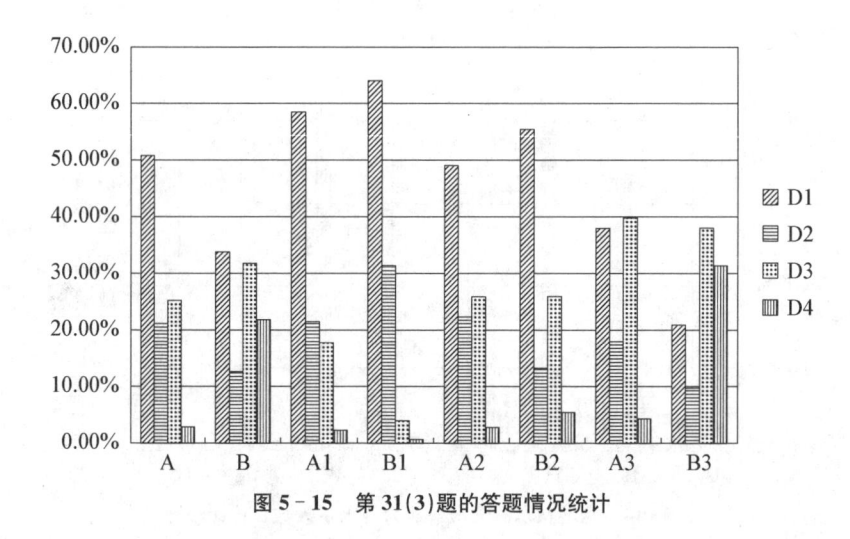

图 5-15 第31(3)题的答题情况统计

由图 5-15 中可以看出,总体而言 A 地"空白或无关回答"(D1)、"表面回答"(D2)的学生比例大于 B 地,而"不完整回答"(D3)、"完整回答"(D4)的学生比例均小于 B 地。分年级讨论,A1 年级的总体情况虽好于 B1 年级(A1 年级 D1、D2 的学生比例较小,而 D3、D4 的学生比例较大),但受制于年级能力发展的限制,"不完整回答"(D3)的学生仍占有较大的比例;达到 8 年级以上,B 地"空白或无关回答"(D1)与"表面回答"(D2)的学生比例均小于 A 地,而其"不完整回答"(D3)"完整回答"(D4)的比例之和渐渐大于 A 地。这表明,接受了预科阶段科学学习的 A 地学生,早期在科学知识学习的广度上有优势,但在后期分科科学学习阶段,在科学知识理解的深度上仍不如 B 地。

二、两地学生科学符号表征能力比较

(一) 总体比较

表 5-32 是两地学生科学符号表征能力 Rasch 得分的描述性统计结果,标准误极

小。表5-33列出了运用独立样本t检验比较两地Rasch得分均值是否存在显著性差异的结果,表5-33中给出了具体的t检验分析结果。结合表5-32和表5-33可看出,A地均值小于B地,且两地均值存在显著性差异。分年级看,A1年级均值虽大于B1年级,但不存在显著性差异,8、9两个年级均是A地均值小于B地且存在显著性差异;由于受到科学符号表征能力测验项目的题量和题型限制,两地各年级的极大值均相等,但B2年级与B3年级的极小值均大于对应的A2年级与A3年级;标准差是随着年级的提升而减小的。

表5-32 两地学生科学符号表征能力Rasch得分描述性统计

群体	样本容量	均值	标准误	极大值	极小值	全距	标准差
A1	1 666	0.112	0.04	3.83	−3.96	7.79	1.47
A2	1 605	1.245	0.03	3.83	−3.96	7.79	1.31
A3	708	1.695	0.05	3.83	−3.96	7.79	1.28
A	3 979	0.851	0.02	3.83	−3.96	7.79	1.52
B	2 883	1.514	0.03	3.83	−3.96	7.79	1.56
B3	1 352	2.126	0.03	3.83	−2.16	5.99	1.24
B2	900	1.620	0.05	3.83	−2.16	5.99	1.38
B1	631	0.052	0.06	3.83	−3.96	7.79	1.48

表5-33 两地学生科学符号表征能力Rasch得分均值差异显著性检验结果

群体	样本量	均值	t	p
A	3 979	0.851	−17.572	<0.001***
B	2 883	1.514		
A1	1 666	0.112	0.870	0.385
B1	631	0.052		
A2	1 605	1.245	−6.641	<0.001***
B2	900	1.620		
A3	708	1.695	−7.358	<0.001***
B3	1 352	2.126		

注:*表示$p<0.05$,**表示$p<0.01$,***表示$p<0.001$。

(二) 各能力水平层次上的比较

图 5-16 呈现了两地学生科学符号表征能力不同水平分布情况。由图 5-16 可知,两地科学符号表征能力水平的分布差别并不大。对于 8、9 两个年级而言,处于水平 0、水平 1、水平 2 的学生比例均为 A 地大于 B 地,而处于水平 3 的学生比例是 A 地小于 B 地,因而 A、B 两地学生能力均值表现出显著性差异。

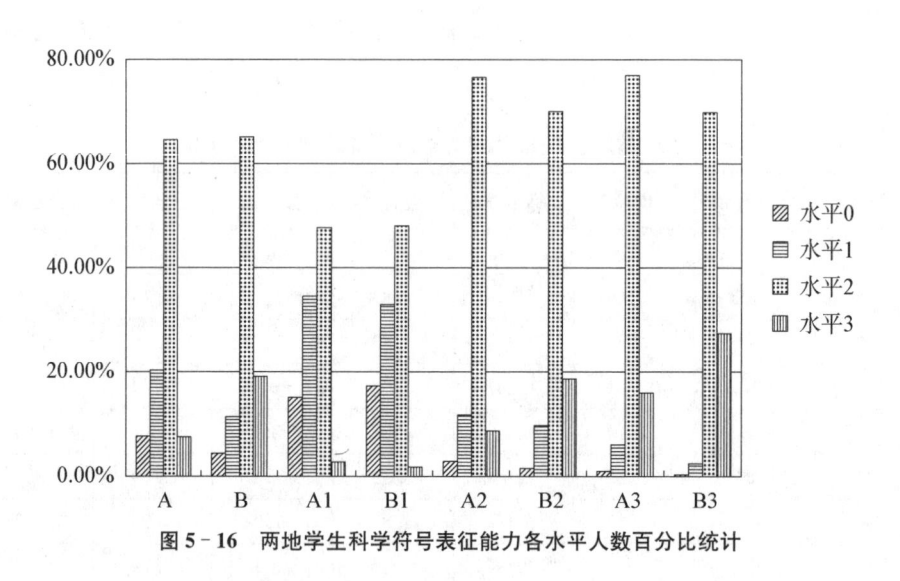

图 5-16 两地学生科学符号表征能力各水平人数百分比统计

(三) 两地学生科学符号表征能力各水平表现分析

【案例 5-3】 组成物质的常见微粒有原子、分子等。请仔细观察图示中各种微粒的表示方法,判断下列说法错误的是( )。

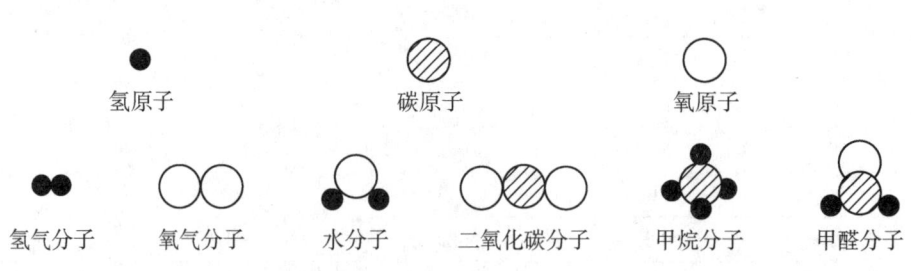

氢原子　碳原子　氧原子

氢气分子　氧气分子　水分子　二氧化碳分子　甲烷分子　甲醛分子

A. 原子可以通过一定的方式形成分子
B. 一个分子中可以含有很多个原子
C. 分子可以由相同原子组成,也可以由不同原子组成

D. 一个甲醛分子中含有一个碳原子、一个氧原子、一个氢分子

  该题借助对 9 年级学生较为熟悉的化学知识为背景,考查学生的符号表征能力。图 5-17 是两地学生回答该题的正确率(左图)与未作答率(右图)情况统计。由图 5-17 中正确率和未作答率可以看出,B1 年级是所有群体中答题情况最不理想的,B1 年级学生对除正确选项外的每个干扰选项都有选择且比例较为接近,这表明没有经过预科科学知识学习的 B 地学生在接触化学符号之前,对符号认识停留在表面而不理解其本质,有科学预科学习经历的 A1 年级学生该题成绩要好于 B1 年级。该题虽涉及的是化学知识,但经过了一年物理知识学习,8 年级学生基于对物理符号的理解而将其符号认知能力迁移到此题,所表现出来的符号认知水平较 7 年级有大幅度的提高,但 B2 年级提高得更多;学生经历 9 年级有关化学符号的学习之后,B3 年级学生的回答情况要优于 A3 年级。

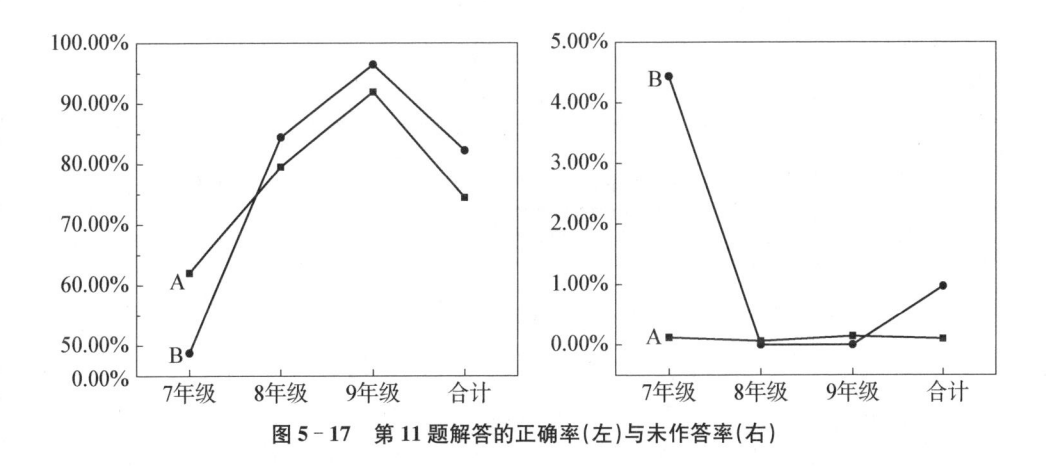

图 5-17 第 11 题解答的正确率(左)与未作答率(右)

三、两地学生科学模型建构能力比较

(一) 总体比较

  表 5-34 是两地学生科学模型建构能力 Rasch 得分的描述性统计结果,标准误极小。表 5-35 列出了运用独立样本 t 检验比较两地 Rasch 得分均值是否存在显著性差异的结果,表 5-35 中给出了具体的 t 检验分析结果。结合表 5-34、表 5-35 可看出,A、B 两地整体能力均值相当,且不存在显著性差异。分年级看,A、B 两地 7 年级和 9

年级间的均值存在显著性差异：A1年级的均值远大于B1年级；到了8年级，两地能力均值相当，且不存在显著性差异；而到了9年级，A3年级均值又小于B3年级。对于极大值和极小值而言，7、8年级是A地优于B地，9年级则是B地优于A地；两地得分的标准差是随着年级的提升而增大的。

表5-34 两地学生科学模型建构能力Rasch得分描述性统计

群体	样本容量	均值	标准误	极大值	极小值	全距	标准差
A1	1 666	0.620	0.02	4.72	−3.45	8.17	0.97
A2	1 605	0.878	0.02	4.72	−2.16	6.88	0.97
A3	708	1.195	0.04	4.72	−2.16	6.88	1.10
A	3 979	0.826	0.02	4.72	−3.45	8.17	1.02
B	2 883	0.864	0.02	4.72	−3.45	8.17	1.23
B3	1 352	1.375	0.03	4.72	−0.91	5.63	1.18
B2	900	0.822	0.03	4.72	−3.45	8.17	1.00
B1	631	−0.172	0.04	3.24	−3.45	6.69	0.95

表5-35 两地学生科学模型建构能力Rasch得分均值差异显著性检验结果

群体	样本量	均值	t	p
A	3 979	0.826	−1.331	0.183
B	2 883	0.864		
A1	1 666	0.620	17.642	<0.001***
B1	631	−0.172		
A2	1 605	0.878	1.368	0.171
B2	900	0.822		
A3	708	1.195	−3.441	0.001**
B3	1 352	1.375		

注：*表示$p<0.05$，**表示$p<0.01$，***表示$p<0.001$

（二）各能力水平层次上的比较

图5-18呈现了两地学生科学模型建构能力不同水平的分布情况。由图5-18可直观看出，两地科学模型建构能力水平分布主要差别在于7年级：A1年级处于水平0

和水平1的学生比例小于B1年级,而处于水平3、水平4的高水平学生比例大于B1年级,因而A1年级能力均值大于B1年级,且具有显著性差异。

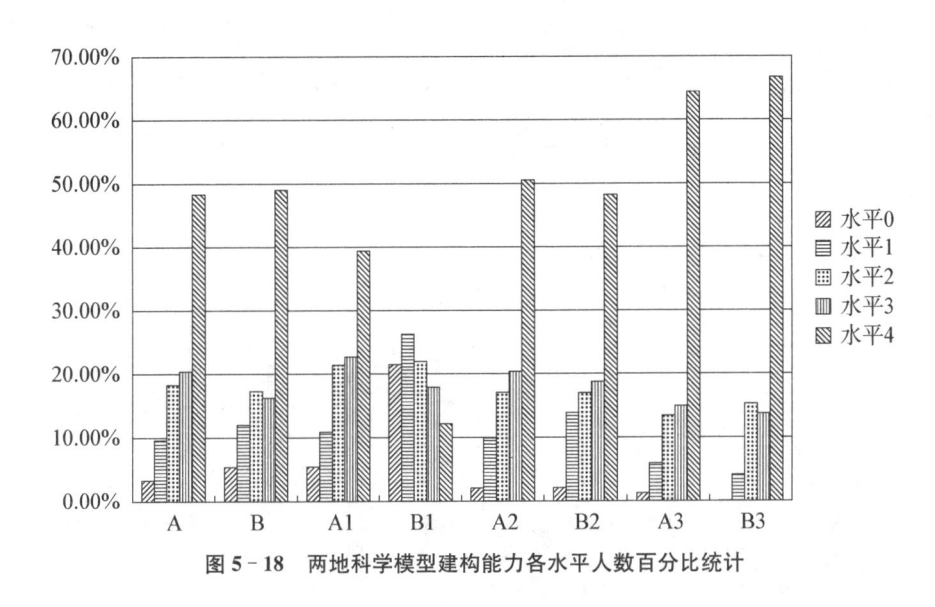

图5-18 两地科学模型建构能力各水平人数百分比统计

(三)两地学生科学模型建构能力各水平表现分析

【案例5-4】 有一密封容器储有氧气,用 ○○ 表示氧气粒子(分子)。容器上端有一个不漏气的活塞,用手轻轻将活塞向下压,密封容器内发生相应的变化。下列变化表示合理的是(   )。

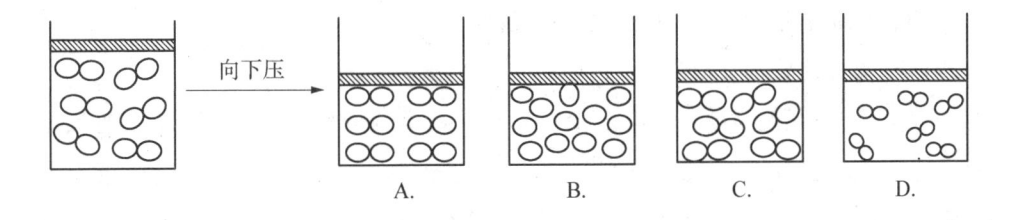

该题考查学生对粒子模型的理解,图5-19是两地学生回答该题的情况统计(未作答的学生比例没有列出)。由图5-19可以发现:由于B地学生在此前未接触过"粒子模型",B1年级学生对该题的回答反映出了学生在理解粒子模型方面存在错误的前概念:31.06%的学生认为"气体粒子被压缩之后会整齐排列",22.98%的学生认为"气体粒子被压缩之后会变小",17.43%的学生认为"气体粒子被压缩后会发生'分

裂'";而经过预科科学内容学习的学生,错选"气体粒子被压缩之后会整齐排列"与"气体粒子被压缩之后会变小"两种错误粒子模型的比例较小。到了8年级、9年级,存在后两种错误粒子模型的学生比例大幅减小,但仍有不少学生认为"气体粒子被压缩之后会整齐排列",甚至9年级持有这一看法的学生比例还超过了8年级。这表明,经过粒子模型的学习,学生对该内容已有基本的了解,但对其本质的认识还存在一定的困难。

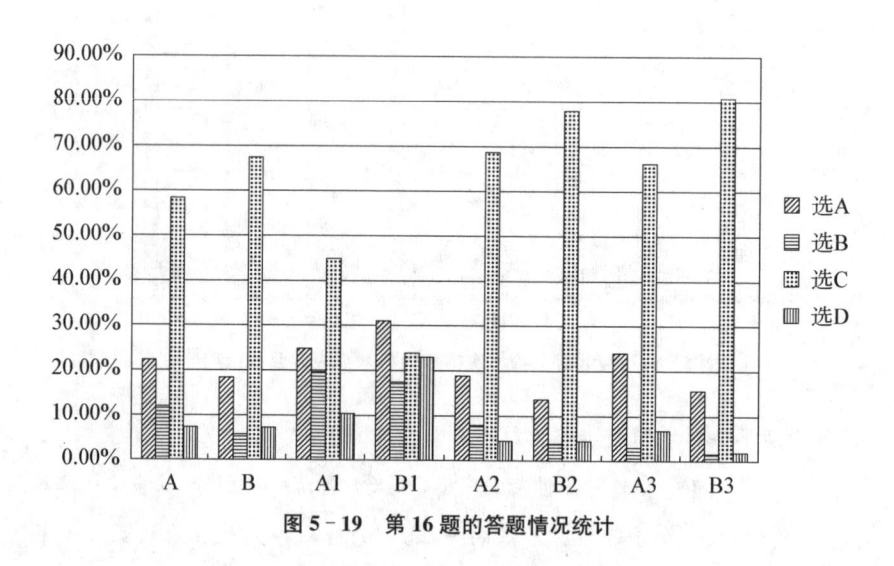

图 5-19 第 16 题的答题情况统计

四、两地学生科学实验思维能力比较

(一)总体比较

表 5-36 是两地学生科学实验思维能力 Rasch 得分的描述性统计结果,标准误极小。表 5-37 列出了运用独立样本 t 检验方法比较两地 Rasch 得分均值是否存在显著性差异的结果,表 5-37 中给出了具体的 t 检验分析结果。

表 5-36 两地学生科学实验思维能力 Rasch 得分描述性统计

群体	样本容量	均值	标准误	极大值	极小值	全距	标准差
A1	1 666	−0.130	0.02	1.67	−2.66	4.33	0.67
A2	1 605	0.248	0.02	2.63	−2.66	5.29	0.63

续表

群体	样本容量	均值	标准误	极大值	极小值	全距	标准差
A3	708	0.720	0.02	2.05	−1.54	3.59	0.48
A	3 979	0.174	0.01	2.63	−2.66	5.29	0.70
B	2 883	0.191	0.02	3.09	−4.58	7.67	1.05
B3	1 352	0.794	0.02	3.09	−1.73	4.82	0.64
B2	900	0.239	0.03	3.09	−3.36	6.45	0.82
B1	631	−1.168	0.03	0.28	−4.58	4.86	0.77

表 5‑37 两地学生科学实验思维能力 Rasch 得分均值差异显著性检验结果

群体	样本量	均值	t	p
A	3 979	0.174	−0.789	0.430
B	2 883	0.191		
A1	1 666	−0.130	29.739	<0.001***
B1	631	−1.168		
A2	1 605	0.248	0.273	0.785
B2	900	0.239		
A3	708	0.720	−2.939	0.003**
B3	1 352	0.794		

注：*表示 $p<0.05$，**表示 $p<0.01$，***表示 $p<0.001$

结合表 5‑36、表 5‑37 可以看出，A 地均值略小于 B 地，但不存在显著性差异。分年级看，两地 7 年级和 9 年级间的均值存在显著性差异：A1 年级的均值远大于 B1 年级；到了 8 年级，两地均值相当；而到了 9 年级，A3 年级均值又略小于 B3 年级。对于极大值而言，7 年级是 A 地大于 B 地，8、9 两个年级均是 A 地小于 B 地；对于极小值而言，7、8 两个年级是 A 地大于 B 地，而 9 年级是 A 地小于 B 地。

(二) 各能力水平层次上的比较

图 5‑20 呈现了两地学生科学实验思维能力不同水平的分布情况。由图 5‑20 可直观看出，两地科学实验思维能力水平分布主要差别在于 7 年级：A1 年级有近 50% 的学生处于水平 3，而 B1 年级则有近 60% 的学生处于水平 1 且没有学生处于水平 4、水平 5 这两个较高水平。

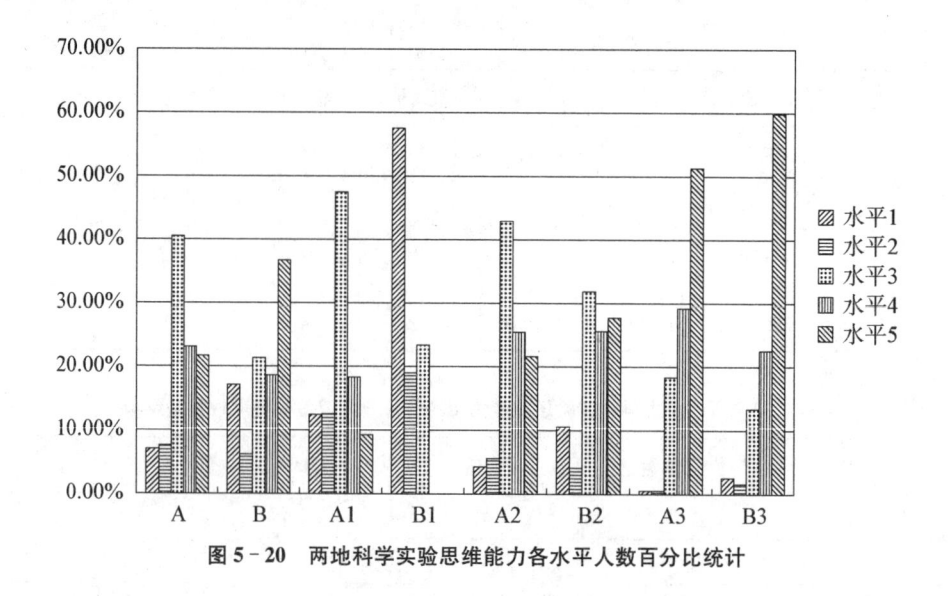

图5-20 两地科学实验思维能力各水平人数百分比统计

（三）两地学生科学实验思维能力各水平表现分析

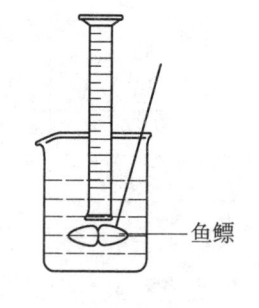

【案例5-5】 为了收集鱼鳔中的气体并测量其体积大小，小红设计了两种方法。

A：用医用注射器抽取鱼鳔内气体，测量其体积；

B：用排水法收集气体：在水下用针将鱼鳔刺一个小口，使得鱼鳔内的气体进入盛满水的倒扣量筒中，气体将量筒中的水排开，从而可以读出气体的体积（如右图所示）。你认为哪一种方法不合理_____，理由是_____。

该题考查学生对实验方案评价，学生的回答大体可以分成四种情况（见表5-38），图5-21是学生回答该题的情况统计。

表5-38 学生对第29(4)题的回答情况分类

答案层次	答案描述/举例
空白或错误	空白或作出错误判断
无关解释	选择正确了，但判断理由错误
浅层解释	只从表面回答，如"测量不准确""无法测量"等
不完整解释	回答不够完整，如"气体无法收集""气体与水无法分开"等，而未表明本质原因
完整解释	从本质回答，如"二氧化碳会部分溶于水""二氧化碳与水发生反应"等

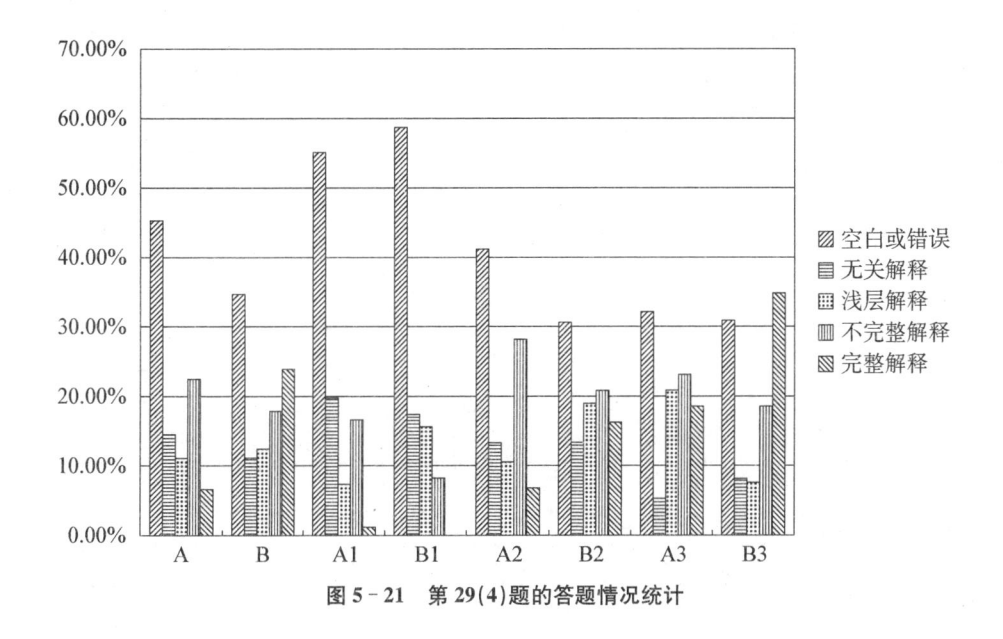

图 5-21　第 29(4)题的答题情况统计

由图 5-21 可见,两地 7 年级相比:A1 年级空白或错误的学生比例小于 B1 年级,A1 年级不完整解释的学生比例大于 B1 年级,而 A1 年级只有极少部分学生能够完整解释,B1 年级没有学生能够完整解释,因而 A1 年级学生在科学实验思维能力水平要高于 B1 年级。到了 8 年级,B 地学生中空白或错误以及无关解释的比例减小,而浅层解释、不完整解释以及完整解释的比例增大;到了 9 年级,B 地能够完整解释的学生比例已达到 35%,优于 A 地学生。

五、两地学生科学定量计算能力比较

(一) 总体比较

表 5-39 是两地学生科学定量计算能力 Rasch 得分的描述性统计结果,标准误极小。表 5-40 列出了运用独立样本 t 检验方法比较两地 Rasch 得分均值是否存在显著性差异的结果,表 5-40 中给出了具体的 t 检验分析结果。

表 5-39　两地学生科学定量计算能力 Rasch 得分描述性统计

群体	样本容量	均值	标准误	极大值	极小值	全距	标准差
A1	1 666	0.260	0.04	7.62	−3.46	11.08	1.77
A2	1 605	0.396	0.04	7.62	−3.46	11.08	1.45
A3	708	2.478	0.09	7.62	−3.46	11.08	2.46
A	3 979	0.709	0.03	7.62	−3.46	11.08	1.98
B	2 883	1.060	0.05	7.62	−3.46	11.08	2.55
B3	1 352	2.761	0.07	7.62	−3.46	11.08	2.59
B2	900	−0.008	0.04	7.62	−3.46	11.08	1.05
B1	631	−1.063	0.05	4.99	−3.46	8.45	1.23

表 5-40　两地学生科学定量计算能力 Rasch 得分均值差异显著性检验结果

群体	样本量	均值	t	p
A	3 979	0.709	−6.143	<0.001***
B	2 883	1.060		
A1	1 666	0.260	20.173	<0.001***
B1	631	−1.063		
A2	1 605	0.396	7.990	<0.001***
B2	900	−0.008		
A3	708	2.478	−2.429	0.015*
B3	1 352	2.761		

注：* 表示 $p<0.05$，** 表示 $p<0.01$，*** 表示 $p<0.001$

结合表 5-39、表 5-40 可以看出，A 地均值小于 B 地且存在显著性差异。分年级看，两地同一年级之间的均值均存在显著性差异：A1 年级的均值远大于 B1 年级，A2 年级与 B2 年级之间的均值差异要小于 A1 年级与 B1 年级之间的均值差异，而 A3 年级的均值要小于 B3 年级。由于科学计算学习领域测验项目的题量和题型受到限制，除了 B1 年级，其他各群体的极大值、极小值以及全距大小均相等。

（二）各能力水平层次上的比较

图 5-22 呈现了两地学生科学定量计算能力不同水平的分布情况。

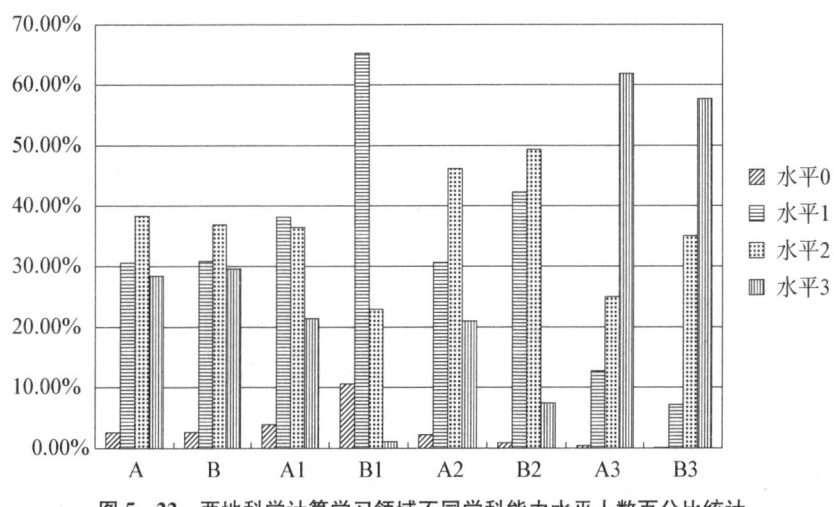

图 5-22 两地科学计算学习领域不同学科能力水平人数百分比统计

由图 5-22 可直观看出，两地学生科学定量计算能力水平分布主要差别在于 7 年级：A1 年级有 21.43% 的学生处于水平 3，而 B1 年级则有 65.29% 的学生处于水平 1，且处于水平 2 和水平 3 的学生比例均比 A1 年级小。此外，比较两地均值差异发现一个很有意义的结果：即使 A3 年级的均值小于 B3 年级，但 A 地各年级处于水平 3 的学生比例均大于 B 地。

（三）两地学生科学定量计算能力水平表现分析

图 5-23 是学生回答第 31(4) 题的情况统计。由图 5-23 可以看出 A 地 7、8 两个年级能力均值大于 B 地的原因：B 地 7、8 年级尚未系统学习电学知识，只是在小学科学中涉及一点内容，因此 B 地 7、8 两个年级学生遇到此题时无法找到解题依据，导致解题失利；而 A 地虽有较多学生找到了解题依据，但由于未注意到单位转化而导致正确率不高。到了 9 年级，随着能力的发展，A 地学生可以较好地找出解题依据，但在"单位转化"和"是否考虑到灯泡价格"等方面表现不如 B 地，导致最后 A 地的正确率略小于 B 地。

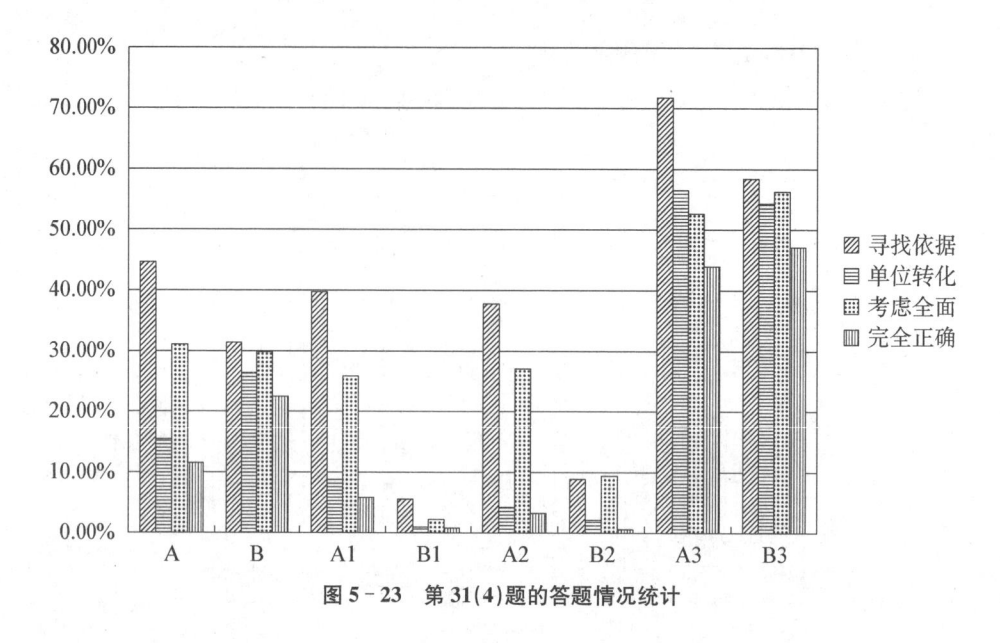

图 5-23 第 31(4)题的答题情况统计

本章运用科学学科能力测试工具,对 7—9 年级学生进行测试,从中获得了一系列能力数据,并依据数据对不同年级、不同地域、不同性别初中生科学学科能力的整体情况进行了分析和比较,了解到能力发展的趋势和有关的结论;为进一步研究科学学科能力发展变化的规律,在研究从各分项能力入手,深入分析不同年级、地区学生在具体项目上的能力表现和差异情况,得到了更有针对性和诊断意义的结论,为改进教学和评价提供了具体的建议,为监测初中生科学学科能力发展提供了一定的依据。

第六章 高中化学学科能力测评及差异研究

基于第三、四章对化学学科能力测评工具的构建、检验及优化,本章旨在运用修改后的能力测验工具,对高中(10—12年级)学生的化学学科能力现状进行测查,以探讨不同年级学生化学学科能力的特征及发展规律,并了解不同性别、不同学校层次的学生化学学科能力的差异,诊断学生的化学学科能力,为教学与评价的优化提供有意义的参考。

第一节 高中化学学科能力的总体分析

通过实施测评研究,获得不同年级、性别和学校层次学生高中化学学科能力的有关数据,并从整体上加以分析。

一、化学学科能力测评研究的被试

本研究采取分层抽样方式,选取三所高中作为样本来源学校(YC、SY、AF),在教学质量及生源上YC优于SY,SY优于AF。具体被试组成如表6-1所示。

表6-1 被试组成

测验	年级			性别		合计
	10年级	11年级	12年级	男	女	
符号表征S	254	262	197	445	268	713

续 表

测验	年级			性别		合计
	10 年级	11 年级	12 年级	男	女	
实验认知 E	254	256	226	454	282	736
模型思维 M	265	248	230	462	281	743
定量化 Q	204	254	247	449	256	705
完成 4 个测验的被试	173	200	144	309	208	517

按测试的一般原则,要求各年级学生都完成 4 份测试,但这些测验无法连续安排在同一时间,导致某个测验时有学生缺考,因而出现废卷,4 个分测验的有效被试以及全部完成 4 个分测验的被试人数并不完全相同。每个分测验均有 700 多位学生参加,但最后一共回收有效试卷 517 份。

二、不同年级学生化学学科能力比较

不同年级化学学科能力的描述性统计结果如表 6-2 所示。由表可知,三个年级的化学学科能力均值随着年级的提升而增大。

表 6-2 不同年级学生化学学科能力描述性统计

年级	N	均值	标准差	标准误	极小值	极大值
10 年级	173	1.198 9	0.531 90	0.040 44	−0.92	2.42
11 年级	200	1.324 1	0.357 64	0.025 29	0.30	2.16
12 年级	144	1.510 6	0.387 03	0.032 25	0.11	2.65

不同年级学生化学学科能力的方差分析结果 $F=20.632, p<0.001$。表 6-3 是不同年级(grade)能力平均数的多重比较的结果。由表 6-4 可知:10、11、12 三个年级之间学科能力均存在显著性差异,其中 10、11 年级之间的差异不及 10 与 12、11 与 12 年级的差异显著。

表6-3 不同年级学生化学学科能力均值差异显著性检验结果

(I) grade	(J) grade	均值差(I-J)	标准误	p
1	2	−0.125 15*	0.047 70	0.027*
	3	−0.311 72**	0.051 73	<0.001***
2	1	0.125 15*	0.047 70	0.027*
	3	−0.186 58**	0.040 98	<0.001***
3	1	0.311 72**	0.051 73	<0.001***
	2	0.186 58**	0.040 98	<0.001***

注：*表示$p<0.05$，**表示$p<0.01$，***表示$p<0.001$

三、不同性别学生化学学科能力比较

不同性别学生的化学学科能力描述性统计结果如表6-4所示。可见，男生的能力均值高于女生。进一步进行t检验可知，$t=2.999$，$p<0.01$，即男女学生的能力具有显著性差异，可认为男生的化学学科能力显著高于女生。

表6-4 不同性别学生化学学科能力描述性统计

性别	N	均值	标准差	标准误
男	309	1.382 0	0.436 98	0.024 86
女	208	1.263 0	0.453 80	0.031 47

四、不同层次学校学生化学学科能力比较

三所不同层次高中学校学生化学学科能力的描述性统计结果如表6-5所示。

表6-5 不同层次学校学生化学学科能力描述性统计

学校	N	均值	标准差	标准误	极小值	极大值
YC	152	1.499 4	0.396 34	0.032 15	0.60	2.42
SY	250	1.373 4	0.412 44	0.026 09	−0.92	2.65
AF	115	1.030 4	0.439 13	0.040 95	0.11	1.99

表6-5显示，YC、SY、AF三所学校高中生的学科能力均值依次减小，方差分析的结果 $F=44.195$，$p<0.001$，可以认为三所学校至少有一所学校与其他两所学校化学学科能力具有显著性差异或三所学校之间皆有显著性差异。不同层次学校(school)学生化学学科能力均值的多重比较结果(见表6-6)显示，三所学校的均值具有显著性差异($p<0.01$)。

表6-6 不同层次学校学生化学学科能力均值多重比较结果

(I)school	(J)school	均值差(I-J)	标准误	p
YC	SY	0.126 05	0.042 57	0.003**
	AF	0.468 97	0.051 16	<0.001***
SY	YC	-0.126 05	0.042 57	0.003**
	AF	0.342 93	0.046 64	<0.001***
AF	YC	-0.468 97	0.051 16	<0.001***
	SY	-0.342 93	0.046 64	<0.001***

注：* 表示 $p<0.05$，** 表示 $p<0.01$，*** 表示 $p<0.001$

第二节 高中化学学科能力分项的年级比较

本节重点分析高中阶段不同年级的学生所表现的化学学科能力差异情况，具体从化学学科能力的四大分项能力的测试结果展开讨论。

一、符号表征能力比较

(一) 总体比较

表6-7是三个年级学生符号表征能力S测验的描述性统计结果。极大值出现在10、11年级，极小值出现在11年级，11年级的全距为7.20。三个年级的能力均值分别为1.61、1.69、1.87，随着年级升高而增大。

表 6-7　三个年级 S 测验描述性统计

Grade	N	均值	标准差	标准误	极小值	极大值	全距
10 年级	254	1.61	0.052 80	0.841 5	−0.50	5.38	5.88
11 年级	262	1.69	0.053 04	0.858 4	−1.82	5.38	7.20
12 年级	197	1.87	0.049 71	0.697 7	0.57	4.04	3.47

S 测验不同年级的方差分析结果 $F=5.797$，$p<0.01$，表 6-8 是多重比较的结果。由表 6-8 可知：在符号表征能力上，10、11 年级并没有显著性差异，而 10 年级与 12 年级、11 年级与 12 年级具有显著性差异。

表 6-8　S 测验三个年级能力均值差异的多重比较结果

(I) grade	(J) grade	均值差(I-J)	标准误	p
10	11	−0.079 39	0.071 41	0.267
	12	−0.258 89	0.076 99	0.001**
11	10	0.079 39	0.071 41	0.267
	12	−0.179 50	0.076 48	0.019*
12	10	0.258 89	0.076 99	0.001**
	11	0.179 50	0.076 48	0.019*

注：*表示 $p<0.05$，**表示 $p<0.01$

(二) 各能力水平层次上的比较

将 S 测验中各个项目的难度进行平均，可得到每个水平的难度平均值(表 6-9)，以此平均值作为判断学生符号表征能力水平的依据。当学生的能力值低于−1.78 时，则认为学生的符号表征能力水平低于水平 1；当学生的能力值为−1.78—−0.47 时，则认为位于水平 1；当学生的能力值为−0.47—0.75 时，则认为位于水平 2；当学生的能力值为 0.75—1.89 时，则认为位于水平 3；当学生的能力值大于 1.89 时，则认为位于水平 4。

表 6-9　S 测验各水平难度平均值

水平	项目及其难度	平均值
1	S01(-2.85); S02(-1.46); S03(-1.66); S04(-1.41); S05(-1.55)	-1.78
2	S06(-0.63); S07(-1.01); S08(-0.97); S09(-0.73); S10(-0.96)	-0.47
3	S11(-0.19); S12(0.93); S13(0.44); S14(0.69); S15(0.82); S16(1.81)	0.75
4	S17(1.87); S18(1.26); S19(1.92); S20(2.51)	1.89

本研究被试样本中 10、11、12 三个年级的能力均值分别为 1.61, 1.69, 1.87, 结合表 6-9, 可以认为 10、11、12 三个年级学生的化学符号表征能力都能达到水平 3——"化学宏微的符号阐释", 12 年级学生的能力均值接近水平 4——"化学问题的符号推理"。三个年级在不同能力水平上的人数及比例如表 6-10 所示, 三个年级中 10、11 年级只有极个别学生处于水平 1, 处于水平 2 的学生也只分别占本年级总人数的 9.1%、7.6%、2.5%。三个年级中皆有较多的学生达到了水平 4, 比例分别为 34.3%、38.9%、48.2%。

表 6-10　各年级学生 S 测验不同能力水平人数及比例

年级	10 年级	11 年级	12 年级	合计
水平 1	1(0.4%)	2(0.8%)	0(0.0%)	3(0.4%)
水平 2	23(9.1%)	20(7.6%)	5(2.5%)	48(6.7%)
水平 3	143(56.3%)	138(52.7%)	97(49.2%)	378(53.0%)
水平 4	87(34.3%)	102(38.9%)	95(48.2%)	284(39.8%)
合计	254(100%)	262(100%)	197(100%)	713(100%)

(三) 不同能力水平的年级比较

1. 水平 1: 建立化学符号的宏观联系

S02: 下列各组物质的名称、俗称、化学式表示同一物质的是(　　)。

A. 硫酸铜晶体　胆矾　$CuSO_4$　　　　B. 氢氧化钾　烧碱　KOH

C. 氢氧化钙　石灰　$Ca(OH)_2$　　　　D. 碳酸氢钠　小苏打　$NaHCO_3$

该题测试学生能否将化学式与它所表示的物质及其俗称对应起来。"会读、会写"是"会用"的前提,也是符号表征能力的最基本水平。答题统计结果(表6-11)显示,三个年级中错选A的学生比例都高于错选B和C的学生比例,说明有些学生没有将硫酸铜晶体与"$CuSO_4 \cdot 5H_2O$"建立恰当的联系;三个年级学生中选B或C的比例相差不大,选B的学生未能建立"烧碱"与"氢氧化钠($NaOH$)"的正确联系,选C的学生未能建立"生石灰"与"氧化钙(CaO)"之间的正确联系。10、11、12年级选择正确答案的比例分别为84.3%、85.5%、86.3%,说明三个年级的学生皆能很好地建立起化学式与其对应的具体物质之间的联系,且水平差异不大。

表6-11 S02答题统计

年级	A	B	C	D*
10年级	17(6.0%)	12(4.2%)	11(3.9%)	214(84.3%)
11年级	18(6.2%)	9(3.1%)	11(3.8%)	224(85.5%)
12年级	13(6.6%)	6(3.0%)	8(4.1%)	170(86.3%)

注:*D为正确答案。

2. 水平2:理解化学符号的微观意义

S09:现有两种元素X、Y的原子结构如图所示,则X、Y形成的化合物的化学式为(   )。

X (+16) 2 8 6   Y (+13) 2 8 3

A. X_2Y_3　　　　B. X_3Y_2　　　　C. Y_2X_3　　　　D. Y_3X_2

该题测试学生对原子结构意义的理解,学生不仅应清楚原子结构示意图各部分的含义,还需理解金属元素的原子最外层电子一般少于4,非金属元素的原子最外层电子数一般多于4,以及核外最外层电子数与形成化学键的关系,据此判断X(非金属元素)、Y(金属元素)形成的化合物的化学式。答题统计结果显示(表6-12),三个年级学生选错误选项B皆多于其他两个错误选项A和D,说明虽然通过原子结构判断出在化合物形成过程中的得失电子数,但未能与X、Y元素的价态建立对应关系。选A或

275

D的学生未能正确理解原子核外最外层电子数与得失电子数之间的关系,10年级学生选A的比例接近于11年级和12年级,说明少数学生不了解原子核外最外层电子数与形成化学键的关系。由表6-12还可知,12年级学生对原子结构知识的理解水平稍高于10年级和11年级。

表6-12　S09答题统计

年级	A	B	C*	D
10年级	15(5.9%)	38(15.0%)	189(74.4%)	12(4.7%)
11年级	14(5.3%)	28(10.7%)	202(77.1%)	18(6.9%)
12年级	12(6.1%)	19(9.6%)	158(80.2%)	11(5.6%)

注：*C为正确答案。

3. 水平3：化学宏微的符号阐释

S15：氢气和氮气在高温、高压和催化剂的条件下合成氨。用 ●● 、○○ 、 ⚛ 分别表示 N_2、H_2、NH_3。观察下图,符合在催化剂表面合成氨反应过程的顺序是(　　)。

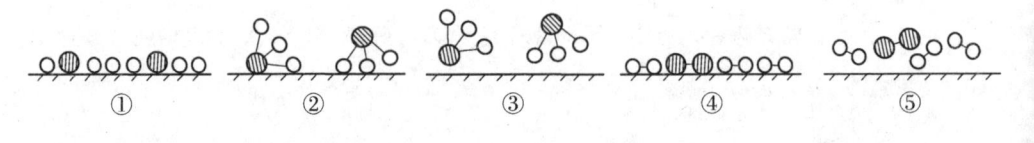

A. ④⑤①③②　　B. ⑤④①③②　　C. ⑤④①②③　　D. ④⑤①②③

该题测试学生能否以符号为中介,在它所表示的化学物质、宏观现象和微观结构、反应原理间灵活转换,从微观结构或微观发生过程角度解释说明宏观现象或过程。题干以"在催化剂表面合成氨"的素材为载体,要求学生能从微观角度解释该反应的过程：分子无序的运动→吸附在催化剂表面→分子解离为原子→原子重新组合成新分子→新分子脱离催化剂表面。表6-12的答题统计结果显示,10、11、12年级答对的学生比例分别为61.8%、66.0%、71.1%,也就是说12年级学生从微观角度解释化学变化过程的水平略高于10年级和11年级。

表6-12 S15答题统计

年级	A	B	C*	D
10年级	37(14.6%)	27(11.4%)	157(61.8%)	31(12.2%)
11年级	31(11.8%)	19(8.0%)	173(66.0%)	37(14.1%)
12年级	25(12.7%)	10(5.1%)	140(71.1%)	13(6.6%)

注：*C为正确答案。

4. 水平4：化学问题的符号推理

从前面的数据分析可知，10、11、12三个年级学生化学符号表征能力均值都能达到水平3——化学宏微的符号阐释，12年级的平均水平接近水平4——化学问题的符号推理。不同年级学生水平的差异，主要体现在水平3和水平4上，水平4更是不同学生符号表征能力发展的分化点。

S17：常温下，往H_2O_2溶液中滴加少量$FeSO_4$溶液，可发生如下两个反应：$2Fe^{2+}+H_2O_2+2H^+ =\!=\!= 2Fe^{3+}+2H_2O$，$2Fe^{3+}+H_2O_2 =\!=\!= 2Fe^{2+}+O_2\uparrow+2H^+$，下列说法正确的是(　　)。

A. H_2O_2的氧化性比Fe^{3+}强，其还原性比Fe^{2+}弱

B. 在H_2O_2分解过程中，溶液的pH逐渐下降

C. $FeSO_4$是该分解反应的催化剂

D. H_2O_2具有还原性的原因是其中的氧元素呈-1价，可以升高；具有氧化性的原因是氢元素的化合价为+1价，可以降低。

该题考查学生利用符号表征和分析化学问题、抓住化学方程式所表征的物质的变化与物质性质之间的本质联系，从而推断物质性质的能力。表6-13的答题统计结果显示，39.7%的10年级学生能正确推理，11、12年级学生能正确推理的比例也仅在50.0%左右。10年级学生答对率低的原因可能与学习基础有关，他们刚接触氧化性、还原性的概念和氧化还原反应的知识，对氧化还原反应规律的理解不深，影响了他们的符号推理能力。从11、12年级学生该题的作答情况看，虽然答对率高于10年级，但根据化学方程式推断物质的性质仍存在一定的困难，而且三个年级A选项的比例皆

高于其他两个错误选项。由此可知,不少学生对氧化剂、还原剂以及氧化性、还原性的强弱关系还存在着模糊认识,故难以做出正确的推理。

表6-13　S17答题统计

年级	A	B	C*	D	不作答
10年级	73(27.9%)	32(12.2%)	104(39.7%)	50(19.1%)	3(1.1%)
11年级	56(22.0%)	31(12.2%)	126(49.6%)	40(15.7%)	1(0.4%)
12年级	39(19.8%)	30(15.2%)	109(55.3%)	19(9.6%)	0(0.0%)

注:*C为正确答案。

二、实验认知能力比较

(一) 总体比较

表6-14是三个年级学生实验认知能力E测验的描述性统计,12年级的全距最大,相差4.12,11年级均值略高于10年级,12年级均值高于11年级。

表6-14　三个年级E测验描述性统计

Grade	N	均值	标准差	标准误	极小值	极大值	全距
10年级	254	0.92	0.646 30	0.040 55	−0.85	2.87	3.72
11年级	256	1.00	0.512 72	0.032 05	−0.48	2.57	3.05
12年级	226	1.18	0.712 78	0.047 41	−1.25	2.87	4.12

E测验不同年级的方差分析结果$F=11.167$,$p<0.001$,表6-15是多重比较的结果。由表6-15可知:对于实验认知能力而言,10、11年级并没有显著性差异,而10年级与12年级、11年级与12年级具有显著性差异。

表6-15　E测验三个年级能力均值差异的多重比较结果

(I) grade	(J) grade	均值差(I-J)	标准误	p
10年级	11年级	−0.078 97	0.051 69	0.335
	12年级	−0.264 96	0.062 39	<0.001***
11年级	10年级	0.078 97	0.051 69	0.335
	12年级	−0.185 99	0.057 23	0.004**

续　表

(I) grade	(J) grade	均值差(I-J)	标准误	p
12年级	10年级	0.264 96	0.062 39	<0.001***
	11年级	0.185 99	0.057 23	0.004**

注：* 表示 $p<0.05$，** 表示 $p<0.01$，*** 表示 $p<0.001$

（二）各能力水平层次上的比较

将 E 测验中各个项目的难度进行平均可得到每个水平的难度平均值（表 6-16）。根据本研究被试样本中 10、11、12 三个年级学生 E 测试的均值分别为 0.92，1.00，1.18，由此判断 10 年级学生的实验认知能力达到水平 2、接近水平 3，11、12 年级学生的实验认知能力达到水平 3，三个年级在不同能力水平上的人数及比例如表 6-16 所示。

表 6-16　E 测验各水平难度平均值

水平	项目及其难度	平均值
水平 1	E01(−1.67)；E02(−1.56)；E03(−1.91)；E04(−1.30)；E05(−0.36)；E06(−1.09)	−1.32
水平 2	E07(−0.56)；E08(−0.75)；E09(−0.60)；E10(−0.27)；E11(−0.18)；E12(−0.02)	−0.40
水平 3	E13(0.58)；E14(0.18)；E15(1.57)；E16(0.79)；E17(1.82)	1.00
水平 4	E18(0.93)；E19(2.09)；E20(2.30)	1.77

表 6-17　各年级学生 E 测验不同能力水平人数及比例

水平	10年级	11年级	12年级	合计
水平 1	11(4.3%)	1(0.4%)	3(1.3%)	15(2.0%)
水平 2	131(51.6%)	147(57.4%)	78(34.5%)	356(48.4%)
水平 3	91(35.8%)	90(35.2%)	101(44.7%)	282(38.3%)
水平 4	21(8.3%)	18(7.0%)	44(19.5%)	83(11.3%)
合计	254(100%)	256(100%)	226(100%)	736(100%)

由表6-17可见,各个年级中,皆有能力值高于1.77即达到水平4(化学实验方案的设计和评价)的学生,分别占该年级总人数的比例为8.3%、7.0%、19.5%;10、11年级水平3的人数比例较为接近(略大于35%),12年级达水平3的比例为44.7%;各年级中只有极个别学生达到水平1(实验仪器及操作的识别和描述),比例最低的10年级学生占4.3%。各年级处于水平2的学生比例较大,10、11年级均超过50%,到12年级减少至34.5%。所以,12年级学生的实验认知能力水平最高。

(三) 不同能力水平的年级比较

1. 水平1:实验仪器及操作的识别和描述

E02:实验室加热约150 mL液体,可以使用的仪器是( )

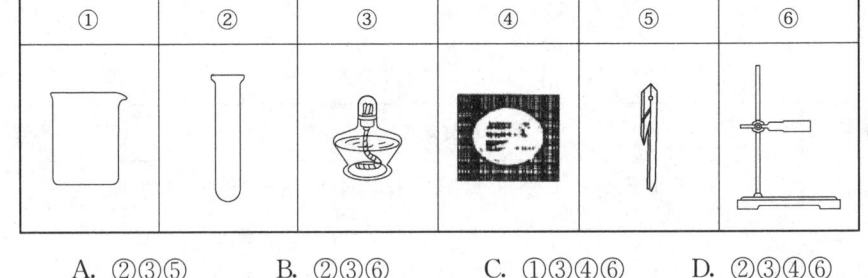

A. ②③⑤   B. ②③⑥   C. ①③④⑥   D. ②③④⑥

该题考查学生能否识别一些常用的实验仪器,并能根据加热液体这一基本操作选择适宜的仪器。从表6-18中E02的作答统计情况可见,10、11、12年级学生正确率都在80%以上,说明高中生已具备了该能力,且三个年级之间并无显著差异。有少部分学生对加热150 mL液体是用试管还是用烧杯,是否需用石棉网还存在错误的认知。

表6-18 E02答题统计

年级	A	B	C*	D
10年级	16(6.3%)	10(3.9%)	209(82.3%)	19(7.5%)
11年级	18(7.0%)	6(2.3%)	212(82.8%)	20(7.8%)
12年级	15(5.9%)	5(2.0%)	18(81.4%)	22(8.6%)

注:*C为正确答案。

2. 水平2：化学实验事实的加工和处理

E10：有四瓶溶液分别是 $Ba(OH)_2$、Na_2CO_3、HCl、$(NH_4)_2SO_4$ 中的一种，为了区别它们，分别编号为①②③④，做如下三个实验。请你根据实验内容及现象，确定①②③④依次是（ ）

实验内容	①+③	②+③	②+④
实验现象	有无色气体产生	有白色沉淀产生	有白色沉淀和刺激性气味的气体产生

A. Na_2CO_3、$Ba(OH)_2$、HCl、$(NH_4)_2SO_4$
B. HCl、$Ba(OH)_2$、Na_2CO_3、$(NH_4)_2SO_4$
C. HCl、$Ba(OH)_2$、$(NH_4)_2SO_4$、Na_2CO_3
D. Na_2CO_3、$(NH_4)_2SO_4$、HCl、$Ba(OH)_2$

该题主要考查学生能否根据实验事实鉴别物质，以及对实验事实进行加工和处理的能力。该题作答情况显示（见表6-19），12年级学生答对该题的比例高于10年级和11年级，10年级和11年级的差异并不大。每个年级中错选C的比例小于错选A和D的比例。选A的学生只关注了"①+③"和"②+④"的反应或错认为$Ba(OH)_2$和HCl反应有白色沉淀生成；错选D的学生只关注了HCl和Na_2CO_3反应、$(NH_4)_2SO_4$和$Ba(OH)_2$反应的事实，而忽略了$(NH_4)_2SO_4$和HCl不能反应的事实；错选C的学生对4种物质之间相互反应的事实模糊不清。

表6-19　E10答题统计

年级	A	B*	C	D
10年级	45(17.7%)	175(68.9%)	12(4.7%)	32(12.6%)
11年级	28(10.9%)	184(71.9%)	15(5.9%)	29(11.3%)
12年级	30(13.3%)	176(77.9%)	8(3.5%)	12(5.3%)

注：*B为正确答案。

3. 水平 3：化学实验原理的理解和运用

E16：乙二酸晶体（$H_2C_2O_4 \cdot 2H_2O$）不稳定，189.5℃ 时会分解，化学方程式是：

$$H_2C_2O_4 \cdot 2H_2O \xrightarrow{\triangle} CO\uparrow + CO_2\uparrow + 3H_2O\uparrow$$

实验室可以利用此反应制取并收集一氧化碳气体（水蒸气忽略不计）。请从下图中选用所需仪器（可重复使用）组成一套进行该反应并收集 CO 的装置。现提供乙二酸晶体，其他固、液试剂自选。（连接固体仪器用的玻璃管、胶管、铁夹、铁架台等略去）

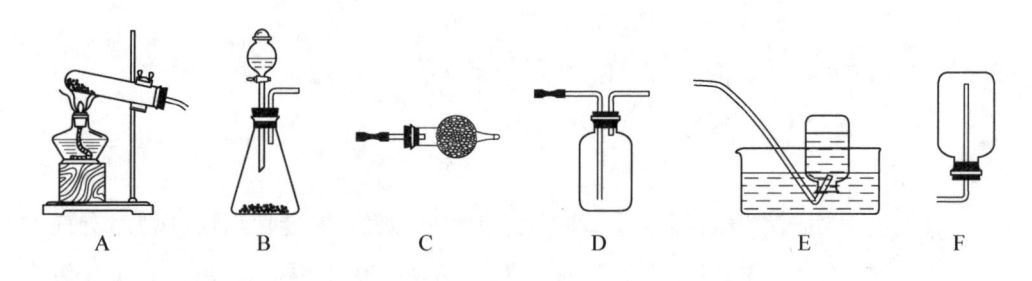

A　　B　　C　　D　　E　　F

将所选的仪器按连接顺序由上至下依次填入下表，并写出该仪器中应加试剂的名称及其作用。（若表格栏不够可自己添加）

该题给出了实验室制取 CO 的反应原理，要求学生依据原理选择气体的发生、净化（除去 CO_2）、收集的装置，考查学生实验原理的理解和运用能力。评分包括发生、净化、收集 3 个要素，每答对 1 个要素得 1 分，计 3 分。10、11、12 三个年级在 0 分、1 分、2 分、3 分上的分布比例如图 6-1 所示。由图可见，三个年级中 11、12 年级得 3 分的比例高于 10 年级（11、12 年级比例相近），且 10 年级中得 0 分的比例也较高。三个年级得 1 分的比例皆比其他几个分值的比例高（三个年级均在 60% 左右），这说明学生还未达到能够灵活运用实验原理的水平。3 个年级的平均分分别为 1.3、1.5、1.6，随着年级的升高略有增加。

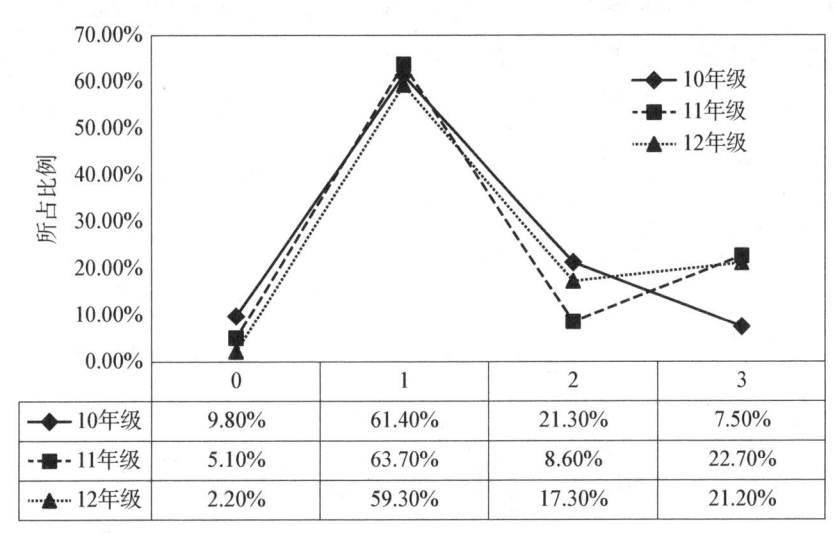

	0	1	2	3
10年级	9.80%	61.40%	21.30%	7.50%
11年级	5.10%	63.70%	8.60%	22.70%
12年级	2.20%	59.30%	17.30%	21.20%

图 6-1 E16 作答统计

4. 水平 4：化学实验方案的设计和评价

E20：三草酸合铁酸钾晶体 $K_3[Fe(C_2O_4)_3] \cdot 3H_2O$ 可用于摄影和蓝色印刷。某小组将无水三草酸合铁酸钾在一定条件下加热分解，对所得固体产物中铁元素的存在形式进行实验和探究。通过查阅资料后推知：固体产物中，铁元素不可能以三价形式存在，而盐只有 K_2CO_3。请利用实验室常用仪器、用品和以下限选试剂完成验证和探究过程。

该题为开放性建构反应题。要求学生根据给出的条件提出假设，并设计实验验证假设，侧重考查学生的实验设计能力。评分要素为：

0 分：不作答，或答案错误；
1 分：只提出了合理假设，而没有合理的方案去验证；
2 分：对其中的 1 个假设设计出合理的实验方案验证；
3 分：对其中的 2 个假设设计出合理的实验方案验证；
4 分：对 3 个假设都设计出合理的实验方案验证。

图 6-2 是三个年级在各个分值上的分布图。图中显示三个年级得 1 分的比例最

283

高,说明近半数学生能够根据题给信息提出合理假设。但学生基于假设设计实验进行验证的能力较弱;得4分的学生人数很少,12年级为4.9%,11年级为2.3%、10年级为1.2%。10、11、12三个年级该题得分均值分别为:1.43、1.37、1.50,12年级最高,但三个年级的差距并不大。

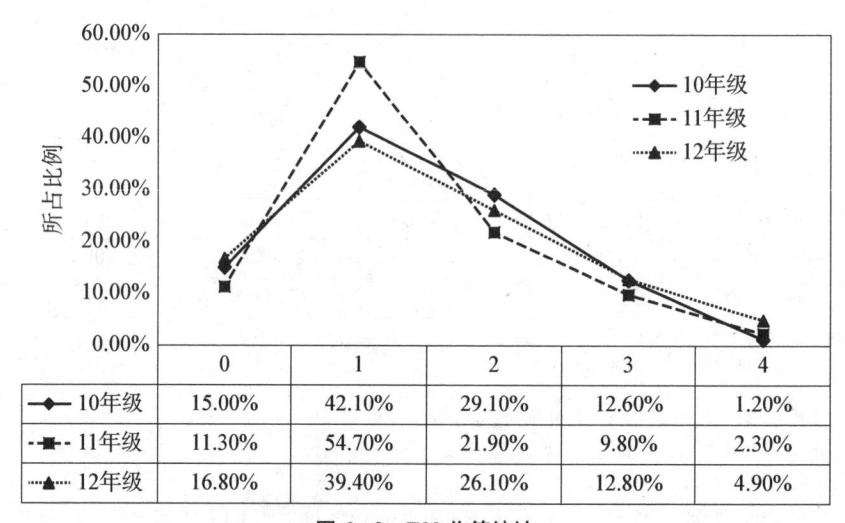

	0	1	2	3	4
10年级	15.00%	42.10%	29.10%	12.60%	1.20%
11年级	11.30%	54.70%	21.90%	9.80%	2.30%
12年级	16.80%	39.40%	26.10%	12.80%	4.90%

图 6-2　E20 作答统计

从表6-14、表6-15、表6-16的数据和不同水平的案例进行的综合分析可知,高中生的化学实验认知能力位于水平2至水平3上,10和11年级的学生之间无显著性差异,12年级学生的实验认知能力明显高于10和11年级,平均能力接近水平3。高中生对实验仪器和基本操作的认知能力较高,具备了基本的对实验事实加工和处理的能力,但对实验事实的理解和运用能力还有待提升,实验方案的设计和评价能力也有待加强。

三、模型思维能力比较

(一) 总体比较

表6-20是三个年级模型思维能力M测验的描述性统计结果。模型思维能力最高值出现在11年级,最低值出现在12年级,11年级的全距最大。而11年级的均值比10年级略小,12年级的均值最大。

M测验不同年级的方差分析结果 $F=21.585$，$p<0.001$，表 6-21 是多重比较的结果。结合表 6-28 和表 6-29 可知：对于模型思维能力而言，10 年级与 11 年级没有显著性差异，而 10 年级与 12 年级、11 年级与 12 年级均有显著性差异。

表 6-21 三个年级 M 测验描述性统计

Grade	N	均值	标准差	标准误	极小值	极大值	全距
10 年级	265	0.68	0.768 62	0.047 22	−1.56	2.81	4.37
11 年级	248	0.62	0.681 98	0.043 31	−1.05	4.82	5.87
12 年级	230	1.03	0.749 30	0.049 41	−2.15	3.08	5.23

表 6-22 M 测验三个年级能力均值差异的多重比较结果

(I) grade	(J) grade	均值差(I-J)	标准误	p
10 年级	11 年级	0.061 88	0.064 91	0.341
	12 年级	−0.349 09	0.066 21	<0.001***
11 年级	10 年级	−0.061 88	0.064 91	0.341
	12 年级	−0.410 96	0.067 25	<0.001***
12 年级	10 年级	0.349 09	0.066 21	<0.001***
	11 年级	0.410 96	0.067 25	<0.001***

注：* 表示 $p<0.05$，** 表示 $p<0.01$，*** 表示 $p<0.001$。

（二）各能力水平层次上的比较

将 M 测验中各个项目的难度进行平均，可得到每个水平的难度平均值（表 6-23）。本研究被试样本中 10、11、12 三个年级学生 M 测验的均值分别为 0.68、0.62、1.03，由此判断 10、11、12 三个年级学生的模型思维能力处于水平 2，三个年级在不同能力水平上的人数及比例如表 6-24 所示。

表 6-23 M 测验各水平难度平均值

水平	项目及其难度	平均值
水平 1	M01(−2.62)；M02(−2.10)；M03(−3.39)；M04(−0.82)；M05(−1.78)；M06(−1.15)；M07(−1.32)	−1.88

续表

水平	项目及其难度	平均值
水平 2	M08(-0.50); M09(-0.58); M10(-0.73); M11(-0.12); M12(0.72); M13(0.40)	0.11
水平 3	M15(1.00); M16(1.50); M17(0.93); M18(1.59)	1.26
水平 4	M14(1.88); M19(2.96); M20(2.69)	2.51

表 6-24　各年级学生 M 测验不同能力水平人数及比例

水平	10 年级	11 年级	12 年级	合计
水平 1	65(24.5%)	62(25.0%)	27(11.7%)	154(20.7%)
水平 2	133(50.2%)	144(58.1%)	100(43.5%)	377(50.7%)
水平 3	64(24.2%)	40(16.1%)	100(43.5%)	204(27.5%)
水平 4	3(1.1%)	2(0.8%)	3(1.3%)	8(1.1%)
合计	265(100.0%)	248(100.0%)	230(100.0%)	743(100.0%)

由表 6-24 可见,各年级达水平 4(建构模型)的学生比例非常低(均小于 1.5%);达水平 3(运用模型)的学生 12 年级为 43.5%,而其余两个年级比例较低,导致该水平的平均比例仅为 27.5%;各年级达水平 2(理解模型)的学生比例都比较高,平均比例超过 50%。所以,学生整体的模型思维能力水平较低。

(三) 不同能力水平的年级比较

1. 水平 1:认识模型

M05:在一个容器中充满了氧气,用 ∞ 表示氧分子,下列哪幅图能相对较好地反映该容器中的氧气分子的分布情况?(　　)

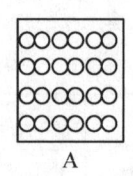

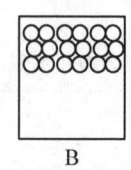

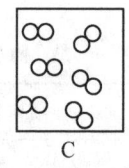

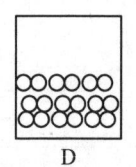

该题考查学生对气态物质微粒性的认识,构成气态物质的分子间有较大的间隔,均匀分布,并且不停地运动。选项 A、B、D 代表着错误的观念,选项 A 中分子均匀分层排列,而 B、D 中分子则聚集在容器的一端。表 6-25 的统计结果显示,12 年级学生的答对率(81.3%)最高,10、11 年级的答对率相差不大;10 年级错选 A 的比例高于错选 B 和 D 的比例,说明 10 年级学生的头脑中更多地存在着"气体分子有规律地分层排布"的错误观念;而 11、12 年级学生选 D 的比例达到了 11% 左右,比 10 年级学生高,说明 11、12 年级的学生更多地考虑了气体密度的因素,误认为容器中的空白部分是空气;三个年级中皆有少量学生错选 B,这部分学生不仅误认为容器中的空白部分是空气,还对氧气密度和空气密度的大小关系存在着模糊认识。

表 6-25 M05 作答统计

年级	A	B	C*	D
10 年级	49(18.5%)	7(2.6%)	186(70.2%)	17(6.4%)
11 年级	35(14.1%)	4(1.6%)	181(73.0%)	28(11.3%)
12 年级	15(6.3%)	3(1.3%)	187(81.3%)	25(10.9%)

注:*C 为正确答案。

2. 水平 2:理解模型

M10:以下关于原子的说法正确的是(   )

A. 在高倍光学显微镜下我们可以看到原子

B. 原子是球形的

C. 原子核外的电子都是同样大小的

D. 原子核外最外层有一层壳

该题考查学生对原子模型的理解。原子是化学的重要概念之一,元素的性质尤其是化学性质与原子的结构关系密切,原子很小,看不见(即使使用高倍光学显微镜),需要借助模型来描述其特征和揭示化学变化的原因。学生理解原子模型,可以更深刻地认识化学的研究对象,能很好地解释或预测宏观现象及其变化。原子模型并不是原型的完全复制,只是为了阐述或解释物质变化现象而建构的,如将原子画成球形或者原子核外电子的分层排布,都是为描述概念或建构理论服务的,并不是原子真实的结构。所以选项 A、B、D 都代表着对原子模型的错误理解。表 6-26 的统计结果显示,10、11、12 年级学生的正确率依次升高,12 年级学生具有较高的原子模型理解能力,而 10、11 年级相对较低;三个年级中认为"原子是球形的"比例较高,11 年级学生中高达 31.5%;也有相当一部分学生认为"在高倍光学显微镜下我们可以看到原子",10 年级学生中比例高达 21.5%。相比较而言,较少学生认为原子核外最外层有一层壳,三个年级的比例依次为 7.2%、3.6%、2.2%。

表 6-26 M10 答题统计

年级	A	B	C*	D
10 年级	57(21.5%)	61(23.0%)	128(48.3%)	19(7.2%)
11 年级	25(10.1%)	78(31.5%)	136(54.8%)	9(3.6%)
12 年级	27(11.7%)	35(15.2%)	163(70.9%)	5(2.2%)

注:*C 为正确答案。

3. 水平 3:运用模型

M18:将盛有浓氨水的烧杯(B)及盛有蒸馏水和酚酞的烧杯(A)同罩于一个大烧杯中,一会儿烧杯 A 中由无色变为红色。你能用图示的方法解释这一现象吗?可辅以一定的文字说明。

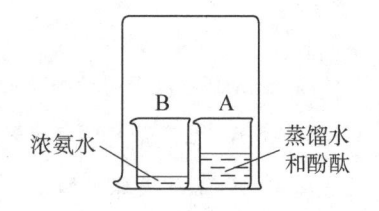

该题主要考查学生运用模型进行解释的能力。题目借助情境要求学生解释实验现象背后的原因。学生运用模型的能力越强,越能运用涉及化学反应微观本质的思维模型进行回答,越能结合多种模型的表征方式(符号的、语言的、图示的)进行解释。学生的反应类型如图 6-3 所示,表现出多样性:A 和 B 能应用多种形式进行解释,展示了氨分子的挥发、溶解、水合、电离等过程(评分 3 分);C 和 D 用图示形式说明氨分子运动到 B 烧杯中最终形成 NH_4^+ 和 OH^-,但表征方式单一,缺少水合、电离的描述(评

分2分);E描述了氨分子的运动以及氨的水合,但存在着错误概念,如氨水汽化。F只描述了氨分子的运动和溶于水的过程,E和F都没有揭示酚酞变红的更本质的原因(评分1分);而G和H虽然显示氨分子的运动,但G中没有氨分子溶于水的过程,H中存在错误概念("氨蒸气通酚酞使其变红),此类答案都评分为0分。三个年级在各个分值上的分布如图6-4所示。

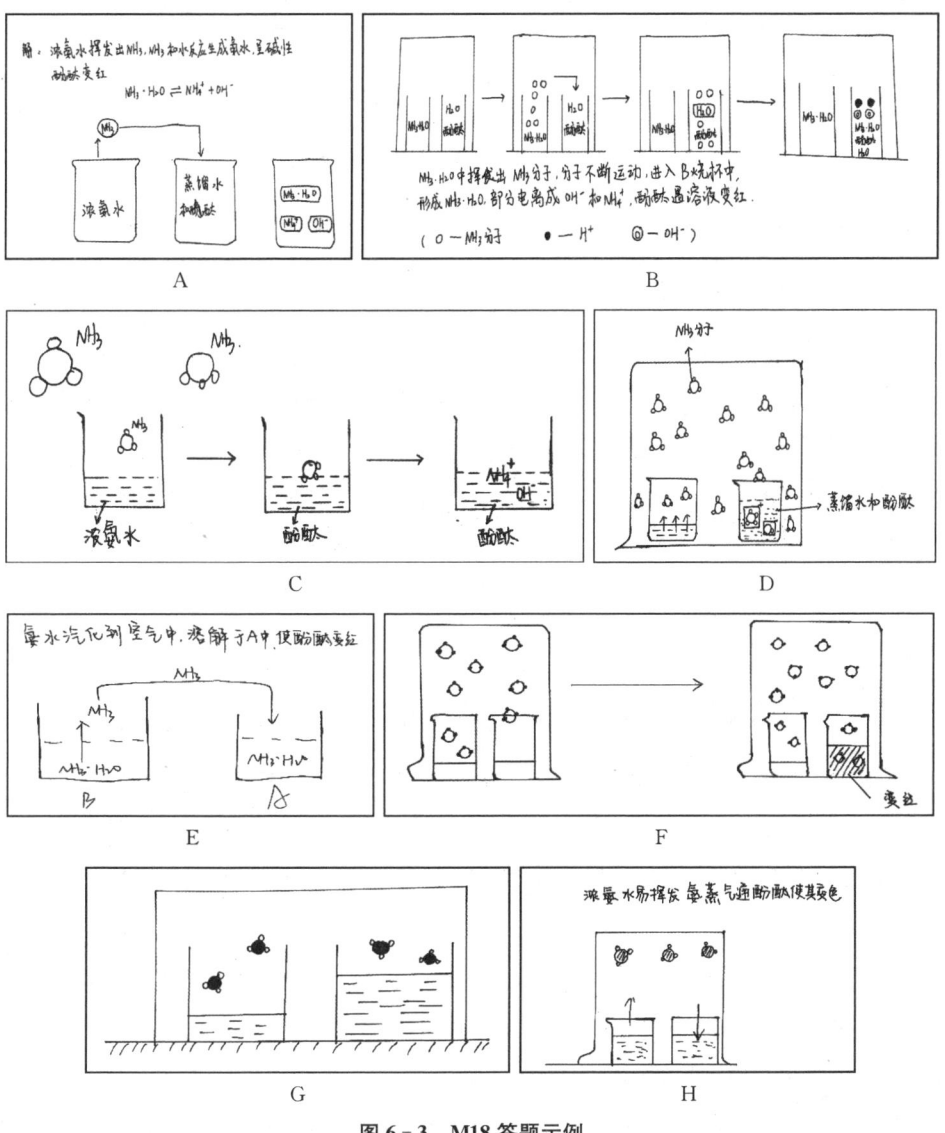

图6-3 M18答题示例

图 6-4 的作答统计结果表明,10 年级学生得 0 分的比例最高(14.0%),12 年级最低(7.4%);三个年级得 3 分的比例都较低。相比较而言,12 年级学生运用多种模型解释化学变化本质的能力稍高于 11 和 10 年级;10 年级学生得 2 分的比例高于 12 和 11 年级,10、11、12 三个年级的能力均值分别为:1.38、1.37、1.50。可见,学生运用模型进行解释的能力都不强,12 年级相对较好。

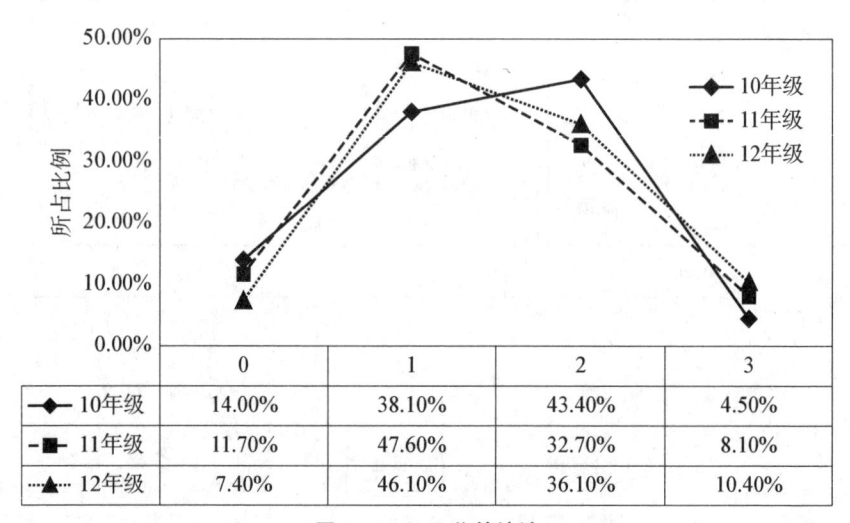

	0	1	2	3
10年级	14.00%	38.10%	43.40%	4.50%
11年级	11.70%	47.60%	32.70%	8.10%
12年级	7.40%	46.10%	36.10%	10.40%

图 6-4 M18 作答统计

4. 水平 4:建构模型

M19:你认为金属镁能在氯气中燃烧吗?为什么?如果你认为能发生化学反应,请用图示的方法说明在该反应过程中构成物质的微粒是如何发生变化的?

该题主要考查学生建构模型来展示和解释现象如何发生的能力。该项目的反应类型主要有以下几种:

(1) 不作答;答案不相关;答案错误;只回答能,而不说明理由(评为 0 分);

(2) 从宏观性质来说明,如从氧化性和还原性,或金属和非金属,或类比镁在氧气中的反应来说明(评为 1 分);

(3) 从原子结构特点来说明,如画出镁原子、氯原子核外电子排布,从最外层电子

的特点来说明(评分 2 分);

(4) 模型能显示出最外层电子的转移情况及离子间的作用力,或金属键、共价键的断裂,离子键的形成等(评分 3 分)。

从学生对该题作答的统计情况看(如图 6-5),三个年级皆有约一半的学生只能从宏观性质的角度来解释和说明镁与氯气的反应,并不涉及反应中微粒的本质变化;不能建构模型来说明的 10、11、12 三个年级的学生比例分别为 23.4%、32.3%、16.5%;从图 6-5 中亦可看出 10 年级得 2 分的比例高于 11 年级,这可能与 10 年级学生刚刚学过"原子结构"这一内容有关;三个年级能够建构比较完善的模型说明金属与非金属反应微观本质的学生很少,10、11、12 三个年级中各占 1.9%、3.2%、5.7%。10、11、12 三个年级的均分分别为:1.03、0.84、1.23,10 年级的均分高于 11 年级,这是由于 10 年级得 2 分的比例较高。

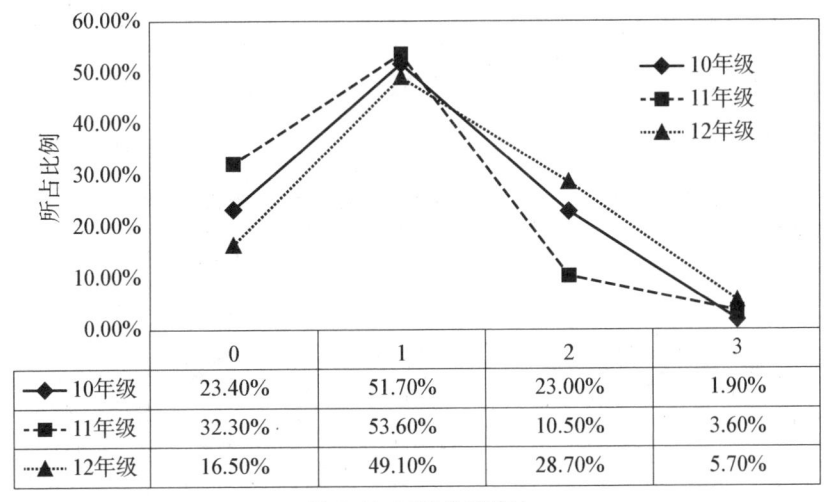

	0	1	2	3
10年级	23.40%	51.70%	23.00%	1.90%
11年级	32.30%	53.60%	10.50%	3.60%
12年级	16.50%	49.10%	28.70%	5.70%

图 6-5 M19 作答统计

综合表 6-21、表 6-23、表 6-24 的数据和不同水平的案例进行分析可知,高中生的模型思维能力较弱,处于水平 1 至水平 2 之间,10、11 两个年级的能力均值并没有显著性差异,12 年级学生的能力显著高于 10、11 年级。从各水平的具体项目看,12 年级学生的作答情况比 10、11 年级学生好。在某些项目上,10 年级学生的成绩反而优于 11 年级,这与学生对相关知识的熟悉程度不同有关。

四、定量化能力比较

(一) 总体比较

表 6-27 是三个年级定量化能力 Q 测验的描述性统计结果。10、11 两个年级的极大值都是 4.48，10 年级的全距最大，12 年级的全距最小。三个年级的能力均值随年级的提高而上升。

表 6-27　三个年级 Q 测验描述性统计

Grade	N	均值	标准差	标准误	极小值	极大值	全距
10 年级	204	1.08	1.153 39	0.080 75	−2.29	4.48	6.77
11 年级	254	1.33	0.797 79	0.050 06	−1.29	4.48	5.77
12 年级	247	1.63	0.724 73	0.046 11	−0.64	4.18	4.82

Q 测验不同年级的方差分析结果 $F=21.785$，$p<0.001$，表 6-28 是多重比较的结果。由表 6-28 可知：对于定量化能力而言，10、11、12 三个年级的能力均值依次增大，且具有显著性差异。

表 6-28　Q 测验三个年级能力均值差异的多重比较结果

(I) grade	(J) grade	均值差(I-J)	标准误	p
10	11	−0.250 09	0.095 01	0.026*
	12	−0.554 16	0.092 99	<0.001***
11	10	0.250 09	0.095 01	0.026*
	12	−0.304 07	0.068 06	<0.001***
12	10	0.554 16	0.092 99	<0.001***
	11	0.304 07	0.068 06	<0.001***

注：* 表示 $p<0.05$，** 表示 $p<0.01$，*** 表示 $p<0.001$

(二) 各水平层次上的比较

将 Q 测验中各个项目的难度进行平均，可得到每个水平的难度平均值（表 6-29）。根据本研究被试样本中 10、11、12 三个年级学生 Q 测试的均值分别为 1.08、1.33、1.63，由此判断 10、11、12 三个年级学生的定量化能力皆已达到水平 3，12 年级学生的定量化能力测验接近水平4,三个年级在不同能力水平上的人数及比例如表6-30所示。

表6-29　Q测验各水平难度平均值

水平	项目及其难度	平均值
1	Q01(-2.27);Q02(-1.03);Q03(-0.73);Q04(-1.59)	-1.41
2	Q05(0.31);Q06(-1.07);Q07(0.66);Q08(-0.08)	-0.05
3	Q09(0.10);Q10(0.98);Q11(1.39)	0.82
4	Q12(1.28);Q13(2.05)	1.67

表6-30　各年级学生Q测验不同能力水平人数及比例

水平	10年级	11年级	12年级	合计
水平1	19(9.4%)	4(1.6%)	1(0.4%)	24(3.4%)
水平2	65(31.9%)	58(22.8%)	18(7.3%)	141(20.0%)
水平3	75(36.8%)	125(48.2%)	130(52.6%)	330(46.8%)
水平4	45(22.1%)	67(26.4%)	98(39.7%)	210(29.8%)
合计	204(100.0%)	254(100.0%)	247(100.0%)	705(100.0%)

由表6-30可见,各年级达水平3、水平4的学生比例均随年级提升而增大,在这两级水平上11年级学生平均比例接近75%,12年级学生平均比例超过90%。所以,学生整体的定量化能力水平较高。

(三)不同能力水平的年级比较

1. 水平1:认识概念或符号中蕴含的数量关系

Q03:下列说法正确的是(　　)

A. 硫酸的摩尔质量为98 g

B. 标准状况下,22.4 L氯水中含阿伏加德罗常数个氯气分子

C. 1 L水中溶解1 mol NaCl所得溶液的物质的量浓度为1 mol·L^{-1}

D. 0.012 kg ^{12}C中约含6.02×10^{23}个碳原子

该题考查学生对一些基本化学概念中蕴含的数量关系的认识,如摩尔质量、气体

摩尔体积、物质的量浓度、阿伏加德罗常数等,对化学概念中数量关系的认识是定量化能力的基础。表 6-31 答题统计表明,在该题上三个年级学生答对率相差不大。10 年级学生对气体摩尔体积概念的错误认识的比例高于物质的量浓度和摩尔质量,而 11、12 年级学生对物质的量浓度概念的错误认识高于摩尔质量和气体摩尔体积。但总体而言,大部分学生已掌握了这几个概念中的数量关系。

表 6-31　Q03 答题统计

年级	A	B	C	D*
10 年级	13(6.4%)	16(7.8%)	10(4.9%)	165(80.9%)
11 年级	8(3.1)%	12(4.7%)	34(13.4%)	206(81.1%)
12 年级	6(2.4%)	11(4.3%)	19(7.5%)	211(83.1%)

注:*D 为正确答案。

2. 水平 2:直接运用数量关系进行简单运算

Q05:目前国际上通用"测氮法"标定牛奶中蛋白质含量,蛋白质中含氮量平均为 16%,若不法分子在 1 袋某品牌奶粉(400 g)中加了 1 g 三聚氰胺($C_3H_6N_6$),则相当于增加的"蛋白质"约(　　)

　A. 4.2 g　　　　B. 3.2 g　　　　C. 0.7 g　　　　D. 1.6 g

该题要求学生运用化学式计算一定质量的化合物中某元素的质量。根据 1 g 三聚氰胺($C_3H_6N_6$)中所含氮元素的质量与一定质量的蛋白质(含氮量为 16%)中所含氮元素的质量相等的关系即可算出,考查学生直接运用数量关系进行简单运算的能力,所依托的知识基础为初中所学。表 6-32 的统计结果显示,12 年级学生的答对率最高,10 年级学生的答对率最低,11 年级略高于 10 年级;在三个年级中选 D 的人数比例最小,10 年级选 C 的人数多于选 B,11 年级错选 B 的人数多于选 C,12 年级错选 B、C 的人数相差不大。选 C 是由于在计算三聚氰胺($C_3H_6N_6$)中氮元素百分含量时分子少乘了 6,选 D 则是由于计算三聚氰胺($C_3H_6N_6$)中氮元素百分含量时分子、分母的 N 原子皆没有乘以 6,选 B 则是由于计算错误。

表 6-32 Q05 答题统计

	A*	B	C	D
10 年级	148(72.5%)	16(7.8%)	32(15.7%)	8(3.9%)
11 年级	187(73.6%)	38(15.0%)	26(10.2%)	3(1.2%)
12 年级	199(78.3%)	23(9.1%)	21(8.3%)	4(1.6)%

注：*A 为正确答案。

3. 水平 3：整合或转换数量关系进行综合运算

Q11：在标准状况下，取甲、乙、丙各 30.0 mL 相同浓度的盐酸，然后分别慢慢加入组成相同、质量不同的镁铝合金粉末，待合金与盐酸反应完全后，记录产生的气体体积(假设反应前后溶液体积不发生变化)。

实验序号	甲	乙	丙
合金质量/mg	255	385	459
气体体积/mL	280	336	336

请计算合金中 Mg、Al 的物质的量之比。

该题考查学生能否根据表中所提供的实验数据，依照化学方程式进行运算，涉及物质的质量与物质的量之间的换算，气体体积与物质的量之间的换算等，考查学生整合或转换数量关系进行综合运算的能力。该项目的反应类型主要有：不作答或作答完全错误(0分)；写出化学方程式，列出部分数量关系(1分)；写出化学方程式，列出数量关系但选择用于计算的数据错误(2分)；正确选择实验数据，运用过程全部正确(3分)。

从图 6-6 的统计情况可知，10、11、12 年级在该题上得 3 分的比例分别为 24.5%、32.5%、38.5%，三个年级均值分别为 1.40、1.70、1.87。可见，随着年级增大，学生进行综合运算的能力有所提升；11、12 年级学生较 10 年级学生而言，能够找出更多的数量关系，但对于判断反应物过量、选择哪一组数据进行运算仍存在障碍；10 年级学生得 0 分、1 分的比例较 11、12 年级学生高，11、12 年级学生得 0 分和 1 分的比例之和超过35%。这说明仍有不少学生在面对稍微复杂的定量化问题时无从下手,或者只能找出所发生的化学反应,而对如何根据数量关系选择数据进行运算则相对模糊。

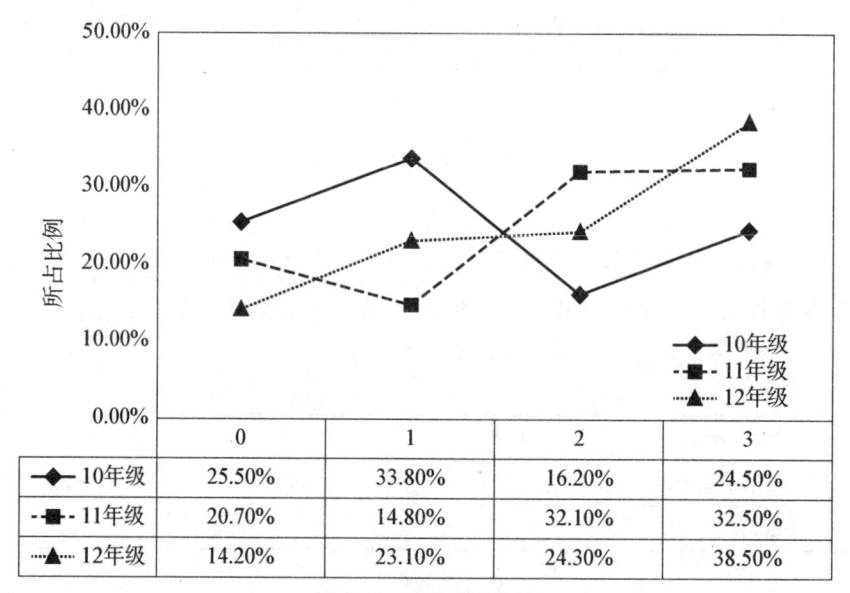

	0	1	2	3
10年级	25.50%	33.80%	16.20%	24.50%
11年级	20.70%	14.80%	32.10%	32.50%
12年级	14.20%	23.10%	24.30%	38.50%

图6-6 Q11作答统计

4. 水平4:运用化学思想方法进行复杂运算

Q13:硫代硫酸钠是一种用途广泛的化工产品,某厂技术人员设计了以下生产流程:

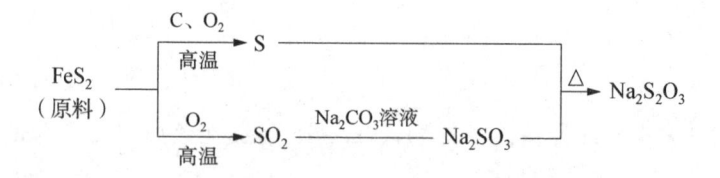

$$FeS_2(原料) \rightarrow \begin{cases} \xrightarrow{C、O_2, 高温} S \\ \xrightarrow{O_2, 高温} SO_2 \xrightarrow{Na_2CO_3溶液} Na_2SO_3 \end{cases} \xrightarrow{\Delta} Na_2S_2O_3$$

若由原料制S的转化率为75%,制SO_2的转化率为90%,SO_2制Na_2SO_3的转化率为95%,则用于制S和Na_2SO_3的原料的质量比为多少时,才能制得最多$Na_2S_2O_3$?(其他消耗不计)

该定量计算问题从原料到产品涉及多步化学反应,若能运用关系式方法,正确把握量与量之间的本质联系建立关系式,则可化难为易。该题考查学生运用化学思想方法解决定量化问题的能力。学生在该项目上的反应如图 6-7 所示,A 运用关系式方法,思路清晰,运算正确,此类答案评为 3 分;B 也得出正确的结果,但分步计算,此类答案评为 2 分;C 分步计算,但过程、结果皆有错误,此类答案评分 1 分;另有不作答或过程完全错误的评分为 0 分。

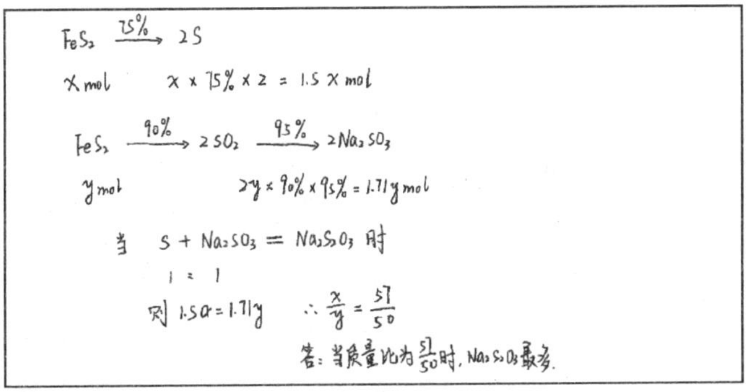

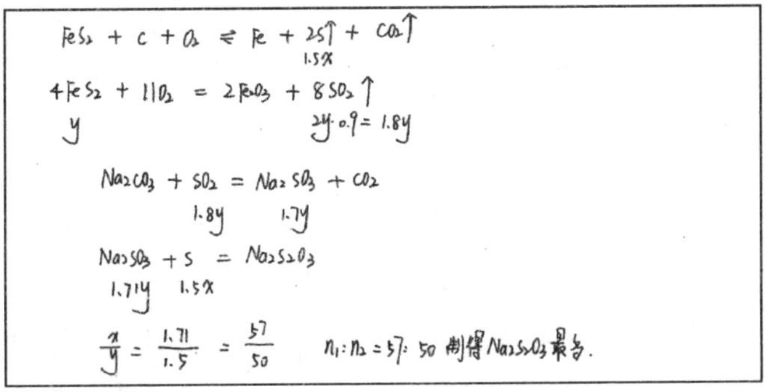

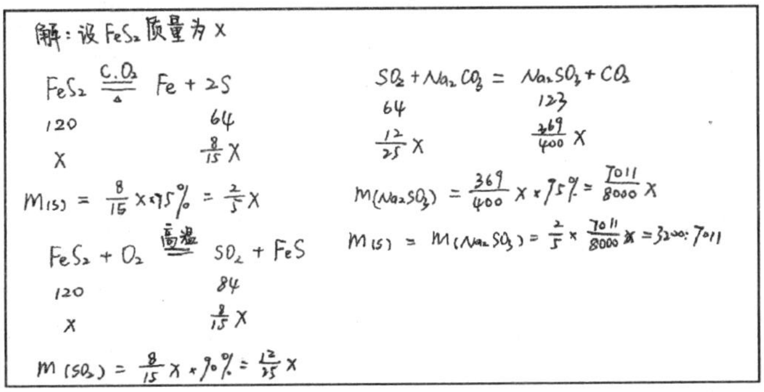

图 6-7　Q13 学生作答示例

三个年级各项分值的分布见图 6-8,三个年级中得 0 分的学生比例都较高,10 年级达到了 56.9%,说明高一学生尚未能达到运用思想方法解决定量化问题的水平;10 年级、11 年级得 3 分的比例相差不大,比 12 年级都低约 10%;从三个年级均分看,10 年级为 0.84、11 年级为 1.06、12 年级为 1.37,显然 12 年级的水平比 10 年级和 11 年级都高;在得 2 分的比例上,11 年级学生较 10 年级学生高,说明在分步运算水平上 11 年级学生表现较好。

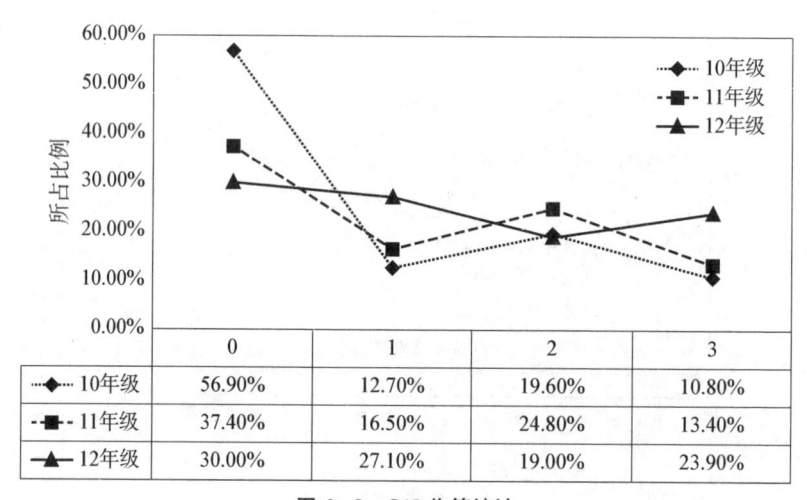

	0	1	2	3
10年级	56.90%	12.70%	19.60%	10.80%
11年级	37.40%	16.50%	24.80%	13.40%
12年级	30.00%	27.10%	19.00%	23.90%

图 6-8　Q13 作答统计

综合表 6-27、表 6-29、表 6-30 的数据和不同水平的案例进行分析可知,三个年级学生均表现出较强的定量化能力,都达到了水平 3;能力均值之间存在显著性差异,10、11、12 三个年级随着年级的上升均值有所提高;在具体项目上,低水平项目差异不大,随着水平的升高,三个年级逐渐表现出差异,12 年级的表现优于 11 年级,11 年级的表现优于 10 年级。

对上述各能力测试的大样本数据进行分析可知,10、11、12 三个年级学生在 4 种化学学科能力上表现出随年级上升而提高的趋势,除定量化能力三个年级学生之间皆有显著性差异外,符号表征能力、实验认知能力和模型思维能力 10 年级和 11 年级学生之间并没有显著性差异,10 年级与 12 年级学生之间则有显著性差异;从对应的水平上看,三个年级学生表现出较高的符号表征能力和定量化能力,平均达到水平 3,特别是12年级已接近水平4;但模型思维能力三个年级皆在水平2;实验认知能力三个年级在水平3左右,10年级接近水平3,11年级刚达到水平3,12年级略超过水平3、尚未达到"实验方案设计和评价"水平(水平4)。

第三节 高中化学学科能力分项的性别与学校层次比较

本节重点分析高中生所表现出的化学学科四项能力是否具有性别差异,不同层次的高中学校之间是否具有能力差异,通过对各分项能力测验的数据进行统计分析并展开讨论,可得出相关的结论。

一、不同性别学生测试成绩比较分析

表6-33是高中生化学学科能力性别差异的t检验结果。由表可知,在化学学科的4种能力上,男生的表现皆好于女生。t检验的结果表明,在4个能力测验上,Q测验的$p>0.05$,即在均值上男生成绩优于女生,但并不具有显著性差异;而其他3个测验的$p<0.05$,男女生的能力均值具有显著性差异。因此,测验结果表明,在定量化能力上,男、女生并没有显著性差异;在符号表征能力、模型思维能力上,男生显著优于女生;在实验认知能力上,女生显著优于男生。

表6-33 化学学科能力性别差异t检验结果

测验	性别	N	M	t	p
符号表征S	男	445	1.79	3.051	0.002**
	女	268	1.60		
实验认知E	男	454	1.10	−2.432	0.015*
	女	282	0.98		
模型思维M	男	458	0.83	2.964	0.003**
	女	274	0.66		
定量化Q	男	449	1.41	1.824	0.069
	女	256	1.28		

注:*表示$p<0.05$,**表示$p<0.01$,***表示$p<0.001$。

二、不同层次学校学生测试成绩比较分析

本研究样本来源于3所不同层次的重点中学,表6-34呈现了这3所学校化学学科能力测验的描述性统计结果。由表6-34可见,三类学校被试的4种化学学科能力均值有所差异,除了在Q测验中YC的均分略低于SY外,其他3个测验均分高低的顺序皆为YC＞SY＞AF,三所学校高中生录取分数线也是YC＞SY＞AF,这也验证了学业成就水平的高低影响着学科能力的发展。此外,三所学校学生的符号表征能力皆达到较高水平(水平3);但在实验认知能力上,只有YC学校达到水平3,而SY、AF中学仅达到水平2;在定量化能力上三所中学皆达到水平3;但三所中学学生的模型思维能力皆较低,为水平2。

表6-34 三类学校化学学科能力测验描述性统计结果

测验	学校	均值	标准差	标准误
符号表征 S	YC	1.899 8	0.882 53	0.054 94
	SY	1.721 7	0.786 00	0.044 64
	AF	1.387 8	0.640 90	0.053 22
实验认知 E	YC	1.219 7	0.581 15	0.032 95
	SY	0.900 9	0.612 61	0.033 03
	AF	0.715 7	0.707 68	0.063 55
模型思维 M	YC	1.017 1	0.732 65	0.041 75
	SY	0.674 5	0.649 79	0.037 58
	AF	0.410 7	0.830 05	0.071 18
定量化 Q	YC	1.492 1	0.722 94	0.046 57
	SY	1.517 2	0.955 05	0.053 64
	AF	0.828 5	0.935 81	0.077 18

进一步考察三类学校化学学科能力均值差异的显著性,三类学校的方差分析结果,符号表征(S):$F=19.197$, $p<0.001$;实验认知(E):$F=37.362$, $p<0.001$;模型思维(M):$F=37.700$, $p<0.001$;定量化(Q):$F=34.705$, $p<0.001$。表6-35是三类学校化学学科能力均值差异的多重比较结果。

由 4 个测验 F 值对应的 p 值皆小于极显著性水平 0.001 可知,三类学校中至少有一所学校和其他两所学校之间有显著差别,也有可能 3 所学校之间都存在显著差异。表 6-35 的多重比较结果显示,三类学校的学生在符号表征(S)、实验认知(E)、模型思维(M)三种能力上皆具有显著性差异,YC 中学与 SY 中学学生的定量化(Q)能力水平无显著差别,但与 AF 中学具有显著性差异。

表 6-35　三类学校化学学科 4 种能力均值多重比较结果

	(I)school	(J)school	均值差(I-J)	标准误	p
符号表征 S	YC	SY	0.178 14	0.067 11	0.008**
		AF	0.512 05	0.082 65	<0.001***
	SY	YC	−0.178 14	0.067 11	0.008**
		AF	0.333 92	0.080 12	<0.001***
	AF	YC	−0.512 05	0.082 65	<0.001***
		SY	−0.333 92	0.080 12	<0.001***
实验认知 E	YC	SY	0.318 78	0.048 25	<0.001***
		AF	0.503 98	0.065 49	<0.001***
	SY	YC	−0.318 78	0.048 25	<0.001***
		AF	0.185 20	0.064 58	0.004**
	AF	YC	−0.503 98	0.065 49	<0.001***
		SY	−0.185 20	0.064 58	0.004**
模型思维 M	YC	SY	0.342 59	0.056 17	<0.001***
		AF	0.606 41	0.082 52	<0.001***
	SY	YC	−0.342 59	0.056 17	<0.001***
		AF	0.263 81	0.080 49	0.004**
	AF	YC	−0.606 41	0.082 52	<0.001***
		SY	−0.263 81	0.080 49	0.004**
定量化 Q	YC	SY	−0.025 09	0.071 03	0.979
		AF	0.663 57	0.090 14	<0.001***
	SY	YC	0.025 09	0.071 03	0.979
		AF	0.688 66	0.093 99	<0.001***
	AF	YC	−0.663 57	0.090 14	<0.001***
		SY	−0.688 66	0.093 99	<0.001***

注：* 表示 $p<0.05$，** 表示 $p<0.01$，*** 表示 $p<0.001$

综合各分项能力的测试数据分析可知，男、女生在定量化能力上并没有显著性差异，而在符号表征能力、实验认知能力和模型思维能力上男、女生均表现出显著性差异；在实验认知能力上，女生显著优于男生；在符号表征能力、模型思维能力上，均为男生显著优于女生。对三类学校的学生而言，在定量化能力上第一、二类学校的学生没有显著性差异；三类学校的学生在符号表征、实验认知、模型思维三种能力上皆具有显著性差异；层次好的学校学生的各项学科能力明显高于层次低的学校。

第七章 科学过程能力的表现性测评工具开发

前面各章依据纸笔测验方法对学生科学学科能力展开了系统的测评研究,所反映的主要是对学生经历科学学习过程能力发展情况进行书面测评的结果,较少考察学生在科学实践活动过程中科学学科能力的发展。为更好地体现科学学科能力的"动态性""探究性"和"过程性"等特点,以区分前面讨论的科学学科能力的框架,本章采用"科学过程能力"来替代一般的科学学科能力,尝试构建科学过程能力(SPA)的表现性测评标准,分析能力发展的进程,开发表现性测评工具,并予以实证研究,以弥补纸笔测验的不足,完善科学学科能力测评与培养的相关工作。

第一节 科学过程能力的研究框架

知识与能力的二元之争逐渐走向消解,科学过程能力与科学知识共同构成了学生科学素养的核心内容已成共识。如何以科学知识为载体,促进科学过程能力的发展,并挖掘知识背后的能力要素,对能力进行有效地评价,是一个令人关注的研究课题。在基础教育阶段科学过程能力是科学教育的重要目标,但对科学过程能力测评的实证研究却相对匮乏。因此,对科学过程能力发展进程开展实证研究具有重要的理论意义和实践价值。

结合国内外文献研究,本研究确定了以下视角及问题,并以此为目标展开后续的理论框架构建和实证研究。

一、科学过程能力测评的研究视角

本研究聚焦学生科学过程能力(SPA),即学生在解决实践问题时所表现出来的科学学科能力,即学生在科学实践活动过程中所需的能力要素。科学过程能力的特殊属性,决定了其能力要素的选择和提取,也决定了表现性评价是其最有效的评价方式。本研究以学生对科学现象、科学问题的探究活动过程为载体,对其科学过程能力进行评价,评价的形式包括工作单、现场观察和深度访谈(出声思维),力求真实、有效地评价学生科学过程能力的发展水平。同时,试图通过活动表现性评价,诊断学生能力发展中的问题,为促进学生科学过程能力发展提供反馈与支持。本研究涉及的能力表现性评价具有以下四个特征:一是采用与生活相关的表现性任务;二是为学生能力培养与发展设计清晰的目标;三是为教学提供有效的反馈与诊断;四是鼓励并带动学生的投入和参与。

本研究以学习进程为重要理论依据,确定科学过程能力学习进程的纵向发展作为研究思路,关注学习进程的实践过程和实证基础,依据学生能力发展进程将科学过程能力的理论框架、教学实践与测试评价形成一个整体,且使各部分之间保持良好的互动,将学生能力发展进程转化为干预教学的手段,帮助教师设计并改变教学,以促进学生的能力发展。

二、科学过程能力测评的研究思路

基于以上研究视角,本研究主要讨论以下问题:关注于过程发展的科学过程能力,其本质内涵是什么?构成要素有哪些?它是如何发展的?如何全面而有效地评价学生的科学过程能力?

本研究的核心目标指向科学过程能力发展进程的确立与促进学生科学过程能力的发展,这两者是相互贯穿、彼此依存的过程。基于此,我们确立了本研究设计的基本环节(见图7-1),从能力发展进程理论框架的构建到能力测评工具的开发与完善,到前测的实施,到教学干预落实,到后测的实施,再到学生能力发展水平的分析,最后真正确立学生科学过程能力的发展进程。这是理论研究与实证研究互动穿插、能力评价与能力教学和谐互促的过程。

能力发展进程理论框架 → 能力测评工具开发与优化 → 实施前测 → 教学干预 → 实施后测 → 学生能力发展水平分析 → 能力发展进程的确立

图 7-1 科学过程能力的研究思路

三、科学过程能力测评的研究框架

本书第二章对科学过程能力进行了内涵分析，界定了能力结构，以此出发建构科学过程能力的框架模型。主要围绕以下三个问题展开：科学过程能力是由哪些核心要素构成？其核心要素的内涵是什么？如何构建科学过程能力框架结构？通过分析和讨论科学过程能力的核心要素，并对科学教育研究者与科学一线教师进行调查，将理论分析与教育实践相结合，最终确定科学过程能力的核心要素。

（一）框架构建的视角与方法

本研究以学生的科学过程能力为研究对象，以科学过程能力的外部活动表现为显性表征，以科学学科特征为能力的分类依据，构建科学过程能力的分类体系。通过综述科学过程能力相关研究，确定了以下科学过程能力框架模型构建的视角与方法。

(1) 以能力的基本要素分析法确定科学过程能力的核心要素；

(2) 以能力的核心要素、活动和内容载体构建科学过程能力的二维模型；

(3) 以科学学科特征为科学过程能力要素提取和框架构建的内在依据；

(4) 以外在活动为科学过程能力要素构建的显性表征；

(5) 以内部思维发展为科学过程能力发展的内隐线索。

根据上述"科学过程能力"框架模型构建的视角与方法，对十多个国家（地区）的科学课程标准进行剖析，发现对"科学过程能力"核心要素的关注具有共同的趋势：如提出问题能力，探究过程设计能力，使用器材的能力，观察能力，预测能力，分析比较能力等，并得到了较多国家的高度关注（见图 7-2），这为筛选并确定本研究中"科学过程能力"的核心要素提供了理论基础。

（二）科学过程能力的核心构成要素

本研究通过对 PISA、TIMSS 和 NAEP 三大国际科学教育评价项目能力的框架分析及发展趋势研究，初步得出了科学过程能力的四大核心要素，即提出科学问题的

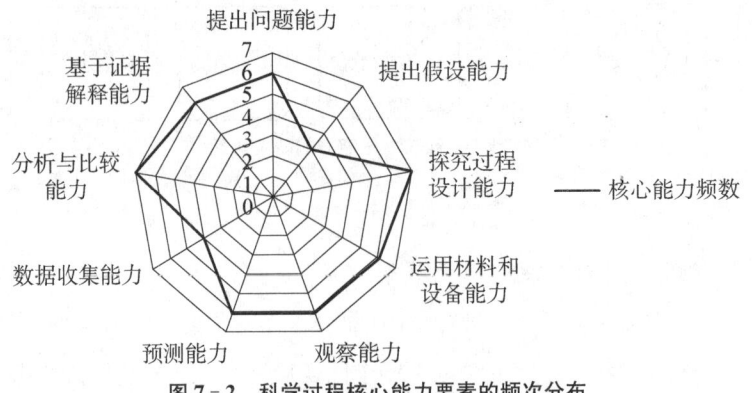

图7-2 科学过程核心能力要素的频次分布

能力、探究过程设计的能力、运用材料和工具的能力以及基于证据解释的能力。这四大能力要素既符合国际科学核心能力评价的框架与发展特征,又顺应了我国本土科学课程改革的要求,体现了科学学科的本质特征。同时,该能力要素分类框架契合本研究的活动表现性评价视角。

为了进一步确认以上科学过程能力要素是否符合学生发展的实践要求,本研究就此展开了调查,通过对一线优秀科学教师和教育研究者的问卷和访谈,得以确定将科学过程能力分为提出科学问题的能力、探究过程设计的能力、运用材料和工具的能力以及基于证据解释的能力这四大核心要素的科学性和可操作性,并结合文献综述和实践需求提出了科学过程能力四大核心要素的内涵。

(1) 提出科学问题的能力:学生基于一定的知识背景和思维能力,根据一定的情境和已有条件提出具有可探究性和可行性的科学问题,并用语言或文字对问题进行表述的能力。

(2) 探究过程设计的能力:学生根据提出的科学问题,运用控制变量等科学思维方法提出研究假设,并设计探究操作步骤的能力。

(3) 运用材料和工具的能力:学生根据探究活动的需要,合理地选择实验器材,规范、正确地操作器材,并运用器材进行观察、记录,最终获得科学实验证据的能力。

(4) 基于证据解释的能力:学生根据探究过程获得的证据,描述科学现象、解释探究过程,进而得出并解释探究结论,并运用结论解释新的现象,在此过程中与同伴进行合作交流的能力。

第二节 科学过程能力的发展进程研究

通过文献研究和实践调查,本研究确定了表现性评价视角下科学过程能力的核心要素,并分别对四大要素的内涵进行了界定,明确了研究的对象及其范围。然而,这四大核心能力要素是如何进阶发展的?如何划定每个核心能力的发展水平?每个能力水平又有什么表现特征?以下将以学习进程为理论基础,从科学过程能力的学科特征和活动表现特征出发,对四大核心能力的发展进程进行构建。

一、理论基础:学习进程的研究

能力发展理论、能力测评和教学实践之间达成良性互动并相得益彰一直是教育研究者追求的目标。学习进程(LPs)作为沟通学习理论、学习评价与教学实践的有效工具,在帮助教师安排、调整教学、评价学生能力发展等方面发挥了重要作用。科学教育改革要求把课程、教学和评价拧成一股绳,合力将课程改革向纵深方向推进,学习进程无疑是实现这一目标的"中介"。本书第二章已阐明学习进程的内涵、结构及实例分析,此处不再赘述。以下分析学习进程的确立过程及其在实践中的运作,为学习进程进一步走向实践提供思考。

(一)学习进程如何付诸实践:微观研究的两种路径

学习进程究竟是如何投入实践运作的呢?我们将从微观层面进行阐释。学习进程的微观研究指的是基于学科领域的内容和实践能力确立学习进程的实证研究。这些研究往往着眼点较小,体现了少就是多的原则。大多数研究者认为,"与其研究包罗万象的'学习进程'内容,不如选择对学生具有典型意义的内容组块或子能力进行研究"。[1] 的确,学习进程的路径演进曲折、复杂,水平划分不具有唯一性,我们只有聚焦研究范围,才能取得实质性的收获。根据学习进程研究的时间跨度,学习进程的微观研究可以分为横向研究和纵向研究两种。

---

[1] W. James Popham. The Lowdown on the Learning Progressions [J]. *Educational Leadership*,2007:84.

1. 横向研究：旨在描绘学习进程

学习进程的横向研究以跨年龄层次的学生为研究对象，进行大样本研究，旨在揭示不同年龄层次学生的学习进程水平。这类研究侧重于描述现状，较少关注教学干预。例如，安德森等人以"生态系统中的碳循环"为主题，发展并确立了跨年级学生的学习进程。首先，他们以科学家就该内容研究提出的观点、科学教育标准对此提出的要求和对学生科学素养的规定等为参考依据，提出了该学习进程的最终表现目标。同时，他们研究了儿童对碳循环现象的早期理解，并参考了文献，确定了学生的初始水平，由此建立了学生学习进程的理论构架。然后，他们根据理论框架设计针对小学到高中的学生临床访谈和测试，以此为工具搜集学生对"碳循环"理解水平进程的证据。最后，根据搜集的证据修正学习进程框架，并描述了各个年级学生的学习进程水平现状。该研究阐述了学生对"生态系统中的碳循环"的理解是如何随年级变化并逐渐成熟的。总之，学习进程的横向研究一般遵循以下技术路线：首先，构建学习进程水平的理论框架；第二步，基于理论框架建立测验（包括纸笔测验与临床访谈）；第三步，搜集测验数据，找到反映学生学习进程水平的现实证据；第四步，根据测试结果修正学习进程的理论框架，同时可以产生新的测试，如此循环往复（见图7-3）。学习进程横向研究的优点是显而易见的，它能够在较短时间内搜集到大量跨年级学生表现的证据。然而，这类研究也存在局限性：一是研究的过程未能与教学形成良好互动，也就很难在研究过程中发挥学习进程对教学的促进作用；二是由于研究样本横跨了较多年级，而测试的工具往往较为单一，导致测试与研究的效度较低；三是由于研究样本较大，通常会忽视学习进程的个性化研究。

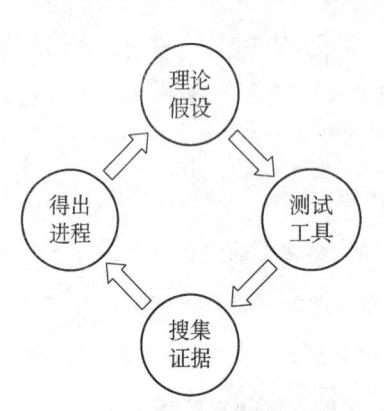

图7-3 学习进程横向研究的技术路线

2. 纵向研究：体现教学干预对学生发展的促进作用

学习进程的纵向研究是对学生学习水平的跟踪研究，学习进程既是描述对象，又是干预并促进教学的实验因素，且研究时间跨度往往较大（一般超过两个月）。学习进程纵向研究与教学实践紧密结合，没有一线教师的配合与支持是无法真正实施的。从某种意义上说，教师也是这类研究的主角，要理解并全程参与研究。学习进程的纵向研究一般采用以下技术路线：第一步，建立学习进程水平的理论框架；第二步，基于理论框架，编制测试工具；第三步，实施前测，以确定学生的初始水平；第四步，干预教学；第五步，实施后测，并确定学生学习的发展水平；第六步，分析前测和后测反馈的学生发展变化，修正学习进程的理论框架，描绘学生学习进程的水平发展。这一轮学习进程的后测可以成为下一轮的前测，如此循环，但每次循环的过程都将学生推向更高的学习进程水平（见图7-4）。可见，学习进程纵向研究的关键在于学习进程的理论框架与教学实践、测试评价之间始终保持着良好的互动，将学习进程转化为干预教学的手段，帮助教师设计并改变教学，促进学生的发展。

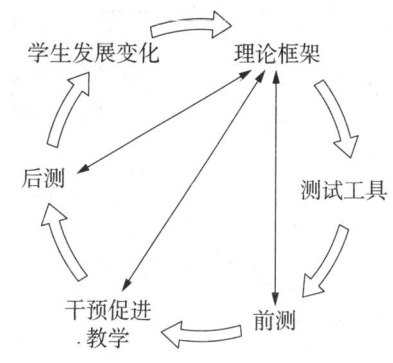

图7-4 学习进程纵向研究的技术路线

那么，学习进程是如何转换为教师重构教学的工具呢？研究表明，学习进程对教师教学有以下影响：第一，"学习进程"使得教师关注学生对知识理解的发展变化，并开始分解学习标准，真正理解教学内容；第二，"学习进程"研究促进教师之间的合作，这种合作使得教师对教学的理解更加深刻；第三，教师认识到"学习进程"是循序渐进的，教学不能只看到最终目标，而是一步一步地去达成子目标；第四，教师参与"学习进程"的评价过程对于改进教学和评价是至关重要的。[①] 美国教育政策研究财团（CPRE）资助的数学学习进程研究团队认为，学习进程内容与课堂教学实践之间存在着某种联系和转换关系，他们根据研究描绘了这种双向互动的关系（见图7-5）。[②]

汉斯（Hess）等人制定了用于教师采集学生学习表现的工具（见表7-1）。该工具将学生的学习水平、学习表现、评价任务和教学建议一一对应，综合各方面的因素来帮

---

① Karin Hess, Valerie Kurizaki, Linda Holt. Reflections on Tools and Strategies Used in the Hawai'i Progress Maps Project: Lessons Learned from Leaning Progressions [EB/OL]. https://www.nciea.org/publications/Hawaii%20Lessons%20Learned_KH09.pdf.

② Phil Daro, Frederic A. Mosher, Tom Corcoran. Learning Trajectories in Mathematics: A Foundation for Standards, Curriculum, Assessment and Instruction [R]. Consortium for Policy Research in Education, Philadelphia, 2011(8): 36.

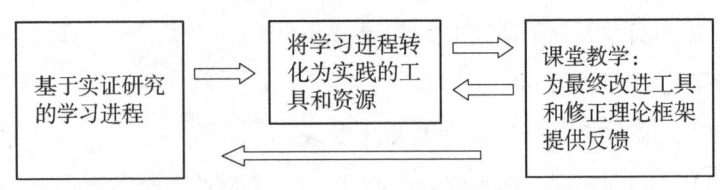

```
┌─────────┐      ┌─────────┐      ┌─────────┐
│基于实证研究│ ⇒   │将学习进程转│ ⇐   │课堂教学：│
│的学习进程│      │化为实践的工│      │为最终改进工具│
│         │      │具和资源  │      │和修正理论框架│
│         │ ⇐────────────────────  │提供反馈  │
└─────────┘                        └─────────┘
```

图 7-5　学习进程与教学实践的转换关系

助教师改进教学。可见，学习进程的纵向研究有机整合了课程、教学与评价这三大要素，这三大要素有机互补、通力合作的过程也构成了学习进程本身。

表 7-1　学生学习进程水平的信息搜集[①]

运用学习进程（模型、函数关系、代数）框架搜集数据（斜体字部分是教师搜集的信息）			
学习进程的水平描述	学生的表现	对测试任务的阐述	教学建议
高级水平：用图和表创造并表征图形和数字模型，并能用语言和符号概括定理			
精通水平：用图和表表征图形和数字模型，并能用语言和符号概括定理			
较复杂水平：用图和表表征图形和数字模型；根据给出的值得出一次方程；能或不能符号性的解释定理。	3号、6号、7号和8号学生不能将表格转化为图形，在表格上有小错误	测试任务并不需要定理，需要修改测试任务	从表格到图形的学习中，学生需要脚手架
中等复杂水平：能用表格来表征图形和数字模型；完成表格的输入、输出值，阐述如何得出缺失值，能或不能解释特殊规则			
最低复杂水平：用表格表征图形模型；根据给出的定理完成表格的输出和输入			
最底层水平：（请自行描述学生能做什么）	2号学生能够识别图形模型，但不能表征模型	需要为2号学生寻找其他测试任务	修正教材促进学生更好的理解

---

① Karin Hess, Valerie Kurizaki, Linda Holt. Reflections on Tools and Strategies Used in the Hawai'i Progress Maps Project: Lessons Learned from Leaning Progressions [EB/OL]. https://www.nciea.org/publications/Hawaii%20Lessons%20Learned_KH09.pdf.

（二）促进学习进程研究走向教学实践的可能路径

学习进程的微观研究体现了其在构建评价工具、优化教学、促进学生发展与教师专业发展等方面的显著作用。学习进程的确立与推进也遇到了不少挑战，如何根据学习进程构建学生评价框架，使其最大限度地促进教师教学，已经成为众多研究者公认的重要课题。综合西方国家学习进程实证研究的经验，反观我国课程、教学与评价研究的现状，以下做法将有助于保障并促进学习进程研究走向教学与评价实践，实现良性循环。

1. 教师与研究者走向合作与分享

学习进程的最终落脚点是学生的发展，而教师又是学生发展的直接推动者，因此，学习进程研究的首要任务是获得教师的认同与理解。学习进程的确立是教师与研究者双向互动的过程，双方走向合作是大势所趋。首先，教师和研究者要从思想上认识到彼此达成合作的重要意义。其次，要从行动上落实合作的措施。教师与研究者要共同拟定学习进程的理论架构；教师与研究者需要共同开发学习进程测评工具，研究者可以为工具的开发提供心理学、测量学基础，教师需要全程参与测评工具的开发，并根据测评结果得出学生的学习需要，从而改变教学。通过研究，教师改进了教学，促进了自身的专业发展。

2. 建立学生学习（能力）表现标准与评价标准

从广义上看，学习进程是课程、教学和评价三者协调一致、有机互动的过程，在促进课程、教学和评价一致性上发挥着重要作用，同时这三要素也反作用于学习进程的实践展开。因此，学习进程的成功确立并不是要另起炉灶，而是要积极吸收来自课程、教学与评价的优良资源。课程标准体现了国家课程的要求，然而目前我国课程标准缺乏具体表现标准与评价指标，与教师的教学实践脱节，与学习进程有着本质区别。因此，根据学习进程的实证研究建立课程表现标准和评价标准，能为课程标准向教学实践转化提供有效帮助，也为学习进程走向实践运作提供有利条件。

二、科学过程能力发展进程的构建

基于对学习进程的理论思考，本研究将学习进程引入学生科学过程能力的测评框架，按照学生能力发展的思维过程，构建了科学过程能力发展进程的理论框架，并选择了学生能力发展进程纵向研究作为研究路径。尽管本研究对科学过程能力要素的划分是基于活动表现进行的,但思维永远都是科学过程能力发展的内核,因此,对科学过程能力四大核心要素的水平划分,主要依据于学生科学思维的发展历程。

(一) 提出科学问题的能力发展进程

科学家的研究总是始于科学问题,提出新的、更深层次的问题往往是新的研究开端。那么,科学问题是什么?提出科学问题需要哪些条件?提出科学问题的能力又是如何发展的呢?以下将逐一论述。

1. 科学问题:内涵与特征

辩证唯物主义者指出,"问题就是事物的矛盾,哪里有没有解决的矛盾,哪里就有问题"[①],"在结构上,问题一般由已知成分、未知成分以及预设应答域三个部分构成"[②]。引申过来,科学问题就是科学领域内的已知和未知、经验与理性之间的差距,以及基于此产生的一种认知矛盾。科学问题具有典型的学科特征:第一,科学问题具有一定的结构,指向问题的解决,蕴含了科学解答的领域,标明了问题的解答范围等。例如,有些科学问题需要探索事物之间的因果关系,而有些问题寻求的是事物之间的影响效果;第二,科学问题具有中立性。科学本质观认为,科学知识与内容不以人的主观意志为转移,体现了客观性和中立性,不依从任何阶级和信仰;第三,科学问题总是建立在一定的认知基础之上。其提出需要一定的知识、思维作为基础,总是伴随着一定的认知情境;第四,科学问题具有一定的探究性。科学领域内的未知总是引领着探索的脚步,科学问题的解决过程是充满无限可能的。

2. 界定提出科学问题的能力

基于科学问题的含义、特征以及本研究的视角,可将提出科学问题的能力概括为:学生基于一定的知识背景和思维能力,根据一定的情境和已有条件提出具有可探究性和可行性的科学问题,并能用语言或文字对问题进行表述的能力。科学问题的提出,需要借助多种思维方法,需要有认知、思维上的冲突与矛盾,而日常生活情境、常见实验现象的创设与再现,能够为认知矛盾的出现提供直接刺激,有利于科学问题的

---

① 毛泽东. 毛泽东选集:第4卷[M]. 北京:人民出版社,1966:864.
② 张大松. 科学思维的艺术:科学思维方法导论[M]. 北京:科学出版社,2008.

形成。值得注意的是,科学问题的提出不是简单的现象再现或描述,而是从表层现象出发,对现象与情境进行深度分析、比较、综合与提炼,挖掘出现象背后的问题本质。

3. 提出科学问题的能力发展水平划分

从思维要求看提出科学问题的能力,本研究将该能力由低到高划分为四个发展性的表现水平,分别为提问的无组织状态、重复现象状态、局部发问状态和切中本质状态(见图7-6)。以下分别阐释提出科学问题的能力的四大发展水平。

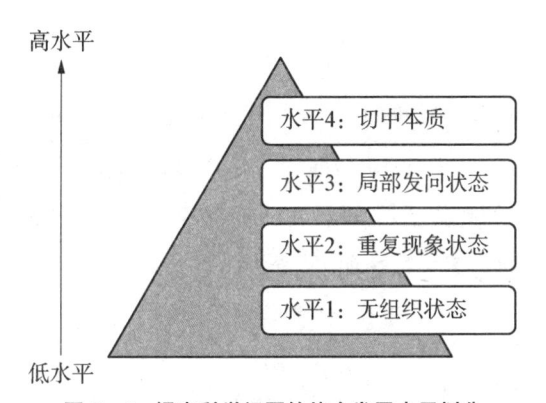

图7-6 提出科学问题的能力发展水平划分

水平1:提问的无组织状态。即学生能够识别问题中的已知部分和未知内容,但无法提出结构完整、表述清晰的科学问题,或提出的问题与现象、主题无关,问题表述杂乱无序。

水平2:重复现象状态。即学生能够理解现象与问题之间的关系,能够从现象表层直接提出问题。但思维水平仅停留在现象再现,未能挖掘现象背后的问题本质。

水平3:局部发问状态。即学生已经理解现象与问题本质之间的联系,能够对部分现象进行综合分析,并就部分现象的本质进行发问,但未能综合多种现象本质进行提问。

水平4:切中本质状态。即学生能够完整地理解现象与问题本质之间的关系,能够综合分析、比较多种现象,得出现象背后的本质所在,并基于此提出切中本质的科学问题。

(二) 探究过程设计的能力发展进程

1. 界定探究过程设计的能力的内涵

探究过程设计是一项综合的能力,涉及多种思维方法的运用,综合多个活动环节的展开。首先需要根据提出的问题构建研究假设,继而采用控制变量等方法设计实验变量和无关变量,整体设计科学探究的步骤,力求保证探究过程方案具有科学性和可操作性。根据探究过程设计包含的具体内容和研究视角,探究过程设计的能力的定位是:学生根据提出的科学问题,运用控制变量等科学思维方法提出研究假设、设计探究操作步骤的能力。

2. 探究过程设计的能力发展水平划分

根据学生在探究过程设计中的思维水平(连贯性、联系性、整合性)以及探究步骤设计的完整性,将探究过程设计的能力由低到高分为四个水平,分别为认识探究过程的要素、关联研究假设与探究活动、设计部分探究活动、有效设计完整探究活动(见图7-7),这四个水平的具体表现描述如下。

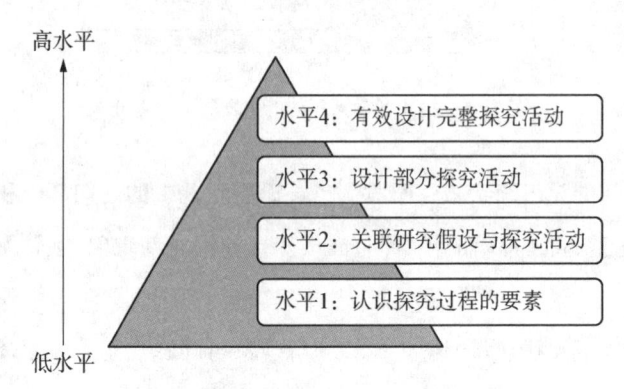

图7-7 探究过程设计的能力发展水平划分

水平1:认识探究过程的要素。即学生能够明了探究过程设计包括提出研究假设、设计探究步骤、安排操作程序等活动要素,但对这些要素的理解还处于分散和孤立状态。

水平2:关联研究假设与探究活动。即学生能够将研究假设与探究活动建立联系,理解研究假设的提出是探究活动展开的目标指向,探究活动的过程是对研究假设的具体执行,能够将研究假设与相应的探究活动匹配起来。

水平3：设计部分探究活动。即学生能够正确地提出研究假设，并设计部分的探究步骤，但在局部活动细节安排或控制变量方法上存在不足。

水平4：有效设计完整探究活动。即学生能够正确地提出合理的研究假设，并根据研究假设和控制变量等思维方法完整和正确地设计探究步骤，且兼顾探究活动细节的设计。

(三) 运用材料和工具的能力发展进程

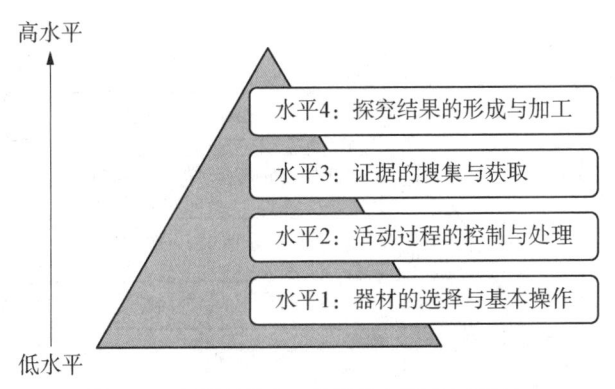

1. 界定运用材料和工具的能力

运用材料和工具的能力表现是实验器材的操作，包含实验器材的合理选择、运用器材获得实验证据等。本研究根据运用材料和工具的能力包含的内容和研究视角，将其定义为学生根据探究活动的需要，合理地选择实验器材，规范、正确地操作器材，并运用器材进行观察、记录，最终获得科学实验证据的能力。

2. 运用材料和工具的能力发展水平划分

运用材料和工具的过程，不是对探究过程方案的机械实施，而是要根据方案和现实情境灵活地调整操作步骤，实现生成性的创造过程。因此，运用材料和工具是动手技能和思维技能的综合体现，即内部思维与外在活动的结合，在手脑并用基础上实现手脑的协调运作是关键环节。本研究根据学生在运用材料和工具过程中对手脑的综合运用程度，将该能力划分为四个水平，即器材的选择与基本操作、活动过程的控制与处理、证据的搜集与获取、探究结果的形成与加工(见图7-8)，四个能力水平的表现具体阐述如下。

图7-8 运用材料和工具的能力发展水平划分

水平1：器材的选择与基本操作。即学生知道相关实验器材的名称、功能，能够根据探究需要合理选择器材，并能够进行相关器材的规范操作。

水平2：活动过程的控制与处理。即学生能够基本完整地完成器材操作过程，能够克服操作过程中的困难，对操作过程中的未知和突发事件有一定的控制、处理能力。

水平3：证据的搜集与获取。即学生能够通过实验操作过程，利用直接观察或间接观察等方法获得探究的信息与证据，并记录这些探究信息和证据。

水平4：探究结果的形成与加工。即学生能够根据探究活动过程以及获得的证据，形成探究的结果，并对结果进行记录、呈现和加工。

（四）基于证据解释的能力发展进程

1. 界定基于证据解释的能力

基于证据解释体现了学生分析、比较和推理等多种能力，需要多种思维方法的参与。本研究对基于证据解释的能力的定位是：学生根据探究过程获得证据，以此描述科学现象、解释探究过程，进而得出探究结论，并运用结论解释新的现象，在此过程中与同伴进行合作交流的能力。

2. 基于证据解释的能力发展水平划分

基于证据解释的能力涉及对探究过程获得的证据与信息的处理和加工，需要分析、综合、归纳等思维方法的参与。根据思维加工的深度，本研究将基于证据解释的能力由低到高划分为四个发展水平：认识现象与结论之间的关系；关联假设、现象与结论；理解结论背后的过程和方法；结论的运用与交流（见图7-9）。四个能力水平的具体表现如下。

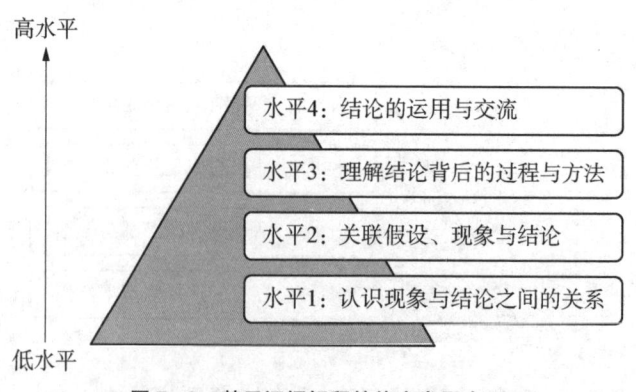

图7-9 基于证据解释的能力发展水平

水平1：认识现象与结论之间的关系。即学生能够在现象与结论之间建立逻辑关系，知道用获得的证据来支持和推导结论，能够用简单的语言、文字或符号等方式表征现象与结论。

水平2：关联假设、现象与结论。即学生能够在研究假设、实验现象和探究结论三者之间建立正确的逻辑关系，知道探究过程及其获得的证据是用来证明(证伪)研究假设，探究结论是通过对证据的分析和加工得出的。能够注意到与研究假设不同的异常信息，并能够做出合理的处理或解释。

水平3：理解结论背后的过程与方法。即学生能够理解从操作过程到证据获得再到结论得出的过程和思维方法，并能够解释结论得出的过程和方法。

水平4：结论的运用与交流。即学生能够通过同伴合作交流的方式进行证据的分析和解释，以得出合理的研究结论，并能够将结论运用于新的情境中或根据已得出结论发现新的研究问题。

值得指出的是，能力发展进程的各级水平仍具有一定的抽象性，在制定不同项目的评分标准时需结合具体的问题和学生回答进行描述。

第三节 科学过程能力测评工具的开发

本研究中科学过程能力的表现性评价(前测与后测)主要采用引导性工作单、现场观察、深度访谈、学生出声思维等方式结合进行，以求量的评价方式与质的评价方式优势互补，尽量客观、深度地揭示学生科学过程能力的发展进程。其中，深度访谈和学生出声思维属于质性研究方法，作为研究科学过程能力发展进程的辅助手段。引导性工作单主要用于量的分析。现场观察主要针对学生器材运用与操作能力的评价，既要从量的角度提供数据(运用现场观察评分表)，又要从质性分析的角度刻画学生的实际表现(以文字、图片、视频等形式搜集证据)，并进行归纳分析。科学过程能力测评工具的质量检测主要针对量化研究工具，即引导性工作单和现场观察相结合的能力测评工具。

一、科学过程能力前测工具开发的思路

(一) 基于理论建构与 Rasch 模型

研究的前、后测试项目的开发与优化,以面向实践的学习进程为理论指导,以 Rasch 模型构建理论和威尔森的测试项目开发"四基石"理论为方法论基础,以 Rasch 模型测量分析软件 Winsteps 3.72.0 为分析、改良工具。本研究前测试题的优化过程如图 7-10 所示。由于前测与后测试题的类型、所考查能力的结构以及测试工具的整体结构基本一致,仅是测试内容载体、能力水平的变化,因此不再对后测试题进行单独的试题优化。

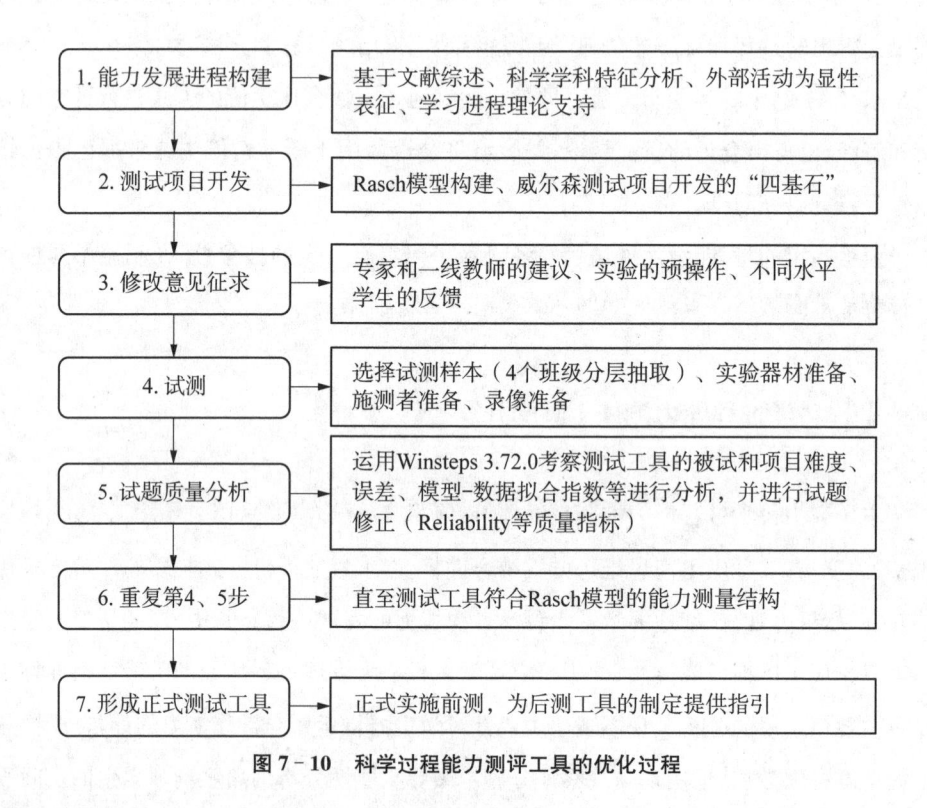

1. 能力发展进程构建	基于文献综述、科学学科特征分析、外部活动为显性表征、学习进程理论支持
2. 测试项目开发	Rasch 模型构建、威尔森测试项目开发的"四基石"
3. 修改意见征求	专家和一线教师的建议、实验的预操作、不同水平学生的反馈
4. 试测	选择试测样本(4个班级分层抽取)、实验器材准备、施测者准备、录像准备
5. 试题质量分析	运用 Winsteps 3.72.0 考察测试工具的被试和项目难度、误差、模型-数据拟合指数等进行分析,并进行试题修正(Reliability 等质量指标)
6. 重复第 4、5 步	直至测试工具符合 Rasch 模型的能力测量结构
7. 形成正式测试工具	正式实施前测,为后测工具的制定提供指引

图 7-10 科学过程能力测评工具的优化过程

根据以上科学过程能力测试工具的开发过程(图 7-10,第 1—3 步)设计并形成了科学过程能力发展进程的前测工具,该测试工具主要包括两种能力测评形式:引导性工作单和现场观察。引导性工作单主要测评学生提出科学问题的能力、探究过程设计的能力和基于证据解释的能力。现场观察主要测评学生运用材料和工具的能力。这两种

评价形式统一于学生的表现性操作任务中，有机构成了学生科学过程能力的评价工具。

（二）试测对象

采用分层随机抽样的方法，在实验学校（TMS中学）6年级四个班中抽取30名试测对象，其中男生13人，女生17人（抽样方法和过程如图7-11）。第二次试测的对象通过同样的方式产生，根据第二次试测的结果看是否进行正式测试。

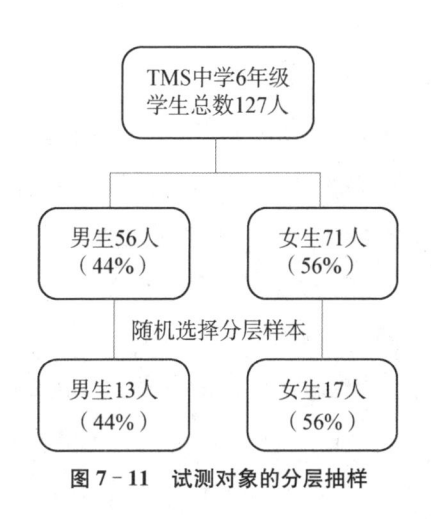

图7-11 试测对象的分层抽样

（三）测试过程

测试过程涉及实验器材的准备、施测教师和现场观察教师的培训、录像准备、学生合作分组等。在施测之前，我们对四个班级的学生都进行了实验室安全操作教育以及实验操作的规范指导。同时对施测教师（1人）进行了测试过程规范要求的培训，对现场观察评分的教师（2人）进行了评分规范培训，对现场录像教师进行了录像要求说明。根据测试活动任务准备可能用到的实验器材（见表7-2），保证数量充足并预留2—3套器材。

表7-2 燃烧条件主题探究任务的器材清单以及分配

以下材料以2人小组为单位分配：一个镊子；一根木棒；一根玻璃棒；一个酒精灯；一个三脚架；一张石棉网；一个坩埚钳；一盒火柴；两个纸盒；两个烧杯；两根蜡烛；自来水。

工作单和白纸以每人为单位发放，每位学生要求独立完成工作单。

试测的过程中,学生以两人为一组,合作完成活动操作部分,每位学生独立完成工作单的填写。施测教师负责引导学生答题以及操作、收工作单、答完一题出示参考答案。现场观察的两位教师同时观察1名学生的操作过程,并在现场观察评分表上打分,同时记录学生操作过程中的重要细节。录像教师分别记录下每组学生的活动操作过程,并编码以供后续的数据整理与分析。

二、第一轮试测结果:工具质量分析

第一轮试测通过工作单评分和现场观察评分搜集了学生科学过程能力发展水平的数据。由于工作单与现场观察分别负责不同的科学过程子能力评价,两者共同构成了科学过程能力完整的量的测评,因此本研究将这两份测评工具搜集的项目数据合并,运用Rasch模型测评整体工具的质量情况。

(一)评分者一致性分析

本研究的工作单评分采用延时评价的方式进行,即搜集上来之后,根据能力发展进程框架以及学生的回答制定评分标准,由一位教育学博士研究生和一位科学教育硕士研究生分别对所有试测对象的回答进行评分,计算评分者信度,并对结果不一致之处进行讨论,寻求最后结果的统一。同时,将两位教师现场观察的打分结果进行比较,计算评分者信度(见表7-3),并通过现场观察录像寻求评分结果的一致,修正评分结果。采用Kappa系数考察评分者信度,结果显示:工作单评分的Kappa系数大部分超过0.9,全部大于0.85;现场观察评分的Kappa系数大部分超过0.9,全部大于0.75,显示了较好的评分一致性,说明此次评分结果是可信的。

表7-3 第一次试测中的评分者信度

工作单评分		现场观察评分	
项目编码	Kappa	项目编码	Kappa
Q01	0.93	W1	0.90
H01	0.91	W2	0.85
S02	0.99	W3	0.88
S04	0.89	L1	0.87
S06	0.98	L2	0.84

续 表

工作单评分		现场观察评分	
项目编码	Kappa	项目编码	Kappa
R011	0.97	G1	0.79
R012	0.91	C1	0.75
R013	0.93	J1	0.95
R021	0.98	O1	0.89
R022	0.95	F1	0.83
R023	0.98	F2	0.85
R031	0.85	F3	0.90
R032	0.97	F4	0.98
R033	0.88	D1	0.99
R034	0.89	D2	0.91
E01	0.89	D3	0.78
E02	0.99	V1	0.77
E03	0.98	V2	0.90
E04	0.99	V3	0.86
U01	0.97	M1	0.75
U02	0.95	M2	0.79
U03	0.96	M3	0.80

（二）工具的整体质量分析

运用 Winsteps 3.72.0 软件对第一次试测的数据结果进行分析,检验能力测试工具的有效性。根据 Rasch 模型的特征和要求,主要从平均难度估计（Measure）、误差（S.E.）、数据-模型拟合（Model-Data-Fit）、分离度（Separation）和信度（Reliability）等方面对测试工具质量进行考察,结果分析如下（见表7-4）。

表7-4 科学过程能力第一次试测的质量指标

	Measure	S.E.	Infit		Outfit		Separation	Reliability
			MNSQ	ZSTD	MNSQ	ZSTD		
被试	0.71	0.30	1.05	0.0	1.16	0.0	3.5	0.92
项目	0.00	0.38	1.00	0.0	1.16	0.1	2.41	0.85

从表 7-4 可以看出，Rasch 模型将项目难度整体水平设置为 0，而数据显示被试能力为 0.71，基本与测试整体难度匹配且略高于测试难度，这说明测试项目较好地拟合了被试的能力水平。同时根据 Rasch 模型测试工具的质量参数指标可知，Infit 和 Outfit 的 MNSQ 接近于理想值 1，Infit 和 Outfit 的 ZSTD 接近于理想值 0，可见测试数据与 Rasch 模型能够较好地拟合。分离度（Separation）反映了测验难度在区分不同被试能力上的分离程度，分离度越大区分效果越好，理想的分离度值要超过 2，本次试测的项目和被试分离度均大于 2，说明试题能够符合不同被试的能力水平。被试信度为 0.92，项目信度为 0.85，均接近理想值，说明测试的可靠性程度较高。

（三）单维性检验

单维性是 Rasch 模型的基本假设之一，因而测试项目及其理论基础是基于一种能力特质来架构的。例如，本研究建构并测量的各个子能力都是属于科学过程能力的范畴。Rasch 模型运用一种主成分分析法检测工具的单维性。Winsteps 3.72.0 软件的标准残差对比图（见图 7-12）直观揭示了本次科学过程能力测试项目的单维性。图 7-12 中的大小写字母（如 A、B、a、b 等）代表了本测试工具中的各个项目，结果显示，测试项

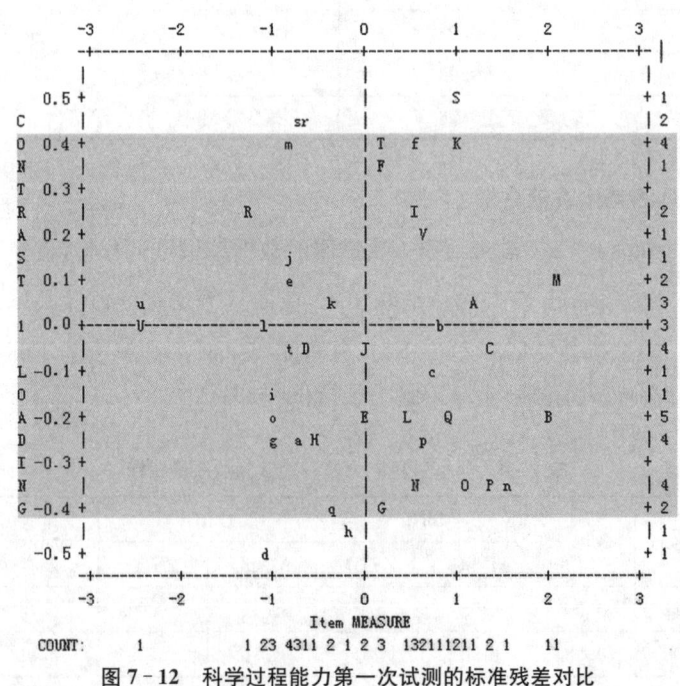

图 7-12 科学过程能力第一次试测的标准残差对比

目基本落在理想的项目系数(-0.4,0.4)之间,说明这些项目测试的都是同一种能力,即科学过程能力,而超出范围的项目则需要视具体情况进行修正、删除或替代。总体来看,科学过程能力测试工具满足单维性的要求,符合 Rasch 模型的基本假设。

(四) 项目-被试对应

Winsteps 3.72.0 分析软件提供了项目-被试对应图(Item-Person Map)(见图 7-13),将项目的原始分转换为 logit 分,将被试能力和项目难度放在同一把尺子上进行对应分析,直观展示了项目设计与学生能力的分布情况。观察图 7-13 可知,右边的项目较均匀地分布在标尺的各个水平上,没有出现"扎堆"现象,中间分布较多,两端较少。同时,被试学生的分布与项目分布对应,中间水平的学生较多,两端的学生分布得较少。被试-项目对应图形象地揭示了测试工具的项目难度具有较好的分离度,并且体现了不同学生的能力水平说明能力测试工具整体质量较好。

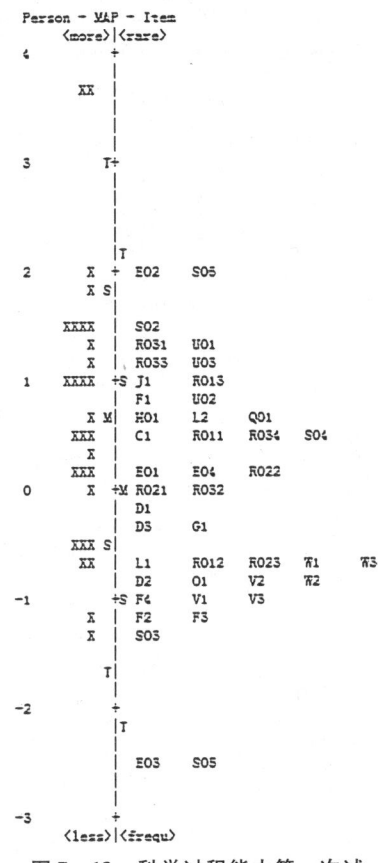

图 7-13 科学过程能力第一次试测的项目-被试对应图

(五) 项目拟合

为了更加细致地观察到具体项目的质量情况,本研究又继续考察了每一个项目的拟合指数。表 7-5 主要从项目难度平均值估计(Measure)、标准误(S.E.)、数据-模型拟合指数(Infit 和 Outfit)、点-测量相关(PTMEA CORR.)来展示各个项目的质量标准。数据显示,大多数项目的模型拟合指数在可接受范围内,部分项目的 Infit 指数或 Outfit 指数偏离可接受范围:H01、S06、R032、E02、E03、W2、L2、G1、C1、J1、F1,需要进行项目或评分标准的修正。另外,项目的点-测量相关都在合理范围内,显示了每个项目与总体得分之间具有较好的一致性,项目的区分度较好。

表 7-5 科学过程能力第一次试测项目与被试对应

Item	Measure	S.E.	Infit MNSQ	Infit ZSTD	Outfit MNSQ	Outfit ZSTD	PTMEA CORR.
Q01	0.68	0.24	1.32	1.3	1.27	1.0	0.54
H01	0.67	0.28	1.04	0.2	1.03	0.2	0.59
S02	1.56	0.22	1.42	1.4	1.30	0.6	0.58
S03	−1.28	0.52	0.73	−0.8	0.48	−0.7	0.54
S04	0.50	0.19	0.65	−1.4	0.42	−0.9	0.75
S05	−2.42	0.76	0.86	0.0	0.36	−0.4	0.37
S06	2.06	0.30	0.76	−0.4	0.79	−0.2	0.69
R011	0.50	0.19	0.65	−1.4	0.42	−0.9	0.75
R012	−0.59	0.31	1.11	0.5	0.83	−0.1	0.49
R013	1.00	0.22	0.94	−0.1	0.76	−0.5	0.72
R021	−0.01	0.42	0.87	−0.7	0.78	−0.6	0.52
R022	0.15	0.30	0.99	0.0	0.89	−0.3	0.57
R023	−0.62	0.24	1.17	0.6	0.85	0.2	0.51
R031	1.36	0.43	0.62	−2.4	0.51	−2.0	0.74
R032	0.02	0.29	1.13	0.6	1.16	0.6	0.49
R033	1.20	0.21	1.02	0.2	1.01	0.3	0.66
R034	0.47	0.24	0.86	−0.6	0.89	−0.3	0.69
E01	0.19	0.21	1.17	0.7	0.99	0.1	0.61
E02	2.01	0.33	1.08	0.4	1.21	0.7	0.50
E03	−2.42	0.76	1.08	0.3	1.28	0.6	0.13
E04	0.16	0.41	1.13	0.8	1.98	2.5	0.25
U01	1.34	0.26	0.98	0.0	1.53	0.9	0.59
U02	0.89	0.24	0.95	−0.2	1.51	1.1	0.53
U03	1.20	0.28	1.31	1.5	1.63	1.7	0.48
W1	−0.91	0.45	1.10	0.5	8.85	3.8	0.48
W2	−0.79	0.47	1.24	1.0	1.31	0.7	0.17
W3	0.74	0.39	0.83	−0.7	0.79	−0.7	0.61
L1	−0.71	0.32	1.24	0.9	1.17	0.5	0.39

续 表

Item	Measure	S. E.	Infit MNSQ	Infit ZSTD	Outfit MNSQ	Outfit ZSTD	PTMEA CORR.
L2	0.67	0.41	1.20	1.3	1.32	1.2	0.27
G1	−0.38	0.44	1.21	1.1	1.51	1.2	0.18
C1	0.58	0.33	1.41	1.5	1.48	1.6	0.33
J1	0.96	0.30	0.96	−0.1	0.96	−0.1	0.61
O1	−0.79	0.47	0.93	−0.2	0.86	−0.1	0.41
F1	0.79	0.34	1.06	0.3	1.08	0.4	0.48
F2	−1.09	0.37	0.80	−0.8	0.80	−0.6	0.60
F3	−1.09	0.37	0.68	−1.5	0.64	−1.3	0.69
F4	−1.02	0.49	0.94	−0.1	0.81	−0.1	0.40
D1	−0.19	0.43	1.15	0.8	1.07	0.3	0.31
D2	−0.79	0.47	0.80	−0.8	0.67	−0.5	0.52
D3	−0.38	0.44	0.80	−1.0	0.69	−0.7	0.55
V1	−1.02	0.49	1.01	0.1	0.89	0.0	0.35
V2	−0.83	0.34	0.85	−0.6	0.76	−0.6	0.57
V3	−1.02	0.49	0.79	−0.7	0.65	−0.5	0.50
M1	−0.63	0.23	1.03	0.1	0.77	0.2	0.46
M2	−0.45	0.32	1.11	0.2	0.89	0.1	0.44
M3	−0.52	0.22	0.97	0.3	1.22	0.2	0.47

(六) 部分项目的再分析

通过测试工具质量的整体分析和具体项目的拟合参数分析,可以获知测试工具的质量情况和待修正的方向。科学过程能力测试工具符合Rasch模型的基本要求,但有少数项目在误差、数据拟合上有一定的偏差,可能是项目本身的设计有待完善,也可能是项目评分结构有待优化。以下将从具体项目设计与评分等级结构开展进一步研究。

项目S06、S02、U03、L2、S04、E01、R023、W1、L1与Rasch模型的部分拟合参数超出了可接受范围,对这些项目评分体系进行具体分析,发现了存在的问题(见表7-6)。项目S06、U03、L2、S04、R023的评分等级划分与学生实际得分结果并不一致,部分评分等级上存在学生缺失,可能的原因有两个:一是评分标准的制定存在重合或界限不清;二是学生本身水平存在等级不均的情况,这就需要具体分析这些项目的评分等级,再做判断。另外,项目 S02、E01、W1、L1 的评分等级与得出的各个等级的平均难度不符,例如项目 S02 评分等级为 2 的平均难度却低于评分等级为 1 的平均难度,需要进一步对项目评分等级进行改善。

表7-6 第一次试测部分项目的评分标准以及答题情况统计

项目	评分值	人数	%	平均难度	标准误	Outfit MNSQ	点-测量相关
S06	0	20	67	0.32	0.20	0.9	−0.47
	1	7	23	0.80	0.28	1.1	0.04
	3	3	10	3.11	0.51	0.2	0.68
S02	0	19	63	0.24	0.21	1.0	−0.53
	1	3	10	1.19	0.48	0.4	0.14
	2	3	10	0.76	0.38	1.7	0.01
	3	5	17	2.17	0.64	1.7	0.56
U03	0	19	63	0.21	0.20	1.1	−0.53
	2	11	37	1.58	0.36	1.7	0.56
L2	1	15	50	0.39	0.20	1.0	−0.27
	2	15	50	1.03	0.37	1.6	0.27
S04	0	12	40	−0.33	0.18	0.4	−0.72
	2	4	13	0.84	0.27	0.3	0.04
	3	14	47	1.56	0.27	0.5	0.68
E01	0	7	23	−0.23	0.25	0.9	−0.45
	1	4	13	−0.38	0.36	0.5	−0.37
	2	5	17	1.15	0.20	0.6	0.17
	3	14	47	1.33	0.32	1.7	0.50
R023	0	4	13	−0.64	0.31	1.0	−0.45
	2	3	10	0.00	0.47	0.5	−0.20
	3	23	77	1.04	0.23	1.4	0.51
W1	0	3	10	0.34	0.42	2.1	−0.11
	1	8	27	−0.17	0.31	0.5	−0.45
	2	19	63	1.14	0.27	1.0	0.48
L1	0	3	10	0.34	0.42	2.1	−0.11
	1	8	27	−0.17	0.31	0.5	−0.45
	2	19	63	1.14	0.27	1.0	0.48

针对评分等级预设与分析结果的平均难度不符的状况,将结合 Winsteps 3.72.0 分析软件提供的项目评分结构图进行分析。以项目 S02 为例,其评分等级结构图(见图 7-14)显示,分数 1 和分数 2 存在明显的重合现象,且曲线跨度较小,没有明显的峰,不能很好地代表这一水平的能力,应该对分数 1 和分数 2 的等级水平进行合并后重新定义。以下将具体分析项目 S02 的设计与评分标准的制定。

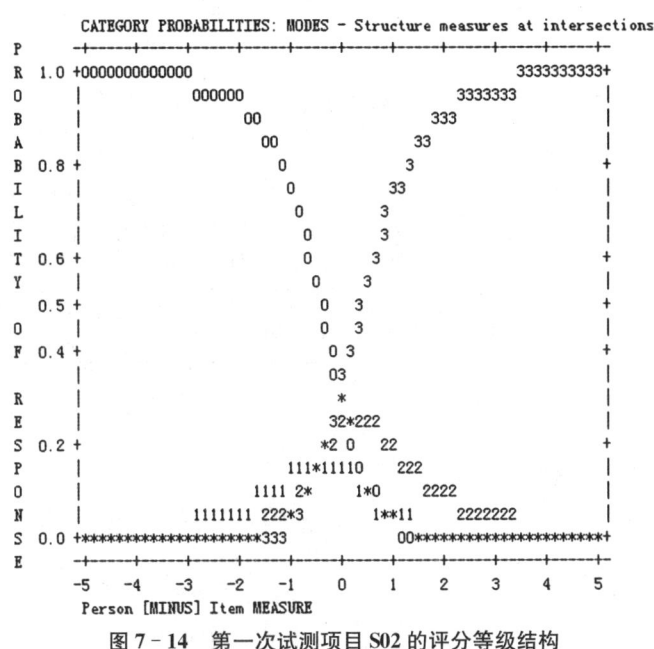

```
            CATEGORY PROBABILITIES: MODES - Structure measures at intersections
P    +----+----+----+----+----+----+----+----+----+----+
R 1.0 +0000000000000                              3333333333+
O     |         000000                    3333333          |
B     |             00                      333            |
A     |             00                       33            |
B 0.8 +              0                        3            +
I     |              0                       33            |
L     |              0                        3            |
I     |                                                    |
T 0.6 +              0                        3            +
Y     |              0                        3            |
  0.5 +              0                        3            +
O     |              0                        3            |
F 0.4 +               0                      3             +
      |                03                                  |
R     |                *                                   |
E     |              32*222                                |
S 0.2 +             *2 0   22                              +
P     |         111*11110   222                            |
O     |      1111 2*     1*0    2222                       |
N     |    1111111 222*3    1**11    2222222               |
S 0.0 +*******************333    00*******************+
E     +----+----+----+----+----+----+----+----+----+----+
       -5   -4   -3   -2   -1    0    1    2    3    4    5
            Person [MINUS] Item MEASURE
```

图 7-14 第一次试测项目 S02 的评分等级结构

如表 7-7 所示,S02 项目考查学生探究过程设计的能力,需要学生回答出燃烧需要可燃物。根据学生认知水平以及学生的回答情况,本研究制定 S02 的原始评分水平如表 7-8 所示。数据分析结果显示,水平 1 和水平 4(0 分和 3 分)的界限较为清晰,图像曲线分布较为广泛,具有较明显的峰,然而水平 2 和水平 3(1 分和 2 分)的差异并不大,数据结果与预设存在差异:水平 2 的难度稍大于水平 3 的难度,这就要将水平 2 和水平 3 进行合并,并重新界定。其他此类项目的修正方法与此相似,不再赘述。

表7-7 项目S02的内容

项目S02(探究活动1)：
用镊子分别夹取一根木棒和一根玻璃棒,放在酒精灯上灼烧,观察实验现象。此活动能够验证的假设是_____。

表7-8 项目S02的原始评分水平设置

能力要素	试题编码	发展水平	学生表现	得分
探究过程设计的能力	S02	水平1	空白、难以理解,与燃烧条件的假设无关的回答,假设与活动设计不匹配,描述实验现象。如木棒燃烧了,但玻璃棒不能燃烧。	0
		水平2	陈述事实,但没有提炼出本质。如木棒是可燃物。	1
		水平3	能将活动设计与相应的燃烧条件对应起来,但以问题的形式呈现。例如,燃烧需不需要可燃物？	2
		水平4	回答出燃烧需要可燃物。	3

三、测试工具的修正与再试测

Rasch模型第一次试测的工具质量分析结果显示,科学过程能力测试工具在整体质量指标上有着较好的表现：项目的整体难度与被试能力较为匹配,数据-模型拟合较好,单维性检验符合要求,项目设计具有较好的分离度,测试工具的信度较好,但该测试工具在具体项目的设计或评分标准设置等方面还有待改进。因此,第二次试测的结果分析不再呈现工具的整体指标。且样本选取方式、样本量以及测评过程与第一次试测完全相同,不再赘述。以下将根据第一次试测显示的具体项目质量情况进行有针对性的修正,并结合第二次试测的结果对修订效果进行分析。

(一) 项目评分等级的修订

针对前测工具中项目评分等级与平均难度不完全匹配的状况,对评分等级进行一定的合并和重新界定。同样以项目S02为例,该项目评分标准的水平2为"陈述事实,但并没有提炼出本质",水平3为"能将活动设计与相应的燃烧条件对应起来,但以问题的形式呈现"。事实上,这两个水平均表明学生未能在木棒燃烧与燃烧条件之间勾画出逻辑联系,均属于了解事实,但未能推导出因果联系。因此,将水平 2 和水平 3 合并为一个水平,重新界定为"了解现象与事实,但未能推导出燃烧与可燃物的因果联系"(见表 7-9)。

表 7-9 修正后的项目 S02 评分等级

能力要素	试题编码	发展水平	学生表现	得分
探究过程设计的能力	S02	水平 1	空白、难以理解,与燃烧条件的假设无关的回答,假设与活动设计不匹配,描述实验现象。如木棒燃烧了,但玻璃棒不能燃烧。	0
		水平 2	了解现象与事实,但未能推导出燃烧与可燃物的因果联系。如木棒是可燃物;燃烧需不需要可燃物?	1
		水平 3	回答出燃烧需要可燃物。	2

用同样的方法对其他项目进行评分标准的修订,第二次试测的结果表明,修正后的测评工具在评分等级结构以及数据结果上都有明显改善。以 S02 为例,从评分等级结构来看,修正后的各个评分等级具有明显的峰,评分等级曲线之间无相互遮挡,能够明确地代表能力的各个水平等级划分,清晰地展现了能力的发展进程水平(见图 7-14、图 7-15)。从项目的数据结果来看,第一次测试结果显示数据异常的项目均得到

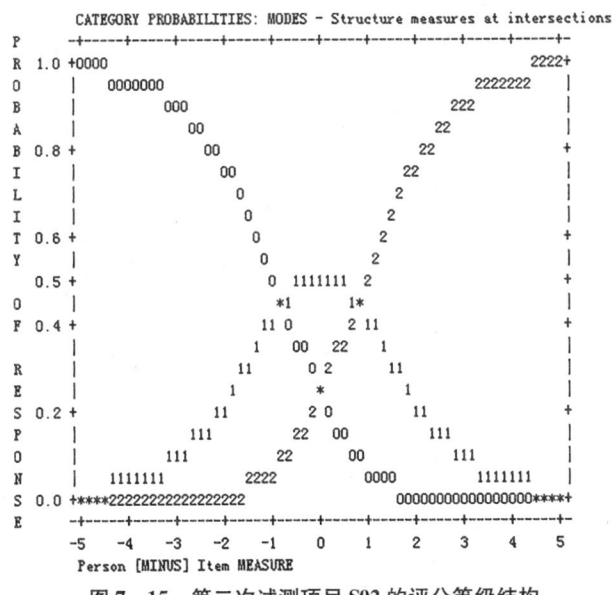

```
         CATEGORY PROBABILITIES: MODES - Structure measures at intersections
      -+-----+-----+-----+-----+-----+-----+-----+-----+-----+-----+-
P  1.0 +0000                                                    2222+
R      | 0000000                                             2222222 |
O      |       000                                         222       |
B      |        00                                        22         |
A  0.8 +         00                                      22         +
B      |          00                                    22           |
I      |           0                                   2             |
L      |            0                                 2              |
I  0.6 +             0                               2               +
T      |              0                             2                |
Y      |               0                           2                 |
   0.5 +                0  1111111  2                                +
O      |               *1         1*                                 |
F      |              11 0       2 11                                |
   0.4 +             1  00     22   1                               +
R      |            11    0   2     11                               |
E      |           1       *       1                                 |
S  0.2 +          11       2 0      11                              +
P      |        111       22   00     111                            |
O      |       111       22      00      111                         |
N      | 1111111      2222        0000       1111111                 |
S  0.0 +****22222222222222                 00000000000000000****+
E      -+-----+-----+-----+-----+-----+-----+-----+-----+-----+-----+-
        -5   -4   -3   -2   -1    0    1    2    3    4    5
                    Person [MINUS] Item MEASURE
```

图 7-15 第二次试测项目 S02 的评分等级结构

改善,能力水平划分与等级的平均难度相匹配。同时,通过第二次试测被试的重新抽取,第一次试测显示部分评分等级无被试对应的状况消失,预设的每个等级均有被试占据,这说明项目 S06、U03、L2、S04、R023 的第一次测试结果受到抽样差异性的影响,而并非评分等级制定的问题(见表 7-10)。

表 7-10 第二次试测部分项目的评分标准以及答题情况统计

项目	评分值	人数	%	平均难度	标准误	Outfit MNSQ	点-测量相关
S06	0	20	67	0.37	0.22	1.0	−0.45
	1	7	23	0.82	0.29	1.3	0.02
	2	3	10	3.25	0.57	0.3	0.68
S02	0	19	63	0.27	0.22	0.9	−0.53
	1	6	20	1.03	0.32	0.7	0.38
	2	5	17	2.29	0.67	1.1	0.28
U03	0	15	50	0.14	0.26	1.3	−0.51
	1	6	20	0.53	0.27	0.7	0.09
	2	9	30	1.95	0.38	0.6	0.63
L2	0	1	3	−1.31	0.13	1.1	−0.12
	1	14	47	0.03	0.24	1.0	−0.25
	2	15	50	1.58	0.39	1.4	0.29
S04	0	12	40	−0.35	0.18	0.4	−0.73
	1	4	13	0.93	0.31	0.4	0.05
	2	14	47	1.66	0.27	0.5	0.68
E01	0	4	13	−0.51	0.36	0.9	−0.41
	1	7	23	−0.04	0.27	0.5	−0.36
	2	6	20	0.82	0.39	1.0	0.02
	3	13	43	1.56	0.33	1.0	0.57
R023	0	4	13	−0.65	0.34	0.7	−0.45
	1	7	23	0.11	0.29	0.6	−0.39
	2	1	3	1.00	0.23	0.3	0.04
	3	18	60	1.40	0.25	0.8	0.64
W1	0	7	23	0.02	0.28	0.8	−0.33
	1	23	77	0.99	0.27	1.2	0.33
L1	0	5	17	0.60	0.36	1.6	−0.06
	1	25	83	0.79	0.27	1.3	0.06

(二) 项目本身的修正或剔除

项目本身的修正包括修改题干、改进观察评分标准、剔除或增加项目。第一次试测结果显示本测试工具与 Rasch 模型能够较好地拟合,说明本研究的理论框架及其项目设计是可靠的,只需对部分项目进行微调。第一次试测的标准残差对比显示,项目 W1、L1、J1、F2、D1 超过了理想的区间(-0.4,0.4)(见图 7-16),说明这些项目测试的内容有可能并不属于科学过程能力范畴,需要视具体情况进行修改或删减。这些项目均属于现场观察评分部分,根据具体评分项目,我们可以发现项目 W1、L1 分别是酒精灯和蜡烛的点燃,属于科学过程能力范畴,不做删减。J1 为实验后垃圾的规范处理,这一项目不仅包含动作技能要求,还潜含着实验习惯和道德素养的成分,因此删去 J1,不再对其进行量的考查,而将其记录在现场观察的要点中进行质性分析。项目 F2、D1 同时包含了动作技能部分和实验习惯与情感部分,但以动作技能的考量为主,因此予以保留。

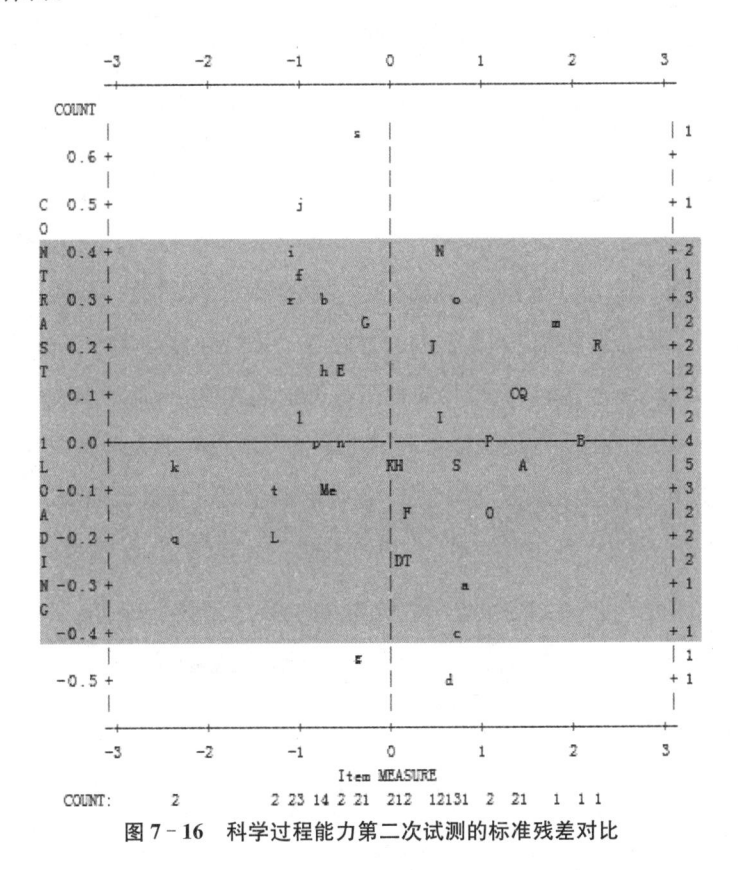

图 7-16 科学过程能力第二次试测的标准残差对比

通过单维性修正之后,进行第二次试测,结果表明情况稍有好转,第一次试测有5个项目落在可接受范围之外,第二次试测则有4个项目落在可接受区间之外(见图7-12、图7-16)。这说明该能力测试工具基本符合Rasch模型的单维性要求,主要测评的是学生的科学过程能力。

总之,第一次试测的工具质量分析结果显示,测试工具与Rasch模型能够较好地拟合,测试的整体指标在理想值附近。由于测试工具的项目皆为开放题,因此在某些项目的评分等级还存在界限不清、水平难度杂糅等问题。针对存在的问题及其原因,我们对测试工具以及评分标准进行了修正,修正后投入第二次试测,结果显示原先的问题均有所改善。可见,修正后的科学过程能力测试工具具有较好的信效度,符合Rasch模型的参数要求,能够用来正式评价学生的科学过程能力。以下将对修正后的科学过程能力测试工具进行具体分析,介绍测试工具的结构和内容,阐明项目设计背后的原理和意图。

第四节 科学过程能力测评工具设计

能力测评工具的设计包括内容载体的选择、测评工具的选择与匹配、测试项目的构建、评分等级标准的制定四个过程。这四个过程的设计均考虑了科学过程能力发展进程的要求,经历了Rasch模型测量工具的检验和修正,最后获得较为成熟、可以在实践研究中应用的科学过程能力测试工具。科学过程能力的构成要素、前测项目及其测评方式的对应关系见表7-11。以下举例介绍科学过程能力前测工具的设计与构成。

表7-11 科学过程能力测评项目、测评方式与相应能力的对应

能力要素	子能力	项目编码	测评方式
提出科学问题的能力	1. 表述问题的清晰程度 2. 阐明问题的本质	Q01 Q01	工作单
探究过程设计的能力	1. 提出研究假设 2. 控制实验变量 3. 设计研究步骤	H01 S03/S05 S02/S04/S06	工作单

续　表

能力要素	子能力	项目编码	测评方式
运用材料和工具的能力	1. 材料与工具的规范使用 (1) 选择适当的器材 (2) 器材的操作技能 (3) 操作的步骤与顺序 (4) 操作时间的控制 2. 通过材料与工具搜集证据 (1) 观察实验现象 　● 运用多种感官 　● 观察过程的完整性 　● 观察的目的性 　● 对照实验现象比较 (2) 记录实验现象 　● 及时记录 　● 记录的仔细程度 　● 记录的完整性、准确性 　● 异常信息的处理 (3) 控制实验变量 　● 对照实验时间控制 　● 实验条件的控制 　● 对照实验的完整性	 X1 W1/W2/W3/L1/L2/G1 C1 O1 F1/R034 F2 F3 F4 D1 D2 R011/R012/R021/R022/ R031/R032 D3 V1 V2 V3	现场观察 现场观察； 工作单
基于证据解释的能力	1. 描述探究过程及其结论 2. 解释现象与结论背后的原因 3. 运用结论解释其他现象 4. 同伴讨论与交流 (1) 独立表达观点 (2) 运用证据支持观点 (3) 调和不同的观点	R013/R023/R033/E01/E02 E03/E04 U01/U02/U03 M1 M2 M3	工作单； 现场观察

一、科学过程能力测试的内容载体

科学过程能力测试工具的设计,要尽量避免涉及的知识过难对能力测试的影响,即不能因为知识陌生和语言理解障碍影响能力测试的水平。因此,本研究的能力测试工具内容载体的选择需要满足以下条件:一是来自生活情境,被大多数学生熟知,不会成为学生测试过程中的障碍;二是不选择已学过的内容。综合以上考虑,我们将"燃烧的条件""影响水蒸发快慢的因素"这两大主题分别作为前测与后测的内容载体,这些内容均以生活为依托,学生没有陌生感,但学生均未学过。

"燃烧的条件"这一主题要求学生探究的是燃烧现象与可燃物、空气和温度这三个条件的因果关系,学生需要理解这三个因素是燃烧现象发生缺一不可的条件。对于6年级学生来说,燃烧现象是较为熟悉的生活常识,对燃烧的条件也有一定的感知,但对这一常见现象的原因进行探究并寻找证据的过程却是很少经历的,这一探究过程就体现了学生科学过程能力的水平。

"影响水蒸发快慢的因素"这一主题要求学生探究水蒸发快慢与温度、空气流通和液面面积这三个要素的关系。与"燃烧的条件"主题不同的是,这三个要素是影响水蒸发快慢的因素,而不是因果条件,对此的理解体现了学生内部思维品质的变化。同样地,这一探究主题与学生的日常生活紧密相关,从知识维度看,属于认知水平较低的生活常识,但根据这些现象进行基于证据的探究却体现了较高层次的能力要求。

二、科学过程能力的主要测评工具

科学过程能力的前测工具主要由引导性工作单、现场观察评分表和深度访谈构成,三者分别考察科学过程能力的不同子能力(见表7-12)。这三种工具构建的基本出发点就是科学过程能力发展进程的理论框架以及被试学生能力的实际水平。其中,引导性工作单和现场观察评分表是本研究能力测评的主要工具,二者共同构成科学过程能力定量的测评工具,而深度访谈和质性观察则作为辅助评价工具。

表7-12 科学过程能力的评价工具

能力要素	主要评价工具
提出科学问题的能力	引导性工作单
探究过程设计的能力	引导性工作单
运用材料和工具的能力	现场观察评价表、工作单
基于证据解释的能力	工作单、现场观察评价表、深度访谈

(一)测评工具1:引导性工作单

工作单评价是国际上主流的能力评价方式,即让学生动手进行探究,并把探究结果和过程记录在工作单上,由评分者对工作单进行延时评价。研究表明,工作单能够有效地保留学生的主要探究信息,通过这些信息,评价者能够可靠、有效地推断学生的科学过程能力。相对于纸笔测验和现场观察的能力评价方式来说,工作单评价是既兼顾评价效果又节约人力物力的表现性评价方式。

从开放性程度和对答案的提示程度来讲,工作单可以分为三种类型:

第一种是无提示的开放性工作单,学生自行将探究活动的过程与结果记录在空白工作单上。这类工作单的优点是没有对学生的探究活动进行任何限制,有利于能力较强学生的自由发挥,但也存在弊端,即学生的回答往往天马行空,难以用现有的评价标准去衡量,且能力较弱的学生往往感到无所适从。

第二种是有简要提示的结构性工作单,要求学生依照提示的内容来描述探究的过程与结果。这类工作单仅提供探究的笼统步骤,不涉及具体内容的提示,与开放性工作单相比难度下降,但对学生的能力要求仍然较高。

第三种是有充分提示的引导性工作单,为学生提供较为明确、具体的探究步骤,且学生每完成一个步骤,教师都提供这一步骤的参考答案,并要求学生按照提示的答案继续进行下一个步骤的探究。

这三种工作单开放性依次减弱,难度也依次下降,适用于不同的测试需要和不同的学生群体。

本研究针对的群体是 TMS 中学 6 年级的学生,该校学生的学业水平中等。测试之前学生已经经历过 1—2 次完整的探究活动,但大多数学生对动手探究活动还较为陌生,且考虑到评价标准的统一性和可操作性,我们将第三种引导性工作单作为此次测试的工具。充分提示的工作单符合 Rasch 模型对测试工具的基本要求,即项目之间具有局部独立性。每个项目都有充分提示,因此其中任何一个项目的回答将不会影响学生对其他项目的回答。以下将针对前测引导性工作单的具体项目设计举例讨论。

1. 考查提出科学问题的能力

学生提出科学问题的能力包含从现象到本质的推理过程,是探究活动的起点。引导性工作单中的项目 Q01 考查了学生提出科学问题的能力(见表 7-13)。

表 7-13 项目 Q01 的内容设计

项目编码	探 究 任 务
Q01	生活情境：炒菜时油锅着火了，只要盖上锅盖火就能熄灭；汽油、酒精等物质可以用作燃料，而水、泥土等物质却无法点燃；天气冷的时候汽车往往较难启动。根据这些生活中常见的现象，请你就"燃烧条件"这一主题提出一个或一个以上可以开展科学探究的问题：_____。

项目 Q01 设置了常见的生活情境，以此为铺垫考查学生针对现象提出问题的能力，提出问题的质量体现了学生的能力水平。问题的质量涉及问题的深度、可探究性、表述的完整性和清晰程度等。为使评分更具针对性和收敛性，该项目设置了问题的主题，即"燃烧条件"，既给了学生发挥的空间，又具有一定的规定性。根据学生提出科学问题能力的发展进程以及学生的具体回答，制定了以下评分标准。该评分标准的能力水平构建主要依据从现象出发逐渐接近本质的思维发展线索，依次从四个水平规定学生的具体反应行为以及表现案例，为评分者的评定工作提供准确的区分维度（见表 7-14）。

表 7-14 项目 Q01 的评分标准

能力要素	试题编码	发展水平	学生表现	得分
提出科学问题的能力	Q01	水平 1	空白、难以理解或与主题无关的问题	0
		水平 2	与主题相关，但没有抽象出"燃烧条件"这个探究主题，只是描述现象或对现象直接进行提问。如为什么油锅着火了，盖上锅盖就能灭火？什么物质可以燃烧？	1
提出科学问题的能力	Q01	水平 3	与主题相关，且就"燃烧条件"进行提问，但只对问题的局部进行提问。如燃烧需要空气吗？	2
		水平 4	切中主题，且能从现象中提炼出问题的本质。如燃烧的条件是什么？燃烧的条件有哪些？空气、温度和可燃物是燃烧的必要条件吗？	3

2. 考查探究过程设计的能力

探究过程的设计包括探究假设的提出、探究活动步骤的设计两大部分，考查学生对探究目标、探究步骤及其背后的思维过程的把握。

(1) 考查提出研究假设的能力

提出研究假设是探究过程设计的第一步。项目 H01 考查了学生提出研究假设的能力,工作单呈现如表 7-15 所示。

表 7-15 项目 H01 的内容设计

项目编码	探 究 任 务
H01	根据提出的问题和已经提供的以下材料(材料清单),请设计一个科学探究的过程,用以解决以上提出的问题,将研究假设和方案设计填写在以下空格中。 第一步:我的研究假设是:燃烧的条件有_____。

此项目要求学生完整、准确地填写出燃烧的三个条件。部分学生可能会混淆燃烧条件与燃烧现象、具体可燃物之间的关系,如有些学生认为火、木棒是燃烧的条件;有些学生考虑到了燃烧相关的问题,但不切中本质和因果关系,如认为干燥的环境、热传递、摩擦是燃烧的条件;还有一些学生只考虑到了燃烧的部分条件,说明他们的思考不够系统、全面。依据学生的以上能力发展进程水平,制定了 4 个能力水平的评分标准,并给出了每一水平的行为表现标准(见表 7-16)。

表 7-16 项目 H01 的评分标准

子能力	试题编码	发展水平	学生表现	得分
提出研究假设的能力	H01	水平 1	空白、难以理解或与燃烧条件无关的回答。	0
		水平 2	提出的燃烧条件不完整,但能提出一个燃烧条件;或者提出的燃烧条件没有概括性,直接指向具体事物,如木棒、纸盒、火柴等。	1
		水平 3	提出的燃烧条件不完整,但能提出两个燃烧条件。	2
		水平 4	能完整提出燃烧所需的三个条件:可燃物、空气和温度。	3

(2) 考查探究活动步骤设计的能力

前测工作单的探究任务包括三个探究活动,分别用来探究燃烧的三个条件,这三个探究活动设计的原理基本相同,在此选择其中一个探究活动设计(探究活动 3,即探究燃烧条件之一:温度)进行具体阐述(见表 7-17)。

表 7-17　探究活动 3 中的活动步骤设计

项目编码	探 究 任 务
S05	根据提出的问题和已经提供的以下材料(材料清单),请设计一个科学探究的过程,用以解决以上提出的问题,将研究假设和方案设计填写在以下空格中。
S06	第二步:探究活动 3:首先准备两个＿＿＿＿＿＿＿(相同/不同)的纸盒,标记为:纸盒 A、纸盒 B。然后把纸盒 A 放在铺着石棉网的三脚架上,用酒精灯外焰加热纸盒 A 的底部,观察现象。接着将纸盒 B 放在铺着石棉网的三脚架上,再往纸盒 B 中注入约 1 cm 深的自来水,并用酒精灯外焰加热纸盒 B 的底部,观察现象。此活动能够验证的假设是＿＿＿＿＿＿＿＿＿＿＿＿＿＿＿＿＿＿＿＿。

由于本研究的被试没有独立设计过完整的探究活动,而活动设计又关系到后续活动操作的成败,特将探究活动的开放性减弱,为学生提供了初步的设计方案,让学生将探究活动设计与相应的验证假设对应起来。如果能够正确对应,说明学生能够理解并支持探究活动设计的方案,这是一种要求较低的能力水平测试形式。项目 S02、项目 S04、项目 S06 均考查了这方面的能力。其中,项目 S06 的评分标准见表 7-18。

表 7-18　项目 S06 的评分标准

子能力	试题编码	发展水平	学生表现	得分
探究活动步骤设计的能力	S06	水平 1	空白、难以理解,与燃烧条件的假设无关的回答,假设与活动设计不匹配,仅描述实验现象。如纸盒 A 燃烧了,纸盒 B 不能燃烧;纸盒 B 中的水慢慢沸腾了等。	0
		水平 2	明了现象与事实,但未能推导出燃烧与可燃物的因果联系,或者不能以肯定形式表达假设观点。如纸盒 B 中的水阻止了燃烧;或者水会阻止燃烧吗?燃烧需要达到一定的温度吗?	1
		水平 3	回答出燃烧需要达到一定的温度。	2

3. 考查运用材料和工具的能力

探究过程设计方案完成之后,学生开始进入活动操作的过程,活动操作部分主要考查学生运用材料和工具的能力,分为两大部分进行测评,第一部分是工具与材料的规范使用,第二部分是通过工具与材料搜集证据。第一部分内容通过现场观察来测评,第二部分内容的考查将结合现场观察和工作单。现场观察部分将在下一节详述,此处介绍第二部分内容的工作单测评部分。

通过工具和材料搜集证据主要包括观察实验现象、记录实验现象、实验变量控制三个方面,前两个方面的部分内容采用引导性工作单进行测评。例如,观察实验现象中的一个指标是运用多种感官,对应引导性工作单的项目是 R034,项目设计见表 7-19。

表 7-19 项目 R034 的内容设计

项目编码	探 究 任 务
R034	请根据你的观察,运用多种感官,描述"燃烧"是怎样一种现象:_____。

项目 R034 考查学生运用多种感官进行现象观察的能力,在实验安全范围允许的条件下,要求学生能够通过眼睛看、鼻子闻、手触摸、耳朵听或者借助工具等方式进行感知。学生能够合理、综合运用各种感官,说明其信息捕捉能力较强;反之,只采用单一手段进行证据采集的学生则说明该能力较弱。基于此,即可制定该项目的评分等级(见表 7-20)。

表 7-20 项目 R034 的评分等级标准

子能力	试题编码	发展水平	学生表现	得分
观察实验现象的能力	R034	水平 1	空白、难以理解,与燃烧现象无关的回答。如木棒燃烧了;燃烧有火等。	0
		水平 2	能够运用一种感官描述燃烧的现象,如发光或者发热等。	1
		水平 3	能够运用两种以上的感官进行燃烧现象的描述。例如,燃烧是一种发光、发热的现象,燃烧的过程中会冒烟;燃烧会产生刺激性气味等。	2

项目 R012、R022、R032 测评学生记录实验现象的完整性和准确性,要求学生完整地写出对照实验的现象以及差异。例如,项目 R012 要求写的是探究活动 1 的实验现象(见表 7-21)。

项目 R012 的评分指标分为完整性和准确性两部分。完整性要求具有对照实验的现象对比,准确性要求实验现象符合实际情况,其评分标准见表 7-22。

表 7-21 项目 R012 的内容设计

项目编码	探 究 任 务			
R012	实验类别	……	记录实验现象	……
	探究活动 1			
	……			

表 7-22 项目 R012 的评分标准

子能力	试题编码	发展水平	学生表现	得分
记录实验现象的能力	R012	水平 1	空白、错误、难以理解,与燃烧现象无关的回答。	0
		水平 2	只写出一个现象,如木棒燃烧了或玻璃棒不燃烧,没有形成现象对比。	1
		水平 3	完整、全面、准确地写出实验现象的对比:木棒燃烧起来了,而玻璃棒没有燃烧。	2

4. 考查基于证据解释的能力

基于证据解释的能力包含四大成分:描述探究过程及结论、解释现象与结论背后的原因、运用结论解释其他现象、同伴讨论与交流,引导性工作单用于前三大成分的测评。

(1) 考查描述探究过程及结论的能力

项目 R013、项目 R023、项目 R033 考查了学生描述探究过程及结论的能力成分,这三个项目要求学生分别描述三个探究活动的结论(见表 7-23)。这三个项目对学生的能力要求大致相同,以项目 R013 为例,其评分标准见表 7-24。

表 7-23 项目 R013、项目 R023、项目 R033 的内容设计

项目编码	探 究 任 务			
R013 R023 R033	实验类别	……	探究结论	……
	探究活动 1			
	……			

表 7-24　项目 R013 的评分标准

子能力	试题编码	发展水平	学生表现	得分
描述探究过程及结论的能力	R013	水平 1	空白、难以理解,与燃烧条件的假设无关的回答,结论与活动设计不匹配。仅描述实验现象,如木棒燃烧了,但玻璃棒不能燃烧。	0
		水平 2	明了现象与事实,能将活动设计与相应的燃烧条件对应起来,但未能推导出燃烧与可燃物的因果联系,或者不能正面表达假设观点。如木棒是可燃物;燃烧需不需要可燃物?	1
		水平 3	回答出燃烧需要可燃物;或没有可燃物无法燃烧。	2

（2）考查解释现象与结论背后原因的能力

项目 E03、E04 要求学生解释对照实验的设计过程和原理,考查学生对探究实验中控制变量方法的理解,即在研究多因素问题时,需要将多因素问题变成单因素问题,通过改变其中一个因素,控制其他因素的方法来研究这个因素对事物的影响。项目 E03、E04 的设计见表 7-25。

表 7-25　项目 E03、E04 的内容设计

项目编码	探究任务
E03 E04	根据以上的实验操作和实验现象,请回答以下问题: 上述每组实验中,如果都只用一个器材(如一种材料、一个纸杯、一根蜡烛)进行实验,你觉得能得出研究结论吗?为什么?_____。

项目 E03 采用二级评分标准,即回答"能"得 0 分,回答"不能"得 1 分。项目 E04 的评分标准如表 7-26 所示。

表 7-26 项目 E04 的评分标准

子能力	试题编码	发展水平	学生表现	得分
解释现象与结论背后原因的能力	E04	水平 1	空白、错误、难以理解,与探究设计无关的回答。描述现象,如木棒燃烧了而玻璃棒不燃烧;或描述事实,如木棒是可燃物,玻璃棒不是可燃物。答非所问:第一个器材已经做过了,不能重复使用;一个器材不能得出三个结论。	0
		水平 2	提到不能进行对比或对照。	1
		水平 3	写出不能进行对比实验,同时写出这是使用了控制变量方法。	2

(3) 考查运用结论解释其他现象的能力

运用结论解释其他现象的能力体现了学生对探究结论的实际应用水平,项目 U01、U02、U03 考查了该能力(见表 7-27)。

表 7-27 项目 U01、U02、U03 的内容设计

项目编码	探 究 任 务
U01 U02 U03	你觉得生活中哪些其他例子分别能用来解释"燃烧条件"对燃烧的影响? 与可燃物有关的现象有:_____ 与空气有关的现象有:_____ 与温度有关的现象有:_____。

以上三个项目的评分标准大致相同,主要从燃烧条件与生活现象的匹配、现象举例的恰当与否等方面来评定分数。其中项目 U01 的评分标准见表 7-28。

表 7-28 项目 U01 的评分标准

子能力	试题编码	发展水平	学生表现	得分
运用结论解释其他现象的能力	U01	水平 1	空白、错误、难以理解;与燃烧现象无关的回答;与燃烧条件不匹配的现象;重复描述与前面探究活动一样的现象。	0
		水平 2	举例与燃烧条件相匹配,只用单一的现象解释。例如,森林中容易发生火灾。	1
		水平 3	举例与燃烧条件相匹配,用两种对比现象来解释。例如,森林中容易发生火灾,但是森林中的树木都被移走之后不会发生火灾。	2

(二) 测评工具 2：现场观察评分

现场观察评分工具主要用于运用材料和工具能力、基于证据解释能力的测评，其重点是活动操作能力。从科学过程能力评价的有效性来说，现场观察是公认最为有效的手段；对于特殊评价对象——科学过程能力中的操作活动评价来说，现场观察评价是唯一的评价手段，是任何其他评价方式无法替代的。当然，现场观察评价也有其局限性，如直接观察学生的外在活动表现，往往不能深入了解学生内在的思维变化。

本研究考虑到这些局限对评价有效性的影响，为保证观察结果的真实、有效，采取了以下辅助手段：观察者可以适当介入，即对学生操作有不理解之处时，可以进行发问，了解学生的内部思维，但要尽量控制发问次数，保证探究过程的完整性，更不得对学生的操作进行提示。如果观察者对被试表现存在疑惑之处，也可以留下记号，随后通过深度访谈的方式，挖掘学生活动表现背后的内部思维活动，再重新进行评分。

同时，为了保证现场观察的有效性，合理、清晰的观察量表以及观察者的专业素质都是必不可少的。本研究根据科学过程能力发展进程的理论框架以及前测内容载体，制定了科学过程能力现场观察评分量表，分别从工具与材料的规范使用、通过工具与材料搜集证据、同伴讨论与交流三个方面来进行科学过程能力现场观察评分。这三个方面又细分出具体的观察评分点和相应的评分视角，并对此进行编码和评分等级制定，确保评分标准指向明确、具有可操作性。随后，运用 Rasch 模型对现场观察评分工具进行质量检验，并酌情修正，最后得到正式的现场观察评分量表和评分标准（见表 7-29）。

表 7-29 现场观察评分量表

观察项目	具体评分点		评分等级
工具与材料的规范使用	选择适当的器材 X1		0；1
	酒精灯的使用	点燃 W1	0；1；2
		加热过程 W2	0；1
		熄灭 W3	0；1；2
	蜡烛的使用	点燃 L1	0；1；2
		熄灭 L2	0；1；2
	坩埚钳的使用 G1		0；1
	探究活动 3 中的操作次序：三脚架→石棉网→纸盒→倒入水→酒精灯 C1		0；1；2；3
	得到结果后及时结束实验 O1		0；1

续 表

观察项目		具体评分点	评分等级
通过工具与材料搜集证据	观察实验现象	运用多种感官 F1	0；1；2；3
		观察过程的完整性 F2	0；1；2
		观察的目的性 F3	0；1；2
		对照实验的现象比较 F4	0；1
	记录实验现象	及时记录 D1	0；1
		记录的仔细程度 D2	0；1
		对异常信息的处理 D3	0；1
	实验变量控制	对照实验的时间控制 V1	0；1
		纸盒中倒入水量控制 V2	0；1；2
		完整完成对照实验 V3	0；1
基于证据的解释	同伴讨论与交流	独立表达观点 M1	0；1；2
		运用证据支持观点 M2	0；1；2
		调和不同的观点 M3	0；1；2

现场观察的要点记录

以下以现场观察评分量表中的项目 W1、C1 为例，阐述项目设计的内在思考与评分标准。项目 W1、C1 均考查学生对工具与材料的规范使用，属于运用材料和工具的能力的考查，但考查的角度不同。项目 W1 主要测评学生器材操作的动作技能，项目 C1 主要考查学生实际操作过程背后的思维水平。项目 W1 和项目 C1 的评分标准分别见表 7-30 和表 7-31。

表 7-30　项目 W1 的评分标准

现场观察评分点	试题编码	发展水平	学生表现	得分
酒精灯的点燃	W1	水平 1	不会使用火柴、不敢使用火柴；用错误的方式点燃酒精灯，如拿其他小组的酒精灯来点燃，用蜡烛引燃等。	0
		水平 2	正确使用火柴点燃酒精灯。	1

表 7-31 项目 C1 的评分标准

现场观察评分点	试题编码	发展水平	学生表现	得分
探究活动 3 中的操作次序	C1	水平 1	4 个以上次序错误或混乱:如没有使用石棉网,纸盒没有倒入水直接放在点燃的酒精灯之上。	0
		水平 2	3 个次序错误或混乱,先移入酒精灯后放空纸盒。	1
		水平 3	2 个次序错误或混乱,先移入酒精灯后放装有水的纸盒。	2
		水平 4	操作次序正确无误:三脚架→石棉网→纸盒→倒入水→酒精灯	3

项目 C1 从学生操作顺序这一观测点测评学生的科学过程能力,表面看来只是外在的动作技能,实际上每一个操作次序的安排都蕴含了学生对活动设计、变量控制的理解。例如,三脚架上必须先放上石棉网,原因在于石棉网能够使得纸盒均匀受热,不至于导致纸盒即刻燃烧后无法控制,产生实验危险;同时放了石棉网后也可使得三脚架能够平稳承受加了水的纸盒而不至于掉下来。酒精灯要最后移入的原因在于:如果先移入酒精灯,再放上空纸盒,那么,在没有倒入水之前,纸盒很有可能已经开始燃烧,也就无法与对照实验现象产生对比;如果直接将倒有水的纸盒放到已移入酒精灯的三脚架上,那么纸盒很有可能在移动的过程中因为水的重量而破损。总之,探究活动 3 的操作需要按照以下次序:三脚架→石棉网→纸盒→倒入水→酒精灯,才能够达到理想的探究效果,这体现了学生的活动操作背后的思维水平。

第八章　科学过程能力的表现性评价及差异研究

第七章建构了科学过程能力的框架和发展进程,介绍了科学过程能力测评工具开发、工具修正的过程,为科学学科能力的表现性测评奠定了方法论基础。基于此,本章对学生实施科学过程能力的测评及教学干预后科学学科能力的发展进行较为深入的分析和讨论。

第一节　学生科学过程能力的初始水平

本研究探究的是学生科学过程能力的发展进程,前测工具用于测评学生科学过程能力的初始水平。前测的结果既是下一步开展科学过程能力教学干预的起点和考虑因素,又是与后测结果进行实验研究效果对比的重要信息。本研究将学生科学过程能力的各个子能力得分转换为 Rasch 模型中的 logit 分,将项目与学生能力放在同一把尺子上进行比较。并运用 SPSS 16.0 分析、描述学生科学过程能力的初始水平以及实验组、对照组(各两个班,分别记为 A1、A2 和 B1、B2)的能力水平分布。A1、A2 为提高班,B1、B2 为普通班。实施科学学科能力的前例表明:实验组 A2 与控制组 A1 的独立样本 t 检验结果 $t=1.754, p=0.085>0.05$,两者之间无显著性差异;实验组 B2 与控制组 B1 的独立样本 t 检验结果 $t=0.753, p=0.454>0.05$,两者之间也无显著性差异。以下从各子能力上进行分析。

一、学生提出科学问题的能力的初始水平

依据科学过程能力测评工具的设计(表 7-11)可知,本研究将学生提出科学问题

能力水平分为两个测评维度：一是学生表述问题的清晰程度；二是学生从现象入手阐明问题本质。通过对测评项目进行情境设计，学生根据提供的情境填写问题的方式，考查学生提出科学问题的能力水平。所谓初始水平是相对而言的，即将实施教学干预之前的能力水平称为初始水平，即前测的结果；后测反映的能力水平则称为发展水平。

（一）学生提出科学问题的能力的描述性分析

通过理论构建以及 Rasch 模型的测量与转换，可以将学生提出科学问题能力的 4 个水平与能力的 Rasch 得分均值对应起来：当学生的能力值低于 -1.40 时，学生提出问题的能力水平低于 1；当学生的能力值为 -1.40—0.16 时，则位于水平 1；当学生的能力值为 0.16—0.88 时，则位于水平 2；当学生的能力值为 0.88—1.67 时，则位于水平 3；当学生的能力值大于 1.67 时，则位于水平 4。通过频数统计，得出了 4 个班级学生提出科学问题的能力水平的分布情况(见表 8-1)。总体上看，学生提出科学问题的能力的水平分布呈中间多、两端少的特征。大多数学生的提问能力集中在水平 2 和水平 3，其中处于水平 2 的学生人数最多，达到了 42.5%，说明学生的提问能力整体较为薄弱，大多数学生在提问时无法根据现象阐明本质，往往只就现象本身进行低层次的提问。从班级的水平差异来看，与普通班(控制组 B1 班、实验组 B2 班)学生相比，提高班(控制组 A1、实验组 A2)的学生能力水平较多地分布在较高水平上(水平 3、水平 4)。

表 8-1 学生提出科学问题的能力水平分布(人数及百分比)

提出科学问题的能力水平	能力均值	控制组 A1 班人数	实验组 A2 班人数	控制组 B1 班人数	实验组 B2 班人数	合计学生人数
水平 1	-1.40	3(9.7%)	6(19.4%)	3(9.1%)	11(34.4%)	23(18.1%)
水平 2	0.16	7(22.6%)	12(38.7%)	23(69.7%)	12(37.5%)	54(42.5%)
水平 3	0.88	10(32.3%)	5(16.1%)	2(6.1%)	6(18.8%)	23(18.1%)
水平 4	1.67	11(35.5%)	8(25.8%)	5(15.2%)	3(9.4%)	27(21.3%)
合计	—	31(100%)	31(100%)	33(100%)	32(100%)	127(100%)

由描述性统计分析可得不同班级学生的提出科学问题的能力均值、标准差、标准误以及极大极小值等数据(见表 8-2)。从提出科学问题的能力均值来看，控制组 A1 班的提问能力最高，达到 0.78，远远超过了 4 个班的总体能力均值(0.33)；实验组 A2

班和控制组 B1 班的能力均值均在平均值附近；而实验组 B2 班的能力均值最低，为－0.10。总之，从不同班级的描述性统计指标来看，4 个班级提出科学问题的能力水平基本符合原先的预设，即提高班的能力水平高于普通班。

表 8－2 学生提出科学问题的能力的描述性统计

班级	人数	能力均值	标准差	标准误
控制组 A1 班	31	0.78	0.93	0.17
实验组 A2 班	31	0.36	1.07	0.19
控制组 B1 班	33	0.29	0.77	0.13
实验组 B2 班	32	－0.10	1.06	0.19

（二）不同班级提出科学问题的能力的差异分析

尽管从提出科学问题的能力均值来看，实验组与控制组存在着差距，但独立样本 t 检验结果显示：两对实验组与控制组的学生在提问能力上不存在显著性差异，即 A1 班和 A2 班提出科学问题的能力差异分析：$t=1.306$，$p=0.109>0.05$；B1 班和 B2 班提出科学问题的能力差异分析：$t=1.695$，$p=0.095>0.05$。而提高班和普通班学生在提问能力上存在显著差异：$t=-2.728$，$p<0.01$。这一结果说明控制组 A1 班和实验组 A2 班、控制组 B1 班和实验组 B2 班在提问能力水平上具有同质性，再一次印证了本研究实验分组的合理性。

二、学生探究过程设计的能力的初始水平

本研究将学生探究过程设计的能力分为 3 个观测点，分别为提出研究假设、控制过程变量、设计研究步骤，并针对不同的观测点设计相应的测试项目，采用引导性工作单的方式进行测评。

（一）学生探究过程设计的能力的描述性分析

运用 Rasch 模型计算学生探究过程设计的能力测试项目 H01、S03、S05、S02、S04、S06 所考查的能力均值。项目的总体难度均值为 0，按照这 6 个项目的难度均值划分了 4 个能力水平（见表 8－3）。当学生探究过程设计的能力值低于－1.88 时，则低于水平 1；当学生的能力值在－1.88—0.38 之间时，则位于水平 1；当学生的能力值

在 0.38—1.71 之间时,则位于水平 2;当学生的能力值在 1.42—1.71 之间时,则位于水平 3。当学生的能力值大于 1.71 时,则位于水平 4。

表 8-3 学生探究过程设计的能力水平划分

能力水平	项目及其难度	平均值
水平 1	S03(−1.66)、S05(−2.10)	−1.88
水平 2	H01(0.53)、S04(0.24)	0.38
水平 3	S02(1.42)	1.42
水平 4	S06(1.71)	1.71

通过频数统计分析,我们得出了不同班级学生的探究过程设计的能力水平分布情况(见表 8-4)。提高班学生探究过程设计的能力较少分布在低水平位置。控制组 A1 班学生只有 3.2% 落在水平 1,实验组 A2 班有 22.6% 的人处于水平 1,而超过半数的提高班学生处于较高水平(即水平 3 和水平 4)。大多数普通班学生探究过程设计的能力处于较低水平(水平 1、水平 2),只有 25% 左右的学生处于较高能力水平(水平 3、水平 4)。控制组 B1 班将近 70% 的学生处于水平 2 或水平 2 以下,实验组 B2 班则有 75% 的学生处于水平 2 或水平 2 以下。

表 8-4 学生探究过程设计的能力水平分布(人数及百分比)

探究过程设计的能力水平	能力均值	控制组 A1 班人数	实验组 A2 班人数	控制组 B1 班人数	实验组 B2 班人数	合计学生人数
水平 1	−1.88	1(3.2%)	7(22.6%)	12(36.4%)	7(21.9%)	27(21.3%)
水平 2	0.38	7(22.6%)	7(22.6%)	11(33.3%)	17(53.1%)	42(33.1%)
水平 3	1.42	5(16.1%)	5(16.1%)	1(3.0%)	2(6.2%)	13(10.2%)
水平 4	1.71	18(58.1%)	12(38.7%)	9(27.3%)	6(18.8%)	45(35.4%)
合计	—	31(100%)	31(100%)	33(100%)	32(100%)	127(100%)

通过不同班级学生探究过程设计的能力的描述性统计(表 8-5),可以发现 4 个班级学生探究过程设计的能力呈现以下特征。从总体来看,4 个班学生探究过程设计的能力均值 0.275 大于项目难度均值 0,这说明 4 个班级的大多数学生能够胜任探究设计的项目。部分学生探究过程设计的能力水平较高,达到了 6.07,而另一部分学生的

能力为－5.04,远远低于项目难度均值,这说明学生能力差距较大,两极分化严重。从不同班级的情况来看,控制组 A1 班、实验组 A2 班学生探究过程设计的能力均值处于较高位置,分别为 0.56 和 0.68,控制组 A1 班的全距为 8.26,低于实验组 A2 班的全距 11.11,说明与实验组 A2 班相比,控制组 A1 班学生的能力分布更为集中。相较之下,控制组 B1 班和实验组 B2 班的探究过程设计的能力处于较低水平,能力平均值分别为 0.01 和－0.12,均在项目难度均值附近,说明两个班中大部分学生能应付测试项目,但未能表现出高胜任力,同时这两个班学生的能力水平分布较为分散,控制组 B1 班的全距为 11.11,实验组 B2 班的全距为 8.36,两极分化比较严重。

表 8-5　学生探究过程设计的能力的描述性统计

班级	人数	能力均值	标准差	标准误	极大值	极小值	全距
控制组 A1 班	31	0.56	2.6	1.27	6.07	－2.19	8.26
实验组 A2 班	31	0.68	3.4	1.17	6.07	－5.04	11.11
控制组 B1 班	33	0.01	2.9	1.33	6.07	－5.04	11.11
实验组 B2 班	32	－0.12	2.5	1.16	3.32	－5.04	8.36

(二) 学生探究过程设计的能力的微观考察

为了更加深入地了解学生探究过程设计能力的具体表现,我们将分别从提出研究假设、控制过程变量、设计研究步骤这三个角度,通过量化和案例分析相结合的形式展现学生能力分布与表现的微观特质。

1. 提出研究假设的能力的微观分析

(1) 能力水平分布的特征剖析

由表 7-15、表 7-16 可知,项目 H01 考查了学生提出研究假设的能力,可分为 4 个能力水平等级,4 个班的学生在该能力上的水平分布情况具有以下特征(见表 8-6):

第一,从总体分布上来看,学生能力水平分布呈中间多、两端少的态势。超过 60% 的学生能力分布于水平 2 和水平 3,即能够答出 1—2 个燃烧条件,这也说明了项目的难度设计能很好地与学生的能力水平拟合。

第二,提高班与普通班学生能力水平分布特征存在差异。半数以上的提高班(控制组 A1 班、实验组 A2 班)学生提出研究假设的能力处于较高水平(水平 3、水平 4),

这部分学生的能力水平高于项目 H01 的难度值,即他们能够较好地胜任该项目,给出了令人较为满意的回答。而普通班学生能力水平分布则正好相反,更多的学生能力集中处于较低水平处,控制组 B1 班有将近 40%的学生还处于最低水平,实验组 B2 班也有将近 20%的学生处于最低能力水平。同时,两个普通班只有控制组 B1 班 3 位学生能够达到水平 4,即完整答出可燃物、空气、温度是燃烧的三个条件(见表 8-7 F)。

第三,提高班、普通班学生的能力水平分布还存在着非典型的数据特征。所谓非典型的数据就是指与班级整体能力水平不相一致且达到了一定量的学生群体。例如,尽管 50%以上的提高班学生在提出研究假设的能力上表现尚佳,但仍有超过 40%的学生能力值低于该项目难度,未能达到优质表现,甚至实验组 A2 班有 16.1%的学生还处于最低水平。实验组 B2 班的学生都未达到最高水平(水平 4),但有将近 60%的学生处于较高水平(水平 3)。非典型的数据特征说明,学生能力发展进程的路径是多样化的。尽管提高班中大多数学生在能力表现上优于普通班学生,但仍然存在一部分能力水平较低的学生。同样,普通班中也有一些学生的能力水平是比较高的。这让我们看到班级学生在能力水平上的个性化差异,从而在教学干预过程中实现有针对性的引导,避免受"班级标签"的影响。

表 8-6　学生提出研究假设的能力水平分布(人数及百分比)

能力水平	能力均值	控制组 A1 班	实验组 A2 班	控制组 B1 班	实验组 B2 班	人数合计
水平 1	−2.89	1(3.2%)	5(16.1%)	13(39.4%)	6(18.8%)	25(19.7%)
水平 2	−0.18	13(41.9%)	8(25.8%)	11(33.3%)	7(21.9%)	39(30.7%)
水平 3	1.15	5(16.1%)	11(35.5%)	6(19.2%)	19(59.4%)	41(32.3%)
水平 4	4.85	12(38.7%)	7(22.6%)	3(9.1%)	0(0%)	22(17.3%)
合计	—	31(100%)	31(100%)	33(100%)	32(100%)	127(100%)

(2) 学生作答反应的示例解读

项目评分标准与相应的学生表现和作答反应是双向互动的。评分标准源自对学生能力发展水平的预期,而学生的实际作答反应又为完善评分标准提供反馈与补充。那么,学生的作答反应是如何反映学生的能力水平呢?以下结合学生的低水平作答反应进行解读。例如,部分学生将"没有水"作为燃烧的条件(见表8-7示例A),体现了学生的思维还停留在现象复述水平,而没有挖掘出"没有水"这一现象背后的深层原因:水的存在与蒸发能够带走热量,从而致使物体温度降低,燃烧无法进行。

部分学生将"火"作为燃烧的条件,认为燃烧是"火"引燃的,这类学生混淆了燃烧现象与燃烧条件的关系,"火"是燃烧产生的一种发光、发热的现象,与燃烧条件无直接关系。学生之所以会有这样的作答反应,源于他们的生活经验,属于前科学概念对学生能力表现的干扰。部分学生将具体事物作为燃烧的条件,如将木棒、火柴、蜡烛等作为燃烧条件(见表8-7示例C),这些学生没有归纳出具体事物代表的类别概念,例如木棒、蜡烛等都属于可燃物的范畴,说明学生的概括水平较低。此外,还有部分学生答出了燃烧的部分条件(见表8-7示例B、C、D、E),但并不完整,这说明学生并没有理解燃烧的三个条件即可燃物、空气、温度是燃烧发生缺一不可的条件,没有理解燃烧条件与燃烧之间的因果关系。

表8-7 学生提出研究假设的能力评分标准与学生表现示例

能力要素	发展水平	学生表现	得分	学生回答示例
提出研究假设的能力(H01)	水平1	空白、难以理解或与燃烧条件无关的回答。	0	A 没有水,有导火体
	水平2	提出的燃烧条件不完整,但能提出一个燃烧条件,或者提出的燃烧条件没有概括性,直接指向具体事物。	1	B 空气、二氧化碳 C 火柴、蜡烛、木棒
	水平3	提出的燃烧条件不完整,但能提出两个燃烧条件。	2	D 油,火,可燃物,有空气 E 有空气,燃料
	水平4	能完整地提出燃烧所需的三个条件:可燃物、空气和温度。	3	F 氧气,适当的温度,可燃物

2. 探究过程设计的能力三个构成要素的比较分析

提出研究假设的能力(DA1)、控制过程变量的能力(DA2)和设计研究步骤的能力(DA3)共同构成了探究过程设计的能力(DA)。这三大能力在不同班级中的分布如图8-1所示。

(1)探究过程设计的能力的构成要素在不同班级中的水平排序并不相同。例如,

A1班的提出研究假设的能力位于最高位置,而后依次是A2班、B2班、B1班。这说明即使是探究过程设计的能力水平相同的两名学生,其能力内在构成特质也可能存在差异,有些学生在提出研究假设的能力上优于控制过程变量的能力和设计研究步骤的能力,而有些学生在控制过程变量的能力上的表现优于其他能力表现。

(2) 4个班级学生在设计研究步骤的能力均低于其他两种能力。设计研究步骤的能力体现了学生对研究假设、探究活动的整体把握,需要学生根据研究目标给出具体的探究计划,以保证探究过程的有效性与科学性。考虑到本研究选取研究对象(TMS中学6年级学生)在探究设计方面经验较少,特选择引导性工作单作为测试工具的组成部分,并为学生提供了3个探究活动的操作步骤,要求学生写出3个探究活动中的探究步骤所要证明的研究假设。学生能成功完成该任务的前提是理解活动设计的意图,并能将活动设计与假设结论匹配起来。尽管项目难度较低,但学生表现不尽如人意,其原因可能在于学生平时鲜有此类经历,教科书与教师往往为学生提供了活动设计的整个流程,学生常常持既定的"步骤"按部就班地完成任务。

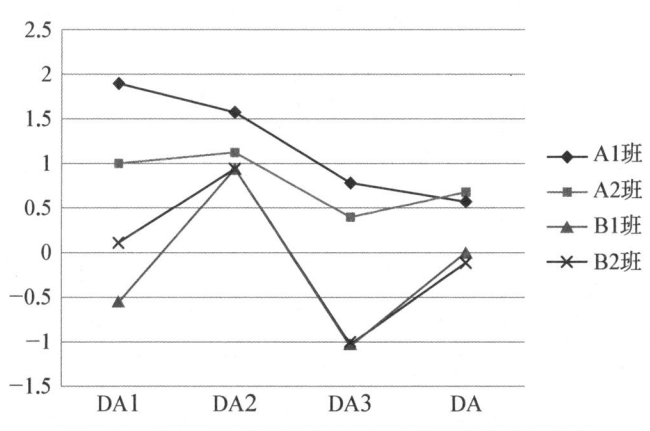

图8-1 探究过程设计的能力三大构成要素的水平分布

(三) 不同班级探究过程设计的能力的差异性分析

通过独立样本 t 检验,探求不同班级之间探究过程设计的能力是否存在差异,既是进行科学过程能力发展进程实验研究的前提,也是描述学生在该能力上表现的一种方式。控制组A1班与实验组A2班的独立样本 t 检验结果显示,$t=1.271$,$p=0.27>0.05$,表明A1班和A2班在探究过程设计的能力上没有显著性差异,可以分别作为控制组和实验组进行实验干预研究。

控制组 B1 班和实验组 B2 班独立样本 t 检验显示，$t=-0.068$，$p=0.946>0.05$，表明 B1 班和 B2 班在探究过程设计的能力上无显著性差异，可以分别作为实验组和控制组进行实验干预研究。

提高班与普通班的独立样本 t 检验结果显示，$t=-4.409$，$p<0.001$，这说明提高班与普通班在探究过程设计的能力上有很显著的差异，也印证了本研究对这 4 个班级进行的类别划分是正确的。

三、学生运用材料和工具的能力的初始水平

学生运用材料和工具的能力是科学过程能力的核心要素，由以下两个部分构成：一是材料与工具的规范使用；二是通过材料与工具搜集证据。这两大部分再分别细分成若干个测评点（见表 8-8），并针对这些评分点设计评分方式，测评以现场观察为主，引导性工作单为辅。以下将对运用材料和工具的能力的前测结果进行具体阐述。

（一）学生运用材料和工具的能力的描述性分析

项目 X1、项目 W1、项目 W2 等测评了学生运用材料和工具的能力（见表 7-11），项目的总体难度均值为 0。运用 Rasch 模型计算这些项目的难度值，并按难度值进行排序和归类。按照每个水平对应项目的难度平均值，对学生运用材料和工具的能力水平进行划分（见表 8-8）。水平 1 项目的难度均值为 -0.96，水平 2 项目的难度均值为 -0.13，水平 3 项目的难度均值为 0.27，水平 4 项目的难度均值为 1.73。当学生能力值在 -0.96——-0.13 之间时，学生能力处于水平 1；当学生能力值位于 -0.13—0.27 之间时，学生能力处于水平 2；当学生能力值在 0.27—1.73 之间时，学生能力处于水平 3；当学生能力值为 1.73 以上时，学生能力处于水平 4。

表 8-8 学生运用材料和工具的能力水平划分

能力水平	项目及其难度	平均值
水平 1	L2(-1.27)、L1(-1.1)、F4(-1.04)；V3(-0.97)、F3(-0.96)、W1(-0.9)、F2(-0.9)、X1(-0.79)、V2(-0.75)	-0.96
水平 2	W3(-0.3)、O1(-0.29)、V1(-0.29)、D3(-0.24)、W2(-0.14)、D1(0.04)、R012(0.08)、G1(0.09)	-0.13

续 表

能力水平	项目及其难度	平均值
水平3	C1(0.2)、R021(0.23)、F1(0.27)、R034(0.36)	0.27
水平4	R032(0.73)、R011(0.83)、R022(0.85)、D2(3.07)、R031(3.19)	1.73

根据学生运用材料和工具的能力水平划分,得出了不同班级学生的能力水平分布(见表8-9)。结果显示,4个班级学生在运用材料和工具的能力水平分布上具有以下特征。

(1) 从整体来看,学生在水平1、水平2、水平3、水平4上的分布频数呈依次增大的趋势。约有7%的学生在该能力上位于水平1,将近16%的学生能力居于水平2,大约30%的学生能力处于水平3,接近50%的学生能力处于水平4。这一数据分布表明大多数学生在该能力上处于较高水平。

(2) 从提高班与普通班的比较来看,提高班学生在该能力上处于高水平的比例远远超过普通班。提高班绝大部分学生分布在最高水平上,A1班有接近75%的学生达到了最高水平,A2班也有将近60%的学生达到了该水平,只有个别学生还处于水平1。而普通班学生在不同能力水平上的分布则相对均匀。B1班学生在水平2、水平3、水平4上的分布均为30%左右,有大约6%的学生还处于水平1;B2班大部分学生在该能力上位于水平3和水平4,约有30%的学生该能力还处于水平1和水平2。

表8-9 学生运用材料和工具的能力水平分布(人数及百分比)

能力水平	能力均值	控制组 A1班	实验组 A2班	控制组 B1班	实验组 B2班	人数合计
水平1	−0.96	0(0%)	2(6.5%)	2(6.1%)	5(15.6%)	9(7.1%)
水平2	−0.13	0(0%)	5(16.1%)	9(27.3%)	6(18.8%)	20(15.7%)
水平3	0.27	8(25.8%)	6(19.4%)	12(36.3%)	11(34.4%)	37(29.1%)
水平4	1.73	23(74.2%)	18(58.0%)	10(30.3%)	10(31.2%)	61(48.0%)
合计	—	31(100%)	31(100%)	33(100%)	32(100%)	127(100%)

4个班级的描述性统计结果展现了学生运用材料和工具的能力的整体特征(表8-10)。从总体上看,4个班学生运用材料和工具的能力均值分别为1.49、0.59、

0.22、0.34,均大于项目难度值0,说明大多数学生能够较好地胜任该能力的全部项目。从学生能力的分散程度来看,A1班学生的能力分布最为集中,而A2班、B1班、B2班学生该能力水平的分布较为分散。

表8-10 学生运用材料和工具的能力的描述性统计

班级	人数	能力均值	标准差	标准误	极大值	极小值	全距
控制组A1班	31	1.49	0.53	0.55	3.46	0.18	3.64
实验组A2班	31	0.59	0.55	0.65	3.46	-6.5	9.96
控制组B1班	33	0.22	0.46	0.52	2.24	-6.5	8.74
实验组B2班	32	0.34	0.50	0.57	3.10	-6.5	9.60

(二)学生运用材料和工具的能力的微观考察

学生运用材料和工具的能力包含两项子能力:一是工具与材料的规范使用,主要涵盖4个指标,分别是选择适当的器材、器材的操作技能、操作的步骤与顺序和操作时间的控制(见表7-11);二是通过工具与材料搜集证据,主要涵盖3个指标,分别是观察实验现象、记录实验现象和控制实验变量,同时这3个指标又分别衍生出不同的评分视角(见表7-11)。根据上述能力的内在特质及其表现方式,确定了工具与材料的规范使用能力的考察方式是现场观察,通过工具与材料搜集证据能力的考察方式则结合运用了现场观察与引导性工作单。以下从学生运用材料和工具的两项能力的具体指标角度作微观分析,深入阐释学生在该能力上的初始水平。

1. 学生在工具与材料的规范使用能力上的表现分析

工具与材料的规范使用直接关系到实验的安全与探究活动效果,要求学生认识实验材料的特点,了解实验仪器的属性、操作规则,并在此基础上转化为对器材的程序性操作能力,这一能力很难用传统的纸笔测验进行有效测评。本研究采用现场观察评分量表对此能力进行表现性评价,力图客观展现学生能力的发展水平、学生表现与能力之间的关系,以及学生能力发展的不足之处。

根据6年级学生对实验仪器已有的了解与接触情况,以及探究活动主题"燃烧的条件"的具体器材需求,确定了前测所需的探究器材有:一个镊子、一根木棒、一根玻璃棒、一个酒精灯、一个三脚架、一张石棉网、一个坩埚钳、一盒火柴、两个纸盒、两个烧杯、两根蜡烛、自来水。具体考查点有选择适当的器材、酒精灯的使用、蜡烛的使用、坩埚钳的使用、操作流程与次序和实验时间的控制。以下将以酒精灯的使用、操作的步骤和次序这两个测评点为例,对学生能力表现水平进行分析。

现场观察评分量表将"酒精灯的使用"分为3个观察点,分别为点燃酒精灯(W1)、使用酒精灯加热(W2)、熄灭酒精灯(W3)。从这3个技能的水平比较来看(图8-2),大多数学生在使用酒精灯加热(W2)环节得分最低,熄灭酒精灯(W3)环节次之,点燃酒精灯(W1)环节得分相对最高。低水平能力具体表现为部分学生未能使用酒精灯外焰进行加热,学生不敢或者不会划火柴,不敢用灯帽熄灭酒精灯等。这些低能力水平的表现说明,尽管教师多次强调酒精灯操作的要领,但学生平时很少有机会进行实验室实践操作,学生还是难以将实验操作的程序性知识内化并成为自动化的行为表现。

因此,将实践操作引入科学课堂,让每位学生都有操作的机会是开展课堂教学干预的重要方面。从4个班级该能力的水平考察,从高到低依次为:A2班、A1班、B1班、B2班。从整体上看,学生在能力的不同观测点上的得分具有一致性。A1班在酒精灯的使用的不同观测点上的能力水平差异较大,使用酒精灯加热(W2)环节得分在四个班级中处于较低位置,而在点燃酒精灯(W1)和熄灭酒精灯(W3)环节得分为四个班级中最高。数据表明,部分学生在不同能力环节的表现是不均衡的,这些学生在使用酒精灯加热方面能力较低,而在点燃酒精灯和熄灭酒精灯上表现较好。学生的这些能力特征需要在教学干预中进一步加以关注,在注重学生整体能力水平的同时,关注学生在不同能力表现环节中的差异性,以实现针对性的提高。

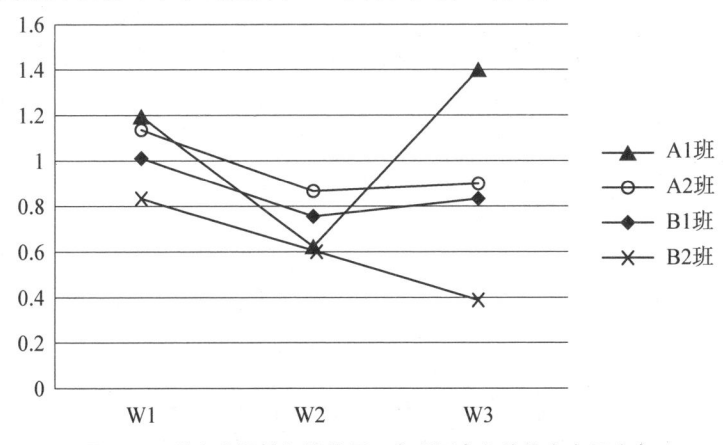

图8-2 学生在酒精灯的使用3个观测点上的能力水平分布

"操作的步骤和次序"(C1)具体体现在探究活动3的操作过程之中,通过一组对照实验的现象差异来证明燃烧需要达到一定的温度这一假设,该项目的难度为0.2,在整体测试中属于较高难度的试题,需要高层次的内部思维活动作支撑。实验组中的纸盒B有水,而控制组中的纸盒A没有水,这一条件差异使得纸盒A有燃烧现象,而纸盒B没有燃烧。实验组的操作过程涉及将石棉网放置于三脚架上、将纸盒放在石棉网上、往纸盒内倒一定量的水、将酒精灯移入三脚架下等步骤,这4个操作步骤需要依次进行,以保证对照实验的有效性。因此,这一项目的操作步骤与次序不仅体现了学生外部动作技能表现的水平,更蕴含了学生对控制变量这一思想和方法的理解与运用,体现了学生内部思维的深度。通过现场观察评分,发现大多数学生在这一项目上的表现处于水平2、水平3(占学生总体的80%),只有极少数学生达到了水平4(接近15%),提高班学生与普通班学生相比略有优势(见表8-11)。这一水平分布体现了学生整体在高层次思维的活动操作能力方面还处于较低水平。

表8-11 学生在操作的步骤与次序(项目C1)上的水平分布(人数及百分比)

能力水平	能力均值	控制组 A1班	实验组 A2班	控制组 B1班	实验组 B2班	人数合计
水平1	−4.25	0(0%)	2(6.5%)	2(6.1%)	3(9.4%)	7(5.5%)
水平2	0.36	9(29.0%)	13(41.9%)	17(51.5%)	13(40.6%)	52(40.9%)
水平3	1.25	14(45.2%)	13(41.9%)	9(27.3%)	14(43.8%)	50(39.4%)
水平4	2.15	8(25.8%)	3(9.7%)	5(15.2%)	2(6.2%)	18(14.2%)
合计	—	31(100%)	31(100%)	33(100%)	32(100%)	127(100%)

现场观察评分中教师的询问以及测试后深度访谈结果显示:在该项目上处于低水平的学生是因为未能想到操作次序背后蕴含的控制变量的方法,而部分在该项目上能够正确完成的学生也未必完全理解操作次序背后的原因,也有部分学生不但正确完成了操作步骤与次序,也能理解活动操作背后控制变量的思想。为了说明学生操作活动背后的思维特征和个体表现,以下以有代表性的学生访谈为例,进一步加以说明。

(1)第一种:活动表现与内部思维均处于较低水平。访谈过程如下:

访谈教师:我看到你在进行实验组操作的时候,没有把点燃的酒精灯移出来,而是直接将空纸盒放在有酒精灯的三脚架上,你在进行这一操作时是怎么考虑的?

学生A:因为做完对照组实验之后,我还要进行实验组的操作,两组实验都要用到酒精灯,所以我就没有把酒精灯移出来,这样做更节约时间。

访谈教师:你认为这组实验中,哪些因素是不变的?哪些因素在变化呢?

学生A:我觉得不变的因素有纸盒、石棉网、三脚架、酒精灯,变化的因素是盒子中是否有水。

访谈教师:你觉得操作过程中你做到控制变量了吗?

学生A:我觉得做到了,我在实验组的盒子中放了水,而对照组的盒子内没有放水,这就是差别。

访谈教师:那实验结果如何呢?达到你的预想了吗?

学生A:结果与我预想的有点不同,实验组的盒子底部也有点烧焦了,但是没有对照组的盒子烧得那么严重。我预想的结果是控制组的盒子烧起来,而实验组的盒子是安然无恙的。

访谈教师:看来实验现象与预期存在差异,那么,你有没有找到原因呢?

学生A:暂时还不知道原因。

访谈教师:那你觉得纸盒子里是否加水,导致实验结果不同的变化因素是什么呢?

学生A:我想,水会阻止燃烧吧,我们不是都用水来灭火吗?

从以上访谈可以看到,以学生A为代表的这类学生因未能深层考虑活动操作的次序对实验变量控制的影响,导致实验结果与理论预期之间出现偏差,且没有反思实验结果与实验预期之间存在偏差的原因。这类学生的操作活动缺乏内在思维的支撑,活动决策较为随机,未能从整体上设计活动的顺序。

(2)第二种:活动表现水平较高,而内在思维水平较低。访谈过程如下:

访谈教师:我看到你在进行实验组操作的时候,先把纸盒放在石棉网上,然后倒入水,最后将点燃的酒精灯移入,你进行这样的操作顺序有什么依据吗?你是怎么想的呢？

  学生B：我觉得这样的操作顺序比较顺手，而且最后放入酒精灯的话就不会烫着手，比较安全。

  访谈教师：你觉得这组实验中，哪些因素是常量，是不变的？哪些因素是变量呢？

  学生B：这组实验中可燃物、空气是不变的，而是否有水是变量。

  访谈教师：盒子里是否有水意味着什么呢？

  学生B：有水的盒子温度较低，因为酒精灯加热产生的热量在水蒸发的时候被带走了，纸盒无法达到着火点，而空盒子在加热时的温度较高，达到着火点就烧起来了。

  访谈教师：那么实验现象与你预想的一样吗？

  学生B：实验现象与我预想的一样，有水的盒子没有燃烧，而空盒子很快就烧着了。

学生B能够正确地完成实验组活动操作，实验取得了预期的效果，但当访谈教师深入挖掘该学生的内部思维时，发现学生B并没有深入思考为什么要按照这样的操作次序进行，而是一种随机的操作顺序。因此，尽管操作活动与结果都正确，但该学生的思维能力仍处于较低的水平。

（3）第三种：活动表现与内在思维均为较高水平。访谈过程如下：

  访谈教师：我看到你在进行实验组操作时，先把纸盒放在石棉网上，然后倒入水，最后将点燃的酒精灯移入，你安排这样的操作顺序有什么依据吗？你是怎么想的呢？

  学生C：如果我先把酒精灯放在三脚架下面，再放空纸盒，那么空纸盒有可能在还没有盛水的时候就烧焦了。如果先往纸盒中倒入水，再端到三脚架上，纸盒很容易被弄坏。所以，我觉得我这样的操作实验效果会比较好。

  访谈教师：你说的实验效果指的是什么？说一说你用到了什么思想方法？

  学生C：这组实验我用到了控制变量的方法，实验组和对照组都保持其他变量不变,只改变其中一个条件,最后看实验结果是否有差异。就像这组实验活动,加了水的纸盒没有烧着,而空纸盒底部烧焦了,这就说明加了水会影响燃烧的进行。

访谈教师:盒子里是否有水是变量吗?有没有水有什么影响呢?

学生C:有水的盒子温度会低一点,干燥的盒子温度更高,能够达到着火点,就烧起来了。

学生C正确地完成了对照组与实验组的操作流程,通过针对性的访谈,可以发现该学生的操作活动背后有着较为严密的思想方法作为支撑,能够理解并运用控制变量的方法,安排实验步骤,完成实验活动。显然,这类学生在运用工具和材料能力上达到了较高的水平。

2. 学生在通过工具与材料搜集证据能力上的表现分析

学生通过工具和材料搜集证据的能力是运用器材能力的重要方面,本研究主要从以下三个方面来考查学生的能力表现:观察实验现象(E1)、记录实验现象(E2)和控制变量(E3)。这三个方面又可细分出多个不同的观测点来综合考查学生的能力。根据不同观测点的性质,设立了相应的测评方式,主要有现场观察和引导性工作单。以下将结合数据信息、现场观察与访谈结果,从学生通过工具和材料搜集证据的三个不同方面分析学生能力的表现性特征。

(1) 学生在通过工具与材料搜集证据能力上的整体水平

从四个班级学生在观察实验现象、记录实验现象和控制过程变量这三个方面的能力水平整体表现来看(见图8-3),提高班的能力水平均大于0,说明大多数提高班学生能够较好地应对各个项目。普通班学生在记录实验现象能力方面均小于0,这说明普通班学生在该方面能力处于较低水平。从各个班级的具体表现来看,A1班在这三方面的能力水平均高于其他3个班,且三方面的能力表现较为均衡,能力值均在1.5—2之间,记录实验现象的能力表现略高于其他两个方面。A2班能力水平虽均为正值,但三方面能力表现差异较大,观察实验现象的能力水平最低,记录实验现象的能力水平次之,而控制实验变量能力水平最高。B1班和B2班的能力水平分布较为相似,观察实验现象的能力水平较高,而记录实验现象的能力水平最低,控制实验变量方面能力水平虽大于 0,但还是处于较低水平(小于 0.5)。总之,同一班级在能力的不同方面表现可能具有差异,了解这一能力表现现状,有助于针对性地进行教学干预。

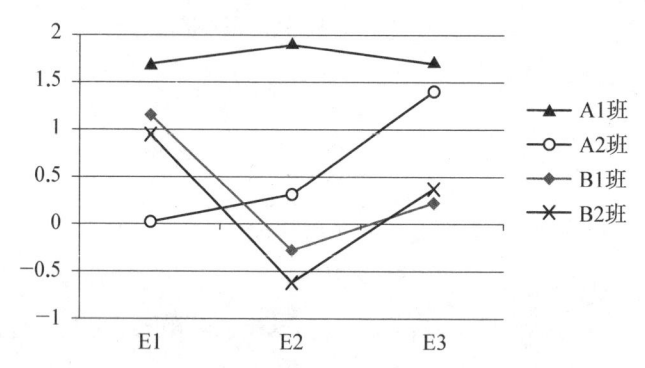

图 8-3 学生在通过工具与材料搜集证据能力三个方面的水平分布

能力水平的具体表现需要通过学生在各个项目上的行为特征来揭示,以下以具体观测视角(运用多种感官、异常信息处理)和相应的项目为例,分析学生的行为表现,对学生的能力加以微观解析。

(2) 学生运用多种感官能力的微观表现解析

运用多种感官是测评学生观察实验现象能力的重要指标,这一能力体现了学生多维度、全方位捕捉信息的能力。观察并不仅仅局限于用眼睛来看,还包括听觉、嗅觉、触觉、味觉等多种方式,此外还可能要根据需要选取间接观察的工具和仪器,如显微镜、刻度尺等。学生是否运用多种感官关系到其对探究现象、实验证据的全面把握,关系到实验结论的分析与推导。本研究的探究任务涉及的 3 个探究活动所需的观察类型均属于定性观察,并没有用到精确的观察仪器,只需要学生运用自身感官进行直接感觉即可。3 个探究活动均用到视觉、触觉、嗅觉这三种感官方式。

通过引导性工作单评分(项目 R034)发现,大部分学生未能有意识地运用多种感官进行证据搜集,学生综合运用多种感官的能力较弱。大多数学生都用到了视觉的感官方式,能将视觉、触觉、嗅觉等感官方式综合运用并准确搜集到实验现象的学生比例较低(见表 8-12)。90%的学生能运用至少一种感官进行燃烧现象的信息搜集,52%的学生在进行燃烧现象观察时只用到了 1 种感官,接近 40%的学生用到了 2 种以上的感官。

表 8-12　不同班级学生在项目 R034 上的表现情况（人数及百分比）

描述燃烧现象 （项目 R034）	控制组 A1 班	实验组 A2 班	控制组 B1 班	实验组 B2 班	人数合计
未能正确使用感官	1(3.2%)	2(6.5%)	4(12.1%)	5(15.6%)	12(9.4%)
只用到 1 种感官	15(48.4%)	14(45.2%)	18(54.5%)	19(59.4%)	66(52.0%)
用到 2 种感官	9(29.0%)	8(25.8%)	6(19.2%)	6(18.8%)	29(22.8%)
用到 3 种及以上感官	6(19.4%)	7(22.6%)	5(15.2%)	2(6.3%)	20(15.7%)
合计	31(100%)	31(100%)	33(100%)	32(100%)	127(100%)

对学生在项目 R034 上的具体表现进行分析，可以清晰地看到学生能力的微观特征。学生回答燃烧反应的案例分析发现，大多数学生对燃烧现象的描述较为单一，从多层面对燃烧现象进行描述的学生较少。部分学生将燃烧描述为发出耀眼的光、有白灰色的烟冒出、烧完之后留下黑色的灰烬，这些学生用到了视觉的感官方式；部分学生把燃烧描述为放出大量的热、很烫手，这部分学生用到了触觉的感官方式；也有些学生这样描述燃烧现象：燃烧的过程中会有焦味产生，这是用到了嗅觉的感官方式；还有少部分学生能够综合运用所有合适的感官，对燃烧现象进行全方位的观察与描述，如有一位学生做出这样的描述："我看到燃烧的过程中发出耀眼的光，同时也会有几缕烟冒出，感觉到燃烧着的物体很烫手，会放出大量的热，我闻到燃烧的过程中有焦味产生，烧完后留下黑乎乎的灰。"这位学生综合了视觉、触觉、嗅觉这三种感官方式，较为全面地描述了燃烧现象，体现了较高水平的观察能力。

项目 R034 的考查情况与现场观察评分结果相一致，现场观察发现，大多数学生在观察实验现象时只用到了眼睛，并没有有意识地用手去摸一摸，用鼻子闻一闻，以求全面了解实验现象。更遗憾的是，有相当一部分学生的视觉观察是较为浅层次的，往往匆匆一看便戛然而止，未能进行持久而细致的观察，这就导致他们对现象的描述难以全面、深入。此外，由于学生对实验组与对照组的观察缺乏目的性，导致学生只关注其中一组的实验现象，而对另一组实验则"置若罔闻"，从而致使实验证据缺失。

（3）学生在异常信息处理上的微观表现解析

实验过程中的异常信息是指与预期相异的实验现象、实验数据，抑或是与总体相背离的个别特殊表现。异常信息往往提示新的证据和探索方向，也有可能是实验设计出现漏洞后提示改进的契机。因此,如何正确处理异常信息不仅关系到实验效果,也体现了学生良好的科学过程能力和科学素养水平。本研究通过现场观察测评学生对异常信息的处理,通过三级评分等级制(0,1,2)评价学生在该方面的行为表现:0 表示忽略或修改异常信息,采取不作为的方法,1 表示接受异常信息,如实记录信息,2 表示科学地解释异常信息。统计数据显示(见图 8-4),有 60% 多的学生在该项目上得分为 1,即能尊重事实,正视并接受异常信息,如实地填写实验现象;而得分为 2 的学生比例却不足 10%,即能在尊重事实的基础上对异常信息做出解释,反思并重构实验设计的学生少之又少,还有 30% 的学生对异常信息采取了忽略的态度。

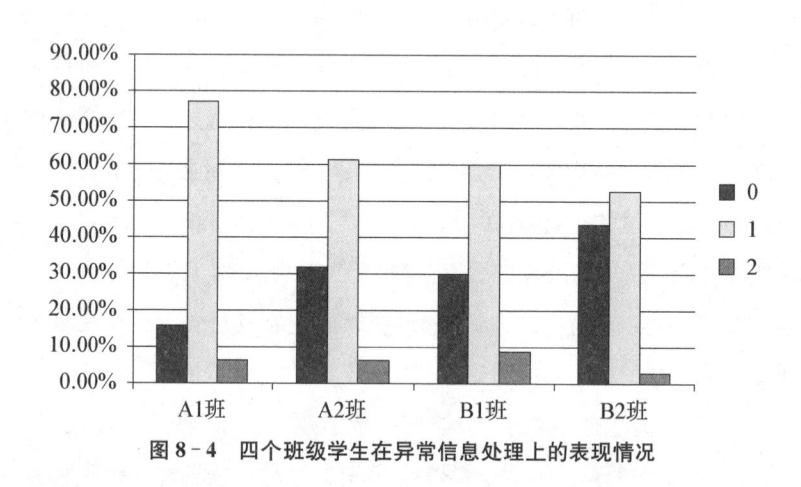

图 8-4　四个班级学生在异常信息处理上的表现情况

学生 M 在进行探究活动 3 时,发现空纸盒 A 和放了水的纸盒 B 底部均被烧焦,这一现象与实验预期存在差异,该学生与同伴讨论之后得出结论:实验操作步骤存在漏洞,不应该先放酒精灯,再放纸盒 B,这样的操作顺序会导致纸盒 B 在注入水之前的时间间隙内,就开始了燃烧,无法做到控制变量。得出异常信息产生的原因之后,该学生重新设计实验步骤,并用新纸盒再次进行实验操作,得出了与预期相吻合的实验现象与结论。

学生 Q 在进行探究活动 3 时,遇到了同样的实验异常信息,即两个盒子均存在底部烧焦现象。该学生仔细观察两个盒子的底部燃烧情况后发现:纸盒 A 烧焦更为严重,且该纸盒中间烧焦程度最为严重,并逐渐向四周减弱,而纸盒 B 底部只有轻微烧焦现象,且正中间没有烧焦,反而四周有微焦的痕迹。学生 Q 反思了自己的操作步骤,发现没有明显的错误与漏洞,再仔细观察纸盒 B 底部时发现,盒子内的水几乎已经烧干了。

学生Q分析异常信息出现的原因：往纸盒B内倒入的水太少,没有全部覆盖住纸盒底部,这就导致有水覆盖的地方没有烧焦痕迹,而没有水覆盖的地方就被烧焦了。这就解释了异常现象,即纸盒B的中间没有烧焦,而四周却存在烧焦的痕迹。明确原因之后,学生Q又重新更换纸盒进行改进后的实验操作,得出了与实验预期一致的现象与结论。

以上两位学生均在首次操作时遇到了类似的异常信息,但其原因并不完全相同,后经反思与重新设计,对异常信息做出了解释,并对实验操作进行了改进。这类学生具有较强的信息处理能力,但在全体被试中为数并不多,大多数学生并没有对异常信息做出解释与处理。例如,学生S在遇到此类异常信息时,就采取了忽略的态度,尽管纸盒B有轻微烧焦的痕迹,但他还是认为纸盒B没有燃烧,更没有寻找原因。学生V在遇到异常信息时,选择了如实地填写实验现象,但仅止于此,不再对异常信息做出进一步的分析与解释。这类学生还处于较低的思维层次,且在所测学生中占大多数,这就需要我们在教学干预中给予针对性的引导。

四、学生基于证据解释的能力的初始水平

证据是推动科学发展的现实基础和原始动力,是科学过程能力的重要构成要素。基于证据的解释要求学生运用事实和现象推出结论,并对其中的原因、机制等作出分析与解释。本研究将学生基于证据解释的能力分成以下4个构成要素:一是描述探究过程及其结论;二是解释现象与结论背后的原因;三是运用结论解释其他现象;四是同伴讨论与交流。前三个要素的测评采用引导性工作单的方式进行,第四个要素采用现场观察的方式进行测评。以下将从4个班级在该能力上的整体水平分布和微观表现这两个方面进行阐述。

（一）基于证据解释的能力的描述性分布

项目R013、项目R023、项目R033等测评了学生基于证据解释的能力(见表7-11),项目的总体难度均值为0。运用Rasch模型对这些项目进行计算,并按难度值进行排序和归类。按照每个水平对应项目的难度平均值,对学生基于证据解释的能力水平进行划分(见表8-13)。水平1项目的难度均值为-1.42,水平2项目的难度均值为0.18,水平3项目的难度均值为0.71,水平4项目的难度均值为1.43。当学生的能力值低于-1.42时,学生能力低于水平1;当学生能力值在-1.42—0.18之间时,学生能力处于水

平 1；当学生能力值位于 0.18—0.71 之间时，学生能力处于水平 2；当学生能力值在 0.71—1.43 时，认为学生能力处于水平 3，当学生能力值为 1.43 以上时，学生能力处于水平 4。

表 8-13 基于证据解释的能力水平划分

能力水平	项目及其难度	平均值
水平 1	E03(−2.58); M3(−1.32); R023(−0.91); M2(−0.88)	−1.42
水平 2	E01(−0.36); M1(0.32); R013(0.34); R033(0.4)	0.18
水平 3	U01(0.68); U02(0.68); U03(0.77)	0.71
水平 4	E04(1.33); E02(1.53)	1.43

根据基于证据解释的能力发展进程以及学生在该能力上的得分，进一步得到各个班级学生基于证据解释的能力水平分布情况（见表 8-14）。从整体来看，四个班级学生最低能力水平与最高能力水平的学生人数较少（整体低于 20%），而中间两个能力水平的学生人数较多（接近 60%），学生能力水平近似呈正态分布。从不同班级的比较来看，提高班学生较多地分布在高能力水平处，控制组 A1 班有超过 60% 的学生分布在水平 3 与水平 4，实验组 A2 班有 20% 左右的学生分布在水平 3 和水平 4；相比之下，普通班均只有近 10% 的学生能达到水平 3 和水平 4，实验组 B2 班仍有近 40% 的学生能力还低于水平 1。学生基于证据解释的能力水平分布的数据特征大致勾勒出能力的整体水平与班级差异，这些都将成为教学干预的参照依据。

表 8-14 学生基于证据解释的能力水平分布

能力水平	能力均值	控制组 A1 班	实验组 A2 班	控制组 B1 班	实验组 B2 班	人数合计
低于水平 1	<−1.42	0(0%)	6(19.4%)	4(12.1%)	12(37.5%)	22(17.3%)
水平 1	−1.42	5(16.1%)	10(32.3%)	21(63.6%)	15(46.9%)	51(40.2%)
水平 2	0.18	7(22.6%)	9(29.0%)	5(15.2%)	2(6.3%)	23(19.1%)
水平 3	0.71	8(25.8%)	3(9.7%)	1(3.0%)	2(6.3%)	14(11.0%)
水平 4	1.43	11(35.5%)	3(9.7%)	2(6.1%)	1(3.1%)	17(13.4%)
合计	—	31(100%)	31(100%)	33(100%)	32(100%)	127(100%)

4个班级学生基于证据解释的能力的描述性统计数据(见表8-15)显示了学生能力的整体特征。从总体上看,四个班学生基于证据解释的能力均值分别为1.00、-0.24、-0.28、-0.95,除了A1班之外,其他3个班级能力均值都小于0,这说明A1班学生能够较好地胜任该能力的项目,而其他3个班级未能较好地应对这些项目。从学生在该能力上的分散程度来看,A1班学生的能力分布最为集中,而A2班、B1班、B2班学生在该能力上水平分布较为分散。

表8-15 学生基于证据解释的能力的描述性统计

班级	人数	能力均值	标准差	标准误	极大值	极小值	全距
控制组A1班	31	1.00	0.52	0.54	2.59	-0.64	8.23
实验组A2班	31	-0.24	0.62	0.73	2.09	-5.48	7.57
控制组B1班	33	-0.28	0.57	0.63	1.74	-5.48	7.22
实验组B2班	32	-0.95	0.66	0.73	1.46	-5.48	6.94

(二)学生基于证据解释的能力的微观考察

学生基于证据解释的能力的微观考察包括子能力的水平分析、具体项目上的作答反应以及学生个体的活动表现解构,以下将以该能力的三种子能力为例,采用定量分析与质性解释相结合的方法进行深度阐释。

1. 学生在描述探究过程及其结论上的表现分析

描述探究过程及其结论这一子能力要求学生不仅要得出正确的结论,还要厘清活动过程、实验现象与探究结论之间的推理关系,并将结论及其过程用文字加以清晰的表述。项目R013、R023、R033、E01、E02共同测试了这一子能力的水平,其中项目R013、R023、R033要求学生分别描述相应的探究活动所得出的结论,需要学生区别实验现象与实验结论,将结论上升到一定的概括水平。项目E01、E02则要求学生总结3个探究活动得出的最终结论,并描述结论得出的证据推理过程(见表8-16),具有一定的综合性,需要高层次思维方法的参与。以下将以项目E01、E02为例,对学生作答反应和活动表现进行微观解析。

表 8-16　项目 E01、E02 的测试内容

项目编码	项目内容
E01 E02	根据以上的实验操作和实验现象,回答以下问题: 你得出的最终结论是什么? 你是如何根据证据得出这些结论的?

项目 E01 要求学生概括 3 个探究活动的最终结论,根据学生作答反应的完整性、概括性和对探究结果本质的把握程度,设定了该项目的 4 级评分标准,对应了 4 种学生的作答反应类型(见表 8-17):

(1) 无关回答或现象、事实描述性回答。例如,有学生这样回答:木头可以燃烧,水、玻璃不能燃烧。这位学生阐述了实验现象,但没有概括出实验中的木头代表的是可燃物,是否有水代表了温度的高低,思维只停留在现象重复水平,不能对现象进行提炼与概括,思维能力水平较低。也有学生这样回答:木棒是可燃物,玻璃板不是可燃物。这位学生能够将探究活动中的木棒这一具体事物抽象概括为可燃物,将玻璃棒归为不可燃物,思维概括水平更高一些,但这类学生仍然停留在描述事实这一思维层次,未能最终提炼出燃烧的三个条件。以上回答反应均停留在水平 1,得分为 0。

(2) 只能写出一个正确结论。可燃物、空气与温度是燃烧的三个必不可少的条件,缺一不可,而这类学生只能够正确回答出燃烧的一个条件,但忽略了其余两个条件。这类学生总结、归纳的思维水平较低,未能理解燃烧与燃烧条件之间的因果联系。(1)、(2)两种作答反应在四个班学生中所占比例较多,这说明学生归纳的完整性以及对事物之间因果关系的理解能力还有待加强。

(3) 能够写出两个正确结论。这类学生能够正确给出燃烧的两个条件,但忽略了其中一个条件,这类学生的总结、概括思维能力略优于第二种学生,但仍存在顾此失彼的缺点,其中有部分学生没有理解燃烧与燃烧条件之间的因果关系。

(4) 能够正确得出燃烧的三个条件。这类学生的作答反应如下:燃烧需要可燃物、空气和温度。达到这一水平的学生既能够对现象和事实进行提炼与概括,又能够完整地进行总结,在描述探究过程及其结论的能力方面具有最高水平。

表 8-17 项目 E01 的评分标准及其对应的学生作答反应

子能力	发展水平	学生表现	得分	学生作答反应示例
描述探究过程及其结论（项目 E01）	水平 1	空白、错误、难以理解，与燃烧条件无关的回答；描述现象，如木棒燃烧了而玻璃棒不燃烧；或描述事实，如木棒是可燃物，玻璃棒不是可燃物。	0	木头，可燃，没有空气、水、玻璃都不会燃烧；我得出的结论是燃烧需要木材。
	水平 2	只写出一个正确结论，即写出一个燃烧条件。	1	需要空气才能燃烧。
	水平 3	写出两个燃烧条件。	2	燃烧需要燃烧体，空气可以导热；燃烧需要燃烧体、空气、氧气。
	水平 4	完整、正确地写出燃烧需要同时具备三个条件：可燃物、空气和温度。	3	燃烧需要可燃物、空气、温度。

项目 E02 要求学生具体阐述结论得出的过程和依据，考查学生对探究过程和探究结论的理解，思维层次较高，需要借助一定的科学推理。根据该项目的考查内容与学生的回答情况，制定了项目 E02 的 3 级评分标准，对应着 3 种不同水平的学生反应类型（见表 8-18）：

表 8-18 项目 E02 的评分标准及其对应的学生作答反应

子能力	发展水平	学生表现	得分	学生作答反应示例
描述探究过程及其结论（项目 E02）	水平 1	空白、错误	0	
	水平 2	描述现象或事实，没有总结与推理。或过于笼统的表述。如："我是根据做实验得出结论。"	1	盖上盖的蜡烛灭了，没水的盒子燃起来了。用实验证明。
	水平 3	能根据现象与事实进行推理，并进行总结与归纳，从而得出结论。如：三个实验中，同时具备这三个条件时，物质都燃烧起来了，缺少了其中一个条件都不能燃烧。	2	燃烧需要适合的物品、氧气和足够的温度。木棒可以点燃，而玻璃棒不能；蜡烛 A 失去氧气，灭了；蜡烛 B 没有灭。A 盒有足够的温度，所以点着了；B 盒因为没有足够的温度，没有点燃。燃烧的条件有可燃物、氧气以及温度；在燃烧时，木棒烧着了，玻璃则没有。所以燃烧对可燃物有要求。蜡烛在没有氧气的情况下灭了，温度低的水，没有马上烧着。

(1) 空白、错误或无法理解，均归类于水平1，值得关注的是在这一项目上空白的学生较多，通过针对性的访谈发现，学生认为无从下手，不知该如何回答。

(2) 只描述现象或事实，抑或是笼统表述，均归类于水平2，大多数学生处于这一水平。例如，有学生回答：盖上盖的蜡烛灭了，没有水的盒子燃烧了。这种描述现象的回答没有点明结论得出的真正原因。也有学生回答"我是用实验活动证明的"，这种模糊的回答没有给出结论推导的具体过程。值得注意的是，访谈发现，部分给出表层描述与模糊回答的学生已经能够理解探究的过程与结果，只是未能用准确的语言表达，因此，如何在课堂上对学生进行科学证据解释和表达的指导是下一步进行教学干预要关注的问题之一。

(3) 能够根据现象和事实进行推理、总结与归纳，属于水平3。这类学生已经将实验现象与结论联系起来，达到了较高的能力水平。

2. 学生在解释现象与结论背后的原因上的表现分析

解释现象与结论背后的原因要求学生认识到对照实验的作用，并理解3个探究活动运用的控制变量方法，项目E03、E04测试了学生这方面的能力（见表8-19）。结果显示，大多数学生在项目E03上得分情况较好，说明学生能够理解对照实验的作用，但是在项目E04上的表现不尽如人意。大多数学生未能准确解释对照实验存在的原因，未能理解控制变量法的内在含义（学生回答示例见表8-20）。

表8-19 项目E03、E04的内容

项目编码	项目内容
E03 E04	根据以上的实验操作和实验现象，回答以下问题： 如果上述3个探究活动均只用一个实验进行探究，即不采用对照实验，你觉得能得出研究结论吗？ 为什么？

表8-20 项目E04的评分标准及学生的作答反应示例

子能力	发展水平	学生行为表现	得分	学生作答反应示例
解释现象与结论背后的原因（项目E04）	水平1	空白、错误、难以理解或与探究设计无关的回答。描述现象，如木棒燃烧了而玻璃棒不燃烧；或描述事实，如木棒是可燃物，玻璃棒不是可燃物。答非所问：第一个器材已经做过了，不能重复使用；一个器材不能得出三个结论。	0	不能，因为器具不全。 不能，要有两个物体一起做实验。 不能，否则无法证明用另一种方法能否成功。

续 表

子能力	发展水平	学生行为表现	得分	学生作答反应示例
	水平2	提到"不能进行对比"或"不能进行对照"。	1	不能,因为这样不能做比较。燃烧是需要可燃物质的。根据实验,木棒燃烧,玻璃棒却未燃烧。
	水平3	写出"不能进行对比实验",同时写出"这是使用了控制变量法"。	2	

从表 8-20 可以看到,大多数学生未能真正理解燃烧条件得出所用的实验设计方法,还停留在对现象的重复水平上,认为"两个实验可以进行对比",但对于为什么要对比、怎样对比、对比哪些变量和要素以及所用到的思维方法等,学生未能给出深入的判断,这说明学生在解释现象与结论背后的原因方面还有待提升。

3. 学生在同伴讨论与交流上的表现分析

同伴讨论与交流贯穿于 3 个探究活动的始终,学生以两人一小组的形式进行探究操作,并就观察到的现象、遇到的问题、得出的结论等方面进行交流。本研究采用现场观察和访谈形式对学生进行测评、分析。主要观测的视角有:独立表达观点(M1)、运用证据支持观点(M2)、调和不同的观点(M3)。四个班级在同伴讨论与交流的 3 个观测视角上的水平分布情况呈现以下特征(见图 8-5):

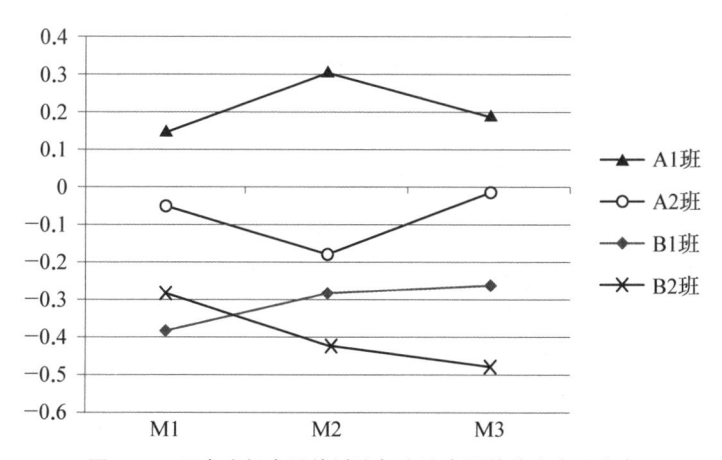

图 8-5 四个班级在同伴讨论与交流方面的能力水平分布

（1）提高班学生在3个观测视角上的水平均高于普通班，特别是A1班在该能力上的水平均高于项目难度，在四个班级中表现最好。

（2）不同班级在不同能力方面的水平表现存在差异。例如，B1班在独立表达观点（M1）上低于B2班，但是在运用证据支持观点（M2）和调和不同的观点（M3）上的能力水平却高于B2班，这一能力水平特征需要在教学干预中加以重视。

第二节 基于科学过程能力发展进程的教学干预模式

本研究中教学干预模式的根基和出发点是科学过程能力发展进程，干预目的在于促进学生科学过程能力的发展。为此，我们构建了基于学生科学过程能力发展进程的教学干预模式（Teaching Intervention Model Based on Students' Science Processing Ability Developing Progress，以下简称SPADP教学模式）。SPADP教学模式是指教学活动设计与实施以发展学生科学过程能力为显性目标，学生在教师的引导下通过探究过程解决问题，并获得自身能力提升的教学模式。以下将进一步阐述SPADP教学模式的特征、结构以及实施过程。

一、SPADP教学模式的特征

教学模式的特征决定了教学干预的目标定位、内容结构以及实施过程。与常规教学模式相比，SPADP教学模式在设计线索、干预群体、激发学生动机以及促进能力迁移等方面具有突出的特征表现。

（一）以科学过程能力要素为目标进行教学设计

SPADP教学模式将科学过程能力作为教学设计和实施的明线，教学目标的制定、教学内容的裁剪、教学活动的构建等环节均围绕科学过程能力的要素展开，并指向学生科学过程能力的发展。为了落实科学过程能力要素的发展目标，我们将课堂教学设计成问题解决的过程，其过程要素包含提出问题、探究过程设计、运用材料和工具、基于证据的解释，体现了教学活动的过程要素与能力培养要素的对应，对针对性地提升学生的科学过程能力。在具体教学设计与实施过程中，将根据每个教学主题所要解决问题的特征差异，选择侧重培养的能力要素，实现重点培养和有效提高。

(二) 关注科学过程能力要素之间的横向促进作用

科学过程能力要素之间具备天然的横向联系,本研究将通过教学干预有效发挥能力要素之间相互促进的作用,让学生达到触类旁通的境界。例如,发展学生探究过程设计能力的同时,往往伴随着基于证据解释能力的提高。如何构建能力要素之间的迁移机制,为学生科学过程能力的整体提升构建更有效的途径是教学干预模式关注的要点之一。促成能力迁移的途径主要有:一是提供能力迁移的情境。二是关注和提取能力要素中的核心思维要点。

(三) 基于学生个体的能力发展路径进行针对性的干预

前测的结果显示,学生科学过程能力的发展水平具有一定的共性,但个体差异是普遍存在的。从宏观上说,学生科学过程能力发展都是从低水平向更高水平迈进的;从微观上来看,每个学生的科学过程能力发展路径都是独一无二的,具有个体差异性。SPADP 教学模式既要关注教学共同目标,又要关注个性化需求。"共同目标是一个领域中所有学习者都希望达到的成就标准或水平。个别目标是个体学习者能够选择的特殊水平和种类。"[①]因此,SPADP 教学模式将在班级整体能力水平的基础上,关注学生个体的能力发展水平,为学生的个体差异提供适应性的教学帮助。这种适应性的教学主要从以下三个途径去实现:(1)为个别化目标提供个别化途径,即针对不同能力水平的学生提出相应的促进措施;(2)为低水平能力的学生提供补救和帮助;(3)为学生的能力发展提供可选择的方案。

(四) 综合运用多种策略:激发学生探究的动机与兴趣

学习动机和兴趣决定了学习过程与结果的有效性,也是学生科学过程能力发展的源泉。SPADP 教学模式引领下的探究活动通过多种手段做到了最大限度地激发学生学习动机和探究兴趣:一是教学活动始于学生的兴趣和他们提出的问题。教师通过设置生活情境等方式,引导学生产生探究欲望,提出探究问题,不强制改变学生的回答和兴趣点。二是教师需要设计连贯性的探究过程情境,以激发、引导学生的主动参与,让学生产生自主探究的动机,将关注点始终聚焦于探究活动和学习内容,使得学生始终处于求知的循环之中。三是教师采用间接影响的方式引导学生迎接探究过程中的挑

[①] 坦尼森等.教学设计的国际观:理论·研究·模型[M].北京:教育科学出版社,2005:252.

战,间接影响包括教师提问引导、反馈评价等方式,教师要尽量地接受、肯定学生的回答与选择,不断鼓励学生在获得成功后,继续挑战新的高度。教师通过提问引导的方式让学生调整感兴趣的方向,以获得最大的收获。

二、SPADP 教学模式的结构

教学模式产生于教学实践探索的过程之中,具有较强的操作性,教学模式的有效运用能较快地改变课堂教学的效果,提高教学质量,促进学生的发展。教学模式一般是指依据教学思想和教学规律而形成的、在教学过程中必须遵循的比较稳固的教学程序及其方法的策略体系,包括教学过程中诸要素的组合方式、教学步骤及其相应的策略。教学模式为教师指明了教学过程中应该先做什么,再做什么,应该如何去做等程序性问题,是有效教学的指南。

SPADP 教学模式除了具有教学模式的典型特征和功能之外,还具有自身的特殊性:一是具有科学学科的特征,SPADP 教学模式是针对科学教学的特殊教学模式,具有较强的学科特色;二是突出发展科学过程能力,SPADP 教学模式将发展能力作为教学的显性目标;三是以学生能力水平发展过程为理论基础,教学模式的形成和实施均以此为依据。

根据科学过程能力发展进程以及能力的初始水平,本研究构建了 SPADP 教学模式的结构程序,形成了五个循环步骤:一是创设情境,引导问题的提出;二是循序渐进,提出研究假设;三是点拨思路,设计探究计划;四是适时提供帮助,实施活动操作;五是巩固拓展,证据解释与运用(见图 8-6)。值得注意的是,这五个环节是促进学生"科学过程能力"发展的教学活动的整体规划,并非一成不变,具体实践活动中要根据学生能力发展的定位、教学内容载体的特征等调整教学模式中的步骤与环节,实现灵活、创造与超越。

SPADP 教学模式的要素与学生科学过程能力之间存在着相互作用的关系,SPADP 教学模式为促进学生科学过程能力发展提供了良好的学习环境。而 SPADP 教学模式的要素与科学过程能力的四大子能力之间是相互对应的关系(两者之间的关系可用图 8-7 来表示)。值得指出的是,常规教学模式则未能在教学过程与学生科学过程能力要素之间建立有意义的联系,也未能有意识地将学生能力水平作为教学设计与实施的基本依据。

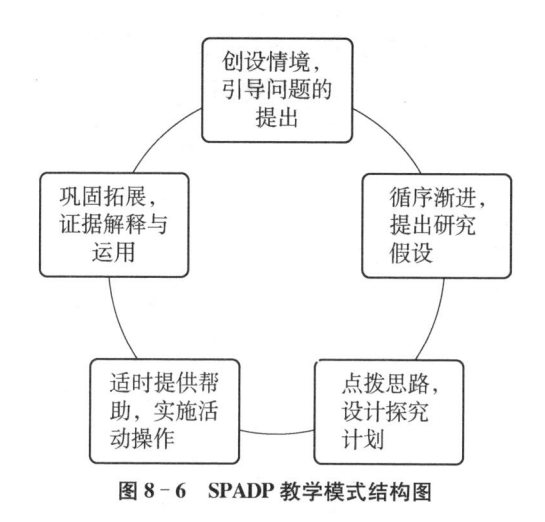

图 8-6　SPADP 教学模式结构图

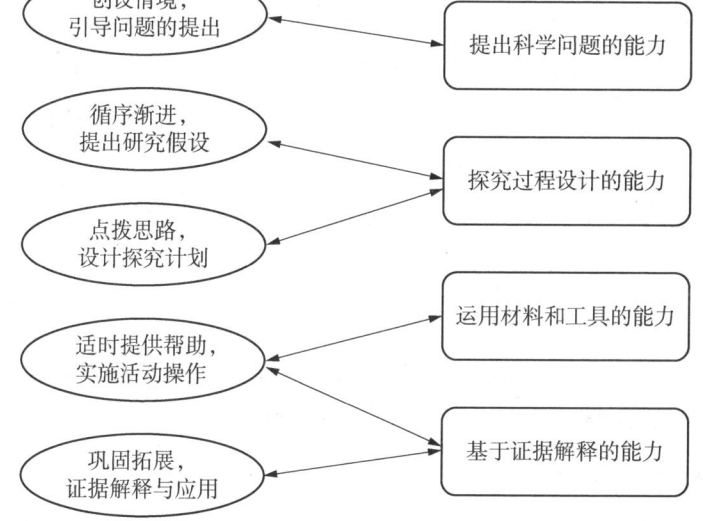

图 8-7　SPADP 教学模式与科学过程能力的子能力的对应关系

三、教学干预工具的构建

本研究中的教学干预工具是指在 SPADP 教学模式影响下的教学目标设计、教学操作程序建构、教学过程性评价以及教学干预策略选择等一系列教学的操作性要素。

教学干预工具是影响教学的最直接因素,是关系教学干预效果的核心问题,因此,如何设计与教学实践相匹配、与学生能力发展进程相吻合的操作性干预工具,是实证研究的重要环节。

(一)设计学生发展目标

学生发展目标即教学目标,决定了课堂教学的整体方向与过程设计。在本研究中,科学过程能力的发展进程与初始水平共同决定了教学目标的设计,教学目标整体指向学生科学过程能力的发展及其核心要素——科学思维水平的提升。这里的教学目标设计可以分为两个层次,第一层次为一节课的教学目标,第二层次为完成某一主题单元的教学之后所要达到的目标,第一层次的教学目标是达到第二层次教学目标的中间过程,一系列不同层次的教学目标指引着学生的发展与成长。而常规教学中的学生发展目标设计过程则没有以确切的初始能力水平和发展水平为导向。

(二)设计教学操作程序

教学操作程序是 SPADP 教学模式的结构、步骤的细化和展开,体现了教师对该教学模式的优化组合与灵活运用。整体来看,SPADP 教学模式的教学操作程序包括:设置问题情境、确定问题、分析问题、提出假设、确定探究起点、核查资源、设计探究过程、开展真实实验、搜集证据、证据整合与解释、交流与评价等环节。学生真实的科学探究是一个循环往复的过程,因此 SPADP 教学模式的操作程序也是一个循环的历程。一个探究活动的成果与经验将成为下一个探究活动的起点,学生通过对每一次探究活动的反思,获得启发与提升。如将 SPADP 教学模式的操作程序连接起来,就可以得到该教学模式的一般序列(见图 8-8)。当然,教学操作程序不是固定不变的,有时需要根据不同的情境进行调整。

(三)设计课堂反馈评价

SPADP 教学模式引领下的课堂反馈评价贯穿教学过程始终,着重体现并发挥评价对学生发展的激励与促进作用。与科学探究教学过程相匹配的有效课堂反馈评价方式有口头应答(简单应答、复杂解释,个别回答,集体指导等)、工作单评价、信息资料判断等(见图 8-9)。口头应答是指教师根据学生学习表现情况通过言语给予学生指导与反馈的方式,是课堂教学反馈评价的主要方式。根据应答的复杂程度可以分为简单应答和复杂应答;根据反馈面向的对象可以分为个别回答与集体回应;根据反馈回

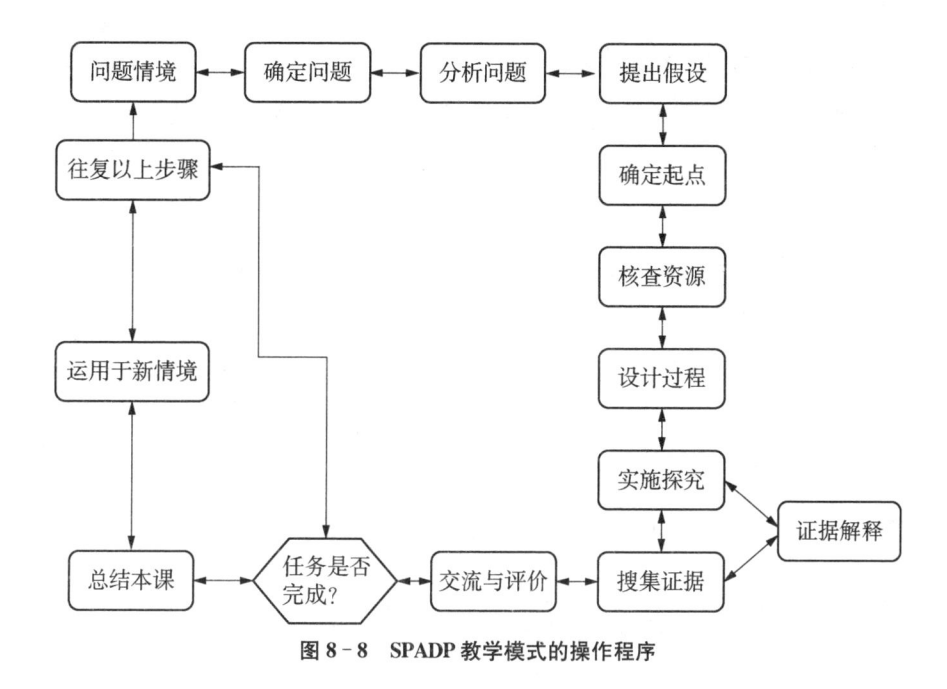

图 8-8 SPADP 教学模式的操作程序

应的时间跨度可以分为及时反馈与延时评价。工作单评价是指通过发放工作单的方式,让学生将探究的过程与信息记录下来,并由教师进行评价的方式。工作单评价并不仅局限于课后评价,教师还可以根据需要选择有代表性的学生案例,进行公开点评和反馈,从而达到集体促进的作用。信息资料判断是指教师通过观察学生探究过程的表现,搜集具有典型性的学生表现信息,通过对话和交流的方式,挖掘学生内部思维的表现,从而进行激发与指导的过程,这种典型对话与示范的过程能达到普遍促进学生思维能力发展的效果。

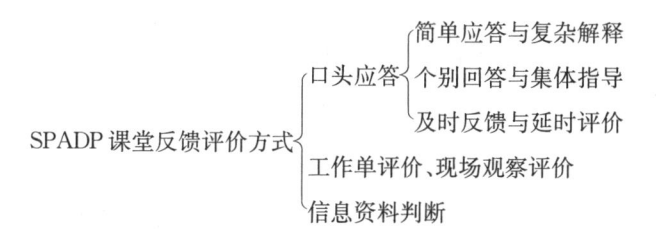

图 8-9 SPADP 课堂反馈评价方式

四、教学内容载体的选择

教学内容是教学活动得以展开的现实载体,教学内容需要与之相匹配的教学模式才能有效地运作。基于 SPADP 教学模式特征与结构,以及科学教材内容单元的编排,本研究选定牛津上海版教材《科学·六年级第二学期》的第五章("能与能源")作为 SPADP 教学干预的内容载体。该内容的特征是:(1)"能与能源"主题与学生日常生活关系紧密,有大量的生活情境与常识可以作为教学铺垫;(2)该主题的内容教学涉及较多的实验活动过程,适合用 SPADP 教学模式展开教学活动;(3)"能与能源"主题是科学教育领域"大概念"(Big Idea)之一,是学生科学知识的重要构成要素。本主题的教材内容包括能的形式、能的转化以及能的转移,学生需要逐步理解"能"是自然科学领域中的一个统一概念,能的转化和转移是自然界的基本规律之一,能源是人类生活的物质基础。

从当今社会可持续发展和学生未来需要出发,为学生精心挑选哪些核心概念,使之在未来学习中能够被有效地利用,已成为科学课程领域的关键问题。在制定科学教育目标、教学内容时,关注"在知识方面不是用一堆事实和理论,而是用趋向于核心概念的一个进展过程,可能会部分有助于克服上面提到的问题。这些核心概念及进展过程可以帮助学生理解与他们在校以及离开学校以后的生活有关的一些事件和现象"[1]。这些核心概念即科学教育中的"大概念"。

2009 年 10 月,国际科学教育家及科学家会议确定了科学教育中的 10 个重要的大概念,其中之一就是关于"能与能源"的核心概念。关于这一主题的大概念可以描述为:"当事物发生变化或被改变时,会发生能量的转化和转移,但是在宇宙中能量的总量总是不变的。"[2]本研究将根据"能与能源"大概念的发展进程、教材内容以及学生能力水平,重新设计这一核心概念的教学内容模块(见表 8-21)。首先,将这一主题分为七个内容模块,四个教学阶段。即阶段一:能的初步认识;阶段二:能的转化与传递的过程;阶段三:关于"能与能源"的原理性解释;阶段四:关于"能与能源"的社会性认识。其次,根据学生水平、学习进程理论和教学内容主题的结构,将该内容的教学分为

---

[1] 温·哈伦.科学教育的原则和大概念[M].韦钰,译.北京:科学普及出版社,2011:2.
[2] 温·哈伦.科学教育的原则和大概念[M].韦钰,译.北京:科学普及出版社,2011:23.

10课时,时间跨度为8周。我们认为,学生能力发展与概念进阶是相辅相成、协同一致的。因此,可以将学生科学过程能力发展与大概念进阶的内容模块对应起来,整体设计以大概念为内容载体的科学过程能力发展进程的二维模型,将目标指向大概念与能力的共同发展。每一课时制定相应的能力发展目标,且随着课时的增进调节教学目标的发展水平,即第二课时能力发展目标的构建应基于第一课时的能力发展水平,做到循序渐进、逐步提升。

表 8-21 "能与能源"主题内容模块划分与科学过程能力发展目标

教材中的内容模块划分	基于大概念进阶的内容模块划分	科学过程能力发展目标
1. 能与能的形式 2. 能的转化 3. 制作能的转化器 4. 热在气体中如何传递 5. 热在液体中如何传递 6. 热在固体中如何传递 7. 热在真空中如何传递 8. 不同物质的导热性 9. 如何进行保暖 10. 能的溯源和节能	阶段一:能的初步认识 万物变化都需要能。	1. 提出科学问题的能力 任何活动都需要能吗? 能有哪些形式? 2. 基于证据的解释能力 通过举例、实际感受、描述生活现象等方式理解能的不同形式。 3. 运用材料与工具的能力 通过用酒精灯燃烧饼干,感受化学能的释放,观察并记录现象,进行总结分析。
	阶段二:能转化与传递的过程 万物变化产生不同形式能的转化; 能的获得途径有能的转化和转移; 能在不同介质中的传递方式; 不同介质的导热性存在差异。	1. 提出科学问题的能力 不同形式的能是如何转化的? 能的获得有哪些途径? 能在不同的介质中分别是用什么方式传递的? 不同物质的导热性存在差异吗? 流体可以用传导的方式进行热传递吗? 2. 探究过程设计的能力 提出探究活动的假设; 控制过程变量; 设计探究步骤。 3. 运用材料与工具的能力 正确运用实验器材; 观察并记录实验现象; 制作简单的能的转化器。 4. 基于证据解释的能力 基于实验现象得出研究结论; 解释研究结论得出的过程; 运用不同形式能的转化原理解释能的转化器的运作; 解释失控的能的转化。

续 表

教材中的内容模块划分	基于大概念进阶的内容模块划分	科学过程能力发展目标
	阶段三：关于"能与能源"的原理性解释 能量不能被产生或消灭	1. 提出科学问题的能力 地球上的能量最终来源于哪里？ 能量会消失吗？ 2. 基于证据解释的能力 描述能的来源故事； 区分能源的种类并举例说明； 解释能量守恒的原理。
	阶段四：关于"能与能源"的社会性认识 如何节能开源。	1. 提出科学问题的能力 我们为什么要节约能源？ 我们如何减轻对化石燃料的需求？ 2. 基于证据解释的能力 描述家庭燃料的变迁； 解释燃料燃烧的能量变化过程； 描述燃料使用的安全措施； 解释节约能源的方法与原理； 解释新能源开发、利用的原理。

五、教学组织形式的设计

教学组织形式"是为实现一定的教学目标，围绕一定的教学内容或学习经验，在一定的时空环境中，师生相互作用的方式、结构与程序"[1]。教学组织形式的设计需要以教学目标和教学内容为依据，不同的教学内容要有与之相匹配的教学组织形式。科学课程的教学组织形式主要有同步学习、分组学习与个别学习三种。同步学习是指班级全体成员在教师的直接指导之下开展学习，包括提示型的同步学习和师生共同解决问题的同步学习。分组学习是指让学生以小组为单位形成学习群体，开展自主合作学习，学生之间相互交换信息，教师从中指导。个别学习是指学生以个体为单位进行课题学习，教师逐个进行介入、指导与评价，这三种教学组织形式各有其优缺点。本研究将根据教学内容、学生水平等实际情况综合运用这三种教学组织形式，构建以同步学习为主，分组学习和个别学习适时参与的教学组织形式。

---

[1] 蔡铁权，姜旭英.新编科学教学论[M].上海：华东师范大学出版社，2008：94.

六、SPADP 教学模式与常规教学模式的区别

作为基于学生科学过程能力发展进程的教学干预模式，SPADP 教学模式与常规的教学模式相比有其特色，具体表现在教学设计线索、教学模式结构、学生发展目标、教学操作程序以及课堂反馈评价等方面（见表 8-22）。

表 8-22　SPADP 教学模式与常规教学模式的区别

教学模式的特点	SPADP 教学模式	常规教学模式
1. 教学设计线索	以科学过程能力为教学设计明线。	未能明确设计线索或主要以掌握知识为明线。
2. 教学模式结构	五步结构与四大科学过程能力相对应。	教学结构设计不与学生能力发展相匹配。
3. 学生发展目标	以科学过程能力为整体发展目标；教学目标制定是一个动态的过程；区分共同发展目标与个别发展目标。	分别设计教学三维目标；教学目标制定是静态的；未能区分学生个体发展目标的差异性。
4. 教学操作程序	构建循环往复的教学操作程序；操作程序过程与能力表现性评价过程相匹配。	教学操作程序过程未体现循环特征；操作程序过程与能力表现性无直接联系。
5. 课堂反馈评价	以工作单、课堂观察为信息搜集载体；体现反馈评价的过程性与表现性。	以简单的口头评价为主；不体现或较少体现评价的过程性与表现性。

实验组和控制班按相同内容进行教学，但前者采取 SPADP 教学模式，后者则按常规的教学模式进行，其它因素尽量保持相同。

七、SPADP 教学模式的案例分析

本研究根据"能与能源"大概念的构成和发展过程，重新设计了大概念发展的四个阶段和七个内容模块，制定了相应的课时计划，规定了教学干预的时间。那么，以"能与能量"大概念为载体的 SPADP 教学干预模式是如何实施的？其实践过程中又有哪些发现与收获？以下将以"不同物质的导热性"的教学案例为代表进行具体分析。

（一）教学目标的制定

为避免知识与技能、过程与方法、情感态度与价值观目标三者机械割裂产生的副

作用,探索教学目标的多维整合设计非常重要。SPADP教学模式的基本特征决定了教学目标的设计要以学生科学过程能力发展为显性表征,以知识内容为载体,将知识、方法与情感态度的目标融合于学生能力发展主线之中,即 SPADP 教学模式引领下制定的教学目标是将三维目标整合成科学过程能力为主线的整体目标来表征的(见图 8-10)。

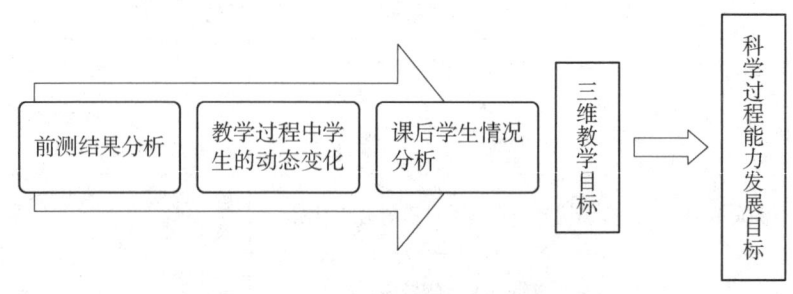

图 8-10 教学目标制定的动态过程

教学目标制定的依据来自以下几个方面:一是学生科学过程能力前测分析结果。前测结果是教师了解学生能力初始水平的首要来源,前文已经具体阐述了学生科学过程能力的整体水平、不同学生类别的表现差异、不同能力要素之间的水平差别以及学生个体能力的表现特征等,为教学干预目标的制定提供了可靠的参照点;二是在教学过程中,学生各方面的表现变化。教学评价与教学过程是交叉互动、互相缠绕的现实形态,而学生表现本身是一个动态变化的过程,教师需要随时评价、监控学生学习情况的动态进展,并依据学生的最新变化修正教学目标,使得教学能够在不断更新的教学目标指引下实现持续创生;三是课后学生情况分析。前一节课的课后分析为新一节课教学目标制定提供信息,教师要通过分析前一节课学生的学习结果,了解学生的能力水平,进而调整新一轮教学设计的目标。

基于以上考虑,本研究制定了"不同物质的导热性"这一课时的适应性教学目标。本研究中实施教学干预的对象分别为提高班 A2 班和普通班 B2 班。在提出共同目标的同时,考虑提高班和普通班学生的能力差异,从班级水平差异和学生个体差异的角度,分别提供针对性的教学目标和特殊关注。提高班 A2 班和普通班 B2 班学生科学过程能力的共同发展目标与个别发展目标为:

(1)提出科学问题的能力。大部分学生能够就现象的本质进行发问,能够基本清晰地表述探究问题：不同物质的导热性是否相同？不同物质的导热性有什么不同？部分能力水平较低的学生能够在教师的逐步引导下，提出基本正确的探究问题。

（2）制定探究计划的能力。大部分学生能够在教师指引下提出合理的研究假设，并运用控制变量方法设计探究步骤：能够将热源作为不变的常量，并改变物质的材料，从而获得对照研究的结果。部分能力水平较低的学生能够在教师的更多帮助下，理解控制变量的方法，并用该方法设计基本可行的探究计划。

（3）运用材料和工具的能力。大部分学生能够在教师的引导下正确、规范地操作实验仪器，合理运用实验材料，并能够科学地观察实验现象，完整地记录实验现象。部分能力水平较低的学生能够在教师的示范下，掌握实验器材操作的要领，基本规范地实施实验操作，并完成实验证据的搜集。

（4）基于证据解释的能力。大部分学生能够通过分析实验现象得出实验结论：同一杯热水提供的热量相同，但是铜棒最先变热，说明铜棒的导热性最好，而木棒最后变热，说明木棒的导热性较差。进而通过分类对现象进行分析，得出结论：不同物质的导热性不同，金属的导热性能较好，非金属的导热性能较差。同一个酒精灯提供的热量相同，而铜棒上的氯化钴试纸先变色，铁棒上的氯化钴试纸最后变色，进而得出结论：铜棒的导热性最好，铁棒的导热性最差，不同金属的导热性也不尽相同。部分能力水平较低的学生通过教师更多的帮助，能够理解并解释探究的过程，得出探究的基本结论。

（二）教学干预的实施过程

教学目标确定了本课教学的方向，教学干预实施需要围绕着已确定的教学目标展开。本研究的教学干预实施过程包括前期实验器材的准备、教学环节的展开、教学过程评价与反馈、特殊帮助与指导，后两者将与教学环节的展开融合在一起呈现。

1. 实验器材的准备

本课包含四个探究活动，可能用到的实验器材如下：

活动1：一份工作单，铜棒、铁棒、木棒、玻璃棒分别一根（长短、粗细、形状都相同），烧杯，热水。

活动2：一份工作单，长短、粗细、形状各不相同的铜棒、铁棒、铝棒一套，长短、粗细、形状都相同的铜棒、铁棒、铝棒一套，干燥的氯化钴试纸，一个三脚架，一个酒精灯，直尺,秒表,喷水壶,火柴等。

活动3:一份工作单,一个带铁夹的铁架台,一个试管,一个温度计,一个酒精灯,碎冰,一块铁丝网。

活动4:一份工作单,一个电源,两支试管,两个温度计,两条电热丝,试管塞一个。

这四个探究活动的教学实施过程中均要用到工作单,主要用于探究计划的制定、实验现象的记录、实验结论的分析以及探究过程的记录,既为学生的探究活动过程提供支持,又是探究过程展开的重要工具。

2. 教学实施结构

本课例的教学实施结构主要由四个探究活动构成,分别为:

探究活动1:金属与非金属的导热性;

探究活动2:不同金属的导热性;

探究活动3:水的导热性;

探究活动4:空气的导热性。

这四个探究活动都指向共同的探究主题即不同物质的导热性,但从探究的思维深度来说,这四个探究活动层层递进,体现了学生科学过程能力水平逐步深入的过程。

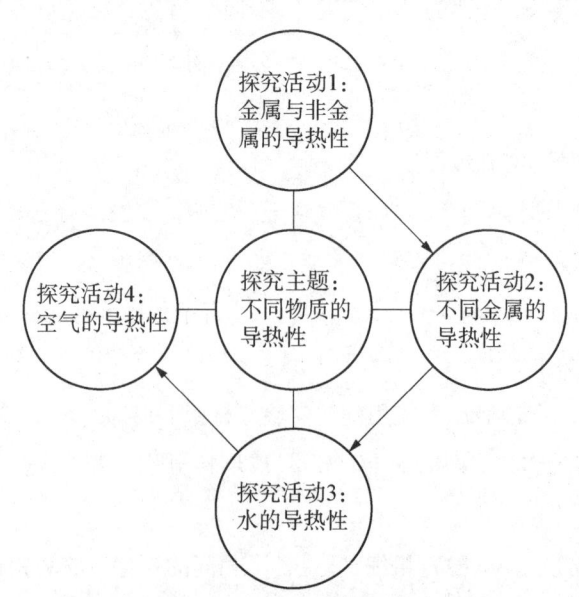

图8-11 "不同物质的导热性"课例的教学实施结构

3. 教学环节的展开

根据SPADP教学模式的操作程序以及学生的具体情况,本课的教学环节展开如下。

(1) 设置情境,引导问题的提出

教师PPT出示生活中常见物品的图片(锅铲、热水瓶的木塞、暖气片、微波炉的隔热手套等),随即提出问题:锅铲的手柄为什么是用塑料做的?热水瓶的塞子为什么是用木头做的?暖气片为什么是金属材质的?微波炉的隔热手套为什么用厚实的布料来做?(注:教师提出一连串的问题激发学生对探究问题实质的提取)

学生分别回答:"锅铲的手柄用塑料做不烫手,那块塑料柄掉了之后,盛饭时烫得厉害""热水瓶的木头塞子保温效果很好,过了一晚上水还是很热的""用了隔热手套后拿热菜不烫手"等。(注:此时,学生对"热的传导"的认识还处于经验阶段,没有进行归纳与总结)

教师肯定学生的回答,并引导:"我们上节课学过热在固体中能从高温的一端传递到低温的一端,这样的热传递方式叫传导。那么,我们能不能根据刚才呈现的一些常见生活现象,就'导热性'这一主题,提出一个你想探究的问题呢?"(注:此时,教师复习原有概念,并提供探究问题的主导方向,辅助学生提出值得进一步探究的问题)

学生1回答:"我想知道,为什么锅铲柄要用塑料来做?"(注:此学生提出科学问题能力处于现象重复水平,要在引导下进一步提升)

教师:"你刚才是针对一种现象进行提问,能不能把刚才看到的现象总结起来,重新归纳出一个问题呢?不要忘了提出的问题要针对'导热性'这一主题。你再思考一下,听一听其他同学的说法。"(注:教师再次引导问题指向的主题,指导提问的思维方法,并让学生通过再思考和倾听同伴的方式启发学生思维)

学生2:"不同物质的导热性不一样。"(注:此时,学生能够对现象进行归纳、总结,并提取了问题本质,但未能用提问的方式表达出来)

教师:"这些现象说明了不同物质的导热性不同,有些导热性好,有些导热性差,这是对的。那么你能不能以提出问题的方式来表达刚才的意思呢?"

学生2:"不同物质的导热性有差异吗?""不同物质的导热性是否不同?"(此时,学生能够针对现象的本质进行提问,且问题的表达方式正确、表述语言清晰)

教师:"很好,这将是我们这节课要探究和解决的问题。接下来我们就围绕这一问题展开探究,想办法解决这个问题。"(教师板书:"探究问题:不同物质的导热性有差异吗?")

(2) 循序渐进,提出研究假设

教师:"我们已经确定了待研究的问题,针对这一问题你们有什么答案吗?能不能先做一个推测呢?"

学生3:"我认为不同物质的导热性是不同的。"

教师:"还有其他答案吗?"

学生4:"我认为不同物质的导热性不尽相同,可能有些物质的导热性相同,有些又不相同。"

教师:"很好,两位同学对这个问题作出了不同的推断,学生3认为不同物质的导热性不一样,学生4说不同物质的导热性不尽相同。我们把这些在研究问题之前,对问题作出的预先性的、假定性的设想叫作'研究假设'。"(教师板书:"研究假设:假设1:不同物质的导热性是不同的。假设2:不同物质的导热性不尽相同。"注:此过程教师让学生明确研究假设的内涵和意义,并学会提出研究假设)

(3) 点拨思路,设计探究计划

教师:"刚才同学们针对要研究的问题提出了研究假设,那么这些研究假设是否正确呢?我们要用实验来证明。在开始正式活动之前,请大家在工作单上写下你的研究计划,给大家5分钟的时间思考并完成工作单。"

学生完成工作单的过程中,教师巡视并酌情指导,并选择不同能力水平的学生对自己已完成的探究计划进行汇报。

学生5展示自己的探究计划，如表8-23所示。

表8-23　学生5设计的探究活动计划

活动1(探究金属与非金属的导热性)：分别把铜棒、铁棒、木棒和玻璃棒的一端放入烧杯中的热水里，用手感觉哪个棒最热。

活动2(探究不同金属的导热性)：把铜棒、铁棒、铝棒放在三脚架的石棉网上，用酒精灯加热一端，一会之后，用手感受各个金属棒的温度。

活动3(探究水的导热性)：用铁夹把装了水的试管固定在铁架台上，用酒精灯加热试管底部，用温度计测量试管上部的水，观察温度变化。

活动4(探究空气的导热性)：将温度计插入试管A的上部，把发热器放入试管A的底部，接通发热器的电源，观察温度计的变化情况。

学生6展示自己的探究计划，如表8-24所示。

表8-24　学生6设计的探究过程计划

活动1(探究金属与非金属的导热性)：把相同规格的铜棒、铁棒、木棒和玻璃棒的一端同时放到装有热水的烧杯里，用手触摸这些棒的末端，感受哪些棒最先变热，哪些棒最后变热。

活动2(探究不同金属的导热性)：把3根规格一样的铜棒、铁棒、铝棒的一端靠在一起放在三脚架的石棉网上，再把3张湿的氯化钴试纸分别放在3根金属棒另外一端的相同位置，用酒精灯加热金属棒靠在一起的那一端，然后观察氯化钴试纸变色的先后顺序。

活动3(探究水的导热性)：先用铁丝网把一些冰块固定在试管底部，再往试管内加水，然后用铁夹把试管固定在铁架台上，用酒精灯加热试管上部的水，观察试管上部水的变化情况和试管底部冰块的融化情况。

活动4(探究空气的导热性)：将温度计插入试管A的底部，把发热器放入试管A的上部，塞上试管塞；然后将另外一个温度计插入试管B的上部，把同样的发热器放入试管B的底部。同时接通两个发热器的电源，观察、对比两个温度计的温度变化情况。

教师："请大家帮同学5和同学6看一看，他们设计的探究计划可行吗？哪些地方存在差异？其他同学有没有不同的意见或补充的地方？"(注：教师引导学生关注自己的探究计划与学生5、学生6的异同点，找出各自的优缺点，达到同伴之间互动、补充的效果)

学生7："学生6说明了各个棒的规格要一样，而学生5没有说明。"

学生8："活动1中，学生5说感受哪个棒最热，而学生6说，比较哪个棒热得最快。"

学生9："活动2中，学生5是用手触摸感受变热快慢，而学生6是用氯化钴试纸变色快慢来表示变热快慢。"

学生10："活动3中，学生5用酒精灯加热试管底部的水，学生6加热试管上部的水。"

学生11："活动4中，学生5只用了一个实验，而学生6用了两个不同的实验来对比。"

教师表示肯定，并将这些差异一一写在黑板上。

教师："刚才这些同学把学生5和学生6的探究计划的差异说了出来，接下来，我们来讨论一下哪位同学的设计更合理，原因是什么？首先，我们先来看活动1中的差异。"

学生7："我觉得各个棒的规格应该一样，只有材料不一样，这样才知道最后结果的差异是由于材料不同导致的。"

教师："你的意思是，如果棒的规格有差异，那么我们就不知道变热快慢是由棒的规格影响的，还是不同材料影响的吗？我们要探究不同物质的导热性差异，所以要控制好除了物质材料以外的其他变量。我们把这种只改变一个因素，保持其他因素不变的研究方法叫作控制变量法，这种方法是科学探究中的一种重要方法。"（教师板书：控制变量法。注：教师用浅显的语言将学生的回答具体化，并帮助学生厘清控制变量法的核心思想，将学生的具体经验上升到思维方法的高度）

学生11："我觉得活动1中，最后比较的应该是哪根棒最热，不是哪个最先热。"

教师："你能说说理由吗？"

学生11："因为，最热的那根棒说明是导热性最强的。"

教师："哦，你觉得最热的是导热性最强的。其他同学有不同看法吗？"

学生12："我不这么认为，一段时间后烧杯里的热水变冷了，这些棒也都会变冷，所以应看哪些棒热得快，而不是最热。"

教师："哦，你认为是要比较'热得快慢'。因为随着时间的推移，物体最后都会慢慢冷却,棒和外界环境也在进行着热传递。因此,学生6的探究计划是对的。"(注:教师确认学生的正确回答,并说明原因,帮助学生理解为什么要比较哪个棒最先热,而不是一段时间后哪个棒最热。)

学生13:"活动2中,不能用手去触摸金属棒,会烫手,还是用氯化钴试纸去试验哪个先变色比较好。"

教师:"很好,你看到了实验的安全性问题。还有其他原因吗?大家想一想,手的感觉和氯化钴试纸变色哪个对热的变化更灵敏?"

学生齐声:"氯化钴试纸更灵敏一些。"

教师:"是啊,人对外界事物变化的感觉往往不是十分敏锐的,我们需要借助仪器或工具来帮助我们更准确地确定实验结果。"(注:教师提示搜集证据的方法,帮助学生理解除了人的直接感官之外,借助器材能够帮助我们更加精准地获得实验现象与结果)

学生14:"活动3,应该加热试管上部的水,所以还是学生6的实验设计正确。"

教师:"你赞同同学6的设计,那么你来说说理由吧。"

学生14:"如果按照同学5的做法,加热试管下部的水,水受热后往上升会产生对流,就不知道是对流对水的温度有影响,还是热传导的影响了。"

教师:"哦,上节课学过水会通过对流进行热传递。如果加热试管底部的水就无法排除对流这个热传递的方式了,对吗?这里,我们还是用到了控制变量的方法。除了活动3之外,还有哪个活动也用到了这种思想方法呢?"(注:教师重复并提炼学生的回答,再次点出该活动用到了控制变量的方法,提升了学生的思维水平)

学生15:"我发现,活动4与活动3的道理差不多,同学5把发热器放入试管底部,试管底部的空气受热会上升,产生对流,使得试管上部的温度升高,这样就无法判断是对流还是传导对温度产生影响了。而同学6的设计则可以排除空气对流对温度的影响。"

教师:"活动4和活动3的设计是同一个原理,都用到了控制变量法,都要排除对流这个因素对水或空气的热传递的干扰。因为,水和空气受热后密度都会变小,从而向上升,产生对流。所以,要排除对流的影响,就要加热上面的水或空气。看来,同学6的设计是较为合理的。"(注:教师总结4个活动都用到了控制变量的方法,并根据具体探究设计案例说明控制变量的原理)

  教师:"经过大家的共同讨论,我们已经完成了4个探究活动的设计,接下来我们就按照同学6的设计方案进行正式的探究活动。"

(4) 适时提供帮助,实施活动操作

  教师:"请同学们以同桌两个人为一个小组,分工、合作完成4个探究活动,并在工作单上记录你们的探究过程与结果。"

  全班分为15个小组,按照探究过程计划开展小组合作操作活动,教师逐个小组巡视,并为操作过程中遇到困难的学生提供帮助。

  尽管前面已经对操作过程做了计划与指引,但是学生在实际操作过程中还是遇到了不少困难,发生了一些错误,总结起来有以下几类:一是部分学生在变量控制上仍存在漏洞,有的学生在进行活动1时将棒一个个放入热水中,而不是同时放入,放入的棒的粗细、长短不一等;进行活动2时,没有将三根金属棒的一端靠在一起用酒精灯加热等。二是部分学生的器材操作规范失当。如学生往试管加入的水超过了试管的三分之二,以至于加热时试管内的水溢出;酒精灯加热时没有用外焰;试管夹夹住的位置不正确等。三是观察、记录实验现象时不够准确细致。针对这些问题,教师进行了个别指导,并进行了整体矫正。

(5) 巩固拓展,证据解释与运用

  教师:"刚才大家按照探究计划实施了四个探究活动,搜集了实验现象,也得到了实验结果。接下来,我请同学来汇报一下你们的实验结果。"(注:教师选择不同能力表现水平的学生进行结果汇报,以实现学生间的帮助互补)

  学生15用幻灯机出示工作单,并进行汇报,以下是其工作单:

实验类别	探究主题	实验装置示意图	记录实验现象	探究结论
活动1	金属与非金属的导热性	热水	铜棒、铁棒很快热了，可是木棒、玻璃棒热得很慢	铜棒、铁棒导热性好，木棒、玻璃棒导热性差
活动2	不同金属导热性	A铜棒 B铝棒 C铁棒	铜棒上的氯化钴试纸最快变色，铝棒第二，铁棒第三	铜、铝、铁三种金属的导热性不同
活动3	水的导热性	冰块 铁丝网	试管口的水被烧得沸腾了，冰块也熔化了	水可以进行热传导
活动4	空气的导热性	A B 燃烧器	A试管内温度为20℃，B试管内温度为32℃	空气可以进行热传导

教师："大家听了同学15的汇报，也看到了他的工作单，对比一下自己的探究过程与结果，有什么不同之处吗？"

学生16："我的结论与同学15有点不一样，活动1我得出的结论是金属的导热性较好，非金属的导热性较差。活动2我得出的结论是不同金属的导热性不尽相同。活动3我得出的结论是水可以进行热传导，但水主要通过对流进行热传递。活动4我得出的结论是空气可以进行热传导，但主要通过对流进行热传递。"

教师："哦，你的结论概括性更高了，你是怎么得出这样结论的呢？"（注：教师通过层层深入的提问挖掘学生内部思维，揭示其优点，也暴露其缺点，从而提升学生基于证据解释的能力）

学生16（出示工作单）："我是通过对照实验得出结论的。活动1中，铜棒和铁棒作为金属，热得最快，而玻璃棒和木棒是非金属，热得比较慢。所以可以得出结论金属的导热性较好，非金属导热性较差。活动2、活动3、活动4也是一样的道理。"

实验类别	探究主题	实验装置示意图	记录实验现象	探究结论
活动1	金属与非金属的导热性		铜棒、铁棒热得快，木棒、玻璃棒热得慢	金属物质导热性好，非金属导热差
活动2	不同金属导热性		非金属棒上的蜡烛变色快慢顺序为铜棒最快>铝棒>铁棒	不同金属导热性不完全一样
活动3	水的导热性		上面的水烧开了，一会后底部冰块也化了	水可以进行热传导，但效果不如
活动4	空气的导热性		试管A的温度比试管B的要高	空气可以热传导

教师："哦，你刚才说到铜棒和铁棒属于金属材料，而木棒和玻璃棒属于非金属材料，由铜棒和铁棒的导热性好，木棒和玻璃棒导热性较差，可以推导出结论：金属材料导热性较好，非金属材料导热性较差，是吗？我们可以把这样的科学思维方法叫作归纳法，很多科学研究都会用到这种方法。"（注：教师提炼学生的回答，并进行科学思维提升）

教师："我们再来看这两位同学的实验装置示意图有何不同之处。仔细观察、对比，再回忆一下你们自己刚才的实际操作。哪位同学的装置较为合理？"

学生17："同学15的装置比较合理，活动1中需要把四根棒的末端放在一起，保证热水提供的热量一致。活动2中也是一样，要保证都在酒精灯外焰处，这样燃烧的温度才是一样的。"

教师："哦，这些棒的末端靠在一起是为了保证得到的热量一样，是吗？这里我们用到了什么实验方法呢？"

学生齐声："控制变量法。"（注：教师通过对比学生的活动表现，揭示问题所在，强化控制变量法这一思维方法）

教师："很好，我们以'不同物质的导热性'为主题，通过四个探究活动，得出了这样一些结论:不同物质的导热性不同;金属的导热性能较好,非金属的导热性能较差;不同金属的导热性不尽相同;传导和对流均可以在水或空气中发生,但以对流为主。通过探究设计和实际的探究活动,我们还学到了科学探究中常用的研究方法:控制变量法。最后,请同学们整理实验器材,并完成课后的作业。"

总结:本教学案例以学生科学过程能力发展进程为教学设计与实施依据,按照SPADP教学模式设计教学过程。教学实施过程中关注学生的自主探究,让学生通过过程体验、动手操作等方式获得探究结论。同时,注重通过教师提问、反馈等方式不断提升学生的科学过程能力,提高学生思维发展水平。本研究中基于学生科学过程能力发展进程的教学干预,就是这样通过能力要求逐级提升的探究教学活动,让学生沿着自身能力发展轨迹更快地达到科学过程能力的更高水平。

第三节 学生科学过程能力的发展水平

学生科学过程能力前测结果显示,实验组 A1 与控制组 B1 在科学过程能力初始水平上无显著性差异,说明实验组与控制组在学生科学过程能力上具有同质性,符合实验干预研究的基本条件。进而本研究对两个实验组 A2 和 B2 施加一段时间的 SPADP 教学干预,干预结束之后,进行学生科学过程能力的后测(SPA)。后测工具在结构、评分标准上与前测工具基本一致,为了避免学生的练习效应对测试结果的影响,后测任务采用与前测任务不同的内容载体——"影响水蒸发快慢的因素",且该内容载体是学生还未学过的。因此,可以认为,前测与后测结果在测试内容与能力水平划分上具有同质性,可以相互对照。最后,研究学生科学过程能力的两次测试数据,得出学生在科学过程能力上的发展水平。进而考察教学干预对提高班、普通班实施效果的差异来确定实施 SPADP 教学对学生科学过程能力水平的影响,进一步从 SPADP 教学干预对不同性别学生的影响、对科学过程能力不同核心要素的影响等方面进行分析,从而判断 SPADP 教学干预在促进学生科学过程能力发展上是否具有显著优势。

一、科学过程能力及其子能力的发展路径

教学干预前后学生科学过程能力的发展路径既揭示了教学干预的效果,也是确立了学生科学过程能力发展进程的实证依据。以下将通过分析学生科学过程能力前、后测结果来揭示学生在科学过程能力及其核心构成要素上的发展路径与特征:(1)四个班级学生在科学过程能力四个核心子能力上均有提升(见表8-25)。例如,提出科学问题的能力A1班均值为0.78,而后测结果表明A1班该能力提升到了1.32。(2)教学干预之前,实验组学生科学过程能力平均值均略低于控制组,而教学干预之后,实验组科学过程能力均值均超过了控制组。例如,干预之前A2班的科学过程能力均值为0.93,A1班为1.21,而干预之后,A2班的科学过程能力均值上升到了2.21,A1班略有上升,为1.47。

表8-25 实验组和控制组前、后测的描述性统计

能力编码	实验组 A2班 M	实验组 A2班 $S.E.$	实验组 B2班 M	实验组 B2班 $S.E.$	控制组 A1班 M	控制组 A1班 $S.E.$	控制组 B1班 M	控制组 B1班 $S.E.$
前测								
QA	0.36	0.19	−0.10	0.19	0.78	0.17	0.29	0.13
DA	0.68	1.17	−0.12	1.26	0.56	1.27	0.01	1.33
IA	0.59	0.65	0.34	0.57	1.49	0.55	0.22	0.52
EA	−0.24	0.73	−0.95	0.73	1.00	0.54	−0.28	0.63
PreT	0.93	0.30	−0.11	0.35	1.21	0.31	0.00	0.33
后测								
SQA	1.95	0.05	1.50	0.07	1.32	0.08	1.17	0.06
SDA	3.34	0.26	1.81	0.21	1.20	0.23	0.10	0.22
SIA	2.34	0.18	1.50	0.13	1.90	0.16	1.31	0.15
SEA	1.97	0.15	1.30	0.11	1.48	0.11	0.78	0.15
PostT	2.21	0.12	1.40	0.10	1.47	0.09	0.86	0.12

注:PreT和PostT分别表示科学过程能力的前、后测。QA、DA、IA、EA分别表示四种子能力的前测,SQA、SDA、SIA、SEA分别表示四种子能力的后测。

(一) 学生科学过程能力的整体发展水平

科学过程能力前、后测结果显示(见图8-12),四个班级学生在科学过程能力上的发展进程具有以下几个特征:(1)实验组(A2班和B2班)与控制组(A1班和B1班)在科学过程能力后测中的表现均优于前测。(2)实验组(A2班和B2班)在科学过程能力

上的提升幅度高于控制组(A1班和B1班)。(3)控制组中,提高班的能力提升幅度远远低于普通班。可能原因是提高班学生的科学过程能力在达到一定水平后面临发展瓶颈期,而常规的教学难以提供突破瓶颈的良方。以下以科学过程能力的各个核心要素为例,具体描述学生科学过程能力的发展路径。

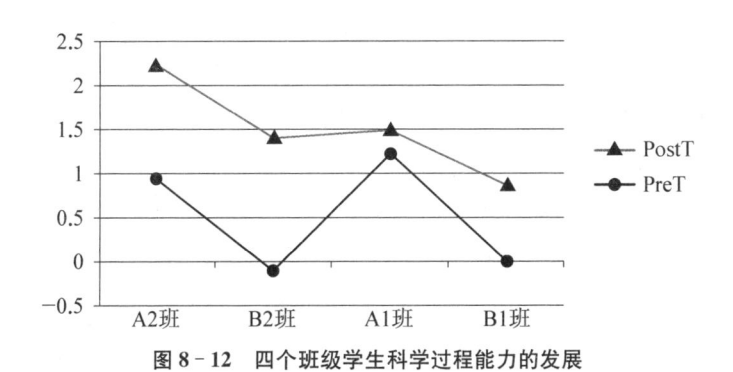

图 8‐12 四个班级学生科学过程能力的发展

(二) 学生提出科学问题的能力发展水平

科学过程能力前、后测结果显示(见图 8‐13),学生提出科学问题的能力发展水平具有以下特征:(1)四个班级在后测中的能力表现均优于前测。与前测相比,在后测中有更多的学生能够对现象进行归纳和提炼,并针对问题的本质进行提问。(2)实验组学生提出科学问题的能力均值提升幅度均大于控制组。从图 8‐13 可以直观看到,实验组 A2 班从 0.36 提升到了 1.95,实验组 B2 班从 －0.10 提升到了 1.50,而控制组 A1 班从 0.78 发展到了 1.32,控制组 B1 班从 0.29 发展到了 1.17。(3)教学干预之后,普通班 B2 班(实验组)学生的提出科学问题的能力平均水平超过了提高班 A1 班(控制

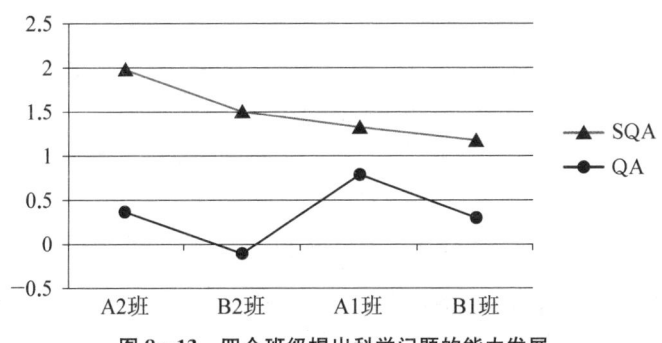

图 8‐13 四个班级提出科学问题的能力发展

组)。在教学干预之前,普通班与提高班学生在科学过程能力上并不具有可比性,然而,经过一段时间的教学干预,普通班 B2 班学生在提出科学问题的能力均值为 1.50,超过了提高班 A1 班的 1.32,变化非常显著。

(三) 学生探究过程设计的能力发展水平

科学过程能力前、后测结果显示(见图 8-14),学生在探究过程设计的能力上具有以下发展特征:(1)从整体发展趋势来看,四个班级学生在后测中的探究过程设计的能力平均值均高于前测。后测结果显示,与前测结果相比,有更多学生能够针对水蒸发快慢这一研究主题提出合理的研究假设,且假设更加全面、准确。在设计探究步骤的过程中,有更多的学生能够灵活运用控制变量的方法设计探究过程。(2)与控制组(A1 班和 B1 班)相比,实验组(A2 班和 B2 班)在探究过程设计的能力上提升幅度更大。A2 班和 B2 班学生探究过程设计的能力均值提升幅度分别为 2.66、1.93,而 A1 班和 B1 班学生在该能力上的发展幅度分别仅为 0.64 和 0.09。(3)普通班(B2 班)在教学干预之后,其探究过程设计的能力平均水平赶超了提高班。前测结果显示,B2 班的探究过程设计的能力均值为 -0.12,A1 班为 0.56,A1 班较大幅度领先于 B2 班,而在对 B2 班进行教学干预之后,B2 班的探究过程设计的能力均值提高到了 1.81,超过了 A1 班(1.20),这说明基于学生科学过程能力发展进程的教学干预能够有效提升普通班学生探究过程设计的能力。

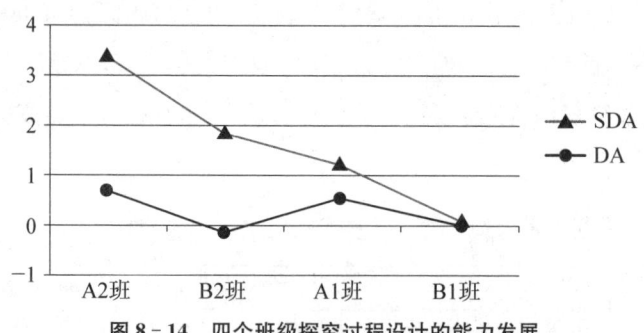

图 8-14 四个班级探究过程设计的能力发展

(四) 学生运用材料和工具的能力发展水平

科学过程能力前、后测结果显示见图 8-15,四个班级学生运用材料和工具的能力发展具有以下特征:(1)从整体发展态势来看,随着时间的进展,四个班级学生在运用材料和工具能力上均有不同程度的提升。前测发现,普通班学生在该能力上的表现呈两极分化的态势,既有表现较好的学生,也有表现远远低于平均水平的学生,而后测结果显示,这些能力两极分化的现象得到了改善,部分在前测中能力水平较低的学生已经能够规范地使用酒精灯、试管等实验器材,并通过控制变量的方法实施探究步骤,能够有效地观察、记录实验现象。(2)实验组学生(A2班和B2班)在运用材料和工具的能力上提升幅度大于控制组(A1班和B1班)。A2班和B2班在运用材料和工具的能力均值上提升幅度分别为1.75、1.16,而A1班和B1班在该能力上的提升幅度分别为0.41和1.09。(3)控制组中,提高班在运用材料和工具的能力上发展幅度明显低于普通班。其原因在于提高班学生在该能力上达到一定水平后进入了发展瓶颈期,而常规教学模式很难突破学生的能力瓶颈。

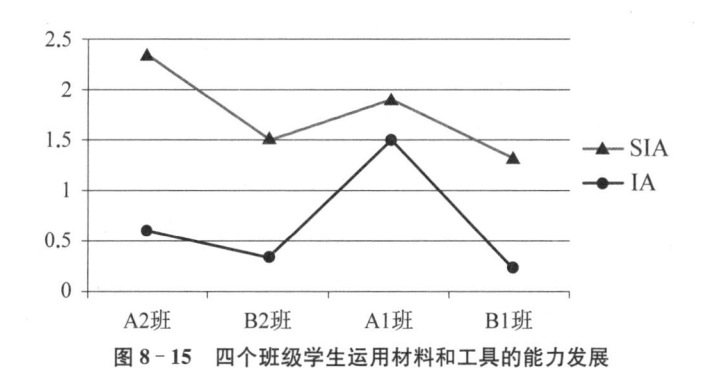

图 8-15 四个班级学生运用材料和工具的能力发展

(五) 学生基于证据解释的能力发展水平

科学过程能力前、后测结果显示(见图8-16),四个班级学生在基于证据解释能力上的发展进程具有以下特征:(1)从整体发展进程来看,与前测结果相比,四个班级学生在基于证据解释能力后测中均有不同程度的提升。大部分学生能够基于实验现象进行推理,并能够将现象与结论联系起来,得出合理的探究结果。(2)从能力进展程度来看,实验组(A2班和B2班)学生在基于证据解释能力上进展较为明显,均超过2,而控制组(A1班和B1班)的能力进展较小,分别约为0.48和1.06。(3)控制组中,提高班在基于证据解释能力上的发展幅度低于普通班。A1班的能力发展幅度仅为0.48,而B1班的发展幅度是其两倍还多。由于这两个班执教教师相同,排除外在干扰因素的影响,这与提高班学生在达到一定能力水平之后进入发展瓶颈期有关,而常规教学难以为提高班学生提供突破瓶颈的有效措施。

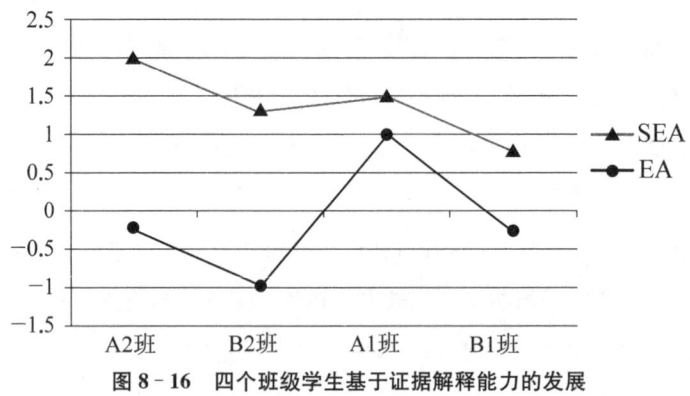

图 8-16 四个班级学生基于证据解释能力的发展

二、SPADP 教学干预效果分析

基于本研究的实验设计,以下将采用实验组、控制组前测的独立样本 t 检验,前、后测实验组配对样本 t 检验、控制组配对样本 t 检验,后测实验组 A2 班与控制组 A1 班的独立样本 t 检验,后测实验组 B2 班与控制组 B1 班的独立样本 t 检验,来讨论 SPADP 教学干预与常规教学对学生科学过程能力发展进程影响的差异性。

(一) 实验组、控制组前测结果的差异检验

本研究依据学业成绩对班级进行了质性分类,分别为提高班(A1 班和 A2 班)和普通班(B1 班和 B2 班),从表 8-25 可知,提高班中,控制组 A1 班的科学过程能力均值比实验组 A2 班略高;普通班中,控制组 B1 班比实验组 B2 班略高。对控制组 A1 班和实验组 A2 班、控制组 B1 班和实验组 B2 班的前测结果分别进行独立样本 t 检验,考察两组班级在教学干预前的差异性情况。

1. 提高班实验组和控制组的差异分析

根据前测的结果对提高班中的实验组 A2 班和控制组 A1 班进行独立样本 t 检验,数据显示,这两组被试在整体科学过程能力以及子能力上均无显著性差异($p>0.05$)。这一结果说明,在教学干预之前,实验组 A2 班与控制组 A1 班在科学过程能力上处于同等水平。

2. 普通班实验组和控制组的差异分析

对普通班的实验组 B2 班和控制组 B1 班的前测结果进行独立样本 t 检验,结果显示两组被试在科学过程能力和子能力上均无显著性差异($p>0.05$),说明实验组 B2 班和控制组 B1 班在科学过程能力表现上处于同等水平。

(二) 实验组和控制组前、后测的差异检验

以下将对控制组的前、后测进行配对样本 t 检验,对实验组和控制组的后测分别进行独立样本 t 检验,以考察 SPADP 教学干预的实际效果。

采用配对样本 t 检验,分别考察实验组、控制组前、后测能力表现的差异性,以初步分析 SPADP 教学干预对于学生科学过程能力的促进效果。

1. 提高班实验组和控制组前、后测差异分析

提高班实验组 A2 班前、后测配对样本 t 检验结果显示,实验组 A2 班在经过一段时间的基于学生科学过程能力发展进程的教学干预之后,实验组 A2 班的前、后测结果具有极其显著的差异性($p<0.001$),科学过程能力及其子能力上都有了显著提高。

提高班控制组 A1 班前、后测配对样本 t 检验结果显示,在常规教学模式下,控制组 A1 班在探究过程设计的能力、运用材料和工具的能力、基于证据解释的能力的前、后测结果上均无显著性差异($p>0.05$),在提出科学问题的能力上存在极其显著性差异($p<0.001$),但在整体科学过程能力上仍不存在显著性差异($p=0.695>0.05$)。据此,我们可以推论,常规教学模式对于提高班科学过程能力的提升无显著作用。原因可能在于,提高班学生在科学过程能力发展到一定水平后面临发展平台期,而常规科学教学更多地注重知识传递与技能训练,较少关注学生内在兴趣激发与思维能力的有序引导,也就很难全面提升提高班学生的科学过程能力。

2. 普通班实验组和控制组前、后测差异分析

普通班实验组 B2 班前、后测配对样本 t 检验结果显示,基于学生科学过程能力发展进程的教学干预之后,实验组 B2 班的前、后测结果差异性极其显著($p<0.001$),B2 班学生在科学过程能力及其子能力上均有明显发展。

普通班控制组 B1 班前、后测配对样本 t 检验结果显示,在常规教学模式下,B1 班的科学过程能力及其子能力的前、后测结果具有极其显著性差异($p<0.001$),即 B1

班学生在科学过程能力上有了明显的发展。这说明普通班学生的科学过程能力起点较低,但能够随着时间演进得到较大的提升,说明常规教学模式也能够较好地提升普通班学生的科学过程能力。

总之,实验组、控制组科学过程能力前、后测配对样本 t 检验结果显示,与常规教学相比,SPADP 教学干预能够更加有效地提升提高班学生的科学过程能力,而 SPADP 教学干预对普通班学生科学过程能力的提升是否比常规教学更加有效,还有待进一步检验和分析。

(三) 实验组和控制组后测差异检验

前测结果表明,实验组与控制组在科学过程能力上无显著差异。四个班级学生科学过程能力前、后测结果的配对样本 t 检验初步考察了 SPADP 教学干预对于不同类型班级学生科学过程能力的促进作用。然而,要准确判断 SPADP 教学干预对学生科学过程能力发展的优势作用,还需进一步分析实验组、控制组后测结果的差异性。即对实验组实施了基于学生科学过程能力发展进程的教学干预,而对控制组只是进行常规教学,一段时间之后,进行后测,再进一步考察实验组与控制组学生在科学过程能力上是否存在显著差异。以下是本研究对实验组和控制组被试后测独立样本 t 检验的分析结果。

1. 提高班实验组与控制组后测独立样本 t 检验

提高班中实验组 A2 班和控制组 A1 班后测独立样本 t 检验结果显示,经过教学干预之后,这两个班在提出科学问题的能力、探究过程设计的能力和整体科学过程能力上均有极其显著差异($p<0.001$),实验组 A2 班明显优于控制组 A1 班。实验组与控制组在运用材料和工具的能力上差异性不显著($p=0.077>0.05$),说明实验组在该能力上的优势并不明显,这可能是因为提高班学生本身在运用材料和工具的能力上已经具有较高水平,而该能力的再提高涉及学生外部活动与内部思维的高度统一和协调,提高的过程更为漫长。两组被试在基于证据解释的能力上差异性显著($p=0.01<0.05$)。以上统计分析结果表明,与常规教学相比,基于学生科学过程能力发展进程的教学干预能够更加有效地促进提高班学生科学过程能力的发展。

2. 普通班实验组与控制组后测独立样本 t 检验

普通班实验组 B2 班与控制组 B1 班在科学过程能力上表现出极其显著性差异

($p=0.001<0.01$),实验组 B2 班的科学过程能力水平显著优于控制组 B1 班。实验组 B2 班与控制组 B1 班在探究过程设计的能力上表现出极其显著性差异($p<0.001$),实验组 B2 班与控制组 B1 班在提出科学问题的能力上表现出极其显著性差异($p=0.001<0.05$),这说明经过教学干预后,实验组 B2 班学生在这两个能力上的表现与控制组 B1 班相比,具有绝对优势。在运用材料和工具的能力上,实验组 B2 班与控制组 B1 班没有显著性差异($p=0.354>0.05$),对照表 8-25 可知,尽管 B2 班学生运用材料与工具的能力后测的平均值略高于 B1 班,但差距并不大,其原因可能在于学生运用材料和工具的能力提高难度较大,需要进一步的持续教学干预学生才能有显著进步。在基于证据解释的能力上,实验组 B2 班与控制组 B1 班有极其显著性差异($p=0.007<0.01$),说明经过教学干预,实验组 B2 班在该能力的表现显著优于控制组 B1 班。整体而言,SPADP 教学干预对于提高普通班学生的科学过程能力是更为有效的。

综上所述,对前、后测配对样本 t 检验和后测独立样本 t 检验的数据分析可以得出以下结论:(1)整体而言,SPADP 教学干预对提高班和普通班学生的科学过程能力提升均有显著作用。(2)相对而言,SPADP 教学干预对于提高班学生科学过程能力的提升更为有效。提高班学生具有较好的知识与能力基础,常规教学很难为这些学生提供突破科学过程能力发展瓶颈的有效帮助,而 SPADP 教学干预能够针对不同学生的能力水平提供相匹配的教学支架,是提高班学生科学过程能力提升的有效推动力。(3)从科学过程能力四个子能力的发展来看,相对而言,SPADP 教学干预对学生运用材料和工具的能力的促进作用较不明显,而对其他三个子能力的发展均有显著的促进作用。可能的原因是运用材料和工具能力的发展需伴随较高思维水平的提升,还涉及外部活动与内部思维的整合,相对其他子能力而言,运用材料和工具的能力发展更为缓慢,需要更长时间的干预才可能有大幅度的提升。

(四)男、女学生科学过程能力发展特征分析

SPADP 教学干预对男、女生科学过程能力的促进作用分别有哪些特点,是否有显著性差异?以下按照性别对实验组(A2 班和 B2 班)进行分组,考察男、女生在科学过程能力发展上的特征与差异。

1. 实验组男、女生科学过程能力前测结果分析

本研究实验组共有男生28人,女生35人,女生人数略多于男生。从男、女生科学过程能力前测描述性统计结果(见表8-26)来看,男生在科学过程能力及其四个子能力的均值上均高于女生,特别是在探究过程设计的能力、运用材料和工具的能力上,男生领先女生较多。这说明,相对于女生来说,男生在动手操作、科学思维能力发展上表现更佳。

表8-26 实验组男、女生科学过程能力前测的描述性统计

能力编码	实验组					
	男生			女生		
	M	SE	N	M	SE	N
QA	0.466	0.186	28	0.405	0.133	35
DA	0.525	0.628	28	−0.598	0.356	35
IA	0.995	0.258	28	0.557	0.269	35
EA	−0.021	0.233	28	−0.479	0.262	35
PreT	0.579	0.239	28	0.101	0.263	35

尽管从能力均值来看,男生在科学过程能力上表现优于女生,但通过实验组男、女生科学过程能力前测独立样本t检验可以发现,男、女学生在提出科学问题能力、探究过程设计能力、运用材料与工具能力、基于证据解释能力以及整体科学过程能力上均无显著性差异($p>0.05$)。

2. 实验组男、女生科学过程能力的发展性分析

以下分别采用配对样本t检验具体考察SPADP教学干预对于男、女生科学过程能力发展的影响。

(1) 实验组男生科学过程能力前、后测结果分析

从描述性统计结果(见表8-27)来看,实验组男生在科学过程能力的各个方面都有了提升。其中,探究过程设计能力提升幅度最大,从初始能力值0.525,发展到了2.999,发展幅度接近2.5。其次,男生在基于证据解释的能力上提升幅度也较大,接近2。相对而言,男生在运用材料与工具的能力上提升幅度略低,为1左右,这一数据结果也与前面的分析一致。从科学过程能力整体发展来看,实验组男生能力值从0.579提升到了1.946,发展幅度较为明显。

表 8-27　实验组男生科学过程能力后测描述性统计

能力编码	M	S.D.	S.E.
SQA	1.810	0.786	0.186
SDA	2.999	1.672	0.316
SIA	1.932	0.811	0.153
SEA	1.736	0.645	0.122
PostT	1.946	0.732	0.138

采用配对样本 t 检验分析实验组男生科学过程能力前、后测结果的差异性,数据显示,男生在科学过程能力及其四个子能力上均有极其显著性差异($p<0.001$),说明SPADP教学干预对于男生科学过程能力发展的促进作用显著。

(2) 实验组女生科学过程能力前、后测结果分析

描述性统计结果显示,实验组女生在科学过程能力的四个子能力上均有较大提升(见表8-28)。从科学过程能力整体上看,实验组女生从前测的0.1左右,提升到了1.7左右,远远超过了项目平均难度。从科学过程能力的子能力上看,实验组女生在探究过程设计的能力上发展幅度最大,为2.8左右。其次,女生在基于证据解释的能力上提升幅度也较为明显,为2左右。相对来说,实验组女生在运用材料和工具的能力上提升幅度略低,为1.3左右,这一特征与男生的分析结果一致。

表 8-28　实验组女生科学过程能力后测描述性统计

能力编码	M	S.D.	S.E.
SQA	1.655	0.393	0.066
SDA	2.215	1.333	0.225
SIA	1.895	1.122	0.190
SEA	1.545	0.898	0.152
PostT	1.681	0.741	0.125

实验组女生科学过程能力前、后测配对样本 t 检验结果与男生情况基本一致,即经过教学干预之后,女生在科学过程能力前、后测结果上呈现极其显著性差异($p<0.001$)。说明SPADP教学干预对于女生科学过程能力的发展同样有着显著的促进

作用。

3. 实验组男、女生科学过程能力后测结果分析

实验组男、女生科学过程能力后测描述性结果显示,男生在科学过程能力及其各子能力均值上均高于女生,但男、女生能力均值的差距较前测减小,男、女生差距最大的子能力是探究过程设计的能力,男生在该能力均值上领先女生 0.6 左右,其余子能力差距均在 0.2 左右。

后测独立样本 t 检验结果表明,经过教学干预后,男、女生在整体科学过程能力上无显著性差异($p=0.162>0.05$),在提出科学问题的能力、运用材料和工具的能力和基于证据解释的能力上也无显著性差异($p>0.05$)。但男、女生在探究过程设计的能力上存在显著性差异($p=0.043<0.05$),进一步分析可知,男、女生在探究过程设计的能力上发展幅度均较大,但女生在该能力上的初始水平较低,因此教学干预之后,女生在该能力上的发展水平相对男生来说仍较低,可以推断,男、女生在该能力上的显著性差异并非 SPADP 教学干预导致。

总之,SPADP 教学干预能够有效地提升男、女生的科学过程能力,且具有大致相同的效果。同时,结果显示,SPADP 教学干预还减小了男、女生在科学过程能力水平上的差距。

第四节 科学过程能力的表现性评价研究总结与启示

提高每个学生的科学素养是国际科学教育的风向标,也是我国科学课程改革的总目标。长期以来,科学教育研究者与实践者一直在寻找有效提高学生科学素养的抓手,然而学生科学素养的提升并非朝夕之事,也不是某一教育环节改革就能完成的目标。就科学教育的内部要素而言,学生科学素养的提升需要课程、教学、评价三大环节的综合推进,需要以学生的过程性活动为载体。据此,本研究提出了科学过程能力,构建了科学过程能力的发展进程,并以此设计学生科学过程能力评价任务,实现以表现性评价带动教学改革,并指向学生科学过程能力发展的实践路径,为提高学生的科学素养水平提供理论支持和实践参照。

一、研究结论

在对科学过程能力进行了比较深入的理论研究基础上,对科学过程能力发展进程展开了实证研究,得出了有关的结论。

(一)厘清了科学学科领域内能力研究的分类与取向

科学教育目标以能力为导向已成共识,对科学学科领域内能力的表述亦层出不穷,如科学探究能力、科学实验能力、科学问题解决能力、科学思维能力,等等。这些能力称谓有些是外来的,有些是本土总结的,长期以来处于各自为政又相互杂糅的状态,难免互相交叉,让实践者不知所措,也影响了科学学科能力研究的进展。本研究在国内外文献研究的基础上,对科学学科领域内的能力要素进行了梳理和归纳,认为科学学科能力涵盖面广,所有科学学科领域内的特殊能力均可纳入科学学科能力范畴。根据这一观点,可将科学探究能力、科学实验能力等能力对象均作为科学学科能力不同研究取向与分类视角的产物。基于文献综述,本研究厘清了科学学科能力研究的两种分类方法和两种分类取向,即基于科学学科特征的分类方法和基于科学探究过程的分类方法;以内在思维为显性表征的分类取向和以外部活动为显性表征的分类取向。

(二)重新界定了科学过程能力的内涵与能力核心要素

本研究将科学过程能力是一种以外部活动为显性表征的科学学科能力,是学生在构建科学知识、探究科学问题的过程中形成的具有科学学科特征的综合能力,其构成内核是科学思维,通过学生的活动表现出来,属于特殊能力的范畴。接着,在文献研究的基础上,根据科学过程能力的研究取向与分类方法,并结合对科学教育专家和教师的调查,构建了科学过程能力的四大核心要素,即提出科学问题的能力、探究过程设计的能力、运用工具与材料的能力、基于证据解释的能力,并分别对四大核心能力要素的内涵进行了解释。

(三)基于实证研究确定了科学过程能力的发展进程

本研究以6年级(初中预备班)学生为被试,运用实验法,以能力测评为研究手段,以教学干预为实践基础,对学生科学过程能力发展进程进行了深入的研究,基于实证构建了学生科学过程能力的发展进程,从四大核心要素入手并划分为四个水平阶段。

提出问题的能力发展进程为:水平1,无组织状态;水平2,重复现象状态;水平3,局部发问状态;水平4,切中本质状态。

探究过程设计的能力发展进程为：水平1，认识探究过程要素；水平2，关联研究假设与探究活动；水平3，设计部分探究活动；水平4，有效设计完整探究活动。

运用工具与材料的能力发展进程为：水平1，器材的选择与基本操作；水平2，活动过程的控制与处理；水平3，证据的搜集与获取；水平4，探究结果的形成与加工。

基于证据解释的能力发展进程为：水平1，认识现象与结论之间的关系；水平2，关联假设、现象与结论；水平3，理解结论背后的过程与方法；水平4，结论的运用与交流。

学生能力发展进程是一种理论性的假设，而本研究的实证为科学过程能力发展进程的确立提供了实践证据。

（四）设计并开发了测评学生科学过程能力的表现性任务

科学过程能力的潜在特质与表现形式决定了其最有效的评价方式为表现性评价，即设计过程性、活动性的测评任务，依据学生在活动过程中的表现来判断学生的科学过程能力水平。本研究根据Rasch模型的测量理论和学生科学过程能力发展框架，在尽量排除高深知识对学生能力评价干扰的前提下，设计并开发了学生表现性任务，包括前测、后测以及教学干预中的随机测试。基于这些表现性任务，配置了相应的活动表现评价工具，主要有引导性工作单、现场观察评分表、深度访谈提纲等，为测评信息的搜集提供有效手段。为了保证这些测评任务和工具的质量，本研究对测试工具进行了两轮试测，并基于Rasch模型对测试数据进行模型拟合，以修正测试工具，最终形成了可用于科学过程能力正式测试的表现性任务和测评工具。

（五）构建了基于学生科学过程能力发展进程的教学干预模式

评价的最终目的在于促进学生发展，基于此目的本研究构建了基于学生科学过程能力的教学干预模式（SPADP教学干预），将学生科学过程能力发展进程转化为促进教学的工具，并对SPADP教学干预的典型特征进行定位，通过设计SPADP教学干预的结构、程序以及实施过程，真正将SPADP教学干预落实到科学课堂教学中，以促进学生科学过程能力的发展。

二、研究启示

本研究是科学过程能力的理论构建研究，也是对学生科学过程能力发展进程的评价研究,这些研究过程与要素环环相扣,依次构成了本研究的内在框架。

(一)科学过程能力发展进程研究是教师与研究者走向合作的契机

学生能力发展进程的确立过程是教师与研究者双向互动的过程,是教师与研究者走向合作的良好契机。本研究的实证部分是在教学一线完成的,一线科学教师既是本研究的参与者与合作者,也是研究中的受益者。通过对科学过程能力发展框架的解读、对学生科学过程能力的测评,教师更新了教学理念,收获了实践智慧,并为基于学生科学过程能力发展进程教学在课堂上的延续与推广播下了种子。

能力发展进程的最终落脚点是学生的发展,而教师又是学生发展的直接推动者,因此,学生能力进程研究的首要任务是获得教师的认同与理解。首先,教师和研究者要从思想上认识到彼此达成合作的重要意义。其次,要从行动上落实合作的措施。教师与研究者要共同拟定学生能力发展进程的理论架构;教师与研究者需要共同开发能力测评工具,研究者可以为工具的开发提供心理学、测量学基础,教师需要全程参与测评工具的开发,并根据测评结果得出学生的学习需要,从而改变教学。通过能力发展进程的研究,教师改进了教学,促成了自身专业发展,能力发展进程得以确立,教师与研究者实现了共赢。

(二)构建一以贯之的科学过程能力发展进程框架已是当务之急

进入本世纪以来,我国制定了中小学科学课程标准,并在课程实践的过程中对课程标准进行不断的修订与完善,先后于 2012 年、2022 年颁布了修订的科学课程标准。然而,我国科学课程标准的内容构建主要以学生的已有知识与认知发展为线索,规定了学生应该"知道什么",并逐步过渡到明确学生能"做什么",但仍缺乏本土化的能力教学标准和评价标准,很多科学教师仍需强化能力教学的意识,特别要重视学生科学过程能力的培养。可见,为中小学生建立一以贯之的科学过程能力发展框架已是当务之急。本研究通过理论和实证研究可以为构建学生科学过程能力框架探路,也希望有更多的教育研究者与一线教师投入到能力研究的实践过程之中,为构建螺旋上升的科学过程能力发展框架贡献力量。

(三)建立促进学生科学过程能力发展的表现性评价体系

教学评价的功绩不仅在于鉴定与甄别,更在于对学生学习的促进。一直以来,评价内容与方式改革是教学的风向标,评价对促进教学的作用不言而喻。然而,就目前来看,我国对学生科学过程能力评价的重视程度还远远不够,能力评价方式仍以书面考试为主,能力评价的有效性难以保证,针对学生科学过程能力的表现评价未能形成体系,这对学生科学学科能力发展和创新能力提升都是极大的障碍。因此,改革学生科学过程能力的评价方式,追求多样化的能力评价手段,研制高质量的能力评价工具,是有效评价学生科学过程能力的前提,也是学生科学过程能力提升的重要推动力。这正是本研究不懈努力的目标之一。

第九章 证据推理科学能力测评及影响因素研究

在科学教育改革中,发展学生基于证据进行推理的能力(Evidence-based Reasoning Abilities of Science,简称 SERA)以及参与科学论证(Scientific Argumentation)始终占据着重要地位,需要予以优先考虑。[①][②][③] 因为它们与高阶思维、问题解决等密切关联,是提出并评价科学观点、进行科学解释、建立科学模型和科学实验设计不可或缺的要素。[④]

本章将围绕证据推理科学能力(SERA)展开系统的实证研究:初步构建了证据推理科学能力框架,并利用专家调查加以修正;围绕能力框架开发并检验证据推理科学能力测评工具;运用测评工具,测查了 2 261 名初中学生在不同年级、性别和学业等级 3 个变量上证据推理科学能力的表现及差异;结合相关理论分析,初步确定影响学生证据推理科学能力的因素,并拟定影响因素的关系模型;依据合适的统计方法和技术路线,逐步修正影响因素模型,最终探查得到影响初中生证据推理科学能力的因素及其相互关系,进而利用该模型展开比较和分析。

---

① American Association for the Advancement of Science (AAAS). Benchmarks for Science Literacy [Z]. New York: Oxford University Press, 1993.
② National Research Council (NRC). National Science Education Standard [Z]. Washington DC: National Academy Press, 1996.
③ National Research Council (NRC). Taking Science to School: Learning and Teaching Science in Grades K-8 [Z]. Washington, DC: National Academies Press, 2007.
④ Duschl R A, Gitomer D H. Strategies and Challenges to Changing the Focus of Assessment and Instruction in Science Classrooms [J]. *Educational Assessment*, 2010, 4(1): 37-73.

第一节　证据推理科学能力框架模型构建

在第二章中已经基于证据推理科学能力(SERA)的本质内涵进行了阐述,如何进一步细化能力维度和水平分布,构建出科学、可操作的能力框架模型,是本节重点探讨的问题。

一、证据推理科学能力框架的初步构建

本研究在文献分析、课程文本分析和课堂教学分析的基础上,从证据与推理两个视角出发,分别说明二者的能力要求,继而加以整合,提出证据推理科学能力发展框架。

(一) 证据的复杂性

所谓证据是可获得的事实与信息,不同的信息来源为我们提供了纷繁的证据。这些证据既有其本身的固有属性,例如无法变更的历史事实、目前已获得验证的科学真理,同时也存在变化发展的潜在可能,体现了科学发展的暂时性、动态性和待检验的本质(nature),如还有待实验证伪、证实的科学假设。

由此可以显现出证据的不同特征,大致可以区分为静态的和动态的两类。前者涉及的是科学原理、科学史料,以及不同形式的数据资料等,基于此类证据进行推理所体现的大多是必然性推理,即由这些真理式的证据作为前提,必然会得到真结论,结论是确定而唯一的;后者包括表观的事实,如生活现象、实验现象等,乃至未完全解决的科学问题(issues)、科学假设等,这里的证据虽然有些也是既定的事实,但仅仅是暂时性的静态呈现,它们尚待验证,或仅能根据现阶段的科学原理或发现去解释原因及结果,其内在体现的是变动不居的过程属性,据此进行证据推理大多表现为或然性推理,所得结果或真或假,[1]可能并不唯一,存在不确定性。

为后续研究分析之便,在此尝试将科学学习或者科学学科领域中可能涉及的证据予以罗列、分类,如表 9-1 所示。

---

[1] 黄士平.简明逻辑学[M].武汉:湖北教育出版社,2005:204.

表 9-1 证据的分类

分类	说　　明
生活现象	日常生活、生产活动等真实情境下出现的与科学有关的现象、事件、问题
实验现象	实验室环境下进行科学实验探究而产生的现象、问题、结果（发现）
自然现象	自然环境中发生的现象，如温室效应、火山喷发、冰雪消融等
科学原理	公式、定理、规范及标准等。如质量守恒定律、牛顿定律……
科学常识	非数据的事实性证据，但不如科学知识严谨、系统、结构化，如酸性物质会破坏牙齿等
科学史料	过去的、已成历史的事实，主要反映了科学探究的过程、科学精神和科学本质等，也包含人文领域的资料
数据资料	数据、图表等定性、定量信息

以上讨论证据的来源和种类，涉及的是其覆盖面、广度问题，对概念的深入剖析还需考虑深度和复杂性方面。本研究从三个方面去刻画证据的复杂性，涉及证据的显现程度（Exposure）、情境熟悉度（Familiarity）以及所需证据的数量（Quantity），由此构建出三维坐标图。如图 9-1 所示，每个维度均有两个不同的向度（指标），以英文首字母简略表示，将不同指标之间排列组合之后，有 8 种形如"XYZ"的可能表征存在，据此反映出多层次的证据复杂性。例如，当学生解答问题时，遭遇一个陌生情境（U），线索不明（I），而且所需利用的证据较多（M），在这种复杂性表征的组合情况下（MIU），其解

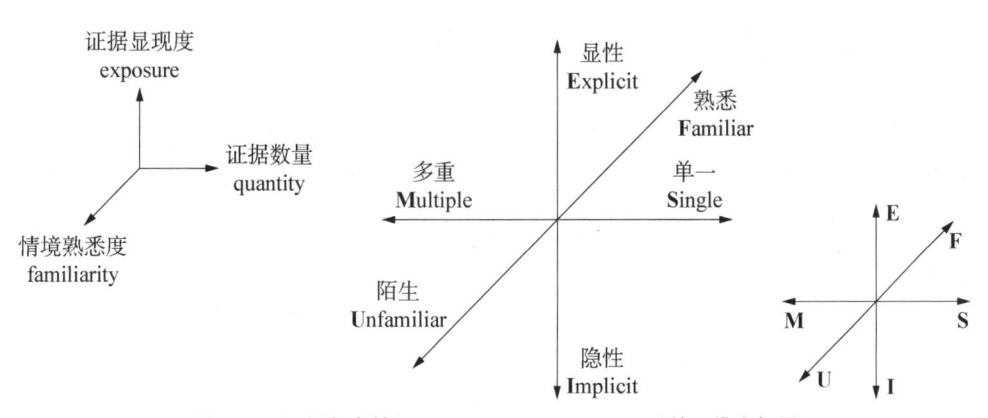

图 9-1 证据复杂性（Complexity of Evidence，CE）的三维坐标图

决问题的困难程度自然最高;若学生遇到的是熟悉的情境(F),仅需单一证据(S),而且显而易见(E),这种证据复杂性(SEF)对思维的要求最低。

(二) 推理的复杂性

识别出问题情境中的证据之后,下一步即利用证据这一前提开始推理,最终得出结论。解决问题的过程可以简单表示为"证据→结论(E→C)",这中间必须经历的思维过程即推理。问题解决的复杂性或者难易程度,受到证据复杂性(CE)的影响,也必将由过程的复杂性,即推理的复杂性(Complexity of Reasoning,以下简称 CR)所决定。

从逻辑学视角来看,根据推理前提所含判断的数目可以区分出直接推理(Immediate Inference)和间接推理(Mediate Inference)。直接推理是一种最简单的演绎推理,[1]它是以一个判断作为前提的推理;间接推理是以两个或两个以上判断为前提的推理,包含大多数的推理。[2] 类似地,本研究将基于证据进行推理的过程分为直接推理和间接推理。

本研究中,直接推理处理的是证据或题目给定信息之间的简单关系;间接推理是处理证据之间的复杂关系,必然涉及多重证据。简单关系所要求的推理复杂性较低,复杂关系的处理则需要正确建立多重证据之间的联系,这种联系可能是显性的,也可能隐含在情境之中,由此增加了推理的复杂性要求。

基于推理的直接与间接之分,可以将推理复杂性划分为三个层级的复杂性水平,如表 9-2 所示。从表中可以看到,推理复杂性的过渡水平(Level 2)涉及的是多重证据的直接推理,标记为"直接推理-2",在初级水平(Level 1)的推理要求之上有所提升,区别主要体现在所需的证据数量。而"间接推理-1"则要求处理多重证据之间的复杂关系,定义为高级水平(Level 3)。这两种情况之间的差异主要由多重证据的复杂性来表征,因此用不同的符号连接多重证据(E1—E2—E3 与 E1&E2—E3)以示区别。

---

[1] 彭漪涟.逻辑学基础教程[M].上海:华东师范大学出版社,2008:56.
[2] 南开大学哲学系逻辑学教研室.逻辑学基础教程[M].天津:南开大学出版社,2008:68.

表9-2 推理复杂性

复杂性水平	行为表现	推理要求	说明
Level 1—初级水平 (elementary level)	从题目情境中去识别、提取证据,以此进行直接推理。	直接推理-1 由单一证据直接推断(E→C)	单一证据的复杂性决定推理过程的能力要求。
Level 2—过渡水平 (transitional level)	能从情境中去识别、提取多重证据,根据需要,建立证据之间的简单关系,进而做出有效推理。	直接推理-2 识别多重证据,明确证据之间的简单关系即可直接推理(E1—E2—E3…→C)	多重证据的复杂性及证据间关系的复杂性(如比例、守恒、组合、概率,因果,变量控制,假设验证等),决定推理过程的能力要求。
Level 3—高级水平 (advanced level)	能从情境中去识别、提取多重证据,并正确建立证据之间的复杂关系,整合分析而做出有效推理。	间接推理-1 识别多重证据,并构建证据间的复杂关系后进行正确推断(E1&E2&E3…→C)	

由此,进一步说明了推理过程不能完全脱离证据,即使是在推理的复杂性要求上,仍有必要考虑证据是隐性还是显性、熟悉还是陌生的影响。所以,在下文构建证据推理能力框架时应整合两方面的复杂性。

(三)证据推理科学能力的初步框架

证据推理强调的是基于证据进行推理,推理是主体思维过程,证据是必备前提条件。科学能力框架应以推理为主线,以证据为其影响的分类标尺。因此,基于前面的分析论述,将三维度八类别的证据复杂性与推理复杂性的三水平相互匹配与勾连,[①]形成多层次递进的证据推理科学能力水平(Scientific Evidence-based Reasoning Ability Levels, SERAL),进而构建出初步的证据推理科学能力框架(Framework of Scientific Evidence-based Reasoning Ability, FSERA),如表9-3所示。

证据的复杂性直接或间接、或多或少都将影响推理的复杂性,二者互相交联着影响、表征证据推理科学能力。单一证据(S)所指向的能力水平较低(Level 1),多重证据(M)则指向更复杂、要求更高的证据推理科学能力(Level 2—Level 3)。当情境陌生时(U),增加了证据的复杂性,由此,在处理同类关系、应用同种推理方式的情况下提高了推理的复杂性,继而表征出不同层次的证据推理能力。相比之下,情境陌生(U)造

---

① 证据的来源类别将在后面实证研究的问卷开发中予以考虑。

成的困难程度不及证据的隐性化(I),这可以从一些研究发现中获得支持[①]。

情境的熟悉度则更多地体现题目表面的特征,如某种经验、某个现象、某个事实等。"熟悉"(F)的情境易于理解,对于学生解题、解决某个实际问题、做出决策更加便利,但也可能会因为思维定式而影响学生的问题解决。一般而论,我们认为情境熟悉(F)比不熟悉(U)更有利于学生问题解决,即要求较低。

表 9-3　证据推理科学能力的初步框架

CE	推理要求	说　　明	能力水平(SERAL)	CR
SEF	直接推理—1	情境熟悉,证据单一,思维要求低	Level 1a	初级水平 Level 1
SEU		U 略增加复杂性	Level 1a	
SIF		I 增加复杂性	Level 1b	
SIU		I&U 增加复杂性	Level 1c	
MEF	直接推理—2	多重证据的简单关系	Level 2a	过渡水平 Level 2
MEU	直接推理—2	多重证据的简单关系;U 略增加复杂性	Level 2b	
	直接推理—2	多重证据的较复杂关系;U 略增加复杂性	Level 2c	
MIF	间接推理	多重证据的简单关系;I 增加复杂性	Level 3a	高级水平 Level 3
	间接推理	多重证据的复杂关系;I 增加复杂性	Level 3b	
MIU	间接推理	多重证据的简单关系;I&U 增加复杂性	Level 3b	
	间接推理	多重证据的复杂关系;I&U 增加复杂性	Level 3c	

证据显现程度反映的是证据与情境载体的融合情况,比情境熟悉度更为复杂而深入。所需的证据越隐性化(I),说明它们越不容易从既定的情境中被识别,在头脑中进行转换而产生图式(有效推理所必需)时的障碍更多,更加"耗费精力"。因此,同样是复杂性的增量,陌生化情境(U)不及证据隐性化(I)明显,以推理水平为主线进行刻画的证据推理科学能力也在此有所区别,如表 9-3 所示,证据隐性化指标所指向的能力水平高于同等情况下的陌生指标。

---

① Salgado F A. Investigating the Impact of Context on Students' Performance [C]. *Opening up Mathematics Education Research* (*Proceedings of the 39th Annual Conference of the Mathematics Education Research Group of Australasia*), Adelaide: MERGA, 2016: 102-109.

二、证据推理科学能力框架的修正

为论证和修订证据推理科学能力框架的合理性,特邀请包含高校教授、副教授、博士研究生以及中学特级教师、高级教师、一级教师和高中教研员在内的17位专家,对能力框架发表意见。

(一) 调查方法与实施

专家调查(Expert Investigation)或专家咨询、专家评估是教育研究领域常见的研究方法,在非技术因素、客观条件所限的情况之下,专家的知识和经验是我们获得有价值、可参考的信息的渠道。在本部分内容中,我们希望以领域内专家的意见去检视初步构建的证据推理科学能力框架,进而加以改进,形成最终的能力框架(FSERA)。

根据头脑风暴法和德尔菲法的实施程序,本研究的调查过程可以用图9-2简略表示。

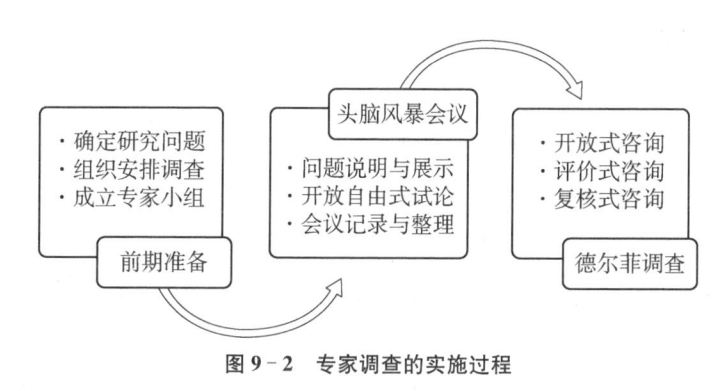

图9-2 专家调查的实施过程

专家咨询共进行三轮,通过修改、整合,达到了预定的目标。

(二) 调查结果与分析

根据以上调查程序,我们获得了有价值的反馈信息。针对初步构建的能力框架,整理摘录的专家意见主要有:

(1) 根据框架,证据是隐性的就意味着间接推理的要求吗?像是编码MIF的证据复杂性,就达到了高级水平。

(2) MEU下分两种情况,较复杂关系在推理的复杂性中并没有说明,前后似乎不一致;MIF与MIU都需要间接推理,又包括简单关系和复杂关系,这一点也与推理的复杂性的说明不一致。

（3）在各级水平下，a、b、c之间的差距不同，或者说水平所划分的依据不太统一。如果差距不明确，何必划分3个子水平。

……

根据调查收回的意见，我们重新审视了初步框架，发现的确存在一些问题，并与课题组其他成员共同讨论了以上意见。

根据前面各节的阐释，推理复杂性（CR）中隐性化证据（I）增加了学生的解题困难，即提出了更高的证据推理能力要求，其水平更高，但间接推理是对推理过程的要求，并非隐性的证据之间就会存在复杂关系（间接推理），原先框架中编码 MI-Z[①] 的证据所表征的能力水平则不太妥当。

多重证据（M）不一定是需要间接地、多步地推演，但的确比单一证据（S）复杂；多重证据之间的关系简单，也会降低推理要求，即推理复杂性也将受到推理关系是简单还是复杂的影响，这并不能简单地由证据是否显性化决定。这一点在我们初步建构框架时虽然能意识到，却还是忽视了。[②] 在隐性的多重证据（MI-Z）之下，也有可能只需要处理证据之间的简单关系（直接推理－2），这与处理显性多重证据（ME-Z）之间的简单关系相比，的确更加复杂，但未能构成高级水平（Level 3）与过渡水平（Level 2）之间的差距。这些误区或混乱，造成了框架水平之间的不恰当。

证据推理科学能力的水平要求是将证据复杂性（CE）与推理复杂性（CR）进行整合而形成的。因此，该能力框架应以二者为基础，保持统一。根据推理复杂性，三级水平所对应的推理要求分别是直接推理－1、直接推理－2和间接推理，而 M-YZ 并非只涉及间接推理，也存在直接推理－2的要求，那么就会产生能力水平与证据复杂性（CE）的交叉。

（三）能力框架的确定

根据以上调查和分析，我们回应了专家的建议，并修正了能力框架。如前所述，情

[①] 此编码形如"XYZ"，可参见图9-1及相关论述。编码包含3个字母，此处表示证据多重（M）、隐性（I），第3个字母"Z"可以表示熟悉（F）或陌生（U）。
[②] "初步框架的提出"中的论述说明仍是有效、合理的。

境熟悉度(familiarity)指标在证据复杂性的增量不明显,因此框架中弱化了熟悉(F)与陌生(U)对证据推理科学能力水平表征的影响,解决了原始框架中各子水平之间混乱不明的划分问题。最终的证据推理科学能力框架(FSERA)确立了 6 个水平,在每一级推理复杂性水平之下各有两个子水平(a 与 b),交叉体现了证据复杂性(表 9-4)。

表 9-4 证据推理科学能力框架(FSERA)

序号	能力水平 (SERAL)	CR (推理要求)	CE	说　明
1	Level 1a	初级水平 (直接推理-1)	SEF	
			SEU	U 略增加复杂性
2	Level 1b		SIF	I 增加复杂性
			SIU	I&U 增加复杂性
3	Level 2a	过渡水平 (直接推理-2)	MEF	多重证据的简单关系
			MEU	多重证据的简单关系;U 略增加复杂性
4	Level 2b		MIF	多重证据的简单关系;I 增加复杂性
			MIU	多重证据的简单关系;I&U 增加复杂性
5	Level 3a	高级水平 (间接推理)	MEF	多重证据的复杂关系
			MEU	多重证据的复杂关系;U 略增加复杂性
6	Level 3b		MIF	多重证据的复杂关系;I 增加复杂性
			MIU	多重证据的复杂关系;I&U 增加复杂性

该框架是按照水平递增的顺序呈现,反映了学生证据推理科学能力的不同水平表现。本研究通过解决不同难易度的证据推理问题来表征学生的能力水平,即以纸笔测验方式获得与学生能力水平相关的数据资料,此能力框架则是编制测验、进行评分的依据。

第二节　证据推理科学能力测评工具研制

基于构建的证据推理科学能力框架(FSERA),开发与优化能力测评工具是本节的重点内容。包括选择何种路线进行工具研制,初步设计的工具的结构和质量如何,怎样优化测评工具等,将是本节需要具体讨论的问题,最终目的在于形成可供测评和分析的工具。

一、测评工具的研制思路

在理论分析的基础上,本研究提出了 SERA 测评工具的研制思路,如图 9-3 所示。首先确立测评工具的内容载体,并与证据推理科学能力框架(FSERA)相匹配,以使每个项目都有明确的水平要求,每个水平层次都有多个项目来测查;结合专家审议的方式初步构建出测评的工具,由此保证其内容效度(Content Validity)和表面效度(Face Validity)。继而利用实证校验(Empirical Validation)的方式对工具进行质量检验。通过两轮试测,将第二轮试测与经典的 LCTSR(Lawson's Classroom Test of Scientific Reasoning)[1][2]相比较,进行效标关联效度的检验。基于 Rasch 测量模型对第二轮测试数据进行质量分析;依据所得的各种参数,结合访谈,进行项目的修正、优化,最终获得质量检验合格的测评工具,供后期实证研究所用。

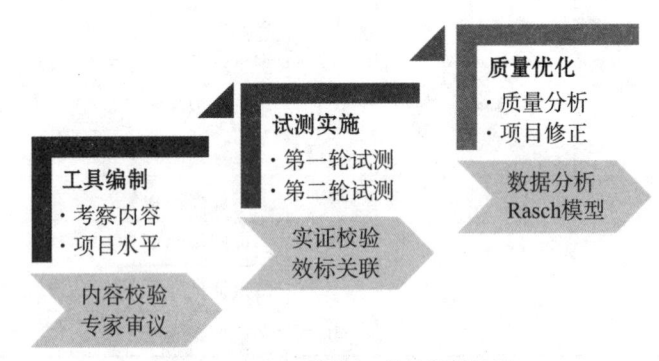

图 9-3 SERA 测评工具的研制思路

二、测评项目的设计

研究进行项目设计主要遵循了以下原则:(1)项目中尽量不涉及[3]具体的学科知识要求;(2)以不同的情境为载体;(3)以多种形式表现证据及其复杂性,如图表、文字

---

[1] Lawson A E. The Development and Validation of a Classroom Test of Formal Reasoning [J]. *Journal of Research in Science Teaching*, 1978,15(1): 11-24.

[2] Lawson A E. The Generality of Hypothetico-deductive Reasoning: Making Scientific Thinking Explicit [J]. *American Biology Teacher*, 2000,62(5): 482-495.

[3] 在测评过程中,一方面我们无法避免某些被试会对项目情境熟悉,而另一些被试则感觉陌生,这可能是由于课外阅读、校外辅导,也可能是由于不同年级所学的科学知识等造成的差异。另一方面,测试的项目皆有内容依托,不能完全脱离知识要求,所以此处表述为"尽量不涉及"。

等混合呈现;(4)能力要求要依据框架,水平层次具体而清晰;(5)避免冗长多余的表述增加阅读负担等。据此,结合专家小组审议的建议保证基本的表面效度,我们开发出了适于测查学生证据推理科学能力的工具,其中有部分项目改编自 PISA 测试。这是一个初步研制的工具,供后面的试测检验使用。

初步编制的测评工具共有 25 个项目,包含 12 个单项选择题(P01,P02,P06,P07,P08,P10,P11,P14,P15,P18,P19,P23);13 个建构反应题,其中 8 个 1 分题(P03,P04,P05,P09,P16,P17,P20,P25),5 个 2 分题(P12,P13,P21,P22,P24),满分总计 30 分。工具项目的情境丰富,涉及科学的多个领域,根据表 9-1 中证据的分类将工具的项目整理如表 9-5 所示。

表 9-5　SERA 测评工具项目的证据分类对应表(试测)

项目情境中的证据分类	项目
生活现象	P01,P02,P03,P05,P08,P09,P14,P17,P18,P19
实验现象	P06,P12,P13
自然现象	P10,P11,P20,P21,P22,P23
科学原理	P15
科学常识	P01,P14,P18,P19,P24,P25
科学史料	P07
数据资料	P02,P04,P05,P15,P16,P17,P20,P21,P22,P23

将所有项目与 FSERA 的水平相对应,在项目设计的过程中,需要从显现度、情境熟悉度和所需证据数量三个方面考虑每道题所呈现的证据,才能确保每道题都有一个水平归属,不至于出现某水平上没有可测的项目,或者某项目的水平不明的情况。试测项目与框架水平的对应情况如表 9-6 所示。

表 9-6　SERA 测评工具项目的能力水平对应表(试测)

序号	能力水平(SERAL)	证据的复杂性(CE)	题项对应
1	Level 1a	SEF	P01,P04
		SEU	P08

419

续 表

序号	能力水平(SERAL)	证据的复杂性(CE)	题项对应
2	Level 1b	SIF	P09
		SIU	P07，P20，P12
3	Level 2a	MEF	P13，P17
		MEU	P18
4	Level 2b	MIF	P05，P21
		MIU	P02，P06，P11
5	Level 3a	MEF	P10，P14，P19
		MEU	P22，P24
6	Level 3b	MIF	P03，P25
		MIU	P15，P16，P23

如项目 P12 和 P13 所示,通过实验情境(图示和文字)推导出压强(或压力)的影响因素。利用特殊标记(如下划线、波浪线、不同字体等)来突出强调某些信息,引起学生注意。这两个项目的预设水平相近,要求不高,真实情况还有待后面的数据分析和检验。

项目示例(P12, P13)

人在沙滩或雪地上行走,会在沙滩或雪地上留下脚印,即压力会使物体的表面产生凹陷的效果。为探究影响压力效果的相关因素,开展实验(如下图所示),通过比较海绵凹陷的程度,得出结论。

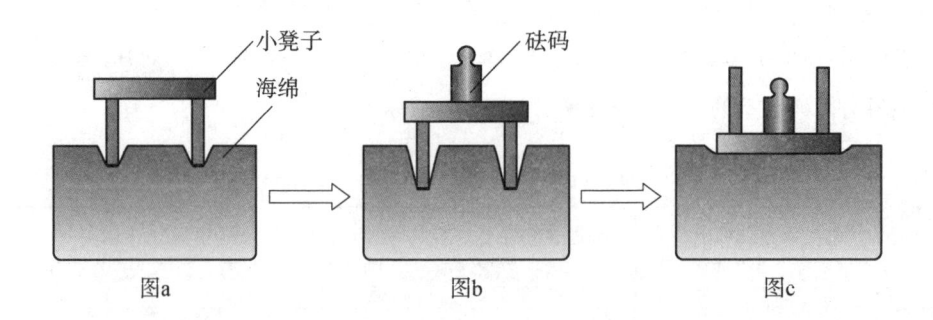

图a　　　　　图b　　　　　图c

420

(1)(2分)对比图a与图b,你能发现影响压力效果的因素之一是什么?请用一两句话描述这个结论。(P12)

(2)(2分)你还能发现影响压力效果的其他因素吗?需要对比的是哪些图?请用一两句话描述这个因素和你得出的结论。(P13)

在进行试测之前,我们对多级赋分题的作答情况进行了充分设想和考虑,编制出具体的评分标准。以下是项目P12的评分标准示例。

评分标准示例(P12)

以下回答计2分:正确回答了因素,并且正确描述或对比了现象及压力大小的作用效果。

● **可能的回答**:因素是重物(压力)的大小(多少);受力面相同时(或描述出图a与图b都是凳子脚作用于海绵),压力越大(或说明加上重物),压力的作用效果越明显。

以下回答计1分:正确回答了因素;但仅描述或对比了现象,未描述作用效果与压力大小这个变量之间的关系。

● **可能的回答**:因素是重物(压力)的大小(多少);图a压得浅,图b压得深。

以下回答计0分:因素回答错误(即使现象对比的描述正确,也计为完全错误);或因素与现象对比均错误;或仅作答一部分且错误。

● **可能的回答**:因素是接触面;重物大,作用效果明显。

● **未填答记"—3"(缺失值)**

回答错误计为0分与未作答所反映的学生表现并不完全相同,在统计编码时将没有作答的记为缺失值(编码为"—3"),而非赋分为0,以更准确地反映被试作答情况。其他情况如示例所述,得分即编码的数字;选择题回答正确则编码为1,错误为0,未作答的缺失情况编码为—3;卷面最低得分为0,最高分为30分。

三、测评工具的检验

依据前述的测量方法和研制思路,本研究进行了两轮试测,使用效标关联的方法及 Rasch 测量模型对第二轮试测进行数据分析,以此为依据进行项目修正和完善。

(一) 第一轮小样本试测

本研究的第一轮试测是针对 25 个项目实施的小范围测试,以检视工具施测时可能发生的情况,如测试时长、学生阅读题项所遇到的问题等。

测试对象为来自不同学校的 31 名学生,其中 6 年级 16 人,7 年级 15 人;男生 12 人,女生 19 人。测试前,对学生说明测试仅为研究所用,不涉及学业评价,并强调根据题目信息进行作答,测试时间为 30 分钟。

观察发现,学生在规定时间内都能完成所有测试项目,可见此问卷的容量合适,且适用于不同年级的学生作答;学生在解答问题时,在部分题项的阅读上耗费时间较长。对学生的访谈发现,这些试题与他们常见的题型不同,而且内容不太熟悉,这符合我们的预期。对他们指出的一些表述问题,也做出了相应的修正。

学生在 SERA 测评上的表现不尽相同,而且他们对测试感受反映学生从题目情境中获取信息并转换成有价值的证据的能力不同,推理思维上也存在差异,由此指向本研究所需探查的问题:哪些地方存在差异?为什么会存在差异?此外,在测试前,我们向授课老师了解到被试对科学的兴趣、平时的学业成绩等各有不同,结合访谈,我们推测这些因素可能会影响他们在证据推理测评的表现,为后续研究提供了方向和思路。

(二) 第二轮试测

第二轮试测包含前后两次测试。首先利用测评科学推理能力的 LCTSR,对被试样本进行测试,回收测试数据;在一周后,对同一批样本进行 SERA 的测试。在两次测试过程中,各班级由班主任或任课教师主试,测试时间均为 30 分钟。

第二轮试测的被试样本来自 S 市某区的两所初级中学(YC 与 YL),包含 8、9 两个年级,这两所中学的基本情况类似,教学质量位于区内中等水平,数据分析时,并不比较学校差异,而将样本混合进行整体考查,被试的基本情况如表 9-7 所示。

表9-7 第二轮试测样本的基本情况（LCTSR与SERA）

	性别		年级		N
	男	女	8年级	9年级	
LCTSR	306	276	309	273	582
SERA试测	306	287	318	275	593

按照第二轮试测的流程，首先利用SPSS 22.0对测试的数据进行描述分析和效标效度检验。SPSS分析获得的信效度系数反映试测工具的质量良好。对于证据推理科学能力（SERA）这一构念，它与科学推理能力既有共性，又有区别。与测量科学推理能力的LCTSR工具有显著的相关性即可印证二者的共同之处，说明试测工具能够对学生的推理能力构念进行测评；而本研究的SERA测评的功能还不止如此，其研究的问题是学生在科学学习领域基于证据进行推理的能力。

利用Winsteps 3.72.0进行Rasch分析，从单维性、被试-项目反应对比、项目拟合和误差分析等方面对试测数据进行统计和分析，由此全面检视工具的质量。

1. 总体质量分析

将所有的观测值数据（$N=627$）导入Winsteps中进行运算，结果如表9-8所示。被试的SERA水平为0.35（logit分），略高于项目难度值，差距并不大，说明该工具项目合适于该轮试测样本的SERA测评。

表9-8 SERA测评工具的总体质量（试测）

	Measure	Model Error	Infit		Outfit		Separation	Reliability
			MNSQ	ZSTD	MNSQ	ZSTD		
被试	0.35	0.47	1.00	0.0	1.03	0.0	1.92	0.79
项目	0.00	0.10	1.00	0.0	1.02	0.1	9.98	0.99

从表9-8中可以看出，被试和项目的误差值均较小，接近于0，说明利用工具收集的观测值能够较为准确地反映真实情况，即学生的SERA；对本研究的被试和项目而言，其MNSQ和ZSTD皆十分理想（MNSQ趋近于1，ZSTD趋近于0），说明SERA测评工具的观测值与Rasch理论的理想模型适配良好；项目的分离度大（9.98），被试的

分离度接近于2(1.92),在可以接受的范围;[1][2]试测工具的项目难度测量信度值(0.99)趋近于1,被试能力测量的信度(0.79)低于项目信度,但仍属于信度良好的范围内。据此,基于Rasch模型假设,以上参数结果说明SERA试测工具的总体质量特征良好。但在被试分离度上略有欠缺,而且有可能存在其他未能反映的问题,还需进行深入细致的检验和分析。

2. 单维性分析

将试测后的观测值进行统计分析,得到标准化残差分析的有关数据(表9-9)。

表9-9 SERA观测值的标准化残差(试测)

| | 实证情况(Empirical) || 模型化(Modeled) |
	方差*	百分比	百分比
观测值的总体原始方差(T)	36.5	100.0%	100.0%
测量所解释的原始方差(M)	11.5	31.6%	30.9%
被试所解释的原始方差(P)	6.0	16.5%	16.2%
项目所解释的原始方差(I)	5.5	15.0%	14.7%
无法解释的原始总方差(U)	25.0	68.4% 100.0%	69.1%
无法解释的方差(第1次对比)	**1.8**	4.9% 7.1%	
无法解释的方差(第2次对比)	1.6	4.3% 6.3%	
无法解释的方差(第3次对比)	1.3	3.6% 5.3%	
无法解释的方差(第4次对比)	1.3	3.6% 5.3%	
无法解释的方差(第5次对比)	1.2	3.3% 4.9%	

注:*以特征值为单位的方差(in Eigenvalue units)。

就本研究的试测工具而言,第1个成分的残差为1.8<2,满足单维性要求,说明工具的项目经Rasch模型检验,即使是"无法解释"的部分也未发现威胁Rasch测量的因素,可以认为观测值都能够由Rasch测量下的项目难度、被试能力及评定结构等进行

---

[1] Lamar M M. Using and Developing Measurement Instruments in Science Education: A Rasch Modeling Approach [J]. *Science Education*, 2012, 96(1): 183-185.
[2] Mok M M, Cheong C Y, Moore P J, et al. The Development and Validation of The Self-directed Learning Scales (SLS) [J]. *Journal of Applied Measurement*, 2006, 7(4): 418-449.

解释。根据表9-9中的数据,测量所能解释的原始方差(Raw Variance Explained by Measures)占原始分数总体方差(Total Raw Variance in Observations)的31.6%,不算很高,但是因为不存在第2个维度,则数据在统计意义上仍是可控的,方差解释率良好,可以不必修正工具或样本。①

为探查测评工具中更加细节的问题,提供工具完善的线索和方向,我们对25个项目进行了具体的分析。图9-4所示的标准残差对比图直观呈现了所有项目的载荷系数(Loading)②与项目难度估计值(Item Measure)的关系。图中的字母表示的是不同的项目,此处共有25个,当纵坐标的数值超过[−0.4,0.4]区间范围时,即表示不满足单维性检验。

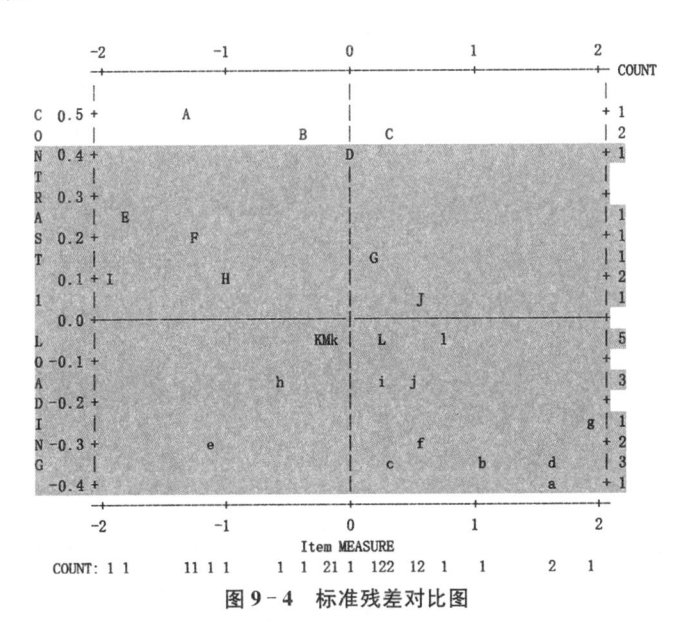

图9-4 标准残差对比图

由图9-4可知,项目A(P12)、B(P13)与C(P21)超出规定的参数范围,需要在工具优化的过程中重新审视,仔细考虑是否存在其他因素影响这些项目对于SERA的测查。

---

① Linacre J. M. *A User's Guide to WINSTEPS/MINISTEP*: *Rasch-model Computer Programs* [M]. Chicago, IL: WINSTEPs.com. 2011: 333-337.
② 此处的载荷与因子分析中的载荷并不相同,具体参见WINSTEPS使用手册(Linacre J. M., 2011)中的说明。

3. 项目-被试对应

通过将测试所得的原始分(Raw Scores)运算转换为 logit 分，Rasch 模型实现了在同一量尺(Scale)上对比被试能力与项目难度。我们一般以"项目-被试对应"图(Person-Item Map)来直观呈现二者的分布情况，也称为怀特图(Wright Map)或项目分布图(Item Distribution Map)。本轮试测结果如图 9-5 所示。

根据图示，25 个试测项目的难度估计值(Measure)分布均匀，覆盖范围较广；被试的能力水平基本符合正态分布，呈现中间多而两端少的态势，而且其能力略高于项目难度(与总体质量分析中的平均估计结果一致)。由此表示该测评工具能够基本涵盖被试样本的能力水平，对于 SERA 这一构念的考查和估计是有效的。

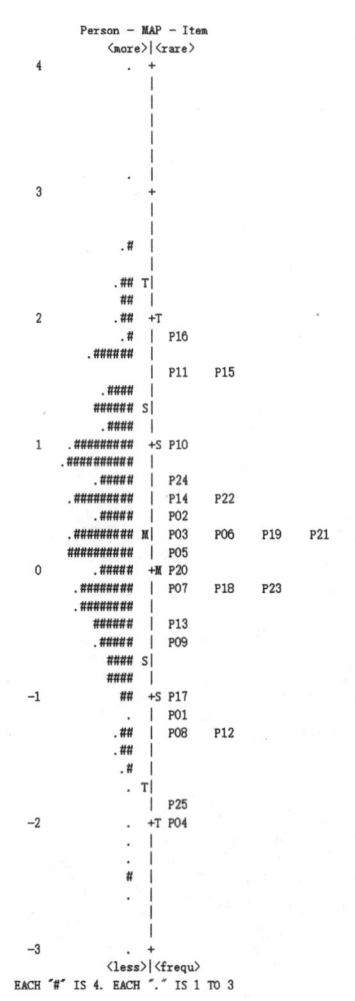

```
             Person - MAP - Item
                <more>|<rare>
          4                +
                          |
                          |
                          |
                          |
          3               +
                          |
                          |
                         .#|
                        .## T
                         ## |
          2              .## +T
                         .# | P16
                     .##### |
                            | P11    P15
                       .#### |
                      ##### S
                       .#### |
          1    .######### +S P10
              .########## |
                    .#### | P24
                   .######## | P14    P22
                     .#### | P02
                 .######## M P03    P06    P19    P21
               ########## | P05
          0       .##### +M P20
                .######## | P07    P18    P23
                 .####### |
                   ##### | P13
                     #### | P09
                     #### S
         -1            ## +S P17
                        . | P01
                       .## | P08    P12
                       .## |
                        .# |
                         . T|
                          | P25
         -2              . +T P04
                          |
                          |
                         # |
                          |
                          |
         -3              . +
                <less>|<frequ>
        EACH "#" IS 4. EACH "." IS 1 TO 3
```

图 9-5 项目-被试对应图

4. 项目拟合分析

Rasch 模型要求测试数据与其模型假设能够拟合匹配，一般对 Infit 和 Outfit 两种拟合指数进行分析，分别包含 MNSQ 与 ZSTD 两个值。如表 9-10 所示，以拟合度为序进行排列，一并呈现了项目的难度均分估计(Measure)、标准误(S. E.)以及点-测量相关系数(PT-MEASURE CORR.)。

根据表 9-10 中呈现的拟合指数，虽然有一些项目的 ZSTD 超过范围，但其 MNSQ 均在可以接受的范围内(如 P09，P11 等项目)，因此项目的拟合度是可以接受的。然而，项目 P24 的 Infit 和 Outfit 的 ZSTD 均为 -9.9，尤其低；而且 MNSQ < 0.5(Outfit 与 Infit 均是)，上述结果无法接受，因此该项目必须重新审视甚至予以剔除。

表 9-10 SERA 测评工具的项目拟合(试测)

Item	Measure	S.E.	Infit MNSQ	Infit ZSTD	Outfit MNSQ	Outfit ZSTD	PT-MEASURE CORR.
P09	−0.58	0.10	1.14	3.0	1.3	4.0	0.25
P11	1.6	0.10	1.11	2.1	1.29	3.1	0.25
P12	−1.31	0.08	1.22	3.4	1.09	1.2	0.52
P01	−1.1	0.11	1.15	2.5	1.21	2.2	0.24
P04	−1.93	0.14	0.97	−0.3	1.21	1.3	0.33
P22	0.54	0.07	1.2	3.5	1.2	3.3	0.46
P10	1.07	0.09	1.11	2.8	1.19	2.8	0.29
P06	0.33	0.09	1.01	0.4	1.14	2.7	0.38
P15	1.62	0.10	0.94	−1.3	1.13	1.4	0.39
P23	−0.19	0.13	1.11	2.1	1.09	1.2	0.34
P18	−0.16	0.09	1.04	1.2	1.07	1.3	0.37
P19	0.25	0.09	1	0.1	1.05	1.0	0.4
P21	0.32	0.07	1.04	0.8	1.01	0.1	0.59
P14	0.56	0.09	1.02	0.5	1.04	0.8	0.39
P02	0.48	0.09	1.02	0.5	0.99	−0.1	0.4
P03	0.27	0.09	1.01	0.4	1.02	0.3	0.39
P16	1.91	0.11	1.01	0.2	1	0.1	0.33
P07	−0.18	0.09	0.98	−0.6	0.92	−1.4	0.44
P08	−1.27	0.11	0.95	−0.8	0.96	−0.3	0.4
P13	−0.38	0.07	0.96	−0.8	0.92	−1.4	0.6
P05	0.21	0.09	0.9	−3.0	0.87	−2.8	0.5
P17	−0.99	0.11	0.9	−1.7	0.83	−1.9	0.48
P20	−0.03	0.10	0.89	−3.2	0.85	−2.9	0.51
P25	−1.81	0.14	0.84	−1.8	0.63	−2.6	0.47
P24	0.74	0.07	0.43	−9.9	0.49	−9.9	0.54

由表 9-10 中数据可知,所有项目的点-测量相关均在(0,1)之间,只有个别项目(如 P09,P11,P01,P10)系数值低于 0.3,表示工具项目的建构效度可以接受,但系数

值较低的项目其拟合指数不佳。综合来看,需要对这些项目予以进一步的检视。

5. 项目作答分析

本轮试测中,所有选择题(共 12 个单项选择的项目)的选项均有被试作答。对于建构反应评分题,包括"0、1、2"计分题(5 个)以及"0、1"计分题(8 个)。如图 9-6 所示,以"0、1、2"计分题的作答概率曲线为例,横坐标表示的是被试能力与项目难度估计值之间的差值(Person [MINUS] Item MEASURE),纵坐标表示对被试作答评分(0,1,2)的概率。在临界值位置,被试获得两种分数的概率相等,即曲线交叉处的纵坐标相等。图示的 3 条曲线界限明显,能至少涵盖[-3,3]的能力区间,并在恰当的能力点有峰值,如能力最高的被试获得最高分(3 分)的概率最大,或者说能力最高的被试才最有可能获得最高分。根据项目的作答曲线,本轮试测工具在各评分等级之间区分度较好,能够合理说明不同能力学生的得分概率的大小,符合 Rasch 模型的基本理论假设。

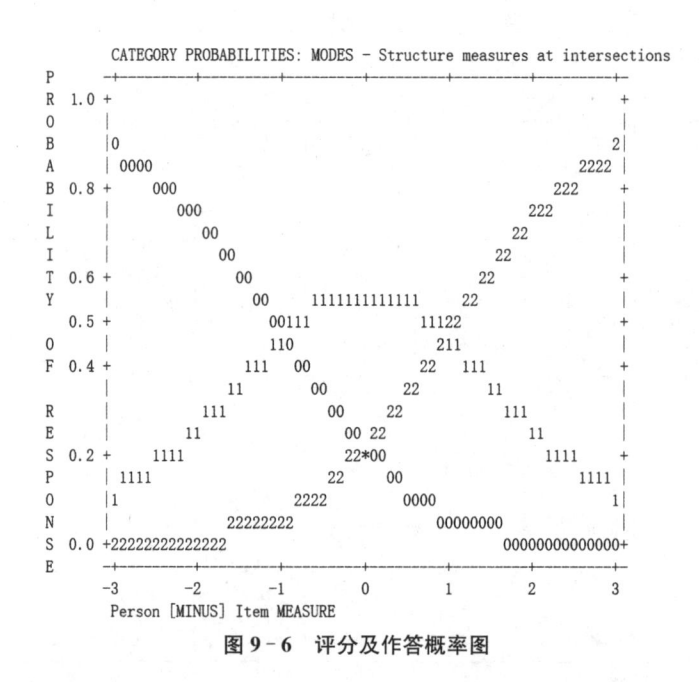

```
CATEGORY PROBABILITIES: MODES - Structure measures at intersections
P
R   -+---------+---------+---------+---------+---------+---------+-
R 1.0 +                                                             +
O     |                                                             |
B     |0                                                           2|
A     | 0000                                                   2222 |
B 0.8 +  000                                                 222    +
I     |   000                                               222     |
L     |    00                                               22      |
I     |     00                                              22      |
T 0.6 +      00                                            22       +
Y     |       00    1111111111111                         22        |
  0.5 +         00111             11122                             |
O     |          110                 211                            |
F 0.4 +          111                   22  111                      +
      |          11       00           22    11                     |
R     |         111      00 22               111                    |
E     |         11      00  22                11                    |
S 0.2 +        1111         22*00              1111                 +
P     |       1111          22  00                 1111             |
O     |1                 2222      0000                            1|
N     |           22222222            00000000                      |
S 0.0 +22222222222222                       00000000000000+
E   -+---------+---------+---------+---------+---------+---------+-
       -3       -2       -1        0        1        2        3
       Person [MINUS] Item MEASURE
```

图 9-6 评分及作答概率图

至此,通过第一轮的小样本测试,LCTSR 以及第二轮试测,对初步编制的 SERA 测评工具进行了质量分析。结果表明,该工具的信效度良好,满足 Rasch 理论模型的假设,但仍有一些项目需要修正、完善。

四、测评工具的修正

基于 Rasch 模型对 SERA 测评工具进行质量分析的过程中,不仅获得了工具质量的参数,也发现了存在问题的项目。总体来看,试测工具的项目修正主要涉及剔除质量较差的项目,修改计分题的评分,或者改变题型和表达等方面。具体分析如下。

(一) 不良项目的剔除

根据上一节的 Rasch 分析结果,项目 P24 的 Infit 和 Outfit 指数超出范围很多,其"糟糕"程度令人无法接受,属于质量不良的项目;而项目 P25 的预设水平与测试后所得的难度估计值偏差太大。

这两题同属一道大题,问题的情境涉及在生命健康领域有关真菌蛋白的生产及营养成分,所需用到的证据属于科学常识类。P24 预期考查的是从题目中的图表信息中获取有价值的证据,如对于真菌蛋白的优势,根据条形图可以发现证据之一:真菌蛋白的生产所需消耗的碳水化合物更少,效率更高;根据真菌蛋白与牛肉蛋白的营养成分对比表可以发现证据之二:真菌蛋白中胆固醇低,而膳食纤维多,更有利于健康。此题的预设难度水平为 Level 3a,实际测试的难度估计值与此是一致的。因为它需要结合多重证据进行间接推理,虽然图表信息很明显,并不需要"挖掘",但学生被试对这些证据所在的情境并不熟悉(MEU)。

分析学生的作答情况,结合对部分学生的访谈(非结构化)发现,他们主要存在以下问题:(1)仅作答出其中一项证据,不够全面;(2)描述营养成分的优势时,多关注于真菌蛋白中含量较多的营养成分,如膳食纤维多、脂肪多(其实脂肪含量差距不大),而忽略含量较少但却是有利的成分,如胆固醇低等。访谈作答表述不清、表述不当的学生,发现他们并未正确理解图表信息,即未能有效地识别证据。

结合定量的数据进行分析(表 9-11),项目 P24 各级评分得 1 分的人数最多(79.2%),其 Outfit MNSQ 值为 1.0,达到"完美"的标准。但从上一节的分析可知,其整体的拟合指数(尤其是 ZSTD)偏差明显;从各级评分的点-测量相关来看,系数并不高,而且在评分为 0 上出现负值,且绝对值较大。综合考虑,对其作出剔除处理。

表 9-11　项目 P24、P25、P12 的作答评分统计

项目	评分	频次	百分比*	平均能力	S. E.	Outfit MNSQ	PTMEA CORR.
P24	0	86	16.2%	−0.67	0.10	0.7	**−0.48**
	1	420	79.2%	0.57	0.04	1.0	0.28
	2	24	4.5%	1.79	0.20	0.6	0.29
	缺失	97	15.5%	−0.28	0.12		−0.21
P25	0	64	12.7%	−0.79	0.12	0.6	**−0.47**
	1	441	87.3%	0.64	0.04	0.9	0.47
	缺失	122	19.5%	−0.30	0.10		−0.26
P12	0	61	10.8%	−0.87	0.11	0.9	**−0.44**
	1	116	20.5%	0.00	0.08	1.1	**−0.20**
	2	389	68.7%	0.71	0.04	1.0	0.47
	缺失	61	9.7%	−0.64	0.18		−0.21

注：* 缺失值的百分比是频次与总样本量（$N=627$）之比，各级评分的百分比是频次与有效样本量（如，对于项目 P24，$N_{\text{有效}}=627-97=86+420+24=530$）的百分比。

项目 P25 是在 P24 之后发问：既然真菌蛋白有很多优势，那能否取而代之？该项目的预设水平较高，一方面希望学生能够从题目情境中提取出"生产不便"这一隐性证据（Ⅰ），即真菌蛋白的培养需要温度等条件控制，其获取过程并不是十分容易；另一方面是结合表中数据，从全面摄取营养的角度说明。然而，阅卷时发现，极少有学生答出第一点，他们多是从健康角度回答了这个问题，根据表格中的数据，列举了牛肉蛋白中含量较多的营养成分为证据，指出应当"营养均衡"。

访谈发现，学生并未注意到题干中"将真菌放在 32℃的发酵罐（注意消毒）中进行培养可以获得真菌蛋白"这条信息的价值，而这又是预设水平较高的原因所在。测试结果显示（表 9-11），87.3%的学生拿到了 1 分，即对大多数学生而言，他们达到了该题目的能力要求，而且评分为 0 的点-测量相关也出现了绝对值较大的负值。由此可见，这道题的评分标准需要修改，应当不要求回答出第一点隐性证据，否则预设水平过高，分数等级设置不当。

综合考虑，该题情境丰富，学生阅读量不小，如果保留 P25，剔除 P24，则题目的文字、图表信息并不会减少，甚至需要补充说明。而且，这两个项目所对应的 SERAL

上,均有足够的项目可供考查,因此,决定同时剔除两个题项。

(二) 评分标准的修改

项目 P12 和 P13 考查的是通过实验情境推导出压强(或压力)的影响因素。对于 P12 而言,根据图示的现象发现 a 与 b 的差异在于有无砝码,而建立出简单关系,推理答出"因素是重物(压力)的大小(多少)",预设水平为 Level 1b。由表 9-11 中 P12 的各级评分结果可知,作答得分为 2 的比例较高,整个题项的难度估计值较低(参见表 9-10),与预设水平基本一致。但项目 P12 和 P13 的单维性不好,可能存在其他不能由 Rasch 模型解释的因素影响其难度估算。

按照评分标准,当学生正确回答了因素,并且正确描述或对比了现象及压力大小的作用效果时,计 2 分;仅描述或对比了现象,但未清楚描述作用效果与压力大小之间的关系,则计 1 分。在阅卷过程中,发现有部分学生未答出因素,但对比了图示的现象,且正确描述了压力大小的影响作用,经协商也计 1 分。事实上,这与预先设定的 1 分的指代含义不同。

为此,特访谈了一位如此作答的学生。他是 8 年级学生,理科成绩中等,任课老师对他的评价是比较活跃,文字表达水平中等。下面是访谈的简要记录。

问:第 5 题(指 P12 与 P13)你理解吗?

答:理解啊,很简单。

问:哦,是吗?你来说说看,你是怎么想的?

答:图 a 是椅子放在海绵上,图 b 椅子还是正放着,但多了个东西,它压得更深,所以有没有这个东西是一个因素。

问:那你为什么不写出因素呢?

答:啊……我,我以为后面写了就一样……这不是重点吧,应该。

该学生表示理解题意,同时自信地说"很简单",解释时条理清楚,当问及为什么不按照题目要求写出影响因素时,他"机智"地应答"不是重点"。对该名学生的作答心理暂且不论,但其反应让我们反思,这道题目的评分标准似乎过于"严格"。将一些虽然没有按要求写出,但实则具有能力的学生排除在外,这或许是影响题目单维性的某个因素。同时,要求被试写出影响因素,如没有写出则会失分,这样可能是对学生文字理解能力和应试经验的考查,也难怪有学生表示在答卷时"不那么认真读题就会处处陷入陷阱"。

因此,本研究重新考虑了 P12 的评分标准,修正为"0、1"计分(示例如下)。同时,修改了问题的表述:"对比图 a 与图 b,请简要描述图中反映的因素及对压力效果的影响作用。"

评分标准示例(F12[①])

以下回答计 1 分:正确回答了因素,正确描述或对比了现象及压力大小的作用效果。(未指出因素,但正确描述了影响,也计 1 分)

● **可能的回答**:因素是重物(压力)的大小(多少);受力面相同时(或描述出图 a 与图 b 都是凳子脚作用于海绵),压力越大(或说明加上重物),压力的作用效果越明显。

以下回答计 0 分:因素回答错误(即使现象对比的描述正确,也计为完全错误);或因素与现象对比均错误;或仅作答一部分且错误。

● **可能的回答**:因素是接触面;重物大,作用效果明显。

● **未填答记"—3"(缺失值)**

如上所述,评分时不再要求被试一定答出因素为何,只要清晰而准确地描述影响作用即可得分。此外,还有其他项目的评分标准被修正,如项目 P22 由"0、1、2"计分更改为"0、1"计分,这里不再具体分析。

(三) 题型设置的变化

在试测的 SERA 测评工具中,除了选择题和建构反应题之外,项目 P23 有其特殊之处。该项目设置了一个"陷阱",首先提问仅根据题中表格,是否可以判断出何种气体是温室效应加剧的主要原因。倘若被试能够填答出某一种气体,则不必回答下面的选择题。而正确回答这道题不能只看表格中的信息,因为信息不够、证据不足,而应从

[①] 最终施测时,以 F 为首字母对项目进行编码。

下面的选择题中挑出正确选项 D：关于大气中这四种气体含量的资料。由此可见，正确作答此题，需要挖掘出隐性的证据，建立复杂的、间接的推理关系（证据不足而不能直接判断）(MIU)，难度水平较高(Level 3b)。但根据上一节的数据结果，该项目的难度估计值并不高，位于中等水平。

结合访谈发现，许多学生并未填答第一个问题，而是直接跳到选择题进行了勾选，因为"有 25% 的概率可以猜对"，实则他们并不知道如何解释，可见这里"正确率"的含金量并不高。而且，有部分学生表示并没有完全理解题意，既从表格中选出某种气体填空，又填了一个选项"以防万一"。在评分时，我们遇到不少这样的情况，经商议视为缺失，但这样的处理也并不妥当。

由此可见，该项目在问题表述上还不够明确，需要耗费时间去理解，有碍于学生解题，对项目的能力考查不够"聚焦"；这种题型设置还会造成不必要的评分困扰，学生作答时的侥幸、猜答心理等都会使测评结果变得"模糊"。

据此，重新编制该项目，简化表达，呈现如下。

项目修正示例(F23)

研究发现二氧化碳并非造成温室效应（大气保温效应的俗称）的主要原因。下表列出四种气体所造成的相对温室效应：

不同气体的相对温室效应			
二氧化碳	甲烷	氧化亚氮	氟氯碳化物
1	30	160	17 000

根据上表，还需要收集（　　）才能够判断出何种气体是温室效应加剧的主要原因。

A. 关于这四种气体来源的资料　　B. 关于植物对这四种气体吸收的数据
C. 关于这四种气体大小的数据　　D. 关于大气中这四种气体含量的资料

经检验和优化，最终形成的 SERA 实测工具包含 23 个项目，满分 25 分，与框架水平的对应情况如表 9-12 所示。这一工具也将经由 Rasch 模型检验、分析，部分质量参数将在下一节中简要阐述。

表 9-12 SERA 测评工具项目的能力水平对应表(实测)

序号	能力水平(SERAL)	证据的复杂性(CE)	题项对应
1	Level 1a	SEF	F01, F04, F09
		SEU	F08
2	Level 1b	SIF	F07
		SIU	F12, F20
3	Level 2a	MEF	F13, F17
		MEU	F18
4	Level 2b	MIF	F05, F21
		MIU	F02, F06, F23
5	Level 3a	MEF	F10, F19
		MEU	F14, F22
6	Level 3b	MIF	F03
		MIU	F11, F15, F16

第三节 证据推理科学能力表现特征的分析

本节将基于可供实证研究使用的水平框架和测评工具,对初中生证据推理科学能力(SERA)的表现及其特征进行探查,结合具体项目、实证数据、访谈记录等展开细致分析。

一、证据推理科学能力测评的过程

本研究利用正式的 SERA 测评工具展开实测,包含 23 个项目,满分 25 分。收集数据之后除利用 SPSS 22.0 进行统计分析外,还使用 Winsteps 3.72.0 对测量数据进行 Rasch 分析。据此,既能获得测评工具的质量参数,也将获得被试样本的能力表现结果。

(一)选择测试对象

本研究以初中学生为研究对象,样本来源于某市重点初中学校,该校教学质量位于该市前列,除了学生整体较好的学业成绩,平时也注重学生的课外活动表现。

测试对象涉及 7—9 三个年级,最后收回的有效问卷共 2 261 份,被试的性别与年级的基本情况如表 9-13 所示。

表 9-13 SERA 测评被试的基本情况

		年级			N
		7 年级	8 年级	9 年级	
性别	男	444	349	409	1 202
	女	388	299	372	1 059
N		832	648	781	**2 261**

(二)数据分析思路

对上述对象实施 SERA 测试后,由本专业的 1 位博士、2 位硕士根据修订后的评分标准进行阅卷,评分者一致性系数(Kappa 系数)为 0.79。

将学生的得分整理汇总后,首先对样本的总体表现进行描述和分析,然后从年级、性别、不同学业水平(优、中、差)等为变量,分析比较初中生 SERA 的变化与发展情况。研究的基本零假设是在这三个变量上,学生的 SERA 表现不存在显著性差异。

(三)典型对象访谈

结合学生的答卷,挑选出不同年级(7—9 年级)、不同性别(男、女)、不同学业水平成绩(优、中、差)的学生进行一对一的半结构化访谈。在研究过程中,尽量保证在每个类别上均有代表性的访谈对象,在学生自愿的前提下,最终挑选了至少 3×2×3=18 名学生接受访谈,[1]访谈内容如下所示。[2]

---

[1] 质性研究下的抽样会随着研究过程的进行而发生变化,质性研究要求研究者是开放式、零理论地进入研究现场("茫然无绪"),随着研究进行,不断收集资料,从中进行归纳、觉察出相关理论,因此研究过程中的取样会随研究所需而不断调整。(可参见:刘良华. 教育研究方法(第 2 版)[M]. 上海:华东师范大学出版社,2014:110—112.)

[2] 实施访谈时,由于访谈对象的不同特征(如个性特点、测评结果、学业水平、被访谈的态度或情绪等),及为研究目的所需,将会酌情调整访谈问题,即访谈并不曾严格按照某个预设的内容要求展开。

访谈提纲(半结构化)

- 测试的总体感受如何?

关于试题的难易程度;是否有趣(感兴趣)等。

- 问题示例:拿到题目有什么感受?抵触吗?觉得难吗?有没有感兴趣的题目?哪些是你感兴趣的呢?在(现实)生活中,也(可能)会遇到这些(与科学相关的)问题,你知道怎么解决吗?有什么根据呢?……

- 找到证据了吗?

关于对题目的情境进行信息识别、证据挖掘的过程。

- 问题示例:注意到试卷前面的提示语("根据题目中提供的信息进行推理作答")了吗?题目里的信息对你回答问题有用吗?这些信息感觉熟悉吗,见过、学过吗?这些信息够(证据充分)吗?

- 发现证据之间的关系了吗?

关于题目情境中信息(证据)之间关系的确立。

- 问题示例:题目里给的信息你都用上了吗?用了一个还是多个?它们之间是什么关系?你得到数学表达式了吗?成正比是什么意思?有关联(相关)就一定是原因(因果关系)吗?关系复杂吗?感觉(关系)难(发现、建立)吗?

- 推理得出结论了吗?

关于利用题目情境中的信息(证据)(建立关系之后)进行推理;结论的表述;论证等。

- 问题示例:你用这些信息(证据)是如何得出这个结论的?推导(推理)吗?你是如何思考的?觉得困难吗?你的作答(表述)不完全正确,发现问题了吗?为什么这么作答呢?现在看到忽略的地方(问题或信息)了吗?

……

除了围绕上述问题进行学生访谈外,也从班主任、任课老师处了解学生的学科成绩表现和学业兴趣等。

二、证据推理科学能力测评研究结果

(一)证据推理科学能力的总体特征

1. 描述性统计与总体能力

对所有被试样本的测评结果进行分析,其描述性统计结果如表 9-14 所示。

表 9-14　SERA 测评的描述性统计结果

	N	M	S.D.	S.E.	极小值	极大值	全距
Rasch 分	2 261	0.767 6	1.004 37	0.021 12	−2.31	4.85	7.16
原始分	2 261	15.24	4.667	0.098	1	25	24

利用 Winsteps 对所有观测值进行分析,2 261 名被试的回答均为有效,所有 23 个项目均被估算,结果如表 9-15 所示。将项目的难度估计值(Measure)固定为 0,被试的 SERA 水平均值为 0.77,与表 9-14 吻合(0.767 6)。被试能力高于项目难度,与第二轮试测的数据结果相比,本次测评的学生样本能力水平更高。

表 9-15 SERA 测评的总体特征参数

	Measure	S. E.	Infit MNSQ	Infit ZSTD	Outfit MNSQ	Outfit ZSTD	Separation	Reliability
被试	0.77	0.42	0.99	0.0	1.01	0.1	1.98	0.81
项目	0.00	0.05	1.00	0.0	1.02	0.2	18.61	1.00

此外,表 9-15 中的参数(如信度、分离度、拟合指数等)均反映了工具的总体质量是符合 Rasch 模型假设的。由此进一步验证了本研究测评工具的信效度,这是后面对测评数据展开分析和讨论的前提和基础。

2. 学生的 SERA 水平分布

根据本次大样本测试结果,将各项目的难度估计值(Measure)与对应的能力水平呈现在表 9-16 中。各项目按照难度值从低到高进行排列,难度最低的是 F04 项目(-1.75),难度最高的是 F16(1.96),这些项目所处的能力水平(SERAL)与前一节所构建的项目能力水平对应表(表 9-12)是一致的。各级水平中,不同项目之间的估计值差异并不能完全由项目的证据复杂性(CE)决定,表 9-16 中所呈现的是实际测评的数据结果。依据各层级水平中所包含的项目,以及实际测评的难度估计值结果,可以计算出各水平的难度均值(该水平所有项目的难度估计值的加和平均值),以均值为界限,划分出在不同的能力水平上被试应具有的能力值,即界定出 SERA 各层级水平的临界值。

当被试的能力估计值(Measure)低于-1.47(Level 1a 的临界值)时,说明其 SERA 水平尚未达到 Level 1a,而能力估计值介于-1.47 与-0.79 之间,则表示该被试达到了第 1 层级的能力水平,其他层级的能力范围如表 9-16 所示。如被试样本的能力估计均值为 0.77,超过第 5 层级(Level 3a)的临界值 0.46,即说明被试样本在 SERA 测评中表现出较高的能力水平,其中多数被试的能力位于较高层级。

表 9-16 不同能力水平(SERAL)的被试能力范围及分布情况

能力水平 (SERAL)	项目 (Item)	难度/能力估计值 (Measure)	均值/临界值 (threshold)	层级
	F04	−1.75		0
Level 1a	F08	−1.42	−1.47	1
	F09	−1.42		
	F01	−1.29		
Level 1b	F12	−1.11	−0.79	2
	F20	−0.74		
	F07	−0.52		
Level 2a	F13	−0.31	−0.20	3
	F18	−0.18		
	F17	−0.12		
Level 2b	F23	−0.05	0.05	4
	F06	0.01		
	F05	0.05		
	F21	0.08		
	F02	0.17		
Level 3a	F19	0.23	0.46	5
	F14	0.46		
	F22	0.67		
	F10	0.79		
Level 3b	F03	1.11	1.61	6
	F11	1.53		
	F15	1.85		
	F16	1.96		

依照能力均值的顺序,将各层级 SERAL 上的被试数目和百分比进行统计,并制作折线图(图 9-7)。由图表数据发现对于本次测评的 2 261 个被试中,多数学生达到了高层级水平(Level 2b—Level 3b),以第 5 层级(Level 3a)的数目最多,超过 1/3 的被试位于此层级,说明总体被试样本的 SERA 表现较好。由折线图可以清晰看到在不同

SERA水平的被试分布情况和大致趋势,随着能力层级的递增,被试人数逐渐增加,在第3层级(Level 2b)有所下降,紧接着"反弹",继续大幅上升,在第5层级达到峰值之后开始下降,即在最高的能力水平(Level 3b)上被试数目回落,接近于第4层级的人数。

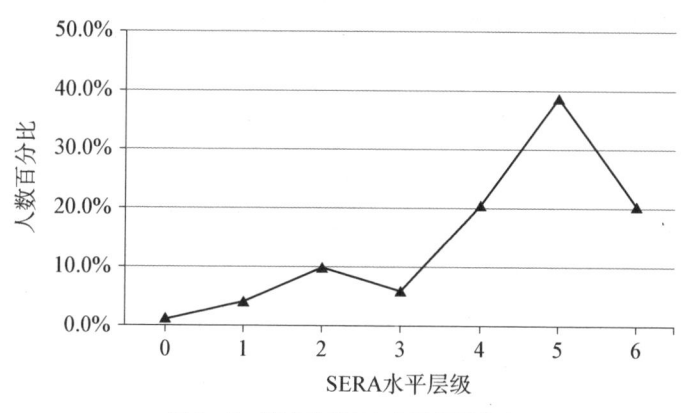

图9-7 被试的SERA水平层级分布

除了得出被试样本测评结果表现较好的结论之外,我们不能忽视仍存在少量被试(1.24%)没有达到第1层级(Level 1a)的SERAL,也有近15%的被试位于Level 1,即第1、2层级的能力水平。这些"表现不佳"的学生更值得我们关注:是何种原因导致他们的表现不尽如人意,低于总体的平均水平?是否可以找到合适的方法促进他们推理能力的发展和提升?

(二)证据推理科学能力的年级特征

以下重点探查初中生证据推理科学能力在不同年级是否具有差异,表现出何种特征,通过定量和定性结合的方法予以具体分析和比较。

1. 不同年级的SERA水平分布

测评实施的对象包含3个年级,按照不同年级对被试样本的测评结果(Rasch分)进行分类统计,其描述性统计结果如表9-17所示。每个年级均有学生达到测试的最高分(4.85),结合被试的总体情况,可以发现,最低分(-2.31)出现在7年级,而且该年级的平均分为0.290 4,与其他两个年级差距较大,9年级学生的平均分最高,为1.173 3。

表9-17 不同年级SERA测评的描述性统计结果

年级	N	M	S.D.	S.E.	极小值	极大值	全距
7年级	832	0.2904	0.85826	0.02975	−2.31	4.85	7.16
8年级	648	0.8914	0.93214	0.03662	−2.06	4.85	6.91
9年级	781	1.1733	0.99844	0.03573	−2.19	4.85	7.04

依据表9-16中所界定的SERA各层级水平临界值和被试能力范围,将不同年级被试的能力估计值(Measure)进行层级划分,统计各能力水平(层级)上的人数及其在该年级所占百分比,如表9-18所示。以百分比数据制作折线图(图9-8)。

表9-18 被试SERA水平层级的年级分布(人数及百分比)

	能力水平(层级)						
	0	1	2	3	4	5	6
7年级	18	62	129	78	247	243	55
	2.16%	7.45%	15.50%	9.38%	29.69%	29.21%	6.61%
8年级	5	20	50	26	103	304	140
	0.77%	3.09%	7.72%	4.01%	15.90%	46.91%	21.60%
9年级	5	7	43	28	110	325	263
	0.64%	0.90%	5.51%	3.59%	14.08%	41.61%	33.67%

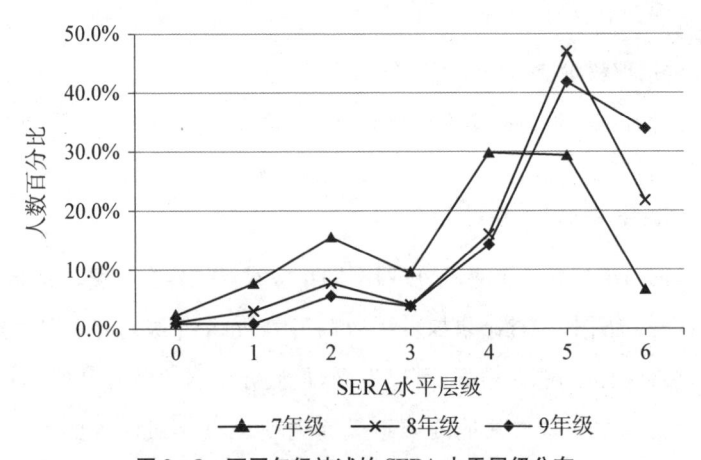

图9-8 不同年级被试的SERA水平层级分布

整体来看,3个年级的曲线都是有增有减,与图9-7所示的被试总体变化趋势基本一致。在第4层级之前,7年级的被试比例均最高,其他两个年级比较接近,当达到高水平层级时,情况发生了转折,8、9两个年级的学生比例大幅度增加,远超7年级。最后,这两个年级即使在最高层级上都有所降低,也始终保持着"优势"。

总之,根据图表可以发现,大多数的被试处于较高水平,也不乏能力出众者表现出最高层级的SERA。年级越高,表现出高层级水平的被试越多;同样地,年级越低,低水平的SERA出现的被试比例较大。这些描述性数据反映出学生推理能力的阶段发展差异,符合一般的认知发展阶段理论。

2. 不同年级的SERA差异检验

图9-8显示的是不同年级之间,被试SERA的表观差异,年级之间是否存在显著性差异,还需进一步分析检验。

(1) 方差分析

利用SPSS对不同年级被试的测评分数(Rasch分)进行推断统计,零假设为不同年级的被试样本的SERA表现不具有显著差异。

单因素方差分析检验得到结果:$F(2, 2258)=189.683$,$p<0.001$,表示被试的SERA表现在不同年级之间存在显著差异。差异存在于哪些年级之间,需经由事后检验(Post-hoc Comparisons)得出。LSD比较的结果显示,3个年级当中,两两之间均存在显著性差异($p<0.001$),7年级的Rasch分均值低于8年级和9年级(均值差异分别为-0.60102,-0.88288),8年级低于9年级(均值差异为-0.28186),9年级均值最高;Student-Newman-Keuls多重比较法的结果显示,3个年级不能归为一个同质组,应分列为3组,即同样表明两两年级之间差异显著。

(2) 功能差异检验

基于Rasch测量模型理论,可以对观测值进行项目功能差异检验(Differential Item Functioning, DIF),即考察不同组之间是否存在影响该组被试在项目上作答反应的某些特征或特质。可以利用DIF检验不同年级之间的SERA差异特征,而且分析结果可以将其差异定位于具体的项目上。

将被试以年级分群组(Class),如表9-19所示的第1列表示7年级(或8年级);第2列显示的是某项目对于7年级(或8年级)这个群组的被试而言的难度估计值

(Measure);第 3 列是与 7 年级进行比较的另外两个年级(或是与 8 年级进行对比的 9 年级),其后是某项目在对比年级的难度估计值,如 F01 项目对于 7 年级而言的难度值为—1.62,对于 9 年级而言难度值为—0.7,二者的差值即第 5 列显示的—0.93(DIF Contrast),即说明项目 F01 对 7 年级组而言,难度更低,比 9 年级下降了 0.93;第 6 列是对被试的得分进行 t 检验的概率值(Prob.)。①

通常,我们需要参考 DIF contrast 与 Prob. 这两个值。DIF contrast 值越大,说明对于某一项目,两个群组之间的功能性差异越大。一般来说,差值超过 0.64 则认为差异较大,介于 0.43 与 0.64 之间,功能性差异为中等;低于 0.43 则认为差异不明显,可以忽略;当 Prob.<0.05 时,则认为该项目在两个群组的差异具有统计意义的显著性。表 9-19 仅呈现有显著差异且功能差异较大的项目。

表 9-19　不同年级项目功能差异(DIF)检验的统计数据(部分)

Person CLASS	DIF MEASURE	Person CLASS	DIF MEASURE	DIF CONTRAST	Prob.	Item
7	—1.62	9	—0.7	—0.93	0	F01
7	—0.08	8	0.42	—0.5	0	F02
7	0.53	8	—0.38	0.91	0	F06
7	0.53	9	—0.36	0.89	0	F06
7	—1.14	8	—1.59	0.45	0.005 2	F08
7	—1.14	9	—1.9	0.77	0	F08
7	0.59	9	1.1	—0.51	0	F10
7	0.86	8	1.39	—0.53	0	F11
7	0.86	9	2.38	—1.52	0	F11
7	1.05	8	0.33	0.72	0	F14
7	1.05	9	—0.13	1.18	0	F14
7	2.05	8	2.51	—0.46	0.001 3	F15
7	2.05	9	1.27	0.78	0	F15
7	—0.44	9	0.09	—0.53	0	F18

---

① 表格中未呈现 t 值。

续 表

Person CLASS	DIF MEASURE	Person CLASS	DIF MEASURE	DIF CONTRAST	Prob.	Item
7	−0.29	9	0.48	−0.77	0	F05
7	−0.74	8	−1.3	0.56	0.000 3	F12
7	−0.74	9	−1.62	0.88	0	F12
7	−0.56	9	0.47	−1.04	0	F17
7	0	9	−1.01	1.01	0	F13
……						
8	−1.47	9	−0.7	−0.77	0	F01
8	0.33	9	−0.13	0.46	0.000 2	F14
8	0.77	9	1.42	−0.64	0	F03
8	−2	9	−1.45	−0.55	0.008 2	F04
8	0.01	9	0.48	−0.47	0.000 1	F05
8	−0.26	9	0.47	−0.73	0	F17
8	−0.11	9	−1.01	0.9	0	F13
……						

由表 9-19 中数据的对比可以清楚地发现在哪些项目上存在年级之间的差异。例如,在项目 F06 上,7 年级与 8、9 两个年级之间的 DIF 较大,且差异显著(DIF contrast=0.91, $p<0.001$; DIF contrast=0.89, $p<0.001$)。此外,在 F08,F11,F14,F15 以及 F12 这些项目上,7 年级与另外两个年级都具有显著差异,而在 F01,F10,F05,F18,F17 和 F13 等项目上,7 年级只与 9 年级之间的 DIF 较大,有显著差异,与 8 年级之间差异不大。类似可以分析 8 年级与 9 年级之间的 DIF,较大的差异存在于项目 F01,F14,F03,F04,F05,F17 和 F13 上。综合来看,仅在项目 F14 上,3 个年级两两之间均存在较大的功能差异,其他的差异则存在于某两个年级之间。

(三)证据推理科学能力的性别特征

本部分重点探查不同性别的初中生是否具有不同的证据推理科学能力表现,且表现出何种特征。与年级特征的分析类似,同样将结合量化的数据检验和定性的访谈分析进行具体阐释。

1. 不同性别的 SERA 水平分布

按照不同的性别对被试样本的测评结果(Rasch 分)进行分类统计,如表 9-20 所示。被试样本中男女比例接近 1∶1,女生较少;进一步分析可以发现,测试最高分(4.85)和最低分(-2.31)均出现在男生组,其全距最大(7.16),离散程度较大(S. D.=1.069 44);而且男生群组的平均分为 0.833 9,高于女生组(0.692 4)。

表 9-20 不同性别 SERA 测评的描述性统计结果

	N	M	S.D.	S.E.	极小值	极大值	全距
男生	1 202	0.833 9	1.069 44	0.030 85	-2.31	4.85	7.16
女生	1 059	0.692 4	0.919 71	0.028 26	-2.05	4.77	6.82

依据表 9-16 中所界定的 SERA 各层级水平临界值和被试能力范围,将不同性别被试的能力估计值进行层级划分,统计各能力水平(层级)上的人数及所占百分比,如表 9-21 所示。以百分比数据制作折线图(图 9-9)。

表 9-21 被试 SERA 水平层级的性别分布(人数及百分比)

	能力水平(层级)						
	0	1	2	3	4	5	6
男生	21	44	109	67	227	452	282
	1.75%	3.66%	9.07%	5.57%	18.89%	37.60%	23.46%
女生	7	45	113	65	233	420	176
	0.66%	4.25%	10.67%	6.14%	22.00%	39.66%	16.62%

由图 9-9 可知,不同性别的被试组随着水平层级的递增,所占百分比的变化趋势是一致的,都是有增有减,与图 9-7 所示的被试样本总体的曲线形态基本一致。不论是男生还是女生,低于 Level 1a(能力层级 0)的学生比例在该组中都是最少的,随着水平层级的递增,人数开始有所上升;在第 3 层级(Level 2b)上,两组被试的人数均有所下降,出现一个转折点;从第 3 层级到第 4 层级(Level 2b)又大幅上升,其中女生组的上升态势更为明显;到第 5 层级(Level 3a)时,开始大幅下降,女生组下降的幅度较大,以至于在最高层级上,男生组人数比例更高。

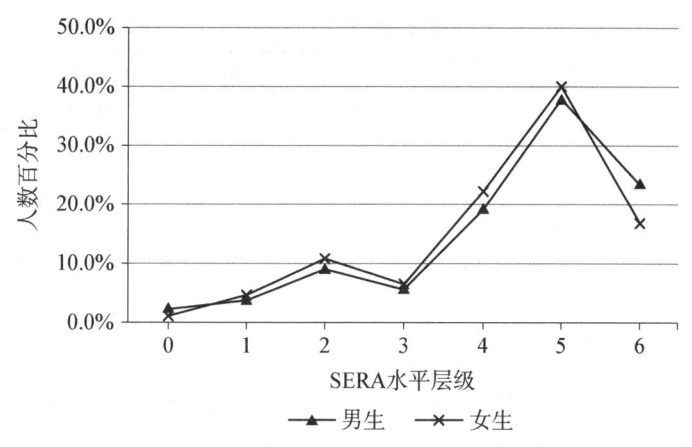

图 9‑9 不同性别被试的 SERA 水平层级分布

整体来看,从第 1 层级到第 5 层级,女生组的人数比例始终高于男生组,只在首尾两处低于男生组。然而,从图 9‑9 来看,彼此互相靠近,差距并不明显。由图表还可以发现,与前面讨论的年级比较情况类似,不同性别的被试群组中,仍是大多数被试处于较高水平,甚至有较多的学生表现出最高层级的 SERA。

2. 不同性别的 SERA 差异检验

图 9‑9 显示不同性别的被试组在 SERA 测评中的性别分布,可以发现男女生之间的表现差异。下面将进一步分析检验,探查是否存在性别之间的显著差异。

(1) 独立样本 t 检验

利用 SPSS 对不同性别被试的测评分数(Rasch 分)进行推断统计,零假设为男女生的 SERA 表现之间不具有显著性差异。

独立样本 t 检验的结果为 $t(2\,259)=3.383$,$p=0.001<0.01$,表示男女被试的 SERA 表现存在显著差异,男生的 SERA 平均值优于女生。

(2) 交互作用

根据前文的分析结果,本研究样本的 SERA 测评表现在年级变量与性别变量上均存在显著性差异,我们尝试探查两个变量之间是否存在交互效应。通过 SPSS 中的一般线性模型(General Linear Model)对所有观测值(Rasch 分,$N=2\,261$)进行单变量方差分析(Univariate),主效应及交互效应的结果如表 9‑22 所示,性别与年级之间 $F(2)=2.272$,$p=0.103>0.05$,不存在交互作用。

表 9-22　年级与性别交互作用检验的统计数据

来源	第Ⅲ类平方和	df	平均值平方	F	p
年级	323.243	2	161.621	188.264	<0.001***
性别	12.761	1	12.761	14.864	<0.001***
年级*性别	3.902	2	1.951	2.272	0.103

注：*表示 $p<0.05$，**表示 $p<0.01$，***表示 $p<0.001$

虽然如此，可以通过边缘平均数(Margin Mean)估计对不同年级与不同性别分组的平均数进行比较，以发现两个变量之间的"交互"影响。表 9-23 是这两个变量的描述性统计数据的交叉表(Rasch 分)。

表 9-23　年级与性别的描述性统计交叉表

性别	年级	N	M	S.D.	S.E.	极小值	极大值	全距
男生	7年级	444	0.3083	0.90670	0.04303	−2.31	4.85	7.16
	8年级	349	0.9806	0.98168	0.05255	−2.06	4.85	6.91
	9年级	409	1.2793	1.06495	0.05266	−2.19	4.85	7.04
女生	7年级	388	0.2699	0.79992	0.04061	−2.05	3.59	5.64
	8年级	299	0.7873	0.86074	0.04978	−1.68	4.76	6.44
	9年级	372	1.0567	0.90700	0.04703	−1.63	4.77	6.40

成对比较(Pairwise Comparisons)的结果如表 9-24 所示，8、9 年级的性别差异显著，而 7 年级的被试组中性别差异并不显著($p=0.551>0.05$)，说明年级变量对性别差异产生了影响。而性别变量对年级差异不能产生显著影响，不论是男生组还是女生组，3 个年级之间均有显著性差异，即不受性别变量的制约。

表 9-24　年级与性别的成对比较结果

年级	(I)性别	(J)性别	平均值差异(I-J)	S.E.	p
7年级	男	女	0.038	0.064	0.551
8年级	男	女	0.193	0.073	0.008**
9年级	男	女	0.223	0.066	0.001**

续 表

性别	(I) 年级	(J) 年级	平均值差异(I-J)	S.E.	p
男	7 年级	8 年级	−0.672	0.066	<0.001***
	7 年级	9 年级	−0.971	0.064	<0.001***
	8 年级	9 年级	−0.299	0.068	<0.001***
女	7 年级	8 年级	−0.517	0.071	<0.001***
	7 年级	9 年级	−0.787	0.067	<0.001***
	8 年级	9 年级	−0.269	0.072	0.001**

注：* 表示 $p<0.05$，** 表示 $p<0.01$，*** 表示 $p<0.001$。

(3) 功能差异检验

基于 Rasch 测量模型理论，可以利用项目功能差异检验探查不同性别的被试群组之间的 SERA 差异特征，根据数据结果锁定具有明显差异的项目。统计数据如表 9-25 所示，第 1 列 person class 中数字 1 表示男生组，第 3 列的数字 2 表示女生组。在一些项目（如 F08、F18 等）上，Prob. 值小于 0.05，可以说明两个群组（男、女生）之间的功能性差异具有统计意义的显著性，但 DIF contrast 值并不大，没有项目高于 0.43。

表 9-25 不同性别项目功能差异(DIF)检验的统计数据

Person CLASS	DIF MEASURE	Person CLASS	DIF MEASURE	DIF CONTRAST	Prob.	Item
1	−1.34	2	−1.23	−0.11	0.385 7	F01
1	0.14	2	0.19	−0.06	0.559 5	F02
1	−0.12	2	0.16	−0.28	0.004	F06
1	−0.46	2	−0.58	0.12	0.253	F07
1	−1.63	2	−1.23	−0.4	0.002 4	**F08**
1	0.61	2	0.99	−0.38	0	F10
1	1.42	2	1.67	−0.25	0.012 2	F11
1	0.52	2	0.4	0.12	0.190 9	F14
1	1.77	2	1.95	−0.17	0.091 5	F15
1	0.01	2	−0.4	0.4	0.000 1	**F18**
1	0.23	2	0.23	0	1	F19

447

续 表

Person CLASS	DIF MEASURE	Person CLASS	DIF MEASURE	DIF CONTRAST	Prob.	Item
1	−0.03	2	−0.08	0.06	0.563 3	F23
1	1.21	2	1.01	0.2	0.035 4	F03
1	−1.84	2	−1.66	−0.18	0.232 9	F04
1	−0.03	2	0.13	−0.16	0.105 6	F05
1	−1.42	2	−1.42	0	1	F09
1	−0.97	2	−1.27	0.3	0.0 181	F12
1	1.9	2	2.03	−0.13	0.226 1	F16
1	−0.09	2	−0.15	0.06	0.567 1	F17
1	−0.66	2	−0.84	0.18	0.133 4	F20
1	0.75	2	0.59	0.16	0.123 8	F22
1	−0.21	2	−0.42	0.21	0.0 056	F13
1	0.1	2	0.06	0.04	0.555 4	F21

(四) 证据推理科学能力的学业等级特征

除了探讨初中学生证据推理科学能力表现在不同年级、不同性别上的差异之外，本节还以学生的科学学习成就(Academic Achievement)为变量，探查不同等级的科学学业水平上是否会有不同的 SERA 表现，这些差异又将呈现何种特征。

1. 不同学业等级的 SERA 水平分布

首先，我们以被试的科学学科成绩均分为量尺，划分出学优生、学中生和学困生（依次编码为 A，B，C）。依据的是某次市级联考的测试结果，先将学生所有科目的得分转换为百分制。不同年级所学的科学科目不同，因此科学成绩均分也不同，7 年级以生物、地理两科均分，8 年级以物理、生物、地理三科均分，9 年级以物理、化学两科均分。取该年级的前 27% 为学优生，后 27% 为学困生，其余的则为学中生。

据此，按照 3 个等级的学业水平对被试样本的测评结果(Rasch 分)进行分类统计，其描述性统计结果如表 9-26 所示。学业等级较高的两个被试组(A、B)中，有学生拿到了测试的最高分(4.85)，而最低分(−2.31)出现在学业等级最低的 C 组；3 个组测评结果的均值(反映被试能力的估计值)依次降低，C 组被试的平均得分(0.141 7)

最低,与其他两组的差距较大。

表9-26 不同学业等级SERA测评的描述性统计结果

	N	M	S.D.	S.E.	极小值	极大值	全距
A	608	1.336 6	0.901 15	0.036 55	−1.37	4.85	6.22
B	1 034	0.809 8	0.890 50	0.027 69	−1.68	4.85	6.53
C	614	0.141 7	0.921 17	0.037 18	−2.31	4.76	7.07

依据表9-16中所界定的SERA各层级水平临界值和被试能力范围,将不同学业等级被试的能力估计值进行层级划分,统计各能力水平(层级)上的人数及百分比,如表9-27所示。以百分比数据制作折线图(图9-10)。

表9-27 被试SERA水平层级的学业等级分布(人数及百分比)

		能力水平(层级)					
	0	1	2	3	4	5	6
A	0	2	15	14	83	243	251
	0.00%	0.33%	2.47%	2.30%	13.65%	39.97%	41.28%
B	5	20	84	59	231	465	170
	0.48%	1.93%	8.12%	5.71%	22.34%	44.97%	16.44%
C	22	67	122	58	144	164	37
	3.58%	10.91%	19.87%	9.45%	23.45%	26.71%	6.03%

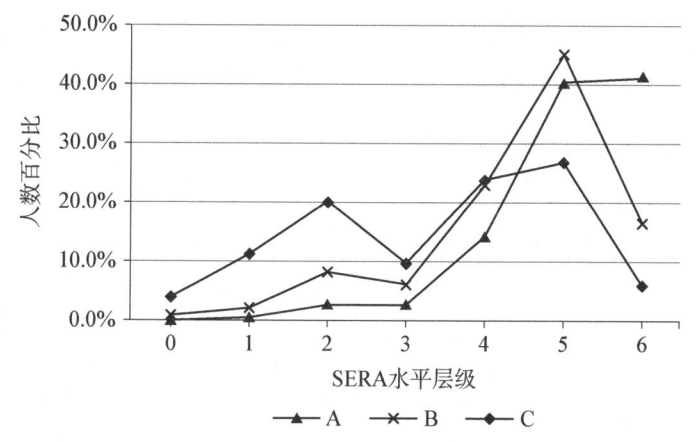

图9-10 不同学业等级被试的SERA水平层级分布

整体来看,3个学业等级的被试组在最低的能力层级上(低于 Level 1a)较为接近,随后开始分散,A、B之间的差距不大,直到第5层级时,两条曲线出现交叉,自此出现较大幅度的"离散",A组在最高层级的 SERAL 上凸显了较大的优势;相比而言,C组的曲线整体更平缓,较低能力层级上的被试比例均最高,与其他两组有一定差距。

总之,根据图表可以发现,即使是学业水平等级偏低的C组,也有较多的被试处于高水平层级,学业等级优秀的A组中更是有许多高能力水平的学生。学业等级越高,表现出高层级 SERAL 的被试越多,反之亦然。以上讨论的不同表现特征符合常理,反映出被试的证据推理科学能力在学业等级变量上存在着比较明显的差异。

2. 不同学业等级的 SERA 差异检验

图 9-10 显示出不同学业等级之间被试 SERA 的表观差异,我们将通过统计检验,探查是否存在学业等级之间的显著差异。

(1) 方差分析

利用 SPSS 对不同学业等级的被试群组的测评均分(Rasch 分)进行推断统计,零假设为不同学业等级的被试样本的 SERA 表现之间不具有显著的差异。

用单因素方差分析检验得到结果:$F(2, 2253) = 270.027$,$p < 0.001$,拒绝零假设,即表示被试的 SERA 表现在不同科学学业等级(A、B、C)之间存在显著差异。经由事后检验得出差异存在的组别,LSD 比较发现,对3个学业等级而言,两两之间均存在显著性差异($p < 0.001$),C组的 Rasch 分均值低于 A 和 B(均值差异分别为 -1.1949,-0.6681),B组低于 A组(均值差异为 -0.5268),A组均值最高。Student-Newman-Keuls 多重比较法的结果也同样显示,3个学业等级不能归为一个同质组,需分列为3组,即表明两两之间具有显著差异。

(2) 交互作用

数据统计结果表明,本研究样本的 SERA 测评表现在年级、性别和学业等级3个变量上均存在显著性差异,在此将进一步探查3个变量之间是否存在交互效应。

根据前面年级与性别变量之间的交互作用分析过程,我们同样通过一般线性模型对所有观测值(Rasch 分,$N = 2261$)进行单变量方差分析,所得结果如 9-28 所示。由于学业等级变量中的部分缺失值,所以最终能够互相匹配的有效样本量为 2256,性别与年级两个变量之间 $F(2)=2.370$, $p=0.094>0.05$, 不存在交互作用;①而学业等级与年级变量之间 $F(4)=4.411$, $p=0.001<0.01$, 学业等级与性别之间 $F(2)=3.581$, $p=0.028<0.05$, 均存在交互作用; 这 3 个变量没有交互作用, $F(4)=0.813$, $p=0.517>0.05$。

表 9-28 年级、性别与学业等级交互作用检验的统计数据

来源	第Ⅲ类平方和	df	平均值平方	F	p
年级	289.646	2	144.823	219.391	<0.001***
性别	4.566	1	4.566	6.917	0.009**
学业等级	414.565	2	207.282	314.010	<0.001***
年级 * 性别	3.129	2	1.564	2.370	0.094
年级 * 学业等级	11.648	4	2.912	4.411	**0.001****
学业等级 * 性别	4.727	2	2.364	3.581	**0.028***
年级 * 学业等级 * 性别	2.146	4	0.537	0.813	0.517

注: * 表示 $p<0.05$, ** 表示 $p<0.01$, *** 表示 $p<0.001$

通过边缘平均数估计对这 3 个变量中不同的群组平均值进行比较,将会发现各变量的不同水平之间的"交互"影响。表 9-29 是这 3 个变量的描述性统计数据的交叉表。

年级与性别两个变量之间的成对比较结果与表 9-24 中一致,即年级变量对性别差异有影响,但性别变量对年级差异无显著作用。同样地,对其他变量进行两两成对比较,结果发现性别变量对不同水平学业等级的差异无影响,即不同性别群组的学业等级之间的差异都是显著的,没有不同之处;而且年级变量亦如此,对不同水平学业等级的差异无影响;但学业等级变量的不同水平对性别差异、年级差异产生了作用。

表 9-30 呈现了学业等级变量对性别和年级差异的影响结果。在学业等级为 C 的被试群组中,男女生之间的差异不显著 ($p=0.499>0.05$),而 A、B 两个学业等级

---

① 此结论与前面仅有年级、性别两个变量时进行交互分析的结果一致,此处是 3 个变量的交互分析,因子数目不同,则所建立的数学模型不同,所得的数值必然存在差异。

表 9-29 年级、性别与学业等级的描述性统计交叉表

性别	年级	学业等级	N	M	S.D.	S.E.	Min	Max	Range
男	7年级	A	138	0.8236	0.86601	0.07372	−1.37	3.59	4.96
		B	188	0.2959	0.71370	0.05205	−1.63	4.85	6.48
		C	115	−0.2689	0.87491	0.08159	−2.31	1.93	4.24
	8年级	A	101	1.5825	0.77572	0.07719	0.07	4.85	4.78
		B	155	0.9862	0.77294	0.06208	−0.78	4.85	5.63
		C	92	0.3161	1.07773	0.11236	−2.06	3.59	5.65
	9年级	A	124	1.9035	0.81627	0.07330	0.07	3.59	3.52
		B	180	1.3833	0.93151	0.06943	−0.70	4.85	5.55
		C	104	0.3714	0.91667	0.08989	−2.19	3.59	5.78
女	7年级	A	87	0.7916	0.71787	0.07696	−0.80	3.59	4.39
		B	190	0.3176	0.71616	0.05196	−1.63	2.80	4.43
		C	111	−0.2207	0.71058	0.06745	−2.05	1.60	3.65
	8年级	A	74	1.2215	0.68440	0.07956	−0.23	2.80	3.03
		B	142	0.8061	0.75959	0.06374	−1.68	3.59	5.27
		C	83	0.3680	0.96674	0.10611	−1.24	4.76	6.00
	9年级	A	84	1.7127	0.76498	0.08347	−0.02	3.59	3.61
		B	179	1.1455	0.81564	0.06096	−0.50	4.77	5.27
		C	109	0.4053	0.70972	0.06798	−1.63	2.31	3.94

组的性别差异显著。相比之下,学业等级变量水平对年级差异的作用不够明显,仅在C等级被试中,出现了"反差":8、9年级之间的差异不显著($p=0.924>0.05$),而其他水平的学业等级群组中,年级之间的差异都是显著的。

表 9-30 学业等级与性别、年级的成对比较结果

学业等级	(I) 性别	(J) 性别	平均值差异(I-J)	S.E.	p
A	男	女	0.195	0.068	0.004**
B	男	女	0.132	0.051	0.009**
C	男	女	−0.045	0.066	0.499

续 表

学业等级	(I) 年级	(J) 年级	平均值差异(I-J)	S.E.	p
A	7年级	8年级	−0.594	0.083	<0.001***
A	7年级	9年级	−1.000	0.080	<0.001***
A	8年级	9年级	−0.406	0.085	<0.001***
B	7年级	8年级	−0.589	0.063	<0.001***
B	7年级	9年级	−0.958	0.060	<0.001***
B	8年级	9年级	−0.368	0.064	<0.001***
C	7年级	8年级	−0.587	0.082	<0.001***
C	7年级	9年级	−0.633	0.078	<0.001***
C	8年级	9年级	−0.046	0.083	0.924

注：* 表示 $p<0.05$，** 表示 $p<0.01$，*** 表示 $p<0.001$

(3) 功能差异检验

利用Winsteps对不同学业等级的群组进行项目功能差异检验，以探查不同水平的学业等级之间的SERA差异特征。如表9-31所示，第1列、第3列person class中字母A、B、C依次表示学业等级最高(学优生)、中等(学中生)和最低(学困生)3个群组(class)。表9-31仅呈现具有统计意义显著性(Prob.<0.05)，而且功能差异较大(DIF contrast>0.43)的项目。

表9-31 不同学业等级项目功能差异(DIF)检验的统计数据(部分)

Person CLASS	DIF MEASURE	Person CLASS	DIF MEASURE	DIF CONTRAST	Prob.	Item
C	−1.58	A	−0.92	−0.66	0.0001	F01
C	−1.35	A	−1.9	0.54	0.0095	F08
C	0.51	A	1.07	−0.56	0	F10
C	0.31	A	−0.25	0.57	0.0001	F05
C	1.59	B	2.07	−0.47	0.0004	F16
C	1.59	A	2.07	−0.47	0.0009	F16
C	−0.33	B	−0.88	0.54	0.0001	F20
C	−0.33	A	−1.1	0.77	0	F20

续　表

Person CLASS	DIF MEASURE	Person CLASS	DIF MEASURE	DIF CONTRAST	Prob.	Item
……						
B	−1.34	A	−1.9	0.55	0.007 1	F08
……						

根据表 9-31 中的 DIF contrast 和 Prob. 值,学业等级为 C 的群组与 A、B 两组都存在较大功能差异的是项目 F16(DIF contrast=−0.47, p=0.000 4＜0.001；DIF contrast=−0.47, p=0.000 9＜0.001)和 F20(DIF contrast=0.77, p＜0.001；DIF contrast=0.54, p=0.000 1＜0.001)。F16 对于 C 组被试而言,难度估计值为 1.59,对于 A、B 组而言难度值均为 2.07,二者的差值为−0.47(DIF contrast),即说明项目 F16 对 A、B 两组而言难度较高；F20 对于 C 组被试的难度估计值为−0.33,对于 A 组难度值为−1.1,B 组难度值为−0.88,DIF contrast 为正,即说明项目 F20 对 A、B 两组而言更为简单。B 组与 A 组之间功能差异显著且较大的项目仅有 F08(DIF contrast=0.55, p=0.007 1＜0.01),该项目对于学业等级 A 的被试而言难度较低。

第四节　证据推理科学能力影响因素模型的开发与评估

对被试的证据推理科学能力(SERA)表现展开深入的特征分析之后,本节的重点内容是探查学生 SERA 表现的可能影响因素,以及这些因素是如何作用于 SERA 的。研究思路是:尝试建立影响因素与被试群体 SERA 表现之间的关系路径,进而发展形成 SERA 的影响因素模型。

一、证据推理科学能力影响因素研究设计

(一) 研究目标

对 SERA 影响因素的研究就是希望寻找影响 SERA 的因素。从结构方程模型(Structural Equation Modeling,简称 SEM)的视角来看,有关 SERA 与一组观察指标(测评工具项目)之间的共变性即测量模型(Measurement Model)。而多个潜在变量之

间或一组观察变量与潜在变量之间的关系,则称为结构模型(Structure Model)。[1]

因此,本研究的目标即建立一个SERA的影响因素模型,[2]SERA测评的实证数据已经收集获得,即SERA与各项目指标之间的测量模型已经建立,还需要探寻其他可能影响SERA的观察变量及其连结关系。

(二)研究方法

本研究利用结构方程模型(SEM)的统计分析技术,进行证据推理科学能力影响因素的模型发展(Model Development)研究。SEM的分析程序一般是将测量调查收集的数据与假设模型之间进行适配检验(Assessment of Fit),以此评估该模型能否适用于样本数据。基于SEM进行模型建构,一般包含三种层次的应用策略:(1)严格验证策略(Strictly Confirmatory strategy,SC),针对单一的假设模型进行适切性(适配度,Fitness)评估,仅涉及验证性研究,不会根据修正指标对模型进行修正;(2)模型生成策略(Model Generation strategy,MG),针对假设模型与观察数据进行估计和评价之后,会做出必要的修正,不断反复以求达到最佳的适配模型,目的在于建构或产生一个能与实证数据相契合(适配)的模型;(3)模型替代或竞争策略(Alternative Models strategy,AM),是从多个假设模型中挑选出与实证数据适配最佳的模型,即最能反映样本数据的真实情况的模型。[3][4]

本研究将采用替代模型的竞争比较策略展开影响因素模型的开发与评估。AMOS是目前用来分析SEM的常用应用软件之一,因其图形式界面,路径图可视化便于研究者操作和掌握,且可免于撰写语法命令或程序指令,提高了数据分析效率,因此应用十分广泛。本研究将利用AMOS 22.0软件进行SEM的统计、分析,以及处理复杂的多变量数据。

---

[1] 吴明隆.结构方程模型:AMOS的操作与应用[M].重庆:重庆大学出版社,2010:8.
[2] 有研究者称呼这种假设模型为因果假设模型,利用AMOS(Analysis of Moment Structures)对此进行的数据分析则称为因果模型分析(analysis of causal modeling),检视多个变量之间的关系(关联性或因果性)系数与显著性。(可参见:吴明隆.结构方程模型:AMOS的操作与应用[M].重庆:重庆大学出版社,2010:3.
[3] Byrne B M. Structural Equation Modeling with AMOS: Basic Concepts, Applications, and Programming [M]. Routledge, 2009:343-344.
[4] Joreskog K G. Testing Structural Equation Models. In K A. Bollen & J S. Long (eds.), *Testing Structural Equation Models* [M]. Newbury Park, CA: Sage, 1993:294-316.

(三) 研究思路

本研究将按照 SEM 竞争比较研究的分析程序展开对 SERA 影响因素的研究,形成一个潜在变量模型,包含测量模型和结构模型两个组成部分,而且该模型必须能够通过 SEM 的估计和适配检验。本研究所需建构的影响因素模型包含模型开发和模型评估两个阶段。①

本研究对 SERA 影响因素模型的研究工作主要包含"模型开发"和"模型评估"这两个阶段,研究思路如图 9-11 所示。形成质量合格的模型之后,本研究将其应用于群组分析。

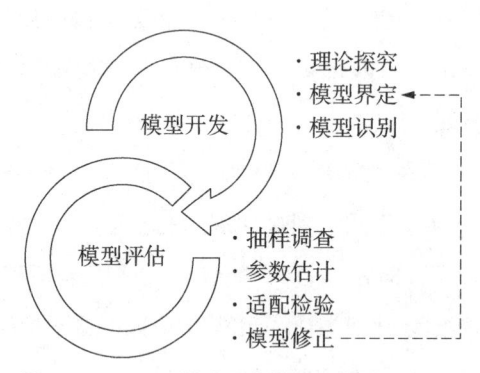

模型开发
- 理论探究
- 模型界定
- 模型识别

模型评估
- 抽样调查
- 参数估计
- 适配检验
- 模型修正

图 9-11 SERA 影响因素模型建构的研究思路

1. 模型开发阶段

基于 SEM 的理论先验性,首要任务是进行相关理论探究(或理论发展,Theoretical Development),目的是建立一个有关 SERA 影响因素的假设模型;进而按照 SEM 的统计方法,对所提出的理论模型进行界定(Specification)与辨识(Identification),此即模型开发阶段(Phase of Model Development)。在这个阶段,最重要的目的是探寻影响因素模型的理论基础,基于此推演、转换成为适于 SEM 分析的技术语言。

在模型开发阶段,我们关注于结构模型中各潜在变量(因为影响 SERA 的因素可能是无法直接观测的变量,需要通过其他观测指标来间接推论得出)之间假设关系的界定,称之为结构模型的概念化(Structural Model Conceptualization),这还是处于形成

---

① 邱皓政,林碧芳. 结构方程模型的原理与应用[M]. 北京:中国轻工业出版社,2009:10.

理论框架(Theoretical Framework)阶段；继而研究如何测量各个潜在变量，对它们进行操作化定义，以某些指标、编制工具来形成外显的观测变量进而反映出这些潜在构念，称之为测量模型的概念化(Measurement Model Conceptualization)。[①] 按照 SEM 的统计技术要求，所界定的结构模型和测量模型都必须是可识别的，只有能够有效识别的模型才能够顺利进行 SEM 的参数估计和评价。

2. 模型评估阶段

经过理论驱动(Theory-driven)的模型开发阶段后，围绕假设模型开展调查研究，通过选择样本实施测量，收集资料，以此检验该概念化模型的适切程度。在模型评估阶段(Phase of Model Assessment)，包含参数估计(Parameter Estimation)和适配度检验(Assessment of Fit，或称拟合评估)。AMOS 中提供了许多评价指标来反映样本数据与理论模型之间的适配情况，以此说明模型的质量高低。同时，SEM 分析程序中，还需提供相当重要的、具有参考价值的修正指数(Modification Indices)，以这些检验数据来调整先验模型。

二、证据推理科学能力的两大影响因素

从多元智能理论出发，在认知能力上，与 SERA 相关联的智能或智力有逻辑数学、空间和语言智能。由于本研究是以"能力"为中心概念，与心理学范畴的"智能"有所差异，因此界定出相对应的数学能力、空间能力、阅读能力，以及科学能力，并初步认为（假设）这四个方面同属于影响 SERA 的认知能力因素。

对学生学习、能力发展等产生影响的除了认知方面的因素，还有情感态度与价值观等非认知方面的因素。证据推理科学能力是一种能力构念，其产生、发展既会因基本认知能力水平的高低而不同，同时，也可能会受情感、兴趣、态度、学习动机、成就效能感等非认知因素的影响。因此，在进行影响因素的初步假设时，也将非认知因素考虑在内。

综合来说，对于学生 SERA 的影响因素，本研究将从认知因素和非认知因素两方面予以考虑，其中认知因素包括学生的阅读能力、数学能力、空间认知能力和科学能力

[①] 吴明隆.结构方程模型：AMOS 的操作与应用[M].重庆：重庆大学出版社，2010：28.

4个方面,而对科学学习的兴趣则是非认知因素。然而,这些都只是停留在经验的判断和理论的假设层面,还需要调查实证数据进行验证和支持。需要说明的是,在心理测量和教育评价研究中,利用测试或任务表征、推断学生在特定领域的能力是恰当的方式。例如,通常以学业成就表现为观测指标(或变量),反映能力这一潜在变量,但所得数据或所测构念只能作为其观测指标之一,真实的能力无法完全展现。[①] 因此,考虑到影响因素的测量调查,为了更客观地反映变量指代的概念,避免各因素之间的概念交叉,本研究将5个影响因素分别命名为阅读学业成就(Reading Academic Achievement)、空间能力(Spatial Ability)、数学学业成就(Mathematics Academic Achievement)、科学学业成就(Science Academic Achievement)和科学兴趣(Interest in Science Learning)。

三、证据推理科学能力影响因素的模型界定

结构方程模型(SEM)的理念是理论驱动(Theory-driven)下的验证性(Exploratory)研究,需在理论探究(Theoretical Development)的基础之上进行模型界定。按照结构方程模型的技术方法,本研究首先构建了路径图,从测量模型和结构模型予以讨论,包含验证性因素分析测量模型,因果关系路径模型,以及最终形成的统合模型(也称为结构回归模型,Structural Regression Models)。[②]

(一)影响因素的测量模型

理论假设所提出的因素和外因变量SERA一样,都是一种需要间接表征的潜在变量,调查过程中以不同的项目(问题)为指标,测查出被试样本在这些潜在构念上的表现。前面几节已对SERA的测量指标进行了说明,共有23个项目作为反映性指标。其他5个因素的指标变量有待后续加以设计。

据此,我们构建出这两类因素的验证性因素分析(Confirmatory Factor Analysis,CFA)测量模型,其路径如图9-12所示。在本研究中,利用该CFA假设模型图作为基础框架,为后面建构模型奠定基础,同时获得有关这些"因素"测量指标的信效度数据,尤其是在检验测量工具项目的聚敛效度(convergent validity)和区别效度

[①] 杨向东."真实性评价"之辨[J]. 全球教育展望,2015,44(5):36—49.
[②] Raykov T, Marcoulides G A. *A First Course in Structural Equation Modeling* [M]. Mahwah, NJ: Lawrence Erlbaum Associates,2012.

(discriminant validity)方面,[①]能够提供思考和参照。

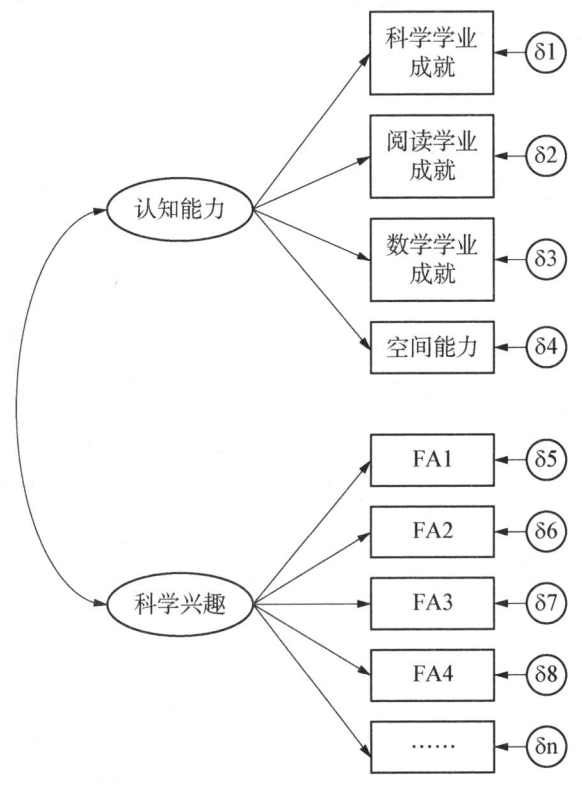

图 9-12　影响 SERA 的测量模型图(CFA,Ⅰ)

"认知能力"这个潜在变量(以椭圆形表示)是由科学学业成就、阅读学业成就、数学学业成就、空间能力 4 个指标来测量,单向箭头表示本研究所假设的这个潜在构念对于这些观测变量具有直接的因果关系,利用 SEM 统计方法检验这 4 个变量之间的共变性,并获得观测变量与关系的强弱程度,即因素载荷;而不能被"认知能力"(潜在变量)所概括、解释的独特变异(Unique Variance)是这些观测变量的残差、干扰项(Disturbance)或称为测量误差,在模型路径图中以字母 δ(一般以圆形表示)标识。

"兴趣"是非认知因素,是潜在变量(椭圆形表示);FA1,FA2……是调查的项目编

---

① 吴明隆.结构方程模型:AMOS 的操作与应用[M].重庆:重庆大学出版社,2010:213—214.

号,为反映性指标,作为观测变量在图 9-12 中以方形表示,我们的设计或假设为"兴趣"是这些指标变量的共变部分,是它们背后共同的构念,而不能由"兴趣"这个构念解释的误差变量(δ)也被标识出。

观测变量可以称为内衍变量,两个潜在变量和所有的误差变量可以称为外衍变量,外衍变量之间可能会存在共变关系,因此以双箭头关联两个潜在变量。而误差变量之间是否存在共变关系,将在后续研究中根据 AMOS 的分析结果进行修正。

(二) 影响因素的结构模型

CFA 假设模型中只有测量模型而无结构模型的回归关系,而在路径分析的模型图中,通常只有结构模型而没有测量模型,各因素都是测量变量(以方形表示),利用该模型进行潜在变量间因果关系的探讨,即相当于潜在变量的观测值只有一个测量指标来反映。结构模型又称为因果模型、潜在变量模型、线性结构关系模型(Linear Structural Relationships),[①]因此构建 SERA 影响因素的结构模型即构建各变量(实则为需要其他指标间接测量的潜在变量)之间的因果关系路径图(Path Diagram),如图 9-13 所示。

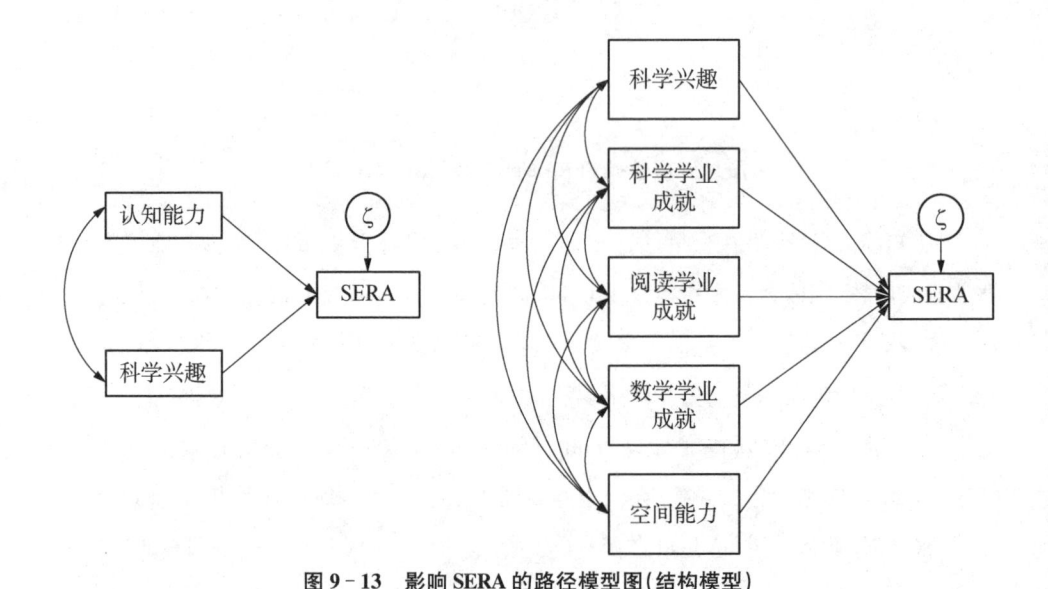

图 9-13 影响 SERA 的路径模型图(结构模型)

---

① 吴明隆.结构方程模型:AMOS 的操作与应用[M].重庆:重庆大学出版社,2010:15.

本研究的理论假设是,这 5 个因素将会对 SERA 产生影响,它们分作两类,一类是认知能力,另一类是科学兴趣,都是作为"因"(Causes)的外因变量(或称外衍变量,Exogenous Variables),相当于自变量(Independent Variables)、预测变量;SERA 是本研究的构念变量,我们探查的是能否由这两类"因"推论出"果"(Effects),是模型中的内因变量(或内衍变量,Endogenous Variables),相当于依变量(Dependent Variables)、效标变量。ζ 表示无法被模型中的外因变量所解释的变异项,也称为误差变异项、残差项(Residual Term)。

但也有可能,这 5 个因素不能按照这种分类,即数据检验的结果不支持图 9-13 中左图所示的假设模型,因而提出了另外一个替代模型(Alternative Model),直接将 5 个因素与 SERA 之间建立因果路径,如图 9-13 中右图所示。

(三) 影响因素的统合模型

在前两个模型的基础之上,我们将影响 SERA 因素的测量模型和各因素对 SERA 的因果路径(结构模型)整合,初步构建出 SERA 的路径分析模型,即完整的结构方程模型(如图 9-14 所示)。

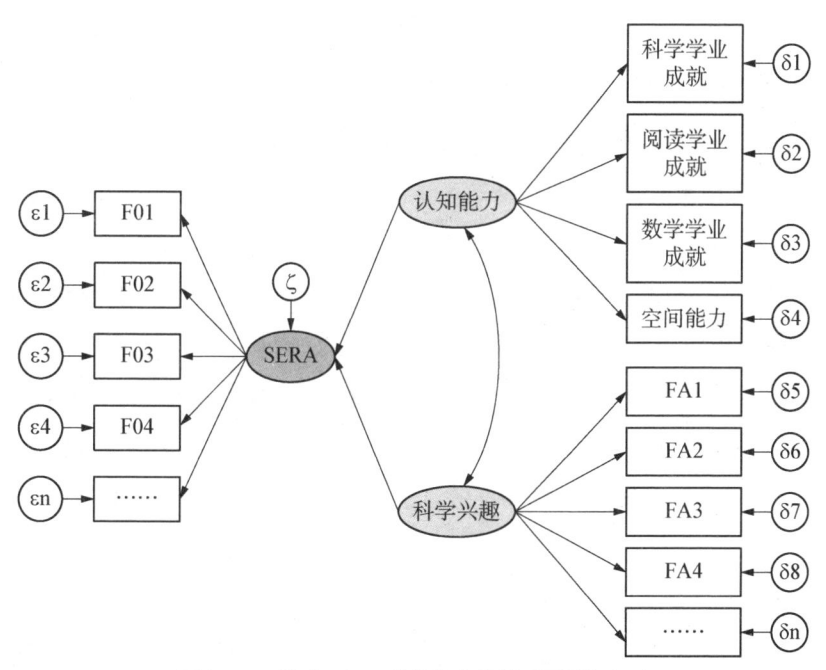

图 9-14 影响 SERA 的结构方程模型图(模型Ⅰ)

SERA 是内因潜在变量(依变量,η 变量),另外两个潜在变量认知能力和科学兴趣是 SERA 的影响因素,即外因潜在变量(自变量,ξ 变量),二者之间可能存在共变关系,以双箭头联系,SERA 中不能被二者解释的部分是它的误差变量 ζ,这 3 个变量之间的关联部分是此模型的结构模型(Structural Model)部分。

SERA 有 23 个指标变量(即 23 个测评项目,Y 变量),即 F01—F23,每个指标变量都存在一个误差变量 ε,表示不能由 SERA 解释的变异部分;认知能力的指标变量有 4 个(X 变量),即科学学业成就、阅读学业成就、数学学业成就、空间能力,科学兴趣的指标变量(X 变量)与调查工具的研制有关,将在后面进行设计和确定,它们的误差变量均标识为 δ,表示各指标变量中不能由两个外因潜变量所解释的独特变异量(Uniqueness),含有测量指标的这三处即初步构建的统合模型中的测量模型(Measurement Model)部分。除了外因潜在变量之间存在共变关系之外,每个观测指标的误差变量(ε,δ)之间也有可能,将在实证数据分析时探讨,图 9-14 中不呈现。

四、证据推理科学能力影响因素的测查

在 SERA 的影响因素研究中,还需要测查学生的阅读学业成就、数学学业成就、空间能力和科学学业成就,以及学生对科学的兴趣这 5 个方面的影响因素。需要编制项目,对同一批研究的被试,开展这 5 个方面数据的收集工作。

(一)影响因素的数据收集工具

1. 阅读学业成就

根据国际测评项目 PISA 和 PIRLS(Progress in International Reading Literacy Study)的编制特点,[1][2]阅读能力或素养主要考查学生根据所阅读的文本,进行信息提取、解释推论、反思评价等方面的综合能力。由于每个年级学习的知识不同,本研究选择了学生不熟悉的、未在学校课程学习中测试过的文本素材,最终形成的阅读学业成就(反映阅读能力的观测指标)的测查内容包含文学类文本和信息文本(议论文)各一

---

[1] OECD. *PISA 2009 Assessment Framework Key Competencies in Reading, Mathematics and Science* [M]. Paris: Author, 2010: 19-82.
[2] Mullis I. V. S. et al. *PIRLS 2011 Assessment Framework* [M]. Boston: International Study Center, Lynch School of Education, Boston College, 2009.

篇,且各设计了有关信息提取、整合概括、解释、理解、评价、鉴赏、迁移等方面的测评项目,共计9题,满分为40分。

2. 空间能力

空间能力(Spatial Ability)[1]的测查选用了经典的MRT(Mental Rotation Test),即心理旋转测试。该测试广泛应用于心理测量、实验心理学、脑科学[2][3]和其他社会科学研究领域,[4][5]其信效度已经得到充分检验。心理旋转指的是在人的大脑中将二维和三维物体的心理表征进行旋转,需要与视觉表征(Visual Representation)相联系。[6] 该测试为选择题,需要被试对比两个或多个三维物体(或字母),以轴对称或镜像旋转之后,会发现相同的、匹配一致的两个(有时是多个)图像,通常测试中会呈现出不同旋转角度的图像,成组展现,测试时间有限,被试需正确且迅速地从中做出判断,才能得分。[7] 本研究摘选了6个MRT项目进行空间能力的测查,其中R1、R2两个项目是单选,R3—R6是4个双选,一共需作答10个空,共计10分。

3. 数学学业成就

与阅读能力的测查一致,数学学业成就作为观测指标反映的是数学能力,其测查项目考查的是学生所学的数学知识和数学运算、逻辑推理、抽象思维等方面的能力。本研究主要从数学运算、图形识别(空间想象)、逻辑推理等方面表征学生的数学学业成就。由于7年级学生还不曾系统学习几何,所以试题考查内容不包含有平面几何如

---

[1] Vandenberg S G, Kuse A R. Mental Rotations, A Group Test of Three-dimensional Spatial Visualization [J]. *Perceptual & Motor Skills*, 1978, 47(2): 599.

[2] Maeda Y, Yoon S Y. A Meta-analysis on Gender Differences in Mental Rotation Ability Measured by the Purdue Spatial Visualization Tests: Visualization of Rotations (PSVT: R) [J]. *Educational Psychology Review*, 2013, 25(1): 69-94.

[3] Wai J, Lubinski D, Benbow C P. Spatial Ability for STEM Domains: Aligning over 50 Years of Cumulative Psychological Knowledge Solidifies Its Importance [J]. *Journal of Educational Psychology*, 2009, 101(4): 817-835.

[4] Sezen N, Bülbül A. Test Development Study on the Mental Rotation Ability [J]. *Anthropologist*, 2015, 20(1-2).

[5] Hoyek N, Collet C, Fargier P, et al. The Use of the Vandenberg and Kuse Mental Rotation Test in Children [J]. *Journal of Individual Differences*, 2012, 33(1): 62-67.

[6] Shepard R N, Metzler J. Mental Rotation of Three-dimensional Objects [J]. *Science*, 1971, 171(3972): 701-703.

[7] Caissie A F, Vigneau F, Bors D A. What Does the Mental Rotation Test Measure? An Analysis of Item Difficulty and Item Characteristics [J]. *Open Psychology Journal*, 2009, 2(1): 94-102.

勾股定理等,但包含情境计算题,一元一次方程等,且涵盖了加减乘除,测量、代数、图表曲线等诸多方面的内容,共包含8个项目,满分为36分。

4. 科学学业成就

科学能力的概念涉及较广,本研究以学生在科学学习领域的学业成就表现为测查目标,测查的内容涉及物理、化学、生物、地理学科,以纸笔问卷的形式测查学生的知识和能力,不涉及动手实践等方面的表现性评价。考虑到不同年级学生所学习的课程存在差异,故以学生的科学学科成绩均分[①]表征其科学学业成就。

5. 科学兴趣

将科学学习的兴趣按照学科内容领域划分为物理、化学、生命科学和地球空间4个方面;并进一步从内容主题的角度区分为自然现象、环境保护、生命活动、生产生活、科学技术等方面。除此之外,在编制兴趣测查问卷时,还考虑了SERA测评项目的情境设置。例如,项目F01—F03涉及有关蛀牙的问题,由此设置了相关的情境来调查学生对"在牙齿表面的糖转化成酸性物质的化学变化"感兴趣的程度(项目FA12)。调查被试对科学学习的兴趣的项目共计26个,均以5级Likert量表进行考查。

综上,组卷形成了SERA影响因素的调查问卷,其中有的项目沿用了国际范围内的成熟量表,有的是结合教师教学经验改编整合而得,也有自编的问卷。完成整卷耗时50—60分钟。

(二)影响因素的数据收集过程

在SERA测评研究中,包含试测(两轮)和实测阶段,挑选了不同的初中群体为样本,据此进行测评工具的质量检验和被试样本SERA表现的特征分析。对各因素(外衍变量)进行测查时也开展了试测和实测,以保证测量统计的信效度。

1. 试测

与SERA的测评类似,首先对31名学生开展小范围测试,检视施测时有可能发生的情况,如测试时长、学生阅读题项所遇到的问题等。保证所有学生答题完全,最大测试时间为60分钟。访谈结果发现,学生答题时基本不存在题意理解障碍。

对各题项和试卷样式等略微调整之后,选择S市某区两所初级中学的8、9两个

---

① 7年级以生物、地理两科均分,8年级以物理、生物、地理三科均分,9年级以物理、化学两科均分。

年级的学生为被试进行测试。受限于测试时间和测试管理等客观因素,试测时仅对阅读学业成就、空间能力和科学兴趣三个方面进行调查。共有 627 人参与测试,有效样本为 593 人。在测试过程中,由各班级的班主任或任课教师主试,且规定测试时间为 50 分钟。

2. 实测

实测的开展是针对 SERA 测评的同一批测试对象,共涉及 3 个初中年级,2 261 名被试。测试包含阅读学业成就、空间能力、数学学业成就和科学兴趣四个方面的调查,由各年级组长统筹安排,组织各班班主任或任课教师发放与回收测试问卷,规定测试时间为 50 分钟。

(三) 影响因素测量的数据预分析

有关 SERA 影响因素的测试都是在同一时间开展的,所收集的数据为截面数据,描述的是在当下时刻的变化情况。在进行 SEM 分析之前,需要对试测和实测数据进行分析和预处理,使之符合 SEM 的统计要求。

1. 试测的总体情况

在试测时,测试了被试样本的阅读学业成就、空间能力和科学兴趣,所得最高分、最低分、平均值和标准差及相应的观测值样本量如表 9-32 所示。其中,阅读学业成就项目的总分为 40 分,空间能力总分为 10 分,二者都以总分表示学生在该因素(外衍变量)上的得分(观测值),而科学兴趣是经 5 级量表测查所得,以均分表示其观测值。

表 9-32 影响因素测量的描述性统计结果(试测)

	N	M	S.D.	极小值	极大值	全距
SERA	593	15.82	5.917	1	30	29
阅读学业成就	621	23.57	5.086	6	36	30
空间能力	588	7.05	2.077	0	10	10
科学兴趣	577	3.664 8	0.833 81	1	5	4

数学学业成就以学生的数学成绩为参照,与学生 SERA 得分进行相关分析发现,Pearson 系数为 0.649(匹配样本量 $N=590$),呈显著正相关($p<0.001$)。被试的科学均分与 SERA 得分的 Pearson 系数为 0.561(匹配样本量 $N=593$),呈显著正相关($p<$

0.001)。由此表明在后续研究中可以考虑数学学业成就、科学学业成就为影响SERA的因素之一。

2. 工具的信度、效度分析

与SERA试测($N=593$)相匹配的样本共有571人,即$N_{有效}=571$。项目的信度系数Cronbach's α分别为0.719(阅读学业成就,$N=621$),0.675(空间能力,$N=588$),0.940(科学兴趣,$N=577$),表明测试工具的信度良好,分别测查了相应的构念。

在编制工具项目的过程中,通过专家评判等方式保证了项目的内容效度,结合测查数据,可以进一步利用因素分析(Factor Analysis)进行建构效度(Construct Validity)检验,包含区别效度和收敛效度两个方面。

将科学兴趣的26个试测项目用SPSS 22.0进行探索性因素分析(Exploratory Factor Analysis),得到KMO值为0.912>0.80,表明这些题项可以进行因素分析;[1]Bartlett球形检验的$\chi^2=18\,330.46$,$df=325$,$p<0.001$,说明相关矩阵中存在共同因子。按照主成分分析法(PCA)提取公共因子(降维),并按正规化最大变异法进行因子旋转(rotation)得到的成分矩阵如表9-33所示,获得了6个成分(因子)与各项目(指标变量)之间的相关系数,即因素载荷(Factor Loading)。当某个因子上的某一项目的因素载荷大于0.5,则可以认为这个项目的收敛效度佳,而它在其他因子上的载荷系数愈接近于0,则说明区别效度愈好。[2]

表9-33 旋转后的成分矩阵(科学兴趣的调查项目,试测)

项目	成分(因子)					
	1	2	3	4	5	6
PA05	0.706					
PA04	0.704					
PA06	0.680					
PA07	0.573					

---

[1] Kaiser H F. The Application of Electronic Computers to Factor Analysis [J]. *Educational and Psychological Measurement*, 1960, 20: 141-151.
[2] 荣泰生. AMOS与研究方法[M]. 重庆:重庆大学出版社,2010:84—87.

续表

项目	成分(因子)					
	1	2	3	4	5	6
PA03	0.530					
PA02	0.480					
PA08	0.432					
PA24		0.686				
PA25		0.665				
PA26		0.652				
PA20		0.591				
PA18		0.534				
PA21		0.426				
PA10			0.722			
PA09			0.680			
PA11			0.662			
PA12			0.633			
PA14				0.767		
PA15				0.741		
PA13				0.535		
PA16				0.522		
PA22					0.837	
PA23					0.771	
PA01						0.629
PA17						0.530
PA19		0.410				0.411

表9-33中按照载荷系数的大小顺序进行了排列,可以清楚地看到各题项的因子归属。在这些项目中,PA02,PA08,PA21,PA19的因子载荷低于0.5,而且PA19的区别效度也欠佳,在两个因子上均达到0.4以上的相关性,说明这4个项目不能有效地表征、解释科学兴趣这个构念。由此,为提高科学兴趣测查项目的收敛效度和区别效度,即提高建构效度,则可以予以剔除。

类似地,对阅读学业成就和空间能力的测查项目进行探索性因素分析,发现二者不能降维提取出其他公共因子,各项目的因子载荷系数结果显示,测查项目通过了建构效度的检验。由此,可以说明影响 SERA 因素的测查工具信效度良好,略微调整之后可以用于大样本实测。

3. 实测数据预处理

大样本实测时,对 SERA 可能会产生影响的 4 个方面因素(科学学业成就以学生的科学成绩均分表征)进行了测查,根据因素分析的效度检验结果,科学兴趣的测查项目减少为 22 个。所得最高分、最低分,平均值和标准差及相应的观测值样本量如表 9-34 所示。

表 9-34　影响因素测量的描述性统计结果(实测)

	N	M	S.D.	极小值	极大值	全距
SERA	2 261	15.24	4.667	1	25	24
阅读学业成就	2 254	26.33	4.350	2	36	34
空间能力	2 243	8.46	1.738	0	10	10
数学学业成就	2 253	23.18	6.193	2	36	34
科学学业成就	2 256	64.84	19.215	2.5	99	96.5
科学兴趣	2 220	3.53	0.735	1	5	4

与 SERA 实测($N=2\,261$)相匹配的样本量是 2 205($N_{有效}=2\,205$)。对各影响因素所设项目进行实测数据的信度检验,得到 Cronbach's α 系数分别为 0.740(阅读学业成就,$N=2\,254$),0.646(空间能力,$N=2\,243$),0.693(数学学业成就,$N=2\,253$),0.884(科学兴趣,$N=2\,220$),所有系数表明测试工具的信度良好。

根据调查收集所有变量的观测值,整理形成数据文件后,并不能即刻进行 SEM 分析,需要先对所有的原始数据进行预处理,这种数据准备工作包括数据清理、转换等。通过以上数据的预处理,置换了缺失值,剔除了部分异常值,最终获得了基本符合 SEM 分析要求的数据($N=2\,111$)。

此外,为满足对数据进行多次处理和反复检验的需要,且进行 SEM 分析要求至少 200 个样本,本研究将收集的样本数据进行拆分,为不同环节的 SEM 估计、检验所用。

利用 SPSS 22.0 进行分层抽样，挑选个案，以求不同年级、不同性别的被试在数据子集中的分布比例与总体样本中的分布基本一致。由此，得到了 3 个随机数据子集(f1，f2，f3)，样本量分别是：$N1=703$，$N2=698$，$N3=710$。

五、测量模型的参数估计与适配检验

通过测量调查获得可供 SEM 分析的数据集之后，本研究利用 AMOS 22.0 软件进行数据分析，对前面所提出的理论模型进行评价，包含模型内在质量与外在质量的评估。在下面的分析中，将主要报告、讨论模型评价的统计过程及获得的各项参数和适配指数等。

（一）测量模型的参数估计

在结构方程模型中，所需估计的参数一般包括回归系数、协方差和方差三类，涉及各潜在变量之间的共变性，潜在变量与观测指标之间的因素载荷，测量误差项的参数等。

1. 参数摘要

根据 AMOS 的基本假设，将测量指标的误差项路径系数设定为 1，测量指标与潜在变量之间的某一个路径系数也设定为 1。以数据子集 f1($N1=703$)为分析对象，对影响因素的测量模型(CFA)进行参数估计，该模型的参数摘要(Parameter Summary)如表 9-35 所示。

表 9-35　影响 SERA 的测量模型的参数摘要(f1, $N1=703$)

	回归系数 Weights	协方差 Covariances	方差 Variances	Total
固定参数	28	0	0	28
自由参数	24	1	28	53
Total	52	1	28	81

2. 回归系数

对本研究构建的测量模型进行参数估计，最重要的是 Lambda-X 参数矩阵报告，即回归系数(Regression Weights)。表 9-36 中呈现了测量模型(未受限制的模型，

Unconstrained Model)的参数估计值,包括未标准化的回归系数和标准化回归系数,[①]以 λ 表示。R^2 是观测变量和潜在变量的多元相关平方值(Squared Multiple Correlations, SMC),等于标准化回归系数的平方,相当于测量指标能被潜在变量解释的变异量,当因素负荷系数 λ=0.55 时,说明该指标变量能被潜在变量解释 30% 的变异量,则可以认为该项目能够较好地反映所要测量的潜在构念。[②] 当 λ 较低,R^2 值不高时,则无法解释该指标的变异量,即误差变异量较大。根据表 9-36 中数据,可以发现,有部分科学兴趣的题项未达到 0.55 的标准,说明它们的信度系数较低。[③] 空间能力对于认知能力这个潜在变量的预测力也不高(R^2=0.123),应重新考虑空间能力作为认知能力的反映性指标之一是否恰当。

表 9-36 影响 SERA 的测量模型的回归系数参数估计(f1, $N1$=703)

	Estimate	S.E.	C.R.	p	Standardized Estimate	R^2
科学学业成就←认知能力	1.000	—	—	—	0.922	0.850
阅读学业成就←认知能力	0.731	0.037	19.983	***	0.734	0.539
空间能力←认知能力	0.686	0.084	8.167	***	0.351	0.123
数学学业成就←认知能力	0.917	0.041	22.161	***	0.828	0.686
FA1←科学兴趣	0.929	0.081	11.459	***	0.562	0.316
FA3←科学兴趣	0.932	0.080	11.721	***	0.570	0.325
FA4←科学兴趣	1.000	—	—	—	0.602	0.362
FA5←科学兴趣	1.084	0.082	13.294	***	0.662	0.438
FA6←科学兴趣	0.991	0.080	12.343	***	0.611	0.373
FA7←科学兴趣	0.987	0.080	12.327	***	0.614	0.377
FA9←科学兴趣	0.933	0.089	10.467	***	0.513	0.263

---

① 将观测值转化为标准分之后计算得出的回归系数,在 CFA 中,也称为因素加权值(factor weights)或因素负荷量(factor loading)。
② Tabachnick, B G, Fidell, L S. *Using Multivariate Statistics* (5th Ed.) [M]. Needham Heights, MA: Allyn & Bacon, 2007.
③ 通过 SEM 的因素负荷估计值计算潜在变量的组合信度(composite reliability, CR 或 $ρ_c$),以及平均方差抽取值(或称平均变异萃取量, average variance extracted, AVE 或 $ρ_v$),能够进一步说明量表中测量指标的信效度质量。此处不详述。

续表

	Estimate	S.E.	C.R.	p	Standardized Estimate	R^2
FA10←科学兴趣	1.065	0.088	12.117	***	0.611	0.373
FA11←科学兴趣	1.062	0.089	11.977	***	0.605	0.366
FA12←科学兴趣	1.045	0.086	12.122	***	0.608	0.370
FA13←科学兴趣	0.831	0.079	10.514	***	0.514	0.264
FA14←科学兴趣	0.859	0.084	10.224	***	0.495	0.245
FA15←科学兴趣	0.973	0.084	11.563	***	0.576	0.332
FA16←科学兴趣	0.910	0.081	11.259	***	0.556	0.309
FA17←科学兴趣	0.965	0.083	11.659	***	0.577	0.333
FA18←科学兴趣	0.912	0.086	10.623	***	0.519	0.269
FA20←科学兴趣	0.995	0.083	11.958	***	0.601	0.361
FA22←科学兴趣	0.901	0.086	10.515	***	0.513	0.263
FA23←科学兴趣	0.969	0.087	11.142	***	0.549	0.301
FA24←科学兴趣	1.071	0.084	12.724	***	0.646	0.417
FA25←科学兴趣	1.004	0.086	11.677	***	0.577	0.333
FA26←科学兴趣	1.039	0.085	12.292	***	0.615	0.378

$C.R.$(Critical Ratio)表示临界比值,相当于 t 值,等于参数估计值(estimate)与标准误(standard error)之比,p 值列中以3个星号标识,表示 $C.R.>2.58$,因素负荷估计值达到了0.001的显著性水平。表9-36中,FA4与科学学业成就两处的 $C.R.$ 值不显示,是因为它们的路径系数被预先设定为1,不予估计,后文的类似情况不再说明。

3. 共变关系

初步构建的影响 SERA 的测量模型中,科学兴趣与认知能力(因素)之间以双箭头联系,存在共变关系,协方差参数估计(PHI 参数矩阵)如表9-37所示。两个变量之间的协方差估计值(0.100)在0.01的显著性水平上达到显著($p=0.005<0.01$),也说明了二者之间的相关性是显著的,但相关系数不高(0.134),表现为弱相关。AMOS 统计后的参数估计表明,该假设模型中,两个潜在变量之间存在显著的共变关系。

表9-37 影响SERA的测量模型的共变性参数估计(f1, N1=703)

	Covariances				Correlations
	Estimate	S.E.	C.R.	p	
认知能力↔科学兴趣	0.100	0.035	2.840	0.005	0.134

4. 方差参数

表9-38呈现的是两个潜在因素与26个误差变量(δ)的残差变异量(Residual Variance)估计值,即测量误差(Error)。由表9-38中数据可知,所有的误差方差为正,且$C.R.>2.58$,参数估计值达到了0.001的显著性水平,标准误估计值介于0.025至0.156之间,均较小,模型界定无错误。

表9-38 影响SERA的测量模型的方差参数估计(f1, N1=703)

	Estimate	S.E.	C.R.	p
认知能力	0.773	0.059	13.138	***
科学兴趣	0.725	0.095	7.603	***
数学学业成就	0.299	0.028	10.747	***
阅读学业成就	0.354	0.025	14.383	***
科学学业成就	0.137	0.026	5.312	***
空间能力	2.584	0.156	16.538	***
FA1	1.359	0.084	16.111	***
FA3	1.310	0.081	16.071	***
FA4	1.274	0.080	15.868	***
FA5	1.092	0.070	15.550	***
FA6	1.195	0.075	15.893	***
FA7	1.168	0.073	15.896	***
FA9	1.766	0.109	16.239	***
FA10	1.379	0.087	15.858	***
FA11	1.420	0.089	15.898	***
FA12	1.349	0.085	15.914	***
FA13	1.395	0.086	16.256	***

续 表

	Estimate	S.E.	C.R.	p
FA14	1.646	0.101	16.304	***
FA15	1.381	0.086	16.022	***
FA16	1.339	0.083	16.077	***
FA17	1.354	0.085	16.009	***
FA18	1.638	0.101	16.244	***
FA20	1.268	0.079	15.961	***
FA22	1.653	0.102	16.230	***
FA23	1.575	0.098	16.117	***
FA24	1.163	0.074	15.672	***
FA25	1.462	0.091	16.006	***
FA26	1.289	0.081	15.856	***

（二）结构模型的参数估计

对影响因素的因果路径模型(结构模型,图 9-13)进行参数估计的思路与以上分析基本一致。

1. 参数摘要

根据 AMOS 的基本假设,对内衍变量 SERA 增设了残差变量 ζ,并将其路径系数设定为1,即有1个固定参数。在此以图 9-13 中右图的模型为评估对象进行描述,同样选取的是数据子集 f1($N1=703$),对影响因素的结构模型(因果路径分析)进行参数估计,参数摘要如表 9-39 所示。

表 9-39 影响 SERA 的路径模型的参数摘要(f1, $N1=703$)

	回归系数 Weights	协方差 Covariances	方差 Variances	Total
固定参数	1	0	0	1
自由参数	5	10	6	21
Total	6	10	6	22

2. 回归系数

在结构模型图中，有 5 个需要估计的回归系数（GAMMA 参数矩阵），标准化回归系数即变量之间的路径系数（Path Coefficient），标准化的直接效果值。参数估计值如表 9-40 所示，由 $C.R.$ 可见，仅科学学业成就、科学兴趣、空间能力这 3 个外衍变量对 SERA 的直接影响达到了显著性水平（$p<0.05$），但标准化路径系数均不高，其中科学兴趣（0.101）最低。其余的 2 个外衍变量的路径系数不显著，标准化路径系数为 0.054 和 0.004。

表 9-40　影响 SERA 的路径模型的回归系数参数估计（f1，$N1=703$）

	Estimate	S.E.	C.R.	p	Standardized Estimate
SERA←科学学业成就	1.934	0.388	4.988	***	0.314
SERA←科学兴趣	0.021	0.008	2.491	0.013	0.101
SERA←空间能力	0.955	0.094	10.147	***	0.430
SERA←数学学业成就	0.328	0.388	0.845	0.398	0.054
SERA←阅读学业成就	0.030	0.313	0.097	0.923	0.004

SERA 是内衍变量，被 5 个外衍变量解释的比例为 52.2%（$R^2=0.522$），这个多元相关平方值（Squared Multiple Correlations，SMC）参数是结构方程估计的结果。

3. 共变关系

初步构建的影响 SERA 的路径模型中，将 5 个外衍变量（因素）之间以双箭头联系，存在共变关系，协方差参数估计（PHI 参数矩阵）如表 9-41 所示。所有的协方差估计值在 0.05 的显著性水平上均达到显著，也说明两两之间的相关性是显著的，但阅读学业成就与科学兴趣、空间能力之间的相关系数不高（0.198，0.238），科学兴趣与数学学业成就（0.243）之间也表现为显著的弱相关。数学学业成就、科学学业成就以及阅读学业成就 3 个因素之间两两相关系数较高，为显著的强相关，说明它们背后可能存在一个更高阶的共同因素（Common Factor），印证了认知能力这个潜在变量的合理性。但空间能力这个因素与其他 3 个认知能力的反映性指标之间相关不高。结合前面测量模型中的因素负荷参数估计，本研究将在后面重新考虑空间能力是否作为认知能力的反映性指标，而构建、发展出其他的竞争模型。

表9-41 影响SERA的路径模型的共变性参数估计(f1, $N1=703$)

	Covariances				Correlations
	Estimate	S.E.	C.R.	p	
科学学业成就↔科学兴趣	9.164	2.167	4.229	***	0.307
科学学业成就↔数学学业成就	0.839	0.091	9.166	***	0.823
科学兴趣↔数学学业成就	7.356	2.161	3.404	***	0.243
空间能力↔数学学业成就	0.997	0.208	4.801	***	0.353
科学兴趣↔空间能力	46.788	6.595	7.094	***	0.565
科学学业成就↔空间能力	1.105	0.208	5.317	***	0.397
数学学业成就↔阅读学业成就	0.664	0.076	8.715	***	0.758
科学兴趣↔阅读学业成就	5.083	1.815	2.800	0.005	0.198
空间能力↔阅读学业成就	0.570	0.171	3.340	***	0.238
科学学业成就↔阅读学业成就	0.598	0.073	8.206	***	0.692

4. 方差参数

表9-42呈现的是5个外衍变量(因素)与1个误差变量(ζ)的方差参数估计。由表9-42中数据可知,所有方差参数估计值均达到了0.001的显著性水平,而且误差方差为正,表明模型界定无错误。科学兴趣的标准误最高,其他的标准误估计值较低。

表9-42 影响SERA的路径模型的方差参数估计(f1, $N1=703$)

	Estimate	S.E.	C.R.	p
科学学业成就	1.005	0.099	10.198	***
科学兴趣	888.259	87.101	10.198	***
空间能力	7.721	0.757	10.198	***
数学学业成就	1.033	0.101	10.198	***
阅读学业成就	0.742	0.073	10.198	***
ζ	18.253	1.804	10.117	***

(三) 统合模型的参数估计

根据测量模型和结构模型的参数估计,对所构建的潜在变量路径分析模型(图9-

14)进行了修改,将空间能力独立出来,作为单一指标的测量变量,提出如图 9-15 所示的统合模型(模型Ⅱ),并对此进行参数估计。

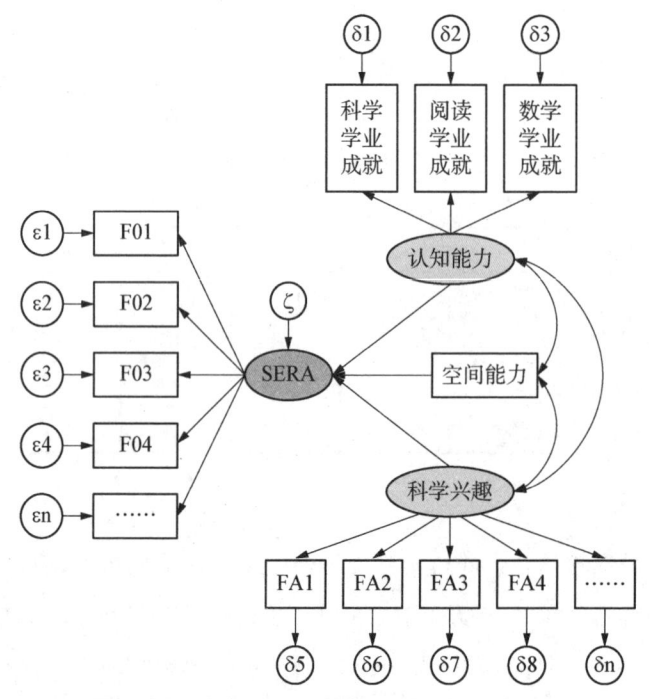

图 9-15　影响 SERA 的结构方程模型图(模型Ⅱ)

1. 参数摘要

根据 AMOS 的基本假设,将测量指标的误差项的路径系数均设定为 1,每个潜在变量的测量指标中,也需设定一个路径系数为 1,这些都是固定参数。选取数据子集 f1($N1=703$),参数摘要如表 9-43 所示。

表 9-43　影响 SERA 的统合模型的参数摘要(f1,$N1=703$)

	回归系数 Weights	协方差 Covariances	方差 Variances	Total
固定参数	52	0	0	52
自由参数	48	3	52	103
Total	100	3	52	155

2. 回归系数

在统合模型中,需要估计的回归系数较多,将科学兴趣、认知能力和空间能力三者对 SERA 的直接效果值(路径系数),以及认知能力测量模型中潜在变量(认知能力)对指标变量的因素负荷量,呈现在表 9-44 中,其他各指标变量的路径系数不在此一一列举。其中,认知能力因素对 SERA 的标准化路径系数为 0.602,表明该因素的影响效果较大,而科学兴趣和空间能力因素则对 SERA 影响不大,路径系数在 0.05 水平上不显著,尤其是科学兴趣的影响作用特别小。

表 9-44 影响 SERA 的统合模型的回归系数参数估计(f1, $N1=703$)

	Estimate	S.E.	C.R.	p	Standardized Estimate
SERA←认知能力	0.039	0.016	2.453	0.014	0.602
SERA←科学兴趣	0.000	0.002	0.223	0.823	0.009
SERA←空间能力	0.002	0.001	1.762	0.078	0.106
科学学业成就←认知能力	1.355	0.065	21.008	***	0.911
阅读学业成就←认知能力	1.000	—	—	***	0.768
数学学业成就←认知能力	1.209	0.057	21.138	***	0.850
…	…	…	…	…	…

该统合模型中,对于内衍潜在变量 SERA,它被模型中其他变量解释的比例为 40.3%($R^2=0.403$),在认知能力因素上,数学学业成就、科学学业成就和阅读学业成就的预测力(Squared Multiple Correlations, SMC,相当于 R^2)分别为 0.722、0.830 和 0.590,能够被解释的比例较高。此外,统计发现,SERA 的指标变量(23 个)中,也有因素负荷平方(R^2)较低的,但大多数超过了 0.30,说明各题项的信度良好。

3. 共变关系

影响 SERA 的统合模型中,有 3 个待估计的协方差参数,如表 9-45 所示,空间能力与科学兴趣、认知能力之间的共变性关系在 0.05 的显著性水平上均达到显著,也说明两两之间的相关显著,但相关度并不高,分别为 0.187 和 0.228。而科学兴趣与认知能力之间的共变性不显著。

表 9-45　影响 SERA 的统合模型的共变性参数估计（f1，$N1=703$）

	Covariances				Correlations
	Estimate	S.E.	C.R.	p	
认知能力↔科学兴趣	0.038	0.027	1.401	0.161	0.066
科学兴趣↔空间能力	0.298	0.060	4.931	***	0.187
空间能力↔认知能力	0.318	0.078	4.067	***	0.228

4. 方差参数

在 SERA 影响因素的统合模型中,待估计的方差参数有 52 个,表 9-46 中仅呈现 3 个因素与 1 个误差变量(ζ)的方差参数估计,除了 ζ 之外,所有方差参数估计值均达到了 0.001 的显著性水平。其他误差变量的变异未呈现在表中,它们的估计值中未出现负值,表明模型界定无错误;误差变量的方差参数估计值也都达到显著,而且标准误估计值较低。

表 9-46　影响 SERA 的统合模型的方差参数估计（f1，$N1=703$）

	Estimate	S.E.	C.R.	p
认知能力	0.448	0.044	10.259	***
科学兴趣	0.763	0.096	7.928	***
空间能力	3.809	0.228	16.688	***
…	…	…	…	…
ζ	0.001	0.001	1.246	0.213

（四）假设模型的适配检验

模型整体适配检验包含三类,即绝对适配度（Absolute Fit）、增值适配度（Incremental Fit）和简约适配度（Parsimonious Fit）。[①]

1. 测量模型

对影响 SERA 的测量模型进行适配检验,数据结果呈现在表 9-47 中。大多数的指数未达到适配标准,例如卡方值结果表示假设模型与数据之间的拟合非常不好,卡方自

[①] Hair J F, Black W C, Rabin B J, Anderson R E. *Multivariate Data Analysis* (7th Ed.) [M]. Englewood Cliffs, NJ: Prentice Hall, 2010.

由度比也超出范围(NC=5.312>3)。因此,如此适配不佳的测量模型有待进一步修正。

表9-47 影响SERA的测量模型(CFA,Ⅰ)的整体模型适配度(f1,$N1=703$)

统计检验量	适配标准	检验结果	适配判断
绝对适配度(absolute fit)			
χ^2(CMIN)	$p>0.05$,未达显著性水平	3 166.018($p<0.001$)	否
GFI	>0.90,越接近于1越好	0.802	否
AGFI	>0.90,越接近于1越好	0.767	否
RMR	<0.05,越接近于0越好	0.145	否
SRMR	$<0.05/0.08$,越接近于0越好	0.068 6	良好
RMSEA	<0.05,优良,<0.08,良好	0.062	良好
增值适配度(incremental fit)			
NFI	>0.90,越接近于1越好	0.753	否
RFI	>0.90,越接近于1越好	0.731	否
IFI	>0.90,越接近于1越好	0.790	否
TLI(NNFI)	>0.90,越接近于1越好	0.770	否
CFI	>0.90,越接近于1越好	0.789	否
简约适配度(parsimonious fit)			
PGFI	>0.50,越接近于1越好	0.681	是
PNFI	>0.50,越接近于1越好	0.691	是
PCFI	>0.50,越接近于1越好	0.724	是
CN	$\geqslant 200$	242	是
NC(χ^2/df)	<2(或3)	5.312	否
AIC	越小越好,理论模型<独立模型,且理论模型<饱和模型	3 378.018<12 945.271, 3 378.018>1 474.928	否

2. 结构模型

本研究构建的因果路径模型(结构模型)中,所有自变量(外衍变量)均有对依变量(内衍变量)的影响路径,所有变量之间的关系路径达到饱和,是一个饱和模型(Saturated Model)。不论路径系数是否显著,这种模型的整体适配卡方值$\chi^2=0$,自由度$df=0$,显著性无法估计,而其他的所有拟合指数,如RMR、NCP等都为0,GFI、

NFI、IFI、CFI 等值为 1,达到完美拟合(Perfect Fit)。这种模型只有唯一解,无需探讨理论假设下的因果路径模型与实际数据之间的适切性问题,同时,这种恰好识别的理论模型也不具有实质意义。

3. 统合模型

对影响 SERA 的统合模型进行适配检验,数据结果呈现于表 9-48 中。增值适配度的所有指数均未达到适配标准,绝对适配度中有部分未达标,简约适配度略有欠缺,因此,影响 SERA 的结构方程模型有待进一步修正。

表 9-48　影响 SERA 的统合模型(模型Ⅱ)的整体模型适配度(f1, $N1=703$)

统计检验量	适配标准	检验结果	适配判断
绝对适配度(absolute fit)			
χ^2(CMIN)	$p>0.05$,未达显著性水平	2 772.170($p<0.001$)	否
GFI	>0.90,越接近于 1 越好	0.822	否
AGFI	>0.90,越接近于 1 越好	0.806	否
RMR	<0.05,越接近于 0 越好	0.072	否
SRMR	$<0.05/0.08$,越接近于 0 越好	0.050 6	是
RMSEA	<0.05,优良,<0.08,良好	0.051	是
增值适配度(incremental fit)			
NFI	>0.90,越接近于 1 越好	0.697	否
RFI	>0.90,越接近于 1 越好	0.682	否
IFI	>0.90,越接近于 1 越好	0.794	否
TLI(NNFI)	>0.90,越接近于 1 越好	0.783	否
CFI	>0.90,越接近于 1 越好	0.793	否
简约适配度(parsimonious fit)			
PGFI	>0.50,越接近于 1 越好	0.753	是
PNFI	>0.50,越接近于 1 越好	0.665	是
PCFI	>0.50,越接近于 1 越好	0.756	是
CN	$\geqslant 200$	249	是
NC(χ^2/df)	<2(或 3)	2.471	是
AIC	越小越好,理论模型<独立模型,且理论模型<饱和模型	2 998.486<9 245.620,2 998.486>2 691.617	否

第五节 证据推理科学能力影响因素模型的修正与应用

本节内容承接影响因素模型的评估阶段工作,根据模型质量评价数据,对初步建立的模型进行修正,试图将其转化成为一个较佳的模型;其后,将兼具理论意义和数据质量的模型应用于不同群组的样本之间的共变结构分析,即使用多群组结构方程模型(Multi-group Structural Equation Modeling)进行多群组或多样本分析(Multi-group/Sample Analysis)。

一、模型修正与模型质量

根据模型质量评价,虽然各假设模型的基本适配和内在质量检验均基本满足要求,但模型的外在质量评价结果不甚理想,需要对模型进行修正,争取获得理论意义和数据结果均较为理想的模型。本节将结合 AMOS 所报告的修正指数(Modification Indices),重点讨论模型的修正(Model Modification)。

(一)测量模型的修正与适配

根据 AMOS 的运行结果,修正指数中提供了协方差,方差和回归系数三个方面的修正指标。就本研究的测量模型而言,其适配不佳,模型修正的结果中 MI 值较高,提出增列多个误差变量之间共变关系,表示当构建两个误差变量之间的共变关系,或者称为"释放"误差项之间的限制,变成彼此有关系,则可以相应地增加参数值,而减少卡方值,这正是模型修正的目标。此外,也可能在方差和回归系数上有所修正。

如表 9-49 所示,列举出一些指数较高的修正项。在方差项上,没有提供修正指数,而协方差的修正指数中,如果建立 δ_{22} 与 δ_{23} 之间的共变关系,则会使得卡方值降低 184.257,而参数估计值会增大 0.950。δ_{22} 是 FA22 的残差项,δ_{23} 是 FA23 的残差项,两个题项都涉及"化石研究"的科学问题,从表面上看,的确存在一定的联系。类似地,修正指标中还提示了建立科学兴趣下其他指标变量残差项的联系,这与本研究的科学兴趣问卷的项目设置有关,由此启发我们可以几个共同因子概括这些题项,这在前面用 EFA 检验工具效度时已有证据。

表 9-49　影响 SERA 的测量模型的修正指数(f1, N1＝703)

	M.I.	Par Change
Covariances		
δ22↔δ23	184.257	0.950
δ16↔δ17	89.433	0.556
δ14↔δ15	76.004	0.571
δ26↔科学兴趣	10.464	0.194
…	…	…
Regression weights		
空间能力←科学兴趣	10.242	0.267
空间能力←FA22	5.356	0.105
…	…	…

根据表 9-49 中数据,增列残差项 δ26 与外衍变量科学兴趣之间的共变关系,虽然能够减少一定的卡方值,但是这种修正并不具有意义,有违 SEM 的基本假定。此外,在回归系数的修正指数中,增列空间能力(认知能力的测量指标)与外衍变量科学兴趣之间的路径系数,也与本研究的理论假设不符,科学兴趣的某个项目与空间能力也同样如此,不能盲目根据修正指数进行增列或删除。

而且,在进行增列时,需要逐个进行,因为每个参数的改变,都会对整体的模型带来影响,表 9-49 中的 M.I. 数据是第一次检验的结果,之后的每轮检验都会产生新的 M.I.,不在此一一呈现。最终,对初步构建的测量模型进行了修正,得到如图 9-16 所示的测量模型Ⅱ,图中以两个双箭头作为示例,表示在科学兴趣因素的测量指标中需增列多个误差项的共变关系。

与原模型相比,其整体适配度得到了提升,如表 9-50 中所呈现的前后差异对比。仅有 RMR(残差均方和平方根)指数不符合标准,但其标准化指数 SRMR 的结果小于 0.05,满足适配要求。整体来看,修正后的测量模型与调查数据之间适配性较好,即外在质量达到要求。

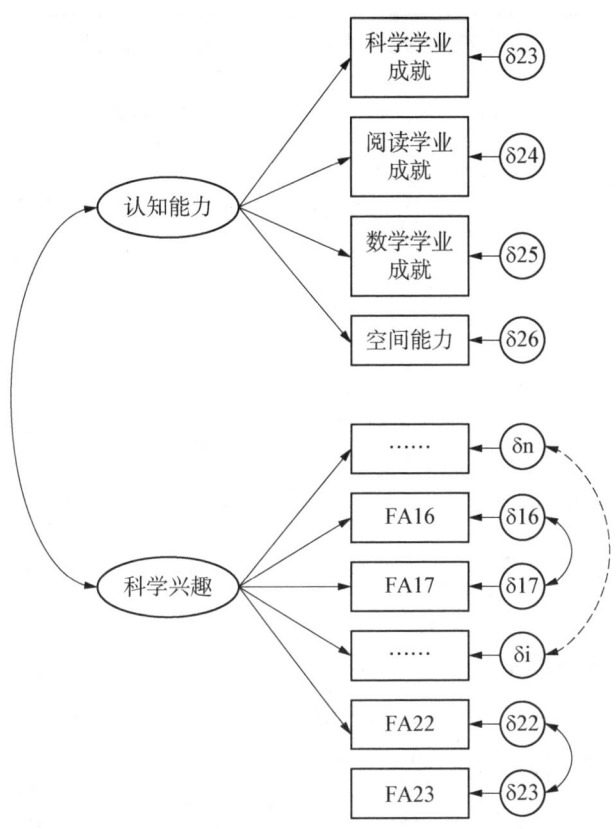

图 9-16 影响 SERA 的测量模型图(CFA,Ⅱ)

表 9-50 修正后的测量模型(CFA,Ⅱ)的整体模型适配度(f1,N1=703)

统计检验量	初始模型检验结果	修正模型检验结果	适配判断
χ^2(CMIN)	3 166.018($p<0.001$)	1 235.703($p<0.001$)	否
GFI	0.802	0.921	是
AGFI	0.767	0.901	是
RMR	0.145	0.105	否
SRMR	0.068 6	0.046 6	是
RMSEA	0.062	0.033	是
NFI	0.753	0.905	是
RFI	0.731	0.901	是

续 表

统计检验量	初始模型检验结果	修正模型检验结果	适配判断
IFI	0.790	0.945	是
TLI(NNFI)	0.770	0.934	是
CFI	0.789	0.945	是
PGFI	0.681	0.719	是
PNFI	0.691	0.763	是
PCFI	0.724	0.796	是
CN	242	578	是
NC(χ^2/df)	5.312	2.255	是
AIC	3 378.018＜12 945.271, 3 378.018＞1 474.928	1 543.703＜13 179.884, 1 543.703＜1 559.105	是

由于修正前的测量模型的参数估计就已经基本符合 SEM 的统计要求,故而在此不呈现具体的数据表格。

(二) 统合模型的修正

由于结构模型是饱和模型,无需进行适配检验,也不会获得修正指数,因此不作描述。对 SERA 影响因素的统合模型进行适配检验发现,也存在许多达不到标准的拟合指数。根据 AMOS 提供的修正指数改善统合模型(模型Ⅱ),即含潜在变量的因果路径模型。

与测量模型的修正类似,对于本研究的统合模型,AMOS 的结果报表中在方差项上没有提供修正指数;而增列某些路径系数虽然能够减少一定的卡方值,但是没有意义,同样在协方差的修正中,如果增设了一些建议的共变关系则会违反 SEM 的基本假定。在此仅列举一些协方差修正项(如表 9-51 所示),说明模型修正过程。

在协方差的修正指数中,如果建立 ζ 与 $\delta 23$ 的共变关系,会使得卡方值降低 12.295,而参数估计值会增大。$\delta 23$ 是科学学业成就这个因素的残差项,而 ζ 是内衍潜在变量 SERA 的残差项,由此能够发现 SERA 与科学学业成就之间的关系"更紧密",与前面因果路径分析中的参数估计结果一致。而 $\delta 22$ 与 $\delta 23$,$\delta 16$ 与 $\delta 17$,$\delta 14$ 与 $\delta 15$ 等指标变量之间的残差项之间的联系,与测量模型的修正指数类似。由于完整的结构方程模型包括测量模型和结构模型两个部分,它的估计结果与这两个部分必然存在联系。

表 9-51　影响 SERA 的统合模型的修正指数(f1, $N1=703$)

	M.I.	Par Change
Covariances		
δ22↔δ23	175.178	0.870
δ16↔δ17	45.855	0.374
δ14↔δ15	90.084	0.626
ζ↔δ23	12.395	0.003
...	...	...

同样地,在进行修正时,需要逐个进行,反复检验,最终形成的完整模型如图 9-17 所示(模型Ⅲ),图中以双箭头标识了 ζ 与 δ23 的共变关系,在科学兴趣和 SERA 的测量指标中需增列多个误差项的共变关系,则以虚实双箭头示例表示。

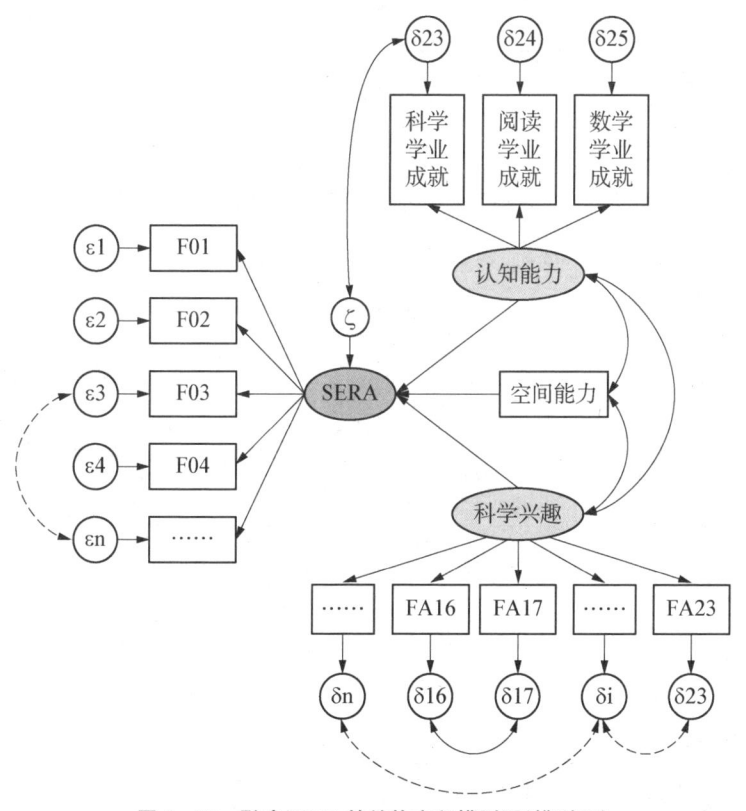

图 9-17　影响 SERA 的结构方程模型图(模型Ⅲ)

(三) 修正后的统合模型质量

与统合模型 Ⅱ 相比,修正后的结构方程模型适配良好,利用 AMOS 进行统计分析,得到了该模型的参数估计值(表 9-52)。除了科学兴趣对 SERA(内衍潜在变量)的路径系数未达到显著,其余变量之间的参数都基本达到显著性水平,即路径系数显著不为 0。此外,统计结果表明,SERA 被科学兴趣、认知能力和空间能力 3 个外衍变量(影响因素)所联合解释的比例为 33.4%(多元相关系数,SMC=0.334)。

表 9-52 影响 SERA 的统合模型(模型Ⅲ)的回归系数参数估计($f1$, $N1=703$)

	Estimate	S.E.	C.R.	p	Standardized Estimate	R^2
SERA←科学兴趣	0.001	0.003	0.419	0.675	0.019	0.000
SERA←认知能力	0.039	0.014	2.727	0.006	0.558	0.311
SERA←空间能力	0.004	0.002	2.136	0.033	0.144	0.021
F01←SERA	1.000	—	—	—	0.130	0.017
F02←SERA	3.547	1.323	2.680	0.007	0.355	0.126
F03←SERA	2.164	0.896	2.413	0.016	0.213	0.045
F04←SERA	2.488	0.945	2.633	0.008	0.355	0.126
F05←SERA	3.928	1.460	2.691	0.007	0.400	0.160
F06←SERA	2.747	1.072	2.563	0.010	0.284	0.081
F07←SERA	2.952	1.116	2.645	0.008	0.331	0.110
F08←SERA	2.416	0.908	2.661	0.008	0.343	0.118
F09←SERA	2.290	0.883	2.593	0.010	0.309	0.095
F10←SERA	2.051	0.866	2.368	0.018	0.199	0.040
F11←SERA	1.134	0.596	1.901	0.057	0.119	0.014
F12←SERA	3.320	1.260	2.634	0.008	0.344	0.118
F13←SERA	5.007	1.844	2.715	0.007	0.489	0.239
F14←SERA	9.806	3.577	2.742	0.006	0.578	0.334
F15←SERA	4.934	1.805	2.733	0.006	0.514	0.264
F16←SERA	3.648	1.370	2.662	0.008	0.363	0.132
F17←SERA	2.667	1.035	2.576	0.010	0.284	0.081

续 表

	Estimate	S.E.	C.R.	p	Standardized Estimate	R^2
F18←SERA	4.107	1.516	2.708	0.007	0.409	0.167
F19←SERA	2.258	0.910	2.483	0.013	0.246	0.061
F20←SERA	2.193	0.889	2.468	0.014	0.236	0.056
F21←SERA	3.704	1.388	2.669	0.008	0.362	0.131
F22←SERA	8.233	3.011	2.735	0.006	0.513	0.263
F23←SERA	3.640	1.354	2.688	0.007	0.425	0.181
阅读学业成就←认知能力	1.000	—	—	—	0.788	0.621
科学学业成就←认知能力	1.271	0.059	21.425	***	0.876	0.767
数学学业成就←认知能力	1.191	0.056	21.146	***	0.869	0.755
FA1←科学兴趣	0.943	0.085	11.066	***	0.565	0.319
FA3←科学兴趣	1.006	0.078	12.887	***	0.600	0.360
FA4←科学兴趣	1.000	—	—	—	0.608	0.370
FA5←科学兴趣	1.042	0.067	15.597	***	0.630	0.397
FA6←科学兴趣	1.073	0.077	13.996	***	0.647	0.419
FA7←科学兴趣	1.067	0.085	12.481	***	0.645	0.416
FA9←科学兴趣	0.979	0.092	10.645	***	0.541	0.293
FA10←科学兴趣	1.024	0.090	11.336	***	0.582	0.339
FA11←科学兴趣	1.033	0.089	11.653	***	0.597	0.356
FA12←科学兴趣	1.065	0.091	11.684	***	0.606	0.367
FA13←科学兴趣	0.931	0.089	10.474	***	0.560	0.314
FA14←科学兴趣	0.852	0.086	9.933	***	0.495	0.245
FA15←科学兴趣	0.990	0.089	11.161	***	0.570	0.325
FA16←科学兴趣	0.941	0.084	11.258	***	0.578	0.334
FA17←科学兴趣	1.022	0.088	11.650	***	0.595	0.354
FA18←科学兴趣	0.991	0.091	10.889	***	0.558	0.311
FA20←科学兴趣	0.986	0.084	11.698	***	0.605	0.366
FA22←科学兴趣	0.861	0.086	9.963	***	0.501	0.251

续　表

	Estimate	S.E.	C.R.	p	Standardized Estimate	R^2
FA23←科学兴趣	0.947	0.088	10.729	***	0.547	0.299
FA24←科学兴趣	1.060	0.085	12.489	***	0.657	0.432
FA25←科学兴趣	1.005	0.088	11.456	***	0.588	0.346
FA26←科学兴趣	1.027	0.086	11.997	***	0.618	0.382

除了回归系数的参数估计之外，还有共变系数协方差矩阵的估计，以及各变量方差参数估计，由于完整的结构方程模型参数众多，在此不一一呈现。可以由参数估计的结果判别模型的基本适配度。数据表明，修正后的统合模型中没有出现负值的误差变异量，因素负荷（路径系数）基本介于0.5至0.95之间，参数的标准误也在可接受的范围内，因此模型的基本适配指标均达到检验的标准，没有违反模型识别的基本规则。

此外，根据参数估计，发现SERA中有部分题项（指标变量）被其解释的比例不大，即指标变量不能有效反映SERA这个潜在构念；此统合模型的修正指数中还存在大于5.000的指标；除了科学兴趣之外，所有的参数估计值均达到显著性水平。由此反映修正后的模型Ⅲ内在质量一般。

整体模型适配检验（外在质量）的结果，整理归纳如表9-53所示。前后对比发现修正后的模型Ⅲ整体适配度得到了提升，外在质量达到要求。仅有NFI（标准适配指数）和RFI（相对适配指数）不符合标准，但其他的增值适配指标均达到标准，甚至逼近0.95，满足适配要求。

表9-53　修正前后的统合模型（模型Ⅱ与Ⅲ）的整体模型适配度对比（f1，$N1=703$）

统计检验量	初始模型（Ⅱ）检验结果	修正模型（Ⅲ）检验结果	适配判断
χ^2 (CMIN)	2 772.170（$p<0.001$）	1 480.969（$p<0.001$）	否
GFI	0.822	0.903	是
AGFI	0.806	0.901	是
RMR	0.072	0.063	是
SRMR	0.050 6	0.044 3	是

续 表

统计检验量	初始模型(Ⅱ)检验结果	修正模型(Ⅲ)检验结果	适配判断
RMSEA	0.051	0.026	是
NFI	0.697	0.838	否
RFI	0.682	0.822	否
IFI	0.794	0.949	是
TLI(NNFI)	0.783	0.943	是
CFI	0.793	0.948	是
PGFI	0.753	0.788	是
PNFI	0.665	0.762	是
PCFI	0.756	0.862	是
CN	249	444	是
NC(χ^2/df)	2.471	1.385	是
AIC	2 998.486<9 245.620, 2 998.486>2 691.617	1 792.969<9 235.956, 1 792.969<2 450.000	是

整体来看,修正后的统合模型与调查数据之间适配性较好,参数估计基本符合SEM的统计要求,本研究所提出的SERA影响因素的理论假设,以及由此构建出的结构方程模型得到检验,模型质量可以接受。

二、模型的复核效化

模型的复核效化(Cross Validation)是从假设模型是否具有跨样本或跨情境的有效性这个问题出发,对模型或测量进行交叉验证,属于外在效度检验。

(一) 检验策略

根据样本是否来自相同的总体,以及模型数目,可以将复核效化分为不同类型,本研究进行复核效化的样本来自同一次测试的数据,用来建立和发展影响SERA的统合模型的样本称为校正样本或测定样本(Calibration Sample),而用来检验测定样本发展出来的模型是否有效、适当的,则称为效度样本(Validation Sample)。由此进行同一个结构方程模型的复核效化,是对两个样本之间的模型稳定性(Model Stability)进行检验。

通常有三种复核效化的策略可以采用,包括严格复制策略(Tight Replication Strategy)、宽松复制策略(Loose Replication Strategy)以及适中(温和)复制策略(Moderate Replication Strategy)。其中,部分复核效化策略是最常用的检验方式,也是本研究拟采用的策略。一般来说,限制模型中反映结构路径的参数(Weights),设定"路径系数相等模型",与未加任何参数限制的模型(Unconstrained)进行比对,由此判断模型是否具有跨群组的效度。

(二) 检验过程

经过前面的检验和分析,以数据子集 $f1(N1=703)$ 为校正样本,获得了较好的影响因素模型,包括测量模型、结构模型(因果路径)和统合模型(完整的结构方程模型)。在对本研究所有的大样本观测数据进行随机分割后,以 $f2(N2=698)$ 作为效度样本,就这些模型进行检验。

在数据分析之前,确认模型界定符合基本规范,并进行多群组模型的设置,除了预设模型(Default Model,Unconstrained Model)之外,增设路径系数相等模型,在参数限制(Parameter Constraints)中设定 $aW1=bW1$,$aW2=bW2$……也可以增设其他的限制模型,如方差相等模型($aV1=bV1$,$aV2=bV2$,…),模型不变性模型(所有的协方差、方差和回归系数均设置为相等)等。

之后,利用 AMOS 进行计算,模型的参数估计和适配指数结果在此不再呈现,通过结果报告中的嵌套模型比较表(Nested Model Comparisons)可进行模型配对检验。虚无假设(H_0)是当参数限制较少的模型(如预设模型)为正确模型时,参数限制较多的模型也应是正确的,此时两个模型的卡方值差异的显著性应大于 0.05,即两个模型是没有统计差异的,可以视为等同。

(三) 检验结果

以影响 SERA 的测量模型(模型Ⅱ)为例,表 9-54 中的 CMIN 表示当假定未加限制的预设模型为正确时,配对模型的卡方值的差异量;DF 为该 CMIN 的自由度;其他的 NFI,IFI,RFI 和 TLI 列中呈现的是各适配指数的增加量,判断标准是:当两个模型的卡方值差异的显著性 $p>0.05$,则接受虚无假设;当 NFI,IFI,RFI 和 TLI 值的增加量小于 0.05,则接受虚无假设,认为两个模型基本等同。

表 9-54　嵌套模型比较(测量模型Ⅱ, f1 vs f2)

Model	DF	CMIN	p	NFI	IFI	RFI	TLI
路径系数相等模型	24	8.242	0.999	0.001	0.001	−0.004	−0.004
协方差相等模型	1	1.439	0.230	0.000	0.000	0.000	0.000
……							
模型不变性模型	50	54.831	0.296	0.004	0.004	−0.005	−0.005

注：假定预设模型为正确的。

据此，本研究的测量模型Ⅱ在限制路径系数参数相等时，f1 与 f2 的卡方差异为 8.242，显著性 $p=0.999>0.05$，其他的各适配指数增量均小于 0.05 的临界标准，所以，可以视为等同的模型。而且在严格限制所有参数时，也达到了接受虚无假设的标准，满足模型不变性（$p=0.296>0.05$）。因此，本研究所发展、修正得到的测量模型满足复核效化检验，具有可重复估计的跨群组效度。

对因果路径模型（不需修正），设定路径系数相等模型，检验发现，卡方差异量 $CMIN=7.112$，$p=0.212>0.05$，接受虚无假设，但协方差相等、方差相等以及模型不变性的限定检验结果均是 $p<0.05$，拒绝虚无假设。因此，利用两组数据进行模型配对检验发现，本研究建立的因果路径模型（结构模型）满足部分复核效化的检验。

对完整的结构方程模型（模型Ⅲ）的检验结果如表 9-55 所示，结果表明限制路径系数这类关键参数之后，f1 与 f2 的卡方差异为 24.089，$p=0.998>0.05$，各适配指数增量低于 0.05，接受虚无假设。

表 9-55　嵌套模型比较(统合模型Ⅲ, f1 vs f2)

Model	DF	CMIN	p	NFI	IFI	RFI	TLI
路径系数相等模型	48	24.089	0.998	0.001	0.002	−0.003	−0.003

注：假定预设模型为正确的。

根据以上分析，通过 AMOS 的复核效化检验发现，本研究发展、修正得到的影响因素模型不仅能够在某一组样本上适配良好，也能适用于其他样本，均具有跨群组效度，满足部分复核效化的要求。

三、模型的调节效应

利用群组分析的方法技术,可以检验在不同条件下(如以不同年级、不同性别等类别变量分组),模型的各结构参数是否存在差异,即这些条件是否会影响模型的稳定性,各群组数据所适切的模型之间参数估计是否等同。这一研究内容便是有关调节效应(Moderation)的 SEM 分析和应用。

(一) 调节变量的选择

本研究探讨的是若干影响因素(自变量,X)对 SERA(依变量,Y)之间的因果关系、影响效果,调节变量(Moderator)是在自变量对依变量的关系路径之间产生影响的第三个变量。如果存在调节变量 M,那么影响因素与 SERA 之间的关系结构可以表示如下:[1]

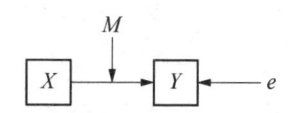

在前面各因素的调查问卷编制过程中,已经说明了科学学业成就是以科学学科均分为表征,在初中阶段,不同年级的科学学科不同,而且测试问卷也有差异,因此,年级变量很有可能成为一个调节变量,对本研究所构建的路径模型产生影响。此外,我们将对不同性别的群组进行分析,比较各模型在性别上是否存在差异。但由于不同年级的科学学业成就测查问卷不同,性别之间的差异对比需要按照年级进行划分,即分不同年级进行性别变量的调节效应分析。

这两个调节变量都是类别变量,应使用 SEM 的群组分析。与复核效化的检验过程类似,需先将不同组的回归系数限制为相等,计算获得相应的卡方统计量和自由度,与释放此限制时的模型参数进行对比,以卡方值变化的统计显著性来判断调节变量是否具有显著影响。[2]

(二) 年级的调节效应

选取 f3($N3=710$)为调节效应分析样本,以年级为调节变量,共有 3 个年级水平,

---

[1] 温忠麟,侯杰泰,张雷.调节效应与中介效应的比较和应用[J].心理学报,2005,37(2):268—274.
[2] Kenny D A, Judd C M. Estimating the Nonlinear and Interactive Effects of Latent Variables [J]. *Psychological Bulletin*, 1984,96(1):201-210.

f3中样本的年级、性别分布情况与总体样本中基本一致(表9-56)。

表9-56 调节效应分析样本的年级与性别分布(f3, N3=710)

		年级			N
		7年级	8年级	9年级	
性别	男	137	108	126	371
	女	126	99	114	329
N		263	207	240	710

应用影响SERA的结构方程模型(统合模型Ⅲ)进行不同年级之间的群组分析。在运行之前,首先将模型的部分参数限制为相等,设立路径系数相等模型与未加限制的预设模型进行比对。利用AMOS进行计算,嵌套模型比较的结果如表9-57所示。

表9-57 年级调节效应的嵌套模型比较(统合模型, f3, N3=710)

Model	DF	CMIN	p	NFI	IFI	RFI	TLI
路径系数相等模型	96	166.535	0.000	0.014	0.019	0.004	0.005

注:假定预设模型为正确的。

数据结果表明,不同群组之间的卡方统计量差异为166.535,显著性$p<0.001$,拒绝虚无假设,即模型不能够视为等同,彼此之间存在显著性的差异,因此不同年级之间在影响因素模型上存在调节效应,年级水平不同会对建构的模型带来影响。

将年级的3个水平进行两两比较,再次用AMOS进行运算,卡方统计量的显著性数据结果等如表9-58所示。

表9-58 年级调节效应的嵌套模型两两比较(统合模型, f3, N3=710)

路径系数相等模型		DF	CMIN	p	NFI	IFI	RFI	TLI
年级比较	7—8	48	38.446	0.836	0.005	0.006	−0.003	−0.005
	8—9	48	98.528	0.000	0.014	0.019	0.005	0.008
	7—9	48	109.269	0.000	0.013	0.017	0.006	0.008

注:假定预设模型为正确的。

由表9-58可知,7年级与8年级之间的差异不显著($p=0.836>0.05$),卡方统计量变化最小,CMIN=38.446,即对于这两个年级而言,路径系数相等模型与未加限制的预设模型之间可以视为等同,年级变量的调节效应不显著。9年级与其他两个年级之间的卡方统计量差异较大,显著性符合拒绝虚无假设的标准,也即说明年级变量在此时的调节效应达到显著,高年级的观测数据与理论模型的契合程度明显异于低年级。

(三) 性别的调节效应

同样选取 f3($N3=710$)为分析样本,遵循 SEM 群组分析的程序进行操作,按照不同年级水平进行性别调节效应的检验。利用 AMOS 进行计算,嵌套模型比较的结果如表 9-59 所示。

表 9-59 性别调节效应的嵌套模型比较(统合模型,f3,$N3=710$)

路径系数相等模型	DF	CMIN	p	NFI	IFI	RFI	TLI
7 年级	48	74.701	0.008	0.009	0.012	0.002	0.003
8 年级	48	70.013	0.021	0.009	0.012	0.001	0.002
9 年级	48	91.648	0.000	0.009	0.012	0.003	0.004

注:假定预设模型为正确的。

数据结果表明,以 9 年级群体中的卡方统计量差异最大,CMIN=91.648,此外,在 3 个年级水平中,不同性别群组之间的卡方值差异均达到显著($p<0.05$),因此拒绝模型相等的虚无假设,即模型不能够视为等同,彼此之间存在显著性的差异。综合说明,性别变量在影响因素模型上存在调节效应,性别的不同会对当下模型的参数估计等带来影响。

第六节 证据推理科学能力测评研究总结及启示

本研究提出了科学学科能力的关键要素——证据推理科学能力(SERA),明确其内涵,建立能力框架,开发测试工具并基于 Rasch 模型理论检验、修正工具的质量,通过测试获得了丰富的数据,对 SERA 展开了深入的分析和阐释,研究获得了一系列结论。

一、研究结论

(一) 提出了可供参照的证据推理科学能力评价框架

基于 SERA 的内涵本质,在理论分析的基础之上,对以课程标准为主的课程文本展开分析,结合课堂教学中所体现的证据推理,获得能力框架构建的理论基础和实践依据。从证据的显现程度、情境熟悉度以及所需证据的数量三个方面去刻画证据的复杂性;基于推理的直接与间接之分,又将推理复杂性划分为三个层级的水平。由此整合证据和推理两方面的复杂性,形成了初步的证据推理科学能力框架模型。

综合应用头脑风暴和德尔菲法,利用专家的视角对该框架进行审视和检验,获得了可供参考和反思的意见。基于此,对框架进行修正、完善,逐步形成结构化的、可操作的、多水平递进的证据推理科学能力框架(FSERA)。

(二) 研制出较高质量的证据推理科学能力测评工具

以 IRT 测量理论为指导,以 Rasch 模型为数据检验的方法,采用纸笔测验的方式对学生的证据推理科学能力进行测评,首先需要研制出可供施测的评价工具。

在前期文献研究的基础上,首先确立了测评工具的内容载体,并与证据推理科学能力框架(FSERA)相匹配,以使每个项目都有明确的水平要求,每个水平层次都有多个项目来测查,并结合专家审议的建议,开发出初步的测评工具。

其后利用实证校验的方式对工具进行质量检验,研究过程中包含效标关联效度的设计,以及 Rasch 分析方法的应用,以求更加科学全面地实施工具检验。

继而应用 Rasch 模型理论,以 Winsteps 软件对测评工具的总体质量、单维性、模型拟合、作答反应等多个方面进行了细致的检验和讨论,各项数据结果均表明本研究编制的工具质量较好;同时也获得了工具修正的线索,本研究重新审视了某些质量有待提升的项目,对评分标准、题型、情境表达等进行了反思和改进,最终获得了更加科学、信效度优秀、实用性好的 SERA 实测工具。

(三) 从多个方面测查了初中学生的证据推理科学能力

优化后的能力框架与 SERA 测评工具可以用于大样本的实证研究,由此探查初中生的证据推理科学能力表现特征。本研究选取了初中 3 个年级,一共 2 261 个样本进行测试和调查,收集问卷数据后,利用 SPSS 22.0 与 Winsteps 3.72.0 软件进行数据统计和分析,也再次验证了 SERA 测评工具的质量。

在数据结果的分析过程中,本研究将被试的原始分转换为 Rasch 分,结合 FSERA 中的能力划分和项目对应,界定出所有被试在不同能力水平上的能力估计值,分析比较了各能力层级上的人数分布情况。然后,从年级、性别和学业等级 3 个方面划分大样本群组,分别进行了差异检验:通过方差分析、独立样本 t 检验比较了群组间的差异,通过交互作用探讨了 3 个变量之间可能存在的影响,通过功能差异检验(DIF)分析了各群组在具体项目上的差异特征。

为了发现被试之间可能存在的微观差异,本研究选择了 3 个变量的不同水平上的被试为访谈对象,挑选出学生表现存在差异且可供讨论、不同题型的若干项目进行访谈和分析。通过访谈者与被研究者之间的交流互动,引发被试的反省性行为,采用质性研究的方法,对学生的个体差异和解题的思考过程进行了报告,探查分析了可能存在的更为微观的差异。

(四)建构初中生证据推理科学能力影响因素模型

在开展大样本测评研究之后,对影响初中学生 SERA 的因素及其相互作用的关系进行了探究,这是本研究的第二个实证研究内容。重点阐述了该影响因素模型的建构和发展工作,包含模型开发和模型评估两个阶段。

本研究遵循结构方程模型的分析思路,首先从理论研究出发,探寻并确定了 5 个可能的影响因素(阅读学业成就、空间能力、数学学业成就、科学学业成就和科学兴趣),并依照模型建构的程序界定了影响 SERA 的测量模型、结构模型和统合模型;据此编制问卷、选择工具,对各因素进行调查并收集数据,在保证信效度的前提下,利用 SEM 统计技术和 AMOS 22.0 分析软件对观测数据进行参数估计和适配检验,以此为据,修正模型,确保模型兼具理论意义和统计质量。是以,通过逐步开展的模型开发和评估工作,最终确立了影响因素与被试群体的 SERA 之间的路径模型,影响因素的测量模型,以及完整的结构方程模型,而且模型的各方面质量得到了检验。

(五)分析不同群组样本的 SERA 影响因素模型的差异

本研究基于理论探究,结合 SEM 分析所提供的实证数据,科学、客观地说明了从理论假设中提出的影响因素与学生证据推理科学能力之间的结构关系。基于此,本研究继续对模型展开了应用和分析,基本思路是将所获得的质量较好的模型用于不同群组的样本进行群组分析。

从假设模型是否具有跨样本或跨情境的有效性这个问题出发,复核效化检验隶属于模型质量检验的一部分,但这种交叉验证的方式,同样也是模型多群组分析的应用之一。通过 AMOS 软件的复核效化检验发现($f2, N2=698$),本研究发展、修正得到的影响因素模型不仅能够在某一组样本上适配良好,也能满足部分复核效化的要求,适用于其他样本,即该模型具有稳定性,可重复估计。

二、研究启示
(一)启迪开展实证研究的思路方法

本研究按照理论研究与实证研究相结合的技术路线,综合应用了多种研究方法。在理论研究部分,主要应用的是质性分析方法,而且合理使用了 NVivo 软件辅助分析。可以说,技术的发展开拓了研究的思路,对于质性研究也是如此,诸如知识图谱、思维导图、词频分析等适当结合了量化编码、分析技巧的新方式为传统的研究带来了发展变化的新契机。

本研究在实证研究部分也融合了质性分析的思路方法,不仅以定量技术进行了客观的分析,而且运用了质性的手段,例如结合个案访谈,挖掘学生测评表现差异背后的可能原因等,由此补充了量化研究的分析结果,从更加具体、微观的视角对被试的表现进行探查和意义阐释。

在实证研究部分,本研究不仅对初中生的 SERA 进行了大样本测评,而且对其可能的影响因素展开了探究,构建出影响因素的路径模型。测评工具的开发和研制经历了两轮试测,并在第二轮试测过程中,以经典的 LCTSR 为参照,检验工具的效标关联效度,这需要前后两次同样本的测试,在研究实施上即存在一定的难度;此外,本研究应用 IRT 测量理论,并以 Rasch 模型作为信效度检验技术,对工具的质量进行了分析和修正。在测评结果分析过程中,不仅应用平均数比较的方法检验了学生表现的差异,同时,应用 Rasch 模型中的功能差异检验(DIF),将差异定位于具体项目,为结果分析,甚至工具项目的再审视都提供了丰富的依据,这些也是本研究的独特之处。实则,所有的统计分析技术或软件所能操作的远不止于我们所常用的功能,工具是为研究目标服务的,从需要解决的研究问题本身出发,而非直接沿用一般的解决问题的方法,将会有更多的新思路。

(二)促进对科学探究和科学推理的理解

本研究基于大量的研究文献,从不同学科领域的理论探讨过程中,逐步形成了证据推理科学能力的内涵。本研究认为它是科学学习领域中学生必备的能力,是解决科学问题、理解科学概念、作出科学决策、提出科学观点、评价科学议题、开展科学探究等行为的关键能力。

SERA是在基于证据进行推理这个认知活动或解决问题过程中所具备的能力特质。这里所指的证据是客观真实的,与直接从实验探究中观测获得的现象、数据等不同。基于此,可以加深学生对科学探究过程的理解,让他们明白实验现象不能直接作为解释科学理论或提出科学主张的证据,必须要经历特定的处理过程。收集得到的数据仅仅是证据的"雏形",还应当进行数据分析,包括记录数值、现象,甚至建立一定的数学关系,以图表呈现等,形成"可利用""可解释"的证据形式。基于一定的规则(可能是科学原理,也可能是自我定义,不必要是正确的,也可能是直觉),即某种关系,[1]进而运用推理思维,作出推断、决策,得出结论或提出科学观点、主张,由此实现一个完整的科学探究过程。

相比之下,本研究侧重于证的情境,即问题的情境,更关注推理思维的内容。学生面临的任务是具有丰富情境的,在解决这些"真实"问题的过程中,学生提取证据进行推理,需要处理情境复杂性问题。在本研究的能力框架中,按照证据复杂性和推理复杂性两方面进行了建构,证据的多寡、来源如何,情境是否熟悉等,都会影响证据的识别、提取;推理的复杂性体现在建立的关系或规则是直接还是间接的。由此可见,依据本研究的能力框架,可以帮助教师理解证据推理或科学推理的思维过程。

(三)重视对学生高阶思维能力的诊断

从本研究的测评结果中,可以看到学生在 SERA 这类高阶思维能力上的表现差异。本研究依据所构建的证据推理科学能力框架,编制测评工具,选择大样本的初中学生进行施测,运用统计分析方法考察他们的证据推理科学能力是否存在差异。本研究讨论了不同年级、不同性别和不同科学学业成绩的学生之间存在的能力差异。在学

---

[1] Brown N J S, Furtak E M, Timms M J, et al. The Evidence-based Reasoning Framework: Assessing Scientific Reasoning [J]. *Educational Assessment*, 2010, 15(3-4): 123-141.

校教育中,可以参照本研究的测评思路,根据学生的真实情况,编制特定内容主题的能力或一般认知能力测评问卷。运用合适的分析方法,可以从收集的数据中获取十分丰富的诊断结果。

在以往的研究中,有研究者发现在不同的科学推理能力维度,学生表现是存在差异的,性别差异的结果也有不同,这是诊断测验提供的有价值的信息,教师或教育评价者可以利用这些结果,有针对性地采取补救措施。例如,在"控制变量"维度上,某些学生的表现不尽如人意,则可以加强相关训练。同时,关注测评结果中的"特殊"之处,一些"异常"的情况,更具有教育启示价值,据此可以反思研究的设计和工具,可能正是真实的结论,也可能是数据结果的解释不够科学合理。例如,通常认为科学学习的兴趣、动机会促进科学学习,而科学学习成就表现与科学推理能力存在强相关,这也是许多研究报告的结果,那么容易形成一种论断:科学学习的兴趣与科学推理能力存在高相关,甚至可以预测推理能力表现。然而,本研究的分析结果指出这种相关性很低。这个结论是否真实、是否存在样本依赖性,还需进一步研究和讨论,但应注意,在测评研究中不可随意地推测、武断地下结论,也务必基于证据进行推理。

(四) 改进教学以发展学生的科学推理能力

以往的测评研究结果表明,我国学生的推理能力表现不如学科知识的表现优异,许多学者指出这与我国重视知识教学而忽略能力培养的传统有关。在 PISA 等大型测评项目中,我们取得的成绩并不代表科学教育的成功,应重新审视我国重视科学知识教育而忽视探究式教学的现状。

本研究除了直接进行能力测评之外,还对 SERA 的影响因素进行了探查,以各因素的调查工具和观测数据,辅助研究能力发展和变化的原因。例如,本研究发现,不同年级学生在 SERA 测评中的表现有明显的不同,高年级的学生表现更好。根据这一诊断结果,可以形成一种假设,从而提出研究问题,并通过实验设计,控制一些无关变量,对此进行探究,最终确定影响作用的机制。依据结果可以有目的地进行个性化教学设计,发展学生的推理能力。

学生测评时的不同表现,一方面是个体差异性的体现,另一方面也可能与教师的教学行为有关。根据已有的研究文献建议,可以从不同角度去考虑如何改进教学。在科学学习内容方面,根据学生的认知发展阶段来确定关键的核心概念,使之"简易着复杂"(Simply Complex),即保证知识的精确深度并能让学生易懂易学[1]。在教学方式上,研究发现,以计算机技术支持的教育,使用多媒体辅助教学、设计智慧学习项目等,都能够促进学生的抽象思维,从而提升他们的科学推理技能。

为提升学生的推理能力,多数研究者都倡导应用探究式教学(Teaching by Inquiry)的方法。虽然探究式教学被证明是行之有效的方式,但实际教学中的应用并没有预想的那样普遍。原因之一是教学设备和支持条件等还有欠缺,不是所有学校或地区都能满足硬件要求。同时,探究式教学对教师而言还是一种挑战,不易操作。在学生升学的压力之下,他们通常会认为事实性的科学知识更重要、更直接有效,即使他们对探究教学十分感兴趣,也会优先考虑传授知识[2]。

在探究活动中,鼓励学生进行合作学习,在教师的指引下展开讨论。[3] 但学生们往往会花费较多的时间去收集数据、完成应有的程序,而非讨论数据分析、得出结论或基于前经验整合得出新发现。[4] 他们还会受到前概念的影响,有功能固着(Functional Fixedness)的行为倾向,表现为过早接受所"偏爱"的假设,而缺乏足够的证据,不曾考虑其他可能的解释,忽视了潜在的相关证据,从问题解决方面来说,即未能考虑和选择其他解决策略。[5] 这些情况也会打击教师教学的自信心,使他们失去继续开展探究式教学的热情。

因此,不仅需要对探究式教学进行宣传,也要加强师资的培训,从观念上、技能上全面地提高科学教师的素养,强调应当以发展的眼光训练学生的证据推理能力,并按照科学实践的过程、方式去实施教学。而且,探究活动的设计,科学论证的开展,如何进行实质性的讨论,如何取得能力与知识训练的平衡等,都是需要在实践中解决的问题。

---

[1] Songer N B, Kelcey B, Gotwals A W, et al. How and When Does Complex Reasoning Occur? Empirically Driven Development of a Learning Progression Focused on Complex Reasoning about Biodiversity [J]. Journal of Research in Science Teaching, 2009,46(6):610-631.

[2] Tobin K, Mcrobbie C J. Cultural Myths as Constraints to the Enacted Science Curriculum [J]. Science Education, 1996,80(2):223-241.

[3] Hogan K, Nastasi B K, Pressley M, et al. Discourse Patterns and Collaborative Scientific Reasoning in Peer and Teacher-guided Discussions [J]. Cognition and Instruction, 1999,17(4):379-432.

[4] Watson J R, Swain J, Mcrobbie C, et al. Students' Discussions in Practical Scientific Inquiries [J]. International Journal of Science Education, 2004,26(1):25-45.

[5] Lawson A E. The Nature and Development of Scientific Reasoning: A Synthetic View [J]. International Journal of Science and Mathematics Education, 2004,2(3):307-338.